上海“十三五”重点图书出版规划项目

商业银行
战略导向管理会计研究

宋良荣／著

图书在版编目(CIP)数据

商业银行战略导向管理会计研究 / 宋良荣著. 一上海：立信会计出版社，2020.12
ISBN 978-7-5429-6701-5

Ⅰ. ①商… Ⅱ. ①宋… Ⅲ. ①商业银行一管理会计一研究 Ⅳ. ①F830.42

中国版本图书馆 CIP 数据核字(2020)第 268445 号

策划编辑　戎其玉
责任编辑　赵志梅
封面设计　南房间

商业银行战略导向管理会计研究

Shangye Yinhang Zhanlüe Daoxiang Guanli Kuaiji Yanjiu

出版发行　立信会计出版社
地　　址　上海市中山西路 2230 号　　邮政编码　200235
电　　话　(021)64411389　　传　　真　(021)64411325
网　　址　www.lixinaph.com　　电子邮箱　lixinaph2019@126.com
网上书店　http://lixin.jd.com　　http://lxkjcbs.tmall.com
经　　销　各地新华书店

印　　刷　上海天地海设计印刷有限公司
开　　本　787 毫米×1092 毫米　1/16
印　　张　25
字　　数　610 千字
版　　次　2020 年 12 月第 1 版
印　　次　2020 年 12 月第 1 次
印　　数　1—1 100
书　　号　ISBN 978-7-5429-6701-5/F
定　　价　68.00 元

前　言

我国财政部于2014年10月发布了《关于全面推进管理会计体系建设的指导意见》，按照该指导意见于2016年6月发布了《管理会计基本指引》，根据该基本指引于2017年9月发布了《管理会计应用指引第100号——战略管理》等首批22项管理会计应用指引。这些文件的发布有利于管理会计工具深深植入企业的管理体系之中，促进企业的业财融合和财务转型，推动我国管理会计的发展进入一个崭新的时代。

然而，进入21世纪以来，随着市场竞争的加剧、金融脱媒的深化、利率市场化的持续推进、互联网金融的发展以及在经济新常态下银行业审慎监管的不断加强，外部环境对商业银行经营模式形成了持续的、愈益增大的压力，传统外延式、粗放型的发展模式已经走到了尽头。在经济新常态下，国内商业银行要实现持续健康发展，必须摆脱以往的"规模情结"与"速度偏好"，走"轻资本""轻资产""轻成本"的内涵式、集约化发展道路，转型发展战略和经营模式。面对新挑战，国内商业银行必须构建起以价值创造为核心的战略导向管理会计体系，通过全面应用管理会计体系提高精细化管理水平，推进管理变革，实现战略转型。有鉴于此，上海理工大学中小银行研究中心主任宋良荣教授在现有研究成果的基础上探讨了商业银行战略导向管理会计体系的构建，试图将我国财政部发布的《管理会计基本指引》和《管理会计应用指引第100号——战略管理》等应用指引运用于我国商业银行战略管理的全过程。

商业银行是经营货币、经营风险的特殊企业，这就决定了其战略导向管理会计体系的内容与生产经营实物商品的工商企业相比在具有共性的同时，更具有自身的特点。本书共9章：第1章总论，阐述了商业银行面临的挑战与轻型化战略转型之路，商业银行价值最大化战略导向的本质以及战略导向管理会计体系构建的思路；第2章战略规划与战略地图，介绍了战略管理流程、战略规划的制定、战略实施要点，并提出了战略的编写要求及注意事项；第3、第4章分别探讨了价值创造战略导向的流程优化与再造、全面风险管理；第5章介绍了战略导向管理会计报告的编制，归纳了商业银行战略导向管理会计的维度管理内容；第6章基于管理会计维度，探讨了责任中心之间的业务划分，内部资金转移定价和运营成本、风险成本、资本成本及其他成本的分摊；第7章阐述了战略导向资源配置的主要管理工具，包括全面预算管理、风险限额管理和经济资本管理；第8章探讨了如何开展战略导向绩效考核与薪酬激励管理；第9章对支持战略管理全过程的多维度盈利能力分析进行了概述。本书还穿插了作者与上海理工大学中小银行研究中心赵洪进教授、陈玉菁副教授、许学军副教授在多家中小银行从事相关课题研究时研发的案例，同时得到了上海市高原学科上海理工大学管理科学与工程建设项目的支持，希望本书提供的思路和方法，对商业银行战略导向管理会计体系的建设能够提供一点帮助。

限于篇幅，本书不可能对商业银行战略导向管理会计体系的所有问题作一一详述，由于国内商业银行战略导向管理会计的实践才刚刚起步，仍有许多地方需要改进完善，加之时间仓促，难免存在不妥或不当之处，希望广大读者能批评指正，并请方便时把意见发往电子邮箱 liangrong1966@163.com，作者一定会虚心接受。同时，本书在写作过程中，参考了部分学者的资料，特此说明并表示真诚的感谢！

宋良荣

2020年12月于上海

目　录

第1章 总　论

改革开放40多年来，我国商业银行在国内经济快速发展的经营环境下迅速崛起，通过不断引入国际先进的风险管理理念与管理手段，大大提升了自身的公司治理和经营管理水平，与此同时，国内商业银行的自身实力和盈利能力也得到了大大增强。然而，进入21世纪以来，随着市场竞争的加剧、金融脱媒(financial disintermediation)的深化、利率市场化的持续推进、互联网金融的发展以及在经济新常态下银行业审慎监管的不断加强，外部环境对商业银行经营模式形成了持续的、愈益增大的压力，传统外延式、粗放型的发展模式已经走到了尽头。在经济新常态下，国内商业银行要实现持续健康发展，必须摆脱以往的“规模情结”与“速度偏好”，走“轻资本”“轻资产”“轻成本”的内涵式、集约化发展道路，转型发展战略和经营模式。面对新挑战，国内商业银行必须构建起以价值创造为核心的战略导向管理会计体系，通过全面应用管理会计体系提高精细化管理水平，推进管理变革，实现战略转型。

1.1 商业银行面临的挑战与轻型化战略转型

1.1.1 商业银行面临的挑战

1.1.1.1 我国经济全面进入新常态

现代经济本质上是货币经济，国民经济各个领域以金融为枢纽紧密地联系在一起。服务经济社会发展是金融的天职，现代经济活动循环的每一个环节——生产、分配、交换、消费都离不开金融业，尤其离不开银行业金融机构。在新常态的时代背景下，我国经济发展呈现出了增速放缓、结构优化调整、向消费和创新驱动转型等特征，商业银行将面临经营环境、金融风险更加复杂化，竞争主体、客户行为更加多元化，发展动力更加多样化等新的挑战，银行业将由原来的高增长、高回报行业进入高风险、低回报行业。这就要求商业银行必须主动适应经济发展新常态，加快战略转型，牢牢把握新的发展机遇，积极应对经济发展新常态带来的新挑战。

1.1.1.2 利率市场化改革的全面突破

利率市场化改革是我国金融改革发展的重要内容，是要素价格开放的重要体现。我国利率市场化改革沿着“先外币，后本币；先贷款，后存款；先大额、长期，后小额、短期”的原则稳步推进，在逐步放开利率管制、持续培育市场利率体系、不断完善利率调控机制等方面取

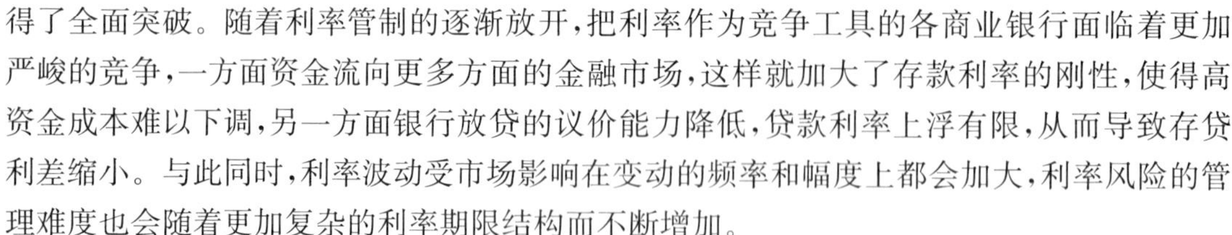

得了全面突破。随着利率管制的逐渐放开，把利率作为竞争工具的各商业银行面临着更加严峻的竞争，一方面资金流向更多方面的金融市场，这样就加大了存款利率的刚性，使得高资金成本难以下调，另一方面银行放贷的议价能力降低，贷款利率上浮有限，从而导致存贷利差缩小。与此同时，利率波动受市场影响在变动的频率和幅度上都会加大，利率风险的管理难度也会随着更加复杂的利率期限结构而不断增加。

1.1.1.3　金融脱媒趋势日益明显

金融脱媒即金融去中介化，一般是指资金的需求方和供应方将金融中介排除在外，而互通有无的现象。在此，“媒”在狭义上指银行，在广义上指金融部门。20 世纪 60 年代，因为受 Q 条例(美联储对存款利率进行管制的条例)等法律法规约束的影响，大量存款资金为了追求更高的收益而流出商业银行体系，美国民众的存款不断由存款机构涌向资本市场，导致商业银行信用和利润水平下降，给商业银行的存续带来了严重的祸患。之后，在西方一些经济发展水平比较高的国家，如英国、意大利等国的银行业也都相继出现了类似的现象。在我国，20 世纪 90 年代开始出现金融脱媒现象，这种现象在我国出现并加剧的主要原因如下：

(1) 居民偏好因素。我国居民风险偏好程度整体有所增强，尤其是在国内通货膨胀率居高不下的理财环境中，单靠银行存款无法弥补通货膨胀带来的货币购买力损失。为了获取更高的利益回报和规避货币贬值风险，居民更多地偏向于将手中剩余财富投入收益相对较高的新型金融产品，如 P2P 网络借贷等，而减少了银行储蓄存款。以往我国居民持有闲置资金的方式主要是存款，而现在则更希望实现资金的保值增值。金融创新产品的不断出现也迎合了居民多样化投资的需求，新的金融工具不断出现，商业银行存款转移现象明显，存款占金融资产的比重呈明显下降的趋势。

(2) 金融法规制度因素。我国金融制度的发展演变在很大程度上依赖于政府的管控和政策指引。在计划经济时期，自由金融体系在我国没有存在的土壤。改革开放后，我国确立了社会主义市场经济体制，并于 2001 年正式加入世界贸易组织(WTO)，我国金融体系逐步与国际接轨。在这一过程中，政府逐步放宽对金融业管制，努力打造功能健全的多样化金融市场体系，利用法规制度为金融脱媒奠定良好市场基础的同时，对商业银行等金融机构的管制非常严格，金融市场活力不足，资源配置效率不高。银行资本充足率要求、银行贷款条件、风险准备等的限制条件为金融脱媒迅速发展提供了优良土壤。

(3) 企业融资渠道多元化因素。我国金融市场经历了几十年的发展，相关法规制度在不断完善，征信体系日益健全、信息不对称程度降低，为直接融资在金融市场不断发展奠定良好基础的同时，金融创新日益活跃，企业投资途径和渠道被迅速拓展。具体来说，首先，为企业量身定做的个性化金融产品不断地被创造出来，为企业提供了更多的融资渠道选择，企业对商业银行贷款的依赖程度不断下降；其次，金融管控的不断放松和自由化的进一步推进，使企业在投融资方式和经营方式等方面的选择上拥有更多自主性；最后，金融市场的快速发展也为企业提供了更加合理的闲置资金投资渠道，企业之间的相互直接融资也进一步催化了金融脱媒。

当前，我国的金融脱媒趋势日益明显，居民的投资渠道更加多样，不再依赖于商业银行存款收益；企业融资也由间接融资向直接融资转换。由此，以商业银行为主导的金融体系将难以为继。当然，金融脱媒进程的加深对于商业银行而言，既是一个极大的挑战，也是一个转变经营模式、加快优化升级的重要机遇。研究表明①，金融脱媒对我国商业银行以存贷款为主体的传统资产和负债业务具有显著的负向影响，对新兴的同业资产和负债业务具有显著的正向影响；金融脱媒对商业银行负债方的影响要大于资产方。金融脱媒给我国商业银行中间业务的发展也带来了前所未有的机遇和挑战②：一方面金融脱媒促进了我国商业银行混合型中间业务，基金托管类业务以及理财咨询类业务的发展；另一方面金融脱媒也导致我国商业银行中间业务的单一化、同质化现象加剧，客户对商业银行的满意度大幅下降，金融市场恶性竞争，相关法律法规空缺，专业技术人才不足等诸多问题。

1.1.1.4 互联网金融领域发展日新月异

互联网技术正以超乎人们想象的速度发展，其与金融领域的合作越来越密切。互联网金融是以互联网技术或互联网环境作为依托进行的金融活动。从广义理解，互联网金融是传统金融机构和互联网企业利用互联网技术、信息通信技术实现资金融通和信息中介服务的金融业务模式。从狭义理解，仅指各类互联网企业直接或间接向客户提供的第三方金融服务。互联网金融作为一种新的金融服务模式，与传统的金融服务模式相比，具有数据更庞大、信息更透明、交易更便捷、用户参与程度高等主要特点。互联网企业发展互联网金融业务具有自身的相对优势，必然会与商业银行进行竞争，也必然会与之发生融合。从竞争效应看，商业银行的三大业务无疑会受到冲击，主要表现在以下三个方面：

(1) 互联网金融分流了商业银行的负债业务。作为商业银行的传统业务，负债业务一直增长较快。受互联网金融的冲击，商业银行负债业务增速普遍呈下降趋势，与以余额宝为代表的互联网货币基金急剧增长相比，两者呈现反向变动关系。为了防止存款流失，维持负债业务稳定发展，商业银行必然会提高利息水平，这样就会造成其资金成本上升，盈利降低。

(2) 互联网金融挤占了商业银行的资产业务。随着我国经济增长速度放缓，贷款业务将从卖方市场逐渐向买方市场过渡。商业银行贷款业务集中于优质客户，往往忽视小微企业的贷款需求。互联网金融比商业银行交易成本低，在小微企业贷款方面更能显示出自身优势。因此其能更好地满足小微企业的贷款需求，形成对商业银行的补充和替代。随着互联网金融的深入发展，以阿里小贷为代表的互联网金融必将进一步占领小微企业贷款市场。

(3) 互联网金融压缩了商业银行中间业务。随着互联网金融创新的深入，必将对商业银行传统的中间业务造成全面挤占。比如在支付方面，互联网第三方支付相较于商业银行表现出了收费更低廉、使用更便捷等诸多优势。随着第三方支付牌照的发放，第三方支付的范围越来越大，涉及货币兑换、预付卡发行、互联网支付等业务，直接导致商业银行在支付与结算、银行卡、代理中间业务等方面的收入下降，还可能影响商业银行的存款业务，导致存款流失。

1.1.1.5 以资本约束为核心的审慎监管已成常态

我国于2013年1月1日起实施了《商业银行资本管理办法(试行)》，规范了资本的定义。关于资本充足率监管的要求包括：核心一级资本充足率、一级资本充足率和资本充足率

① 肖崎，赵允宁.我国金融脱媒对商业银行资产负债业务的影响分析[J].上海金融，2017,(01):81-86.

② 陈茜.金融脱媒对商业银行中间业务的影响与应对措施[J].福建金融管理干部学院学报，2018,(03):25-31.

的最低要求分别为5%、6%和8%，储备资本要求为2.5%，逆周期资本要求为0～2.5%，系统重要性银行附加资本要求为1%。另外，还有第二支柱资本要求，即针对特殊资产组合的特别资本要求和针对单家银行的特定资本要求。可见，在通常情况下，系统重要性银行和非系统重要性银行的资本充足率分别不得低于11.5%和10.5%。《商业银行资本管理办法（试行）》对监管资本的多层次要求增强了资本监管的审慎性和灵活性，确保了资本充分覆盖国内商业银行面临的系统性风险和特定风险，通过强化资本约束机制，推动了商业银行从高资本消耗的规模扩张模式转向资本节约的内涵式发展模式，提高了发展质量。

1.1.1.6　利益相关者的约束

企业社会责任运动正在我国蓬勃兴起，股东、债权人、独立董事、高级管理人员、员工、金融消费者、政府机关、社会团体以及产业组织、地方社区等利益相关者对商业银行的诉求正在发生新的变化。例如，尽管国内商业银行的股权主要集中于国有法人股，但随着资本的全球化，商业银行股东对投资回报率的要求越来越向国际标准靠拢，如果达不到投资者的合理要求，就可能造成商业银行的整体市场价值下跌。商业银行作为经济社会的一员，在调节资源配置、保障经济持续增长和维护社会稳定等方面发挥着核心作用，其履行社会责任义不容辞，在追求自身利益最大化的同时应兼顾其他利益相关者，包括股东、客户、员工、政府和社会等。

1.1.2　商业银行轻型化战略转型

在经济新常态下，商业银行面临利率市场化、金融脱媒、资本约束等多重挑战，过往凭借"高资本消耗""重资产运行""拼成本运营"的传统经营模式已经难以为继。在这种市场环境下，国内商业银行已经走到了战略转型的"十字路口"，急需通过战略转型来谋求突围，通过创新来驱动转型，走轻型化之路，才能摆脱困境，实现基业长青和健康可持续发展。所谓商业银行轻型化战略转型，是指商业银行在经营中不再主要依赖资产规模、机构网点和人员的扩张获取利润，而是根据经济金融环境变化的内在要求，综合利用科技手段、产品与服务创新等多种方式，降低风险资产权重，配置轻型资产，降低资本消耗，建立质量与效益并举、应对市场变化更加灵活的集约型经营模式①。

商业银行轻型化战略转型，必须走"轻资本""轻资产""轻成本"之路②。

一是，"轻资本"之路。"资本"是商业银行拥有的、能永久支配和使用的资金，作为吸收非预期损失的"安全垫"，构成商业银行抵御经营风险的最后一道防线。因此，在以资本约束为核心的审慎监管已成常态和资本补充渠道日益逼仄的大环境下，商业银行的资本压力更大了，走低资本消耗的"轻资本"之路是商业银行轻型化战略转型的核心所在，是决定一家商业银行能走多快、走多远的根本因素。打造"轻资本"商业银行，关键要发挥资本管理对业务转型的引导作用，建立健全资本治理、资本约束、资本配置、资本补充等机制，不断优化资本结构，扭转片面"求快求大"的发展模式，大力发展资本节约型业务，走出"水多了加面、面多了加水"的粗放式循环，强化资本对资产的刚性约束，实现资本、风险和收益的有机平衡。

---

① 王家强，等.中国上市银行轻型化转型动因、成效与挑战[J].清华金融评论，2018，(09)：41-45.

② 曹国强.商业银行转型发展战略选择："轻资本""轻资产""轻成本"[J].银行家，2016，(07)：32-33.

二是，“轻资产”之路。“轻资产”主要体现在资产的高效运转，即资产配置和资产结构的持续动态优化。“轻资产”是商业银行实现“轻资本”的必要前提与途径，资本的集约使用意味着风险资产的合理配置，由于商业银行同时管理资产端和负债端的风险，其在资本充足率方面有严格的标准，在运用资产的同时尽可能降低资本消耗是轻资产运营的主要特征。要达到资产的高效运转和资本的集约使用必须在业务模式上进行优化，正确处理表内业务与表外业务之间的关系。这集中体现在两个方面：一方面要改变传统的追逐资产负债表扩张、依托表内业务高耗资本发展的惯性，要在表内资产上进行优化配置，并加快信贷资产周转，降低其所占用的风险资本；另一方面要着力发展低风险、低资本消耗乃至零资本消耗的表外业务，降低固定成本，减少对固定资产的占用，利用商业银行所拥有的客户以及信息优势创造新的盈利增长点，真正做到“轻资产”运营，打造依托内生资本积累的可持续发展模式。

三是，“轻成本”之路。“轻成本”主要指利用资金成本和运营成本方面的优势，进而降低与客户的交易成本。资金成本考验的是商业银行的客户经营能力、产品创新能力和定价管理能力。只有立足客户经营，以客户为中心，合理满足客户需求与体验的同时，提升定价管理能力，才会最大限度拓展高忠诚度、有黏性的结算性价值客户，以此形成对利率敏感性低的存款资金，这样商业银行可以最大限度地获取低资金成本的优势。运营成本考验的是商业银行的流程整合能力、业务整合能力和财务管控能力，而其核心与基础又在于流程和业务整合能力。只有以客户为中心，致力于流程的整合与业务的整合，确保在有效控制风险的前提下，业务决策流程最短、有效，业务操作的流程最优，作业环节至简、高效，单位作业成本最低，才能占据运营成本有效管控的优势。商业银行在资金成本、运营成本方面的优势，为其向社会和公众提供低成本的金融产品和服务甚至免费跨界服务、有效履行社会职责奠定了基础，进而拥有交易成本优势。

1.2 商业银行战略导向——价值最大化

在商业银行中，发展战略是其生存的关键。我们知道，在海上航行的轮船，如果方向舵失灵，它就会随波逐流。对于一家商业银行来说，发展战略就好比方向舵，发挥的是“导航”作用。

1.2.1 商业银行战略导向的基本类型

商业银行从小变大、从弱变强的发展过程中，每个阶段的战略导向因风险偏好的不同而存在差异，归纳起来主要有三种基本类型。

1.2.1.1 规模最大化战略导向

商业银行在规模成长阶段，为了促进业务发展，提高市场占有率，获得更大的生存空间和发展基础，在这个阶段其战略导向主要是引导业务发展和规模扩张，因此绩效考核的关键指标是存贷规模及其增长率。商业银行应追求适度规模，因为规模最大化战略导向存在以下弊端：

(1) 没有考虑规模成长的成本(包括机会成本)。

(2) 没有考虑规模成长承担的风险因素。

1.2.1.2　利润最大化战略导向

经营获利是商业银行生存和发展的必要条件。如果商业银行长期出现亏损,势必会导致其资不抵债,陷入破产、倒闭。以利润最大化作为商业银行的战略导向,有其科学成分。这是因为,商业银行追求利润最大化,就必须讲求经济核算、加强管理、改进技术、提高劳动生产率、降低成本,这些措施都有利于资源的合理配置,有利于经济效益的提高。因此,利润最大化战略导向的商业银行,其绩效考核的关键指标是会计利润。但是,以利润最大化作为战略导向仍存在以下缺点:

(1) 没有考虑资本消耗量和资本的机会成本,即没有考虑资本的时间价值。

(2) 没有考虑获取利润和所承担风险的大小,即没有考虑风险因素和风险敞口。

(3) 利润最大化往往会使商业银行财务决策带有短期行为的倾向,即只顾实现目前的最大利润,而不顾商业银行的长远发展。例如,忽视科技开发、产品开发、人才开发、生产安全、履行社会责任,甚至降低信用标准发放贷款等。利润最大化战略导向造成的经营上的短期行为还可能引发道德风险,因为基于权责发生制的会计利润容易被人为操纵,甚至会计造假;另外,公允价值会计计量受资产价格泡沫影响,在放大利润的同时,隐瞒了风险程度。

应该看到,利润最大化的提法,只是对经济效益的浅层次的认识,存在一定的片面性。所以,现代财务管理理论认为,利润最大化不是财务管理的最优目标。

1.2.1.3　价值最大化战略导向

投资者建立企业的重要目的在于创造尽可能多的财富。这种财富首先表现为企业的价值,即企业本身值多少钱。财富最大化是通过企业的合理经营,采取最优的财务政策,在考虑货币的时间价值和风险报酬的情况下不断增加企业财富,使企业总价值达到最大。

对商业银行而言,在对其整体价值评价时,看重的不是商业银行已经获得的利润水平,而是其潜在的获利能力。因此,商业银行的整体价值不是账面资产的总价值,而是其全部财产(包括账面资产和非账面资产)的市场价值,它反映了商业银行潜在或预期的获利能力。可见,商业银行的价值在于它能给所有者带来未来报酬,包括获得股利和出售其股权换取现金。如同商品的价值一样,商业银行的价值只有投入市场才能通过价格表现出来。

不过,最典型、最能说明问题的还是股份制商业银行,尤其是上市银行。股东的财富由其所拥有的股票数量和股票市场价格两方面来决定,当股票价格达到最高时,股东财富也达到最大,这样,上市银行总价值最大与股东财富最大是一致的。股价的高低,代表了投资者对上市银行价值的客观评价,反映了资本和获利之间的关系,反映了每股盈余的大小和取得的时间,也反映了每股盈余的风险。当然,以银行整体价值最大化作为战略导向也存在一些问题:

(1) 对于上市银行,虽可以通过股票价格的变动揭示其价值,但是股价是受多种因素影响的结果,特别在即期市场上的股价不一定能够直接揭示银行的获利能力,只有长期趋势才能做到这一点。

(2) 为了控股或稳定购销关系，现代企业不少采用环形持股的方式，相互持股。法人股东对股票市价的敏感程度远不及个人股东，对股价最大化目标没有足够的兴趣。

(3) 对于非上市银行，只有对银行进行专门的评估才能真正确定其价值，而在评估银行的资产时，由于受评估标准和评估方法的影响，这种估价不易做到客观和准确，也导致了银行价值确定的困难。

坚持价值最大化战略导向的商业银行，其绩效考核的关键指标是经济增加值(EVA)，并辅以平衡计分卡(BSC)各个维度的指标。

1.2.2 商业银行的价值维度

平衡计分卡的权威研究者 Kaplan 和 Norton 在最初的平衡计分卡实践中发现，平衡计分卡能够传递公司的战略。他们认为平衡计分卡不仅是公司绩效考核的工具，更为重要的是它还是一个公司战略管理的工具。我们认为，平衡计分卡是一个价值驱动计分卡，根据平衡计分卡的四个维度(财务、客户、内部业务流程、学习与成长)，可以把商业银行的整体价值简单地视为由四个核心维度构成：商业银行整体价值＝财务资本价值＋人力资本价值＋流程与制度资本价值＋客户资本价值$\pm\sigma$(误差)。

财务资本与人力资本是通过流程与制度资本联结起来的，其中：人力资本、流程与制度资本和客户资本是可再生资本。商业银行整体价值的四个维度与平衡计分卡四个维度之间的对应关系是：

(1) 财务维度→财务资本价值。

(2) 客户维度→客户资本价值。

(3) 内部业务流程维度→流程与制度资本价值。

(4) 学习与成长维度→人力资本价值。

1.2.3 商业银行价值最大化的本质

商业银行价值最大化战略导向目标的确立，存在的最大问题是其整体价值如何计算，即商业银行经济价值应选择何种计价标准、其经济价值由什么因素决定、应建立怎样的计价模式。这些问题若不能得到很好解决，则所确定的价值最大化战略导向目标就缺乏现实意义。

在众多的企业经济价值计量方法中，我们选择了公认的内在价值法。所谓内在价值，是指企业未来现金流量净额在一定的风险贴现率下的现值，它反映的是企业未来的获利能力。商业银行经济价值的计算应以其内在价值为计价标准。理由是：

(1) 内在价值是指企业在经营期间对另一家企业或个人所值的价钱，该价值是对企业未来获利能力的评估价值。

(2) 在企业经济价值的计算过程中考虑了风险和收益以及收益回收时间对企业价值的影响问题。而内在价值的计算原理是对企业未来各期预计现金流量贴现的求和，这种方法本身就是运用了资金时间价值原理，充分考虑了收益和风险均衡问题。这一方法与价值最大化战略导向目标的要求相吻合。

商业银行的经济价值是未来现金流量在特定的风险贴现率下的现值，与商业银行未来的自由现金流量、包含个体风险附加的贴现率以及商业银行的经济寿命之间存在直接的因果联系，这种因果关系可以运用数学模型表达如下：

$$PV = \sum_{t=1}^{n} \frac{F_t}{(1+i)^t} \quad \text{（式 1.1）}$$

式中 F_t 为商业银行未来每年赚取的现金流量净额；

i 为折现率；

t 为商业银行持续经营的时间（即商业银行的经济寿命），$t=1,2,\cdots,n$。

F_t 和 i 的计算公式如下：

$$F_t = \text{当年不发生现金支出的费用} + \text{利润}$$

$$i = \text{系统性风险因子} + \text{个体风险附加因子}$$

当年不发生现金支出的费用和系统性风险因子这两个因素在特定期间是个常数，商业银行无法控制。因此，在商业银行整体价值计量公式中，F_t 代表收益（利润），i 代表风险（个体风险附加因子），$\sum(t=1,2,\cdots,n)$ 代表持续经营的时间（发展）。

商业银行整体价值最大化，意味着在特定状态下实现“收益（利润）最大化、风险最小化、持续经营时间（发展）最长化”。因此，商业银行价值最大化的本质是实现“收益（利润）、风险、持续经营时间（发展）的最佳均衡状态”。

财政部发布并于 2007 年 1 月 1 日起实施的《金融企业财务规则》第三条指出，金融企业应当防范和化解财务风险，实现持续经营和价值最大化。可见，追求整体价值最大化符合商业银行“轻资本”“轻资产”“轻成本”的轻型化战略转型之路。

1.3 商业银行战略导向管理会计体系构建

简单地说，管理会计就是为“管理”服务的“会计”，战略导向管理会计就是为“战略管理”服务的“会计”。管理会计通过对企业财务及业务数据的收集、加工、整理和分析，履行预测、规划、控制和考核的职能，目的在于筹划未来、控制现在、解释过去，为企业提供决策支持信息。可见，管理会计与企业决策者之间的关系本质上就是“谋”与“断”的关系，“多谋”才能“善断”，只有“运筹帷幄”才会“决胜千里”。

1.3.1 管理会计的导向演变

管理会计的起源和发展与管理学的发展密不可分，在 20 世纪初，管理学从经验管理阶段进入了以泰勒的科学管理学说为代表的科学管理阶段，管理会计也从成本会计中萌生并发展起来。管理会计必须服从和服务于企业的战略导向，在扮演“谋”的角色中逐渐丰富和完善其内涵。

1.3.1.1 成本导向型管理会计

管理会计的萌芽可以追溯到 20 世纪初。第一次世界大战后，以泰勒为代表的工程师们通过工作分析和时间动作研究，建立起了单位产出所需的人工和材料的科学标准，从而开创了将间接生产费用分配到产品的方法。在美国，许多企业推行泰勒的科学管理来提高生产效率与工作效率。为了配合科学管理，"标准成本""差异分析""预算控制"等管理方法开始被引入会计，成为成本会计的一个组成部分，重点应用于解决如何提高效率、降低成本的问题。当时有学者提出了"管理的会计"这个词汇，并主张将管理的重心放在加强内部管理上，但当时没有受到会计界的普遍重视。

可见，展露雏形的管理会计起源于20世纪初泰勒的科学管理学说，其服务的管理导向是追求"效率"和控制成本，实现生产成本最低化的管理目标。

1.3.1.2 利润导向型管理会计

到了20世纪40年代，尤其是第二次世界大战以后，世界经济在第三次技术革命浪潮的推动下高速发展，新的环境对企业经营管理提出了更高的要求。为了应对激烈的市场竞争，企业广泛实行职能管理与行为管理，借以提高产品质量，降低产品成本，扩大企业利润，在提高生产效率的同时更要追求经济效益，即实现企业利润最大化。与此相适应，"责任会计""成本—业务量—利润分析"等专门方法也应运而生，并融入原有的会计方法体系中来。在1952年世界会计师大会上，"管理会计"这一专业名称首次被正式采用，标志着"管理会计"作为独立管理学科的地位得到正式确立。与此相对应，业界将传统会计称为"财务会计"。

20世纪50年代后，随着企业的规模逐渐扩大，生产经营日渐复杂，管理学进入现代管理阶段，定量分析在决策中开始发挥越来越重要的作用。与此同时，管理会计的理论与方法体系逐步完善，管理会计在经营管理中的应用日益受到重视，现代管理会计的框架体系基本形成。

在这一时期，管理会计服务的管理导向是追求"效益"，实现利润最大化的管理目标。

1.3.1.3 价值导向型管理会计

20世纪80年代后，随着全球经济一体化、信息技术和互联网技术的迅速发展，企业间的竞争愈发激烈，企业更注重战略决策、战略发展和核心竞争力的培育，对战略决策、价值分析和绩效考核等的需求更加强烈，推动管理会计走向了更高层次——以社会价值链优化为导向的战略管理会计。管理会计的应用重点转为如何为企业"价值链"优化和价值创造提供有效信息，从而管理会计发展为一套以价值创造为核心理念的价值管理体系。与此同时，作业成本法、平衡计分卡等管理方法的产生为管理决策提供了多元化的信息。尤其是平衡计分卡所体现的"五个结合"——战略与战术、当前与未来、内部条件与外部环境、经营目标与业绩评价、财务衡量与非财务衡量相结合，无论从理论认识还是从实际应用上看，都实现了新的突破，完全突破了传统意义上会计的局限，成为新的历史条件下创建新的综合性管理系统的一个重要里程碑，有效地支持了企业实现短期利益与长期价值的平衡，使企业的战略管理与管理会计更加融为一体。管理会计进入了一个大发展的时期，其应用广度与深度都大幅提升。

可见，价值导向型管理会计追求的是企业"价值"，服务于企业长期价值最大化的战略目标。

1.3.2 战略导向管理会计的职能

资料 1-1

财政部《管理会计基本指引》摘录

第三条　管理会计的目标是通过运用管理会计工具方法，参与单位规划、决策、控制、评价活动并为之提供有用信息，推动单位实现战略规划。

第四条　单位应用管理会计，应遵循下列原则：

（一）战略导向原则。管理会计的应用应以战略规划为导向，以持续创造价值为核心，促进单位可持续发展。

（二）融合性原则。管理会计应嵌入单位相关领域、层次、环节，以业务流程为基础，利用管理会计工具方法，将财务和业务等有机融合。

（三）适应性原则。管理会计的应用应与单位应用环境和自身特征相适应。单位自身特征包括单位性质、规模、发展阶段、管理模式、治理水平等。

（四）成本效益原则。管理会计的应用应权衡实施成本和预期效益，合理、有效地推进管理会计应用。

第五条　管理会计应用主体视管理决策主体确定，可以是单位整体，也可以是单位内部的责任中心。

第六条　单位应用管理会计，应包括应用环境、管理会计活动、工具方法、信息与报告等四要素。

战略导向管理会计的职能作用，从财务会计单纯的核算扩展到筹划未来、控制现在、解析过去有机结合起来，参与企业价值管理的全过程。

(1) 筹划未来，事前履行预测、规划职能。预测、规划是筹划未来的主要形式，充分利用所掌握的丰富资料进行严密的定量分析，帮助管理决策部门客观地掌握情况，从而提高预测、规划的科学性和决策的正确性。

(2) 控制现在，事中履行控制、监督职能。这是指通过一系列设定容忍度区间的指标体系，及时修正在执行过程中出现的偏差，使企业的生产经营活动严格按照决策预定的轨道卓有成效地进行。

(3) 解析过去，事后履行评价、考核职能。这主要是指通过对财务会计所提供的资料进一步加工、完善和延伸，在全面、客观评价企业绩效的基础上实施绩效考核，以更好地满足筹划未来和控制现在的需要。

战略导向管理会计在筹划未来、控制现在、解析过去这三方面的职能紧密结合在一起，在企业价值管理过程中综合地发挥作用，形成一种综合性的职能，如图 1-1 所示。

图 1-1　战略导向管理会计职能闭环

1.3.3 商业银行战略导向管理会计的基本内容

资料 1-2

财政部《管理会计基本指引》摘录

第三章 管理会计活动

第十三条 管理会计活动是单位利用管理会计信息，运用管理会计工具方法，在规划、决策、控制、评价等方面服务于单位管理需要的相关活动。

第十四条 单位应用管理会计，应做好相关信息支持，参与战略规划拟定，从支持其定位、目标设定、实施方案选择等方面，为单位合理制定战略规划提供支撑。

第十五条 单位应用管理会计，应融合财务和业务等活动，及时充分提供和利用相关信息，支持单位各层级根据战略规划做出决策。

第十六条 单位应用管理会计，应设定定量定性标准，强化分析、沟通、协调、反馈等控制机制，支持和引导单位持续高质高效地实施单位战略规划。

第十七条 单位应用管理会计，应合理设计评价体系，基于管理会计信息等，评价单位战略规划实施情况，并以此为基础进行考核，完善激励机制；同时，对管理会计活动进行评估和完善，以持续改进管理会计应用。

第四章 工具方法

第十八条 管理会计工具方法是实现管理会计目标的具体手段。

第十九条 管理会计工具方法是单位应用管理会计时所采用的战略地图、滚动预算管理、作业成本管理、本量利分析、平衡计分卡等模型、技术、流程的统称。管理会计工具方法具有开放性，随着实践发展不断丰富完善。

第二十条 管理会计工具方法主要应用于以下领域：战略管理、预算管理、成本管理、营运管理、投融资管理、绩效管理、风险管理等。

（一）战略管理领域应用的管理会计工具方法包括但不限于战略地图、价值链管理等。

（二）预算管理领域应用的管理会计工具方法包括但不限于全面预算管理、滚动预算管理、作业预算管理、零基预算管理、弹性预算管理等。

（三）成本管理领域应用的管理会计工具方法包括但不限于目标成本管理、标准成本管理、变动成本管理、作业成本管理、生命周期成本管理等。

（四）营运管理领域应用的管理会计工具方法包括但不限于本量利分析、敏感性分析、边际分析、标杆管理等。

（五）投融资管理领域应用的管理会计工具方法包括但不限于贴现现金流法、项目管理、资本成本分析等。

（六）绩效管理领域应用的管理会计工具方法包括但不限于关键指标法、经济增加值、平衡计分卡等。

（七）风险管理领域应用的管理会计工具方法包括但不限于单位风险管理框架、风险矩阵模型等。

第二十一条　单位应用管理会计，应结合自身实际情况，根据管理特点和实践需要选择适用的管理会计工具方法，并加强管理会计工具方法的系统化、集成化应用。

一般来说，商业银行战略导向管理会计主要依托追求长期价值最大化的战略规划以及支持战略实施的全面预算管理、多维度盈利核算分析体系、绩效管理等管理手段，这些管理手段自然就构成了商业银行战略导向管理会计体系的基本内容。

通过围绕长期价值最大化战略导向编制预算、执行预算、分析预算、滚动地调整预算等活动，实现全面预算管理与战略规划、业务计划和绩效考核相衔接。多维度盈利核算分析体系从责任中心、客户、产品、业务线、客户经理等维度进行涵盖全收入、全成本的盈利核算，分析和评估，履行控制现在的职能，同时作为连接筹划未来、解析过去的桥梁，为预测、规划和评价考核提供参考和依据。绩效管理以价值管理为核心，评价商业银行各级组织、机构和人员的业绩贡献，作为实施奖惩的依据，是发挥管理会计评价考核职能的核心管理手段。

全面预算管理、多维度盈利核算分析体系、绩效管理三者相互依存，密不可分，形成筹划未来、控制现在、解析过去的完整管理闭环，共同支持商业银行的经营管理决策，实现商业银行长期价值最大化的战略目标。其中，多维度盈利核算分析体系是全面预算管理、绩效管理的基石，是商业银行战略导向管理会计体系的中枢与核心，如图 1-2 所示。商业银行应在实现长期价值最大化战略目标导向下使全面预算管理、多维度盈利核算分析体系以及绩效管理三者深度关联、协同运用，共同发挥好管理会计在商业银行价值管理中的职能作用。

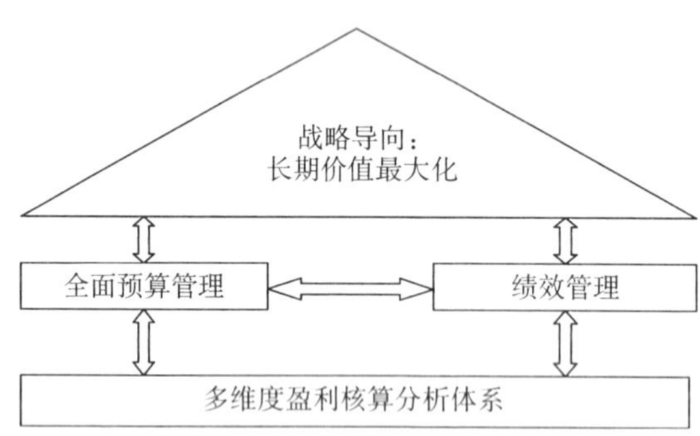

图 1-2　战略导向管理会计体系基本架构

第 2 章　战略规划与战略地图

什么都可以出错，战略不能出错；什么都可以失败，战略不能失败。战略的失败是最彻底的失败！无论是一个国家、一个地区、一个行业，还是一个微观组织，都面临发展战略管理的问题。对商业银行来说，战略是维持其健康生存的重要手段，也是帮助商业银行表明其意图、目标和未来的行动方案。战略实施的重要手段之一是全面预算管理，其首要功能是计划，即提供战略计划和经营计划。战略计划通常要考虑未来 3～5 年的情况，而经营计划一般只考虑 1 年的情况。商业银行通常的做法是以战略计划作为计划周期的开始，因为它是经营计划的基本导向。

2.1 战略管理概述

发展战略是企业在对现实状况和未来趋势进行综合分析和科学预测的基础上，制定并实施的中长期发展目标与战略规划①。发展战略可以为企业找准市场定位，是企业执行层的行动指南，为企业的内部控制设定了最高目标。

资料 2-1

财政部《管理会计应用指引第 100 号——战略管理》摘录

第二条　战略管理，是指对企业全局的、长远的发展方向、目标、任务和政策，以及资源配置做出决策和管理的过程。

战略，是指企业从全局考虑做出的长远性的谋划。

第三条　企业战略一般分为三个层次，包括选择可竞争的经营领域的总体战略、某经营领域具体竞争策略的业务单位战略（也称竞争战略）和涉及各职能部门的职能战略。

第四条　企业进行战略管理，一般应遵循以下原则：

① 财政部、证监会、银监会等联合发布的《企业内部控制应用指引第 2 号——发展战略》第二条。

（一）目标可行原则。战略目标的设定，应具有一定的前瞻性和适当的挑战性，使战略目标通过一定的努力可以实现，并能够使长期目标与短期目标有效衔接。

（二）资源匹配原则。企业应根据各业务部门与战略目标的匹配程度进行资源配置。

（三）责任落实原则。企业应将战略目标落实到具体的责任中心和责任人，构成不同层级彼此相连的战略目标责任圈。

（四）协同管理原则。企业应以实现战略目标为核心，考虑不同责任中心业务目标之间的有效协同，加强各部门之间的协同管理，有效提高资源使用的效率和效果。

第五条　战略管理领域应用的管理会计工具方法，一般包括战略地图、价值链管理等。

战略管理工具方法，可单独应用，也可综合应用，以加强战略管理的协同性。

2.1.1　战略管理流程

战略管理是企业的综合性管理，它将企业战略计划、实施和控制中所涉及的那些单一要素系统地整合起来。因此，全面、深入理解一个企业的长期目标与任务（企业的发展方向）是战略管理成功的关键环节。同时，也有必要对企业目标和任务现在所处的以及未来经营所处的环境进行全面分析（企业现况），包括企业所有内部的运营、资源状况和所处经营环境中的外部情况。根据企业现况与企业的发展方向两者之间的差距，提出相应的行动方案。例如，如果外部环境正朝着不利于企业的方向发展，至少得找到维持目前态势的应对措施。在一个真正全面的战略管理框架下，战略管理是一个持续、互动的过程，如图2-1所示①。

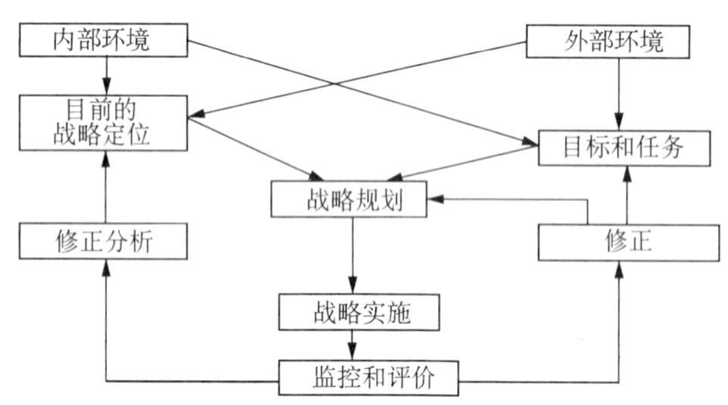

图2-1　战略管理流程

① 沃德.战略管理会计[M].何瑛，等.译.北京：经济管理出版社，2011：3-4.

资料 2-2

财政部《管理会计应用指引第 100 号——战略管理》摘录

第二章　应用环境

第六条　企业应关注宏观环境(包括政治、经济、社会、文化、法律及技术等因素)、产业环境、竞争环境等对其影响长远的外部环境因素，尤其是可能发生重大变化的外部环境因素，确认企业所面临的机遇和挑战；同时应关注本身的历史及现行战略、资源、能力、核心竞争力等内部环境因素，确认企业具有的优势和劣势。

第七条　企业一般应设置专门机构或部门，牵头负责战略管理工作，并与其他业务部门、职能部门协同制定战略目标，做好战略实施的部门协调，保障战略目标得以实现。

第八条　企业应建立健全战略管理有关制度及配套的绩效激励制度等，形成科学有效的制度体系，切实调动员工的积极性，提升员工的执行力，推动企业战略的实施。

第三章　应用程序

第九条　企业应用战略管理工具方法，一般按照战略分析、战略制定、战略实施、战略评价和控制、战略调整等程序进行。

第十条　战略分析包括外部环境分析和内部环境分析。

企业进行环境分析时，可应用态势分析法(Strength，Weakness，Opportunity，Threat，简称 SWOT 分析)、波特五力分析和波士顿矩阵分析等方法，分析企业的发展机会和竞争力，以及各业务流程在价值创造中的优势和劣势，并对每一业务流程按照其优势强弱划分等级，为制定战略目标奠定基础。

第十一条　战略制定，是指企业根据确定的愿景、使命和环境分析情况，选择和设定战略目标的过程。

企业可根据对整体目标的保障、对员工积极性的发挥以及企业各部门战略方案的协调等实际需要，选择自上而下、自下而上或上下结合的方法，制定战略目标。

企业设定战略目标后，各部门需要结合企业战略目标设定本部门战略目标，并将其具体化为一套关键财务及非财务指标的预测值。为各关键指标设定的目标(预测)值，应与本企业的可利用资源相匹配，并有利于执行人积极有效地实现既定目标。

第十二条　战略实施，是指将企业的战略目标变成现实的管理过程。

企业应加强战略管控，结合使用战略地图、价值链管理等多种管理会计工具方法，将战略实施的关键业务流程化，并落实到企业现有的业务流程中，确保企业高效率和高效益地实现战略目标。

第十三条　战略评价和控制，是指企业在战略实施过程中，通过检测战略实施进展情况，评价战略执行效果，审视战略的科学性和有效性，不断调整战略举措，以达到预期目标。

企业主要应从以下几个方面进行战略评价：

战略是否适应企业的内外部环境；战略是否达到有效的资源配置；战略涉及的风险程度是否可以接受；战略实施的时间和进度是否恰当。

第十四条　战略调整，是指根据企业情况的发展变化和战略评价结果，对所制定的战略及时进行调整，以保证战略有效指导企业经营管理活动。

战略调整一般包括调整企业的愿景、长期发展方向、战略目标及其战略举措等。

2.1.2　影响企业战略的利益相关者

正如我们在第1章论述商业银行面临的挑战时提到的，企业社会责任运动正在蓬勃兴起，利益相关者对商业银行的诉求在发生新的变化。这些不同的利益相关者在企业中差别迥异，而且其利益有可能相互冲突，他们也希望通过各种各样的途径不同程度地涉入企业的战略管理。例如，在一家规模庞大、跨国且多元化经营的金融集团公司，股东对集团特定的业务、产品、市场以及投资的国家都所知甚少，甚至对此也毫不关心。他们主要关心自己以分红和资本利得等形式获得的财务收益，只要集团管理者能够继续在财务方面保持优良的绩效，他们就会支持由集团管理者全权负责战略管理。但是，不同的员工对集团战略的任何调整所持的态度可能不一样，在某些情形下，他们的态度对于战略选择以及最终的成功都是至关重要的。又如，客户对于集团任何一个能对目前交易领域有影响的战略威胁都会非常关注。值得指出的是，在权衡利益相关者的重要性时，要适当考虑一些能反映利益相关者影响力和实力(即重要性程度)的因素，这些权重因素应与所考虑的特定目标联系起来，必要时还要适当考虑所有重要的利益相关者的利益。影响企业战略的利益相关者，如图2-2所示。

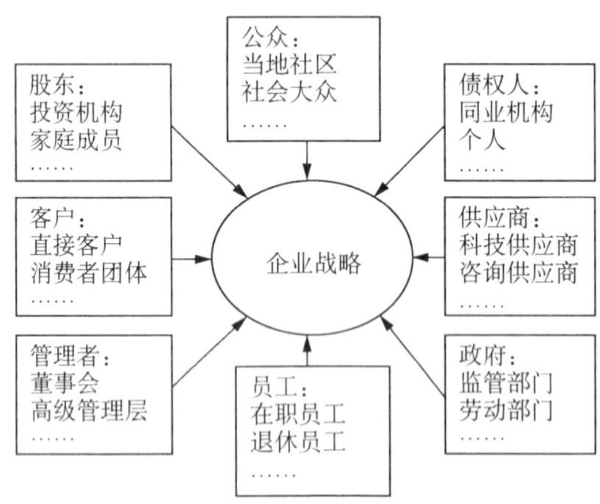

图2-2　影响企业战略的利益相关者

2.1.3　战略环境下的管理会计

战略管理是一个不断循环往复的持续过程，每项战略决策都需要相关的、充分的信息支持。战略环境下的管理会计是一套决策支持系统，要在适当的时间将正确的信息提供给合

适的人。在此，合适的人是指战略决策者，包括公司战略及其中大量子战略的决策者和监控战略实施过程中各个层级的管理人员。一套好的战略导向管理会计系统能够通过对历史信息进行分析并对未来决策结果进行预测，为战略决策者提供大量有价值的信息。在实际工作中，大多数的战略问题都是非常复杂的、一次性的决策，对这类决策结果进行预测非常困难，因此必要时需要将运筹学、最优化理论与方法、博弈分析、决策群、神经网络技术等较为复杂的决策模型工具运用到为战略服务的管理会计中，以应对复杂的战略决策问题。

2.2 商业银行战略规划的制定

商业银行战略规划的制定过程因下列因素的不同而不同：管理风格、机构规模、规划的急需程度、可获得的数据资料、职员的支持以及对规划的熟悉程度等。尽管商业银行战略规划的形式各不相同，但包括的内容和编制的步骤基本相同。商业银行战略规划一般包括：①完成对形势的分析；②起草展望与任务声明；③确定工作目标；④确认战略计划，以实现预先设定的目标；⑤确定实施各种规划的行动与步骤；⑥指派职员执行所提出的行动方案；⑦确定完成各类规划的最后期限；⑧监督、评估、修改战略规划的内容。

资料 2-3

财政部、证监会、银监会等《企业内部控制应用指引第 2 号——发展战略》摘录

第二章　发展战略的制定

第四条　企业应当在充分调查研究、科学分析预测和广泛征求意见的基础上制定发展目标。

企业在制定发展目标过程中，应当综合考虑宏观经济政策、国内外市场需求变化、技术发展趋势、行业及竞争对手状况、可利用资源水平和自身优势与劣势等影响因素。

第五条　企业应当根据发展目标制定战略规划。战略规划应当明确发展的阶段性和发展程度，确定每个发展阶段的具体目标、工作任务和实施路径。

第六条　企业应当在董事会下设立战略委员会，或指定相关机构负责发展战略管理工作，履行相应职责。

企业应当明确战略委员会的职责和议事规则，对战略委员会会议的召开程序、表决方式、提案审议、保密要求和会议记录等做出规定，确保议事过程规范透明、决策程序科学民主。

战略委员会应当组织有关部门对发展目标和战略规划进行可行性研究和科学论证，形成发展战略建议方案；必要时，可借助中介机构和外部专家的力量为其履行职责提供专业咨询意见。

战略委员会成员应当具有较强的综合素质和实践经验，其任职资格和选任程序应当符合有关法律法规和企业章程的规定。

第七条　企业董事会应当严格审议战略委员会提交的发展战略方案，重点关注其全局性、长期性和可行性。董事会在审议方案中如果发现重大问题，应当责成战略委员会对方案做出调整。

企业的发展战略方案经董事会审议通过后，报经股东(大)会批准实施。

2.2.1　形势分析

形势分析常用的方法有SWOT分析和PEST分析。SWOT分析方法用来确定企业本身的优势、劣势、机会和威胁。优势和劣势分析主要是着眼于企业自身的实力及其与竞争对手的比较，而机会和威胁分析将注意力放在外部环境的变化及对企业的可能影响上，从而将企业的战略与企业内部资源、外部环境有机结合。因此，明确企业的资源优势和劣势，了解企业所面临的机会和威胁，对于制定企业未来的发展战略有着至关重要的意义。PEST分析是指在战略实践中，专用于分析外部宏观环境的一种方法。在此，宏观环境具体是指影响一切企业和行业的各种宏观力量。不同的企业所面对的宏观环境不同，影响企业的宏观环境的因素也不同，不同的企业和行业根据其自身特点及经营需要，分析的具体内容就会不同，不过，一般来讲都应对政治因素、经济因素、技术因素和社会因素这四个影响企业的宏观环境因素进行分析。具体来讲，政治因素分析主要从企业所面临的政治环境、政局的稳定性、政策的持续性等方面分析，对于政权交替过于频繁的国家，政治因素分析就显得十分重要；经济因素分析从宏观经济的具体情况，即经济的稳定状况、财政货币政策松紧状况分析；技术因素分析从企业的生产技术的发达程度、产品技术水平等方面分析；社会因素分析主要从人民生活消费水平、居民的收支状况及人们的观念等方面分析。

可见，PEST分析注重的是SWOT分析的机会和威胁等外部因素，可以视为SWOT外部因素分析的专门方法。对于商业银行的优势、劣势、面临的机会及受到的威胁(SWOT)进行全面、深刻的分析，是制定发展战略最为重要的内容。通过形势分析获得的信息和得出的结论，可以使商业银行充分把握实现战略目标的可能性。形势分析有助于商业银行对自身的目标、对象、战略、行为等加以确认。通过优势、劣势、机会与威胁(SWOT)分析可以使商业银行的实力最大程度地发挥出来，从而有助于发展战略的实施，或者放弃那些无法实现的战略。

2.2.1.1　形势分析的原则

不重视甚至忽视形势分析是一个严重的错误。假如商业银行的管理当局自视过高，通常会使他们无法确定发展战略的方向。然而，自负并不是阻碍商业银行在编制发展战略之前进行全面形势分析的主要原因。在大多数情况下，其主要原因在于，高级管理人员害怕发现自己工作中的失误而不敢进行自我评估。形势分析针对核心问题，通过逐步深入的方法展开分析。这样，商业银行的功过成败将一览无遗。有时候，商业银行的高级管理人员会受到来自他人不合理的建议、貌似谦虚的竞争对手以及不专业的董事会的困扰。形势分析可以帮其找准存在的缺点，使其能够正视和改正它。不管怎样，在进行形势分析之前，了解以下原则可以提高编制发展战略的效率与质量：

(1) 保持对战略规划的控制。尽管对员工记录和产品与服务记录的分析有一定的价值，但是发展战略更注重对商业银行有一个宏观的了解。一旦商业银行的整体规划确定下来，具体的工作执行起来就相当容易了。

(2) 制定一个时间进度表。规划的第一步是确定进行形势分析的时间。一般情况下，详细的形势分析可以在 30 天内完成，最多不超过 60 天。根据这一时间限制，应对与形式分析相关的各个项目制定具体时间表，并注明负责人。时间限定不清就会造成工作拖延。

(3) 保持形势分析的相关性。调查研究应为战略规划提供必要的信息。与最终决定无关的数据资料没有必要进行收集和分析。

(4) 确定有待分析的内容及人员。应当对商业银行各职能部门及部门经理的优点和缺点进行客观评价。

(5) 预先设定收集信息的方式。在信息收集的过程开始之前，部门经理应预先确定适当的信息收集方式，这种预先设定的信息收集方式可以扩展形势分析的思路。并且，如果所确定的方式可以给下属和具体从事数据收集的人员提供指导，那么收集信息的工作就会变得相当容易。

形势分析通常包括内部形势分析和外部形势分析两个方面，具体表现为机构规模、市场环境、竞争状况、业务结构等。许多商业银行把形势分析分为管理与组织分析、市场分析、财务分析等方面。

2.2.1.2　内部形势分析

在 SWOT 分析框架下，通常运用“骆驼评级体系”(CAMEL)的原理与技术等手段，对企业内部因素进行分析评价，归纳出企业存在的优势(S)因素和劣势(W)因素。以下主要以中小商业银行为例，对其管理与组织、财务问题、焦点问题和非财务问题等内部因素进行分析评价，以展示商业银行当前的状况与实力。

(1) 管理与组织分析。形势分析的第一步是评审商业银行的组织结构图和岗位描述。如果还没有制定岗位描述，就应该着手编制。因为这对于考评工作业绩、履行义务和责任都相当重要。这些图表反映的是职能部门之间，以及个人之间的工作流程。组织结构图可以反映机构内部应如何沟通。如果组织结构图不够准确，那么就应把更新信息作为制定发展战略的一部分。

对中小商业银行组织结构进行分析，通常会揭示出它在管理上的缺点与不足。比如，下属的失职、职能部门经理没有发挥出他们的潜力，或者前几年留下来的管理者继任问题等。此外，书面的组织结构可能与机构的实际状况不符。对组织结构与管理方向的评审将有助于发现需要修改的职能与部门方面的问题。

接下来就是要提出问题，以及具有指导性的主题，这些问题和主题通常用问卷调查的形式列出。对职能部门进行分析时，可以从两个角度进行：第一，职能部门的部门经理的自我评价，包括对管理能力、社区参与、业务开发活动、管理者继任规则、培训与职员发展、职能部门的工作效率以及沟通的有效性等的自我分析；第二，董事长对职能部门及部门经理的评价，包括对管理能力、社区参与、业务开发活动、管理者继任规则、培训与职员发展，职能部门的工作效率、沟通和管理的有效性，规划未来的能力、对战略目标的了解范围等进行分析评价，并总结各职能部门的优势与劣势。这些分析项目应与商业银行内部的突出问题以及各职能部门的目标相一致。

此外,问卷调查还应包括管理状况、工作效率及商业银行内部各个职能部门的工作成果等问题。在形势分析中,保持与客户、商业合作伙伴和股东的沟通与接触同样重要。其他应该分析的关键领域还有董事会、营销与广告的有效性、高级管理人员的总体领导水平、董事会的结构以及商业银行内没有正式命名的部门。

商业银行自行组织的形势分析问卷一般不会得到公正的评估。因此,必要时可以利用外部的咨询机构来提高可信度,并鼓励管理人员和部门经理履行全面监督的职责。外部咨询可以减少组织内部的行政与人事冲突,不会在机构内部制造事端。问卷调查应为受访者保密;否则,他们不会说出本部门和商业银行内部其他部门的优点与缺点。另外,还可以通过问卷调查和见面会全面了解银行的整体情况。

通过见面会对某些问题达成共识后,商业银行内部的、潜在的优点与缺点都会暴露出来。这些都要在最终的形势分析中加以确认。在形势分析过程中,对各部门经理、主管的优点与缺点也要加以分析。各部门负责人不仅要对自己的优点与缺点有所认识,而且应对其他部门的负责人、高级管理人员甚至董事会做出评价。

对管理和组织的分析应写成书面报告,具体指出商业银行内每一职能部门的优点与缺点,并做出详细的评价,以便扬长避短。这些评价应以目标、对象、战略和行动方案的形式作为战略计划内容的一部分。

(2) 财务问题分析。在形势分析中,财务问题分析与管理和组织分析所用的方法大致相同。它通常由财务总监或计划财务部门经理负责。财务问题分析应列出财务工作中的优点与缺点,并给予简要说明。财务问题分析应以商业银行过去3～5年的财务工作记录为依据,并对商业银行的发展方向与该行业的发展趋势做出比较。利用统一的银行业务报告或储蓄机构业务报告的形式,对本银行和竞争对手的业务做出比较,也非常重要。有时,尽管财务问题分析显示本银行的业务状况良好,但并不一定就意味着比业内其他银行做得更好。当然,同业比较分析不是万能药,但它可以作为评价一家商业银行质量和发展趋势的基准。除此之外,还应进行其他分析,如咨询公司的研究报告、监管当局的公告等。

财务问题分析主要包括对贷款需求、营业费用、贷款损失、盈利资产、贷款与存款的增长、资产与负债管理、存款构成、资本来源、净利息收入、费用与收入比、投资业绩、总体盈利性、资产收益率(ROA)、权益资本收益率(ROE)、工资与奖金支出、投资价值、贷款损失准备金、其他自有不动产等的分析。

把商业银行现存的优点与缺点统统罗列出来,虽然会让战略编制者感到不安,但有利于其快速、平稳、客观地进行战略编制。如果管理层和员工能够了解和享受来自形势分析的益处,那么员工会做出乐观的预期并勇于接受挑战,从而为商业银行的成功经营打下坚实的基础。

(3) 焦点问题分析。每家商业银行都会存在一些一直没有解决的“痼疾”,对于这些问题应直言不讳,这样才能准确地判断商业银行的优势与劣势,并抓住发展机遇。例如,如果一名不称职的员工是董事长的亲戚,那么是否还要留用他?商业银行董事会中是否有不称职的、年纪大的董事?

在形势分析中,还应花一些时间考虑商业银行所面临的热点问题。对于这些问题,外部人士的建议会很有帮助。可以找出一些敏感性问题,并交由董事会和高级管理层讨论,这样可以消除个人之间的冲突，并把注意力集中在可能对商业银行产生不利影响的问题上。

对形势分析中的热点问题进行讨论，会使你不至于偏离分析的目标。热点问题的讨论旨在解决战略行动方案中的关键问题，从而改善商业银行的整体经营状况。回避商业银行面临的关键问题将是发展战略制定的重大失误。

(4) 非财务问题分析。内部形势分析的最后一部分，是进行非财务问题分析。尽管所分析的问题会明显带来财务后果，但其实质是非财务性的。以下是非财务问题分析中应讨论和分析的典型问题：是作为独立的银行持续经营，还是出售变卖；是与其他银行合并，还是兼并其他银行、储蓄机构或其分支机构；是否新建分支机构；如何对新金融产品和服务进行评审；如何改进营销理念、加强职员培训、提高管理水平、提高董事的素质、更新计算机办公系统(内部开发还是外包)；是否新增固定设施，包括新建办公楼、操作中心及其他；是否为新增业务(新产品、新服务)招聘职员；是否形成银行或储蓄机构控股公司；如何开展储蓄机构、银行及其控股公司被批准经营的非金融性业务等。

当然，以上这些因素还不是全部的非财务问题。每家商业银行都有自己的优势服务项目和不同的业务范围。因此，有些问题可能与所在的银行有关，有些则可能无关。对于每个问题，均应从优势和劣势等方面加以分析。对于财务方面的其他问题，也应从这些方面分析。商业银行要面对的问题不一定都是财务性的。因此，非财务问题也应成为今后 3 年发展战略的一部分。

无论是哪家商业银行的规划，形势分析都是最难完成的。尽管人们往往倾向于掩盖分析过程中暴露出来的缺点与不足，但是全面的、公正的评估通常会对商业银行的成功与失败均进行披露。不管怎样，出色地完成形势分析是制定全面、适用的发展战略的关键所在。在收集和评估数据资料的时候，应保持客观的态度；否则，将无法保证规划的准确性和真实性。

2.2.1.3　外部形势分析

商业银行在受到内部因素影响的同时，也会受到外部因素的影响。因此，对于影响商业银行未来发展的外部因素的分析，也是形势分析的重要组成部分。下面主要分析中小商业银行与其他金融机构之间在技术、市场等方面的竞争，以及可能对社区银行产生影响的外部因素、外生变量、区域因素和财务因素等。不管银行内部的管理如何完善，如果它不能有效地参与市场竞争，那么它的发展潜力就是有限的。因此，对于影响商业银行生存能力的外部因素进行详细分析，是决定商业银行未来发展的关键。

(1) 技术分析。技术的不断发展一直影响着商业银行的发展。然而，营销的先决条件并不在于技术的进步，更多的是受其战略地位和占有的市场份额的影响。

技术可以使营销人员提高工作效率。今天，最有价值的技术进步或许体现在收集、储存、复制和获取数据资料方面。这些技术与各家商业银行的经营习惯、生产能力和盈利能力相联系。当商业银行获得更多的关于顾客消费习惯的信息时，它就可以进行更有效的营销定位。

有效的经营和销售战略已经受到了银行业技术进步的影响。技术越来越适应特定产品的需要，使得商业银行可以向顾客提供带有附加值的服务。这一点通过基本活期存款账户的发展便可以看出来。借记卡、自动提款机、电话支付和透支信用的出现使得活期存款账户更有价值。由于技术应用成本的降低，商业银行便可以降低经营成本。与之相联系的是支票处理过程的简化、销售点终端的计算机化以及自动提款机价格的降低。除此之外，技术的革新也可以为商业银行提供重新配置人力资源、提高生产力的机会，如直销。

决定商业银行目前地位的因素，主要是该银行采用的技术与其竞争者技术利用状况的对比。然而，如果一家商业银行对于全部的技术进步都加以利用的话，其成本无疑是巨大的。因此，在向顾客提供一项新的交付系统时，银行或储蓄机构应考虑其自身的能力(内部技能与充足的人力资源)。

(2) 市场分析。市场调查是制定发展战略的一个很有价值的工具，它可以确定顾客的需要与产品的类型，以及客户和社区对其现有服务与产品的评价。外部调查不必每年都进行，但一般每隔 3 年就应该聘请外部机构对本银行或储蓄机构在本社区的运作状况进行评价。除此之外，开发新金融产品与服务以及保留原有产品和服务时，不但要依据商业银行本身确定的客户需求，还要考虑对现有客户和潜在客户的真正需求所做的市场调查。这种市场调查、研究和分析有利于商业银行和储蓄机构在一段时间内了解其优势、劣势及市场机遇。

市场分析的目的是了解社区对商业银行的认知度。作为发展战略分析的一部分，外部市场调研是一个有价值的工具。通过调研可以看出对商业银行或储蓄机构的经营状况、公众的评价并了解如何才能成为一家更优秀的商业银行。

(3) 人口、环境分析。通过对特定市场进行人口、经济和财务上的统计分析，可以判断行业的未来发展趋势与增长速度。比如，居民构成类型与变化趋势、人均收入水平、行业发展和社区工作状况等都是银行发展、增强盈利能力以及提高市场地位的主要影响因素。对于制定适宜的财务性与非财务性工作目标来说，商业银行确实有必要了解市场发展趋势以及商业银行自身的发展实力和发展水平。

表 2-1 概括了各种经济和人口统计分析。由于市场环境各不相同，在大中城市中，获取信息相当容易，但在一些乡村市场则相对困难一些。不管这些信息有没有很大价值，他们或多或少可以提供一些对经济和人口数据资料的分析，从而有助于为商业银行的未来发展制定适宜的发展战略。

表 2-1　经济和人口统计分析

项目	统计情况
人口增长趋势	
市场内人口的年龄段	
居民构成	
居民年龄、婚姻状况及每户人口的详细分类	
家庭人均收入	
个人平均收入	
市场零售价格	
机器制造业的统计资料	
新注册公司的数量	
个人财务破产	
公司破产与倒闭	

(4) 竞争分析。一家商业银行如果没有与市场内其他竞争对手在财务状况和经营状况方面的对比，那么其优势与劣势的分析就无法完成。因此，在金融市场中确定竞争对手十分必要。竞争分析的焦点应集中在商业银行和储蓄机构在资产、存款、贷款、资金方面与市场内竞争者的比较。通过比较可以知道：本银行发展是快还是慢；是不是本银行发展停滞，而其他银行在向前发展。比较应建立在重要的财务比率基础上，如平均资本收益率、资本总额收益率、资本增长率、资产负债比率等。

在进行商业银行比较时，通常可以向银行监管机构或私营信息服务公司收集有关商业银行上报的监管报告以及收益和股利报表，监管报告不仅可以为总量分析(资产增长、储蓄规模等)提供必要的信息，而且还可以掌握客户每个阶段贷款的变化，商业贷款的数量、非利息费用的变化等。通过与业内竞争对手的比较，可以检查本银行的经营状况。

另外，还可以通过一些比率来判断商业银行在金融市场中的生存能力。比如，每家银行的职员数量、每家银行营业网点人员的数量、每家银行的储蓄总额、每家银行营业网点的储蓄额等。

政府管制也是一个十分重要的外部因素，这个因素相对比较透明、稳定，商业银行容易把握。总之，外部因素分析有助于确定有效竞争，商业银行在财务状况和经营状况方面受到的经济、财务压力，以及商业银行如何通过改善自身的经营来缓解压力。

2.2.1.4　形势分析与战略矩阵

一个全面的发展战略应该能够反映出商业银行在运作过程中受到的内部和外部影响。通过内部和外部因素相结合的全面形势分析，形成战略矩阵，可以为商业银行编制发展战略提供一些事实依据，这将有助于商业银行制定合理的战略目标，以及实现这些目标的行动方案。案例 2-1 是××农商银行(2018—2023 年)战略规划的第二章和第三章内容[①]。

案例 2-1

××农商银行(2018—2023 年)战略规划

第二章　战略背景

一、宏观经济环境

在经历了 40 年的改革开放之后，我国经济发展已步入新的阶段，经济发展的影响因素和外部世界环境都已经发生了改变，经济增长速度进入了换挡期，发展方式由规模速度型的粗放经济增长逐步转变为质量效率型的集约经济增长，增长动力也从传统增长点逐步转变为新增长点，我国经济发展进入了新常态。但由于长期处于粗放经济发展惯性作用下，我国经济也逐渐积累了体制和结构方面的矛盾和障碍，这些障碍相互叠加，对于我国未来经济的持续发展将产生不利影响。加之当前国际环境更加复杂，我国经济面临的挑战和压力大为增加。为此，我国正在推动供给侧结构性改革[②]，通过落实“去产能、去库存、去杠杆、降成

---

① 本案例来自作者 2017、2018 年在山西省××农商银行研发的课题《××农商银行(2018—2023 年)战略规划》，因受合约限制，个别内容做了适当的技术处理。

② 围绕不断增强我国经济创新力和竞争力，中共十九大报告做出了系统深入部署，其中深化供给侧结构性改革是主线。

本、补短板”五大任务，从根本上恢复经济增长的动力，开启经济增长的新周期。供给侧结构性改革将成为我国经济新增长的主导，引领经济新常态，支撑经济可持续发展。

（一）我国经济发展面临的问题分析

1. 经济增速减缓

2015年，我国国内生产总值同比增速为6.9%，2016年增速进一步下降到6.7%，低于16年来7%以上的经济增速。随着我国经济总量逐渐增大，经济增速减缓符合经济发展的一般规律，是经济发展过程中所必须经历的阶段性现象。

按照我国“十三五”规划提出的实现国内生产总值和城乡居民人均收入比2010年翻一番的目标，未来5年内我国经济增长率将达到6.5%。

2. 风险累积

外部风险表现为：一是，地缘政治冲突，国家之间关系矛盾加剧，周边领土争端升温，中美关系面临新挑战；二是，全球金融动荡，欧洲和日本债务高企，新兴市场金融风险较大，且全球通货紧缩风险抬头，影响我国的投资和对外贸易。

内部风险表现为：一是，地方债务增长且结构性风险增大。2017年，中央政府国债余额限额14.14万亿元，地方政府债务限额18.8万亿元。2016年年末，地方政府债务余额为15.32万亿元，占GDP比重达20.6%，同美国14.1%～18.9%的水平相比仍然偏高。根据国际清算银行(BIS)测算，截至2016年12月，我国非金融部门的债务总额为190.9万亿元，总负债率(总债务余额/GDP)为257.0%。其中，非金融企业的债务总额为123.5万亿元，负债率为166.3%，远高于世界平均水平91.4%、发达国家平均水平85.1%以及新兴市场国家平均水平102.1%。我国实体经济负担过重。二是，商业银行不良贷款率逐年提高，且逐步由小企业向大中型企业蔓延。在宽松货币政策下，影子银行体系不断发展，导致银行体系外风险向银行体系内传导，且由于互联网金融、民间借贷等领域缺乏监管，金融风险不断增大。三是，通货紧缩风险加剧。自2015年以来，我国GDP平减指数持续为负，经济发展缓慢。四是，房地产风险。我国约有100亿平方米的房地产在建面积，库存压力大，同时，不同城市之间的房地产价格分化，一线城市持续高涨，三四线城市成为库存积压重灾区。

3. 结构矛盾凸显

这主要表现为需求与供给之间的矛盾。目前，我国经济发展的主要矛盾转变为传统产能过剩与产业结构性短缺并存。有供给的没有有效需求，有需求的没有有效供给，从而形成当前高质量的商品、服务难以满足市场需要的现象。另外，还出现了一些实体经济融资困难，而社会大量资金涌入虚拟经济的不良现象。

4. 市场效率不高

我国的市场体系仍然存在诸多结构性问题和矛盾。例如，市场竞争不充分、要素市场发展滞后、资源配置效率低下等，现代的市场经济体系仍需要进一步完善。从市场主体看，国有企业规模大，经营绩效差；民营企业规模小，经营绩效相对好。

5. 收入分配不合理

我国的基尼系数从20世纪80年代末期的0.3左右开始不断上升，20世纪90年代接近0.4，2010年进一步上升至0.5左右。虽然我国国家统计局公布的全国居民收入基尼系数从

2008 年开始出现微弱的下降，但仍在 0.46 以上，高于国际警戒线水平 0.4。而独立的非官方调查数据报告的我国居民收入基尼系数则达到 0.5 以上①。

（二）经济增速减缓的外部因素分析

次贷危机之前，我国的出口拉动型经济增长方式对外需的依赖较大。次贷危机过后，发达国家需求不振，经济复苏缓慢，发展中国家出现经济减速和衰退，我国也相应地出现了产能过剩。而近 5 年以来，全球贸易保护主义政策频出，逆全球化势力制约了全球贸易增长，也拖累了我国经济增长。

1. 发达国家经济复苏缓慢，金砖五国经济出现减速和衰退

次贷危机首先冲击的是发达国家，资产价格的暴跌引发资产负债表衰退，导致国内企业投资与居民消费需求同时萎缩。

经济全球化下，发达国家的经济衰退直接通过国际贸易导致发展中国家外需不振，进而引起了发展中国家经济增速放缓。

就我国的出口额而言，我国对欧洲的出口额近 5 年停滞在 4 000 亿美元左右，对美国的出口额也仅小幅增长。

在金砖五国中，我国和印度经济增速出现下滑，而资源出口国巴西、俄罗斯、南非由于大宗商品价格暴跌，深陷经济衰退泥潭。

2. 全球贸易发展倒退，保护主义盛行

全球化在促进各国贸易增长和经济增长的同时，也导致部分国家劣势行业就业岗位减少，贫富差距扩大。因此，金融危机后各国都堂而皇之地打着“救市”旗号，实施贸易保护主义。

近 5 年贸易和投资保护主义政策频出、逆全球化势力抬头是全球贸易额下降的主要原因。我国商品贸易出口额约占全球的 14%，进口额约占 10%，在全球贸易中占据重要位置，但我国也是全球贸易放缓的主要受害者。

（三）经济增速减缓的内部因素分析

除了受到国外因素冲击外，我国经济的内在结构也在发生变化，旧有经济增长方式的优势逐渐消失。这反映在供给端和需求端两个方面：供给端资本投入对 GDP 的拉动作用递减，要素配置上农业劳动力转移速度下降、资本在国企和民企间优化配置空间减小，共同拖累了全要素生产力增长；需求端收入分配改善不明显，不利于内需的扩大。资本增长率的下滑和全要素生产率（TFP）的下滑是经济增速减缓的主要原因。

1. 资本增长率下滑

按照索洛模型进行核算，根据以生产函数为标准的柯布—道格拉斯函数得到，全要素生产率每增加 1%，GDP 增加 1%；劳动和资本的投入每增加 1%，GDP 增加 0.5%。

在我国，资本增长率 2005 年至 2007 年保持在 14% 左右，2009 年财政刺激后一度提升至 16.1%，2014 年下降到 11.2%，目前资本增长率仍然没有上升的迹象。受此因素的影响，在其他条件保持不变的情况下，经济潜在增速下降约 2.5%。资本增长率下降的原因来自资

① 例如，西南财经大学的中国家庭金融调查（CHFS）数据显示 2010 年全国基尼系数高达 0.61，北京大学的中国家庭动态跟踪调查（CFPS）数据显示 2010 年全国基尼系数为 0.51，2012 年下降至 0.49。

本产出比上升，即获得单位产出所需要的资本投入量上升。

2. 全要素生产率下滑

宏观层面的全要素生产率是指除物资资本和劳动力数量外的一切影响经济增长的因素，包括技术进步、人力资本、要素配置效率、土地质量、外部冲击等。如果不考虑不确定的外部冲击因素，发达国家的全要素生产率主要是技术进步和人力资本；而在发展中国家的全要素生产率中技术进步和人力资本较稳定，占比更多的是要素配置效率。在我国，要素配置效率主要表现在两个方面：农业劳动力转移到非农业和资本在国企与民企之间的配置，前者是劳动力配置效率，而后者是资本配置效率。

一是，劳动力转移放缓。首先，从劳动力总量来看，我国新增就业人数自20世纪90年代末期开始不断减少。1991年至2001年期间平均每年新增1.07%，约732万人，而在2008年之后平均每年新增0.35%，约266万人。其次，从农民工数量变化来看，2010年之后农民工数量增速放缓，每年增加量从2010年的1 000万人以上减少到2015年的350万人。与农民工数量减少同时发生的是农民工工资不断上涨。

二是，资本配置缺乏效率。首先，国企的TFP比民企的TFP低。企业或行业层面的TFP与宏观层面的TFP不同，反映的是企业技术水平和创新能力，以及管理与组织效率、要素使用效率、市场环境等因素。研究文献估计的工业企业中，国企的TFP与民企的TFP差距约有2%。其次，从经济增长角度来看，国企较高的投资率导致了其资本积累较多，而较低的TFP又带来其工资优势的减少，进而导致了国企劳动力流出，这样一来国企的资本回报率会不断降低。而民企资本积累相对较慢，同时劳动力数量由于不断吸纳农业转移劳动力而不断增长，因而民企的资本回报率比国企更高。因此，资本配置优化要求降低国企投资率、增加民企投资率。

三是，收入分配差距仍然较大。在我国，由于基尼系数高于国际警戒线水平(0.4)，较大分配差距导致内需不振，使得供给端出现产能过剩、有效需求不足，这对经济长期健康发展是不利的。

劳动力转移放缓、资本配置缺乏效率，加之过高的基尼系数，导致我国全要素生产率下降。有研究表明，2005年至2007年我国全要素生产率平均增速为5.2%，次贷危机后2008年至2014年平均只有1.9%，直到目前增速上升的迹象仍不明显，在其他条件不变的情况下经济潜在增速下降3.3%。可见，改革所带来的边际效应递减。

(四) 供给侧结构性改革的目标、路径与措施分析

供给侧结构性改革的政策含义是“供给侧＋结构性＋改革”，即从提高供给质量出发，用改革的办法推进结构调整，矫正要素配置扭曲，扩大有效供给，提高供给结构对需求变化的适应性和灵活性，提高全要素生产率，更好地满足广大人民群众的需要，促进经济社会持续健康发展。其目标是，着眼于提高生产能力和全要素生产率，培植经济增长新动力和新优势，进而促进经济的持续稳定增长。

在我国，由于长期二元结构的存在，过去可以通过改革将农业劳动力转移到生产效率更高的工业部门和服务业部门来促进经济增长，也可以通过大量的投资，提高资本投入来发展经济。在劳动力转移放缓、资本配置缺乏效率的大背景下，可以通过供给侧结构性改革促进

经济增长，主要的路径与措施如下。

1. 要让市场在资源配置中发挥更大、更基础性的作用[①]

主要措施有：①推动人口的城市化，城市化政策将不断遵循市场规律；改革户籍政策，促进城乡劳动力市场的统一，促进劳动力的流动性[②]。②减少对资本流动性的限制，放开行业限制，尤其是服务业。③优化土地资源配置，审慎推进土地市场的改革。④以经济效率优先为原则，推动国有企业的战略性重组。⑤推进"一带一路"计划，全方位扩大对外开放。

2. 通过结构性减税、规范政府行为，减少行政对市场经营行为的不当干预，以降低企业生产成本和交易成本，提高企业生产积极性

主要措施有：①改革金融部门，使其真正服务于实体经济，起到资源配置的关键作用，发挥资源配置的"牛鼻子"作用。②通过结构性减税鼓励创新和新兴产业。③理顺市场和政府边界，减少政府对微观经济主体的干预，减少政府寻租。

3. 通过鼓励技术进步、提升人口素质和加强基础设施建设，提高全要素生产率，增强经济竞争力和人均收入的持续提高

主要措施有：①促进创新和技术进步，增加对基础研究和大学的投入，并改善创新机制。②提高人力资本，从人力资源大国迈向人力资本强国。③人口政策方面，适当鼓励人口生育，缓解老龄化问题。

（五）农业供给侧结构性改革

农业供给侧结构性改革是我国总体供给侧结构性改革中的重要组成部分，其根本目标是振兴乡村[③]。农业供给侧结构性改革离不开金融的参与和支持，尤其是为县域农村金融发展提供了新的历史机遇。从我国"三农"发展的现状看，当前推进农业供给侧结构性改革的重点在以下五个方面：

一是，农村的人力资本供给改革。针对目前有知识、有能力的农村青年大量外流的现状，实施农村人力资本的供给侧改革，通过城镇化将大量人才尤其是中青年人才吸引到农村，参与"三农"经济发展。

二是，土地制度改革将释放大量的改革红利。农村土地变革的推动，首先将促进农村土地的流转，促进新型农业经营主体的发展，尤其是家庭农场、农村合作组织、农业龙头企业这些新型主体的发展。其次是土地产权市场流动性的增强，这种流动性主要是为农村金融服务的，完善了土地抵押担保机制。土地经营权、牧区草地经营权、海边滩涂经营权等抵押担保机制的完善，增强了县域经济的活力。

三是，新型农业经营主体的培育将提高涉农贷款客户的抗风险能力。农业要实现供给侧改革，必然要实现农村经营主体的变化，农村经济的供给主体不能再依赖抗风险能力极低的"小农"，不然整个农村经济发展会受到很大约束。近些年来，我国培育了一批农村合作经

① 中共十九大报告指出，经济体制改革必须以完善产权制度和要素市场配置为重点。

② 中共十九大报告指出，以城市群为主体构建大中小城市和小城镇协调发展的城镇格局，加快农业转移人口市民化。

③ 围绕乡村振兴，中共十九大报告指出，要坚持农业农村优先发展，按照产业兴旺、生态宜居、乡风文明、治理有效、生活富裕的总要求，建立健全城乡融合发展体制机制和政策体系，加快推进农业农村现代化；针对农民关注的土地承包问题，报告也予以回应，保持土地承包关系稳定并长久不变，第二轮土地承包到期后再延长30年。

济组织、农业龙头企业、家庭农场等新型经营主体,为推进农业供给侧结构性改革奠定了良好的基础。

四是,农村社会保障体制建设的重视将有效激发农村消费需求。目前,农村消费需求上不去,重要的原因是农村居民不敢消费,其根源在于农村的社会保障体系不够完善。城乡一体化的推进,尤其是公共服务一体化的推进,其中最为重要的是城乡社会保障体系均等化,将逐渐解决农民的后顾之忧,农村的消费需求将被大大地激发出来。

五是,农村金融供给的加大将提高农村信贷的可获得性。近几年来,农村金融的变化非常深刻也非常积极,大型商业银行、股份制商业银行、城市商业银行、外资商业银行等都纷纷到农村开展金融业务,与农村中小金融机构展开充分竞争,农村金融的供给量将逐渐加大,"三农"信贷的可获得性会逐渐提高,有利于促进农村消费。

农业供给侧结构性改革为农村金融发展提供了历史性机遇的同时,也提出了挑战,将推进农村中小金融机构的体制创新、机制创新、产品创新、文化创新。本行必须深刻认识并准确把握市场环境和形势变化,深化经营体制改革,积极主动创造性开展工作,务实重干,开拓进取,全力夺取改革发展的新胜利。

(六)我国经济增长的潜力分析

中共十九大报告指出,我国经济已由高速增长阶段转向高质量发展阶段,正处在转变发展方式、优化经济结构、转换增长动力的攻关期。处在攻关期的中国经济仍然存在快速增长的潜力。

1. 尽管我国经济仍然存在很多扭曲,但这些扭曲可以通过改革来减少或者消除,进而优化资源配置促进经济增长

第一,劳动力转移潜力仍在。我国的农业劳动力占就业人员比重2015年仍有近28.3%,远高于发达国家平均水平10%以内。不同方法对农业剩余劳动力数量的估算显示可供转移的劳动力仍然可观。不同文献估算的农业剩余劳动力占农业劳动力比例在15%~40%。

第二,资本配置效率仍有较大改善空间。资本在国企和民企之间的配置效率改善对全要素生产率的提升作用巨大,我国仍能通过改善资本配置效率获得高增长速度①。研究文献显示,资本在国企和民企之间平等配置能够将全要素生产率提升10%~30%。

2. 在投资趋于下降的同时,居民消费需求增长较快,有潜力成为经济增长重要支撑

在我国,与投资和出口的发展趋势不同,居民消费有望取得较快增长,对经济的贡献明显上升。随着我国进入中等收入社会,居民消费将加快进入"发展型""享受型"消费模式阶段,消费选择性增加,生活质量进一步提高,居民消费有望进入新的快速发展期。

我国已经形成了一大批中高收入人群,其中高收入居民的消费具有"先导性"的特点,对文化娱乐、医疗保健、旅游休闲、培训教育等服务性消费需求将明显增长。高收入居民的消

① 上海财经大学"中国宏观经济形势分析与预测"课题组情景研究认为,如果我国改革能在短期内迅速、有效地消除资源配置中的各项制度性障碍,同时还能有效提振非国有部门的TFP增长,使之重回经济危机前的走势,从而使得经济增长潜力在短期内就得到完全释放,那么在2016—2030年期间,我国经济均衡增长率可以达到7.93%;如果改革陷入停滞,那么在2016—2030年期间,我国经济均衡增长率为4.21%。

费模式对于中等收入、低收入居民具有较强的示范效应，这种梯度消费层次有利于延长消费热点的生命期，促使相关消费保持较好的成长性和持续性。

另外，以信息网络、新能源、生物医药、节能环保为代表的技术革命将继续向纵深发展，推动新的产业链及消费需求的形成，一些新兴产品（如绿色住宅、新能源汽车、智能家电、医疗健康产品等）潜在市场规模巨大，电子商务等新型商业模式的兴起也有力地改善了消费环境，有利于提升消费意愿。

3. 作为经济增长重要动力的城市化还存在巨大空间

从时间维度纵向来看，主要国家特别是发达国家在经济发展上升过程中都伴随集聚度提高；在经济达到成熟之后，集聚度趋于稳定。产生这一现象的原因是，在经济发展初期，要素会自由流向最有效率的区域——城市，导致集聚度上升；随着集聚区生产要素价格上升，集聚度上升速度出现放缓；最终要素流动达到平衡，集聚度稳定。

从国际水平来看，发达国家集聚度普遍在80%以上。美国和英国在20世纪70年代之后均稳定在80%左右。日本和韩国在追赶发达国家过程中城市化率都迅速上升，相应的城市化率也均达到80%以上。人口密度较大的日本在21世纪之后，城市化水平甚至进一步上升，例如，在2014年达到93%。

我国城市化率主要有两个指标：常住人口城镇化率与户籍人口城镇化率。两者背离较大，但均远低于前述发达国家和发展中国家的普遍水平。劳动力转移是我国城市化推动因素，但由于户籍制度的原因，劳动力从农村转移到城市只提高了常住人口意义上的城镇化率。1990年特别是1997年以来常住人口城镇化率平稳上升，从1990年的26.4%上升至2015年的56.1%，年均提高1.2%。但是按照户籍人口口径统计的城镇化率上升缓慢，2005年至2014年从32.0%上升至36.6%，年均仅提高0.5%。

4. 技术创新已经成为经济增长的重要动力

第一，研究开发（简称研发）。创新型国家或企业通常都会在研发上大量投资，美国、日本和德国这三个高收入国家2014年在研发上的投入资金超过GDP的2.7%，比同期经济合作与发展组织（OECD）国家的均值（1.9%）高了将近50%。1991年，我国研发投资占GDP的比例是0.7%；2014年我国的研发投入强度上升至2.05%，整体上甚至超过了许多发达国家。

第二，研发人员的比例快速上升。1996年，我国每百万人口中研发人员数量仅为443人，而美国、日本和韩国每百万人口中研发人员数量分别为3 122、4 947和2 211人。到2014年，我国每百万人口中研发人员数量上升至1 113人。

第三，我国的专利数量从1995年起呈现了爆炸式增长。中国国家知识产权局的专利申请从1995年的83 045件乘火箭般地上升到2014年的230多万件，年均复合增长率19%。根据世界知识产权组织（WIPO）的数据，我国于2011年超过美国，成为全世界最大的专利申请接收国。

总体上讲，不仅我国专利数量出现了爆炸式增长，而且一系列国际比较显示我国专利的质量随着时间的推移也呈现出实质性的稳步上升趋势。

5. 从相关国家或地区的增长经历来看，我国仍有快速增长空间

20世纪五六十年代先后实现经济起飞（或复苏）和持续增长的日本与东亚新兴工业化

经济体（或亚洲"四小龙"）是我们推测我国经济未来趋势的最好参照，这些东亚经济体成功实现了经济发展和结构转型，它们都有较高的储蓄率和投资率，人力资本的积累速度都比较快，都经历了不同的发展阶段和发展模式的转换，在面临外部冲击和挑战时，政府政策都发挥了重要作用。

如果阶段性地看待东亚经济体的经济增长，它们确实都经历了由超高至放缓的过程。日本经济在经历了第二次世界大战后近30年的高速增长之后，1970年人均GDP已经达到美国的60%以上，之后人均GDP增长率开始出现较大幅度的下降。在1965年至1990年，韩国的人均GDP几乎一直保持着超常增长，年均增长率达到7.5%，人均GDP逐步占到美国的40%以上，但从20世纪90年代之后出现较为明显的减速现象，1990年至2010年年均增长率仅为4.21%。

以实际购买力水平来看（2005年美元不变价），2010年的中国人均GDP水平大致相当于1965年的日本（人均GDP为8 340美元）、1986年的韩国（人均GDP为7 886美元）、1971年的新加坡（人均GDP为8 052美元）。但在同样的购买力水平下，我国与美国人均GDP的差距相对更大。因此，通过对比可以发现，就经济增长的潜力而言，我国经济仍有快速增长的空间。

归纳性判断，我国经济已经由高速增长阶段步入快速增长阶段，快速增长阶段有别于过去的高速增长阶段。在快速增长阶段，经济增长主要依靠市场化、技术进步和创新、提升人力资本以及劳动力投入增加等途径，释放更多的生产要素（如土地、资本和劳动力等）更好地配置于经济体，实现经济的持续、快速增长。可以合理地预见，在未来的10～15年间，我国经济处于快速增长阶段，经济增速将维持在5%～8%。经济快速增长阶段过后，我国经济将步入经济平衡增长阶段，处于平衡阶段的时间区间难以估计，但根据发达国家的经验数据，在平衡阶段经济增速一般会维持在2%～5%。

二、业界生态环境

2017年召开的全国金融工作会议立足于当前我国金融形势，遵循金融发展规律，提出今后5年我国金融工作要紧紧围绕"服务实体经济、防控金融风险、深化金融改革"三项任务，按照"回归本源、优化结构、强化监管、市场导向"四个原则，做好我国金融改革发展稳定工作，促进经济和金融良性循环、健康发展，勾画出了下一阶段金融发展的"5年蓝图"，对于未来5年我国金融发展与改革，兼具"风向标"与"压舱石"的意义。

1. 金融回归本源

我国经济转型升级已经进入了关键阶段，将把更多金融资源配置到经济社会发展的重点领域和薄弱环节。金融业回归本源，能强实抑虚，更好地满足实体经济和客户多样化的金融需求，增强金融服务实体经济的可持续性和有效性。因此，"让利于民、让利于实体"是今后5年金融市场的引导方向，金融资源的配置将通过普惠金融体系的建设，加强对小微企业、"三农"和偏远地区的金融服务，推进金融精准扶贫，鼓励发展绿色金融。

2. 金融监管趋紧

金融监管关注的重点是守住不发生区域性和系统性风险底线，对银行业的监管从经营管理、运营要求，到信贷限额及资本充足率、拨备率、杠杆率和流动性等监管工具指标越提越

高，标志着对银行业监管趋紧已经常态化。与此同时，对支持实体经济发展、普惠金融也列入了监管重点，明确要求中小金融机构进一步改进小微企业和“三农”金融服务，积极支持产业升级、绿色环保和消费、外贸等重点领域。新监管标准陆续实施，商业银行需要适应新的监管环境。

3. 金融脱媒加速

在降低实体经济融资成本的大环境下，金融脱媒是必然趋势，符合经济发展规律，资本性脱媒和技术性脱媒均使商业银行的媒介作用趋于萎缩。金融脱媒给商业银行带来的不仅有挑战，还有机遇。金融脱媒给商业银行的经营业务造成了一定的冲击，商业银行作为传统金融媒介的作用日趋减弱。在这种环境下，本行要适应金融脱媒对经营业务的冲击，关注网络金融领域新的渠道拓展以及其他非存贷类业务的发展。

4. 利率市场化步伐加快

随着利率市场化加快推进，商业银行利差必将收窄，商业银行经营风险普遍加大。金融脱媒凸显，对商业银行的客户结构、盈利模式和风险控制能力提出了挑战，分流效应将不断显现。经营综合化趋势明显，商业银行的客户服务从传统的存贷汇向全面的金融服务转变。互联网金融快速发展，从某种程度上讲商业银行以信息科技作为有效手段提高核心竞争力的时机已经到来。

5. 同业竞争在公平、有序的环境中加剧

金融监管趋严，金融乱象将得到有效整治，透明、公平、有序的金融市场将日益成熟。同时，金融创新步伐将加快，科技与金融的结合更加紧密，具有金融成本低、效率高、受众广等优势的互联网金融企业纷纷将目光转移至农村市场这片“蓝海”，制定并实施进军农村金融市场的“蓝海战略”，加剧了农村金融市场竞争。在××地区，本行网点较多、服务范围广，从信用联社改制过来，在农村市场的品牌认知度高，目前存贷款总量排名居全市之首。但随着其他各家商业银行不断积极深化业务营销，加大宣传力度，以及品牌优势，客户拥有了更多选择，致使××地区金融市场竞争日益激烈。

三、区域市场环境

××农商银行的金融服务区域主要集中在××县范围，××县的社会经济市场环境直接影响××农商银行的发展。

（一）××县基本情况

从县域来看，本行所在的××县位于山西省某地级市城郊，总面积609平方千米，辖四镇五乡，约34万人，是全国葡萄产地之一和老陈醋的发源地，素有“葡乡”“醋都”之称。

2016年年末，全县地区生产总值122.5亿元，同比增长6.9%；服务业增加值44.8亿元，同比增长7.8%；规模以上工业增加值21.7亿元，同比增长12.8%；固定资产投资74.5亿元，同比下降18.5%；社会消费品零售总额55.8亿元，同比增长10.6%；一般公共预算收入6.4亿元，同比增长4.1%。工业企业产销两旺，销售产值146.1亿元，同比增长15.3%；产销率92.5%，同比增长6.5%。规模以上工业企业整体扭亏为盈，实现利润3.17亿元，同比净增11.82亿元。经济发展呈现缓中趋稳、稳中有进、进中向好的良好态势。

粮食产量保持平稳，蔬菜产量增长1.5%，产值增长4.5%，对农民人均纯收入的贡献额

2 589 元，同比增加 125 元。城乡常住居民人均可支配收入分别增长 6.4%、6.8%。新兴接替产业增加值 10.95 亿元，同比增长 8.7%，占规模以上工业增加值 50%以上。旅游接待人次增长 5.1%，收入增长 7.5%。三次产业结构调整为 11.2∶52.2∶36.6。

1. 历年经济发展情况

××县近 3 年(2014—2016 年)GDP 和第一、第二、第三产业的增加值、年增长率，分别如表 2-2 和表 2-3 所示。

表 2-2　××县近 3 年 GDP 和第一、第二、第三产业的增加值

金额单位：亿元

年份	GDP	第一产业		第二产业		第三产业	
		增加值	占 GDP 百分比	增加值	占 GDP 百分比	增加值	占 GDP 百分比
2014	113.08	14.40	12.73%	61.48	54.37%	37.20	32.90%
2015	115.92	13.54	11.68%	61.84	53.35%	40.54	34.97%
2016	122.50	13.80	11.27%	63.90	52.16%	44.80	36.57%

表 2-3　××县近 3 年 GDP 和第一、第二、第三产业的年增长率

年份	GDP	第一产业	第二产业	第三产业
2014	−0.02%	2.13%	−9.46%	19.61%
2015	2.51%	−5.97%	0.59%	8.98%
2016	5.68%	1.92%	3.33%	10.51%

2. ××县支柱及特色产业发展情况

第一，致力于焦化、煤炭、暖气片等主导产业升级。焦化行业由以焦为主向以化为主转变，形成了“煤—焦—气—化”“矸石—热电—冶金—建材”两条循环经济产业链；焦油、煤气实现深加工和综合利用，形成“焦油—酚油、洗油、液萘—炭黑”“煤气—天然气”两条延伸产业链；煤炭由燃料向原料转变，形成了煤制烯烃、煤制己二酸和己内酰胺两条中间材料产业链；加快煤层气的开发利用，全县 20 个井场投运 80%，日产量达到 6 000 立方米。某化工新材料园实现试生产，某煤气制天然气项目正式投产，“民用清洁焦产学研基地”挂牌，亚鑫、美锦成为洁净焦定点生产企业，煤焦下游产业呈现蓬勃发展态势。暖气片行业适应市场要求，改进生产技术和工艺，向园区化、集约精密铸造推进。

第二，致力于新兴产业跟进。大力发展新兴产业，强力推进工业化、农业现代化和信息化深度融合，强化企业与科研院所的项目对接，重点支持优势企业发展和重大产业项目建设，大力发展和培育装备制造、食品加工、新材料、新能源等新兴替代产业，不断提高新兴产业占规模以上工业的比重，主动对接环渤海和省城产业转移，打造全省一流的新兴产业拓展区。某市鸿鹄机械制造有限公司利用废钢年产 8 万吨中高端汽车零部件等多个项目入围省工业转型升级项目计划。全省单体投资最大的某化工新材料园区项目实现试运转，新兴产业的规模和比重逐年提高。

第三，致力于打造现代农业示范园，建设高标准农田 1.2 万亩(1 亩=667 平方米)，连片发展设施蔬菜 1 200 亩，蔬菜育苗基地达到 16 个，年育苗 5 050 万株。农业产业化规模持续扩大，农民专业合作社达到 826 家，家庭农场达到 203 家，主要农作物机械化水平达到 78.1%，“一村一品”专业村达到 95 个，农产品加工企业销售收入 54.96 亿元，同比增长 7.8%。六味斋云梦坞、紫林醋工业园获批国家 4A 级景区，清泉山庄、三晋奇石博物馆获批国家 3A 级景区，成功打造 4 条精品旅游线路，成为周边短途旅游的重要目的地。

(二) 民间借贷情况

为拓展本地金融市场，确定正确、明晰的战略导向，持续提高本行在本地金融同业的市场份额，组织了本行各部室(含支行)负责人、客户经理代表就民间借贷进行问卷调查。问卷形式为选择题，有效回答统计结果如表 2-4 至表 2-12 所示。

表 2-4　民间放贷的主要对象

选项	小计	占比
亲戚	1	5.26%
亲戚的朋友	9	47.37%
陌生对象	9	47.37%
本选择题有效填写人次	19	—

表 2-5　民间放贷的主要渠道

选项	小计	占比
亲戚朋友熟人	7	36.84%
私人钱庄	9	47.37%
典当行	0	0
其他民间借贷组织	3	15.79%
本选择题有效填写人次	19	—

表 2-6　民间借贷的主要用途

选项	小计	占比
基本生活需要	2	10.53%
婚丧嫁娶	3	15.79%
疾病治疗	1	5.26%
一般农业生产性支出	9	47.37%
建房	4	21.05%
子女教育	0	0
本选择题有效填写人次	19	—

表 2-7　民间借贷的金额通常所在区间

选项	小计	占比
1 万元(含)以下	0	0
1 万元(不含)～5 万元(含)	3	15.79%
5 万元(不含)～10 万元(含)	9	47.37%
10 万元(不含)～15 万元(含)	1	5.26%
15 万元(不含)以上	6	31.58%
本选择题有效填写人次	19	—

表 2-8　民间借贷的通常期限

选项	小计	占比
1 年(含)以内	14	73.68%
1 年(不含)～3 年(含)	2	10.53%
3 年(不含)～5 年(含)	2	10.53%
5 年(不含)以上	1	5.26%
本选择题有效填写人次	19	—

表 2-9　民间借贷的月利率区间

选项	小计	占比
月利率在 1%(含)以下	0	0
月利率在 1%(不含)～2%(含)	9	47.37%
月利率在 2%(不含)～3%(含)	7	36.84%
月利率在 3%(不含)～5%(含)	1	5.26%
月利率在 5%(不含)以上	2	10.53%
无利息	0	0
本选择题有效填写人次	19	—

表 2-10　民间借贷是否会签订书面借贷合同

选项	小计	占比
会	7	36.84%
没有，只有口头协议	0	0
视关系而定，有时有，有时没有	12	63.16%
本选择题有效填写人次	19	—

表 2-11 民间借贷如不能按期偿还时通常的处理方式

选项	小计	占比
协商延期	7	36.84%
收押财产	4	21.05%
借新还旧	0	0
追索担保人	0	0
诉诸法律程序	1	5.26%
采取非法手段	7	36.84%
本选择题有效填写人次	19	—

表 2-12 民间借贷总体情况判断

选项	小计	占比
活跃	6	31.58%
比较活跃	13	68.42%
不活跃	0	0
本选择题有效填写人次	19	—

根据表 2-4 至表 2-12 调查问卷汇总信息基本可以判断，××县域的民间借贷比较活跃：

● 民间放贷的主要对象是亲戚的朋友和陌生对象(回答占比各是 47.37%)。

● 民间放贷的主要渠道是私人钱庄(回答占比达 47.37%，亲戚朋友熟人也有相当一部分，占比为 36.84%)。

● 民间借贷的主要用途是一般农业生产性支出(回答占比为 47.37%)。

● 民间借贷金额区间 5 万元(不含)～10 万元(含)的回答占比达 47.37%(而 15 万元以上也占 31.58%)。

● 借贷期限一般在 1 年(含)以内(回答占比为 73.68%)。

● 月利率区间一般在 1%(不含)～3%(含)(回答占比累计为 84.21%)。

● 在××县进行民间借贷时，会根据关系决定是否签订书面借贷合同(回答占比达 63.16%)。

● 如不能按期偿还，通常协商延期或采取非法手段(回答占比各为 36.84%)。

(三) 同业竞争情况

目前，××县域内共有 14 家银行机构。2016 年年末、2017 年 9 月末各家商业银行存贷份额情况如表 2-13 和表 2-14 所示。

表 2-13　2016 年年末××县域内各商业银行存贷份额

金额单位：万元

银行名称	各项存款				各项贷款			
	余额	较 2015 年增加额	增幅	市场份额	余额	较 2015 年增加额	增幅	市场份额
××农商银行	734 029	32 340	4.61%	32.07%	548 037	24 046	4.59%	38.66%
工行	101 620	12 496	14.02%	4.44%	174 133	−34 547	−16.56%	12.28%
农行	258 464	20 295	8.52%	11.29%	94 741	−2 059	−2.13%	6.68%
中行	98 281	5 424	5.84%	4.29%	77 547	−12 459	−13.84%	5.47%
建行	101 746	−3 163	−3.01%	4.45%	292 346	5 658	1.97%	20.62%
邮政储蓄银行	128 129	14 416	12.68%	5.60%	7 062	2 293	48.08%	0.50%
晋商银行	494 841	270 477	120.55%	21.62%	29 836	3 090	11.55%	2.10%
交行	152 628	21 454	16.36%	6.67%	49 823	15 485	45.10%	3.51%
民生银行	110 616	19 408	21.28%	4.83%	53 482	4 213	8.55%	3.77%
农发行	9 765	−3 221	−24.80%	0.43%	26 705	−10 342	−27.92%	1.88%
村镇银行	83 724	22 447	36.63%	3.66%	64 007	18 533	40.76%	4.53%*
其他	15 024	−23	−0.15%	0.65%*	—	—	—	—

注：* 含尾差调整。

表 2-14　2017 年 9 月末××县域内各商业银行存贷份额

金额单位：万元

银行名称	各项存款				各项贷款			
	余额	较年初增加额	增幅	市场份额	余额	较年初增加额	增幅	市场份额
××农商银行	952 037	218 008	29.70%	40.89%	589 466	41 429	7.56%	35.37%
工行	154 233	52 613	51.77%	6.62%	165 063	−9 070	−5.21%	9.91%
农行	283 099	24 635	9.53%	12.16%	85 942	−8 799	−9.29%	5.16%
中行	88 329	−9 952	−10.13%	3.79%	54 873	−22 674	−29.24%	3.29%
建行	137 378	35 632	35.02%	5.90%	295 387	3 041	1.04%	17.73%
邮政储蓄银行	131 996	3 867	3.02%	5.67%	4 313	−2 749	−38.93%	0.26%
晋商银行	155 974	−338 867	−68.48%	6.70%	292 778	262 942	881.29%	17.57%
交行	158 243	5 615	3.68%	6.80%	68 049	18 226	36.58%	4.08%
民生银行	137 398	26 782	24.21%	5.90%	24 079	−29 403	−54.98%	1.44%
农发行	3 340	−6 425	65.80%	0.14%	10 532	−16 173	−60.56%	0.63%
村镇银行	102 151	18 427	22.01%	4.39%	75 785	11 778	18.40%	4.55%
其他	24 349	9 325	62.07%	1.04%*	188	—	—	0.01%

注：* 含尾差调整。

从表2-13和表2-14数据可以看出，本行在县域内的市场份额最高，比例超过1/3，但从数据中也可以看出，县域内各金融机构的竞争已越来越激烈。在存款方面，工行、农发行、建行增幅都非常大，一定程度上对本行的市场占有率造成了冲击；在贷款方面，晋商银行、交行表现出了较快的增长趋势，本行的贷款市场占比有所下降。

（四）替代品的威胁

一是，随着居民投资意识的转变，购买保险、基金等理财产品的热情逐步提升，本行的存款业务不可避免地受到了冲击。

二是，传统的贷款业务也面临着资本市场的替代威胁，随着中国证券市场的迅猛发展，一部分企业必将通过上市进行直接融资。

三是，小额贷款公司、担保公司机制相对灵活方便，能为部分资金需求者提供大额信用方式融资，因此也转移了本行一部分客户资源。

四是，网络融资平台和非金融类替代品（如支付宝）的迅速发展，不可避免地冲击着本行的传统业务。

五是，本地区的产业和区域优势受到威胁。有些全国性股份制商业银行、城商行已经或将入驻××县，对本行城区网点经营造成较大影响；与此同时，传统城区内的部分商业银行不断拓宽经营范围，逐步向城乡结合部地区中前景看好、区位优良的乡镇发展，极大地威胁到××农商银行传统的优势。

（五）购买者分析

本行目前的贷款客户主要是个体工商户、中小微企业及自然人，贷款者更愿意选择方便快捷、利率较低的银行。由于本行是一级法人机构，决策链短，实行限时办结制，办贷效率较高，贷款业务具有一定优势。但也应该看到，由于银行间竞争日趋激烈，各家金融机构都集中精力运用各自的竞争优势来挖掘和抢占市场，使得整个信贷市场逐渐由卖方市场向买方市场转变，贷款者的议价能力也随之提高。

（六）供应商分析

本行从信用联社改制过来，网点较多、服务范围广，通过品牌宣传，在农村市场的品牌认知度高，目前存款总量排名居全县之首。但随着其他各家商业银行不断积极深化存款营销，加大宣传力度，以及品牌优势，客户拥有了更多选择。同时，随着各种银行理财产品对市场的挤占和以“余额宝”为代表的网络“宝宝军团”的扩张，分流了部分传统银行储蓄存款业务。本行依赖的存贷利差在利率市场化的背景下受到巨大的冲击，本行的盈利空间被压缩。

四、公司能力分析

（一）基本能力分析

1. 公司管理能力

本行设立了三会一层（股东大会、董事会、监事会、经营管理层），审批、决策效率较高，经营管理较灵活；部门与支行之间能够相互协调开展各项业务，团结协作能力较好；同时，在经营过程中不断采取正向激励和奖惩措施，以激发员工的工作积极性，总体上公司管理能力较好。但本行也存在着一些问题，如部门、岗位职责相互交叉，不够清晰；在产品创新、客户管理、信贷营销、授信审批、贷后管理、资产质量监控、贷款回收等相关阶段存在薄弱环节和缺失，整体的管理工作缺乏系统性；风险预警机制有待加强，不良贷款压降压力大；尚未建立起完整的制度、流程体系；流程的规范化、标准化、系统化程度不高，在具体业务活动中的操作标准存在一定差异；部分业务和管理活动的配套制度缺失或不够细化；流程中的操作风险、合规风险的识别评估机制缺失。

2. 研发能力

由于产品大多数为省联社开发，本行对省联社开发产品的细化和自主开发产品不够重视，产品研发能力相对较薄弱。

3. 营销能力

服务客户的质量和效率在不断提高，特别是本行成立以来，经过绩效考核机制与企业文化建设，进一步增强了员工工作的主动性及执行力，逐渐摒弃了等客上门的不良习气，但全员营销意识有所欠缺，特别是信贷队伍人员偏少，员工的营销技能还不够。

（二）核心能力分析

从客户的角度出发，本行营业网点全面覆盖××县城乡各地，为当地居民提供了方便的金融服务，信贷资金主要投放在当地，对县域经济的发展做出了积极贡献，培育和扶持了一大批个体工商户、中小企业，与当地居民、中小企业的感情较深厚。

从竞争者的角度出发，网点分布广，从业人员多，各网点对所辖区域的经济、社会环境较熟悉，特别是与各级基层党政机关、政府部门的关系密切，相应的客户认知度更高，市场信息来源渠道更为广阔，在农村基层金融市场具有一定的不可替代性。

第三章　SWOT 综合分析

一、优势与劣势

（一）优势

S1. 本土银行优势，业务发展迎合当地经济政策，服务“三农”、服务中小微企业的市场定位得到地方政府的相关政策扶持。员工多为本地人，群众基础较好，客户认知度高。

S2. 地方一级法人金融机构，决策链短，决策机制灵活，市场反应灵敏，对市场及客户的反应更快速、更准确。

S3. 营业机构点多面广，布局合理，贴近客户和市场，形成一定规模的客户资源网络，市场影响力大。

S4. 历史悠久，特别是经过近年来的努力和宣传，在当地居民中存在一定的认同感与品牌知名度。

S5. 金融服务主要面向城乡各类客户，市场营销的网络比较成熟和完善，特别是对农户小额信贷需求支持较大，能够较好顺应国家政策、客户和市场的需求。

S6. 拥有一支熟悉金融市场业务的专业人才队伍，颇具规模的金融市场业务在赢得了同业市场声誉的同时，稳定了本行的盈利空间。

S7. 强有力的领导决策，积极向上的价值观，战略执行力强。

S8. 经营状况良好，资产状况比本地区其他农商银行好。

S9. ATM 机、POS 机等遍布全县各地，既为当地的居民提供了便利的金融服务，又在一定程度上增强了本行的市场影响力，拓展了业务空间。

（二）劣势

W1. 员工业务技能培训不够，员工的业务素质、服务态度、服务水平参差不齐，员工根据自己的习惯、喜好提供服务的现象严重，员工业务技能有待提高，人才队伍建设任重道远。

W2. 产品和业务较为单一，中间业务偏少，收入结构较为单一，多元化业务品种较少，不能够满足客户的有效需求。

W3. 产品同质化严重，依托省联社的产品创新较其他商业银行有一定差距，缺乏强有力的产品研发管理团队。

W4. 客户细分不足，差异化策略不清晰，没有对潜在的优质客户群进行挖掘。

W5. 不少网点陈旧，需进行改建翻新，未来几年固定资产投资压力较大。

W6. 全员营销意识不强，员工营销能力参差不齐，营销技能有待进一步提高。

W7. 风险管理基础薄弱，原有不良贷款控降压力较大。

W8. 存款结构不够合理，资金成本较高。

二、机会与威胁

（一）机会

O1. 国家政策鼓励中小微企业发展，而中小微企业是本行的主要服务对象。

O2. 国家加大对“三农”和中小微企业的政策倾斜，鼓励、支持农村金融机构将金融服务送入社区、送入农村，信贷资金投向逐渐向涉农行业转移，带来一定的发展商机。

O3. ××区位优势明显，特色产业明显，地区经济增长空间较大。

O4. 农业支持保护制度的建立和农业保险覆盖面的扩大将进一步减少农业融资的违约风险。

O5. 随着精准扶贫、乡村振兴战略的实施，“一村一品”专业村建设的推进，县政府农村投资额度将逐年提高，且增幅较大，本行可利用网点优势，积极争取资金入行，同时加大对农村地区投资项目的信贷支持力度。

O6. 国家支持家庭农场、农村合作社等规模化新型农业经营体系为本行提供了更多的客户群体。

O7. 国家强化农信社支农服务功能，保持农信社县域法人地位长期稳定的政策为本行坚定不移拓展县域市场提供了依据和方向。

O8. ××县农村人口多，居民价值观念相对传统保守，在一定程度上保证了储蓄存款的稳定性。

（二）威胁

T1. 在经济潜在增长率趋缓背景下，金融规模将进入平稳增长时期。依托自然增长的农村合作金融机构规模出现倍增的机会大大减小，特别是市场份额占比较高的银行将不可避免地出现发展空间被挤压的现象。

T2. 经济结构转型形成新的金融服务需求、消费型金融需求、产业升级整合金融需求以及金融国际化需求。拉动消费将成为经济增长的主动力，特别是消费金融将成为银行业发展的新宠；同时产业改造升级也将拉动战略新兴产业对金融的需求，而本行以支持传统产业为主的发展空间将会受限。

T3. 金融脱媒加速，直接融资、投资多样化，存款投资日益下滑趋势明显，中小及零售客户重要性不断上升。理财、期货、股票、信托、贵金属、原油、债券等投资市场不断扩大和完善，居民投资以储蓄存款为主的格局将会被打破；同时，中小企业融资渠道多元化，直接融资需求快速增长，企业通过银行贷款融资的一统独大局面将会彻底改变。

T4. 市场化机制改革不断深入，银行竞争态势趋向白热化，银行业面临利率市场化遭遇和严峻挑战。在利率市场化改革中，农村中小金融机构由于定价能力欠缺、资金成本大幅提升、存款竞争加剧、风险管理难度加大，竞争能力将会下降，甚至有可能导致流动性风险产生。

T5. 信息技术日新月异，网络金融改变银行客户服务方式，支付技术进步推动金融脱媒，诸如“支付宝”“余额宝”等类网络金融业务已对银行传统经营方式产生巨大冲击。特别是互联网金融交易成本低、受众面广、服务效率高、覆盖半径大的优势将直接冲击传统银行。

T6. 财政资金对农商银行的支持力度减弱。近年来其他商业银行由于业务的扩张，也在积极寻求政府的支持，从而影响财政资金在本行存放的份额。

T7. 本地区其他银行较多，面临较大竞争压力。

三、SWOT 策略创建

通过以上对××农商银行内部环境和外部因素的分析，结合优势与劣势及机会与威胁，设计出 SO 战略（增长战略）、WO 战略（扭转战略）、ST 战略（保守经营战略）和 WT 战略（防御战略）。

（一）SO 战略（增长战略）

SO 战略（增长战略）如表 2-15 所示。

表 2-15　SO 战略（增长战略）

内部能力 外部因素	优势（Strength）
	S1. 本土银行优势，业务发展迎合当地经济政策，服务“三农”、服务中小微企业的市场定位得到地方政府的相关政策扶持。员工多为本地人，群众基础较好，客户认知度高。 S2. 地方一级法人金融机构，决策链短，决策机制灵活，市场反应灵敏，对市场及客户的反应更快速、更准确。 S3. 营业机构点多面广，布局合理，贴近客户和市场，形成一定规模的客户资源网络，市场影响力大。 S4. 历史悠久，特别是经过近年来的努力和宣传，在当地居民中存在一定的认同感与品牌知名度。 S5. 金融服务主要面向城乡各类客户，市场营销的网络比较成熟和完善，特别是对农户小额信贷需求支持较大，能够较好顺应国家政策、客户和市场的需求。 S6. 拥有一支熟悉金融市场业务的专业人才队伍，颇具规模的金融市场业务在赢得了同业市场声誉的同时，稳定了本行的盈利空间。 S7. 强有力的领导决策，积极向上的价值观，战略执行力强。 S8. 经营状况良好，资产状况比本地区其他农商银行好。 S9. ATM 机、POS 机等遍布全县各地，既为当地的居民提供了便利的金融服务，又在一定程度上增强了本行的市场影响力，拓展了业务空间。

（续表）

机会（Opportunities）	SO 增长战略（扩大优势与抓住机会）
O1. 国家政策鼓励中小微企业发展，而中小微企业是本行的主要服务对象。 O2. 国家加大对“三农”和中小微企业的政策倾斜，鼓励、支持农村金融机构将金融服务送入社区、送入农村，信贷资金投向逐渐向涉农行业转移，带来一定的发展商机。 O3. ××区位优势明显，特色产业明显，地区经济增长空间较大。 O4. 农业支持保护制度的建立和农业保险覆盖面的扩大将进一步减少农业融资的违约风险。 O5. 随着精准扶贫、乡村振兴战略的实施，“一村一品”专业村建设的推进，县政府农村投资额度将逐年提高，且增幅较大，本行可利用网点优势，积极争取资金入行，同时加大对农村地区投资项目的信贷支持力度。 O6. 国家支持家庭农场、农村合作社等规模化新型农业经营体系为本行提供了更多的客户群体。 O7. 国家强化农信社支农服务功能，保持农信社县域法人地位长期稳定的政策为本行坚定不移拓展县域市场提供了依据和方向。 O8. ××县农村人口多，居民价值观念相对传统保守，在一定程度上保证了储蓄存款的稳定性。	P1. 进一步挖掘一级法人行的决策链短的优势，充分利用政府对中小微企业支持政策，抢占中小微企业市场。 P2. 积极利用国家和地方政府政策及平台，做大业务规模。 P3. 利用现有的市场份额和影响力，加大本行品牌宣传力度，进一步提高本行品牌认知度。 P4. 利用网点覆盖面广，ATM 机等自助设备数量优势，积极加大营销力度，拓展业务空间。 P5. 成立特色支行，专注营销中小微企业。 P6. 利用结算渠道的优势，加大银行卡、网上银行、手机银行等产品的营销力度。 P7. 进一步提升服务质量和水平，充分发挥地缘、人缘优势扩大业务规模。 P8. 支持精准扶贫、乡村振兴战略的实施，积极争取政府资金存入本行，同时利用政府政策向“三农”倾斜的有利机遇，大力争取项目资金，并在财政扶持的基础上，对农村基础设施建设提供适当的信贷支持。 P9. 持续加强金融市场业务专业人才队伍建设，做优、做强、做特金融市场业务，继续提高同业市场声誉，拓展本行的盈利空间。 P10. 充分利用网点优势，抢占农村新型金融产品市场。 P11. 大力发展电子银行业务，逐步增加电子银行业务综合替代率，减轻柜面压力。 P12. 在全省范围内选择市场潜力大、区位优越的地区设立异地支行。

（二）WO 战略（扭转战略）

WO 战略（扭转战略）如表 2-16 所示。

表 2-16　WO 战略（扭转战略）

内部能力 ＼ 外部因素	劣势（Weakness）
	W1. 员工业务技能培训不够，员工的业务素质、服务态度、服务水平参差不齐，员工根据自己的习惯、喜好提供服务的现象严重，员工业务技能有待提高，人才队伍建设任重道远。 W2. 产品和业务较为单一，中间业务偏少，收入结构较为单一，多元化业务品种较少，不能够满足客户的有效需求。 W3. 产品同质化严重，依托省联社的产品创新较其他商业银行有一定差距，缺乏强有力的产品研发管理团队。 W4. 客户细分不足，差异化策略不清晰，没有对潜在的优质客户群进行挖掘。

（续表）

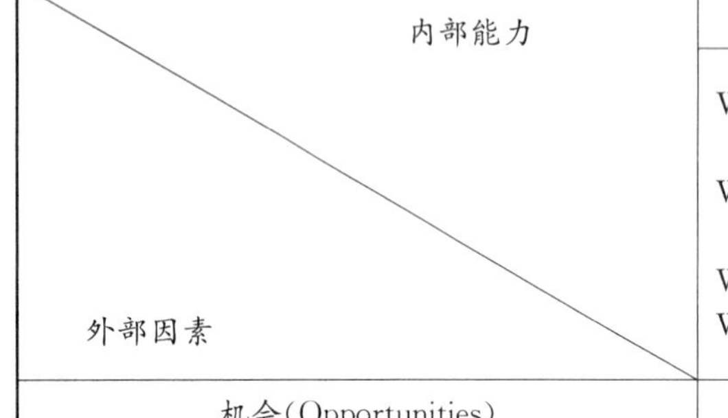 内部能力 外部因素	劣势(Weakness)
	W5. 不少网点陈旧，需进行改建翻新，未来几年固定资产投资压力较大。 W6. 全员营销意识不强，员工营销能力参差不齐，营销技能有待进一步提高。 W7. 风险管理基础薄弱，原有不良贷款控降压力较大。 W8. 存款结构不够合理，资金成本较高。
机会(Opportunities)	WO 扭转战略(扭转劣势并抓住机会)
O1. 国家政策鼓励中小微企业发展，而中小微企业是本行的主要服务对象。 O2. 国家加大对“三农”和中小微企业的政策倾斜，鼓励、支持农村金融机构将金融服务送入社区、送入农村，信贷资金投向逐渐向涉农行业转移，带来一定的发展商机。 O3. ××区位优势明显，特色产业明显，地区经济增长空间较大。 O4. 农业支持保护制度的建立和农业保险覆盖面的扩大将进一步减少农业融资的违约风险。 O5. 随着精准扶贫、乡村振兴战略的实施，“一村一品”专业村建设的推进，县政府农村投资额度将逐年提高，且增幅较大，本行可利用网点优势，积极争取资金入行，同时加大对农村地区投资项目的信贷支持力度。 O6. 国家支持家庭农场、农村合作社等规模化新型农业经营体系为本行提供了更多的客户群体。 O7. 国家强化农信社支农服务功能，保持农信社县域法人地位长期稳定的政策为本行坚定不移拓展县域市场提供了依据和方向。 O8. ××县农村人口多，居民价值观念相对传统保守，在一定程度上保证了储蓄存款的稳定性。	P1. 加快人才培养，调整激励、培训和人才补充机制，打造高素质、专业化的管理、服务营销和科技团队，建立业务条线内训师队伍，提高内训师综合素质，加强对基层员工流程制度执行的培训、考核。 P2. 加大金融创新力度，发展中间业务，加大零售业务和中间业务的产品品种开发、创新力度，强化电子银行产品功能，不断扩大盈利空间。 P3. 加大对科技、网点的投入，促进网点合理布局。逐步改善网点营业环境，完备硬件设施，提升服务水平。 P4. 抓住地方经济发展契机，细分市场，创新业务产品，提供差异化服务，形成特色支行。 P5. 增强全员营销意识，不断提升员工营销技巧。 P6. 结合流程银行建设，对本行业务进行全面梳理，规范业务流程，明确部门及岗位职责权限，对流程的风险进行识别评估，并制定控制措施，增强风险管控能力。 P7. 积极争取监管部门支持，在政策允许范围内，以自主银行、金融便民店等方式代替部分无效网点。 P8. 推进全面风险管理机制建设，提高全员风险管控能力，加大对不良贷款的清收力度。 P9. 根据制定的网点改造规划，加快对基层网点的改造力度。

（三）ST 战略(保守经营战略)

ST 战略(保守经营战略)如表 2-17 所示。

表 2-17　ST 战略(保守经营战略)

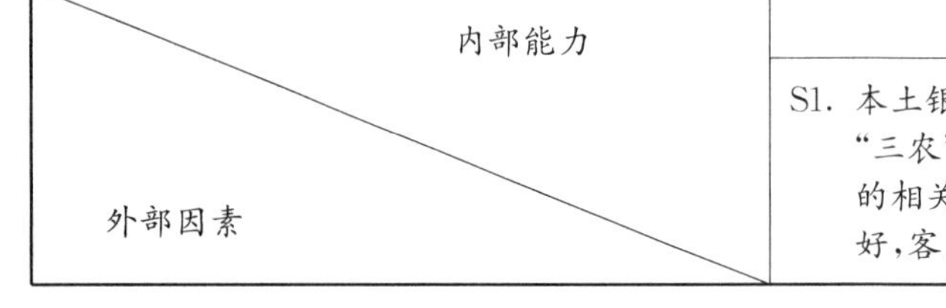 内部能力 外部因素	优势(Strength)
	S1. 本土银行优势，业务发展迎合当地经济政策，服务“三农”、服务中小微企业的市场定位得到地方政府的相关政策扶持。员工多为本地人，群众基础较好，客户认知度高。

（续表）

内部能力 / 外部因素	优势(Strength)
	S2. 地方一级法人金融机构，决策链短，决策机制灵活，市场反应灵敏，对市场及客户的反应更快速、更准确。 S3. 营业机构点多面广，布局合理，贴近客户和市场，形成一定规模的客户资源网络，市场影响力大。 S4. 历史悠久，特别是经过近年来的努力和宣传，在当地居民中存在一定的认同感与品牌知名度。 S5. 金融服务主要面向城乡各类客户，市场营销的网络比较成熟和完善，特别是对农户小额信贷需求支持较大，能够较好顺应国家政策、客户和市场的需求。 S6. 拥有一支熟悉金融市场业务的专业人才队伍，颇具规模的金融市场业务在赢得了同业市场声誉的同时，稳定了本行的盈利空间。 S7. 强有力的领导决策，积极向上的价值观，战略执行力强。 S8. 经营状况良好，资产状况比本地区其他农商银行好。 S9. ATM机、POS机等遍布全县各地，既为当地的居民提供了便利的金融服务，又在一定程度上增强了本行的市场影响力，拓展了业务空间。
威胁(Threats)	ST保守经营战略(削弱部分，可改进部分)
T1. 在经济潜在增长率趋缓背景下，金融规模将进入平稳增长时期。依托自然增长的农村合作金融机构规模出现倍增的机会大大减小，特别是市场份额占比较高的银行将不可避免地出现发展空间被挤压的现象。 T2. 经济结构转型形成新的金融服务需求、消费型金融需求、产业升级整合金融需求以及金融国际化需求。拉动消费将成为经济增长的主动力，特别是消费金融将成为银行业发展的新宠；同时产业改造升级也将拉动战略新兴产业对金融的需求，而本行以支持传统产业为主的发展空间将会受限。 T3. 金融脱媒加速，直接融资、投资多样化，存款投资日益下滑趋势明显，中小及零售客户重要性不断上升。理财、期货、股票、信托、贵金属、原油、债券等投资市场不断扩大和完善，居民投资以储蓄存款为主的格局将会被打破；同时，中小企业融资渠道多元化，直接融资需求快速增长，企业通过银行贷款融资的一统独大局面将会彻底改变。	P1. 利用本行服务地方经济的市场定位和对地方经济的贡献，适时成立公关团队，争取政策支持。 P2. 利用与科技中心和外包的方式加强信息科技的建设，加强本机构专业人才的培养与利用，提高科技管理水平。 P3. 扬长避短，发展符合自身特色客户群体的业务，争取新的业务增长点。 P4. 对于存量客户群体进行维护，寻求新的客户群体，提升营销手段，找出新的增长点。 P5. 根据居民消费能力提高后的消费动向，本行可以开发相应的产品与服务，抵销因消费支出给本行存款业务带来的影响。 P6. 加大金融服务的宣传力度，提高服务水平与效率，加强信用环境的培养。 P7. 抢占市场，完善产品，在监管范围内给予客户优惠政策。 P8. 定期分析宏观经济环境的变化，及时识别金融市场风险，把握金融市场业务盈利机会，规避风险。

（续表）

威胁(Threats)	ST保守经营战略(削弱部分,可改进部分)
T4. 市场化机制改革不断深入,银行竞争态势趋向白热化,银行业面临利率市场化遭遇和严峻挑战。在利率市场化改革中,农村中小金融机构由于定价能力欠缺、资金成本大幅提升、存款竞争加剧、风险管理难度加大,竞争能力将会下降,甚至有可能导致流动性风险产生。 T5. 信息技术日新月异,网络金融改变银行客户服务方式,支付技术进步推动金融脱媒,诸如“支付宝”“余额宝”等类网络金融业务已对银行传统经营方式产生巨大冲击。特别是互联网金融交易成本低、受众面广、服务效率高、覆盖半径大的优势将直接冲击传统银行。 T6. 财政资金对农商银行的支持力度减弱。近年来其他商业银行由于业务的扩张,也在积极寻求政府的支持,从而影响财政资金在本行存放的份额。 T7. 本地区其他银行较多,面临较大竞争压力。	

（四）WT战略(防御战略)

WT战略(防御战略)如表2-18所示。

表2-18　WT战略(防御战略)

内部能力 \ 外部因素	劣势(Weakness)
	W1. 员工业务技能培训不够,员工的业务素质、服务态度、服务水平参差不齐,员工根据自己的习惯、喜好提供服务的现象严重,员工业务技能有待提高,人才队伍建设任重道远。 W2. 产品和业务较为单一,中间业务偏少,收入结构较为单一,多元化业务品种较少,不能够满足客户的有效需求。 W3. 产品同质化严重,依托省联社的产品创新较其他商业银行有一定差距,缺乏强有力的产品研发管理团队。 W4. 客户细分不足,差异化策略不清晰,没有对潜在的优质客户群进行挖掘。 W5. 不少网点陈旧,需进行改建翻新,未来几年固定资产投资压力较大。 W6. 全员营销意识不强,员工营销能力参差不齐,营销技能有待进一步提高。 W7. 风险管理基础薄弱,原有不良贷款控降压力较大。 W8. 存款结构不够合理,资金成本较高。

（续表）

威胁（Threats）	WT 防御战略（恶化部分，难克服的部分）
T1. 在经济潜在增长率趋缓背景下，金融规模将进入平稳增长时期。依托自然增长的农村合作金融机构规模出现倍增的机会大大减小，特别是市场份额占比较高的银行将不可避免地出现发展空间被挤压的现象。 T2. 经济结构转型形成新的金融服务需求、消费型金融需求、产业升级整合金融需求以及金融国际化需求。拉动消费将成为经济增长的主动力，特别是消费金融将成为银行业发展的新宠；同时产业改造升级也将拉动战略新兴产业对金融的需求，而本行以支持传统产业为主的发展空间将会受限。 T3. 金融脱媒加速，直接融资、投资多样化，存款投资日益下滑趋势明显，中小及零售客户重要性不断上升。理财、期货、股票、信托、贵金属、原油、债券等投资市场不断扩大和完善，居民投资以储蓄存款为主的格局将会被打破；同时，中小企业融资渠道多元化，直接融资需求快速增长，企业通过银行贷款融资的一统独大局面将会彻底改变。 T4. 市场化机制改革不断深入，银行竞争态势趋向白热化，银行业面临利率市场化遭遇和严峻挑战。在利率市场化改革中，农村中小金融机构由于定价能力欠缺、资金成本大幅提升、存款竞争加剧、风险管理难度加大，竞争能力将会下降，甚至有可能导致流动性风险产生。 T5. 信息技术日新月异，网络金融改变银行客户服务方式，支付技术进步推动金融脱媒，诸如“支付宝”“余额宝”等类网络金融业务已对银行传统经营方式产生巨大冲击。特别是互联网金融交易成本低、受众面广、服务效率高、覆盖半径大的优势将直接冲击传统银行。 T6. 财政资金对农商银行的支持力度减弱。近年来其他商业银行由于业务的扩张，也在积极寻求政府的支持，从而影响财政资金在本行存放的份额。 T7. 本地区其他银行较多，面临较大竞争压力。	P1. 完善各业务条线的流程制度建设，建立全面风险管理体系和内部控制系统，提升管理水平。 P2. 做好员工的职业规划，建立员工评价体系和退出机制，加强对专业人才的引进和利用，改进人才激励机制。 P3. 创新业务品种，丰富营销手段，提高竞争力。 P4. 继续改善支行网点基础设施和环境，重视金融科技开发，以自主开发和外部合作相结合的方式有序推进网络金融产品开发，加强产品宣传力度，用创新金融服务手段继续巩固城乡金融市场。 P5. 持续推进绩效考核系统建设，体现按绩效取得薪酬的分配原则。 P6. 加强有效的企业文化建设，特别是工作文化、合规风险文化的建设，增强员工的归属感和认同感，提高员工的士气，促进员工工作能力、服务质量和服务水平的提高。

2.2.2　银行展望与任务声明的制定

通过内部与外部形势的分析，明确了商业银行的优势、劣势、面临的机遇与受到的威胁（SWOT）。发展战略中的银行展望与任务声明，是商业银行未来规划与经营哲学的体现，即使是在现任董事会成员离职后银行展望仍能继续为商业银行服务。任务声明则是一种公关性的文件，应为全体职员、客户、股东和所在社区所了解，它是商业银行定位的官方公开说明。

2.2.2.1 银行展望的制定

对商业银行的未来发展方向形成一个明确的构思，是制定发展战略不可缺少的一步。发展战略是一个前瞻性的、全方位的思考过程，其正式编制是从银行展望开始的。书面形式的银行展望绝不仅仅是任务声明或短期的商业银行发展方向。这种展望是对商业银行长远发展的预见，对商业银行今后的发展道路以及发展方向做出的明确规定。发展战略的目标构成银行展望的一部分。

在银行展望的形成过程中，必须考虑商业银行未来要如何面对以下问题：①在未来的一定时期，该银行的规模要扩大到何种程度。②该银行要设立多少个部门。③准备提供何种金融产品与服务项目。④在提供金融产品与服务时使用何种技术。⑤该银行是要继续经营还是准备将其变卖。⑥如果该银行是一家股份制商业银行，股东是否想将持有的股票变现，这些股票是否能被其他银行或银行控股公司、储蓄机构或储蓄机构控股公司所收购。在决定商业银行的未来发展进程时，董事会要考虑许多问题。以上仅列出了其中的一部分，但其中的每一个问题都会对机构、整个行业和竞争力产生影响。

无论是商业银行、储蓄机构还是其他存款或非存款性金融机构，也无论机构规模的大小，都应制定银行展望。但真正重要的是，银行展望应该与商业银行以及商业银行所在的社区相适应。也就是说，各家商业银行的展望可以各不相同，但每个展望都要与每家商业银行的具体情况相适应。某家商业银行的展望不应只是另一家商业银行的展望的翻版。

另外，还需要注意的是，银行展望也不要定得太具体。那种认为银行展望要包括未来20年所有的期望与抱负的观点其实是一种误解。许多因素会对规划活动产生影响，因而银行展望应该每年进行一次调整。银行展望应有书面形式，但不必把它出示给股东、储户、债权人、借款人和社区内其他成员。银行展望是用来帮助商业银行确定规划方向，指导商业银行如何到达该方向，以及分析商业银行的竞争对手和并购对象的状况的一种长期规划。银行展望必须在任务声明确定之前完成。

2.2.2.2 任务声明的制定

如前所述，银行展望应作为董事会内部及高级管理人员的秘密，它应该以书面形式完成并且每年修改一次。相对而言，任务声明更应该定位于公共关系。任务声明可以只是一个短语，如“优良服务”或“全国金融业冠军”等，也可以制定得有相当的深度，此时可能需要几页的篇幅。通常，会有一两段的文字概括经营理念。任务声明可以通过财务报表、信头、年度报告及业务通讯的方式通知股东和银行的客户。这些文件也要让员工知悉，使其成为商业银行文化的一部分。员工应该理解银行的任务声明，并能向客户、股东及社区成员做出恰当的解释。事实上，任务声明是一个向公众解释说明的过程，并且是银行的经营哲学，因为它与社区、股东、客户及全体员工都有着密切的关系。

商业银行的任务声明一般应包括以下几个部分：财务目标、股东权益收益率、同行业间的竞争、所服务的社区、提供的金融产品与服务项目、继续经营还是准备出售等。

在发达国家，20世纪70年代以来，咨询行业已将协助社区银行和储蓄机构制定发展战略作为其工作的主要组成部分。任务声明已经成为发展战略制定程序的核心问题。在发展战略制定完成后，董事会和高级管理层甚至需要用2天的时间讨论任务声明的措辞，用10～12小时的时间讨论一个两段文字的规划报告。请记住，虽然商业银行的经营哲学应简洁地表述出来，要为大多数人所接受，且不容易被遗忘，但它并不需要像学术论文一样精雕细琢。案例2-2是××农商银行任务声明书范例①。

案例2-2

任务声明

××农商银行的任务是：坚持"高起点、大思路、大视野"的原则，以"提高效率"为中心，以"拓展市场、防范风险、提升管理、激发活力"为重点，牢牢把握服务"三农"和中小企业的市场定位，强化风险管理，努力实现各项业务的稳健发展，回报股东，充分实现员工价值；打造具有核心竞争力的中国最具特色的农业产业精品社区银行——现代农业科技银行、现代农业产业银行、现代农村建设银行和现代农民致富银行。

值得一提的是，应为银行展望及任务声明的确定制定一个时间表，并且不要超过既定的期限。下一年进行战略计划回顾时，银行展望与工作规划会提供翔实的记录。事实上，下一年度由于市场环境的变化，新产品与新服务项目的开发及政府相关法规的影响，商业银行往往要对任务声明做出相应的调整和修改。但不管怎样，保持战略计划的平衡性（如财务性与非财务性目标的制定与实施），远比银行展望与任务声明重要。

2.2.3　战略目标的确定

目标（objectives）与目的（goals）这两个术语经常替换使用。它们的含义是表示没有达到的条件与工作状况。

2.2.3.1　设定战略目标的基本要求

毫无疑问，发展战略中最重要的部分是具体的财务性与非财务性目标。设定的战略目标应该满足以下基本要求：①可以达到的；②现实的；③实用的；④以历史记录与现实条件为基础；⑤与商业银行的基本经营理念相一致；⑥每年进行一次评估、审议和重新确定。

例如，如果商业银行现有的平均资产收益率为0.65％，而下一年的目标定为1.75％，那么这基本上是不现实的、不实用的，甚至可以说是无法实现的。然而，如果下一年度的目标定为0.75％，那么这就可能是一个现实的、可实现的目标。没有明确向上的目标，可能会使管理层连续几年经营失败。为实现长期的目标，董事会对战略目标进行小幅度的年度调整也许更具现实性。

董事会在对战略目标进行定期调整的同时，还面临着商业文化的挑战。比如，如果机构的平均资产收益率为1.55％，而同业其他机构的平均资产收益率为1.15％，那么把目标定在

① 本案例来自作者2012年在陕西省××农商银行研发的课题《××农商银行3年（2013—2015年）战略规划》，因受合约限制，个别内容做了适当的技术处理。

1.65%～1.75%就是不适宜的。明智的方法是把收益率定在1.55%，或者采取分阶段调整的方式，每年把盈利率定在1.55%稍多一点。如果商业银行的资本比率为12%，而同业其他机构的资本比率为8.5%，那么最好把资本比率的目标定在10%稍多一点。这样，资本充足性同样可以得到保证。不要认为这些目标每年必须有所提高，特别是商业银行的资本比率已明显超出平均水平的时候。

战略目标的制定，应以过去的工作业绩和商业银行的财务状况为基础，可以有所改进，也可以维持现状，但必须与商业银行的经营理念相一致。例如，若某中小商业银行的商业贷款资金不充足，而且商业贷款的经验与技术也比较有限，却草率地把商业贷款作为机构的工作目标，那么这将是一个严重的错误。应正确确定银行的经营理念，并且确保战略目标与之相一致。

战略目标应在适当的时期内进行调整，这一点很重要。当银行业条件发生变化时，工作目标也会因此发生相应的变化。当业内竞争状况发生变化时，目标也应随之改变。当机构的财务状况改善时，目标会相对集中而且更有价值。因此，有必要对确定的目标进行分析，肯定其正确之处，修改其不足之处。如果每年进行一次这样的检验，那么，战略目标就可以保持现实的可行性，并且能够和机构的未来运作保持一种相关性。

战略目标应分成财务性的与非财务性的两种。财务性战略目标应包括具体的增长率、业绩水准和要达到的财务比率。非财务性战略目标则通常是指有关竞争力、管理能力、行业状况和机构所面临的所有其他问题的总和。非财务性战略目标的实现会产生直接的或间接的经营成本(但有望增加经营收入)。这种成本将体现在现在及将来的实施阶段(例如，新金融产品与新服务项目的开发)。这些产品与服务的开发与经营开始会增加费用支出，但一段时间后，会增加收入。因此，非财务性战略目标产生的财务性影响应成为制定财务性战略目标的重要考虑因素。

2.2.3.2 财务性战略目标

每年应确定规划范围内的财务性目标。财务性战略目标的建立，应以过去的财务状况与现在的财务条件为基础。财务性战略目标的建立，还应基于董事会及高级管理层的意愿。表2-19是建立财务性战略目标的参考格式。

表2-19 财务性战略目标表

财务性战略目标		20×0年	20×1年	20×2年
规模指标	1. 资产总规模			
	其中:短期贷款			
	中长期贷款			
	逾期贷款			
	核销贷款			
	……			
	2. 负债总规模			

（续表）

财务性战略目标		20×0 年	20×1 年	20×2 年
规模指标	其中：短期存款			
	短期储蓄存款			
	长期存款			
	长期储蓄存款			
	……			
	3. 净资产总规模			
	4. 营业收入			
	其中：利息收入			
	手续费收入			
	……			
	5. 营业支出			
	其中：利息支出			
	手续费支出			
	营业费用			
	……			
	6. 净利润			
结构指标与比率指标	1. 流动性指标			
	其中：存贷款比率			
	中长期贷款比率			
	流动性比率			
	利息回收率			
	现金流量充分性比率			
	存款稳定率			
	……			
	2. 安全性指标			
	其中：资本充足率			
	核心资本充足率			
	风险权重资产比率			
	固定资本比率			
	次级类贷款比率			
	可疑类贷款比率			
	损失类贷款比率			

（续表）

财务性战略目标		20×0 年	20×1 年	20×2 年
结构指标与比率指标	单一客户贷款比率			
	最大 10 家客户贷款比率			
	……			
	3. 盈利能力指标			
	其中：营业收入利润率			
	净资产收益率			
	平均资产收益率			
	利差率			
	每股盈余			
	股利支付率			
	盈利资产与非盈利资产比率			
	贷款与总资产的比率			
	营业费用比率			
	……			

当然，表 2-19 所列示的财务性战略目标并不是每家商业银行都要建立的，可以根据实际情况增删。这些财务性战略目标是战略计划的重要内容，对编制战略期内每年的全面预算具有重要的指导性和说明性意义。

2.2.3.3 非财务性战略目标

由于每家商业银行有各自不同的需要和要求，并且面临着不同的竞争环境。因此，将商业银行需要研究的各种非财务性战略目标逐项加以分类和罗列是不可能的，况且每家商业银行的优势与劣势各不相同。商业银行应该对面临的非财务性问题按优先级别排序，发展战略考虑的问题是重要的非财务性问题。表 2-20 是××商业银行在编制发展战略时考虑的非财务性战略目标。

表 2-20 非财务性战略目标表

非财务性战略目标	20×0 年	20×1 年	20×2 年
组织结构（组织章程）			
管理层的继任			
管理层的更换			
管理层的改革			
需要新的高级管理人员			
董事的连任			
董事的更换（调离或辞职）			

（续表）

非财务性战略目标	20×0 年	20×1 年	20×2 年
新董事的加入			
员工的教育与培训			
董事会成员的教育与培训			
开发新金融产品与新服务项目			
技术			
其中：封闭式与信息共享式的计算机办公系统			
局域网和广域网快捷系统			
内部计算机联网			
家庭银行业务（采用电话或计算机）			
虚拟技术			
网上进行申请与合约签订的贷款业务			
自动提款机业务			
调整后的政策和程序手册（管理当局所要求的）			
服务时间			
其中：总行营业大厅			
支行营业大厅			

表 2-20 所列的非财务性战略目标并不是对每家商业银行都适用，但不管怎样，每年都应在发展战略指导下制定下一年度规划范围内的非财务性战略目标。不同的商业银行的状况不尽相同，一家银行的重要问题对另一家银行来说或许根本不重要。这样，在制定战略目标的过程中，保持适度的灵活性便是首要的要求了。

案例 2-3

××农商银行（2018—2023 年）战略规划①

第四章　战略定位思路与战略理念

一、战略定位思路

（一）发展战略定位中必须解决的问题

（1）××农商银行要如何处理农村金融业务。

根据中共十九大会议与中央最近几年的农村工作会议精神，“三农”始终是未来改革的重点领域，农村也将会是未来 10 年变化最大的地区。目前，××农商银行在××地区占据绝对优势的地方在农村。因此，未来农村的发展与变化将给××农商银行发展带来机遇。

但是，农村金融业务中的资产业务不仅成本高，而且风险大，导致收益低下，即农商银行

① 承案例 2-1，因受合约限制，个别内容做了适当的技术处理。

占据绝对优势的地盘却不形成核心利润来源，甚至可能还在吞食利润。负债业务也是农商银行最传统的业务，不仅简单、效益低，且占据农商银行乡镇支行网点的大部分资源。

面对具有发展机遇却收益低且风险大的农村金融业务，××农商银行要怎么办？这成为战略选择中第一个需要解决的问题。

(2) 有限的人才优势如何发挥最大的作用。

××农商银行扎根××地区几十年，与本地客户形成了良好的关系基础，这种关系实质上的表现就是员工与本地客户间的相互熟悉关系。××农商银行虽然缺乏现代金融管理方面的高级人才，但是，却拥有一批对××经济与县情深刻了解、对县域金融业务有着丰富经验，且在××地区有着深厚人脉资源的队伍。能否充分发挥出这样一支队伍的核心骨干作用，是未来发展的先决条件。

因此，战略选择面对的第二个问题就是：要如何才能充分利用有限的人才优势？

(3) 面对互联网金融以及其他商业银行在中小微贷款领域的不断扩张，以服务中小微企业为主营业务的××农商银行要如何应对。

解决中小微企业融资难问题的关键在于如何全面、高效地解决信息不对称问题。目前已有相当数量的商业银行和小额贷款公司开始逐步认识到了这一问题，纷纷研究并提出了不少针对中小微企业各具特色的金融解决方案。其中，最具代表性的有以下三种模式：

模式一，以阿里金融为代表的“电商”模式。

阿里金融模式以网络数据分析模型为骨架，以阿里巴巴、淘宝和支付宝中沉淀的海量客户交易和信用数据为血液，引入在线视频资信调查和云计算技术，成功地将客户行为数据映射为企业和个人的信用评价，并由此自动为大部分客户完成贷款审批。相比于银行动辄上千元的贷款操作成本，阿里金融单笔操作成本仅需2.3元，平均不到10秒就有一笔贷款放出，准入门槛近乎为零，实现了全年无休的信贷服务。

模式二，以民生银行为代表的“圈链金融”模式。

民生银行模式则是对“一圈两链”中的中小微企业大胆地采取批量营销、集群授信的模式，通过联保联贷的方式弱化个体的信用风险，降低信息不对称带来的影响，实现了信贷业务的工厂化、低成本运作。借助信贷工厂化的批量输出，在转型最初的3年多时间内，其中小微企业贷款余额就突破3 000亿元，累计信贷投放超过8 000亿元。

模式三，以泰隆银行为代表的“零售金融”模式。

泰隆银行模式认为，客户的人品和经营前景是中小微企业贷款中需要首先了解、确认的信息。因此，在零售银行模式下，泰隆银行实行“一对一”服务，并将服务从业务合作延伸到客户的事业和生活等方面，由此建立起比一般业务往来更深的感情维系，获得了较高的客户忠诚度。

上述三种模式集中要解决的就是信息不对称问题，有的在降低信息成本上下功夫，但却增大了经营风险；有的在消除信息不对称上着力，却加大了经营的成本。那么，××农商银行如何利用网点多、熟悉客户情况的优势，创新出自己的中小微企业服务方式呢？

(4) ××农商银行如何进行差异化经营。

民营中小银行要生存、要发展，有效途径之一就是走差异化经营之路。然而，目前在每

家银行都在讲差异化经营的时候，到底如何来定位××农商银行的差异化经营？这是发展战略中需要厘清的重要问题。

在县域这一块，由于地域限制，产业种类不可能多种多样，经济规模与发展水平也存在很大差异，其金融需求表现与大城市及更大范围地区相比具有以下非常鲜明的特点：

一是，金融需求虽然也多种多样，但每一种需求并不一定具有规模优势，即并不适合以特定的金融产品与服务与之匹配。

二是，根据××地区经济社会的发展水平，金融需求的层次仍然处于对金融的基本需求，尤其农村地区，对传统金融产品的需求仍然占主导地位。

以上特点决定作为县域银行的××农商银行对差异化经营之路的选择，无法把重点放在提供不同金融产品与服务上。这是因为如果××农商银行要细分金融产品与金融服务，会因为经营规模小众而无效益。因此，金融产品与金融服务的设计仍然需要以基本金融需求和传统业务为主。

那么在竞争激烈的传统业务与传统服务市场中，如何吸引客户、留住客户，就是发展战略的首要任务。然而，作为传统的银行业务，如果仅仅从经营品种、经营方式上思考，很难有所创新。这一点就成为××农商银行发展战略必须突破的难题。

因此，××农商银行优化的差异化在何处呢？

(5) ××农商银行如何满足多元化的金融需求。

××农商银行生于××县，长于××县，今后要向外拓展，也必定要依托这个县域基础。只有打好县域这个基础，才有发展的机会。因此，充分满足××地区人民的金融需求，为他们提供满意的金融产品与服务，就是××农商银行立足的基础。

仅仅从县域范围看，就会发现金融需求虽然多样，但很多难以形成规模。也就是说，县域金融需求并不会受区域范围大小的限制，也会因人不同或因时而异，呈现出多元化。可是由于受人口等因素的限制，不仅仅是每一种需求难以形成规模，造成多元化经营上的困难，更为重要的是即使有能力提供一对一服务，也会因单笔规模过小，而无法有效益。

因此，面对缺乏规模的多元化金融需求，××农商银行如何规划自己的产品与服务呢？

(6) ××农商银行在利差缩小后如何拓展收益来源。

随着金融脱媒以及利率市场化改革推进步伐的加快，银行业长期以来的生存模式——利差空间将会越来越小，导致银行必须通过金融创新业务来扩张利润来源，普遍的做法是运用理财、结算、电子化等创新的服务产品与手段来扩大中间业务收入。而作为地处县域的××农商银行来说，除了金融市场形成一定盈利规模外，拓展中间业务的能力存在先天不足，且由于地域范围的限制，很多中间服务可能都不具意义。

因此，利润增长点在何处呢？

(7) ××农商银行要如何对抗市场愈演愈烈的竞争。

在××县，××农商银行市场规模稍有优势，但客户资源与业务都不具排他性，而且在农村的市场份额会受到来自邮政储蓄银行、村镇银行、农行的不断侵蚀。更为严重的是，面对这种侵蚀，××农商银行束手无策。随着各大股份制银行及地方性的其他商业银行“下沉”战略的推行，未来县域市场被吞食的可能性也在不断加大。

因此，××农商银行要想在××县长期立足并得到发展，就要有对抗市场竞争的能力。那么这个能力是什么呢？

(8) 面对未来大量民间资本向县域金融的涌入，××农商银行应采取何种行动方案。

随着“民营银行”成为金融业内的一个热点，以及国家放开民间资本的金融准入，农村信用社必然成为众多民间资本的争夺对象。例如，主要从事民间资本运作的盛大金禧金融集团公司(简称盛大金禧)，就有计划收购10余家农村信用社，引导民间资本进军银行业。盛大金禧采取农村包围城市的战略，以收购的形式与农村信用社合作，将其发展成为集团公司的服务网点，最终目标是建立盛大金禧自己的“银行”，更好地助推中小企业发展。

大资本向农村金融机构的进入，会加快县域金融发展，既可能给××农商银行带来机遇，也会带来巨大挑战。为此，××农商银行应该如何确立未来的发展方向呢？

(二) 战略问题路线图

将上述八个问题进行整理：

农村金融业务(第一个问题)已有的地盘与熟悉××地区金融业务环境人才(第二个问题)实际上是××农商银行的优势资源，所谓优势就是指××农商银行拥有优于其他银行的信息优势。因此，作为问题，其要害处就是优势不优。要解决优势不优的问题，关键在于要有一个适宜的经营与管理模式，能够让有限的优势资源发挥最大的效益。

这个适宜的经营与管理模式就是基于县域经济的小银行模式，我们称之为县域金融模式，它包括创新的中小微企业信贷模式(第三个问题)、差异化服务(第四个问题)与能够满足多元化金融需求的产品(第五个问题)。

构建好县域金融模式，就形成了××农商银行新盈利模式(第六个问题)，并由此形成核心竞争力(第七个问题)。

一个具有核心竞争力的农商银行，就具备了应对未来变化的能力(第八个问题)。无论市场朝什么方向变动，××农商银行进可攻，具有向外扩张的能力；退可守，具有与人合作的价值。

以上可归纳为××农商银行战略问题路线，如图2-3所示。

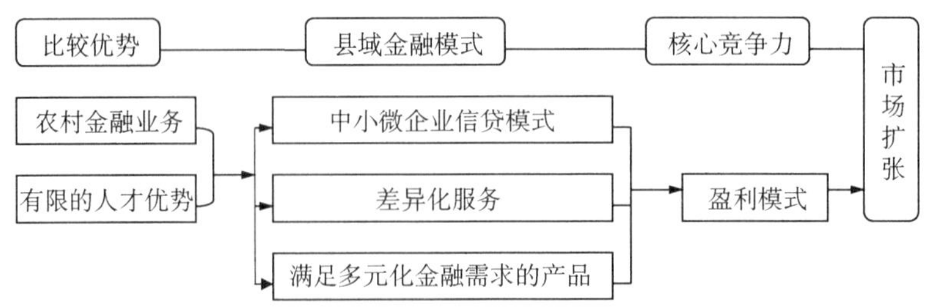

图2-3 ××农商银行战略问题路线图

二、战略理念

(一) 战略定位

市场定位：服务“三农”，服务中小微企业，服务地方经济。

未来发展：立足当地，逐步推进跨区域发展。

角色定位：做强、做精县域金融，成为一流的现代农村商业银行，树立精品银行的品牌形象，成为国内品牌县域银行。

国内品牌县域银行的定位是用6年时间实现的：占有60%的县域金融资源，能够满足县域80%有效金融需求的产品与服务，且经营成本、利润与风险控制优于国内同类银行的平均水平，在国内农商银行中具有品牌效应。并以此为基础，通过复制、并购、合作等方式做成区域性的中小型县域银行集团。

企业愿景：打造百年老店。

企业宗旨：为客户创造价值，为股东创造利润，为员工创造未来，为社会创造财富。

企业使命：百姓银行——老百姓自己的银行。

核心价值观：厚待厚德，勤奋勤勉；尚志勤学，敬业修身。

（二）经营理念

◆ 以客户为中心，争取一切优质客户，抓住一切发展机会。

◆ 信用为本、合作共赢，与利益相关者良性互动。

◆ 大力推行“四心”（热心、真心、知心、耐心）文明规范化服务。

◆ 打造特色银行、优质银行、流程银行、现代银行、责任银行。

◆ 重视系统创新，在改革创新中把握发展机会。

◆ 打造服务县域的主力银行，立足社区的零售银行，面向“三农”的农商银行。

（三）管理理念

◆ 科学管理的六个层次：创新战略理念、完善组织架构、建章立制、落实责权、有效激励与严格奖惩、企业文化再造。

◆ 三纲五制：改革发展纲要、企业文化纲要、风险管理纲要；法人治理机制、风险内控机制、有效激励机制、系统创新机制、系统党建机制。

◆ 全面绩效管理：当期绩效决定薪酬，长期业绩决定升迁，道德缺陷一票否决。

◇ 绩效挂钩，量化到人；

◇ 形成全方位绩效考评体系；

◇ 员工靠长期绩效的等级升迁机制；

◇ 鼓励员工为实现企业目标的一系列综合奖惩机制。

◆ 全面风险管理：

◇ 视风险为机会，在主动管理风险中去把握发展的机会，使风险管理成为一种组织责任，一种企业文化，一种日常行为；

◇ 建立全面风险管理体系；

◇ 让风险管理的要求和责任，落实到组织及岗位的每个层面，产品和服务流程的每一环节，并建立起从识别、评价到控制的一系列风控工具。

◆ 全面客户关系管理：

◇ 以服务客户为中心，形成企业的功能架构；

◇ 以需求为导向形成产品和服务的能力，形成快速反应机制；

◇ 分层分类精细化管理客户，优质的资源对接优势客户，资源的使用与客户价值创造贡献相匹配；

◇ 强化标准化建设，形成规范统一的产品、服务品牌和机构形象。

（四）员工理念

◆ 坚持“有为有位，共同成长”的人才战略。

◆ 员工既是本行价值的创造者，也是发展成果的受益者。本行既要通过正向激励，充分调动员工的积极性，又要给予严格的纪律约束；既要重视当期绩效创造，又要重视帮助员工实现职业生涯规划。员工管理最重要的是让员工的价值追求与本行的价值追求一致。

◆ 本行必须划分层级，并对员工实行等级管理。但等级只是岗位、责任划分和历史贡献的记录，所有员工在人格意义上完全平等，没有贵贱之分，受到同样的尊敬。

◆ 本行为员工岗位变化和等级升迁以及员工的全面发展创造公平的机会。

◆ 员工与本行既是聘用关系，又是共生体。本行的生命力在于有一大批视本行如家、视工作为使命的员工。

◆ 重在执行，从组织架构、规制建设、责权安排、奖惩措施等方面，建立战略与理念的执行机制。

◆ 形成××农商银行特色的合规体系，靠制度管人，按流程办事。合规体系包括：

◇ 完善的规制体系（制度、规范与标准）；

◇ 简明的流程体系（覆盖每一产品、层级、岗位）；

◇ 有效的合规管理架构；

◇ 严格的奖惩体系。

◆ 弘扬以敬业为核心，以勤奋、忠诚、严谨、开拓为四维的企业精神，推进先进有效的企业文化（包括战略文化、精神文化、规制文化、行为文化、形象文化），内铸精神动力，外树企业形象。

◆ 运用一切组织性资源，围绕发展目标，落实科学管理理念，强化执行。把党的建设融入企业法人治理之中，把党的组织作为科学管理有效执行的重要组织资源。

◆ 注重细节，全面推进标准化、模式化、精细化管理。

第五章　战略路径与战略目标

一、战略路径

做强、做精县域金融，经过 6 年的努力，将本行建设成为一流的现代农村商业银行，树立起精品银行的品牌形象，成为国内品牌县域银行。本行可以实施两大步走战略。

（一）第一大步（2018—2020 年）：打基础、筑根基、促转型

这是××农商银行发展战略打基础、筑根基、促转型阶段，主要目标是建成品牌县域银行。

作为品牌县域银行，其基础模式构成有二：一是，立足于县域经济，建成符合县域金融需求特点的特色业务模式；二是，建立“以资源信息集中带动物流、人流、资金流向农商银行集中”的服务模式，以全方位服务理念打破传统银行服务的局限，把本行建设成为真正意义上

的“××人民的银行——家门口的银行”，由此形成有别于传统银行的差异化服务。

要建成品牌县域银行，具体目标如下：

(1) 有专业化的县域银行产品与服务，即针对县域客户金融需求设计的产品与服务线。

(2) 有比其他银行同类产品服务低的成本，即将专业化设计的产品与服务线规范化与标准化，提高管理水平，降低经营成本。

(3) 有能够满足标准化县域银行产品与服务管理的机制和制度，即银行的组织架构、团队配置、管理程序等都与专业化的县域银行业务相匹配。

(4) 有县域人口80%以上的客户群，即要建立完备的客户挖掘与客户维护制度，有目的、有手段、有条件地巩固已有客户资源、挖掘潜在客户，并培养未来客户。

(5) 有很强的吸引县域客户的方式与路径，即突破银行业务服务的局限，以向客户提供超越银行服务范围的方式，引导客户向银行服务流动。

(6) 有先进与充足的技术支撑，这包括银行终端服务设备的布局、网络金融产品与服务，以及综合客户服务信息系统等。

打牢基础、筑牢根基的关键是立足创新、促进转型，包括思想转型、客户转型、营销转型、考核转型、组织转型、流程改造、网点转型、渠道转型、品牌再造等方面。

(二) 第二大步(2021—2023年)：发展中求扩张、找机会谋跨越

在第一大步(2018—2020年)打好基础的条件下，第二大步的目标就是实现跨区域扩张、找机会谋跨越，即向其他县、区推广县域银行模式，县域的选择由近向远，力争建成区域性的中小型县域银行集团。具体目标为：

(1) 巩固并完善差异化服务与经验特色模式。

(2) 选择合适的县、区复制县域银行，争取3年内以并购、控股、合营等资本运营方式发展两三个县域银行，不断积累经验。

(3) 在县域金融领域，具有品牌效应和影响，加快县域银行的扩展速度，力争建成区域性的中小型县域银行集团。

二、总体战略

××农商银行定位于县域经济的聚焦战略，总体上由36个字组成：“立足县域经济、深耕客户资源、专注差异服务、做强特色模式、跨域复制发展、横向合作扩张。”

1.“立足县域经济、深耕客户资源”是立命基础

××地区是农商银行绝大部分员工的故乡，××农商银行自有历史以来，一直在这块土地上耕耘，几十年过去，积累了经验，更积累了深厚的资源。这些经验与资源是改制后的农商银行宝贵的财富，是未来发展的基础。因此，立足县域经济实质就是立足于××地区、立足于××农商银行几十年来在××地区积累的经验与资源。

银行的发展依赖其业务拓展能力与服务水平，核心就体现在能否为客户提供他们所需要的金融产品与金融服务。××农商银行能否在××地区长久地生存下去，关键也在于能否充分满足××地区人民的金融需求。

那么，××地区现有的金融需求是什么？这些金融需求是否得到充分满足？没有满足的需求是什么？为什么不能满足？还有哪些潜在的需求呢？

深耕客户资源既是对现有客户需求的了解，也是对潜在客户需求的了解。只有了解客户需求，才能够设计出符合市场需要的产品与服务，也才能够吸引客户、留住客户。

综观××农商银行的客户资源，主要由三部分组成：一是，有限的中小企业客户形成的公司业务资源（包括政府）；二是，“三农”、个体工商户和小微企业客户形成的小额信贷业务资源（包括居民个人）；三是，县域零售金融业务资源（分农村乡镇、中心村和城区社区）。

立足××地区积累的经验与资源，实质就是立足于××地区长期以来所积累的客户资源。因此，充分挖掘客户资源是××农商银行的立命之本。

2.“专注差异服务、做强特色模式”是核心竞争力

“专注差异服务”是指专营有别于传统银行的全方位的服务。差异即有别于传统银行的服务，全方位的服务即超越银行服务的服务。那就是××农商银行应超越银行服务范围的限制，把满足××地区人民便利生活的需求作为服务的内容，让××地区人民在生产、经营等经济活动，以及在衣食住行、教育、娱乐、健康等消费活动各方面得到优惠、便利。通过全方位的服务引导生产经营者与消费者向××农商银行靠拢，以聚集客户资源。

“做强特色模式”即以服务与产品为主线，对服务与产品进行归类、规范，标准化服务与产品的内容、操作程序，由专业团队集中管理，由此，构成××农商银行的专业化程度高、规模效益明显、操作规范的业务模式。

这里所讲的特色是鉴于××农商银行主要以中小企业、个体工商户、“三农”及居民个人为客户基础的现实，加之受县域范围、人口规模等条件的限制，产品与服务如果过于细分，不仅经营成本高，且风险不容易管理。只有将业务集中，才有利于提高效率，但业务集中又很难满足不同客户的不同金融需求。一个既能够提升规模效益，又能够满足不同客户需求的业务模式便是将产品与服务分类，在同一类别下通过设立不同条件，将不同客户需求纳入，并通过专业化的管理提升整体管理效率。

差异服务与特色模式，构成××农商银行的核心竞争力。

3.“跨域复制发展、横向合作扩张”是扩张模式

“跨域复制发展”是××农商银行扩张的第一步。当差异服务与特色模式形成后，××农商银行必须适机寻找向外拓展的机会，但原则是仍然立足于县域银行的这个定位。因此，跨域即选择其他合适的县域对象金融机构，通过并购、控股、参股、合作等形式，将××农商银行的差异服务与特色模式进行复制。

“横向合作扩张”是××农商银行扩张的第二步。当跨域复制模式成功后，××农商银行的差异服务与特色模式在农村金融市场上将凸显价值，县域银行的横向合作将很容易达成，××农商银行在做强的同时实现有序扩张。

三、经营目标

（一）经营规模

综合考虑××农商银行过去几年的经营指标变化趋势、市场占有率、××县域经济发展情况以及新常态下经济增长的规律和供给侧结构性改革的影响，在充分激励本行全体员工努力达成目标的前提下，稳健预计在现有业务规模基础上，2018—2020 年期间业务成长能

保持在年均 12%左右的水平,预计 2021—2023 年期间业务成长能保持在年均 10%左右的水平。

基于以上认识,提出两大步走战略经营规模参考性目标如表 2-21 所示。

表 2-21　两大步走战略经营规模参考性目标

单位:亿元

项目	2020 年年末	2023 年年末
资产总额	210	280
存款总额	135	180
贷款总额	90	120

(二) 财务控制目标

综合相关的统计数据、市场环境的变化趋势和监管相关参考数据,提出两大步走战略阶段财务控制参考性目标如表 2-22 所示。

表 2-22　两大步走战略阶段财务控制参考性目标

财务指标	2018—2020 年	2021—2023 年
资产利润率	3 年年均保持在不低于 1.20%的水平	3 年年均保持在不低于 1.15%的水平
资本利润率	3 年年均保持在不低于 25.00%的水平	3 年年均保持在不低于 22.00%的水平
成本收入比	3 年年均控制在 32%以内	3 年年均控制在 35%以内
资本充足率	3 年年均保持在不低于 12.50%的水平	3 年年均保持在不低于 12.50%的水平
核心资本充足率	3 年年均保持在不低于 10.50%的水平	3 年年均保持在不低于 10.50%的水平
拨备覆盖率	3 年年均保持在不低于 200%的水平	3 年年均保持在不低于 200%的水平
贷款拨备率	3 年年均保持在不低于 4%的水平	3 年年均保持在不低于 4%的水平
不良贷款率	3 年年均控制在 2.5%以内	3 年年均控制在 2.5%以内
不良资产率	3 年年均控制在 2.0%以内	3 年年均控制在 2.0%以内
流动性比率	3 年年均保持在不低于 40%	3 年年均保持在不低于 40%
存贷比	3 年年均保持在不低于 60%	3 年年均保持在不低于 65%

2.3 商业银行发展战略的实施

财务性和非财务性战略目标的实现,对于发展战略整体至关重要。制定正式的战略行动方案的目的是全面实现战略目标。很显然,如果没有具体的行动方案,就无法实现战略目标。商业银行的战略行动方案应由管理层提出,并报董事会批准通过。

资料 2-4

财政部、证监会、银监会等《企业内部控制应用指引第 2 号——发展战略》摘录

第三章　发展战略的实施

第八条　企业应当根据发展战略，制订年度工作计划，编制全面预算，将年度目标分解、落实；同时完善发展战略管理制度，确保发展战略有效实施。

第九条　企业应当重视发展战略的宣传工作，通过内部各层级会议和教育培训等有效方式，将发展战略及其分解落实情况传递到内部各管理层级和全体员工。

第十条　战略委员会应当加强对发展战略实施情况的监控，定期收集和分析相关信息，对于明显偏离发展战略的情况，应当及时报告。

2.3.1　战略行动方案的制定

在制定战略行动方案时，必须考虑三个问题：优先权、现实可行性和责任制。

(1) 优先权。这种优先权的建立是董事会和高级管理层的责任。因为有限的资源限制了在某一预算年度里完成所有行动方案的可能性。当宣布下一年战略计划的行动方案时，应对战略目标进行重新定位。去年第六位的目标今年可能升至第一位或降至第八位，具体应随环境的变化而变化。在评审下一预算年度战略行动方案时，所有的目标都应公开，并对其进行排序。

(2) 现实可行性。在下一预算年度究竟制定多少项行动方案，应以现实的可能性为标准。经验告诉我们，每年管理层和员工拟定实施的行动方案越多，真正能够完成的可能越少。如果这样，发展战略就失去了应有的效力。太多的优先权会影响管理层和员工在完成当前工作时能力的发挥。

(3) 责任制。为了便于具体行动方案的实施，应分派给每个管理者不同的任务。如果分派的任务没有完成，那么个人就应承担相应的责任。使管理层负起责任的最有效方法是：建立起事后评审机制，以确保管理者个人或团队能够按制定的规划行事。

表 2-23 是战略行动方案项目排序的基本格式。值得注意的是，在今后 3 年中，每一年应优先解决的问题都列在表格的左边。表 2-23 还列出了实施的最后期限和个人职责等。

表 2-23　××农商银行(20×0—20×2 年)发展战略行动方案

	优先解决的问题	战略行动方案	实施的最后期限	个人职责
20×0 年度	1.			
	2.			
	3.			
	4.			
	5.			

（续表）

	优先解决的问题	战略行动方案	实施的最后期限	个人职责
20×1 年度	1.			
	2.			
	3.			
	4.			
	5.			
20×2 年度	优先解决的问题	战略行动方案	实施的最后期限	个人职责
	1.			
	2.			
	3.			
	4.			
	5.			

源于发展战略的财务性和非财务性目标，只有通过现实可行的战略行动方案的先后排序才能实现。管理层应对战略行动方案负责，战略行动方案必须确定优先顺序，以便使机构目标实现的可能性达到最大。由于实际情况会发生变化，每年对战略行动方案均应进行有根据的调整或重新进行优先权的排序。

2.3.2　发展战略的执行

对于商业银行来说，书面的发展战略是必不可少的。有时，银行监管部门也要求有书面形式的发展战略，并且董事会成员和高级管理层应对发展战略加以利用，以便了解商业银行的未来发展方向。一般情况下，使用 3 年期的发展战略比较合适（战略澄清可以是未来 5～8 年）。为了保持连续性，如果规划中没有包括制定规划当期，就应顺延一年。发展战略应该每年公布一次，而不是 3 年公布一次，即发展战略应该是"滚动式的战略计划"。

2.3.2.1　年度评审的意义

发展战略的分析与评审应至少每年进行一次，少数银行每季度都对其发展战略进行一次检查。但对于大多数商业银行来说，并不需要这样做。

对发展战略一定要进行年度评审。只有对规划的成功、失败之处进行开诚布公的讨论，规划才有意义。并且，这也是商业银行未来发展所必需的。如果目前的状况被粉饰，那么，发展战略就毫无价值。发展战略应作为一个工具，借以从过去的错误中吸取教训。同时，发展战略能促使商业银行从长期的角度出发思考问题，因为发展战略不仅包括当年的活动，还包括商业银行为了生存发展将来要做的事。正在实施的综合性发展战略表明，商业银行正在尽最大努力做好工作。

发展战略的年度评审为董事会考核管理层的工作绩效提供了一个途径。作为书面规划的一部分，某些目标是为当年活动而建立的，其中一些已经分派给了高级管理人员，对于完成目标的人员应给予嘉奖。如果年度评审表明,某些任务没有完成,那么,就应追究没有完成任务的原因。高级管理人员应承担起责任,他们对工作目标的完成情况应在管理人员考核中有所体现。如果允许管理层对工作敷衍了事,或者没有对规划适时地进行评审和分析,那么目标就难以实现。最终,董事会还是难辞其咎。

2.3.2.2 规划任务的重新排序

当发展战略已初步完成,对于某些需要优先实施的战略行动方案就应制定具体的时间框架。当进入发展战略的制定阶段后,应达成这样的共识:任何事都应拿出来研究、讨论,并且在必要时更改。这有助于第二年对战略行动方案进行重新定位。例如,某家商业银行设在市区边界附近,前几年没有机会从事跨境业务和设立市际分支机构,而现在跨越市界的业务已成为可能。设立分支机构选定地址是一件非常重要的事,因为新机遇带来新选择,设立分支机构的机会应综合考虑,其中包括跨境的区位选择问题,盲目跟从以前的决定是一种草率的商业行为。

2.3.2.3 战略目标的修改

值得注意的是,对发展战略进行年度评审的目的在于,确定是否需要修改以前制定的财务性和非财务性战略目标。如果评估表明这些财务性和非财务性战略目标不需要修改,那么就应保留。另外,商业银行应保持足够的灵活性,它的某些财务性和非财务性战略目标及其优先顺序应随着机构内部和整体行业状况的变化而变化。

2.3.2.4 修改后的战略目标的实施

当财务性战略目标修改完成之后,就应着手制定新的战略行动方案。对原有的战略行动方案应重新进行考虑,甚至有可能予以淘汰。新的一年,应确定新的战略行动方案和新的应优先解决的问题。新问题和新实施方案会给管理者带来新的工作。

2.3.2.5 对管理层的评估

董事会最棘手的工作之一就是如何对管理层的能力及绩效进行评估。绝大部分商业银行的管理当局,对商业银行的管理人员的评估仅仅停留在定性分析上,而不是定量分析上。在商业银行董事会对管理层的工作技能和工作业绩的判断中,战略的年度评审是定期评审的可靠信息来源。

书面的发展战略是管理层和全体员工的工作指导。每年年度规划结束时,它可以使董事会更准确地对管理层的工作做出评价。规划中还应包括设定的财务性和非财务性战略目标,并对管理层应该完成的具体任务加以强调。规划的具体实施者应密切关注其规划,并提供评估其工作绩效的相关信息。

当然,有时会因种种原因使得某些规划无法完成,而有时管理层可能会比预期更出色地完成工作。如果没有充分的理由,那么就应按照书面的发展战略去做,而不要擅作主张。经理的业绩越好,说明其越称职。如果经理没有完成指定的任务,那么就不要再给他增加额外的管理工作,甚至可以由更能胜任该工作的人员来接替该经理。

2.3.2.6 战略计划的长期性

很多时候,年复一年的发展战略通常会顺理成章地变成下一年度的业务规划。所以,董事会和高级管理人员必须时刻牢记规划的长期性。当一项发展战略草拟完成之后,要由管

理层提交给董事会。对规划进行评估之后，董事会成员通常会提出一些新问题。他们最常问的问题是:“第二年和第三年的规划在哪里?”管理层提交的规划往往是为期1年的规划。然后高级管理人员要花很长的时间说明，他们制定的年度规划是把一项长期规划浓缩于该年规划中。当今的世界变化虽然很快，然而，我们仍然要记住战略规划应着重考虑未来3年的活动。

资料2-5　××农商银行战略管理规范性文件①

××农商银行发展战略制定管理办法

第一章　总　　则

第一条　为规范××农商银行发展战略制定管理，根据财政部、证监会、审计署、银监会、保监会联合发布的《企业内部控制应用指引第2号——发展战略》、银监会办公厅发布的《农村商业银行和农村合作银行推进流程银行建设的指导意见》等监管文件，结合本行实际，特制定本办法。

第二条　本办法所称发展战略，是指本行在对现实状况和未来趋势进行综合分析和科学预测的基础上，制定并实施的长远发展目标与战略规划。

第三条　本行每3年为一个战略周期。

第四条　本行发展战略的制定遵循“科学、客观、可行”的原则，并根据形势变化动态调整。

第五条　本行的发展战略应至少具备以下基本特征：

（一）整体性。发展战略是关于本行发展的谋略，是对本行整体性问题的谋划。

（二）长期性。发展战略是对本行长期性问题的谋划，而不是短期性问题。

（三）基本性。发展战略是对本行基本性问题的谋划，而不是具体性问题。

（四）系统性。本行发展战略应立足长远发展，确立远景目标，同时应围绕远景目标设立阶段目标，以构成一个环环相扣的发展战略目标体系。

第六条　本行制定与实施发展战略至少应当关注下列风险：

（一）缺乏明确的发展战略或发展战略实施不到位，可能导致本行盲目发展，难以形成竞争优势，丧失发展机遇和动力。

（二）发展战略过于激进，脱离本行实际能力或偏离股东价值最大化，可能导致本行过度扩张，甚至经营失败。

（三）发展战略缺乏长期性，方向不明确，因主观原因频繁变动，可能导致资源浪费，甚至危及本行的生存和持续发展。

第二章　战略制定职责

第七条　本行的战略管理机构包括股东大会、董事会和董事会发展战略委员会。

---

①　本资料提供的三个战略管理规范性文件来自作者2018年在河南省××农商银行研发的课题《××农商银行战略管理与组织架构优化》，因受合约限制，个别内容做了适当的技术处理。

第八条　董事会发展战略委员会是本行战略工作的归口管理机构，负责组织制定本行发展战略，对本行发展战略进行调查研究并提出建议，具体包括：对本行的长期发展规划、经营目标、发展方针进行研究并提出建议，对本行产品战略、市场战略、营销战略、人才战略、科技战略等经营战略进行调查研究并提出建议，对本行重大战略性投资、融资方案进行研究并提出建议，对本行重大资本运作、资产经营项目进行调查研究并提出建议等。

第九条　董事会负责审议发展战略委员会提交的发展战略建议方案并提出意见。董事会在审议方案中如果发现重大问题，应当责成发展战略委员会对方案做出调整。

第十条　股东大会是本行战略管理的最高决策机构，负责审批董事会审议通过的本行发展战略方案。

第十一条　董事会授权董事会办公室承担董事会发展战略委员会有关战略管理的具体工作。必要时，董事会发展战略委员会可以聘请社会专业人士担任顾问，提供战略管理的专业咨询意见。

第三章　发展战略制定程序

第十二条　本行应全面分析外部环境和内部条件，充分考虑本行服务网络、产品、服务、专业人才和其他资源优势，确定愿景、使命和价值观，按照服务“三农”和中小微企业、服务县域、服务社区的市场定位，制定清晰、科学的发展战略，作为本行一致行动的指南。

第十三条　本行发展战略分为发展目标和战略规划两个层次。发展目标是本行发展战略的核心和基本内容，是对本行使命的具体化；战略规划是为了实现发展目标而制定的具体规划。

第十四条　董事会发展战略委员会应在充分调查研究和信息收集、科学分析预测、广泛征求意见的基础上至少提前一个季度提出下一个 3 年战略周期的 3 年发展目标、战略规划，并形成发展战略建议方案。

在提出发展目标时，应当充分考虑宏观经济、监管政策和同业竞争等外部环境以及本行愿景、使命、内部资源与能力等影响因素。

第十五条　董事会发展战略委员会应当根据发展目标进一步提出相应的战略规划。

战略规划应明确发展的阶段性和发展程度，支持发展目标实现所需要的关键能力，实现发展目标的安排部署和行动计划，包括确定每个发展阶段的具体目标、工作任务、负责人和实施途径等。

第十六条　董事会发展战略委员会应组织有关部门进行科学论证，必要时可以聘请专业中介机构进行咨询，形成本行发展战略建议方案。发展战略建议方案一般应包括以下内容：

（一）外部经营环境分析，包括宏观经济、监管政策、市场形势、同业竞争、科技发展趋势、主业市场分析等。

（二）本行内部资源与能力分析，包括本行经营状况、基本发展条件、主要经济状况、人力资源和科技支撑等内部资源、能力分析。

（三）本行愿景、使命和战略目标以及说明。

（四）市场细分、市场定位及“三农”业务和中小微企业金融服务的业务模式。

（五）与发展战略相适应的中长期资本规划和短期资本管理计划。

（六）支持发展战略目标实现所需要的关键能力，实现发展战略目标的安排部署和行动计划，包括业务、科技、产品、财务、人才等方面的策略和战略行动。

第十七条　董事会应及时审议发展战略委员会提出的发展战略建议方案，审议时应重点关注其全局性、长期性和可行性。

第十八条　发展战略建议方案经董事会审议通过后，报股东大会批准实施。

第四章　战略规划制定注意事项

第十九条　制定发展战略时，应在充分调查研究、征求意见和分析预测的基础上进行。

第二十条　在制定发展战略过程中，应当综合考虑市场机会与需求变化、竞争对手状况、可利用的资源水平和本行自身的优缺点等情况。

第二十一条　所制定的发展战略应当体现战略期内科技创新、市场占有、盈利能力、资本实力、行业排名和履行社会责任等应达到的程度，确保本行具有长期竞争优势。

第二十二条　本行发展战略应当经过多种方案的对比分析和择优考虑。

第五章　附　　则

第二十三条　本办法由本行董事会制定，其解释权和修订权归本行董事会，具体由董事会办公室负责解释。

第二十四条　本办法接受国家法律法规和本行章程的约束，当与国家日后颁布的法律法规或经合法程序修改后的本行章程相抵触时，按国家法律法规和经合法程序修改后的本行章程的规定执行，并立即修订本办法，报董事会审议通过。

第二十五条　本办法未尽事宜，按国家有关法律法规和本行的有关规定执行。

第二十六条　本办法自本行董事会审议通过之日起生效实施。

××农商银行发展战略实施与监控管理办法

第一章　总　　则

第一条　为更好地优化配置与利用××农商银行优势资源，确保本行持续发展，有计划地实现本行发展战略，特制定本办法。

第二条　本行高级管理层负责按照“统一领导、统一指挥”的原则全面实施发展战略，围绕发展战略的有效实施，卓有成效地发挥在资源分配、内部机构优化、企业文化培育、信息沟通、考核激励等相关制度建设方面的协调、平衡和决策作用，确保发展战略的有效实施。

第三条　董事会发展战略委员会必须对本行发展战略的实施情况进行监控，定期收集和分析相关信息，对于明显偏离发展战略的情况，应当及时向董事会报告。同时，因经济形势、产业政策、技术进步、行业状况以及不可抗力等因素发生变化时，确需对发展战略做出调整优化甚至转型的，必须按照规定权限和程序，调整发展战略或实现战略转型。

第二章　发展战略实施环境管理

第四条　本行董事、监事和高层管理人员应当树立战略意识与战略思维，通过采取内部会议、培训、讲座、知识竞赛等多种行之有效的方式，把发展战略及其分解落实情况传递到内部各管理层级和全体员工，使全体员工充分认清本行的发展思路、战略目标和具体举措，自觉将发展战略与自己的具体工作结合起来，促进发展战略的有效实施。

第五条　本行应为有效实施发展战略提供保障：

(一) 培育与发展战略相匹配的企业文化，充分发挥企业文化对发展战略有效实施所具有的导向、约束、凝聚、激励等作用。

(二) 优化调整组织结构，解决好发展战略的前导性和组织结构的滞后性之间的矛盾。

(三) 整合本行内外部资源，优化资源配置，达到发展战略与资源的有效匹配。

(四) 适时调整管理方式，建立支持发展战略实施的人力资源管理制度、信息系统等。

第三章　发展战略分解行动管理

第六条　本行应根据发展战略，编制战略周期内每个年度经营计划，分解落实发展战略：

(一) 按照上下结合、分级编制、逐级汇总的原则编制年度全面预算，分解并落实发展目标，确保发展战略能够真正有效地指导本行各项业务经营管理活动。

(二) 进一步将年度全面预算细分为季度、月度预算，通过实施分期预算控制，促进年度预算目标的实现。

(三) 通过建立发展战略实施的激励约束机制，将各责任单位年度预算目标完成情况纳入绩效考评体系，切实做到有奖有惩、奖惩分明，促进发展战略的有效实施。

第七条　董事会督促高级管理层组织本行相关部门，根据本行发展战略，制定本行阶段性经营目标，编制年度经营计划，建立全面预算管理体系，确保经营战略分解并落实到资产负债规模与结构、收支水平与结构、利润增长幅度、风险控制水平、资本回报要求、产品创新、品牌建设、人才建设、科技支撑、企业文化、社会责任等各个方面。

第八条　在采取年度经营计划的方式实施发展战略分解时，应按照下列基本过程实施：

(一) 经营预测。每年 11 月底前，业务发展管理部门应根据第四季度业务合同等信息，预测当年和次年全年的主要经营指标，提出《市场预测和目标计划》草案。

(二) 财务预测。计划财务管理部门根据经营预测，测算当年本行的收入、成本和利润，并预先列出各项成本的基础数据，提出当年《年度关键财务指标预测报告》。

(三) 营销计划。业务发展管理部门确定次年全年的业务经营目标，达成目标的关键措施和所需的财务费用、人力编制和人工成本等资源需求，提出《市场营销年度行动计划和绩效管理办法》草案(不含绩效管理部分)。

(四) 金融产品研发计划。业务发展管理部门根据市场需求和市场情报，确定研发产品线，关键措施，所需的财务费用、人力配置和人工成本等资源需求，提出《金融产品研发年度行动计划和绩效管理方案》草案(不含绩效管理部分)。

（五）风险控制计划。每年11月底前，根据业务经营目标和本行的风险容忍度水平，风险管理部门研究确定风险控制计划，提出《风险管理年度行动计划和绩效管理办法》草案（不含绩效管理部分）。

（六）人力资源计划。每年11月底前，人力资源管理部门根据各部门的人力编制和人工成本需求，汇总、确定年度经营目标的标准人力配置、人工成本控制总量，提出《年度人力标准配置计划》草案、《年度人工成本总量计划》草案。

（七）财务预算。每年11月底前，计划财务管理部门在上述各项计划和财务费用需求的基础上，进行财务需求的预先审查，编制达成经营目标的三套财务预算方案（盈亏平衡、责任目标值和争取目标值），提出《年度财务预算计划》草案。

（八）总体方案。每年11月底前，董事会办公室根据战略方针和各专项行动计划，汇总编制并提交《年度经营计划书》草案和《经营团队目标管理责任书》草案。

（九）团队初审。每年12月上旬，董事会发展战略委员会组织首次审查会议，主要审查专项行动计划和本行财务预算的一致性、可行性，同时审查《年度经营计划书》草案、《经营团队目标管理责任书》草案的整体性和可行性。

（十）方案完善。每年12月中旬，各部门根据董事会发展战略委员会的意见，按照分工，修改完善各项草案，补充专项行动计划的绩效管理部分，以与《年度经营计划书》《年度财务预算计划》和《经营团队目标管理责任书》相协调。同时，人力资源管理部门编制综合性、与年度经营计划相衔接的《员工薪酬管理基本规则》。

（十一）方案审定。每年12月下旬，董事会发展战略委员会进行终审，主要审查总体方案、配套方案之间的一致性、协调性和各项方案的可行性。

（十二）发布执行。所有方案经过修订后，提交董事会审批，经审批通过立即发布，并于次年年初开始执行。

第九条　本行推行全面预算管理，强化预算管理对于战略目标与经营计划的约束，明确预算编制、执行、考核等环节的主要风险点，采取相应措施，实施有效控制。

（一）本行根据战略目标和年度经营目标，综合考虑预算期内市场环境变化等因素，按照上下结合、分级编制、逐级汇总的程序，编制年度全面预算。预算编制应当科学合理、符合实际，避免预算指标过高或过低。

（二）本行在预算年度开始前编制完成全面预算，按照规定的权限和程序审核批准后，以文件形式下达执行。本行将预算指标层层分解，落实到各部门、各环节和各岗位，以确保预算刚性，从而严格执行。

（三）本行建立预算执行情况的预警机制和报告制度，确定预警和报告指标体系，密切跟踪预算实施进度和完成情况，采取有效措施对预算执行情况进行分析和监控，若发现预算执行差异，及时采取改进措施。

（四）本行批准下达的预算应当保持稳定，不得随意调整。由于市场环境、国家政策或不可抗力等客观因素导致预算执行发生重大差异确需调整预算的，应当履行严格的审批程序。

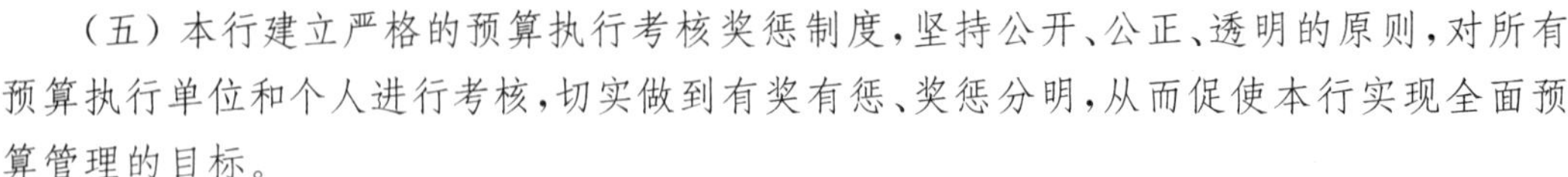

（五）本行建立严格的预算执行考核奖惩制度，坚持公开、公正、透明的原则，对所有预算执行单位和个人进行考核，切实做到有奖有惩、奖惩分明，从而促使本行实现全面预算管理的目标。

第四章　发展战略与年度经营计划执行要求

第十条　战略目标与年度经营计划一经确定，各部门必须严格贯彻执行，不得以任何理由和借口拖延或变相拖延。

第十一条　本行行长与各部门签订《部门目标经营责任书》，对战略目标和年度经营计划与各职能部门的目标、责任、实施效果和团队收入进行综合考虑。

第十二条　业务发展管理部门定期召集经营绩效检讨会议，分析战略规划和年度经营计划的执行情况，以检讨问题、分析原因、确定对策。

第十三条　在战略目标和年度经营计划的实施过程中，各部门应高度关注管理流程和体系对战略实施的保障作用，建立健全基于流程的管理体系，并在实施过程中，将成功经验和失败教训融入管理体系的标准化之中。

第五章　发展战略执行绩效管理

第十四条　为增强本行对内外部环境变化的敏感度和判断力，本行建立经营绩效监测系统，用来监测经营战略和年度经营计划的实施进程与效果。

第十五条　董事会发展战略委员会负责本行经营绩效监测，其职责包括以下四方面的内容：

（一）确定影响本行战略目标和年度经营计划的关键测量领域、关键测量项目和关键测量指标，并确定信息提供单位(信息源)、方式、频率，发布经营绩效监测的相关规定。

（二）定期收集、筛选、校准、整合各部门提交的进展和效果信息。

（三）在编报年度绩效月报的基础上，编报战略目标和年度经营计划执行季报。

（四）确定战略目标和年度经营计划的预警指标，适时提出预警信息。

第六章　附　　则

第十六条　本办法由本行董事会制定，其解释权和修订权归本行董事会，具体由董事会办公室负责解释。

第十七条　本办法接受国家法律法规和本行章程的约束，当与国家日后颁布的法律法规或经合法程序修改后的本行章程相抵触时，按国家法律法规和经合法程序修改后的本行章程的规定执行，并立即修订本办法，报董事会审议通过。

第十八条　本办法未尽事宜，按国家有关法律法规和本行的有关规定执行。

第十九条　本办法自本行董事会审议通过之日起生效实施。

××农商银行发展战略评估与调整管理办法

第一章　总　　则

第一条　为规范××农商银行发展战略的实施评估和调整管理，实现本行战略的持

续优化,特制定本办法。

第二条　发展战略评估与调整实施周期。

发展战略评估应当每年一小评,每个战略周期(3 年)一大评。每年一小评重点关注发展战略实施绩效、实施障碍及其处理手段;3 年一大评重点关注发展战略成败总结、环境变化与发展战略调整。

第二章　发展战略评估管理

第三条　本行建立发展战略评估机制,根据外部环境和内部条件变化,定期对发展战略进行评估,及时调整和优化发展战略,建立长期竞争优势。

第四条　发展战略评估的层次。

发展战略评估应分为事前评估、事中评估和事后评估三个层次。其具体内容如表 2-24 所示。

表 2-24　发展战略评估

评估层次	评估层次说明	评估要点
事前评估	事前评估即发展战略分析评估,是一种对本行所处环境的评估,其目的是发现最佳机遇。	事前评估应结合成本效益原则,侧重对发展战略的科学性和可行性进行分析与评价。
事中评估	事中评估即发展战略选择评估,是在发展战略的执行过程中进行的,以及时获取发展战略执行情况与处理发展战略目标差异,是一种动态评估,属于事中控制。事中评估是发展战略调整的基础,其侧重点在于判断发展战略执行的有效性。	事中评估应结合发展战略周期内每一年度经营计划和经营预算完成情况,侧重对发展战略执行能力和执行效果进行分析与评价。
事后评估	事后评估即发展战略绩效评估,是在期末对发展战略目标完成情况的分析、评价和预测,是一种综合评估,属于事后控制。	事后评估应结合期末发展战略目标的实现情况,侧重对发展战略的整体实施效果进行概括性的分析与评价,总结经验教训,并为制定新一轮的发展战略提供信息、数据和经验。

第五条　发展战略评估实施程序。

本行的发展战略评估方式主要采用内部研讨的形式进行,其主要程序如下:

(一) 董事会发展战略委员会收集发展战略实施评估所需的资料、信息、数据,通过整理、汇总,做出初步分析。

(二) 董事会发展战略委员会拟定发展战略评估大纲,确定发展战略实施评估的主要议题,发送本行中高层管理人员与各业务部门负责人,广泛征求意见、寻求观点、补充信息。

(三) 董事会发展战略委员会组织召开若干次发展战略实施评估研讨会,主要由中高层管理人员、职能部门经理、各个部门的业务精英、外部专家参加,就发展战略实施评估的核心议题进行充分研讨。

（四）最后由董事会发展战略委员会对研讨结果进行汇总总结，撰写《发展战略实施评估报告》，并提交董事会进行审定。

第三章　发展战略调整管理

第六条　发展战略调整时机。

本行在发展战略评估过程中，发现下列情况之一的，可以按规定程序进行发展战略调整，促使本行内部资源能力和外部环境条件的动态平衡：

（一）经济金融形势、产业政策、行业状况、竞争格局等外部环境发生重大变化，对本行发展战略实现产生重大影响的。

（二）本行经营方向以及经营管理内部条件发生重大变化，需对发展战略做出调整的。

（三）董事会或经营层基于对经营形势的判断认为有必要调整发展战略的。

第七条　发展战略调整责权划分。

（一）由于经济金融形势、产业政策、技术进步、行业状况以及不可抗力等因素发生重大变化，确实需要对发展战略进行调整和修正的，一般性的修正由董事会发展战略委员会负责，报董事会审批；对于出现需要对发展战略做出重大调整的，除报董事会审议外，还需报股东大会审批。

（二）各职能部门负责人与相关人员要积极提出发展战略调整建议。

第八条　发展战略调整实施程序。

（一）董事会发展战略委员会根据发展战略评估结果发出发展战略调整通知。

（二）各部门负责人与相关人员提供发展战略调整意见。

（三）董事会发展战略委员会根据发展战略调整意见，制定发展战略调整方案。

（四）董事会审核发展战略调整方案，并提出审核意见。

（五）董事会发展战略委员会根据董事会审核意见，对发展战略调整方案进行修改。

（六）董事会发展战略委员会将修改后的发展战略调整方案提交董事会和股东大会审批。

（七）经审批通过后的发展战略调整方案下发执行。

第四章　附　　则

第九条　本办法由本行董事会制定，其解释权和修订权归本行董事会，具体由董事会办公室负责解释。

第十条　本办法接受国家法律法规和本行章程的约束，当与国家日后颁布的法律法规或经合法程序修改后的本行章程相抵触时，按国家法律法规和经合法程序修改后的本行章程的规定执行，并立即修订本办法，报董事会审议通过。

第十一条　本办法未尽事宜，按国家有关法律法规和本行的有关规定执行。

第十二条　本办法自本行董事会审议通过之日起生效实施。

案例 2-4

××农商银行(2018—2023 年)战略规划①

第六章　战略实施

一、战略实施方案

(一) 人力资源战略

1. 目标

建立健全“职务能上能下,收入能增能减,员工能进能出”的人力资源管理体制(包括“用人制度、用工制度、薪酬制度和培训制度”等一系列制度)。

2. 原则

以“物竞天择”“激励与约束相容”的市场法则为准绳,对努力者、有能力者、积极向上者进行激励,对懒惰者、无能者、不作为者进行约束,由此形成选择与被选择和淘汰与被淘汰有机结合的方案。

3. 方案

具体方案如下:

(1) 建立职务能上能下的用人制度。

第一,建立各层级领导岗位上的干部年度绩效考评制。

岗位考评分总行各部门与支行两个系列,设立不同的考核标准。

第二,对于各层级领导岗位上的干部以年度绩效考评为依据,实行末位淘汰制。

① 对于支行行长年度考核末位者,降下一级岗位。

② 对于总行管理部门的总经理与副总经理的考评,在年末由全行中层以上干部进行民主测评,测评为末位者,降下一级岗位使用。

第三,总行各管理部门正副职与支行行长正职的空缺岗,实行竞争上岗,在全行内或向全社会公开招聘。

被末位淘汰的干部具有同样的竞岗权利。

(2) 建立员工能进能出的用工制度。

第一,以契约为基础对用工进行规范,实行用工规范化管理。

第二,设岗定编,制定岗位责任,并实施岗位资格考试、竞争上岗制度。

第三,建立员工待岗和退出制度。

① “岗位资格考试不合格、未取得岗位资格的员工”“参加岗位选拔、竞争上岗落聘的员工”“考核不合格或相当于不合格档次的员工”进入待岗状态。

② 员工待岗的期限一般为 3～6 个月,待岗期间发给一定比例的基本工资,不参与绩效工资分配。

③ 员工待岗期间可以申请参加待岗培训,考试合格的可以重新上岗,考试不合格仍然落聘者将进入退出通道。

---

① 承案例 2-1、案例 2-3,因受合约限制,个别内容做了适当的技术处理。

④ 对于进入退出通道的员工按国家相关劳动合同法规与××农商银行用工制度的相关解聘规定进行。

(3) 建立收入能增能减的薪酬制度。

第一,以岗位为基础定职定责,实行年度绩效考评制。

第二,考核原则为权责利匹配、激励相容。

第三,岗位职责以外的业绩计算按经办人员贡献率大小进行分解,而不受员工所属岗位与业务办理单位的限制,即业务办理与业绩计算分别进行。

第四,薪酬由基础薪酬、基础绩效薪酬、专项奖励和福利等几个部分组成。

(4) 建立健全××农商银行培训制度与培训管理办法。

第一,建立××农商银行的培训管理办法,适当的时候成立××农商银行培训学校。

第二,建立员工岗位资格培训制度,常年对员工进行基本业务与技能的训练。

岗位资格培训采取自学、集中学习以及专业课程学习等形式,以"考试通过"作为结业方式。

定期举行资格考试。员工必须按规定要求按时完成资格考试。

第三,建立新员工培训制度。

对所有新进员工进行职业规划、上岗资格、团队精神养成等培训。

第四,建立管理团队的定期轮训制度。

对现有高管,以及智能管理部门和支行正副职管理人员,实行定期轮训制度。轮训方式可以多种多样。

培训成绩进入考评体系。

第五,建立福利培训制度。

对于年度考评中的优秀员工,尤其是各岗位的骨干,以"旅游+培训"和"休假+培训"的方式,给予奖励。

(二) 组织体系持续优化战略

1. 目标

按照"科学化、专业化、扁平化、流程化、集约化"的流程银行建设思想,遵循"精简、效能"和"科学合理,职责清晰,决策、经营、监督分离"的原则进行机构整合和相应的岗位配置与职责优化,构建与××农商银行金融服务区域经济发展和经营特点、业务规模、服务对象及金融产品复杂程度相适应的组织架构;根据"责权分明、平衡制约、规则健全、运作有序"的原则,构建"决策制定权""风险控制权""业务操作权"分离的全面风险管理组织体系;按照"对外简化、对内优化",前、中、后台相分离的原则,搭建全面风险管理的三道防线,形成"垂直、独立、专业"的风险集中统一管理模式。

2. 原则

以客户为中心,以市场为导向,以业务板块为基础,按专业分工要求构建组织体系,将有限的资源相对集中使用,将优势人力资源向主要盈利部门倾斜,以最大限度地发挥资源优势。

3. 方案

(1) 以流程银行思想为指导,进一步理顺前、中、后台关系,持续优化组织架构与部门、岗位职责。

组织架构与岗位职责优化是系统提升××农商银行管理水平的基础性工作，是清晰界定部门（含支行、网点）和岗位权、责、利的前提，也是准确核算××农商银行整体绩效、部门绩效、团队绩效、个人绩效以及准确分析绩效与薪酬之间关联度的基础。

××农商银行组织架构优化应坚持以科学发展观为指导，充分借鉴国际、国内先进农村银行组织架构优化的成功经验，按照“更适应市场拓展、更适合风险管控、更适于集约运作”的基本要求，完善××农商银行治理结构，转换经营管理机制，优化职能部门设置，健全内控管理体系，理顺前、中、后台关系。

一是，按照前、中、后台相分离的原则设置××农商银行总部内部机构，将内设机构细分为业务发展条线、风险控制条线、授信管理条线、营运管理条线、综合保障条线、审计监督条线六条线，形成“前台接单、中台审单、后台下单”的模式，迅速响应市场需求，满足客户需要的流程运行机制。结合“一级法人”经营管理模式的特征，按照“前台前移、中台上收、后台集中”的思路，围绕“架构合理、流程清晰、内控严密、管理科学、服务优质、运转高效、竞争有力”的目标，逐步将××农商银行总部打造成为“决策管中心、营销策划中心、风险控制中心、服务保障中心、后台运营中心和资源调配中心”，不断提高××农商银行总部引领与推动科学发展的能力。

二是，优化××农商银行支行（网点）组织架构，强化支行（网点）的营销功能和服务支撑功能，将支行（网点）打造成市场敏感性强、反应迅速、与客户互动、拓展型开放式的专业营销平台和面向客户需求的优质服务支撑平台。通过优化支行（网点）的组织架构，实现××农商银行总部与支行（网点）之间的无缝对接，增强××农商银行总部对支行（网点）的风险控制能力，进一步拓宽支行（网点）价值增值的渠道。

符合城市化进程加快对金融服务的需要，集中优质资源更好地服务优质客户群，将总行营业部做成总行的大前台（含营业部、机构金融部、个人金融部、票据中心）。

（2）搭建风险管理的三道防线，形成“垂直、独立、专业”的风险集中统一管理模式。

银监会办公厅发布的《农村商业银行和农村合作银行推进流程银行建设的指导意见》在第五部分“优化再造管理流程和架构”中要求农村银行搭建全面风险管理架构，建立分工明确、职责清晰、相互制衡、运行高效的全面风险管理组织架构，根据实际设立授信审批、风险管理、法律合规、不良资产管理等风险管理岗位或部门，清晰界定职责边界。农村银行原则上应分别设置独立、垂直的风险管理部门和合规部门。资产规模较小的，经属地监管部门同意，可以合并设立风险与合规部。有条件的农村银行应逐步推行首席风险官（风险总监）制度，首席风险官负责分管风险管理条线工作，不得监管营销业务条线工作。

银监会发布的《农村中小金融机构风险管理机制建设指引》第三条也指出，农村中小金融机构应积极完善风险管理组织架构，形成与业务规模及其复杂程度相适应的全面风险管理体系。同时，第五条指出，农村中小金融机构风险管理应当遵循以下原则：

一是，全面性原则。风险管理应当贯穿决策、执行和监督的全过程，覆盖所有业务、所有部门及岗位和所有操作环节。

二是，适应性原则。风险管理与机构的经营规模、业务范围和风险水平相适应，并根据发展状况适时调整，以合理的成本实现风险管理目标。

三是，独立性原则。风险管理的机构、人员和报告路线应单独设置，对业务职能予以制衡。

四是，融合发展原则。风险管理应与业务发展紧密结合，以风险管理推动业务稳健发展，确保机构价值的长期提高。

××农商银行在遵循全面风险管理基本理念的基础上，根据农村中小金融机构风险管理机制建设的“四项原则”，以“分工明确、职责清晰、相互制衡、运行高效”为出发点，设计贯穿决策、执行和监督全过程，覆盖所有业务、所有部门及岗位和所有操作环节的风险管理组织体系。明确××农商银行董事会、风险管理委员会、监事会、高级管理层、风险管理部门、业务部门、稽核审计部门的风险管理职责，构建“垂直、独立、专业”的风险集中统一管理模式。

（三）专业化经营战略

1. 目标

专业化经营战略的目标是企业将绝大部分资源集中于自己具有优势的某一专业业务领域，也就是说集中资源在某一领域进行专业化经营，在此过程中形成自己在管理、研发、产品与服务等多方面的优势。××农商银行的专业化经营就是要建立齐全的对县域农村与城镇企业、居民的金融产品与服务系列品类，构建县域金融领域内的竞争力。

2. 原则

彰显农村金融服务与小城镇金融服务的专业化优势。

3. 方案

（1）基于目前具有的相对比较优势。

即具有优势的农村金融市场与县域小企业贷款市场份额与熟悉××地区农村与县域情况的人才，依据“稳固做强—拓展做大”的思路，做出一个具有竞争力的县域金融模式。

（2）专业化经营战略围绕建立三个具有县域金融特色业务板块的经验模式逐步展开。

将传统银行业务分为三大业务板块：机构业务、零售银行业务及“三农”与小额贷款业务。

一是，公司业务是目前××农商银行盈利来源之一，集中了××农商银行全部大客户以及重点客户。机构金融部就是要强化对公司业务的管理、巩固老客户，挖掘新客户、稳步扩大公司业务的市场份额。

二是，零售银行业务主要包括存款、理财、信用卡、代收代付、代保管、网上商城、线下服务站等业务，是面向××县域普通居民个人客户的业务，是农商银行存款的主要来源，更是最具潜力的金融资源。

三是，“三农”、个体工商户与小微企业是县域经济的重要组成部分，面向“三农”、个体工商户与小微企业的金融服务既是××农商银行的传统阵地，也是××农商银行的优势所在。为了提高农商银行在“三农”与小额贷款业务上的专业化管理水平，尤其是为有效管理这些贷款的风险，必须实施专业化经营模式。

（3）以业务板块为轴心设立专营机构。

以团队建设方式配备人员，设立专营机构，不断丰富各板块业务的产品与服务类别，规范业务的操作与管理流程，明晰各板块业务间的关联关系。

（四）客户资源开发与维护管理战略

1. 目标

维护现有客户以稳固已有的市场份额，发展新客户以扩大市场份额，挖掘潜在客户以保持可持续性。

2. 原则

以服务维护客户资源，以产品拓展客户资源。

3. 方案

第一，由业务管理部专门负责客户资源的开发与维护战略的实施，按商业银行模式要求构建客户关系。

第二，以县域基本人口的80%作为客户服务对象，通过将客户对象按公司客户、小微企业或个体工商户（包括农村种养殖大户、农业合作社等）、城乡居民个人等分类，对客户进行分类管理。

第三，以三块业务单元为基础，各自分别对现有客户进行基础数据汇集整理，并进行分类。

第四，对各类别下的客户，按客户质量进行分层。

第五，挖掘潜在客户资源，每年确定客户资源增长目标，并对此进行年度考核。

（五）银行电子化、信息化战略

1. 目标

建立以电子银行为基础的××农商银行的信息化网络、将业务与服务经营、客户拓展、业务考核、内部办公等放在一个平台上进行。

2. 原则

让业务与服务办理便捷，让内外、上下信息畅通，让管理流程可视。

3. 方案

第一，快速建立自己的网上银行，并与之配套推出手机银行。

第二，将乡镇支行的普通惠农服务项目进行专业化管理，这一块业务发生频率高、单笔金额小、总量大，是最好电子化管理的业务。

第三，薪酬考核与管理体系的电子化。

第四，客户信息管理的电子化。

第五，客户服务信息体系的电子化。

第六，内部办公系统的电子化。

（六）金融市场业务拓展战略

1. 目标

以金融市场交易业务改善××农商银行单一信贷资产业务结构，增加收益来源，用活余裕资金。

2. 原则

交易资产多样化，资金流动快速化，以控制总体风险。

3. 方案

一是，优化金融市场业务的专业管理团队。

二是，以银行间市场的交易业务为基础，搞活目前同业存款。

三是，引入代理他行业务，如理财、信托与债券等业务。

四是，根据团队业务素质的提升，开展相应的投行业务。

（七）未来公司资本扩张战略

1. 目标

完成××农商银行的资本积累，建成适应金融市场化发展的现代股份制商业银行公司制度，适时跨地域扩张，实现成立县域银行集团或联盟的最终目标。

2. 原则

做好基础、抓住机会、适时扩展。

3. 方案

第一，编制××农商银行每年补充注册资本金的计划，确定逐年以资本公积与股东分红转股本的方式，逐步增加农商银行的资本实力。

第二，适时、适机跨县域并购其他农商银行或信用社或其他中小型金融机构。

第三，适时、适机跨县域拓展各类非银行金融业务。

第四，以合作、合资、联营等方式进行行业间的联合、联合组建县域金融集团。

（八）企业文化战略

1. 目标

提炼形成××农商银行独特的县域金融文化，使得××农商银行立足县域、服务县域经济的中小银行模式，具有精神内涵。

2. 原则

客户获得增值服务，员工获得最大福利，企业获得可持续发展，三者共享发展好处。

3. 方案

第一，由企业文化部深入推进企业文化建设，而不仅仅是信息宣传，具体负责××农商银行的企业文化建设。

第二，××农商银行的企业文化建设分步进行：

(1) 组织广大员工，共同讨论自从信用社成立起××农商银行始终坚持、员工普遍认同的文化理念。这种参与性与其他学习培训活动相结合，增加员工对农商银行发展的关心度，提高员工的归属感。

(2) 课题组进行整理、提炼，完成企业文化文案草稿。

(3) 全行对企业文化文案草稿进行讨论，在全行召开企业文化研讨会，最后形成的企业文化是全体员工认同的文化，从而成为员工自觉遵守的行为准则。

(4) 聘请企业文化等相关领域的专家学者对××农商银行的企业文化进行定稿，以增强其专业性。

二、农商银行商业模式再造

（一）构筑新盈利结构

盈利模式的再造，就是一个目的，即突破现有单一依靠存贷款利差的盈利结构，拓展多元收益来源，提高××农商银行的盈利能力与盈利水平，由此提高××农商银行抗风险能力。

1. 巩固利差收益

只要银行仍然是专营存贷款业务的专门机构，利差就是其核心收益。尤其是在县域，受经济水平发展的限制，在今后一个相当长的时间里，信贷需求仍是主要的金融需求，因此巩固利差收益是农商银行的重要战略。

在利率市场化不断推进的情况下，要巩固利差收益主要从四个方面着手：

(1) 加强存贷款组合的配置管理。利率市场化后对银行的威胁在于，信贷资产在时间上的错配会因为利率波动而导致未来利差收益不确定，更甚者可能出现利率倒挂。因此，必须从时间结构与信贷资产类别上进行组合管理，从整体上控制利率与信贷风险。

(2) 优化公司业务。公司业务一直都是农商银行的主要利润来源，信贷资产质量也是相对较好的。要进一步做好公司业务，应该对信贷资产进行组合管理，从整体上控制利率和信贷风险；否则，直接影响农商银行的利差收入水平。为了确保公司业务在农商银行的重要地位，关键需要提升公司业务管理效益，因此，要通过对公司业务进行专业化归整梳理，整合客户经理队伍，既给客户提供专业服务，也在管理上提升能力。

(3) 充分利用股东资源。本行新引入的股东多数是××地区附近具有影响力的企业或企业家，这些企业或企业家在当地的经济活动反映当地企业质量。可以选择在××地区具有产业优势的企业作为龙头，带动整体产业发展，培养农商银行的忠诚客户。

(4) 谋划"三农"与小额贷款的新模式。"三农"与小额贷款是占据农商银行重要金融资源的业务，但由于风险大、成本高，直接影响农商银行的资产质量和盈利水平。要改善这些业务的经营状况，主要从如何降低成本与防控风险着手。

首先，深挖"三农"与小额贷款资源，理清目前××地区"三农"与小额贷市场的特点。其次，以资源为对象设计信贷产品与风险防控方案，从最有基础的产品做起。最后，联合政府以社区、村、乡镇和区为单位，组织进行"信用工程"建设，构建诚信社会。对于获得"守信"称号的单位，给予相应信贷优惠鼓励。由此培养农商银行的"三农"与小贷榜样客户。

2. 千方百计增加中间业务收入

常规下，中间业务是大型国有银行及股份制银行增加收入的重要渠道。但由于受自身网络与地缘限制，农商银行的中间业务一直处于劣势。可是，中间业务是服务创造的收益，作为县域的银行金融机构如何为当地人民提供便捷的金融服务，不仅仅是改变收益结构的需要，更重要的是立足县域站稳脚跟的充要条件。

首先，对现有代理收费业务进行整理。主要是要清理什么业务有盈利，什么业务应重点抓，对于占有资源却无法盈利而又不得不做的业务想办法降低成本。如国家各类补贴等资金的发放，是否可以通过 ATM 取款完成。其次，增加代理业务，如代理销售理财产品、保险、基金和贵重金属，以及代保管业务等。最后，开设网上商城或商家联盟，建立××县工商、医卫、教育文化、旅游休闲等产供销资源的统一信息平台，在为××地区人民的生活与生产带来最大便利的同时，增加银行卡的使用率，这也是构建农商银行独有竞争力的重要举措。

3. 盘活存量资产、搞活余裕资金

农商银行有两块存量资产具有增收潜力：

一是，表外、表内不良资产的处置。表外不良资产是已经通过股东现金购买处置了的资产，任何不良资产的回收都直接形成股东的收益；表内不良资产是农商银行经营的隐患，不处理直接威胁农商银行的安全。因此由股东共同组建一家投资公司（类似于资产管理公司），招聘职业团队来管理公司，第一步，以托管方式负责表外不良资产的回收与处置，以契约方式协助农商银行回收处置表内不良资产；第二步，留存部分回收款作为运营资本，开展其他咨询与投资业务。

二是，自有的房产与地产。这一块资产目前完全用于业务经营的不多，没有发挥应该有的最大效用。在下一轮经济发展中，县域经济与城镇化成为重点，有可能带来乡镇房地产业的兴起。农商银行可以利用现有房地产资源，以及潜在的资源获得优势，以独资、合作、合资、合股等方式，对现有房地产资源进行重新配置，实现房地产增值并获得增值收入。

农商银行的余裕资金主要是指同业存款。随着存款利率的放开，同业市场收益将极其不稳定。因此，农商银行必须开设常规的金融市场业务，包括银行间票据市场、货币市场、贴现市场等，通过交易周转，搞活余裕资金，增加银行收入。

4. 适时开拓新收益渠道

农商银行可以适时投资、并购、参股其他信用社、农商银行和村镇银行，投资其他工商企业组建产融联盟，不断开辟新的收益渠道。

（二）客户关系

1. 客户关系关键因素

以“便利××地区人民生活”为目标，农商银行提供跨界的全方位信息服务，让××地区人民的衣食住行、娱乐、教育、卫生与生产经营活动快捷实惠。因此，农商银行构建的客户关系模式的关键点在于，“以信息流集中，带动客户流向农商银行集中”。

2. 客户关系模式

以支行网点为中心，通过农商银行网上商城，线下联盟等形式，与××县域内各类商家、生产厂等协商利益共享，为××地区广大人民提供跨越银行边界的服务，引导信息在银行集中，带动物流与客户流的集聚，然后资金流向银行集中。

信息流集聚—物流集聚—客户流集聚—资金流集聚。

同时深化“一行一品”的网点定位模式，形成特色支行。

（三）营销模式

1. 定向营销

做实客户资源基础，根据客户类别与不同金融需求，有针对性地提供产品与服务。

2. 服务引领

通过跨银行服务信息的提供，引导客户向农商银行集聚，由此购买农商银行的产品与服务。

三、战略实施顺序

（一）战略实施协同关系

（1）人力资源发展战略是基础，要先行。束缚农商银行的最大问题，是原信用社用人机制和薪酬分配制度对员工主观能动性的约束，形成了一种人心涣散、观念陈旧的文化氛围。农商银行要发展，首先必须解除这种束缚，把员工积极性、能动性调动起来。即便××农商

银行通过薪酬改革，已经扭转了一些观念，但高福利下的激励约束机制却不健全，造成不思进取的享受型工作氛围，缺少了艰苦奋斗的竞争拼搏精神。因此，人力资源发展战略作为基础必须先行。

(2) 组织机构持续优化与专业化经营战略需同步实施。组织机构重构战略原则是以客户为中心、以市场为导向、以业务板块为基础，而专业化经营则是构筑农商银行核心竞争力的业务板块战略。专业化经营战略的实施是为了打造××农商银行基于县域的中小银行金融服务模式，组织机构重构是实现专业化经营战略的条件。因此，组织机构重构战略与专业化经营战略必须同步实施。

(3) 客户开发与维护战略是整个战略的核心。立足县域发展依赖的就是本土客户资源。要在××地区占据足够发展空间，就必须要有充足的客户资源。稳定老客户、吸引新客户、培养潜在客户，是××农商银行不可松懈的任务。因此，客户开发与维护战略是××农商银行的核心战略。

(4) 银行电子化、信息化战略是其他战略执行好坏的条件。电子化、信息化是现代银行不可缺少的条件，是××农商银行走向现代化的必由之路，也是其他战略实施的条件。比如，客户开发与维护、各类业务与资源的梳理整合、跨银行提供多元服务、风险控制体系、组织管理体系运转等，都离不开电子化与信息化。因此，银行电子化、信息化战略必须放到××农商银行的议事日程，尽快完成。

(5) 金融市场业务拓展与非银行业务是利润新增长战略。处于县域的农商银行由于资产单一，利润主要为利差，随着利差的缩小，其收益风险增大。因此，必须拓展新的利润来源，在现有条件下，金融市场交易业务与非银行业务收入是县域银行可实现的新利润增长来源。好在本行开展资金业务较早，并带来了较丰厚的利润，未来需要持续保持金融市场业务的增长与利润贡献。

(6) 未来资本扩张战略确立了××农商银行未来发展方向。

(7) 企业文化战略是××农商银行提升价值、管理升级的战略。

(二) 战略实施启动路径

1. 学习培训，全行总动员，转变思想观念

向领先的农商银行学习，以转变思想观念作为农商银行改革的起点。以学习学习再学习的精神，开展各类学习教育活动，密集开展思想教育、业务培训和资格考试。

2. 改革薪酬激励机制

(1) 确权确责，包括订立部门职责，分部门设岗定编，制定岗位责任。

(2) 确定年度工作目标任务，包括按过去 3 年业绩的平均水平确定基本任务，按独立运营单位确定部门任务，按工作岗位确定个人任务。

(3) 考核制度。考核制度涉及五个方面：考核原则确定(权责利匹配、激励相容)；考核方式选择(按岗位考核、定岗定责)；业绩随人走；集体协商薪酬结构；考核手段(完善绩效考核管理系统)。

3. 组织体系持续优化

一是，对内部优势进行梳理，包括人员、业务、市场等。

二是，按照组织体系重构战略要求，先进行人力资源与业务板块组织体系的重构。

4. 资源重组

(1) 业务重组，包括：按公司业务、零售业务、“三农”与小额贷款业务、金融市场业务归类整合；将每类业务中的产品与服务项目分层；业务项目的规范与管理流程标准化。

(2) 人员重组，包括：对现有人力资源进行梳理。梳理的目的就是将有限的优势人力资源进行集中，即集中优势兵力，以破解目前人才不足的困境；按人才特点以团队形式进行归类，组建公司业务团队、零售团队、“三农”与小额贷款团队、金融市场团队、客户服务团队、电子银行团队、风险控制团队等；团队人员布局分两个层次，即同一团队的第一层为业务核心层，第二层为业务基础层，分别配置于总行相应部门与基础支行。

(3) 客户资源重组，包括：对已有客户资源进行分析，将客户分类分层，搞清楚不同业务的目标客户群体。进行地毯式的客户资源普查，乡镇以村为单位建立村民客户档案，城区以社区为单位建立社区居民档案，分期分批设定目标任务，在3年内完成。将客户分类分层管理并引进客户管理系统。

(4) 内部关系重组，包括：以权责利为主线，设定各部门间的关系；建立规范的流程化管理制度，实现部门与部门间、上下层级间管理规范化、业务流程化。

2.4 商业银行发展战略的编写要求及注意事项

在战略导向全面预算管理条件下，发展战略是全面预算管理的基础。发展战略是长期的，是针对商业银行的生存问题和前瞻性问题。商业银行管理当局应认同规划，这样才能够采取必要的行动去实现目标。在编制发展战略时应符合下列要求，并注意相关事项。

2.4.1 发展战略的编写要求

发展战略是广泛处理所面临问题的高层行动指南，目标要适当，资产回报率应确定在适当的范围内。3～5年的发展战略一般包括：

(1) 序言和首席执行官的观点。此部分着重阐述商业银行的任务和特许业务是什么。例如：说明发展战略代表着什么，说明发展战略与短期经营计划的关系，描述发展战略的内容，阐述发展战略的重要性，论述已确定的主要问题及其含义。

(2) 前言。此部分主要介绍发展战略涵盖的业务范围和战略计划的时间范围。

(3) 商业银行的全面任务和特许业务。此部分内容有：①明确宣布商业银行的任务；②为说明任务重申商业银行的特许业务；③确立商业银行对人力资源、质量、增长及其他经营因素的基本信念。

(4) 商业银行状况的主要问题。此部分的要求是：①分析商业银行当前所处的位置和面临的主要问题；②认清商业银行的优势、劣势、机会和威胁，强调主要能力，评价与商业银行相关的环境因素；③相关的经济假设；④考虑监管规定和法律事务，如存款保险、跨区经营、放松管制、税制改革和资本充足性；⑤分析每一业务领域的竞争；⑥关于客户和产品驱动

力的分析；⑦强调迎合市场需求等。

（5）银行目标的说明。此部分包括：①说明未来战略目标和方向；②预测具体比率范围和在一定时间内应达到的其他量化结果，主要的比率有资产回报率、权益回报率、杠杆比率、资产增长率、核心存款占存款总额之比、贷款占资产之比等；③列示达到目标的行动步骤；④阐明每个战略业务部门的目标。

（6）商业银行战略及设想。此部分的内容一般有：①说明商业银行未来计划做什么和怎么做；②列示商业银行和每个战略业务部门取得成绩的必要步骤，并列示未来3～5年商业银行和其战略业务部门的最高财务目标；③概述资产负债管理、资本充足率、人员发展、商业银行生存和创优方式、收入、费用等项目的长期和短期战略。

2.4.2　编制发展战略应注意的事项

在编制发展战略时，应注意以下事项：

（1）要有见贤思齐的学习态度。在制定发展战略的过程中，除了与其他优秀金融机构相比较外，还应考察金融服务业以外的管理卓著企业。在考察它们的管理时，不要考虑其行业区别，要弄清它们是如何成为优秀企业的，并借鉴和吸收它们好的经验和优秀的企业文化。

（2）要有客户至上的市场理念。只有注重与各阶层客户的关系，重视所有产品和服务的企业才能保持较高的品质，即使不与客户接触的工作也应强调客户的重要性。

（3）要有稳健经营的风险意识。对风险做出预案，演练如何在通货膨胀风险、利率风险、汇率风险、信贷风险、国家（政治和经济方面）风险、行业风险、客户风险、流动性风险、受托人风险、营业风险、资本风险等风险项目中减少损失。

灵活的计划可使金融机构远离上述风险。要保持高标准，坚持政策基准，防止只图眼前利益而违背原则的行为发生，确保长期稳定的利润。谨慎小心，不冒险踏进不熟悉的领域，审慎开展多样化经营。

提供贷款时，不可图短期收益而牺牲贷款质量，对信贷质量要保持强有力的集中控制。要激励和奖赏注重贷款质量的人员，反对奖励单纯注重增加贷款数量、手续费和风险性收益的人员。许多金融机构因为贪婪，突破风险警界，形成错误决定并陷入困境，它们往往失去了衡量是非的标准。

（4）要有全面计划的系统思维。比如：①建立可考核结果的责任制；②以过去为基础，着眼于未来，寻找未来的机会；③注重市场潜力；④保持发展战略的简洁、可行和实用；⑤促使发展战略发挥应有作用。

2.5　战略地图

战略地图通常以财务、客户、内部业务流程、学习与成长四个维度为主要内容，通过描述企业各维度战略目标之间的因果关系而绘制可视化的战略因果关系图。战略地图是战略管理的重要工具，是连接战略研究、规划和战略评估及审计的重要环节。战略地图强调平衡计分卡的四种平衡，即财务与非财务、短期与长期、内部与外部、结果与动因，有效避免企业的短期行为，兼顾企业运营的各个方面，从而保持企业长期、稳定的发展态势。

资料 2-6

财政部《管理会计应用指引第 101 号——战略地图》摘录

第一章 总 则

第一条 战略地图，是指为描述企业各维度战略目标之间因果关系而绘制的可视化的战略因果关系图。

战略地图通常以财务、客户、内部业务流程、学习与成长等四个维度为主要内容，通过分析各维度的相互关系，绘制战略因果关系图。企业可根据自身情况对各维度的名称、内容等进行修改和调整。

第二条 企业应用战略地图工具方法，应注重通过战略地图的有关路径设计，有效使用有形资源和无形资源，高效实现价值创造；应通过战略地图实施将战略目标与执行有效绑定，引导各责任中心按照战略目标持续提升业绩，服务企业战略实施。

第三条 企业应用战略地图工具方法，应遵循《管理会计应用指引第 100 号——战略管理》中对应用环境的一般要求。

第四条 企业应用战略地图工具方法，一般按照战略地图设计和战略地图实施等程序进行。

第二章 战略地图设计

第五条 企业设计战略地图，一般按照设定战略目标、确定业务改善路径、定位客户价值、确定内部业务流程优化主题、确定学习与成长主题、进行资源配置、绘制战略地图等程序进行。

第六条 企业进行战略目标设定，应遵循《管理会计应用指引第 100 号——战略管理》的有关要求。

第七条 企业应根据已设定的战略目标，对现有客户（服务对象）和可能的新客户以及新产品（新服务）进行深入分析，寻求业务改善和增长的最佳路径，提取业务和财务融合发展的战略主题。

在财务维度，战略主题一般可划分为两个层次：第一层次一般包括生产率提升和营业收入增长等；第二层次一般包括创造成本优势、提高资产利用率、增加客户机会和提高客户价值等。

第八条 企业应对现有客户进行分析，从产品（服务）质量、技术领先、售后服务和稳定标准等方面确定、调整客户价值定位。

在客户价值定位维度，企业一般可设置客户体验、双赢营销关系、品牌形象提升等战略主题。

第九条　企业应根据业务提升路径和服务定位，梳理业务流程及其关键增值(提升服务形象)活动，分析行业关键成功要素和内部营运矩阵，从内部业务流程的管理流程、创新流程、客户管理流程、遵循法规流程等角度确定战略主题，并将业务战略主题进行分类归纳，制定战略方案。

第十条　企业应根据业务提升路径和服务定位，分析创新和人力资本等无形资源在价值创造中的作用，识别学习与成长维度的关键要素，并相应确立激励制度创新、信息系统创新和智力资本利用创新等战略主题，为财务、客户、内部业务流程维度的战略主题和关键业绩指标(Key Performance Indicator，简称 KPI)提供有力支撑。

第十一条　根据各维度战略主题，企业应分析其有形资源和无形资源的战略匹配度，对各主题进行战略资源配置。同时应关注企业人力资源、信息资源、组织资源等在资源配置中的定位和价值创造中的作用。

第十二条　企业可应用平衡计分卡的四维度划分绘制战略地图，以图形方式展示企业的战略目标及实现战略目标的关键路径。具体绘制程序如下：

(一) 确立战略地图的总体主题。总体主题是对企业整体战略目标的描述，应清晰表达企业愿景和战略目标，并与财务维度的战略主题和 KPI 对接。

(二) 根据企业的需要，确定四维度的名称。把确定的四维度战略主题对应画入各自战略地图内，每一主题可以通过若干 KPI 进行描述。

(三) 将各个战略主题和 KPI 用路径线链接，形成战略主题和 KPI 相连的战略地图。

在绘制过程中，企业应将战略总目标(财务维度)、客户价值定位(客户维度)、内部业务流程主题(内部流程维度)和学习与成长维度与战略 KPI 链接，形成战略地图。

企业所属的各责任中心的战略主题、KPI 相应的战略举措、资源配置等信息一般无法都绘制到一张图上，一般采用绘制对应关系表或另外绘制下一层级责任中心的战略地图等方式来展现其战略因果关系。

第三章　战略地图实施

第十三条　战略地图实施，是指企业利用管理会计工具方法，确保企业实现既定战略目标的过程。战略地图实施一般按照战略 KPI 设计、战略 KPI 责任落实、战略执行、执行报告、持续改善、评价激励等程序进行。

第十四条　企业应用战略地图，应设计一套可以使各部门主管明确自身责任与战略目标相联系的考核指标，即进行战略 KPI 设计。

第十五条　企业应对战略 KPI 进行分解，落实责任并签订责任书。具体可按以下程序进行：

(一) 将战略 KPI 分解为责任部门的 KPI。企业应从最高层开始，将战略 KPI 分解到各责任部门，再分解到责任团队。每一责任部门、责任团队或责任人都有对应的 KPI，且每一 KPI 都能找到对应的具体战略举措。企业可编制责任表，描述 KPI 中的权、责、利和战略举措的对应关系，以便实施战略管控和形成相应的报告。

每一责任部门的负责人可根据上述责任表，将KPI在本部门进行进一步分解和责任落实，层层建立战略实施责任制度。

（二）签订责任书。企业应在分解明确各责任部门KPI的基础上，签订责任书，以督促各执行部门落实责任。责任书一般由企业领导班子（或董事会）与执行层的各部门签订。责任书应明确规定一定时期内（一般为一个年度）要实现的KPI任务、相应的战略举措及相应的奖惩机制。

第十六条　企业应以责任书中所签任务为基础，按责任部门的具体人员和团队情况，对任务和KPI进一步分解，并制定相应的执行责任书，进行自我管控和自我评价。同时，以各部门责任书和职责分工为基础，确定不同执行过程的负责人及协调人，并按照设定的战略目标实现日期，确定不同的执行指引表，采取有效战略举措，保障KPI实现。

第十七条　企业应编制战略执行报告，反映各责任部门的战略执行情况，分析偏差原因，提出具体管控措施。

（一）每一层级责任部门应向上一层级责任部门提交战略执行报告，以反映战略执行情况，制定下一步战略实施举措。

（二）战略执行报告一般可分为以下三个层级：

1. 战略层（如董事会）报告，包括战略总体目标的完成情况和原因分析；

2. 经营层报告，包括责任人的战略执行方案中相关指标的执行情况和原因分析；

3. 业务层报告，包括战略执行方案下具体任务的完成情况和原因分析。

（三）企业应根据战略执行报告，分析责任人战略执行情况与既定目标是否存在偏差，并对偏差进行原因分析，形成纠偏建议，作为责任人绩效评价的重要依据。

第十八条　企业应在对战略执行情况进行分析的基础上，进行持续改善，不断提升战略管控水平。

（一）与既定目标相比，发现问题并进行改善。企业应根据战略执行报告，将战略执行情况与管控目标进行比对，分析偏差，及时发现问题，提出解决问题的具体措施和改善方案，并采取必要措施。企业在进行偏差分析时，一般应关注以下问题：

1. 所产生的偏差是否为临时性波动；

2. 战略KPI分解与执行是否有误；

3. 外部环境是否发生重大变化，从而导致原定战略目标脱离实际情况。

企业应在分析这些问题的基础上，找出发生偏差的根源所在，及时进行纠正。

（二）达成既定目标时，考虑如何提升。达成战略地图上所列的战略目标时，企业一般可考虑适当增加执行难度，提升目标水平，按持续改善的策略与方法进入新的循环。

第十九条　企业应按照《管理会计应用指引第100号——战略管理》中战略评价的有关要求，对战略实施情况进行评价，并按照《管理会计应用指引第600号——绩效管理》的有关要求进行激励，引导责任人自觉地、持续地积极工作，有效利用企业资源，提高企业绩效，实现企业战略目标。

第四章　工具方法评价

第二十条　战略地图的主要优点是：能够将企业的战略目标清晰化、可视化，并与战略 KPI 和战略举措建立明确联系，为企业战略实施提供了有力的可视化工具。

第二十一条　战略地图的主要缺点是：需要多维度、多部门的协调，实施成本高，并且需要与战略管控相融合，才能真正实现战略实施。

2.5.1　平衡计分卡的特点

平衡计分卡(BSC)简单地说，就是根据商业银行的战略目标和战略要求而精心设计的绩效考评控制指标体系、目标体系及实现目标的措施方案体系，是商业银行发展战略导向的具体化。它既是绩效考评控制系统，也是战略管理系统。

BSC 最初只是一种新的业绩评价工具或模式，但后来的发展超越了发明者最初的想法，被用作了新的战略管理体系框架。BSC 把组织的战略目标与实现的过程联系起来，把企业当前的业绩与未来的获利能力联系起来，通过评价体系使企业的组织行为与企业的战略目标保持一致。BSC 系统具有如下特点。

2.5.1.1　多维性

BSC 系统由财务、客户、内部业务流程、学习与成长等相互联系的多个维度的指标构成。

(1) 财务维度。这是从财务角度衡量商业银行的指标。财务指标是反映企业经营效益的指标，包括收益增长率、经济增加值等。

(2) 客户维度。这是从客户角度衡量商业银行的指标。这类指标主要有客户满意度、客户忠诚度、市场份额、市场占有率等。

(3) 内部业务流程维度。这是从商业银行内部业务流程角度衡量企业的指标。这类指标主要有流程的有效性、流程效率、周期、成本、适应性等。

(4) 学习与成长维度。这是从学习与成长维度衡量商业银行的指标，包括高学历员工的比例、员工生产能力、员工满意度、员工建议、培训时间、开发能力等。

2.5.1.2　平衡性

传统企业绩效考评控制仅采用财务指标。财务指标虽然是重要的绩效考评控制指标，但它是一个滞后的指标，只能反映商业银行历史行为的结果，不能揭示其未来的发展潜能，而且单纯以财务指标来评价还可能造成经营上的短期行为。平衡计分卡则将商业银行的绩效考评控制指标拓展为上述多个维度，较好地平衡了财务绩效指标与非财务绩效指标、滞后绩效指标与前置绩效指标以及商业银行内外群体之间的关系，使商业银行绩效得到全面的评价。

2.5.1.3　因果性

BSC 多个维度的指标之间具有很强的因果关系。以上述四个维度的指标为例，学习与成长维度指标支撑内部业务流程维度指标，内部业务流程维度指标支撑客户维度指标，而客户维度指标又支撑财务维度指标。最后，财务维度指标的持续增长又为学习与成长、内部业务流程的改善提供经济保障。一环扣一环，最终使商业银行步入良性发展的轨道。

2.5.1.4 战略性

BSC的战略性表现在：第一，平衡计分卡的绩效评价指标体系的制定以商业银行的长远发展为导向；第二，它既注重对结果指标的衡量，又注重对商业银行未来长远发展情况的衡量；第三，战略管理的关键在于培养商业银行的核心竞争力，而在知识经济时代，商业银行核心竞争力主要表现在学习与成长以及内部业务流程的不断革新方面，平衡计分卡恰好突出了这个方面。

发展战略是商业银行最高的控制目标，战略控制目标的确定为什么要运用BSC？主要原因是商业银行的战略目标具有很强的概括性，而BSC可以使商业银行远景和战略具体化，各项控制措施如果符合和支持BSC的目标和措施方案，则最终将对商业银行的战略目标和战略的实现产生积极作用。

2.5.2 平衡计分卡的架构

BSC从四个方面构建企业的绩效考评控制体系：财务方面、客户方面、内部业务流程、学习与成长。这四个方面分别用一系列的指标来描述，四个方面的指标通过因果关系，构成了一个完整的评价考核控制体系，如图2-4所示。

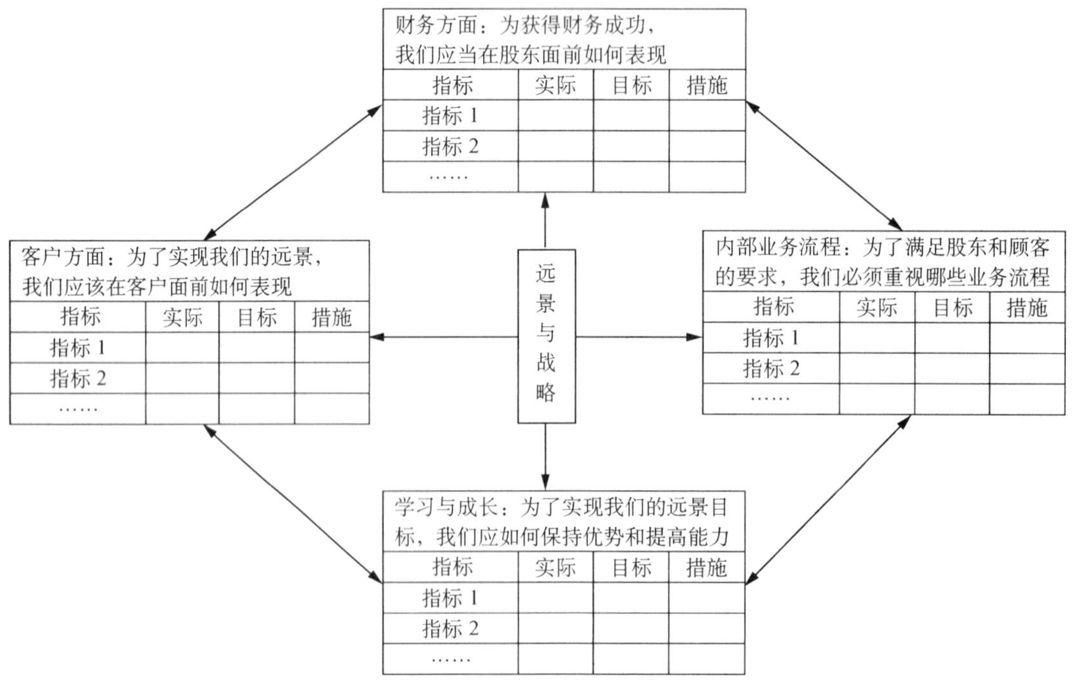

图2-4 以战略为导向的BSC绩效考评控制体系①

① 该框架图来源于《哈佛商业评论》1996年1/2月号，Robert S. Kaplan & David P. Norton：Using the Balanced Scorecard as a strategic management system.

战略是一系列关于因果的假设，评价指标系统应该使不同方向的目标关系明确，以使这些关系能被用于管理并产生效果。因果关系链应该遍及 BSC 的四个方面。例如，资本报酬率可以作为财务方面的一个评价指标，这个财务指标的动因是现有客户的重复和扩大的销售及现有客户忠诚的结果，因此客户忠诚也被包括在 BSC（在客户方面）里，因为预计它将对资本报酬率产生较大的影响，但是如何才能产生较高的客户忠诚度？对客户偏好的分析结果可能会显示，客户很注重产品的按时交付，所以，改善按时交付可以产生较高的客户忠诚，进而可以促进财务目标的实现，因此，客户忠诚和按时交付被纳入 BSC 的客户方面。为了按时交付，可能要求企业缩短内部业务流程时间和提高产品（服务）的质量，于是在 BSC 的内部业务过程中设置这两个指标。那么企业如何提高其内部业务过程的质量和缩短其周期呢？这就可能要求企业对雇员进行新技能的培训，这一指标将被纳入学习与成长方面。从这个例子我们可以看到，BSC 成为战略管理有效工具的关键在于如何建立一条完整的因果关系链条，使之贯穿 BSC 的四个方面。

2.5.3　平衡计分卡应用于战略地图①

应用 BSC 使企业引入了四个新的管理程序：确定远景与战略、沟通与联系、经营规划、战略反馈与学习。这些程序有助于企业把长期战略目标与短期行动联系起来，由此 BSC 超越了单一绩效考评控制工具的范畴，现已经广泛应用于新的战略管理控制体系——战略地图，以支持战略地图实现如下功能：

（1）实现战略集成。战略地图作为企业战略描述的一个集成平台，通过可视化架构来描述和演绎企业战略，通过对初步清晰的战略目标的聚焦，按照财务、客户、内部业务流程、学习与成长四个维度，以其内在的逻辑关系进行战略解码。

（2）实现战略解码。通过战略地图的澄清、沟通、研讨和演绎，上至企业高层、下至普通员工都充分参与战略的解码，理解和支持企业战略。

（3）实现战略聚焦。战略地图能够对企业战略进行具体、系统、全面的描述，战略地图中的战略目标与主题是企业在每个周期都需要重点关注的内容，通过聚焦资源，实现战略集成，把有限的资源集中在关键的活动上。

在 BSC 系统中，战略被发展为一系列具有因果关系联结的指标体系，通过为这些指标设立短期目标，可不断获取战略实施各阶段的反馈信息，根据这些反馈信息，可对发展战略的有效性及其实施质量进行评价，对战略假设进行检验，并决定是否对战略或其实施计划进行调整。

BSC 的起点是已经制定好的发展战略，它主要是一种战略实施机制。BSC 应用于新的战略管理体系，将企业的远景和战略转化为一系列可执行的目标和评价指标，从而成功地将企业的长期战略目标同短期行为联系起来。BSC 不存在一种适合于所有企业或整个行业的标准统一的模块，不同的市场地位、产品战略和竞争环境，要求不同的平衡计分卡。各企业应当设计出各有特色的平衡计分卡，以便与自己的使命、战略、技术和文化相符。

---

①　王琳，林鸿，郑孝和.西方银行战略计划[M].北京：企业管理出版社，2009：151-174.

案例 2-5

运用BSC工具设计战略控制目标

一、背景

本行是一家小型农村商业银行，于2×10年首次发行股票，并于2×11年2月16日开业。注册地点为M县级市的传统商业区。

为了开办A市分支机构，本行于2×12年第二次发行股票。该分支机构于2×12年7月18日在A市中心正式挂牌营业。2×13年10月22日，B市分支机构开业。2×14年8月8日C市分支机构开业。为了实现快速增长，本行于2×17年第三次发行股票。D市分支机构于2×18年1月6日开业。而E市某卫星城分支机构也于2×19年春季投入运营。

在本行刚开业时，共有185个原始股东。目前，已增加到320个股东，并且每个股东的持股数量均不超过总股本的10%。

(一) 银行展望

5年后，本行将发展成为一家业绩卓越的独立银行，资产规模将达到36亿元人民币。届时，本行将通过外购的产品和服务大力发挥本行核心技术的优势。银行将同客户保持灵活的业务关系。尽管本行的许多产品和服务由其他公司提供，但客户会认为所有产品和服务均是由本行提供的。到那时，本行将已具备一流的交付系统，能够提供各种各样的服务，从以PC、电话、电视为平台的家庭银行，到最先进的交付系统。

本行将具备相当高的收益能力，年产权资本收益率将达到22%，全职职员将增加至300人。

到2×21年年底，经营效率将比以往大幅度提高，这是本行成功过程中必不可少的一环。金融服务业的竞争相当激烈，只有那些高效的交付系统才能适应客户的需求。这就要求本行必须推行严格的管理措施；否则，将无法实现高效率。

由于本行制定有明确的目标(即使本行成为一家高收益、资本充足率良好的银行)，并且一直为此而努力，本行必将能够圆满地实现这一目标。

(二) 任务声明

本行的任务是回报股东，服务客户，提供就业机会，提高金融便利性。

为了完成这些任务，本行必须生存、盈利并成长。很显然，如果本行无法生存，就谈不上盈利。

(三) 银行的独立性

本行的政策是继续保持自身的独立性，除非董事会认为并购符合本行及股东的最高利益。本行的目标并不是要不计代价地保持独立性。相反，如果需要的话，会由董事会选定具体的时间、价格以及条件将其出售(即寻求股东价值最大化)。

(四) 银行的市场

(1) A市。在过去的40年间，A市从一个偏远的农村地区发展成为一个工商业中心，其客户群在日益壮大。

A市位于某省的中心地带，距离某中央直辖市70千米。

A市是某地级市的政府所在地，同时也是该地区的最大城市，其商业区(方圆5千米)拥有45万人口。过去10年间，该市人口一直呈上升趋势。

制造业是A市的支柱产业。在该区域，最大单位是汇宏轻工(集团)公司(拥有1200名员工)，其次是江口实业公司(拥有700名员工)。对于A市而言，大约有51%的当地收入来自制造业，31%来自非制造业，还有10%来自农业。

考虑到经济和历史因素，A市无疑将成为理想的居住场所，该市的经济呈多元化，并且非常稳定。

(2) B市。B市的主要商业区(方圆5千米)拥有16万人口。B市位于A市西部11千米。作为某县的政府所在地，B市是本地区公立大学的所在地。该大学拥有教职工800人，学生9 000人。某著名软件公司设在B市的一家工厂拥有员工1 100人。目前，该工厂仍在拓展当中。

其他主要的单位有：市立医院(拥有700名员工)，威威公司(拥有600名员工)，物流公司(拥有500名员工)，以及国家环境保护局B市研究所(拥有150名员工)。

B市的户均收入在全国位居第二位，其失业率无论在全省还是全国，均属最低水平。

(3) C市、D市和E市(略)。

二、实施概要

为了确保战略规划的质量，管理层和董事会已投入大量的时间和精力对银行的内外部环境进行SWOT分析。在这一过程中，他们尤其重视银行的财务业绩、企业文化以及营销机会。该过程由以下几部分组成：

(1) 董事会召开研讨会，以便明确银行的经营目标。

(2) 执行委员会和高级管理层从25个核心业务问题出发，逐一分析银行的优势、劣势及面临的机会与受到的威胁。

(3) 评估以下各方面：①法律法规环境；②宏观经济环境；③竞争环境；④社会经济环境；⑤客户需求与期望。

(4) 选出有利于银行抓住最大机会的战略。

(5) 制定出专门支持银行战略的行动方案。

三、具体的战略目标及考评控制指标

董事会研讨认为，在战略计划(2×20—2×22年)中，最重要的战略目标和考评控制指标如表2-25所示。

表2-25　战略控制指标体系

战略目标	考评控制指标	
	绩效结果考评指标	绩效动因指标
财务： 满足股东期望 扩大资产规模 提高经营业绩 实现利润增长 降低股东风险	净资产收益率 贷款增长率 盈利资产占比(百分比) 利润增长率 授信集中度	资产收购 加大营销力度 注重现有客户的交叉销售

（续表）

战略目标	考评控制指标	
	绩效结果考评指标	绩效动因指标
客户： 让客户满意	获得新客户/保持老客户	客户满意度调查
内部业务流程： 开发目标市场 流程标准化 改革业绩与薪酬管理	业务范围与规模 服务质量优化 员工积极性	业务发展(与计划相比) 服务交付流程评估与完善 有效激励
学习与成长： 提高员工业务水平	员工工作效率与质量	员工培训时间和培训内容

第 3 章 价值创造战略导向的流程优化与再造

现代商业银行战略管理的准确目标定位是实现商业银行整体价值最大化，商业银行经营活动决策的重点是围绕价值最大化这个中心，如何去提高商业银行的价值创造力。在商业银行，推进管理会计理论与方法的应用，旨在促进价值最大化战略目标的实现，可以说现代管理会计就是一个价值管理的工具。商业银行的价值是在各个流程环节创造的，只有对经营管理追求的价值进行清楚的界定，按照价值标准判断商业银行中哪些流程环节影响价值创造，才能有效集中资源增强价值创造力。因此，在分析商业银行整体流程的基础上，通过优化、再造流程与组织架构，打造流程银行，在流程中贯穿价值管理。前台定位于直面客户，直接进行价值创造；中台定位于价值控制，增强风险管理能力；后台定位于价值支持保障，对前台进行管理支持决策，实现商业银行全流程覆盖的价值管理，是实现价值最大化战略目标的基本保证。

3.1 ISO 标准化管理与流程银行建设

2008 版 ISO9000 标准的颁布，丰富了国际质量管理的理论内涵，也给服务行业的质量管理工作提供了操作性很强的质量管理模式。商业银行流程银行建设的基本原则与 2008 版 ISO9000 标准的八大质量管理原则是一致的，这是加强商业银行质量管理，提高商业银行价值管理水平的基本前提。

3.1.1 ISO9000 标准化质量管理体系概述①

银行业是一个经营货币这类特殊商品的行业，按 ISO9000 标准划分，其产品归属于服务类。从商业银行本身的特点以及其服务范畴来看，其产品具有无形性、连续性、广泛性、时效性、安全性、保密性等主要特性。

3.1.1.1 ISO9000 标准的八项质量管理原则

1）原则一：以顾客为关注焦点

标准含义：组织依存于顾客。因此，组织应当理解顾客当前和未来的需求，满足顾客要

① 孙跃兰.ISO9000 族质量管理标准理论与实务[M].北京：机械工业出版社，2011：13-36.

求并争取超越顾客期望。贯彻这一原则，应重点把握以下六个方面：

一是，全行上下要树立顾客第一的观念。顾客是银行赖以生存和发展的基础。银行要时刻关注顾客，坚持顾客第一，顾客是上帝的观念。确保全行的一切经营和管理活动都坚持以顾客满意为出发点和归宿点。

二是，全面了解顾客的需求和期望。银行要想顺利地卖出自己的产品，首先要了解自己的产品能否满足顾客的需要，要想满足顾客的需要，就必须首先了解顾客的需求和期望。为此，银行要通过主动走访顾客、公布沟通联系方式、征求意见、组织调查等多种形式多方调查、广泛了解顾客的需求和期望，并以此作为银行服务品种创新的根本依据。

三是，不断满足顾客的需求和期望。银行要通过改进服务手段、增加服务种类、拓展服务功能、提高服务质量、优化服务环境等多种措施来不断满足不同顾客的多种金融服务需求。特别是要经常性地推出个性化、特色化服务的服务品种，来满足顾客需求和期望多元化的需求。

四是，确保银行的目标与顾客的需求和期望相结合。银行在建立质量目标时考虑和体现顾客的具体要求。

五是，确保顾客需求和期望在整个银行内部得以有效沟通。把了解到的顾客需求和期望在全行上下进行沟通，确保全行了解顾客需求和期望，并采取有效措施进行运作以满足其需求和期望。

六是，测量顾客的满意程度，并采取相应的措施提高其满意程度。为了评价顾客需求的满足程度，银行要采取相应的多种措施定期测量顾客的意见，以明确需要进一步改进的措施。并通过系统地管理好与客户的关系，达到稳定老客户，不断吸引新客户的目的。

2）原则二：领导作用

标准含义：领导者确立组织统一的宗旨及方向。他们应当创造并保持使员工能充分参与实现组织目标的内部环境。

任何行业，无论是业务的经营，还是质量的管理，领导作用的发挥都是一个重要而又关键的因素。银行业的领导具体在质量管理方面首先应做到以下五点：

一是，抓全员质量教育实施，要采取会议、文件、信息、网站等多种形式，经常性地教育全行树立“大质量”观念，切实抓好“服务质量、资产质量、业务质量和管理质量”的提高。

二是，抓全行的质量管理基础工作落实，通过人员的培训、设备的增加、科技的投入等确保质量管理工作的顺利进行。

三是，抓所有业务的质量标准制定，确保全行管理活动、资源提供活动、服务提供活动和检查稽核活动等都能做到依标准行事。特别是要完善存款的操作标准、贷款的发放标准、中间业务的开办标准以及业务检查标准等。

四是，抓质量标准的执行和持续改进。通过主管部门检查、监管部门检查、事中事后监督、内部审核、管理评审和纠正预防措施以及数据分析的利用等，确保全行所有管理活动和业务操作活动标准的严格执行和持续改进。

五是，抓质量方面的信息利用和成本管理。通过对全行质量管理活动有关信息的收集、整理、分析和利用，促进全行管理活动的持续改进和经营成本的不断下降，最终促使经营效

益的逐步提高。

同时，强调领导作用还应体现在以下四个方面：

一是，只有领导者才能站在全行的角度，理解并满足银行现有及潜在的顾客和所有相关方的当前和未来的需求和期望，并加以科学管理。

二是，只有领导者才能为银行的发展建立未来蓝图，确定远景规划，并转化为银行的质量方针和富有挑战性的目标。

三是，只有领导者才能引导和培育出具有银行特色的公平、公正的人性化管理文化。

四是，只有领导者才能为员工提供出所需的资源和培训，并赋予其职责范围内的自主权。通过经常性的培训、提供适宜的资源、创造适宜的工作条件和环境、建立公正的激励考核评价机制，来调动全行员工的积极性、发挥员工的能动性。

3）原则三：全员参与

标准含义：各级人员都是组织之本，只有他们的充分参与，才能使他们的才干为组织带来收益。

人是管理活动的主体，又是管理活动的客体。银行的质量管理是通过各级人员参与金融服务的实现过程和支持过程来实现的。不管银行的内部职责如何划分，对外都要有一个统一的目标。因此，必须牢固树立全局观念，整体意识，全员参与，有效配合。银行要运用好这个原则，可从四个方面去实施：

一是，让大家知道全行每一个员工都对服务质量产生影响。银行要明确每一位员工的职责、权限和相互关系，并规定其工作的目标、内容以及达到目标的要求、方法。特别要了解自身工作的重要性及其在银行全局工作中的角色。不仅是直接对外接待客户的一线员工的言行影响服务质量的提高，而且后台支持人员的劣质服务会因为影响一线员工的情绪，从而最终影响到向顾客提供服务的质量。2008 版 ISO9000 标准更加深化了顾客的含义，认为“每个人都是顾客”，将顾客分为内部顾客和外部顾客，这对银行业来讲也是十分重要的。虽然银行业面向顾客的多是一线员工，但金融服务质量的好坏，则不仅仅是他们能够左右的。各级银行管理者必须本着为员工服务的思想，上级行要切实为下级行排忧解难，以在全行形成一种全员为客户服务的工作氛围。

二是，要让全行员工增强主人翁责任感、积极主动参与质量管理全过程。全行管理活动的提高有待于领导者和全行员工的共同参与。只有全行员工坚持树立责任感、积极主动地发挥潜能、出谋划策、参与管理，才能真正提高全行的服务质量。

三是，要让每位员工的绩效得到公正评价。坚持自我评价和组织评价相结合，在教育员工明确目标、经常总结、发扬成绩、改进不足的基础上，银行要公正地开展员工绩效考核评价活动。通过工作检查、目标考核、内部审核、管理评审等多种措施评价所有员工的工作绩效，激励其工作的积极性。

四是，要让每位员工得到培训、锻炼和提高。牢固树立“以人为本”的人才观，注重人员的教育、培训、技能和经验。银行应坚持“人才立行”的发展战略，注意员工的综合素质的提高。关注员工的文化教育程度，鼓励员工参加学历教育；关注员工的岗位培训程度，硬性规定员工培训时间；关注员工业务技能的提高，经常性地开展岗位练兵活动；对影响服务质量的重要岗位，应规定服务人员的相应工作经历、教育程度、培训情况和技能要求，提高其独立胜任工作的能力。

4）原则四：过程方法

标准含义：将活动和相关的资源作为过程进行管理，可以更高效地得到期望的结果。

2008版ISO9000标准十分强调对过程的管理。它把“一组将输入转化为输出的相互关联或相互作用的活动”定义为“过程”。就是说，任何过程都是由一组活动组合而来的。标准对“过程方法”的定义是，系统地识别和管理组织所应用的过程，特别是这些过程之间的相互作用。体现“事事皆过程”的管理思想。银行服务同样是由许多相关过程组合而来的。比如：贷款业务的调查、审查、审批、贷后检查以及不良贷款的认定和管理；存款业务的设计、营销、服务和考核；中间业务的设计、开发、推进和办理等。把握好“过程方法”原则，将有助于提高银行业的经营管理水平。

这一原则要求银行做到以下四个方面：

一是，系统地识别银行服务所涉及的所有相关过程即活动。银行对外提供金融服务，在大的方面需要管理活动、资源提供活动、服务提供活动和监测改进活动。具体而言，每一项银行服务都是由一件或一件以上的具体活动来承载的，这些活动也就是标准中所讲的“过程”。采用过程方法就是要求银行在控制金融服务时，首先要识别所有的过程，通过每一具体过程的控制，来实现整个金融服务的控制。

二是，识别银行服务的重要和关键过程。银行服务的提供需要大量的过程来实现。但是每个过程所起的作用是不同的。银行要对照顾客关心的项目以及金融服务的安全性要求，根据这些活动与金融服务质量的关联程度，确定影响顾客满意和金融安全的关键性过程和重要过程，明确受控范围，制定操作文件，加以严格控制，有效防范风险，保持顾客满意度。

三是，要重点管理好这些重要和关键过程。重要和关键过程识别出来之后，采取明确银行各部门/岗位的质量管理职责/权限、定期检查、检测和分析等手段不断提高这些过程的运行效果和运行效率。例如，贷款发放过程等，就是银行的一个重要而又关键的过程，它直接决定了银行服务质量的优劣和银行经营效益的高低。应把这类过程作为银行服务过程的关键性活动来控制，要检测、分析和评判关键性活动的操作人员的素质、作风、技能、效率和效果，使关键性活动时刻处于严谨、高效和受控状态。同时，识别各过程之间的接口，并加强沟通，使所有过程得以顺利运行。

四是，要提供确保过程有效运行的资源、方法和标准。银行要根据顾客反馈信息的要求和适用法律法规的要求，确定银行服务过程正常运行所需的质量因素，包括人员、设施、设备、操作方法、执行标准等，从而确保所有过程在受控状态下运行。

5）原则五：管理的系统方法

标准含义：将相互关联的过程作为系统加以识别、理解和管理，有助于组织提高实现组织目标的有效性和效率。

银行的各级管理者要想成功地领导和经营银行，就必须采用一种系统和透明的方式进行管理。建立符合本行实际的质量管理体系，把构成体系的各种过程作为一个整体来运作，又要把构成体系的过程区别开来，增强过程之间的协调程度，促使各大管理环节有机结合，克服管理环节过多、部门扯皮严重、办事效率低下等现象，科学运作，有序管理，高效服务，最大限度实现预期的质量目标。采用"管理的系统方法"原则，要求银行要采取以下五项措施：

一是，建立一个银行质量管理体系。按照ISO9000标准中4.1和4.2要求，对银行的管理活动、资源配置、服务提供和测量改进过程予以规定，并把职责落实到相应部门和岗位中去，建立一个符合银行业实际的、文件化的、过程有序职责分明的、高效的质量管理体系。

二是，理解体系过程之间的相互关系。管理体系是由一组关联过程及其相互作用构成的。一个大过程可能会包括许多小过程，一个过程的输出可能是下一个过程的输入。比如，贷款过程会包括调查过程、审查过程、审批过程和贷后检查过程等，而贷款调查过程又可分为客户申请过程、银行受理过程、实施调查过程和撰写报告过程等，这些构成了一个过程网。

三是，明确体系中每个岗位和人员的目标。全行的总目标建立后，要在相关的职能和层次上进行分解。通过细化目标，明确职能，确定责权，适时沟通，充分理解本岗位目标实现对全行目标实现的意义，以及岗位和个人目标实现在实现全行目标中的地位和作用，减少和消除由于职能交叉或职责不清所导致的管理障碍，提高全行的运行效率。

四是，明确服务实现过程与后台支持过程的关系。在人力资源、设备资源、工作环境和信息资源调配时，要兼顾服务实现的前台与后台支持部门的需要，确保协调运作。

五是，确保整个体系的正常运转和持续改进。系统方法是指把银行经营视为一个系统，通过提前策划过程的结果及所达到的要求的标准，规定过程运作的方式，如何进行监视、测量和分析，如何提供资源，如何利用分析结果采取何种纠正、预防措施加以改进，并持续提高等，从而确保整个体系的政策运转和不断改进。

6）原则六：持续改进

标准含义：持续改进总体业绩应当是组织的一个永恒目标。

事物是不断发展的，银行客户对银行服务过程的结果要求也是不断变化的。因此，银行要想生存也应建立一种自我完善机制，不断地识别顾客的需求，加快金融创新的步伐，以适应顾客的这种变化和需求，通过发现问题，解决问题，不断完善，持续改进，提高银行的竞争能力和整体业绩，让相关方满意。英国一项权威调查表明，如果出现1个不满意顾客，这个不满意顾客将会把不满意事实告诉给其他9个人，更为严重的是，有13%的不满意顾客，会把他们的不满意事实告诉给其他20个人。为此，银行要比以前多支付5倍的费用来开辟新的客源。可见，持续改进应该是任何组织的永恒目标。ISO9000标准对持续改进的定义是："增强满足要求的能力的循环活动。"银行持续改进的对象，可以是本行的质量管理体系，可以是银行服务过程和服务品种。银行在应用"持续改进"原则时，应采取以下四个方面的措施：

一是，在本行范围内，使用一致的方法持续改进本行业绩。"一致的方法"是指，基于本行的质量方针和质量目标，通过内部审核和管理评审本行的质量管理体系存在的不合格项，当然也可以通过数据分析方法，提供质量管理体系、服务过程和服务品种的各种有价值的信息，最终采取纠正和预防措施而达到持续改进的目的，从而取得预期效果。

二是，为员工提供有关持续改进的方法和手段的培训。持续改进是一个制定改进目标，寻求改进机会，制定改进措施，实施改进方案，实现改进目标的循环过程。过程活动的实现必须采用合适的方法和手段，如质量管理体系审核，使用统计技术进行数据分析等。对银行员工来说，通过相应的培训才能真正掌握这些方法。

三是，将本行的服务品种、服务过程和质量管理体系的持续改进作为每个员工的目标。持续改进的最终目的是保持本行质量管理体系的有效性，改进本行服务过程的能力，提高本行的服务质量。这些是每个员工日常工作会涉及的。因此应将持续改进作为每个员工职责的一部分，对其从事的每项工作的结果都要进行评审，发现问题，采取措施，消除原因，实现改进。

四是，建立目标，指导、测评和跟踪持续改进。持续改进是一个循环活动，每一轮改进活动都应事先建立相应的改进目标，以指导和评估改进的结果。例如，管理评审的实施正是这一要求的具体体现。

7）原则七：基于事实的决策方法

标准含义：有效决策是建立在数据和信息分析的基础上的。

成功的结果取决于活动实施之前的精心策划和正确决策。决策是一个在行动之前选择最佳行动方案的过程。决策作为一个过程，其输入是数据和信息，其输出是决策方案。方案是否理想，取决于数据和信息的足够与可靠程度以及决策者本身的水平，当然也包括依据数据和信息进行逻辑分析的逻辑思维方法和统计技术工具的应用。利用这种思路和过程形成的决策应是可行或最佳的决策，因此也被认为是基于事实的有效的决策方法。银行管理者应用“基于事实的决策方法”原则时，应采取下述四个方面的活动：

一是，确保决策依据数据和信息的准确性与可靠性。通过加强记录的管理、顾客沟通和内部沟通的有效实施，以及监测设备的控制等，确保能为决策提供准确可靠的数据和信息，为正确决策提供条件。

二是，确保决策者能获得足够的数据和信息。通过记录的有效管理，内外沟通的有效实施，疏通沟通渠道，建立信息反馈系统，收集反馈信息，使决策者能获得相关的数据和信息。

三是，使用正确的方法，特别是运用科学的统计技术，分析相关的决策数据和信息。

四是，基于事实，权衡经验，感理结合，全面分析，做出决策，有效实施。将数据和信息分析所得到的结果与经验和直觉进行比较，由表及里，去伪存真，进一步判断和确认结果的可靠性，采取有效措施，加以实施，获得满意的结果。

8）原则八：与供方互利的关系

标准含义：组织与供方是相互依存的，互利的关系可增强双方创造价值的能力。

随着生产社会化的不断发展，生产/服务活动的分工越来越细，专业化程度越来越高，多个组织之间的分工协作在产品/服务实现中发挥着越来越重要的作用。任何组织都有自己的供方或合作伙伴。ISO9000 标准中“供方”的定义为“提供产品/服务的组织或个人”。“相关方”的定义为“与组织的业绩或成就有利益关系的个人或团体”。随着银行服务专业化、科技化、国际化、精细化步伐的加快，全球金融服务业为了节约成本和实现战略目标，都把越来越多的业务活动从自行承担转向由专业外包服务商负责。特别是 IT 开发、网上银行、电子货币、银行卡制作、金库看守与押运等，都由相关专业部门来承担。因此，讲求“与供方的互利合作”是十分重要的，银行与这些供方或合作方的良好合作交流最终能促使组织与供方或合作伙伴都能增强创造价值的能力，优化成本和资源，对市场或顾客的要求联合起来做出灵活快速的反应并最终使双方都获得效益。

贯彻“与供方的互利关系”原则，银行应采取以下五个方面的措施：

一是，正确处理与供方或合作伙伴的关系。银行存在着众多的供方或合作伙伴。他们之间既有合作，又有各自的利益关系；既是合作伙伴又是服务对象，同时也可能是竞争对手。银行与供方或合作伙伴要在合作和竞争中建立伙伴和联盟关系，既要考虑短期的利益，也要考虑长期合作所带来的收益。

二是，与供方或合作伙伴共享专门技术和资源。随着金融竞争的加剧和顾客要求的提高，银行业务的竞争不仅仅取决于单个银行的能力，很大程度上取决于银行与其合作伙伴是否均有专门的技术和资源。银行管理者要与合作伙伴共同发挥双方的技术和资源优势。银行可以利用供方的专门技术，也可以让供方享有自身的专门技术。这不仅可以扩大银行的业务范围，加强与合作伙伴的发展联盟，还可以降低银行的经营成本，加强与合作伙伴的利益联盟。

三是，识别和选择银行关键性的合作伙伴。银行有许多附属业务和服务或非专业性的业务可以外包出去进行，如营销推广、安保、保洁、守库、押运、印刷、装修、IT 技术、程序开发等除了银行核心业务以外都可以外包。银行存在着众多的供方或合作伙伴。银行要时时考虑自身的能力和外界发展趋势，识别和选择对自己发展相关联的关键性合作伙伴，加强合作，谋求共同发展的道路。同时，银行要用数据分析的方法提供有关供方的信息，以供评价和选择。

四是，加强与合作伙伴之间的质量沟通。银行与合作伙伴之间的有效沟通，是确保银行服务最终满足顾客要求的重要环节。双方的沟通应保持准确、及时、有效、全面，减少漏损。及时有效的沟通既可以使双方及时获得相关信息，做出响应，减少损失，最大限度获利，又可以促进合作的稳定性，开辟更广阔的合作空间。

五是，对合作伙伴所做出的改进和取得的成果进行评价并予以鼓励。实施这一活动，将会进一步促进银行与供方或合作伙伴的密切合作关系，增进供方与合作伙伴改进产品或服务的积极性，增强双方创造价值的能力，共同取得顾客的满意。

资料 3-1

GB/T 19000—2008《质量管理体系——基础和术语》摘录

本标准提出的八项质量管理原则被确定为最高管理者用于领导组织进行业绩改进的指导原则。

a) 以顾客为关注焦点

组织依存于顾客。因此，组织应当理解顾客当前和未来的需求，满足顾客要求并争取超越顾客期望。

b) 领导作用

领导者应确保组织的目的与方向的一致。他们应当创造并保持良好的内部环境，使员工能充分参与实现组织目标的活动。

c）全员参与

各级人员都是组织之本，唯有其充分参与，才能使他们为组织的利益发挥其才干。

d）过程方法

将活动和相关资源作为过程进行管理，可以更高效地得到期望的结果。

e）管理的系统方法

将相互关联的过程作为体系来看待、理解和管理，有助于组织提高实现目标的有效性和效率。

f）持续改进

持续改进总体业绩应当是组织的永恒目标。

g）基于事实的决策方法

有效决策建立在数据和信息分析的基础上。

h）与供方互利的关系

组织与供方相互依存，互利的关系可增强双方创造价值的能力。

上述八项质量管理原则形成了 GB/T 19000 族质量管理体系标准的基础。

3.1.1.2　ISO9001 标准的总体要求

ISO9001 标准是 ISO9000 族标准之一，该质量体系认证是指第三方（认证机构）对企业的质量体系进行审核、评定和注册活动，其目的在于通过审核、评定和事后监督来证明企业的质量体系符合 ISO9001 标准，对符合标准要求者授予合格证书并予以注册的全部活动。ISO9001 标准的总体要求，具体强调了以下四个方面：

（1）ISO9001 标准是针对一个组织而言的。标准中的组织绝非一般性组织，该组织应该在“以顾客为关注焦点，增强顾客满意”和“依法合规经营”等方面有较强的监管机制，是一个在质量管理工作中能持续改进、有所作为的组织。该组织可以是一个单位、一个公司、一个部门等，但它们必须重视顾客要求和法律法规要求，重视质量管理工作。重视服务质量管理的银行，可以将自己的单项业务导入 ISO9000 标准，也可以将自己的多项业务导入 ISO9000 标准，还可以将全行工作整体导入 ISO9000 标准。

（2）ISO9001 标准是 ISO9000（2008 版）族标准中唯一的一个认证标准，具体为质量管理体系的建立提供一个组织框架，它具有通用性，是一套质量管理体系的国际性要求。

导入本标准，将会受到比广告更为可信的证实效应。因为有质量方面的权威认证机构，按照国际标准进行质量管理体系认证，颁发认证证书，以此向广大顾客声明，本组织已经按照国际质量管理体系标准进行管理。当然，标准强调了两个字眼，即“有能力”“稳定地”提供质量好的产品/服务。所谓“质量好的产品/服务”，是指满足“顾客要求”和“适用的法律法规要求”两方面要求的产品/服务。当然，对于这两方面的要求，我们必须两者兼顾：法律法规要求是最基本的要求，是组织得以生存的保证；顾客的要求是最现实的要求，是组织得以发展的关键。如果说，一个组织在提供产品/服务时，仅仅只能满足适用的法律法规要求，那么，其产品/服务要想获得较高的市场份额是极为困难的；反过来，如果一个组织视法律法规要求于不顾，一味追求顾客的要求，可想而知，这样的组织也只能是昙花一现。可见，只有在满足适用的法律法规要求的前提下，千方百计满足顾客要求，这样的组织才会有市场，才会有强大的生命力。

(3) 导入本标准的目的是增强顾客满意。ISO9001标准的中心思想是"以顾客为关注焦点"。那么，怎样增强顾客满意呢？ISO9001标准只是在质量管理方面为增强顾客满意提供了一个国际性的操作框架。它要求在本框架的支撑下，结合不同组织的生产经营及服务提供特点，形成各自的质量管理体系。然后通过两个最为有效的途径，来增强顾客满意。一是，关注需求，即关注顾客要求和法律法规要求，并将这两方面的要求统一起来，来实现顾客满意。二是，持续改进，即银行必须对其服务所包含的各大过程进行不断改进，通过提高过程质量来增强顾客满意；同时，也包含了"导入的非认证性"，也就是说，银行业都可以按照这套国际质量管理体系标准去实施，但不一定实施了该标准，就一定得接受认证。

(4) 标准声明，标准中所提及的产品是指预期产品。所谓"预期产品"，是指计划产品，或者叫主产品。ISO9000中的产品包括了四大类：硬件、软件、流程性材料和服务。就银行业来说，银行的产品就是标准中所讲的服务，它是一种金融服务，是一种以钞票、凭证、银行卡、咨询以及银行的知识产权等有形、无形产品为载体的综合性服务。

3.1.2 流程操作手册的基本内容①

流程是直接或间接为客户创造价值，进而提升商业银行自身整体价值的一系列活动的有序集合，包括业务流程、管理流程和支持流程。遵循2008版ISO9000质量管理体系标准，商业银行应通过持续识别和细分的目标客户及其需求，关注目标细分客户的差异化、特色化需求，根据需求设计和确定业务产品，定制相应的服务实现和控制流程，并在保持与商业银行发展战略导向一致的前提下，根据"组织为流程而定"的要求，落实支持流程、管理流程服务业务流程的原则，做到"一项业务一个流程、一项管理一个流程、一个流程一套制度、一套制度一本手册"。流程操作手册是流程的载体，其编制是流程银行建设、实现商业银行标准化管理的基础性工作。

3.1.2.1 流程操作手册的设计要求及其作用

随着各种管理新理念、新技术、新方法的不断涌现，企业管理已逐步从职能管理转向流程管理。海尔集团曾请麦肯锡团队以5 000美元一个流程的价格为海尔再造2 000个流程；麦当劳的员工从入职到独立上岗仅需6小时，最重要的原因就是麦当劳将所有的工作都规范地做成了简单实用的流程；万科公司的员工即使是新人，也能够很快地掌握工作要求，并把工作做好，原因也在于万科拥有一套标准、完善的工作流程。②

借鉴流程管理的成功经验，逐步运用流程手段实现商业银行标准化管理，持续推动流程管理已成为商业银行增值的主要工具。为便于运用流程管理手段，商业银行各类流程牵头建设部门应根据流程设计的结果，对作业流程的具体操作环节及相关输入/输出要求、操作

① 赵祖明，等.多体系文件整合方略——ISO9000等标准与企业标准应用融合论[M].北京：中国质检出版社，2013：25-45.

② 石真语.管理就是走流程——没有规范流程，管理一切为零[M].北京：人民邮电出版社，2013：1-22.

岗责、合规要求、风险识别与提示、服务、成本及效率要求、记录要求等进行详尽描述，编制流程操作手册。因此，流程操作手册的编制必须规范化、标准化、实用化。流程操作手册的内容发生变化时，流程牵头建设部门必须及时更新手册版本，确保全体员工使用的是最新版本的流程操作手册。

流程操作手册是商业银行员工从事业务活动、管理活动和支持保障活动的工具书，是实现合规管理目标、控制操作风险的重要手段之一，在商业银行管理中发挥的作用具体表现为：

（1）对员工培训的作用。造物之前先造人，造人必定有流程。一套好流程，可以帮助商业银行培养人、训练人、改造人，建议把各类流程手册作为新员工或员工轮岗的培训教材。正如华为总裁任正非说过的一句话："一个新员工，看懂模板，会按模板来做，就已经标准化、职业化了。你3个月就掌握的东西，是前人摸索几年、几十年才形成的，你不必再去摸索。"这句话道出了流程管理和标准化管理的好处。这也是那些重视流程管理的企业变得更加卓越优秀的原因。

（2）"正确做事"的操作标准。真正为商业银行各业务条线、管理条线和支持保障条线提供"正确做事"的操作标准，通过流程管理实现商业银行管理的标准化，当然前提是流程要正确。科学、适宜的流程管理应能够将管理者从烦琐的事务当中解放出来，有助于员工在具体的执行过程中更加明确、清楚地知道自己什么时候该做什么事，应该先干什么，后干什么，做事情要达到怎样的标准，从而打造一线完美执行力，彻底解放管理者。

（3）提高执行力的工具。让流程管理成为提升商业银行执行力和员工执行力的有效工具，实现战略目标的有效途径，促进流程在服从战略的同时更好地服务战略。运用一套流程管理系统，确保制度清晰、责任到位，做到"人人有事做、事事有人管，不错位、不越位、不缺位"，通过规范化、标准化、流程化的管理，有效提升员工的执行力，实现全员高效。业界有一句话："执行就是走流程。"按流程执行是提升商业银行和个人执行力的最佳"药方"，可以确保优秀的战略落地。

（4）合规管理的手段，操作风险评估分析的工具。充分发挥流程对合规管理的作用。流程操作手册为商业银行各条线员工提供了一套业务操作的合规标准，根据流程标准实施常规性合规检查，可以真正实现各条线合规检查标准、违规扣分标准的统一。运用流程标准可以规范员工操作行为，增强执行力等。违规扣分区间根据流程操作环节风险点的风险等级统一设定。

商业银行各条线部门拟定的违规问题处罚意见都应按照流程操作要求和相应风险等级违规扣分区间，根据违规的性质和严重程度，经合规管理部门进行审查后，才能向违规责任人下发处罚意见书。实行违规积分统一管理，由合规管理部门建立违规积分管理台账，统一登记员工的违规积分，在登记违规积分台账时应记录违规所在的流程操作环节，为调整风险等级积累数据，并定期向高级管理层提交全行违规积分情况。合规管理部门对各项检查中发现的违规问题进行跟踪管理，联合相关职能部门共同剖析问题成因，提出切实可行的整改意见，督促问题从根本上予以整改，并对流程本身是否有效进行评价。

（5）为商业银行信息化提供依据。流程手册为经常运行的流程，根据成本效益原则计划实现办公自动化提供文本依据和系统需求信息；为已经实现自动化的流程提供有效性检

验的依据；为不经常运行的流程（如几年才运行一次），根据成本效益原则，实施办公自动化不经济只能手工操作的流程提供“办事”的依据。

（6）为 ISO9001 质量管理体系认证奠定基础。为追求管理创新、提升管理品质，持续推进商业银行安全、高效、稳健发展，有条件的商业银行可能启动 ISO9001 标准化管理体系认证工作，一套标准化的流程操作手册是通过认证工作的必备条件。

3.1.2.2　流程操作手册的内容

根据 ISO9001、ISO14001 和 OHSAS18001 对管理文件编制的要求，流程操作手册由封面、目录、编写修改记录、目的与适用范围、定义与缩写、职责与权限、原则与基本规定、流程描述图、流程操作与风险控制要求及违规扣分区间、风险识别与评估调查表、内外规相关文件、检查与监督、附录、记录表单等组成。流程操作手册的核心内容是其中的“一图两表”，包括流程描述图、流程操作与风险控制要求及违规扣分区间、风险识别与评估调查表。

（1）封面。流程操作手册的封面内容主要包括：流程名称，按照最细分的流程名称；流程档案归类信息，包括本流程所属的流程类别（业务流程或管理流程或支持流程），所属的一级、二级、三级、四级等流程；流程编号、发布日期、生效日期等。

根据中国银监会办公厅《农村商业银行和农村合作银行推进流程银行建设的指导意见》（银监办发〔2012〕205 号），商业银行的流程分为业务流程、管理流程和支持流程。在实际工作中，商业银行可以根据中国银监会办公厅《农村商业银行和农村合作银行推进流程银行建设的指导意见》（银监办发〔2012〕205 号）的基本要求，结合本行流程管理的需要，对流程进行分类分级，研究提出第一级流程、第二级流程和第三级流程，如有必要在第三级流程下还可设置第四级流程。各级流程可以根据实际工作需要进行增删和修改。

（2）目录。标准化流程操作手册目录内容统一为表 3-1 所示。

表 3-1　标准化流程操作手册目录列表

目录

0. 编写修改记录 ……………………………………………
1. 目的与适用范围 …………………………………………
    1.1　目的 ……………………………………………………
    1.2　适用范围 ………………………………………………
2. 定义与缩写 ………………………………………………
    2.1　定义 ……………………………………………………
    2.2　缩写 ……………………………………………………
3. 职责与权限 ………………………………………………
4. 原则与基本规定 …………………………………………
    4.1　原则 ……………………………………………………
    4.2　基本规定 ………………………………………………
5. 流程描述图 ………………………………………………
6. 流程操作与风险控制要求及违规扣分区间 ……………
7. 风险识别与评估调查表 …………………………………
8. 内外规相关文件 …………………………………………
9. 检查与监督 ………………………………………………
10. 附录 ……………………………………………………
11. 记录表单 ………………………………………………

(3) 编写修改记录。用于记录流程版本编号、流程主管部门、编制/修改负责人、审核人、批准人、编制/修改原因、编制/修改日期、生效日期等信息的列表,每个流程版本单独记录一行,格式如表 3-2 所示。

表 3-2 编写修改记录列表

版本编号	流程主管部门	编制/修改负责人	审核人	批准人	编制/修改原因	编制/修改日期	生效日期
A/0	……	……	……	……	……	……	……
……	……	……	……	……	……	……	……

(4) 目的与适用范围。①目的,说明编制本流程操作手册的目的;②适用范围:说明本流程操作手册适用的范围。

(5) 定义与缩写。①定义,本流程操作手册涉及的专业术语权威定义描述;②缩写,本流程操作手册涉及的名词缩写,通常应是行业认同的缩写。

(6) 职责与权限。对本流程操作手册涉及的部门岗位职责与权限、不相容岗位用列表的形式表达,格式如表 3-3 所示。

表 3-3 职责与权限列表

部门/岗位	职责与权限	不相容职责
A 部门/甲岗位	……	……
……	……	……

(7) 原则与基本规定。①原则,描述本流程操作手册制定遵循的原则;②基本规定,描述本流程操作手册涉及的不相容岗位如何实现有效的分离、牵制。

(8) 流程描述图。本流程操作手册采用流程图与文字说明相结合的设计思路。流程描述图的绘制借鉴 ISO9001(2008 版)标准,采取制图符号,按具体业务/管理/支持保障种类进行绘制。从业务/管理/支持保障受理环节开始,至整个业务/管理/支持保障处理结束。

流程描述图的功能:描述某项业务/管理/支持保障活动"由谁来做? 做什么? 怎么做?"一般按照表 3-4 的格式绘制。

表 3-4 流程描述图绘制框架

操作环节	→由谁来做?
↓ 做 什 么 ?	怎么做?

(9) 流程操作与风险控制要求及违规扣分区间。这部分内容是用表格的形式来表达，主要内容包括：①操作环节，与流程图对应，表明业务/管理/支持处理环节；②部门/岗位代码及名称，即操作环节的每项“操作要求”负责完成的部门/岗位代码及名称；③操作要求，与操作环节对应，详细说明具体操作规范；④办结时间，每项操作要求、每个环节、每个流程的办结时间(单位为天、或小时、或分钟)；⑤风险点提示，与操作环节对应，揭示操作环节的主要风险；⑥风险等级，根据《风险识别与评估调查表》评估的情况确定；⑦控制措施，针对各业务/管理/支持环节的风险点及评估等级的情况，列出主要风险控制措施；⑧违规扣分区间，根据风险等级，对违反操作要求的行为设定违规扣分标准区间。以上内容的表达格式如表3-5所示。

表3-5 流程操作与风险控制要求及违规扣分区间列表

环节	操作及办结时间要求			风险控制要求				违规扣分区间
	部门/岗位代码及名称	操作要求	办结时间	风险点号	风险提示	风险等级	控制措施	

(10) 风险识别与评估调查表。具体内容见“3.2 OHSAS18001系列标准在流程安全评价中的应用”。

(11) 内外规相关文件。描述标准化流程操作手册涉及的外部法律法规和行业监管文件，以及涉及的内部规章文件。

(12) 检查与监督。明确标准化流程操作手册检查监督的部门、检查内容、检查频次、报告路线等，如表3-6所示。

表3-6 流程检查与监督要求列表

牵头检查部门	检查内容	检查频次	报告路线	监督部门

(13) 附录与记录表单。标准化流程操作手册正文的内容有必要进一步说明的内容，可以在附录中描述；标准化流程操作手册在实施过程中涉及的表单，在记录表单中列出。

案例3-1

××农商银行标准化流程手册范本

柜员信息修改流程如表3-7所示。

表 3-7 柜员信息修改流程

流程类别：支持流程		
流程级别	流程编号	流程名称
一级流程	Z01000000	会计服务流程
二级流程	Z01010000	机构与柜员管理流程
三级流程	Z01010200	柜员管理流程
四级流程	Z01010202	柜员信息修改流程

流程编号：Z01010202
发布日期：20×4 年 12 月 1 日
生效日期：20×5 年 1 月 1 日

相关目录如表 3-8 所示。

表 3-8 相关目录

目 录

编写修改记录如表 3-9 所示。

表 3-9 编写修改记录

版本编号	流程主管部门	编制/修改负责人	审核人	批准人	编制/修改原因	编制/修改日期	生效日期
A/0	运营管理部	……	……	……	流程批量建设	20×41201	20×50101

1　目的与适用范围

1.1　目的

本流程操作手册规定了某农商银行(以下简称本行)柜员信息修改操作流程,目的是为了促进本行柜员信息修改规范化操作,加强柜员信息修改操作流程的合规管理、内部控制与风险管理。

1.2　适用范围

本流程操作手册适用于本行柜员信息修改业务的日常操作管理。

2　定义与缩写

2.1　定义

柜员信息修改是指在综合业务系统中,针对某一柜员,进行岗位编号、姓名、身份证号码、柜员级别、现金和凭证库箱标志、客户经理标志、登陆方式等信息的修改,包含对该柜员操作额度和授权额度的修改。

2.2　缩写

无。

3　职责与权限

职责与权限如表3-10所示。

表3-10　职责与权限

部门/岗位	职责与权限	不相容职责
支行/会计主管	支行会计主管填写"数据修改申请表",将所需修改内容一一罗列,并将相关信息表以附件形式提交运行中心。	无
运营管理部/总经理、科技信息部/总经理	审核"数据修改申请表"内容并批复。	无
运行中心/参数维护人员	(1) 审核提交资料的正确性、完整性和有效性,是否经有权人员审批。 (2) [7141]交易操作柜员信息修改。 (3) [7142]交易操作柜员操作额度和授权额度的修改。 (4) 及时操作[7340]交易更新柜员信息。	无

4　原则与基本规定

4.1　原则

(1) 柜员信息修改的办理,由所在单位的会计主管人员根据实际工作需要填写"数据修改申请表"并通过办公网上报,经运营管理部门与科技信息部门审批后,由运行中心维护人员在核心系统操作。

(2) 每个支行应建立本辖内柜员表清单,与核心系统的柜员信息核对,每月不得少于一次。若有差异应查实原因并及时调整。

4.2　基本规定

(1) 修改柜员相关信息,申请单位详细填写"数据修改申请表",通过办公网上传,经运营管理部门和科技信息部门审批后,到运行中心。

(2) 运行中心柜员管理人员核对提供的"数据修改申请表"及相关附件无误后,启动

“[7141]柜员信息维护”交易，办理柜员维护业务。

(3) 经授权交易成功后，在非账务凭证上打印柜员新增或删除信息，非账务凭证填写栏内注明“详见附件”，打印提交的相关资料及“数据修改申请表”作附件。

(4) 运行中心管理人员审查非账务凭证打印信息与“数据修改申请表”信息一致后，第二联加盖数据修改章后作当日传票交后督中心；第一联加盖数据修改章后专夹保管。

(5) 若需增加或删除柜员操作额度和授权额度，运行中心管理人员审查“数据修改申请表”相关附表无误后，启动“[7142]柜员额度维护”交易，根据附表相关要求，新增或删除柜员的额度，后续操作同上面第(3)、第(4)点操作要求。

(6) 柜员管理人员启动“[7340]前台数据实时更新—02 柜员”交易，更新柜员信息。

5 流程描述图

柜员信息修改的基本程序为：提交申请→审批→维护，其流程描述如图 3-1 所示。

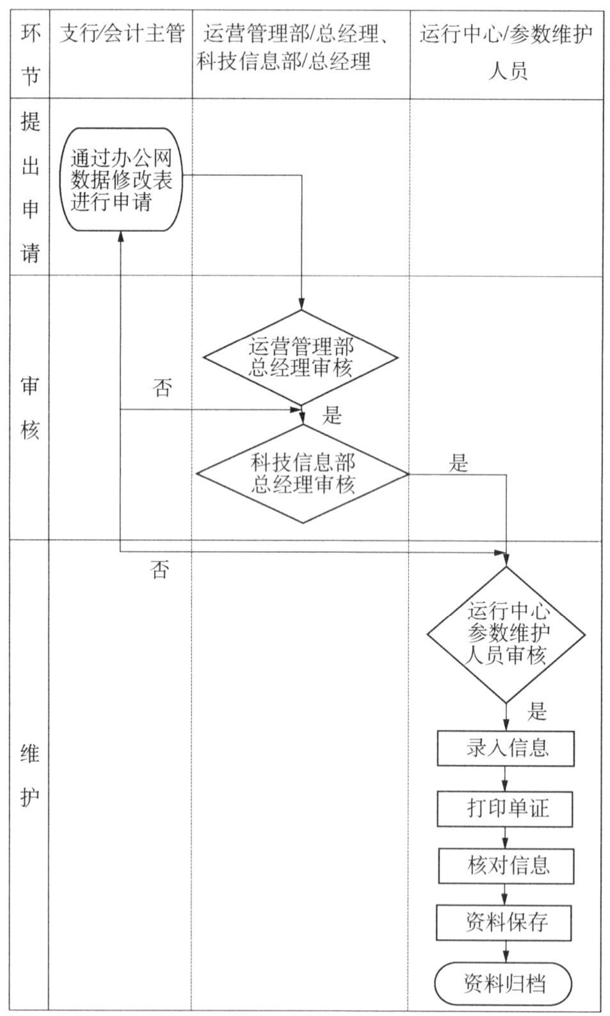

图 3-1 柜员信息修改流程图

6　流程操作与风险控制要求及违规扣分区间

流程操作与风险控制要求及违规扣分区间如表 3-11 所示。

表 3-11　流程操作与风险控制要求及违规扣分区间

环节	操作及办结时间要求				风险控制要求			违规扣分区间
	部门/岗位	操作要求	办结时间	风险点号	风险提示	风险等级	控制措施	
一、提出申请	支行/会计主管	1. 通过办公网提出申请表 根据本行实际情况，通过办公网填写“数据修改申请表”；同时将柜员信息表、额度表等柜员具体信息以附件形式提交运行中心管理人员。		1.1	填写的柜员修改信息有误。		严格按柜员所需操作权限填写柜员的相关信息，包括岗位编号、姓名、身份证号码、柜员级别、现金和凭证库箱标志、客户经理标志等。	
二、审核	运营管理部/总经理	1. 运营管理部总经理审核信息 运营管理部审核填写内容的完整性、真实性、正确性，据实审批。		2.1	未审核填写内容的完整性、真实性、正确性。		对填写内容仔细审核，避免差错。	
	科技信息部/总经理	2. 科技信息部总经理审核信息 科技信息部审核填写内容的完整性、真实性、正确性，据实审批。		2.2	未审核填写内容的完整性、真实性、正确性。		对填写内容仔细审核，避免差错。	
三、维护	运行中心/参数维护人员	1. 运行中心管理人员审核、维护柜员信息 运行中心柜员管理人员核对提供的“综合柜员增（删）申请表”及相关附件无误后，启动“[7141]柜员信息维护”交易，办理柜员维护业务。		3.1	未审核出提交的柜员信息有误；未按填写内容进行维护，维护错误。		对填写内容仔细审核，避免差错；严格按填写内容操作。	
	运行中心/参数维护人员	2. 运行中心管理人员审核、维护柜员额度信息 运行中心管理人员审查“数据修改申请表”相关附表无误后，启动“[7142]柜员额度维护”交易，根据附表相关要求，新增或删除柜员的额度。		3.2	未审核出提交的柜员信息有误；未按填写内容进行维护，维护错误。		对填写内容仔细审核，避免差错；严格按填写内容操作。	

（续表）

环节	操作及办结时间要求				风险控制要求			违规扣分区间
	部门/岗位	操作要求	办结时间	风险点号	风险提示	风险等级	控制措施	
三、维护	运行中心/参数维护人员	3. 打印、核对凭证，资料保存与归档 经授权交易成功后，在"非账务凭证"上打印相关信息。 审查非账务凭证打印信息与OA提交的相关信息表信息一致后，第二联加盖数据修改章后作当日传票，打印出的"数据修改申请表"及相关附件表格作附件，第一联加盖数据修改章后专夹保管。		3.3	资料遗失。		通过OCR事后监督控制交易相关凭证不遗失。	
	运行中心/参数维护人员	4. 柜员信息更新 柜员管理人员启动"[7340]前台数据实时更新—02柜员"交易，更新柜员信息。		3.4	未实时更新柜员信息		及时更新柜员信息。	

7 风险识别与评估调查表

略。

8 ELC数值统计

略。

9 内外规相关文件

9.1 外部依据文件

略。

9.2 内部依据文件

略。

10 检查与监督

略。

11 附录

略。

12 记录表单

略。

3.2 OHSAS18001标准在流程安全评价中的应用

在流程操作手册中有一项非常重要的内容是对流程中每个操作环节的风险点如何识别与评估，通常的做法是参照OHSAS18000系列中有关风险识别与评估的标准。

OHSAS18000系列标准及由此产生的职业健康安全管理体系认证制度是近几年风靡全球的管理体系标准认证制度之一。OHSAS18000系列标准由英国标准协会（BSI）、挪威船级社（DNV）等13个组织于1999年联合推出，在ISO尚未制定的情况下，它起到了准国际标准的作用。其中的OHSAS18001标准是认证性标准，它是组织（企业）建立职业健康安全管理体系的基础，也是企业进行内审和认证机构实施认证审核的主要依据。中国已于2000年11月12日转化为国标：GB/T 28001—2001 idt OHSAS18001：1999《职业健康安全管理体系规范》，同年12月20日，原国家经贸委推出了《职业安全健康管理体系审核规范》并在中国开展起职业健康安全管理体系认证制度。2011年，国家质量监督检验检疫总局和国家标准化管理委员会发布了GB/T 28001—2011《职业健康安全管理体系要求》国家标准，以代替GB/T 28001—2001国家标准。该标准的制定考虑了与GB/T 19001—2008《质量管理体系要求》、GB/T 24001—2004《环境管理体系要求及使用指南》的兼容性，有利于组织整合质量、环境和职业健康安全管理体系这三大管理体系，等同采用OHSAS18001：2007新版标准（英文版）翻译，并于2012年2月1日实施①。

3.2.1　OHSAS18001简介及相关应用

众所周知，在人们的工作活动或工作环境中，总是存在这样那样潜在的危险源，可能会损坏财物、危害环境、影响人体健康，甚至造成伤害事故。这些危险源有化学的、物理的、生物的、人体工效和其他种类的。人们将某一或某些危险引发事故的可能性和其可能造成的后果称之为风险②。风险可用发生机率、危害范围、损失大小等指标来评定。现代职业安全卫生管理的对象就是职业安全卫生风险，在银行业金融机构这类风险则主要表现为操作风险。

3.2.1.1　*危害辨识、风险评价和风险控制策划*

职业健康安全管理体系采用系统安全管理方法。先全面辨识、评价企业存在的危险因素，再根据评价出的重要风险，特别是不可接受的风险，制定组织的职业健康安全方针、目标和管理方案。通过运行控制、应急准备和响应等手段，控制与危险源有关的运行活动及潜在的紧急情况，使这些活动在规定的条件下进行，并通过监视和测量评价体系的实施效果，为组织建立一套完整的风险防范机制，从而能最大限度地避免或减少生产事故和职业病的产生，维护广大劳动者的利益，提高员工的生命质量。可见，职业健康安全管理体系是组织建

---

① 上海质量管理科学研究院.GB/T 28001—2011：职业健康安全管理体系内审员教程[M].北京：中国质检出版社、中国标准出版社，2013：1-7.

② 在此，对风险的理解仅局限于操作风险，操作风险具有普遍性和非盈利性的特征。

立风险防范机制的重要内容。

（1）标准条款内容。标准条款内容如下。

资料 3-2 “OHSAS18001”条款摘录

危害辨识、风险评价和风险控制的策划

用人单位应建立和保持危害辨识、风险评价和实施必要控制措施的程序。程序应包括：

——常规和非常规的活动；

——所有进入作业场所人员的活动；

——所有作业场所内的设施。

用人单位所采用的危害辨识和风险评价方法应该符合下述条件：

——依据用人单位的范围、性质和时限进行确定，以保证该方法是主动的而不是被动的；

——确定风险级别；

——与运行经验和所采取风险控制措施的能力相适应；

——为确定设备要求、明确培训需求和建立运行控制，提供相应信息；

——对所需控制活动的检测提供信息，以保证实施的有效性和及时性。

风险评估的结果应形成文件，作为建立和保持职业安全健康管理体系中各项决策的基础，并为持续改进用人单位的职业安全健康管理绩效提供衡量基准。用人单位所编制的风险控制计划应有助于保护员工的安全健康。

用人单位应定期或及时评审和更新危害辨识、风险评价和控制措施的信息。

（2）标准条款的理解。这主要包括：

第一，关于“活动程序”。用人单位应对危害辨识、风险评价和实施必要控制措施三方面的活动建立并保持程序，程序应包括：①常规和非常规的活动，常规活动指日常的活动，如正常的生产、开机、停机等；非常规活动指出现事故，如设备出现故障的抢修，紧急状态（如火灾、洪水）等情况。②所有进入作业场所的人员，这些人员主要包括用人单位的员工，包括正式工和临时工；访问者，包括外审员、政府或主管部门人员、其他组织的参观人员；合同方，包括供方、承包商、监测机构人员、副产品或废物处理人员。③所有作业场所内的设施，包括用人单位自有的建筑物、设备、车辆、物资等；租赁、外界提供服务的建筑物、设备、车辆等。

第二，关于“用人单位所采用的危害辨识和风险评价的方法要求”。这主要体现在以下几个方面：

一是，危害辨识和风险评价过程。这是主动的活动而不是被动的活动，该方法是依据用人单位的范围、风险的性质和时限进行的。危害辨识应考虑以下方面：①三种状态：正常状态（如生产）、异常状态（如停机检修）和紧急（如火灾）状态。②三种时态：过去时态，过去出现一直持续到现在的（如由于技术、资源不足仍未解决的或停止不用但其危害依然存在）；现

在时态，现在可能出现的；将来时态，将来可能出现的危害情况应进行辨识。③七种风险因素：机械能可能对人造成的伤害；电能可能对人造成的伤害；热能可能对人造成的伤害；化学能可能对人造成的伤害；放射能可能对人造成的伤害；生物因素可能对人造成的伤害；人机工程因素（生理、心理）可能对人造成的伤害。

二是，对风险进行分级，确定可承受风险和不可承受风险。首先，制定风险级别的判定标准，该标准应考虑行业特点，法律法规要求，造成事故的大小、风险的程度等因素；其次，依据评价标准，对辨识的危害因素进行评价，划分等级；最后，确定哪些是可承受风险，哪些是不可承受风险，为风险控制提供输入。

三是，风险评价方法应与组织以往运行的经验和所采取的风险控制措施能力相适应。风险评价具有鲜明的行业特点，不同行业各不相同，有的行业可能只需简单的定性评价就可以了，而有的行业可能需要大量的复杂的定量分析。用人单位应根据其实际情况选择适合自己的风险评价方法。

四是，为策划各类风险控制措施提供相应的输入。例如，设备采购、租赁要求，培训的需求以及建立运行控制措施的信息等。

五是，为所需控制活动的检测提供信息。

第三，关于“管理要求”，这包括以下几个方面：

一是，风险评价的结果应形成文件。这是建立和保持体系中各项决策的基础，为持续改进用人单位的职业健康安全绩效提供衡量基准。

二是，对风险评价的结果应编制风险控制计划。风险控制计划是指根据风险评价的结果提出并实施风险控制方案。风险控制计划应以保护员工的职业健康安全为首要任务，而不能将风险控制计划的重点放在保护财产的角度。其中：①对于不可承受的风险，需采取相应的风险控制措施以消除或降低风险，使其达到可承受的程度。②对于可承受的风险，进行相应的管理，并不断监视，以确保该风险持续可承受。

三是，危害因素是动态产生的，其危险级别也可能会发生变化，故对危害辨识、风险评价和控制措施信息应定期（或及时）评审与更新，使用人单位活动所涉及的所有危害因素始终处在受控的状态下。出现以下情况时应及时评审：①新用工制度、引入新工艺、新操作程序等组织内部发生的变化；②国家法律法规及行业标准的修订；③机构的变更、员工的流动；④职业安全健康知识和技术的新发展等外部因素引起的组织变化。

第四，关于“术语与定义”，这包括以下内容：①危害。可能造成人员伤亡、疾病、财产损失、工作环境破坏的根源或状态，是一种客观、具体的概念，也可称为危险源（或危害源）。②危害辨识。识别危害的存在并确定其性质的过程。③风险。特定危害事件发生的可能性与后果的结合。④风险评价。评价风险程度并确定其是否在可承受范围内的全过程。⑤可承受风险。根据用人单位的法律义务和职业安全健康方针，已降至用人单位可接受的风险。⑥安全。免遭不可接受风险的伤害。

（3）危害辨识、风险评价的实施。其基本步骤是：划分作业活动单元→辨识危害→确定危害可能导致的事故→量化风险→确定风险是否可接受。

按生产过程危险和有害因素，危害可以分为人的因素、物的因素、环境因素和管理因素。

危害源的辨识方法常用的有问卷调查法、现场观察法、安全检查表等。风险评价的方法主要包括安全检查表(SCL)、事故树分析(FTA)和事件树分析(ETA)、半定量评价方法。其中,半定量评价方法相对比较客观、易于操作。

半定量评价方法是用与系统风险率有关的三种因素指标值之积来评价系统人员伤亡风险大小。这三种因素是:①发生事故的可能性大小(L);②人体暴露在这种危险环境中的频繁程度(E);③一旦发生事故会造成的损失后果(C)。可采取半定量计值法,给三种因素的不同等级分别设定不同的分数值,再以三个分数值的乘积D(风险值)来评价危险性的大小,风险值D=LEC。D值大,说明该系统危险值大,需要增加安全措施,或改变事故的可能性,或减少人体暴露于危险环境中的频繁程度,或减轻事故损失,直至调整到允许范围。具体分数值设定如表3-12至表3-14所示①。

表3-12 发生事故的可能性分数值设定(L)

分数值	事故发生的可能性	分数值	事故发生的可能性
10	完全可能预料	0.5	很不可能,可以设想
6	相当可能	0.2	极不可能
3	可能,但不经常	0.1	实际不可能
1	可能性小,完全意外		

表3-13 暴露于危险环境的频繁程度分数值设定(E)

分数值	频繁程度	分数值	频繁程度
10	连续暴露	2	每月一次暴露
6	每天工作时间内暴露	1	每年几次暴露
3	每周一次,或偶然暴露	0.5	非常罕见地暴露

表3-14 发生事故产生的后果分数值设定(C)

分数值	后果	分数值	后果
100	大灾难,许多人死亡	7	严重,重伤
40	灾难,数人死亡	3	重大,致残
15	非常严重,一人死亡	1	引人注目,需要救护

在表3-12中,当用概率表示事故发生可能性大小(L)时,绝对不可能发生的事故概率为0;而必然发生的事故概率为1。然而,从系统安全角度考虑,绝对不发生事故是不可能的,所以人为地将发生事故可能性极小的分数定为0.1,而必然要发生的事故的分数定为10,介于

① 上海质量管理科学研究院.GB/T 28001—2011:职业健康安全管理体系内审员教程[M].北京:中国质检出版社、中国标准出版社,2013:45-48.

这两种情况之间的情况指定为若干中间值。

在表3-13中，当确定暴露于危险环境的频繁程度(E)时，人员出现在危险环境中的时间越多，则危险性越大，规定连续出现在危险环境的情况定为10，而非常罕见地出现在危险环境中的情况定为0.5，介于两者之间的各种情况规定若干个中间值。

在表3-14中，由于事故造成的人身伤害变化范围很大，因此把发生事故产生的后果(C)的分数值规定为1～100，把需要救护的轻微损伤的分数规定为1，把造成多人死亡的可能性分数规定为100，其他情况的分数值在1与100之间。

风险值D=LEC。求出D值后，关键是如何确定风险级别的界限值，而这个界限值并不是长期固定不变的，在不同时期，组织应根据其具体情况来确定风险级别的界限值，以符合持续改进的思想。确定风险级别界限值及其相应的风险控制措施可参考表3-15所列标准。

表3-15　风险等级划分

D值	危险程度及控制措施	风险等级
>320	极其危险，不能继续作业	五
>160～320	高度危险，要立即整改	四
>70～160	显著危险，需要整改	三
>20～70	一般危险，需要注意	二
<20	稍有危险，可以接受	一

组织应根据风险等级确定相应作业活动单元的风险控制：①对于风险程度超过可容许风险标准(即三级以上，含三级)的危险源，要对危险源增加控制措施，使其风险程度降低到可容许程度，在体系中可通过目标、管理方案来实现。②对于风险程度已经在容许范围内(即二级以下，含二级)的危险源，在考虑其他因素的基础上，如不对危险源增加措施，就需加强对危险源原有控制措施的监测和维护。③对于一些不需采取任何措施，其风险程度就可以处于可忽略状态的危险源，可暂不考虑对其的控制要求。

3.2.1.2　*危害辨识、风险评价在银行业风险识别与评估的理解与应用*

(1) 危害辨识、风险评价与银行业风险识别和评估的关系。这主要表现在以下几个方面：

第一，思路相同。OHSAS18001标准中“危害辨识、风险评价和风险控制”与中国银监会《内部控制评价试行办法》中“风险识别与评估”有着共同的思路，都是将危险源或风险点识别出来，并予以量化，计算风险等级，以确定风险是否可接受，采取相应的风险控制措施的过程。

第二，对象相同。研究的对象都是风险，即可能造成的人员伤亡或可能发生的财产损失和资金损失。

第三，关注点相同。危害辨识、风险评价与银行业的风险识别与评估关注的都是人的活动。前者关注的对象是出入作业场所的人员的作业和工作环境，后者关注的对象是银行人员的业务和管理活动。

第四，影响因素相同。这表现在：①活动发生的频次。活动或业务发生的越频繁，发生风险的概率越大。②风险发生的可能性。风险发生的可能性越大，造成的损失越大。③事故造成的后果。事故造成的后果越严重，风险程度越高，越不可接受。

（2）危害辨识、风险评价在银行业风险识别与评估的理解。其主要内容包括：

第一，关于"活动程序"和"所有进入工作场所的人员"。银行应对风险识别、风险评价和实施必要控制措施三方面的活动建立并保持程序，程序应包括：①常规业务和管理活动，是指日常的业务和管理活动，如正常的业务办理、正常的人事或科技管理。②非常规业务和管理活动，是指出现事故，设备、系统故障情况，紧急状态如抢劫、挤兑、火灾等情况。

所有进入工作场所的人员，即对银行可能造成风险的有关人员，主要有以下几类：①银行的员工，包括银行正式员工和临时工（如保洁员等）。②外部人员，包括客户、科技开发人员、监管部门现场检查人员、外审员和合同供方等。

第二，银行所采用的风险识别和风险评价的方法要求，包括以下几个方面：

一是，风险识别和风险评价过程。这是主动的活动而不是被动的活动，该方法是依据银行的组织架构、业务流程和范围、风险的性质和时限及时进行。风险识别与评价应考虑以下方面：①两种状态，包括正常状态，即正常的业务经营和管理活动；非正常状态，包括异常（如系统出现故障）状态和紧急（如抢劫）状态两种情况。②五种风险来源，主要是指从银行内部和外部两个方面研究风险产生的根源，具体表现为商业关系（各主体利益）、法律法规失控、人员行为和道德、自然事件、科学和技术五个方面。③七种风险类型，银监会在《内部控制评价试行办法》中主要列举和分类为信用风险、市场风险（含利率风险）、操作风险、国家和转移风险、流动性风险、法律风险和声誉风险七种。但也不限于此，巴塞尔委员会按照风险诱发的原因区分为信用风险、市场风险、操作风险、流动性风险、声誉风险、国别风险、法律风险和战略风险八类。

二是，对风险进行分级，确定可接受风险和不可接受风险。首先，制定风险级别的判定标准，该标准应考虑行业特点，法律法规要求，造成事故的大小、风险的程度等因素；具体还要考虑本银行的规模、组织架构、业务流程复杂程度等诸多因素。其次，依据评价标准，对识别的风险因素进行评价，划分等级。最后，确定哪些是可接受风险，哪些是不可接受风险，为风险控制提供输入。

三是，风险评价方法的要求，应与银行以往运行的经验和所采取的风险控制措施能力相适应，还要考虑本行最高管理层的风险偏好及人员素质高低。

四是，为策划各类风险控制措施提供相应的输入。例如，数据信息资料收集的要求、建立数学模型的要求、组织架构和流程再造的要求，培训的需求以及建立运行控制措施的信息等。

五是，为所需控制活动的监测提供信息。

第三，关于"管理要求"。这包括：①风险评价的结果应形成文件，即风险清单，作为建立和保持体系中各项决策的基础，为持续改进银行的风险管理水平提供衡量基准。②对于不可接受的风险，应制定内部控制方案，采取相应的风险控制措施以消除或降低风险，使其达到可接受的程度。③对于可接受的风险，应不断监视并定期评审，以确保该风险持续可接受。④风险是动态产生的，其风险级别也可能会发生变化，故对风险识别、风险评价和控制措施信息应定期(或及时)评审与更新，使银行所有业务和管理活动涉及的所有风险点始终处在受控的状态下。

当出现以下情况时应及时评审：①业务流程、系统发生变化。②组织机构发生变更、员工的流动。③国家法律法规及监管部门的规章制度发生变化。④经济形势的波动、行业变动趋势等。

3.2.2　OHSAS18001 与 BASEL Ⅱ 的结合

风险识别与评估是建立内部控制体系文件的前提，是做好内部控制的基础，风险识别与评估是否准确决定了风险管理及内部控制的效果，从而决定了流程本身的有效性。在商业银行，识别与评估风险在遵循 OHSAS18001 标准的同时，必须结合巴塞尔系列协议对风险管理的要求，尤其是 BASEL Ⅱ 对操作风险管理的要求。

OHSAS18001 标准与 BASEL Ⅱ 的结合主要体现在流程操作手册的风险识别与评估调查表中，如表 3-16 所示。

表 3-16　风险识别与评估调查表

环节	风险点号	风险点	种类	来源	状态	风险发生可能性分数值(L)	业务发生频次分数值(E)	可能导致后果分数值(C)	D值 D=LEC	风险等级

3.2.2.1　操作风险的种类与来源

在表 3-16 中，“种类”是指操作风险的种类，根据 BASEL Ⅱ，操作风险的种类包括：

(1) 人员因素。人员因素主要是指商业银行员工发生内部欺诈、失职违规，以及因员工的知识/技能匮乏、核心员工流失、违反用工法等造成损失或不良影响而引起的风险。

(2) 内部流程因素。引起的操作风险是指由于商业银行业务流程缺失、设计不完善，或者没有被严格执行而造成的损失，主要包括财务/会计错误、文件/合同缺陷、产品设计缺陷、错误监控/报告、结算/支付错误、交易/定价错误六个方面。

(3) 系统缺陷。引发的操作风险是指由于信息科技部门或服务供应商提供的计算机系统或设备发生故障或其他原因，导致商业银行不能正常提供全部/部分服务或业务中断而造成的损失。

(4) 外部事件。可能是内部控制失败或内部控制薄弱环节，也可能是外部因素对商业银行运作或声誉造成的“威胁”。

来源是指某种类操作风险的成因来源。

(1) “人员因素”操作风险来源，主要有：①内部欺诈是指故意骗取、盗用财产或违反监管规章、法律或公司政策导致的损失，此类事件至少涉及内部一方，但不包括歧视及差别待遇事件。②失职违规，即商业银行内部员工因过失没有按照雇佣合同、内部员工守则、相关

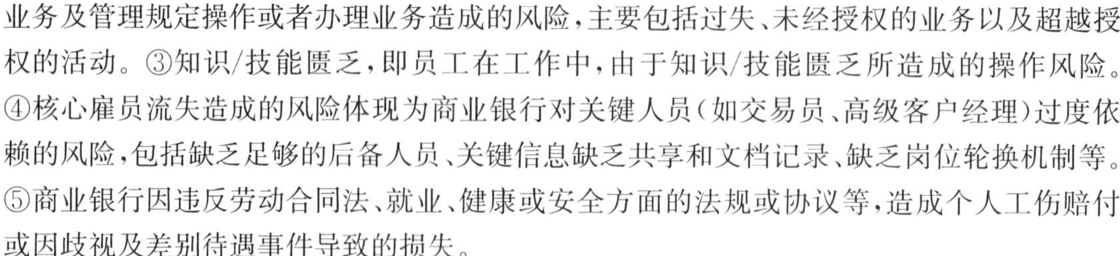

业务及管理规定操作或者办理业务造成的风险，主要包括过失、未经授权的业务以及超越授权的活动。③知识/技能匮乏，即员工在工作中，由于知识/技能匮乏所造成的操作风险。④核心雇员流失造成的风险体现为商业银行对关键人员（如交易员、高级客户经理）过度依赖的风险，包括缺乏足够的后备人员、关键信息缺乏共享和文档记录、缺乏岗位轮换机制等。⑤商业银行因违反劳动合同法、就业、健康或安全方面的法规或协议等，造成个人工伤赔付或因歧视及差别待遇事件导致的损失。

（2）“内部流程”操作风险来源，主要有：①财务/会计错误是指商业银行内部在财务管理和会计账务处理方面存在流程错误，主要原因是财会制度不完善、管理流程不清晰、财会系统建设存在缺陷等。②文件/合同缺陷也称文件/合同瑕疵，是指各类文件档案的制定、管理不善，包括不合适的或不健全的文档结构、协议中出现错误或缺乏协议等。③产品设计缺陷是指商业银行为公司、个人、金融机构等客户提供的产品在业务管理框架、权利义务结构、风险管理要求等方面存在不完善、不健全等问题。④错误监控/报告是指商业银行监控/报告流程不明确、混乱，负责监控/报告的部门职责不清晰，相关数据/信息不全面、不及时、不准确，未履行必要的汇报义务或对外部汇报不准确（造成损失）。⑤结算/支付错误是指商业银行结算支付系统失灵或延迟（如现金未及时送达营业网点或交易对方等）。⑥交易/定价错误是指在交易过程中，因未遵循操作规定导致交易和定价出现错误。

（3）“系统缺陷”操作风险来源，主要有：①数据/信息质量，商业银行对数据/信息质量管理主要是防止各类文件档案的制定、管理不善，业务操作中的数据出现差错（如金额、币别等输入错误）。②违反系统安全规定，具体表现在突破存储限制、系统信息传递/修改信息传送失败、第三方界面失败、系统无法完成任务、数据崩溃、系统崩溃重新存储、请求批处理失败、对账错误等。③系统设计/开发的战略风险，商业银行应当对信息系统的项目立项、开发、验收、运行和维护实施有效管理，不能片面追求快速见效、贪心求全、超越本行业务的现实需求，要在战略高度评估经营管理的切实需要，慎重对待系统设计、开发的全过程。④系统的稳定性、兼容性、适宜性，信息技术部门应当与业务部门互相协调，确保全行系统的稳定运行、核心业务系统与相关系统有效兼容、保持业务和管理需求的适宜性。

（4）“外部事件”操作风险来源，主要有：①外部欺诈，指第三方故意骗取、盗用财产或逃避法律。②洗钱，指违法分子通过各种手段将非法所得合法化的行为。③政治风险，政治风险是指由于战争、征用、罢工和政府行为、公共利益集团或极端分子活动而给商业银行造成的损失。④监管规定，指商业银行未遵守金融监管当局的规定而可能造成的损失。⑤业务外包，由于外部供应商的过错而导致服务或供应中断或撤销而造成的损失。⑥自然灾害，由于自然因素造成商业银行的财产损失，包括火灾、洪水、地震等。⑦恐怖威胁，由于人为因素造成商业银行的财产损失，包括恐怖活动、绑架和爆炸等。

3.2.2.2　风险值 D 的计算

在表 3-11 中，D 值的计算遵循 OHSAS18001 标准。

（1）风险发生的概率（可能性）。风险识别与评估小组根据以往的实际和经验对业务、或管理、或支持活动发生风险的可能性做出判断，如表 3-17 所示。

表 3-17　风险发生的概率(可能性)赋分表

代号	风险发生的可能性	分数值
L7	完全可以预料要发生	10
L6	相对可能要发生	6
L5	可能发生,但不经常	3
L4	可能性小,完全意外	1
L3	很不可能,可以设想	0.5
L2	极不可能	0.2
L1	完全不可能	0.1

(2) 业务、或管理、或支持活动发生的频次。风险识别与评估小组一般应依据前 3 年的业务量统计数据和以往的管理经验,首先分别确定出:几年发生一次、每年发生一次、每月发生一次、每周发生一次、每日发生一次和每日发生多次等的业务,或管理,或支持活动,然后分别设定 0.5、1、2、3、6 和 10 为参数或分数值,如表 3-18 所示。

表 3-18　发生频次赋分表

代号	发生频次	分数值
E6	多次/日	10
E5	一次/日	6
E4	一次/周	3
E3	一次/月	2
E2	一次/年	1
E1	一次/几年	0.5

(3) 发生事故可能导致的后果。风险发生事故可能导致的后果范围很大,可从很小的资金损失,到超过资本金的损失或人员伤亡。由于范围广阔,所以规定分值为 1～100,很小的资金损失分值为 1,把造成超过本行资本金以上的损失或 10 人以上的死亡的可能性分值规定为 100,其他情况的分数值在 1 与 100 之间,如表 3-19 所示。

表 3-19　发生事故可能导致后果赋分表

代号	风险发生事故可能导致的后果	分数值
C6	损失大于注册资本的 100%或 10 人以上的死亡	100
C5	损失在注册资本的 50%～100%或 2～10 人死亡	40
C4	损失在注册资本的 10%～50%或 1 人死亡	15
C3	损失在注册资本的 1%～10%	7
C2	损失在注册资本的 0.1%～1%	3
C1	损失在注册资本的 0.1%以下	1

3.2.2.3 确定风险等级及风险是否可接受

(1) 确定风险等级。风险等级分为一至五级。根据计算公式 D=LEC,可以计算出风险程度,进而确定风险等级,其中风险等级的风险值在 LEC 法中用字母“D”表示。风险识别与评估小组按照表 3-20 所示的方法进行风险等级的划分,但应注意风险等级的划分是凭经验判断,难免有局限性,不能认为是普遍适用的,应同时需要根据实际情况予以修正。

表 3-20 风险等级表

D值	风险程度	风险等级
>320	特大风险	五
>160~320	重大风险	四
>70~160	严重风险	三
>20~70	一般风险	二
<20	稍有风险	一

(2) 判断风险是否可接受。根据风险等级判断风险是否可接受,属于四级和五级的为不可接受风险,三级(含)以下的为可接受风险,但这不是绝对的,还要考虑商业银行的风险偏好。根据重要性原则,性质问题永远重要,凡具备下列条件之一的均应判定为不可接受的风险:①不符合适用法律法规和监管要求的;②金融诈骗、盗窃、抢劫、爆炸,造成重大影响或损失的;③发生挤提事件的;④业务系统故障,造成重大影响或损失的;⑤曾经发生事故,且未采取有效防范和控制措施的;⑥直接意识到可能导致风险的发生,且无适当控制措施的;⑦没有根据本行实际需要重点控制的。

3.3 商业银行流程的特殊性与存在的缺陷

从本质上看,商业银行提供产品或服务的过程,即是承担风险、消耗资源使价值从一个流程转移到下一个流程的过程,最终的产品或服务既是全部流程的集合,也是全部资源、全部风险的集合。可以说,商业银行的全面风险管理就是对各类风险在各个流程上的集成化管理。商业银行生存和发展的内外部环境以及客户需求总在不断地变化,对其业务营销、信贷服务等业务流程,计划财务、风险管理、审计监督等管理流程以及会计服务、运营管理、人力资源、信息科技等支持流程不断提出新的需求和挑战。当原有的流程无论进行怎样的修补都不可能承载和化解这些变化或问题时,商业银行就必须根据市场变化和客户需求对各项流程进行再造,重新设计自身的流程体系,以减少不必要的资源浪费,迅速满足客户需求,从而大幅度提高市场应变能力和风险管控能力。近些年来,国内少数商业银行加快了以流程再造为核心的“流程银行”建设,通过流程的不断优化或再造提高了风险管理的专业化水平、改进了经营管理效率,积累了许多成功的、值得推广的经验。

3.3.1 商业银行流程的特殊性

商业银行是实行独立核算、自主经营、自我管理、自负盈亏、自担风险，以整体价值最大化为经营目标，以货币信用业务为经营对象，具有多功能性质的金融服务企业，其流程既有一般企业的共性又有不同于一般企业的特殊性。

3.3.1.1 目标性

商业银行都是有一定规模的独立法人，相对于一般企业，其经营目标比较严谨和具体，专业化程度较高。在经营过程中，既要考虑自身的资金安全及其流动性，又要兼顾客户的实际需要以及为客户提供服务所带来的实际或潜在的效益，反映在流程中就是每一个流程都有明确的目标或任务。

3.3.1.2 内在性

商业银行每一项经营管理活动及其相关的细分事件或行为都有其内在统一的系统性和规范性。例如，什么部门或经营单位或业务条线输入什么资源，输出什么结果，中间经历怎样一系列的活动，以及输出为谁（目标客户）创造了怎样的价值（价值判定），近期及远期的效果如何等，都有具体明确的操作规范和操作标准及管理要求，整个流程运作存在着必然的内在规律或范式。

3.3.1.3 整体性

商业银行各项业务及其配套的管理活动都是一个整体的运作过程，一项具体业务或专业服务往往需要许多环节（或部门）共同协作完成，这些协同的活动形成特有的结构或关系，使金融服务得到"流转"，形成有效的服务链。也就是说，商业银行的各项流程都存在相互制约、相互影响的关系，所有业务操作及管理活动本身就是一个独立完整的流程，各经营单位和部门所从事的活动只是这个完整流程中的一部分，不能因为个别经营单位或部门利益而将流程进行分离。

3.3.1.4 动态性

商业银行各项业务流程都是动态发展并在业务发展过程中得到不断完善和规范的，而其相应的管理流程、支持流程也随着业务流程的需要及其发展得以建立健全。同时，随着流程化管理、集约化管理、精细化管理等管理模式的推进和转变，流程运营及其管理层次也不断丰富和细化。因此，商业银行的任何流程都不是一成不变的，流程优化或再造工作更不是一劳永逸的，必须考虑外部环境变化和自身业务发展等方面因素，适时进行优化或再造，而其流程优化或再造的力度往往比一般企业大，耗费的时间和资源也比一般企业多。

3.3.1.5 结构性

商业银行内部流程的结构可以有多种表现形式，包括平行、串联、并联、反馈等。例如，一笔金额较大的授信业务，从对客户的资信调查到审查、审批和发放，其流程运行过程中有些环节需要平行作业（如客户经理与风险经理平行作业等），有些环节需要互相串联（如担保物的落实及其管理、处置等），有些环节更需要及时的信息反馈等，这些表现形式的不同往往会给流程输出效果带来很大影响。高质量、高效率的流程结构所带来的服务质量和价值创造也会较高。因此，商业银行在设计或执行、优化或再造各项流程（特别是核心流程）时必须考虑其内在结构性，使流程之间彼此协调，减少摩擦和阻力，降低内耗，提高效率。

3.3.2 商业银行的流程缺陷

商业银行(尤其是农村商业银行)普遍延续着传统的经营管理模式，流程的设计及其运行机制与现代金融企业发展要求差距较大。归纳起来，商业银行在流程上存在的缺陷主要体现在以下五个方面。

3.3.2.1 流程为组织而定

因受传统管理思维的影响，商业银行习惯先调整内部的组织机构和岗位，然后由各职能部门或业务条线自行设计或评估流程，或只是对业务流程、管理流程、支持流程进行一些修补性的工作。在这种机制下，流程设计出发点不是为客户提供最方便和最优质的服务，而是为适应既有的组织结构和管理的需要，部门与部门或者业务条线之间缺少衔接、配合和协调，存在职责重叠或责任不清等不合理现象，容易导致互相扯皮或推诿责任等弊端。

3.3.2.2 流程设计不科学

目前，商业银行普遍按经营管理活动的相同性或相似性将从事相同或相似活动的人安排在一起形成各个不同的部门，人为地将一个完整的流程割离开来。对客户来说，他到商业银行办理业务所面临的是多个部门或条线，环节过多，流程周期太长，业务处理效率不高，从而导致客户的满意度也不高。此外，大部分商业银行目前的业务流程僵化单一，没有根据不同客户、不同业务的风险高低设计不同的业务流程，而是根据业务金额的大小划分管理权限，这样就会造成越是优质客户、大客户，其审批的环节就越多，业务流程也就越复杂。虽然近些年来在流程运行方面商业银行在不同程度上进行改进或修补，但流程设计没有真正做到科学、合理和适用于客户需求，往往只热衷于内部权力或资源的再分配。

3.3.2.3 流程运行存在漏洞

目前，商业银行内部业务流程、管理流程、支持流程除了设计不健全以外，还存在运行不规范、操作不合规、有流程不执行、一些经营单位负责人对规章制度执行力不强、员工逆流程操作或故意违规操作等问题，导致流程运行风险漏洞多，风险管理机制极不完善，同时也缺乏有效的岗位制约机制，存在业务“一手包办”或“一手清”等不合规现象，内部控制压力大，案件防范任务重。

3.3.2.4 系统建设重复现象严重

例如，对于农商银行来说，各省级联社普遍实施以数据大集中为核心的IT建设项目，并通过配套系统建设逐步统一全辖的流程操作和管理规范。但由于目前管理体制存在一定缺陷，一些机构往往另起炉灶，单独进行系统开发，在不同程度上存在重复建设的问题。此外，在一些机构内部，流程被机械地分割于各个职能部门独立设计，也出现流程建设重复现象。例如，一些机构内部普遍设有专门的信息科技部门负责信息处理流程的建立和运行，但一些业务条线或管理部门为了自身需要，却另有各自的信息渠道和信息处理流程，公司业务条线有业务信息系统，风险管理职能部门有风险管理信息系统，会计结算部门有会计信息系统，财务管理部门有财务信息系统等，而各流程之间的信息资料往往不能共享，各自为政，“信息孤岛”现象严重，给管理层和决策层的经营管理活动带来极大的压力。

3.3.2.5　管理/支持流程占用过多的资源

商业银行普遍存在管理队伍庞大，中后台管理人员及后勤人员众多，特别是总部一级的机关作风明显，非业务人员在数量上往往超过业务人员。而由于中后台管理或服务部门多、人员多，流程运行占用的资源也多，导致前台业务营销力量不足，为客户服务的质量和水平也得不到真正提高。同时，由于内部流程管理体系尚未理顺，前台业务流程的运行往往得不到后台真正支持，后台又在单独运转中耗用大量的人、财、物，所有条线都看不清最终的目标是什么，整个流程体系的运行不能发挥内部各项资源的真正效用。

3.4 商业银行流程体系的建设与管理

流程建设的主要任务是，遵循IS09001、ISO14001、OHSAS18001一体化质量管理体系的要求，构建商业银行流程建设的目标框架，以业务流程、管理流程和支持流程优化、再造为突破口，根据流程梳理、优化再造过程中发现的风险管理问题开发基础性风险管理工具，修订、删增风险管理制度，将全面风险管理要求系统地嵌入到商业银行的业务流程、管理流程和支持流程中，逐步构建事前预防、事中控制、事后监督的流程化风险防控体系，稳步实现在流程中识别、评估、量化和控制风险。可见，标准化流程体系建设要实现的目标是，在对商业银行现有流程、制度体系进行系统梳理的基础上，以建立“符合国际标准、符合法律法规要求、符合监管要求、符合客户要求、符合商业银行实际”的标准化流程体系和风险管理制度体系为手段，从而使各个部门、各个岗位、各个环节的设置符合国际标准，符合法律法规要求，符合监管要求和客户要求，使商业银行各类人员、各项业务操作均能按照统一的标准在受控条件下进行，做到各项日常工作有法可依、有章可循，为有效控制风险，提高管理质量奠定基础。

3.4.1　流程体系建设的理论依据

商业银行流程体系建设的理论依据主要涉及流程再造理论、价值管理理论和全面风险管理理论。

3.4.1.1　流程再造理论

流程是直接或间接为客户创造价值的一系列活动的有序集。流程是商业银行实现价值管理的载体，不同的流程设计是商业银行管理模式和组织结构的基础。

商业银行流程再造是流程再造理论研究向金融领域扩展的结果，是遵循企业流程再造原理发展创新而来的。1997年，保罗·H.艾伦在《银行再造》一书中给出了银行再造的定义：银行为获取在成本、质量、反应速度等方面显著性的改变，以流程为核心进行的根本性再思考和彻底再设计。银行流程再造着眼于价值，以客户导向和金融服务创新为中心理念，通过将原有流程分解为基本业务单元，进行流程的重构，实现流程合理化、科学化和高效率化①。

① 保罗·H.艾伦银行再造：生存与成功范例(修订本)[M].(柳星，译).北京：中国人民大学出版社，2006：201-202.

根据保罗·H.艾伦给出的定义,可以从三个方面对商业银行流程再造加以认识:

一是,商业银行再造必须从根本上变革商业银行长期固有的、传统的经营管理理念。受到斯密"分工"思想的影响,长期以来商业银行在经营管理中的等级制度、职能划分割裂了流程的业务逻辑。为此,要打破传统的经营理念,进行创造性思维。商业银行流程再造要求从根本上结合内外部价值链分析银行定位,确定银行应该做什么,该怎么做,而不是在既定的框架中调整。

二是,商业银行再造要求对传统银行进行脱胎换骨式的彻底改造,而不是小的改革和修修补补。从本质上说,商业银行再造是一场革命,而不是一种改良。

三是,再造后的商业银行必须取得显著改善。显著改善具体表现为"周转期明显缩短、成本明显降低、顾客满意度和企业收益明显提高、市场份额显著增长"。否则,就不足以说明取得了显著改善,或者说,再造未取得成功。

商业银行流程再造是流程银行建设的理论依据之一,同时也是商业银行管理实践中遵循的一种理念和运用的一种管理方法。商业银行流程再造分为业务流程再造和管理与支持流程再造,其中业务流程再造是核心和基础。具体来说,商业银行的流程再造颠覆传统的管理理念,以客户为中心对前、中、后台进行流程再造,前台业务流程再造是中后台管理与支持流程再造的基础,前、中、后台流程相辅相成。商业银行流程再造的目的是建立面向客户的价值增值型流程,关注再造过程中人、技术、资金等资源要素的有机结合,将各种资源要素合理地配置在流程的各环节,有效提高商业银行的经营水平,促进商业银行整体绩效改进,实现商业银行价值创造。

商业银行流程再造是一项复杂的工程,分析其影响因素对研究流程再造的方法和流程再造的效果有重要的作用。因此,商业银行流程再造的影响因素分析侧重于影响因素对方法选择的引导以及影响因素对再造效果的影响。

(1)物理因素。物理因素是构成流程的基本要素,包括人、环境和技术等。首先,人的因素。人是流程改造的主推手,任何一项经营活动均是由人创造和实施的。由于组织中存在不同职能角色的人,因此不同的人对流程的影响程度又存在差别。管理者决定了流程改进能否持续进行;员工是推动流程重构顺利进行的重要力量。其次,环境因素。从相关利益者的角度分析,包括客户、同业竞争对手、战略同盟、监管者。流程再造就是要协调所有相关者的利益,一方面与利益相关者形成合作关系;另一方面,及时对竞争对手所采取的竞争策略和市场结构的变化做出迅速调整,适应外部市场的变化,使商业银行的服务更加快捷、更好地吸引客户。最后,技术因素。技术是商业银行流程再造的基础工具和手段,直接影响流程再造效率和流程再造的进程。

(2)制度因素。制度是推动流程再造和组织正常运行的关键因素。与流程配套的制度,能有效推动流程再造的进程。因此.在流程重构的同时,完善授权和激励机制的建设,以及对原有的科层制管理体制进行相应的调整,才能使基于流程的内部管理得到有效的保证。

(3)机理作用因素。各种流程影响要素间的均衡就是各种要素间相互作用的机理,代表性的流程变革模型有两种。

一是,从分析影响商业银行流程的内外因素,即从顾客、供应商、经济状况等外在因素以及管理、信息技术、流程结构等内在因素入手，研究商业银行流程各要素之间的关系。该模型认为，再造过程受到内外因素的共同影响，流程再造的效果最终体现在商业银行产品品质、生产成本、顾客满意、灵活性和股东价值等方面，如图 3-2 所示。

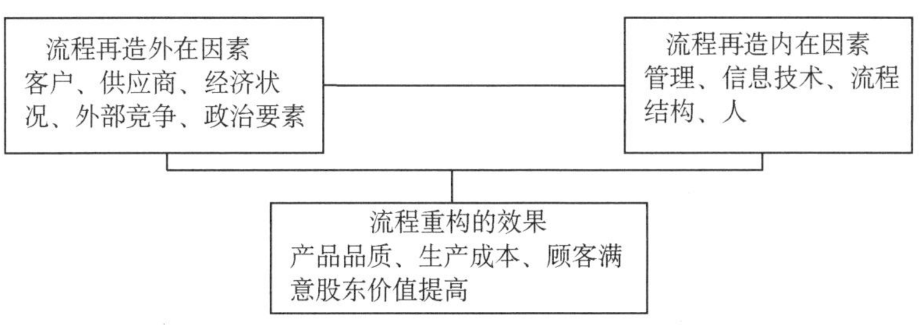

图 3-2　流程影响因素分析

从图 3-2 可以得出结论，内外因素都要具备且能维持平衡关系的时候就能获得最大的成功。当客户对产品和服务感到满意时，就能获得商业银行绩效和竞争优势。

二是，将人力、信息技术和科技三者联系在一起的流程变革模型，如图 3-3 所示。该模型将商业银行分成组织文化、组织结构、协调、人力、科技和资讯六个层面。商业银行若要获得流程再造成功，任何改变都必须与其他层面的变革维持平衡。其中，文化和协调代表商业银行的动态活动，人力和信息技术则是商业银行再造所利用的资源。该模型实质是对流程再造各种因素进行有机整合，重构一个新流程。

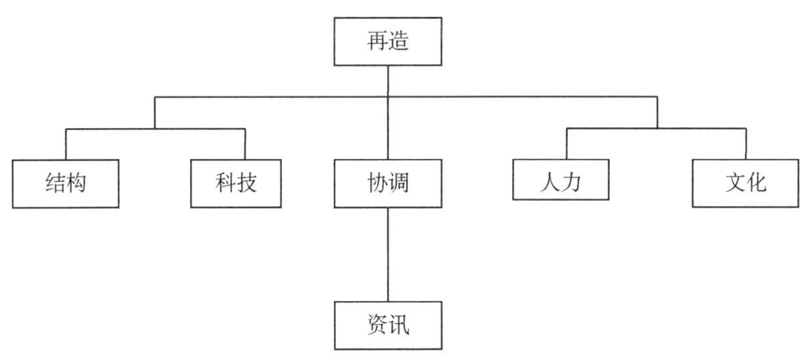

图 3-3　流程重构模型

3.4.1.2　价值管理理论

价值管理源于经典经济学的价值创造原理，发端于公司控制权市场上的恶意收购活动[①]。关于价值管理，不同领域的学者有不同的研究和界定。从理论界公认的观点来看，价值管理被认为是管理学界提出的一种新的管理思想、管理理念、管理方法和管理手段。价值管理是通过对价值的有效管理，实现长期持续的有效经营。商业银行价值管理是价值管理研究在商业银行领域内的延伸。

---

① 吴清华，等.基于作业价值分析的价值链管理：一个理论框架[J].管理评论，2005(4):27-32.

商业银行价值管理明确了价值管理的任务，界定了价值管理活动的核心目标——商业银行价值最大化。商业银行经营活动决策的重点不再局限于利润最大化和内部管理职能的安排，而是围绕价值这个中心，提高商业银行的价值创造力。商业银行的经营目标、经营理念、决策标准和管理方式都发生了根本性的改变。从此，商业银行进入以价值为基础、以价值最大化为目标的价值管理时代。

(1) 价值管理的内涵。商业银行价值管理过程中，价值创造成为决策和行为的评价基准，并且广泛运用经济增加值(EVA)模型评估价值，实现价值管理的量化考核。

一方面，价值理念是商业银行价值管理的核心思想。我们认为，商业银行的价值是考虑风险成本后的经济增加值。商业银行各个流程环节的价值创造，均用 EVA 来衡量。价值是商业银行经营行为的准绳和依据，因此要对经营管理追求的价值进行清楚的界定。商业银行明确价值的准确定位，按照价值标准判断商业银行中哪些流程环节影响价值创造，才能有效集中资源增强价值创造力。

另一方面，商业银行价值管理是一种管理方法、管理手段，也是一种管理控制系统。商业银行价值管理以提高价值创造能力为出发点，并在日常经营管理过程中通过有效的资源配置、激励约束等管理手段全面实施价值管理，进行价值创造。商业银行价值管理，是以价值最大化为战略目标，以价值创造为核心，通过对价值的有效管理实现银行可持续的发展。

流程银行建设旨在分析商业银行整体流程的基础上，通过优化流程，实现价值最大化目标，在流程中贯穿价值管理：前台定位于直面客户，直接进行价值创造；中台定位于价值控制，增强风险管理能力；后台定位于价值支持保障，对前台进行管理支持决策，实现商业银行全流程覆盖的价值管理。

(2) 商业银行价值最大化目标。从目前商业银行面临的环境来看，金融环境复杂多变，金融机构众多，关系错综复杂，竞争激烈。商业银行在复杂的金融生态环境中求发展，一方面要加强自身的核心竞争力，迅速适应金融环境的变化；另一方面在金融生态环境中找准自己的定位，寻求与其他金融机构的合作与协调。商业银行也将随着行业边界的模糊化，融入整个金融生态环境的价值链中。商业银行的价值创造和价值流动分布在整个生态系统内。因此，商业银行的经营目标是利益相关者进行利益协调且达到均衡的价值最大化。

虽然商业银行自身是一个价值创造系统，但是离不开对其他资源占有者的依赖。资源是价值创造系统的核心要素，资源分布于竞争者、监管者、战略同盟和整个金融生态系统之中，由各利益相关者所控制。因此，商业银行与各利益相关者形成一个互相依存的价值创造生态圈。价值创造生态圈是一个网络状的价值创造系统，它的基础是内部价值链：商业银行价值目标确定，不仅要从自身的经营发展出发，还要考虑在整个价值创造生态圈中与各利益主体价值的联系。只有将各个利益主体的价值创造能力充分激发，才能在整个生态圈中实现商业银行的价值目标。因此，利益者相关分析是价值管理目标确定的基础。图 3-4 列举了整个商业银行价值创造生态圈的相关利益主体以及它们之间的相互关系。

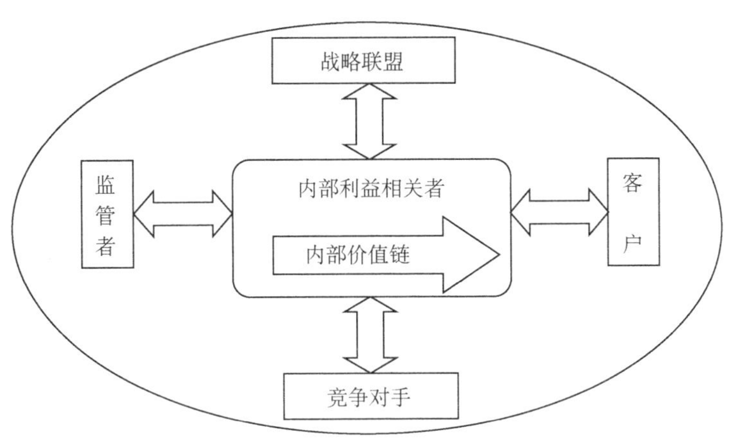

图3-4　价值创造生态圈的相关利益主体

相关利益主体利益均衡的价值最大化目标解决了各利益主体的利益冲突。在价值创造生态圈中，商业银行单靠自己的能力无法满足客户的需要，要为客户创造价值，必须依靠包括战略联盟、客户、监管者和竞争对手在内的利益相关者的协调与合作。只有各利益主体共同把“蛋糕”做大，各自的利益才能得到保证。因此，监管者不再是简单的“警察”角色，而是要与商业银行共谋发展，帮助商业银行发现问题并解决问题，完善金融体系建设；竞争者不再进行你死我活的“零和竞争”，它们之间的关系是在整个市场中发掘新的市场和产品，一起将整个市场做大的合作关系；战略联盟和商业银行的契约关系更加密切，提高与战略联盟的合作效率，能加快整个价值创造的过程。在以客户为中心的理念下，客户不再是被动产品的接受者，而是主动要求者，商业银行的产品服务以及管理模式都会随客户需求的变化而迅速变化。

因此，在价值创造生态圈中，没有“单极”的强大力量，各利益主体相互牵制，相互制衡。各方不能达到各个利益主体的价值最大化，只能是利益相关者利益的均衡，满足股东、管理者、客户、员工、监管者、竞争者、联盟者等的共同价值要求，在均衡基础上实现价值最大化。

(3) 商业银行价值管理的主要内容。商业银行价值管理体系包含发展战略、组织架构及各种价值驱动因素，影响着商业银行经营管理的各个方面。完整的价值管理包括价值最大化目标、风险管理、完善的银行治理结构、以客户为中心的流程和组织结构、人力资源管理和企业文化等内容。

商业银行价值最大化是商业银行实施价值管理的目标。银行以价值最大化作为战略绩效考评的依据，鼓励业务发展从粗放式增长转变为集约化增长，提升商业银行的核心价值。

风险管理是银行价值管理的重点。风险管理使商业银行的各项业务发展都在一定的风险约束下，实现价值创造和增长，实现价值与风险的统一。

完善的银行治理结构是实施价值管理的制度保障。商业银行的价值管理有利于明晰的产权结构和合理的治理结构。明晰的产权使各方相关利益者的利益得到有效保障，高效科学的治理机制能够充分调动利益相关者的利益创造，促进价值增长。

以客户价值为中心的业务流程和组织结构再造是商业银行价值增值的保证。价值管理根据客户价值创造的原则,实现以客户为中心的业务流程再造,既满足内部客户的要求,又提高商业银行对金融产品和服务的效率,提高商业银行的价值创造效率。以客户为中心的流程再造能迅速适应市场和环境的变化,完成扁平化的组织结构再造,为商业银行业务流程再造和价值创造提供组织保障。

人力资源是商业银行价值创造的根本动力。员工的服务质量和效率是提高客户满意度和价值创造能力的关键,建立有效的激励约束机制激发员工的价值创造积极性,是实现价值创造的动力源泉。

企业文化建设是商业银行实施价值管理的观念和文化支持。企业文化是在全体员工中共同形成的价值理念和共同遵守的规章制度,把价值主体的价值行为和价值活动统一在价值目标上,文化建设为价值管理提供理念导向和观念支持。

3.4.1.3 全面风险管理理论

风险管理是人类在不断追求安全与幸福的目标下,结合近代科技和以往经验发展起来的一门新的管理科学。由于其涵盖的范围广泛,对于它的定义也就有着多种表述。

参照美国反舞弊性财务报告委员会的发起组织COSO在2003年提出的《企业全面风险管理框架》,巴塞尔委员会也提出了《巴塞尔新资本协议》(巴塞尔协议Ⅱ),将全面风险管理的理念引入了商业银行领域。

根据COSO的定义和巴塞尔新资本协议的阐述,商业银行全面风险管理是一个受到银行董事会、管理层和其他个人的影响,并应用在整个机构战略设定中的过程;它被设计用于识别影响整个实体的潜在重大风险;它能根据该组织的具体情况提供一个风险管理框架,并为组织目标的实现提供合理的保证。

这个定义包括的基本概念有:一个过程,它持续地流动于主体之内;由组织中各个层级的人员实施;应用于战略设定;贯穿于企业,在各个层级和单元应用,还包括采取主体层级的风险组合观;旨在识别一旦发生将会影响主体的潜在事项,并把风险控制在风险容忍度以内;能够向一个主体的管理当局和董事会提供合理的保证;力求实现一个或多个不同类型但相互交叉的目标,即它只是实现结果的一种手段,并不是结果本身。全面风险管理是个过程,这个过程由商业银行的董事会、管理部门和其他决策人员制定,同时被应用于商业银行的战略制定过程并贯穿于整个商业银行结构之中,以识别那些对银行产生影响的潜在事件,在银行风险偏好范围内管理风险,并为商业银行实现目标提供一定程度的保证。

(1)全面风险管理是一个过程。全面风险管理是趋向结果的一种方式和方法,而其本身并非就是一个结果。全面风险管理不是一个事件或一种情形,而是渗透在商业银行管理当局经营银行方式中的一系列行为,并持续地或反复地相互影响。全面风险管理不是像部分反对者所认为的,是加在银行活动之上的附加或一种必要的负担。但这并不是说有效的全面风险管理就不需要商业银行付出额外的努力,它同样可能对银行提出进一步的要求。例如,在考虑到信用和市场风险时,就需要建立应对相应风险所需的模型来进行必要的分析和计算。但是,全面风险管理机制与银行的经营活动交织在一起。当风险管理机制被构建到作为商业银行的基础结构之中，并成为商业银行核心要件的一部分时，商业银行的风险管理才是最有效的。通过建立全面风险管理，商业银行能直接提升实施战略和实现愿景的能力。在银行中构建风险管理框架，对于抑制成本具有重要意义，尤其是对有效应对激烈的高度竞争的市场更为重要。对现有业务流程增加的流程补丁无疑会额外增加成本。通过全面审视现行的经营活动及它们对全面风险管理的贡献，将风险管理整合到基本的业务经营活动中，银行就可以避免不必要的业务流程和成本耗费。同时，将全面风险管理机制用于构建业务经营模式，有助于银行管理层辨认并抓住新的机遇，实现业务增长。

（2）全面风险管理是由人员来实施的。全面风险管理不只是厚厚的政策、严密的程序，它还涉及商业银行中各个层面的人。全面风险管理与董事会、管理部门和其他人员密切相关，它由人来确定银行的愿景、任务、战略及目标，并建立有效运作的全面风险管理机制使之得以落实。同样的道理，全面风险管理也影响人的行为。银行的风险管理认识到人们并不总是能够始终如一地相互理解、相互沟通和行动。银行的每一个员工都有自己独特的背景和技能，有着不同的需要和偏好，并对事物的判断有不同的角度。这些事实影响了银行的风险管理，同样也被全面风险管理所影响。每个人都有一个独特的参照点，它影响他怎样去识别、评估及应对风险。全面风险管理帮助提供所需的机制，帮助银行员工在银行目标环境中理解风险所需要的方法。银行员工必须知晓他们责任和权利的局限。同样地，在责任与这些责任被执行的方式之间需要一个清晰而紧密的联系，这种联系也存在于银行的战略与目标之间。一个银行中的人包括董事会成员，以及管理部门和其他部门的人员。尽管董事主要提供对银行的监督，但他们也提供指导，审批银行战略，以及特定的交易和政策。因此，董事会是全面风险管理的一个重要的元素。

（3）全面风险管理被应用于商业银行战略的制定中。商业银行制定它的使命或远景预期，并建立其相应的战略目标。该目标协调和支撑其使命或远景可以实现的高层次目标。商业银行为实现其战略目标而建立战略，同时也制定了其他希望要实现的相关目标，这些相关目标源自银行的战略目标，并自上而下地贯穿于银行的经营单位、分支机构和经营过程。全面风险管理被用于制定战略，在这个过程中管理层认为风险与所选择的银行战略有关。例如，一种可供选择的战略是为了提高市场份额而并购其他银行。另一种则是为了实现更高的边际毛利而削减原始成本。每种战略选择都带来了大量的风险。如果管理部门选择第一种战略，就可能不得不向一个新的不熟悉的市场扩展，那么竞争者就能挤占银行现存市场中的份额，或者银行将会没有能力有效地实施该战略。选择第二种战略，就包括不得不面对使用新技术、联系新的供应商或结成新的联盟的风险。全面风险管理技术应该被运用在战略层次上，以帮助管理当局评价和选择该银行的战略和相关的目标。

（4）全面风险管理应用于整个商业银行。全面风险管理贯穿于商业银行的各个层次和范围，并包含了投资组合风险观点。为了成功地应用全面风险管理，商业银行必须考虑其整体活动的规模。全面风险管理考虑了商业银行结构内所有层次的活动，即从战略规划、资源分配的整体层次的活动到市场资源、人力资源、经营单位活动以及新客户信用检查的经营层次的活动。全面风险管理也应用于那些可能在银行的组织架构中还没有明确位置的特殊业务和创新。在应用全面风险管理时，商业银行应该考虑其全部的活动。这些活动包括从诸如战略规划和资源配置等银行层次的活动，到诸如市场营销和人力资源等业务单元的活动，再到生产和新客户信用评价等经营流程。全面风险管理还应用于特殊项目，以及目前在商业银行的层次和组织结构图中还没有一个明确位置的新的活动。全面风险管理要求银行采取投资组合的观点，这将意味着经营单位、职能部门、经营过程的每一个管理者都要对各自的活动形成一个风险评估。这些评估活动可能是定量的或者是定性的。综观商业银行结构内紧密相连的各层次，高级管理层采用复合的观念看待银行中的所有层级，以确认银行的整体风险组合是否与其风险偏好相适应。管理层要从银行层次结合的角度考虑相互关联的风险。银行中每个单位的风险可能在各个单位的风险容忍范围之内，但是如果将这些单独的风险综合在一起可能将超过银行总的风险偏好。银行向下游每个具体目标建立其相对应的风险偏好，将这些风险偏好综合起来就反映了银行总体的风险偏好。另外，管理层应该考虑所有潜在事项，而不仅仅是风险。通过考虑事项，管理部门可以了解特定事项可能产生的抵销效应的影响。例如，利息率的下降可能对银行的资金成本产生积极的影响，但却对生息资产带来的利息收入产生消极的影响。事件之间存在着相互关系，管理部门会发现将这些事项进行整合分类是有用的，它有助于思考相关风险和机会。

（5）全面风险管理被设计用于识别影响商业银行所有的潜在事件并将风险控制在风险偏好的范围之内。风险偏好是商业银行在追求价值增值过程中愿意接受的广泛意义的风险的程度。它反映商业银行的风险管理理念，进而影响商业银行的文化和经营风格。商业银行常常采取定性分析法，将银行的风险偏好分为高、中、低等层次；或者采取定量分析法，反映和平衡有关增长、回报与风险的目标。具有较高风险偏好的银行可能愿意将资产投资于利润较高的金融衍生业务等高风险领域；反之，具有低风险偏好的银行只会将资产投资于成熟的、稳定的市场，如国债市场，以限制其短期的巨额资本损失风险。

风险偏好与商业银行整体战略直接相关。在制定战略时要考虑银行的风险偏好，根据银行的风险偏好，确定与其相适应的战略带来的预期收益。不同的战略将银行暴露于不同的风险之中。全面风险管理帮助管理层选择一个与其全面风险偏好相一致的战略。全面风险偏好对资源分配起引导作用。管理层在考虑商业银行的风险偏好和业务部门为实现投入资源的期望报酬基础上，通过准确计量各类风险确定经济资本，通过经济资本的分配决定各类资产规模，改善业务组合的风险与收益配比关系，将有限的资源从效益较差而风险较高的业务上释放出来，为效益更好而风险可控的业务腾出空间，促进银行业务稳健经营、健康发展。风险偏好要与银行的目标相关，并要考虑目标的相对重要性。全面风险管理要求对各类风险进行识别、评估和科学管理，并支持银行资产的保值和增值，要求银行将风险和收益、风险偏好和风险策略紧密结合起来，增强风险应对能力，尽量减少操作失误和因此造成的损失，准确判断和管理交叉风险，提高对多种风险的整体反应能力。

（6）全面风险管理为商业银行的管理部门和董事会提供了合理保证。精心设计的有效的风险管理能够为管理部门和董事会实现商业银行目标提供有限保证。合理保证反映了未来的不确定性和风险，因为不确定性和风险没有人能准确地预测。作为被确定为有效的全面风险管理的结果，在每一类商业银行目标中，董事会和管理部门对商业银行战略目标的完成情况、经营目标的实现情况、合规情况等获得有限保证。合理保证并非意味着商业银行经营管理经常会失败，良好的全面风险管理会降低商业银行不能实现其目标的风险。而且，商业银行各个层级的人员职责的发挥，都是以实现目标为目的的。这样，商业银行正常状况下是按照其战略推进的。但合理保证并非是绝对保证，因为做决策时人为判断可能是错误的，所以，对于风险应对和控制方法的决策，就需要考虑相关的成本和收益。由于一些简单的差错或错误而导致的人为失败将引起整个决策系统的崩溃，因此，应该设法避免让两个或更多相互勾结的人来制定风险控制决策，管理部门有权无视这些相互勾结的人所制定的风险管理决策。这些局限性妨碍了董事会和管理部门对实现目标的绝对保证。

(7) 全面风险管理必须与在一个或多个独立但又相互交叉的分类中所要实现的目标相适应。在既定使命的前提下，管理部门建立了战略性目标并选择了相应的策略，管理部门也建立了其他目标，这些目标自上而下地贯穿于商业银行之中，并且与商业银行的战略相联系。这一框架体系将商业银行的目标分为四类：①战略目标，涉及高层目标，协调并支持银行的目标；②经营目标，涉及银行资源有效、效率；③报告目标，涉及银行报告的可靠性；④合规目标，涉及银行对其适用的法律法规的遵守。这一分类可以使董事会和管理部门关注全面风险管理的各个方面。风险管理可以在一定程度上确保实现报告可靠性和遵守相应的法律法规的目标。这些目标的实现是处于商业银行的控制之中的，并依赖于商业银行相关活动的运行情况得以实现。但是，诸如取得特定市场份额这样的战略目标的实现，往往都是商业银行所不能控制的。虽然不能防止错误判断或错误决策的发生，也不能防止哪些导致商业银行不能达到经营目标的外部事件的发生，但是全面风险管理确实能提高管理部门做出更优决策的可能性。对于这些目标，全面风险管理可以在一定程度上确保管理部门和董事会以监督者的身份适时地检查商业银行实现目标的进度。

3.4.2　流程体系建设的内容

如前所述，商业银行的流程分为业务流程、管理流程和支持流程三大类。在实际工作中商业银行应结合本行需要，对各大类流程进行分级，进一步分为一级流程、二级流程、三级流程，如有必要在三级流程下还可设置第四级流程。

3.4.2.1　业务流程建设的内容

业务流程是指直接面向客户服务的流程，提供的产品、服务能给客户、股东和其他主要相关方直接创造价值，包括个人、公司和金融市场等业务流程。

(1) 业务流程建设的基本要求。业务流程优化的目标是根据合规性要求和竞争性需求，通过对业务流程的整合、优化、删减和集成，实现持续的识别、满足和超越客户、监管当局及其他相关方需求。业务流程建设应满足以下基本要求：

第一，在充分了解客户、识别客户需求的基础上，根据“高风险长流程、低风险短流程”的原则，建立差异化、专业化的业务流程体系，做到一项业务一个流程、一个产品一个流程。针对“三农”、小微企业金融服务“短、小、急、频”的特点和风险水平，设计简捷、实用、高效的差异化业务流程，搭建信贷评审绿色通道。

第二，以完善业务流程为抓手，根据商业银行发展战略、市场定位、目标客户需求和业务模式，采取标杆对比、专家意见、因果图、流程图、失效模式分析（FMEA）、统计图、控制自我评估（CSA）、标准操作规程（SOP）等工具和方法，持续改善和优化业务流程，提升客户满意度。

第三，根据客户、产品或渠道合理划分前台业务职能，形成有利于业务条线管理的组织架构，建立快捷的决策和反应系统，提高总部的业务指导和决策支持能力，强化分支机构的营销和服务功能。

（2）业务流程建设的具体内容。商业银行业务流程的一级流程主要有信贷业务流程、存款业务流程、支付结算业务流程、中间业务流程、资金业务流程、国际业务流程等。其中：信贷业务流程包括个人类信贷业务流程、公司类信贷业务流程等；存款业务流程包括个人活期存款流程、定活两便储蓄存款流程、单位通知存款流程、单位定期存款流程等；支付结算业务流程包括查询查复流程、支票业务流程、电子汇划业务流程等；中间业务流程包括银行卡类业务流程、代理类业务流程、担保类和承诺类业务流程、咨询顾问类业务流程、基金托管类业务流程、代保管类业务流程等；资金业务流程包括转贴现业务流程、债券投融资业务流程、同业往来业务流程、信贷资产转让业务流程、资金交易应急处置预案流程等；国际业务流程包括外汇结算业务、单证业务、申报业务、贸易融资业务、外币贷款业务等国际业务和代理行业务、SWIFT 系统收发报文等国际业务管理流程。

3.4.2.2 管理流程建设的内容

管理流程是根据业务流程的风险状况与特点，结合商业银行公司治理管控需要，对业务流程进行有效管理控制，以提高对市场的反应速度、顾客满意度和市场竞争能力为目的，促进商业银行价值持续增长的流程。

（1）管理流程建设的基本要求。管理流程建设应满足以下基本要求：

第一，管理流程优化和再造以防范风险、审慎经营为出发点，全面贯彻全面、审慎、有效、独立的内部控制原则，确保管理组织职责明确、权责分明，能够适应市场变动对管理流程的新要求。

第二，管理流程优化和再造要注重提升管理质量，提高管理效率，实现管理服务优化，促进商业银行实现内涵式增长。

第三，建立适合“三农”金融服务的信贷管理流程，支持授信调查、审查、审批、放款、贷后管理等全流程管理。推行独立授信审批人制度、风险经理派驻制，推行客户经理和风险经理平行作业法。

（2）管理流程建设的具体内容。商业银行管理流程的一级流程主要有决策监督流程、计划财务管理流程、合规管理流程、风险管理流程、金融产品研发管理流程、授信管理流程、内部审计管理流程等。其中：决策监督流程包括股东代表大会决策流程、董事会决策流程、监事会监督流程、高级管理层执行流程等；计划财务管理流程包括预算管理流程、财务核算管理流程、财务授权管理流程、财务开支审批管理流程、资金管理流程、资产负债管理流程、统计分析管理流程等;合规管理流程包括合规审查流程、合规检查流程、合规报告流程、合规考核流程、法律事务管理流程、制度建设流程等;风险管理流程包括信用风险管理流程、市场风险管理流程、操作风险管理流程、流动性风险管理流程、声誉风险管理流程、压力测试管理流程、应急处理流程等;金融产品研发管理流程包括产品需求发起流程、产品合规性审查流程、产品申报立项流程、产品开发测试验收流程、产品销售流程、新产品与新业务后评估流程、消费者保护流程等;授信管理流程包括信用等级评定流程、授信管理流程、用信管理流程、放款管理流程、信贷资产风险分类流程、贷后管理流程、信贷档案管理流程等;内部审计管理流程包括内部审计准备流程、内部审计实施流程、内部审计报告流程、内部审计处理流程、内部审计档案流程、外部审计流程等。

3.4.2.3　支持流程建设的内容

支持流程是指为业务流程、管理流程提供支持保障的流程。商业银行应持续优化支持流程,完善后台组织架构和职能,建立良好的支持保障机制。

商业银行支持流程的一级流程主要有会计服务、信息科技、人力资源、综合办公、后勤保障、安全保卫、社团事务等。其中:会计业务流程包括授权、会计核算、账务处理、会计出纳交接、业务监督、对账、会计档案管理、会计风险报告、会计结算重大突发事件应急预案等流程;信息科技管理流程包括信息科技风险管理流程、信息系统开发测试和维护流程、信息科技运行维护管理流程、信息安全管理流程、业务连续性与应急处置管理流程、外包服务管理流程等;人力资源管理流程包括人力资源战略与规划流程、组织和职位管理流程、招聘管理流程、薪酬管理流程、福利管理流程、绩效管理流程、培训管理流程、干部管理流程、员工管理流程、劳动关系管理流程、离退休人员管理流程、职业生涯规划管理流程等;综合办公流程包括综合办公事务、OA 事务等流程;后勤保障流程包括会议接待、物业管理、物品管理、招投标管理等流程;安全保卫流程包括安防管理、安全管理等流程;社团事务流程包括党务管理、工会工作等流程。

3.4.3　流程管理

流程管理是落实商业银行内部控制要求和风险防控目标的重要手段。为充分发挥流程管理的作用,商业银行应遵循稳健运行原则,通过前中后台相互分离、相互制约,把岗位制约、责任制约、程序制约等制约机制有机地在流程中实现集成。

3.4.3.1　流程管理的内容

商业银行流程管理的内容至少应涵盖:

(1) 流程梳理。基于商业银行的发展战略,按照以客户为中心,以市场为导向,对业务流程和相对应的管理流程、支持流程进行梳理,对照相关内外规章,对流程进行规范,明确流程各个环节的操作要求和岗位职责。

(2) 流程设计与优化。科学规划流程设计方案,建立符合国际标准、符合法律法规要求、符合监管要求、符合客户要求、符合本行实际的标准化流程体系。兼顾效率与风险控制,坚持高风险长流程、低风险短流程的原则,通过合并、调序、分解和简化,对业务流程、管理流程和支持流程进行优化,定期开展流程重检,实现流程的全面无缝对接。

(3) 组织架构的持续优化与再造。基于业务流程、管理流程和支持流程的配置要求，进行岗位分析，结合岗位数量与风险控制的需要，合理设置各职能部门及网点岗位和人员配置，明确所有岗位职责，建立职责清晰、运行高效、控制有力并符合实际和中长期发展需要的组织架构。

(4) 流程文件制作。基于流程和岗位职责的要求，开展流程立规，建立流程的操作程序和作业指导书，规定操作和控制标准，制定岗位职责。以信息科技为支撑，对流程和岗位职责进行固化，结合内外规章映射，建立数字化、规范化的流程文件体系。结合全面风险管理的要求，逐步建立风险点库。

(5) 流程持续改进与优化。建立包括流程梳理、评估、分析、优化等内容的流程改进机制，为实现流程持续优化和改进提供制度保证。基于商业银行的发展战略，结合宏观经济金融政策的调整，适应客户市场和经营环境的变化，对业务流程、管理流程和支持流程实施常态化的持续改进，不断优化并形成最佳实践流程。

(6) 合规性风险的全面管控。通过建立风险事件库和检查反馈机制，对合规性风险进行事前、事中和事后管控，实现合规性风险的全面管控。

3.4.3.2 流程管理的组织

商业银行董事会对流程管理负最终责任；高级管理层具体负责流程管理的实施；监事会负责监督流程管理工作；合规管理部门为流程管理的牵头部门；稽核审计部门为流程管理的独立评价部门。

(1) 董事会的职责。商业银行董事会在流程管理中履行以下职责：审批基于商业银行发展战略的流程建设规划，审批或授权审批流程管理的相关政策；对流程建设、运行的有效性定期进行评价，监督高级管理层建立、完善流程管理的政策和运行机制；确保有足够资源用于流程管理。

(2) 高级管理层的职责。高级管理层负责流程管理的具体实施，履行以下职责：负责根据商业银行发展战略制定流程建设规划、流程管理的相关政策，报董事会批准后实施；执行董事会批准的流程建设规划，采取有效措施推进流程建设，建立覆盖全部业务、管理、支持保障环节的流程体系；明确各部门在流程建设与管理中的职责与报告要求，指导和督促其有效履行职责；指定专门部门负责牵头流程建设与管理，配备适当的财务、人力和信息科技资源，包括提供必要的经费、设置必要的岗位、配备合格的人员、为流程建设与管理相关人员提供培训、赋予流程建设与管理人员履行职务所必需的权限、建立和完善管理信息系统以支持流程的建设、持续改进与日常管理；对流程建设、运行的充分性与有效性进行监测和评估，定期向董事会报告流程建设与运行情况，以有助于董事会判断流程的有效性。

(3) 监事会的职责。监事会负责监督流程的建设、运行与管理，履行以下职责：①监督董事会、高级管理层建立并完善商业银行的流程体系；②监督董事会和高级管理层履行流程建设、运行与管理职责；评价董事会和高级管理层在流程建设、运行与管理中的履职情况。

(4) 合规管理部门的职责。商业银行的合规管理部门负责牵头流程建设、运行与管理工作，履行以下职责：牵头制定并执行流程建设实施方案，确定流程建设与管理的基本要求，指导和协调流程建设、运行和管理的具体工作；牵头实施对流程建设情况的检查、评估和督促，并向高级管理层报告流程建设情况；负责组织商业银行的流程建设培训，协助各部门和分支机构提高能力水平、有效履行流程建设、运行与管理的各项职责。

（5）稽核审计部门的职责。稽核审计部门为商业银行流程建设、运行与管理的独立评价部门，负责建立流程建设、运行与管理的评价制度，定期或根据管理需要对流程建设、运行与管理情况进行评价。评价报告应客观真实、内容充分，并按照规定路线报告董事会及相关委员会、监事会、高级理管层及相关管理部门。

3.4.3.3　流程的持续优化

强调流程的持续性改进对于企业完善质量控制、加强风险管理、提高效率、降低成本具有重要意义。商业银行应从以下四个维度充分认识"持续流程优化"：

第一，"持续流程优化"是一种企业文化。它应体现商业银行对于持续提高产品或服务质量的一种孜孜不倦的追求。商业银行应通过不断完善流程改进产品和服务的质量，一旦出现质量问题也先会从流程和管理上找问题。此外，"持续流程优化"的实现需要商业银行内部成员能够具有强有力的合作精神，在问题出现后能够积极配合，与合规管理部门、风险控制部门通力合作寻找问题原因，而不是相互指责，推卸责任。

第二，"持续流程优化"也是一种经营管理策略。商业银行在自身发展的同时，必须时时紧跟市场的变化，以市场为导向开展各项经营活动。与此同时，通过持续不断地将吸收到的市场信息反馈给经营者，促使他们及时、准确地根据市场信息对流程进行改进或再造，以保持或提升商业银行的风险管控能力、价值创造能力、可持续发展能力和市场竞争力。作为一种经营策略，"持续流程优化"有助于商业银行更准确地理解市场环境，并结合自身所长快速、准确地对商业银行的产品进行市场定位，积极开发迎合市场变化的新业务、新产品，以保证商业银行能跟上市场潮流，在竞争中处于有利地位。

第三，"持续流程优化"是一种解决问题的方法。在具体执行中，"持续流程优化"有一些指标体系可用以记录和衡量流程中各环节的运行效果。通过这些数据的记录，决策者可以迅速发现各个流程间的相关性和冗余度，并以这些指标为基础，通过博弈论、运筹学的方法对现有流程进行优化，使商业银行效率不断提升。

第四，"持续流程优化"也是一门管理艺术。由于该体系的运行涉及许多参数的准确收集，因而需要相关部门的协调配合，以及银行与客户、客户与客户之间的有效沟通和决策单位的有力领导。因此，"持续流程优化"除了需要有完善的方法论外，还需要执行者在执行过程中运用高超的管理艺术。

当然，"持续流程优化"虽然是一个行之有效的管理模式，但成功将它应用于管理实践也绝非易事。必须具备以下几个因素的有力保障，才能使该模式的功效得以实现。比如，"持续流程优化"的执行必须以严格的组织结构和管理流程为前提，使各个流程的组成部分有机结合、环环相扣。又如，"持续流程优化"模式必须具备强大的数据支持和有效的指标体系，使组织运营的各个环节有清晰、系统的记录等。通过"持续流程优化"，不仅能使商业银行减少各环节的浪费，提高运行效率，保障系统表现的稳定性，还能使商业银行通过不断改进运营效率，降低运营费用，有力地抵抗外部竞争对手的挑战。

3.5 组织架构的优化调整

流程银行建设是商业银行建设全面风险管理体系的有效途径。健全的组织架构既是商业银行公司治理的基础，也是全面风险管理体系健康运行的重要载体。任何形式的组织架构都有其自身的特性，一方面，组织架构需要保持相对稳定，只有稳定的组织架构才可能产生效率；另一方面，商业银行的发展壮大又需要不断调整组织架构，只有能够适时做出调整和不断优化或再造的组织架构才能适应不断发展变化的内外部环境，才能给商业银行带来更大的发展。如何适应全面风险管理和市场变化等方面需要，对现有组织架构进行调整和优化，最大限度地提高管理效率，应该说是商业银行通过实施全面风险管理实现可持续发展的一项艰巨任务。

3.5.1 商业银行组织架构的基本模式

根据组织架构中权责关系的不同，商业银行的组织架构一般有直线式、职能式、直线职能式、事业部制、矩阵式等模式。

3.5.1.1 直线式组织架构

直线式也称垂直型管理，这种模式下的商业银行按照授权依层次由上级垂直领导与管辖，即由总行高级管理层直接管理分支机构，整个机构战略、规划、制度等从高级管理层到基层按垂直方向自上而下进行传达、贯彻和执行，内部权限清楚、职责明确、活动范围稳定，但在任务分配和人事安排上缺乏分工与协作，内部缺乏弹性，权限高度集中，容易形成管理层的道德风险等。这种模式比较典型的就是总分（支）行制，即商业银行设立总行的同时又在总行之下设立分（支）行，总行在对其分支机构进行管理监督的同时，还作为经营机构对外营业；或将总行作为总管理处，总行的职能仅在于管理监督分支机构，不从事具体业务。

3.5.1.2 职能式组织架构

这种模式是在直线式组织架构的基础上发展起来的组织模式，即按专业分工在总行及其下属分支机构内部设置管理职能部门，各部门在其业务范围内有权向其下级发布命令与指示，下级既要服从上级主管的指挥，又要听从上级职能部门的指挥，具有分职、专责的特点，既有利于发挥管理人员的特长，将复杂工作简单化，又有利于强化专业化管理，提高管理工作的效率和水平。但这种模式容易增加管理层次，导致管理人员过多，管理资源相对比较浪费。

3.5.1.3 直线职能式组织架构

这种模式是将直线式组织架构和职能式组织架构相结合而产生的一种组织模式，即按组织的任务和管理职能划分部门，设立机构，实行专业分工，加强专业管理。同时，将管理部门和管理人员分为直线指挥机构和职能机构两大类。直线指挥机构和人员（如在总行成立运营管理部并由其向下属机构派出会计经理或运营经理等)在自己的职权范围内有决策权，对下属有指挥和命令的权利，并对自己职责范围内的工作承担全部责任；职能机构及其人员(如后台支持保障部门)一般只是负责信息、预测、建议、监督等职能，为直线指挥机构服务。这种模式下的机构内部管理系统完善、隶属关系分明、权责清楚，但各职能部门之间横向联系较差，易于发生冲突和矛盾等，为了弥补这些缺陷，一般要设立相关委员会，由直线指挥部门主持，召集各职能部门负责人参加，讨论决定整个组织的重大事项。

3.5.1.4 事业部制组织架构

这种模式又称分权式组织架构，即按照金融产品、区域、市场或客户等类型将组织划分为若干个相对独立的单位，称之为事业部。各事业部根据高级管理层制定的方针、政策和下达的任务、指标，全权指挥所管辖单位和部门的经营管理活动，并对高级管理层全面负责，各事业部在人事、财务、组织结构设置方面有较大的自主权。这种组织结构下的最高管理部门和管理者可以把主要精力放在研究制定组织发展的战略方面，而不拘泥于对具体事务的管理。此外，由于权力下放，各事业部能独立自主地根据环境变化处理日常工作，使组织工作更加具有灵活性和适应性，便于将组织的经营情况同组织成员的物质利益挂钩，调动员工积极性。但事业部制过分强调分权，在一定程度上削弱了整个组织的统一和管理能力，加上各事业部都存在自己的职能部门或独立岗位，可能导致整个机构存在内设部门及岗位重叠、管理人员增多、管理费用增大以及内部监督控制不到位等问题。

3.5.1.5 矩阵式组织架构

这种模式主要是由纵横两种管理系列组合而成的方形结构，一种是纵向的职能部门结构，另一种是横向的项目管理结构，两者交叉重叠。纵向的职能部门结构一般实施垂直管理，横向的项目管理结构一般采用横向管理，而且这种组织结构一般是为了完成某项特定的任务，由有关职能部门负责人组成一个小组，以利于利用各方力量，协调各方活动，保证任务的完成。项目小组的成员接受双重领导，既服从于小组负责人的领导，又要受所属职能部门的领导。这种模式把组织中的横向联系和纵向联系结合起来，加强各职能部门之间的配合，强调纵向权利和横向权利的制衡，在调动各方积极性的同时也从制度上强化了风险管理，同时还具有很大的灵活性，应变迅速。但由于实行双重领导，容易由于意见分歧造成工作上的矛盾，加上专项组织与职能组织的权利平衡，各项工作在时间、成本、效益等方面的平衡较难实现。

3.5.2 商业银行组织架构的职能

商业银行可以选择的组织架构模式多种多样，各家银行应根据自身实际做出选择。对于商业银行来说，无论选用何种模式，组织架构的三大职能必须明确：一是，高级管理层次的划分；二是，内设机构的划分；三是，组织机构的职权划分。

3.5.2.1 高级管理层次的划分

高级管理层次的多少，应根据商业银行经营规模、经营特点及管理宽度来决定。商业银行是规模较小的独立法人主体，基本上可分为战略规划层、运行管理层两个层次。总行即为战略规划层，董事会层面应对整个机构的业务实行统一规划、指挥协调和综合管理，尤其是负责制定全局性、方向性的为完成经营目标的重大方针政策；同时，高级管理层层面应负责经营目标的制定，选择计划实施方案，拟定实行的步骤和程序，并合理配置资源，组织安排协调下级的经营活动，评价经营成果和进行风险管理等。运行管理层主要是指各经营单位（包括营业网点），其主要任务就是按照既定的任务和程序，具体实施计划，完成各项经营任务。

3.5.2.2 内设机构的划分

为了有效开展经营活动，提高工作效率，一个企业必须对自身的工作进行充分细致的分析，并进行明确的分类，在此基础上进行科学的综合，形成为完成规定的经营任务进行专业化管理的特定机构，其目的在于确定企业业务经营中各项任务的分配与责任的归属，以求分工合理，职责分明，高效达到既定目标。各类组织活动的特征，随着目标的不同而形成差异，但内设机构划分的标志和方法却具有普遍适用性，其中按职能划分是根据经营专业化的原则，以工作任务或性质为基础来设立职能机构的。商业银行的业务经营专业化较强，必须以工作或经营任务的性质来划分内设职能部门，以有利于充分发挥专业职能，同时，专业化职能部门的划分可为上级主管部门提供专业化严格管理控制的基础。

3.5.2.3 组织结构的职权划分

作为金融类企业，商业银行必须围绕适合于其经营目标和战略的主要活动来设计组织结构。组织结构一方面要以经营目标为中心，另一方面又必须以人为本，既要有一条权利的轴线，又要有一条责任的轴线。一是，完善“三会一层”治理结构，发挥董事会决策、监事会监督、高级管理层执行的职权。二是，合理实行集权与分权，总行在对决策、财务、人事等事项充分集权的同时，应赋予基层经营单位适当的经营权力，既控制了风险也调动了基层经营单位的积极性。三是，完善授权管理，适当的授权可以节约上级部门的时间和精力，减少组织管理成本，并可以锻炼下级部门的工作能力和提高其积极性。

3.5.3 商业银行现行组织架构存在的缺陷

当前，我国商业银行的产权制度改革正在积极推进，但传统的组织管理模式还没有发生根本性的改变，存在整体上的滞后性。这种滞后性集中体现在内部组织体系建设及其风险管理上的组织运作机制存在缺陷，缺乏一个统一完整、全面科学的规范风险治理法规制度、操作规程和互相之间的监督约束机制，不能完全适应防范和化解经营风险的需要，不能适应金融机构审慎经营和银行业监管的需要，在一定程度上也体现了在统一法人下的商业银行仍然被分割成无数独立的利益板块，风险集中管理的职能及其对应的风险管理资源被人为地分割，相关各方又缺乏有效的合作协调机制，从而影响了整个机构的抗风险能力。商业银行现行组织架构存在的缺陷集中体现在以下几个方面。

3.5.3.1 统一法人形似神不似

统一法人后的商业银行普遍已按现代金融企业的模式进行经营和管理，但多级法人体制运行已久，惯性思维影响深刻，导致已经统一法人的机构对各经营单位（特别是分支机构）的管理仍然是典型的“块块管理”体制，大多数经营单位准法人性质还比较突出。在这种模式下，利益的多元化导致了目标的多元性，总部（总行）层面缺乏统一的风险管理战略和政策措施，资源浪费严重，且人为地形成信息屏蔽，从而降低了营运效率，增加了内部

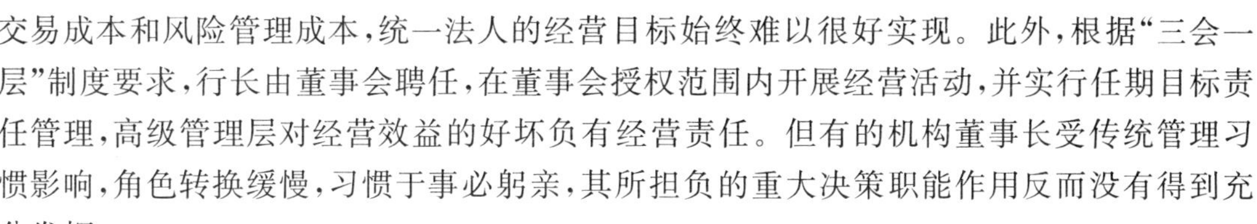

交易成本和风险管理成本，统一法人的经营目标始终难以很好实现。此外，根据“三会一层”制度要求，行长由董事会聘任，在董事会授权范围内开展经营活动，并实行任期目标责任管理，高级管理层对经营效益的好坏负有经营责任。但有的机构董事长受传统管理习惯影响，角色转换缓慢，习惯于事必躬亲，其所担负的重大决策职能作用反而没有得到充分发挥。

3.5.3.2 所有者主体缺位问题突出

完善的法人治理结构，其实质是使商业银行从以“行政约束”为主逐步转向以“所有者约束”为主，也就是股东和经营者的契约关系，即一种市场化的委托代理关系。目前，股东大会作为商业银行的最高权力机构，理应享有选择董事会及监事会成员的权力，审议董事会、监事会工作报告，对商业银行重大事项做出决议等，但在现实中，股东大会往往流于形式，股东代表对商业银行经营管理的基本情况不了解或了解不多，股东与商业银行之间存在着严重的信息不对称，客观上缺乏参与重大决策的基础条件。部分商业银行股权仍存在分散性、流动性，甚至“存款性”的特征，股权结构不尽合理，产权主体位置被虚置，产权关系模糊，导致高级管理层在经营决策上存在短期性或盲目性，风险隐患大。

3.5.3.3 部门设置行政色彩浓厚

目前，绝大部分商业银行还是按照内部工作职能设置各部门并授予相应的管理权力，而这些职能部门对各业务条线和经营单位的管理仍以行政手段为主，服务意识不强，组织运作机制缺乏应有的活力。机构设置往往存在职能缺位或重叠、职责交叉等情况，常出现部门之间互相扯皮的现象，业务条线及各经营单位在业务流程运行过程中深感办事难，难办事。在风险管理流程的设置上，前台、中台、后台职责划分不清，部门间信息沟通、业务流程运转不顺畅，直接影响流程运行速度和决策效率以及决策的传导速度。

3.5.3.4 部门缺乏科学的履职标准

有的商业银行从内部运作便利的角度定部门和定职责，较少考虑客户需求和风险管理的需要，导致定岗、定责、定人不合理，部门履职标准不科学，决策凭经验、靠讨论、靠请示的现象比较突出，市场反应能力弱，办事效率低，组织运作机制的变革任务十分艰巨。

3.5.3.5 营销及服务机制不健全

很多商业银行还没有形成真正以客户为中心的营销机制，也没有细分市场，主要客户群体不明确，产品和服务相互分隔，缺乏真正的产品经理和客户经理。即使已经建立客户经理队伍的商业银行，对客户经理的管理也普遍缺乏有效的手段和合理的激励机制，客户经理自身缺乏应有的素质，营销技巧不够，营销效果不理想。一些商业银行对市场营销的认识仍停留在完成考核指标上，没有把自身定位于服务性企业，没有把市场营销上升到一个企业长期发展战略的高度来认识。以人为本的绩效考核体系没有真正建立，导致市场营销机制在内部没有良好的组织运作机制这个平台来支持和配合，整个服务机制无法满足和适应金融业的快速变化。

3.5.3.6 风险控制功能不到位

在风险管控方面，商业银行普遍存在管理分散、职责不清，缺乏有效的风险识别、度量、监测、控制和检查机制。在组织运作机制上，有的商业银行没有设立专业的风险管理

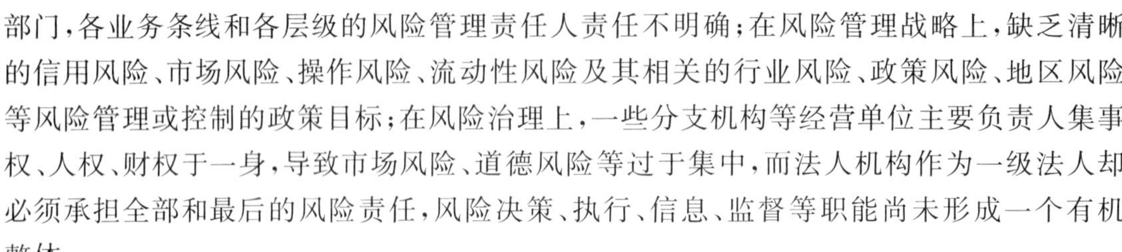

部门，各业务条线和各层级的风险管理责任人责任不明确；在风险管理战略上，缺乏清晰的信用风险、市场风险、操作风险、流动性风险及其相关的行业风险、政策风险、地区风险等风险管理或控制的政策目标；在风险治理上，一些分支机构等经营单位主要负责人集事权、人权、财权于一身，导致市场风险、道德风险等过于集中，而法人机构作为一级法人却必须承担全部和最后的风险责任，风险决策、执行、信息、监督等职能尚未形成一个有机整体。

3.5.3.7　接受外部监督不足

自觉接受股东和社会公众监督，是银行业机构法人治理的重要内容，也是科学管理各类风险的必然要求。但由于受经营理念和实际经营业绩不景气等方面的制约，某些商业银行在对公众公开披露自身经营业绩和经营活动时，效果大打折扣。究其原因，一方面是一些商业银行领导层在情感上和传统观念上视股东为外人，不愿意过多暴露其经营情况；另一方面是绝大多数入股股东只对能得到多少分红感兴趣，而并不在意商业银行经营的好坏和管理上的问题。此外，由于商业银行的信息披露制度每年只是披露利润总额、总资产、总负债等几个粗略的财务数据，业务情况介绍多为宣传性的内容，整个商业银行的实际经营状况，如业务结构、收益结构、资产构成、风险指标等都披露得十分有限，对信息的外部监管自然就很难到位。

以上这些问题，从实质上说就是机制问题。尽管这些年商业银行改制的力度是大的，但机制转换进展仍比较缓慢，旧观念，旧体制、粗放管理的痕迹依然比较明显。即使改制成股份制商业银行的机构，也存在换牌子快、改机制慢的问题，“新瓶装陈酒”和“穿新鞋，走老路”在有的商业银行十分突出，公司治理、风险管控、业务经营、队伍建设等没有发生什么变化。推进产权和组织形式改革的目的，就是要奠定建立现代金融企业基础，具体则要通过机制转换来实现。

3.5.4　商业银行组织架构优化调整的基本原则

科学的组织架构及其对应的高效的风险管理组织体系是商业银行实现有效风险管理，实现可持续发展的重要基础。由于具有自身的特殊性，商业银行不可能完全照搬其他商业银行的组织管理模式，而应该综合考虑内部各种因素，借鉴先进商业银行实践与经验，进行有效的调整、优化或再造，最终形成适合自身特性、资源及未来一定时期发展需要的组织结构。

3.5.4.1　组织架构服从战略的原则

商业银行决策层所拟定的战略决定着整个组织架构类型的变化，当商业银行确定战略之后，为了有效地实施战略，就必须分析和确定实施战略所需要的组织架构。因为战略是通过组织来实现的，要有效地实施一项新的战略，就需要一个新的或者至少是被调整、优化或再造了的组织架构。因此，商业银行应根据内外部环境的变化要求去制定战略，然后再根据新制定的战略来调整原有的组织架构。战略与组织架构的主从关系具体表现在四个方面：一是，决策层的战略选择规范着组织架构的形式。二是，只有使组织架构与战略相匹配，才能成功地实现商业银行的整体目标。三是，组织架构抑制着商业银行战略的实施，与战略不相适应的组织架构将会成为限制、阻碍战略发挥其应有作用的巨大力量。四是，如果在组织架构上没有重大的调整和变革，商业银行本身则很少能在实质上改变当前的战略，也就是说要使商业银行的各项发展战略得到更好的贯彻、落实，对现有的组织架构进行适应性、结构性和有效性的调整就成为一种必然。

3.5.4.2　事权分离的原则

商业银行应以"责权分明、平衡制约、规模健全、运行有序"为原则，建立"决策制定权""风险控制权""业务操作权"分离的内部管理组织体系，正确处理"三会一层"的权、责、利关系。一是，要通过明晰产权，实现资本的有效约束，通过建立以"三会一层"为主体的组织结构和保证各机构独立运作、有效制衡的制度安排来完善现行的法人治理体制，实现稳定发展与防范风险紧密结合。二是，要建立与法人结构相配套的人事管理制度和奖惩制度，促使董事会成为真正意义上出资者的代言人，监事会成为真正意义上出资者的监护人。高级管理层要依据董事会授权建立健全职责清晰的内部组织管理体制，明确各部门、各业务条线及各分支机构的职责和权限。三是，要加强授权限额管理，对风险相对较高的业务品种，根据其性质、规模、复杂程度和风险承受能力对交易限额、风险限额及止损限额等通过授权进行设定，建立合理的授权限额体系。四是，要建立健全财务、会计和结算管理制度和操作流程，不断提升财务会计规范化水平，使之成为规范管理、防范风险、健康发展的重要手段。五是，要通过设立清晰的风险报告路线，确保各层级风险管理者可获得有效的风险信息。

3.5.4.3　流程决定组织的原则

以业务流程为基础来设置部门，决定人员分工，在此基础上建立和完善组织的各项功能。与流程再造一样，流程型组织要从最方便服务客户的角度设计，打破过去单一标准的以部门职能为核心的组织管理模式，始终围绕流程运行需要确定岗位及其配置人力资源。

商业银行应以流程再造为抓手，合理划分业务条线和部门岗位职责，整合分支机构及其各营业网点的资源配置，积极实施组织架构的扁平化改革，推行集中化、标准化的后台管理模式，建立科学、高效的组织架构。一是，要通过建立正确的业务流程并根据流程的需要确定不同的岗位和人员，形成以任务为核心的运营机制，改变原来以职能为核心的层级管理体制转向以任务为核心的"扁平化"流程管理体制。二是，要通过流程的运行实现内部各经营单位与风险管理等专业部门之间的合作与协调，创造条件消除职能部门之间的隔阂或职责不清等缺陷，使整个机构都能围绕客户需求及市场变化进行全力合作，共同实现机构的战略目标。流程型组织要求组织成员以业务流程为工作纽带，按照团队工作的方式，实现客户的需求，它改变了过去命令式、服从式、内向式的工作关系，提倡团队成员之间的理解配合，注重培养员工的全局观念，要求员工目光向外，关注客户的需求，提高了商业银行适应市场的能力。

3.5.4.4　最有利于风险管理的原则

经过组织架构的调整，按业务流程运行划分，商业银行组织架构大致分为业务发展条线、风险控制条线和后台支持条线三大类。业务发展由各业务条线和经营单位负责，通过设立客户经理负责客户关系管理，了解客户需求及产品业务推广；风险控制则由设立独立的风

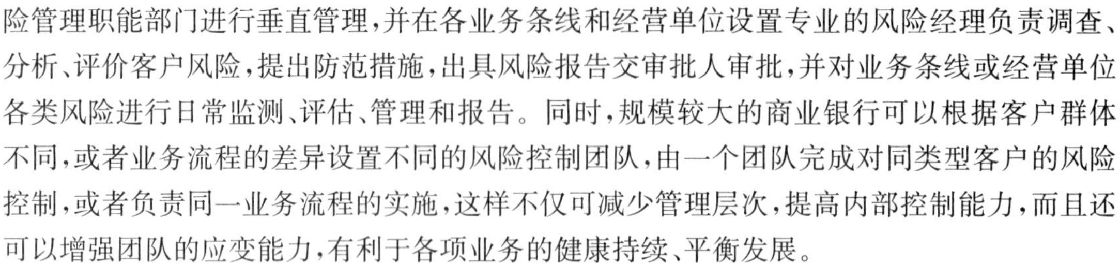

险管理职能部门进行垂直管理，并在各业务条线和经营单位设置专业的风险经理负责调查、分析、评价客户风险，提出防范措施，出具风险报告交审批人审批，并对业务条线或经营单位各类风险进行日常监测、评估、管理和报告。同时，规模较大的商业银行可以根据客户群体不同，或者业务流程的差异设置不同的风险控制团队，由一个团队完成对同类型客户的风险控制，或者负责同一业务流程的实施，这样不仅可减少管理层次，提高内部控制能力，而且还可以增强团队的应变能力，有利于各项业务的健康持续、平衡发展。

3.5.4.5　一切为了客户的原则

不发展就是最大的风险，商业银行要在发展中不断化解历史包袱、在发展中增加防范风险的资本能力。目前，商业银行的营销机制不健全是制约其发展的关键所在，因此，商业银行要通过流程再造重新搭建起对外营销功能齐全的组织架构。要彻底改变等客上门的惯性思维，主动营销、策略营销，始终站在客户的立场进行业务拓展和业务创新；要把总部按不同业务板块划分的前台业务部门真正推向市场，真正形成经济利润中心；要尽快建立一支稳定的客户经理队伍和对外代客理财队伍，增强营销功能，加大营销力度；要理顺前、中、后台关系，突出直接与客户接触的业务条线或业务部门的核心地位；要合理确定总部管理链的长度和管理半径，使业务拓展和内部管理顺畅和均衡运作。按照不同客户群体的需求设置前台部门，组成专业化营销机构，有针对地满足客户全方位、个性化的金融需求，逐步建立一个包含前台、中台、后台的营销团队，前、中、后台紧密配合的经营格局和协作机制，共同促进财富管理业务的发展。

3.5.4.6　以经济利润为中心的原则

经济利润又称经济增加值，作为独立核算的法人企业，商业银行的流程再造以及组织架构的整合，必须真正以经济利润为中心，以股东价值增长额和经风险调整后的资本回报率作为主要业绩考核指标，强调盈利高低必须以股东利益最大化为出发点，建立起集约化经营的组织架构，逐步成立业务处理中心、报账中心、事后集中监督中心、大额贷款集中审批中心等集约化经营管理组织体系，集中进行成本分配与核算，强调成本控制，大大降低营运成本。加快改造、整合网点功能，综合考虑网点收益和成本，通过流程化管理改革，尽可能地减少管理层次，建设特色网点和核心网点，重塑网点业务模式，增强网点的产品销售和多功能服务以及对外宣传中心。积极探讨和建立高端客户服务理财中心，集中为高端客户提供各种个性化、高附加值的理财服务。大力推进自助银行服务系统和电话银行服务系统建设，适时发展居家银行服务系统和网上银行服务系统，建立多元化的电子化银行服务体系。建立垂直化、专业化的财富管理业务营销服务队伍，统一管理所有财富管理业务，垂直管理所有营业网点柜台、个贷中心、理财中心、个人客户经理队伍、理财师队伍等，使之成为一个独立的“经济利润中心”，独立核算、独立考核。

3.5.5　商业银行组织架构的模式选择

任何组织都是由许多要素按照一定的联结形式有机组合而成的，除了有形的物质要素外，组织还存在着一些相对稳定的关系，包括纵向的等级关系及其衍生的沟通关系，横向的分工协作关系及其衍生的沟通关系。一个企业能否顺利达到经营目标，在很大程度上取决于这种结构安排的完善和优化程度。目前，商业银行组织架构调整需要综合考虑的因素主要包括：①组织层次，即组织的纵向结构，考虑自身的规模，设置适合自身管理的层级。②管理跨度，包括总部直接管理的跨度和分支机构管理的跨度以及相关管理层管理的跨度等。一般来说，管理跨度越大，组织层次越少，反之，则组织层次会多一些。③专业化程度，即在组织内部各职能部门分工的精细程度，具体表现为部门数量的多少。例如，部门越多，则分工越细，专业化程度越高。④规范化程度，即组织的业务活动所采用的程序和方法规范化的程度。⑤集权与分权程度，即组织的决策权和管理权在高层次与较低层次分布的状况，若较多分布在高层，则集权程度较高，若较多分布在较低层次上，则分权程度较高。⑥核心职能，即组织基本职能中的关键职能，它对实现组织战略目标起关键性的作用。⑦地区分布，这个因素主要反映了组织结构在空间上的复杂程度，一般来讲，企业的组织结构分布越广，则结构越复杂。⑧分工形式，即考虑按不同的标准进行劳动分工与协作的关系。⑨人员结构，即组织中各层次、部门人员在企业员工总数中的比例情况，如营销人员比例、管理人员比例等。综合上述各种因素，考虑商业银行自身的规模、人力资源、网点资源等方面情况，借鉴现代银行成功经验，当前商业银行在设置或调整组织架构时应体现“业务管理的垂直化、机构管理的扁平化、报告路线的矩阵式”这三个重要特征，并积极创造条件保证三者有机的协调统一，构建分工合理、权责清晰、协作高效的组织架构。

3.5.5.1 业务管理的垂直化

即强化商业银行内部各业务条线的纵向管理功能，保证商业银行的整体战略和具体措施能从高层有效地传递到基层并被正确执行，减少来自其他管理层次的干扰或扭曲。一是，建立总部直接管理和直接考核的直属网点，减少分支机构层面的管理环节，增强营业网点的营销服务功能。二是，在总部成立公司银行部、个人银行部等专业营销管理部门，直接垂直统一管理或集中办理对公和对私业务的政策制定、任务分解、特大客户的营销和关系维护等业务条线。三是，总部设立专业的风险管理职能部门，通过委派风险经理的方式对整个机构各层级的风险事项进行直接统一协调管理。四是，设立首席信贷审查官或总部(区域)授信审批中心，将整个机构或分片的授信审批或审查等权限上收并进行授信业务的集中化处理。五是，通过建立相对独立的内部审计体系，实现总部对整个机构内部审计工作的直接、统一管理，对于较大规模的分支机构，则由总部下设审计分部并直接管理，审计分部的人员和财务等审计资源由总部分配和控制，审计人员在组织关系和经济利益上与被审计的分支机构保持相对独立，从而使审计信息真实程度和共享程度得到提高，审计资源集中管理程度也得到提高。六是，设立运营管理部，对整个机构的账务处理和资金调拨、现金管理等会计结算及计划财务等职能进行整合，逐步实现集中管理，同时实行主办会计委派制(或运营经理委派)，突出委派会计对柜面操作业务事前、事中控制，强化对重点岗位、重点事项、重点环节、重点节段的风险控制，保证“监而到位，督则有力”。七是，设立独立的事后监督中心，实行全辖日常业务的集中统一的监督和差错及时处理等。

3.5.5.2 机构管理的扁平化

即在不影响管理效率的前提下尽可能地压缩纵向管理层次，突出一线业务经营单位在市场营销、客户服务、对外宣传等方面的地位和主导作用，缩短委托代理或授权管理链条的长度，缓解信息不对称和由此产生的内部人控制等问题。目前，商业银行在实现机构管理扁平化方面的主要做法：一是，取消支行对下属网点的管理职权，建立直属网点，组织模式由原来的"总行—支行—网点"转变成"总行—直属网点"，原来支行对网点的管理职能全部上收至总部各相关部门，将客户经理前移至网点，做大做强直属网点的功能，使其真正成为客户营销和金融服务的前沿阵地。二是，支行仍然存在，但其下辖只保留营业部，其余网点分离出来，烦琐的网点管理职能全部移交给总部，集中力量拓展客户，加大营销及服务；有些商业银行把部分支行按其所属区域经济特征设置为某一行业（如特色农产品加工业等）或某一贷款品种（如小微贷款等）的集中处理中心，做专做大这些行业和业务品种，压缩管理层级，加快信息传递速度，提高管理效率和运营效率，提高客户满意度。

3.5.5.3 报告路线的矩阵式

即强调各种重要的报告事项（如重大或重要风险事项等）实行纵向报告和横向报告的模式。例如，基层网点或其他一线经营单位发现风险事项，除了按隶属关系逐级向上一级报告实际情况及其处理建议外，还须向同一级别的风险管理职能部门（岗位）和审计监督部门等报告有关事项，以保证基层的各种风险信息能及时传送到机构的管理层和决策层。以信用风险管理为例，在总部设立风险管理职能部门，独立于其他业务部门行使包括信用风险在内的全面风险管理职能，直接向风险管理委员会负责；同时，在总部的授信业务部门，又有专门独立的风险控制岗位服务于本部门的风险管理。一般而言，授信业务部门根据风险管理职能部门指定的风险业务操作流程和风险提示，负责监控本业务条线操作过程中的风险，对重大风险事项和例外事件同时向风险管理职能部门和主管本业务部门的负责人报告。办理具体授信业务时，由总部派驻的风险经理与客户经理共同完成贷前调查，客户经理在与客户关系中负主要责任，由客户经理所在业务条线负责设计针对具体客户的营销策略，并协调有关市场的营销力量和资源配置；由风险经理完成信用风险识别、评估，每一方需要把与客户接触的情况立即告知另一方，不得隐瞒信息，业绩以客户经理为主进行判断和记录，而风险控制状况则以风险经理为主进行判断和记录。

3.5.6 基于流程的商业银行组织架构

以农村商业银行为例，按照原银监会办公厅发布的《农村商业银行和农村合作银行推进流程银行建设的指导意见》要求，农村商业银行应根据发展战略、市场定位、目标客户需求和业务模式，持续优化个人、公司和金融市场等业务流程，完善前台组织架构和职能，建立科学的业务运行机制；根据业务流程的风险状况和特点，结合公司治理管控需要，以及现代商业银行制度要求，确定中台管控模式，优化风险管理、计划财务等中台管控流程，完善中台组织架构和职能，建立有效的管理控制机制；持续优化业务运营、信息科技、人力资源、综合办公、行政后勤、安全保卫、纪检监察等各个支持流程，完善后台组织架构和职能，建立良好的支持保障机制。

流程再造理论、价值管理理论和全面风险管理理论是商业银行流程再造与组织架构优化的主要理论依据。从商业银行价值驱动的路径出发，根据以上理论依据，基于流程的商业银行组织架构基本框架，如图 3-5 所示。

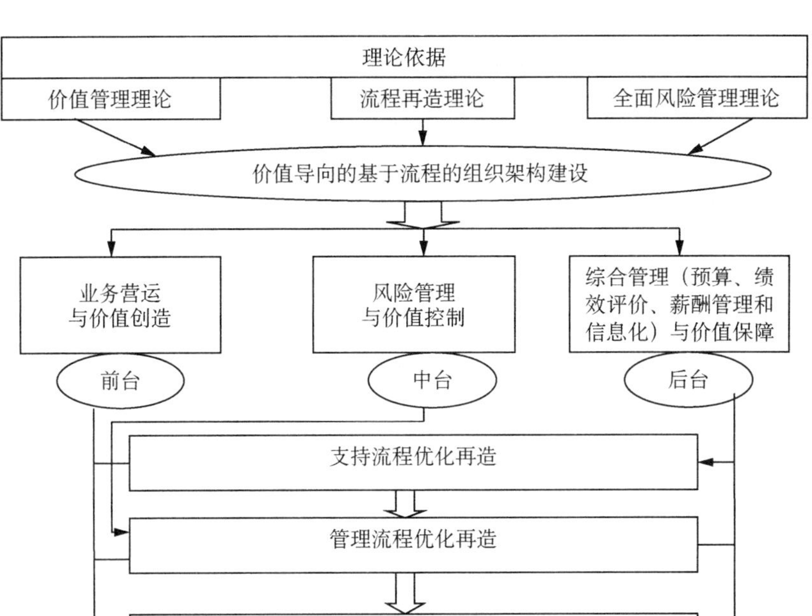

图3-5　价值导向的基于流程的组织架构建设框架

案例3-2

××农商银行组织架构概述

××农商银行按照“科学化、专业化、扁平化、流程化、集约化”的流程银行建设思想，遵循“精简、效能”和“科学合理，职责清晰，决策、经营、监督分离”的原则进行机构整合和相应的岗位配置与职责优化，构建与本行金融服务区域经济发展和经营特点、业务规模、服务对象及金融产品复杂程度相适应的组织架构。

一是，进一步完善公司治理结构，加强董事会专门委员会作为辅助决策机构、监事会专门委员会作为辅助监督机构、高级管理层专门委员会作为高管层辅助执行机构的建设，清晰各专门委员会的职责界定，确保各委员会的专业性，对经营决策形成有力的支持。

二是，按照前、中、后台相分离的原则设置本行总部内部机构，将内设机构细分为业务发展条线、风险控制条线、授信管理条线、运营管理条线、综合保障条线、审计监督条线六大条线，形成“前台接单、中台审单、后台下单”，迅速响应市场需求，满足客户需要的流程运行机制。

三是，结合“一级法人”经营管理模式的特征，按照“前台前移、中台上收、后台集中”的思路，围绕“架构合理、流程清晰、内控严密、管理科学、服务优质、运转高效、竞争有力”的目标，逐步将本行总部打造成为“决策管理中心、营销策划中心、风险控制中心、服务保障中心、后台运营中心和资源调配中心”，不断提高本行总部引领与推动可持续发展的能力。

四是，优化支行组织架构，强化支行的营销功能和服务支撑功能，将支行打造成市场敏感性强、反应迅速、与客户互动、拓展型开放式的专业营销平台和面向客户需求的优质服务支撑平台。通过优化支行的组织架构，实现本行总部与支行之间的无缝对接，增强本行总部对支行的风险控制能力，进一步拓宽支行价值增值的渠道。

基于以上认识，根据流程银行建设的要求，参照现代商业银行的治理运作机制，提出了本行组织架构①，如图 3-6 所示。

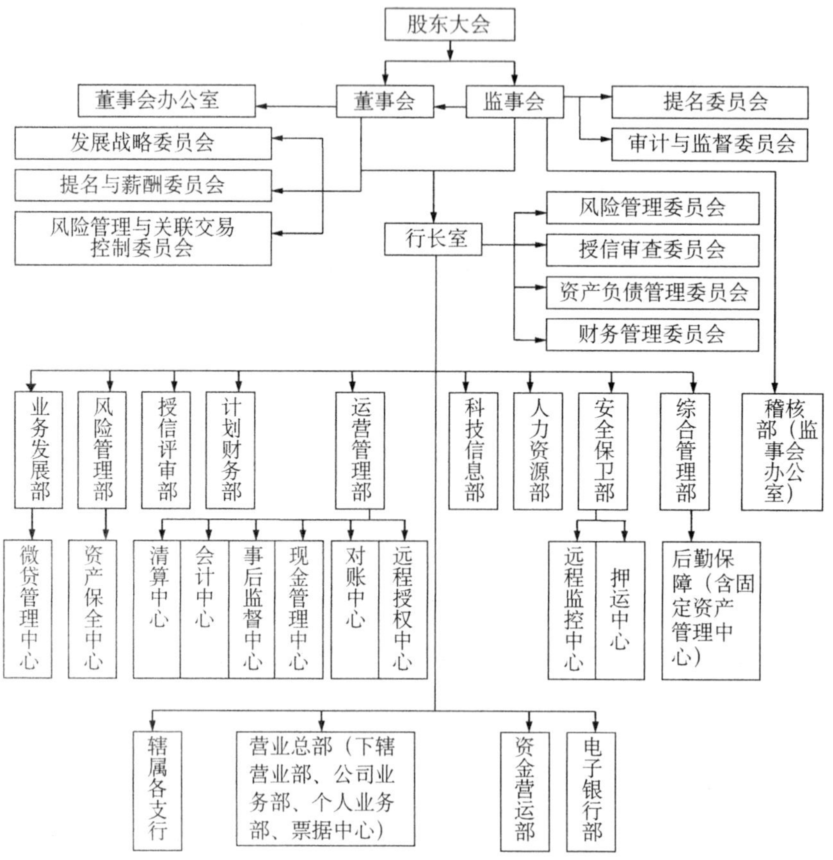

图 3-6　××农商银行组织架构图

① 考虑到农商银行机构规模小、管理层级少等特点，我们建议内部审计部门（稽核部）由监事会直接领导，并履行监事会办公室的职责，这样做不仅符合成本效益原则，在公司治理方面也超越了《公司法》的要求。

第4章　价值创造战略导向的全面风险管理

风险管理战略是商业银行发展战略的重要组成部分。健全的风险管理机制是商业银行防范金融风险、提升核心竞争力、实现价值可持续创造战略目标的根本措施，管理会计工具方法可以广泛应用于商业银行的风险管理领域，帮助商业银行改进风险管理。对商业银行来说，风险管理领域应涵盖信用风险、市场风险、操作风险、流动性风险和声誉风险等。

4.1 风险治理与组织分工

商业银行应建立分工明确、职责清晰、相互制衡、运行高效的全面风险管理组织架构，形成与业务规模及其复杂程度相适应的全面风险管理体系。

资料 4-1

财政部《管理会计应用指引第700号——风险管理》摘录

第一章　总　　则

第一条　为了加强企业风险管理，推动相关管理会计工具方法在风险管理领域的有效应用，根据《管理会计基本指引》，制定本指引。

第二条　风险管理，是指企业为实现风险管理目标，对企业风险进行有效识别、评估、预警和应对等管理活动的过程。

企业风险，是指对企业的战略与经营目标实现产生影响的不确定性。

需要注意的是，企业风险管理并不能替代内部控制。

第三条　企业进行风险管理，一般应遵循以下原则：

（一）融合性原则。企业风险管理应与企业的战略设定、经营管理与业务流程相结合。

（二）全面性原则。企业风险管理应覆盖企业所有的风险类型、业务流程、操作环节和管理层级与环节。

（三）重要性原则。企业应对风险进行评价，确定需要进行重点管理的风险，并有针对性地实施重点风险监测，及时识别、应对。

（四）平衡性原则。企业应权衡风险与回报、成本与收益之间的关系。

第四条　企业可根据风险的来源、影响、性质、责任主体等不同标准，建立符合风险管理需要的，满足系统性、完整性、层次性、可操作性、可扩展性等要求的风险分类框架。

第五条　风险管理领域应用的管理会计工具方法，一般包括风险矩阵、风险清单等。

企业可结合自身的风险管理目标和实际情况，单独或综合应用不同风险管理工具方法。

第二章　应用环境

第六条　企业应强化风险管理意识，形成与本企业经营状况相适应的风险管理理念，培育和塑造良好的风险管理文化，建立风险管理培训、传达、监督和激励约束机制，将风险管理意识转化为员工的共同认识和自觉行动。

第七条　企业应根据相关法律法规的要求和风险管理的需要，建立组织架构健全、职责边界清晰的风险管理结构，明确董事会、监事会、管理层、业务部门、风险管理责任部门等在风险管理中的职责分工，建立风险管理决策、执行、监督与评价等职能既相互分离与制约，又相互协调的运行机制。

第八条　企业应建立健全能够涵盖风险管理主要环节的风险管理制度体系。通常包括风险管理决策制度、风险识别与评估制度、风险监测预警制度、应急处理制度、风险管理评价制度、风险管理考核制度等。

第九条　企业应加强信息技术在风险管理中的应用，建立与业务财务相融合的信息系统。

第三章　应用程序

第十条　企业应用风险管理工具方法，一般按照设定目标，识别和分析风险，对风险进行检测、预警和应对，沟通风险信息，考核和评价风险管理等程序进行。

第十一条　风险管理目标是在确定企业风险偏好的基础上，将企业的总体风险和主要风险控制在企业风险容忍度范围之内。

风险偏好，是指企业愿意承担的风险及相应的风险水平；风险容忍度，是指企业在风险偏好的基础上，设定的风险管理目标值的可容忍波动范围。

第十二条　企业应根据风险形成机制，识别可能影响风险管理目标实现的内外部风险因素和风险事项。

第十三条　企业应在风险识别的基础上，对风险成因和特征、风险之间的相互关系，以及风险发生的可能性、对目标影响程度和可能持续的时间进行分析。

第十四条　企业应在风险评价的基础上，针对需重点关注的风险，设置风险预警指标体系对风险的状况进行监测，并通过将指标值与预警临界值的比较，识别预警信号，并进行预警分级。

第十五条　企业应针对已发生的风险或已超过监测预警临界值的风险，采取风险接受、风险规避、风险转移、风险分担、风险转换、风险对冲、风险补偿、风险降低等策略，把风险控制在风险容忍度之内。

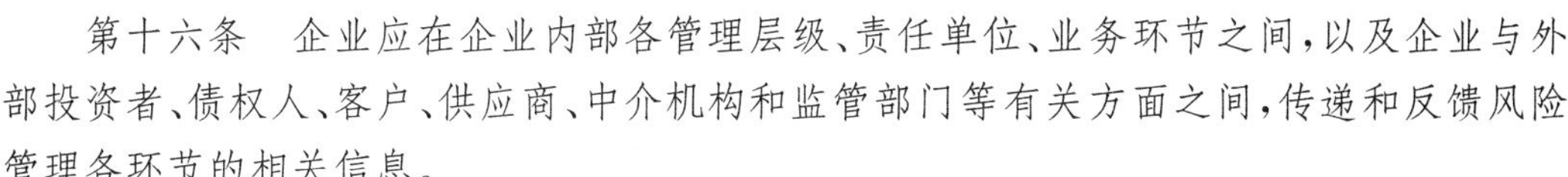

第十六条　企业应在企业内部各管理层级、责任单位、业务环节之间，以及企业与外部投资者、债权人、客户、供应商、中介机构和监管部门等有关方面之间，传递和反馈风险管理各环节的相关信息。

企业应建立风险管理报告制度，明确报告的内容、对象、频率和路径。

第十七条　企业应根据风险管理职责设置风险管理考核指标，并纳入企业绩效管理，建立明确的、权责利相结合的奖惩制度，以保证风险管理活动的持续性和有效性。

风险管理部门应定期对各职能部门和业务部门的风险管理实施情况和有效性进行考核，形成考核结论并出具考核报告，及时报送企业管理层和绩效管理部门。

第十八条　企业应定期对风险管理制度、工具方法和风险管理目标的实现情况进行评价，识别是否存在重大风险管理缺陷，形成评价结论并出具评价报告。

4.1.1　风险管理“三道防线”

大部分商业银行现有的管理机制并不适应经营风险和管理风险的新模式，尤其缺乏对各类风险综合控制和全面管理的健全的组织结构。组织结构是管理体制的载体，管理机制必须依附在完整的组织结构之上才能发挥其效用。作为独立的法人机构，商业银行要按照全面、专业、垂直、集中和独立相结合的原则，尽快搭建分工明确、职责清晰、相互制衡、运行高效的风险管理组织结构，加强风险管理条线的独立性和专业性，保证风险治理机制的有效运行。

4.1.1.1　风险管理的原则与组织架构

商业银行风险管理应当遵循以下原则：

（1）全面性原则。风险管理应当贯穿决策、执行和监督的全过程，覆盖所有业务、所有部门及岗位和所有操作环节。

（2）适应性原则。风险管理与机构的经营规模、业务范围和风险水平相适应，并根据发展状况适时调整，以合理的成本实现风险管理目标。

（3）独立性原则。风险管理的机构、人员和报告路线应单独设置，对业务职能予以制衡。

（4）融合发展原则。风险管理应与业务发展紧密结合，以风险管理推动业务稳健发展，确保机构价值的长期提高。

商业银行应在遵循全面风险管理基本理念的基础上，根据风险管理的“四项原则”，以“分工明确、职责清晰、相互制衡、运行高效”为出发点，构建垂直、独立、专业的风险集中统一管理模式，使风险管理贯穿决策、执行和监督全过程，覆盖所有业务、所有部门及岗位和所有操作环节。例如，图4-1是某些农村商业银行的风险管理组织架构①。

① 第三道防线（稽核部）由监事会领导，考虑了农村商业银行规模小、层级少等特征，独立性更强等特点，符合成本效益原则，而且超越了《公司法》对风险治理的要求，类似的风险管理组织架构在浙江、湖南等地的农村商业银行普遍采用，表现出了较好的风险治理效果。

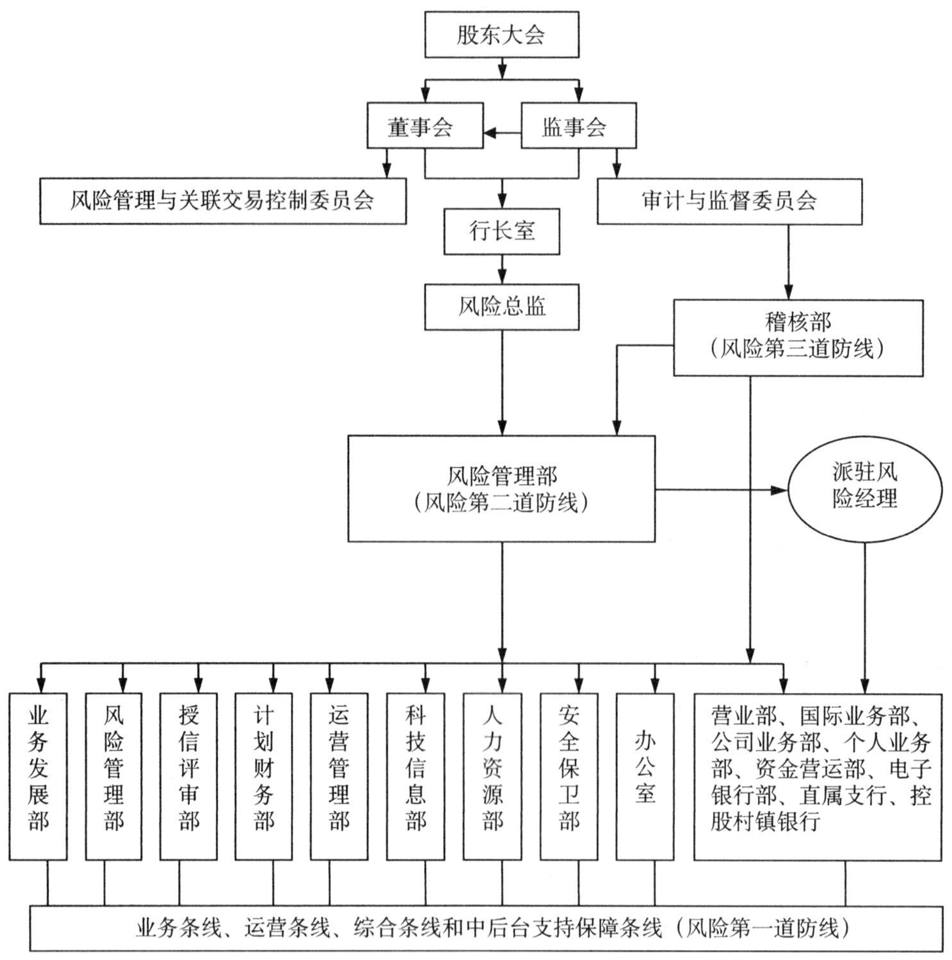

图 4-1　风险管理组织架构

说明：图中"→"仅表示风险控制路线关系，逆向则为风险报告基本路线，各道风险防线的风险报告级别应因风险因素的重要性程度确定具体的报告路径和报告级别，具体的风险报告路径与报告级别应在各种风险管理流程中详细规定。

4.1.1.2　风险管理"三道防线"建设

商业银行应进一步建立和完善由风险决策、管理、执行、操作、监督等不同层次职能组成的风险管理工作体系，进一步完善由各业务部门/经营单位/支持保障部门、风险管理职能部门及内部审计部门构成的风险管理三道防线，如图 4-1 所示。

（1）第一道防线。风险管理第一道防线是各业务部门、经营单位和支持保障部门等（简称各单元），负责根据风险管理的基本政策和指引，制定相应的风险管控流程和措施，直接控制每笔业务和每项操作环节的风险，定期评估风险管理情况，并针对风险薄弱环节采取必要的纠正补救措施，对本单元风险管理状况承担第一责任。

商业银行内部各业务条线、部门以及各经营单位承办了商业银行绝大部分的资产和负债业务，它们在日常工作中面对着各类风险，是整个机构风险管控的前线。各级管理层必须把风险管理的手段和内控程序融入到本单元的工作与流程中，才能建立好防范风险的第一道防线。在实际操作中，各单元要在风险管理职能部门统筹协调下就其战略性风险、信用风险、市场风险、操作风险、流动性风险和声誉风险等，系统地进行分析、确认、度量、管理和监控，风险管理职能部门要把评估风险与内控措施的结果进行记录和存档，对内控措施的有效性不断进行测试和更新。

（2）第二道防线。第二道防线是在各单元之上建立一个更高层次的风险管理功能，它的组成部分可以包括风险管理职能部门以及高级管理层的授信审查委员会（有些机构称信贷审批委员会或投资审批委员会等）和董事会的风险管理与关联交易控制委员会（有些机构称合规与风险管理委员会或全面风险管理委员会等）。其中，风险管理职能部门作为整个机构全面风险管理的统筹协调部门，接受董事会和高级管理层的双重领导，其责任是领导和协调整个机构内各单元在管理风险方面的工作。

风险管理职能部门可向各单元委派风险管理人员（风险经理）。在第一阶段，商业银行重点应做好授信业务风险经理队伍建设，逐步选拔和培养一批具有较强授信业务管理经验的专业人才，经过严格的风险管理专业培训并经考核合格后，充实到风险管理职能部门充当授信业务风险经理，与业务经营单位的客户经理平行作业，直接参与授信业务的风险管理，要求风险经理贷前介入、贷中交叉核对、贷后风险监管，实现业务处理风险的实时监控，促使风险管理更加贴近客户、贴近基层，提高审贷决策的质量和效率。在完成授信业务风险经理运行机制建设以后，应尽快建立一支风险经理团队，加强对授信业务、资金业务、运营业务等全流程的风险监控，强化对第一道防线的风险识别、评估、报告等风险管控职能，在发展业务的同时强化风险专业化管理。

（3）第三道防线。第三道防线是内部审计部门，发挥"第三双眼"功能，负责以风险和合规为导向，在本机构各业务环节开展有重点的审计监督，对风险管理进行事后监督和反馈调整，同时对本机构风险管理职能部门的全面风险管理有效性定期进行现场或非现场的监督、检查和评价。内部审计是一项独立、客观的审查和咨询活动，应充分发挥好增值服务功能，通过系统的方法，评价和改进商业银行的风险管理、控制和治理流程的效益，帮助商业银行全面实现战略目标。

4.1.2　商业银行风险治理运行机制现状

商业银行的风险治理是基于法律规章确立风险管理参与者（股东、董事会、高级管理层及各层级人员和其他利益相关者）在履行相关责任和义务时相互补充、相互制约的动态过程。商业银行通过完善的风险治理机制，将风险管理的决策、管理、操作职能分别赋予不同层次的组织与人员，董事会、监事会、高级管理层以及各层级经营单位、业务条线等在自身职责范围内履行对各类风险的管理职责，并独立承担相应的责任。

风险治理是商业银行公司治理的核心内容，而公司治理的实质就是商业银行内部权力分配制衡机制，即明确股东、董事、监事、高级管理层和其他利益相关者之间权力和责任的分配，在不同权力主体之间建立起各负其责、协调运转、有效制衡的运行机制。董事会作为全体股东的代表，承担受托人职责和看管职责；高级管理层则接受董事会授权全权负责内部专业化和日常性的经营管理；监事会代表全体股东，对董事会和高级管理层进行监督。虽然商业银行在公司治理结构上已形成比较固化的模式，也就是说，已经“形似”了，但对于大部分机构来说，公司治理机制仍然存在一些问题。例如，“三会一层”制度无法落到实处，作用不明显；内部人控制现象比较普遍，越位或串位问题突出；权力制衡机制失效，互相监督不够；内部组织结构设置不合理，运行机制缺乏动力等。由于商业银行在公司治理上还存在种种缺陷，在风险治理上也同样存在诸多问题，集中体现在以下八个方面：

一是，确定并监督实施风险偏好、风险管理战略和风险管理规则往往不是由董事会独立负责，而是由高级管理层取而代之的，这使得董事会对高级管理层经营决策的风险监控职能被严重削弱。

二是，股东大会、董事会、监事会的职责不能正常履行，存在巨大利益冲突的高级管理层缺乏动力去推进风险管理机制建设，许多机构现行风险管理组织运作机制不健全、风险管理人才缺乏、职能不到位，风险管理运作陷入不正常状态，表现出时紧时松，不良资产和不良率时升时降，资产质量状况总体表现不佳。

三是，大部分机构组建的风险管理委员会主要由业务部门负责人组成，业务部门对来自风险管理监督的天然排斥性，使得风险管理的很多政策制度和程序不是从风险管理本质要求出发，而是从其自身需要出发，部门利益主导下制定出来的风险管理政策、制度和程序不是从风险管理本质要求出发，而是从其自身需要出发，部门利益主导下制定出来的风险管理政策、制度和程序，必然缺乏整体性和统一性，因而缺乏规范性和权威性，风险管理政策制度在执行过程中各取所需，随意性很大，这正是目前省级联社很多风险管理政策在县级行社(统称商业银行)流于形式、执行力度弱的根本原因。

四是，缺乏高效规范运作的董事会，也就难以通过市场程序选聘合格的经营管理者，更谈不上在风险管理过程中实施严格的监督、考核和硬性约束，有些机构经营管理者来自政府机关，不仅严重缺乏金融风险管理知识，还因官僚行政惯性而轻视风险管理技术，疏于风险管理信息系统建设，这使商业银行与先进商业银行相比，在风险评估方面存在较大差距。

五是，风险管理“三道防线”建设滞后，岗位职责的设定没有体现岗位监督的原则，部门之间、岗位之间存在界限不清、职责不明现象，导致风险管理和内部控制制度缺乏系统性、计划性和操作性，有效的风险管理运行机制和组织保障不完善，风险决策、执行、信息、监督等职能尚未形成一个有机整体，风险管理政策和程序的健全性和有效性得不到落实，案件防控任重道远。

六是，各个管理部门条块分割，风险管理信息沟通不畅，风险管理环节协调不够，完整的风险管理流程脱节和黏滞，中、后台的风险管理、法律合规和内部审计因此不能同步嵌入业务流程中去，而往往是外部或事后的管理，甚至出现风险管理与业务脱节，没有实现效率最大化，对市场和风险反映不足。

七是，风险责任配置错位，现有的绩效分配机制不能有效地体现员工的薪酬收入与其承担的风险责任相匹配，不利于对员工的正向激励，容易促发逆向选择和形成道德风险，同时也导致了一些必要的风险管理知识培训和轮岗休假等制度难以执行，无形中提高了操作风险的发生概率；对能够在日常业务操作或检查中发现风险问题的奖励政策还没有制度化、规范化，而对风险问题的整改和责任追究监督也不到位，导致有些风险问题屡查屡犯、屡禁不止。

八是，会计信息失真、信息传递效率低下、系统的开发与应用水平不高、风险评估和管理缺乏统一的标准、内部风险揭示不足、风险评估手段落后、贷款风险分类真实性差、风险评估对象局限于信用风险等问题突出。

4.1.3　风险治理的组织分工

有效的公司治理是商业银行安全稳健运行的一项基本要素，而风险治理又是公司治理的核心内容。一个有效的风险治理框架，首先，要在董事会层面设立相应的职能委员会（如发展战略委员会、风险管理委员会等），并在董事会授权下对风险管理进行有效决策和监督风险管理执行层按照董事会确定的风险偏好和关键风险指标实施风险控制，提高风险管理政策、制度和程序的执行效果，依据风险管理绩效实施风险问责。其次，在管理层面应设立相关执行委员会，搭建风险管理职能部门和内部审计部门等，明确业务部门或条线及其人员（客户经理、柜员等）是风险承担者，严守风险管理第一道防线，承担第一责任。再次，在明确董事会、监事会、高级管理层所属各专业委员会职责并明晰各部门/经营单位/业务条线等职能分工基础上，将风险管理各项任务通过设计科学的流程落实到各个具体岗位、人员。最后，要增强对外部监管环境的适应性，提高对监管原则的敏感性，按照监管标准披露风险信息，接受市场监督，履行社会责任。

4.1.3.1　董事会的风险管理职责

董事会负责建立和保持有效的风险管理体系，对商业银行风险管理承担最终责任，主要风险管理职责包括：

（1）决定整体风险战略、风险管理政策、风险限额和重大风险管理制度。

（2）领导本行在法律和政策的框架内审慎经营，明确风险偏好并设定可承受的风险水平。

（3）批准风险管理组织机构设置方案。

（4）确保高级管理层采取必要的措施识别、计量、监测和控制风险，并对高级管理层执行风险管理政策情况实施评价。

（5）组织评估风险管理体系的充分性与有效性。

董事会下设风险管理委员会，根据董事会授权履行风险管理职责。

4.1.3.2　监事会的风险管理职责

监事会负责监督商业银行风险管理体系的建立和运行，主要风险管理职责包括：

（1）监督董事会、高级管理层是否履行了建立完善风险管理体系职责。

（2）监督董事会、高级管理层是否履行了风险管理职责。

（3）对高级管理层执行风险管理政策情况实施检查。

（4）要求董事会成员与高级管理人员纠正其损害本行整体利益的行为并监督执行。

4.1.3.3　高级管理层的风险管理职责

高级管理层是商业银行风险管理的执行主体，对董事会负责。其主要风险管理职责包括：

(1) 认真执行董事会制定的风险战略，落实风险管理政策，制定覆盖全部业务和管理环节的风险管理制度和程序。

(2) 推动建立识别、计量、监测并控制风险的程序和机制，采取适当的规避风险、缓释风险、降低风险和分散风险的方法和措施。

(3) 提出业务部门与风险管理部门的设置方案，保证风险管理的各项职责得到有效履行。

(4) 对风险管理体系的充分性与有效性进行监测、评估和改进。

(5) 按照董事会要求定期或不定期向董事会报告风险状况、采取的管理措施以及风险管理长短期规划等情况。

商业银行可根据业务发展需要设置风险总监。风险总监负责分管风险管理条线工作，不得分管前台业务工作，直接对行长负责。

4.1.3.4　风险管理部门的职责

商业银行应设立专门的风险管理部门，负责组织建立和实施本行风险管理体系，逐步实现对信用风险、市场风险等风险的统一管理，风险管理部门必须与业务部门保持独立。其主要职责包括：

(1) 拟订或组织拟订各类风险管理的政策和制度。

(2) 组织对风险管理政策、制度和流程的执行效果进行检查评估。

(3) 研究确定风险识别、评估、计量、监控和缓释方法。

(4) 研究提出本行的重大风险限额。

(5) 对风险状况进行监测和分析，并根据风险报告制度进行报告。

(6) 对业务风险进行审查，提出风险审查意见。

(7) 对客户信用等级评定及资产风险分类进行审查。

(8) 牵头推动风险管理信息系统的建设。

风险管理部门可向业务部门或分支机构委派风险经理。委派的风险经理独立实施风险审查，直接对风险管理部门负责。

4.1.3.5　内部审计部门的风险管理职责

为保证监事会风险管理监督职能的有效履行，商业银行应建立独立、专门的内部审计和外部审计制度。内部审计部门在风险管理上的职责主要包括：

(1) 定期或不定期地对全面风险管理机制的健全性和有效性实施检查、评价、认定，促进操作风险控制体系的完善。

(2) 组织开展现场和非现场审计工作，及时发现经营管理中的潜在风险，识别、计量、监控风险状况，提出防范和化解风险的建议。

(3) 负责对信息系统规划设计、开发运行和管理维护的审计。

(4) 对全辖会计运营业务进行事后集中复核和及时的监督检查、纠正处理。

(5) 对授信业务进行尽职审查，对关联交易开展专项审计。

(6) 对行使资金、财务、会计等审查、审批权的重点岗位或重要业务环节的管理和控制情况进行监督和检查,确保会计记录和财务报告的准确性和可靠性。

(7) 负责大的招标项目的审计监督等。

(8) 对全面风险管理各项制度、措施、方法等是否有效或健全进行检查和评价,并提出合理建议。

(9) 对工作人员失职、越权和滥用职权等重大违章、违规事件进行审计检查或调查等。

4.1.3.6 业务部门与分支机构的风险管理职责

商业银行内部各部门、各经营单位在日常工作中面对着各类风险,是整个机构风险管理的第一道防线,对风险管理承担第一责任。

(1) 各业务部门负责本部门和本业务条线风险管理的日常工作,制定、完善并实施本业务条线识别、计量、监测和管理风险的制度、程序和方法,对本业务条线风险情况进行监控,确保风险管理目标的实现,对本部门和本业务条线的风险管理承担第一责任。

(2) 分支机构是商业银行主要的经营单位,各分支机构执行总行制定的各项内控制度、程序和方法,并将日常经营管理活动中发现的内控制度、程序和方法存在的缺陷、漏洞以及其他风险信息及时准确向总行相应职能部门报告。

资料 4-2

银监会、保监会《银行业金融机构全面风险管理指引》摘录

第二章 风险治理架构

第十条 银行业金融机构应当建立组织架构健全、职责边界清晰的风险治理架构,明确董事会、监事会、高级管理层、业务部门、风险管理部门和内审部门在风险管理中的职责分工,建立多层次、相互衔接、有效制衡的运行机制。

第十一条 银行业金融机构董事会承担全面风险管理的最终责任,履行以下职责:

(一) 建立风险文化;

(二) 制定风险管理策略;

(三) 设定风险偏好和确保风险限额的设立;

(四) 审批重大风险管理政策和程序;

(五) 监督高级管理层开展全面风险管理;

(六) 审议全面风险管理报告;

(七) 审批全面风险和各类重要风险的信息披露;

(八) 聘任风险总监(首席风险官)或其他高级管理人员,牵头负责全面风险管理;

(九) 其他与风险管理有关的职责。

董事会可以授权其下设的风险管理委员会履行其全面风险管理的部分职责。

第十二条 银行业金融机构应当建立风险管理委员会与董事会下设的战略委员会、审计委员会、提名委员会等其他专门委员会的沟通机制,确保信息充分共享并能够支持风险管理相关决策。

第十三条　银行业金融机构监事会承担全面风险管理的监督责任,负责监督检查董事会和高级管理层在风险管理方面的履职尽责情况并督促整改。相关监督检查情况应当纳入监事会工作报告。

第十四条　银行业金融机构高级管理层承担全面风险管理的实施责任,执行董事会的决议,履行以下职责:

(一)建立适应全面风险管理的经营管理架构,明确全面风险管理职能部门、业务部门以及其他部门在风险管理中的职责分工,建立部门之间相互协调、有效制衡的运行机制;

(二)制定清晰的执行和问责机制,确保风险管理策略、风险偏好和风险限额得到充分传达和有效实施;

(三)根据董事会设定的风险偏好,制定风险限额,包括但不限于行业、区域、客户、产品等维度;

(四)制定风险管理政策和程序,定期评估,必要时予以调整;

(五)评估全面风险和各类重要风险管理状况并向董事会报告;

(六)建立完备的管理信息系统和数据质量控制机制;

(七)对突破风险偏好、风险限额以及违反风险管理政策和程序的情况进行监督,根据董事会的授权进行处理;

(八)风险管理的其他职责。

第十五条　规模较大或业务复杂的银行业金融机构应当设立风险总监(首席风险官)。董事会应当将风险总监(首席风险官)纳入高级管理人员。风险总监(首席风险官)或其他牵头负责全面风险管理的高级管理人员应当保持充分的独立性,独立于操作和经营条线,可以直接向董事会报告全面风险管理情况。

调整风险总监(首席风险官)应当事先得到董事会批准,并公开披露。银行业金融机构应当向银行业监督管理机构报告调整风险总监(首席风险官)的原因。

第十六条　银行业金融机构应当确定业务条线承担风险管理的直接责任;风险管理条线承担制定政策和流程,监测和管理风险的责任;内审部门承担业务部门和风险管理部门履职情况的审计责任。

第十七条　银行业金融机构应当设立或者指定部门负责全面风险管理,牵头履行全面风险的日常管理,包括但不限于以下职责:

(一)实施全面风险管理体系建设;

(二)牵头协调识别、计量、评估、监测、控制或缓释全面风险和各类重要风险,及时向高级管理人员报告;

(三)持续监控风险管理策略、风险偏好、风险限额及风险管理政策和程序的执行情况,对突破风险偏好、风险限额以及违反风险管理政策和程序的情况及时预警、报告并提出处理建议;

(四)组织开展风险评估,及时发现风险隐患和管理漏洞,持续提高风险管理的有效性。

第十八条　银行业金融机构应当采取必要措施，保证全面风险管理的政策流程在基层分支机构得到理解与执行，建立与基层分支机构风险状况相匹配的风险管理架构。

在境外设有机构的银行业金融机构应当建立适当的境外风险管理框架、政策和流程。

第十九条　银行业金融机构应当赋予全面风险管理职能部门和各类风险管理部门充足的资源、独立性、授权，保证其能够及时获得风险管理所需的数据和信息，满足履行风险管理职责的需要。

4.2 风险管理文化建设

一家商业银行倡导什么样的文化，往往决定着这家银行到底能在市场上走多远。风险管理文化作为商业银行企业文化体系的子文化，同时也是其核心和灵魂（银行文化一般带有强烈的风险管理文化的特征），往往在商业银行经营管理中占据举足轻重的地位。实践证明，只有培育良好的风险管理文化，把风险管理理念贯穿于银行业务的整个流程，使风险管理由高深抽象的理论变为现实生动的企业文化，内化为所有员工的自觉意识和行为习惯，才能使风险管理机制有效发挥作用，才能使政策和制度得以贯彻落实。因此，加强风险管理文化建设乃是治行之本、动力之源、持续发展之基。为此，必须强化对风险认识的文化导向，赋予风险管理以明确的价值取向，切实将风险文化建设摆上重中之重的位置而常抓不懈。

随着世界经济一体化进程的加快，我国经济的转型发展、产业结构的调整和对外开放的升级，商业银行在经营过程中面临的信用风险、市场风险、操作风险和流动性风险等潜在风险的压力在日益加大的同时，寻找收益与风险平衡点的难度也在加大。风险管理文化作为金融业中的一种管理思想，作为现代金融业的灵魂和精神支柱，在商业银行发展中扮演着越来越重要的角色，成了商业银行管理的主要手段之一。良好的风险管理文化与三道风险防线相结合，在确保全面风险管理组织体系高效运行的同时，有效预防道德风险的发生，避免风险控制形同虚设等管理难题，是商业银行提高收益与风险平衡能力的重要保证。

资料4-3

银监会、保监会《农村中小金融机构风险管理机制建设指引》摘录

第六章　风险管理文化

第四十条　风险管理应植根于农村中小金融机构的企业文化，并作为董事会战略决策和高级管理层、风险管理部门和其他业务条线的负责人及员工日常工作的核心。

第四十一条　农村中小金融机构应建立风险为本的企业文化，树立诚实守信、依法合规、稳健审慎的价值观念，制定高标准的员工行为准则与职业操守，规划企业文化渗透方案，并在本机构推行实施。董事和高级管理人员应率先垂范并引导全体员工参与风险管理文化建设，并通过激励约束、典型案例、警示教育等方式进行传播与渗透。

第四十二条　农村中小金融机构应根据风险管理的要求管理与配置人力资源，实施主要风险岗位人员准入与退出管理制度，配备足够的、能够达到风险管理岗位资质要求的人员，并随风险管理状况的变化进行相应的调整。

第四十三条　农村中小金融机构应当制订并实施中长期培训计划，加强对员工从业知识、风险管理要求及道德思想方面的培训，强化案件警示作用。培训计划应定期评审，充分考虑不同层次员工职责、能力和文化程度以及所面临的风险。

第四十四条　农村中小金融机构应以健康的风险管理文化为导向，建立以风险管理为基础，风险、发展与效益平衡的激励制度，从源头上遏止经营人员为追求自身短期效益最大化而偏离机构长期目标的短期行为。

4.2.1　商业银行风险管理文化的构建①

风险管理是现代商业银行经营管理的核心内容，是衡量银行核心竞争力和市场价值的最重要因素之一。近些年来，依据巴塞尔《新资本协议》的严格风险准则，我国商业银行逐步确立了“全球的风险管理体系、全面的风险管理范围、全员的风险管理文化、全程的风险管理过程、全新的风险管理方法和全额的风险计量”的全面风险管理战略，并不断付诸实践，取得了较好的效果，全面风险管理基本框架逐步形成。然而，我国风险管理文化建设相对滞后，从而使全面风险管理“徒现其形而未具其神”，全面风险管理对商业银行可持续性发展和实现经营价值最大化的支持效能无法充分发挥。同时，在商业银行以金融市场业务、投资银行业务为代表的新兴业务比重逐步加大，创新产品日益丰富，金融风险控制呈现不断复杂化的背景下，我国商业银行正面临着更多、更为复杂的风险，风险管理形势严峻，风险管理文化建设要求更加迫切。商业银行在进一步加强并完善风险管理制度建设的同时，亟需倡导商业银行的风险管理文化的建设与培育。

4.2.1.1　商业银行风险管理文化的内涵与作用

风险管理文化是有效风险管理体系的灵魂，是整个商业银行风险管理体系中“软实力”的体现，商业银行倡导的风险管理文化，反映了商业银行的业务发展战略、风险偏好，决定了前台业务部门、风险控制部门之间日常的控制沟通关系是否顺畅，是否能够在重大的风险问题上达成基本的共识，充分地贯彻执行已有的风险控制制度，也决定了一旦出现了例外情况时，管理层如何在风险控制与超额收益间做出正确果敢的取舍与决策。

（1）风险管理文化的内涵。风险管理文化是商业银行企业文化的重要组成部分，是银

① 杜平.浅析我国商业银行风险管理文化的构建[J].金融发展研究，2009，(12)：57-61.

行员工广泛认同的管理理念。它通过行动或文字的呈现，使银行各个管理层和基层员工对银行业的风险特征都有比较充分的认知和了解，并以他们的能力、诚信和职业道德，主动地愿意通过创新制度、执行制度、完善流程控制制度等行为来管理风险，将风险管理作为一个动态过程融入银行的日常经营管理中。或者说，风险管理文化是指以银行企业文化为背景，贯穿以人为本的经营理念，在经营管理和风险管理活动过程中逐步形成并为广大员工认同和自觉遵守的风险管理理念、风险价值观念和风险管理行为规范。

可见，风险管理文化是一种集现代商业银行经营思想、风险管理理念、风险管理行为、风险道德标准与风险管理环境等要素于一体的文化理念，是银行风险管理活动的凝炼与升华，是得到员工认同并自觉遵循的价值观念和行为准则。风险管理文化既强调精确的技术处理，又强调深刻的人文观念，它决定了商业银行在风险管理上的价值取向、行为规范和道德水准，对商业银行风险管理有着重要的影响。

(2) 风险管理文化的作用。相对于传统的人民币存贷业务，金融市场业务（尤其是一些挂钩境外各类金融指数的衍生产品）等新兴业务产品，所面临的风险是集市场风险、信用风险、操作风险、声誉风险等为一体的综合性风险，风险控制、计量、评估的方法变得更为复杂，风险决策与控制也变得更具挑战性。而目前国内银行的主要风险管理工作还侧重在不良贷款的监测分析和风险资产的保全处置上，部分银行的信贷业务风险管理理念尚处在从"信贷损失管理"向"信贷过程管理"逐步过渡的阶段。由于金融市场等新兴业务在国内大部分银行内部的整体认知程度相对较低，银行内部风险管理人员中具有上述从业经验背景、有丰富专业知识的人员相对缺乏。此类业务的专业风险管理人才缺乏，使得目前国内的商业银行，大都没有建立针对金融市场业务、投资银行业务等专业化的风险管理团队，而是由原来从事公司信贷等传统业务的风险管理人员兼顾。银行风险管理部门由于缺乏必要的专业人才配备、制度依据、计量技术支持等各种原因，对于此类业务的风险管理或流于形式、疏于管理，或者出现过于严苛而妨碍业务正常发展的现象。

商业银行的业务部门，在风险控制的责任认定上，往往认为风险是风险管理部门的事情，与业务部门关联度不高。一味注重追求业务发展规模，追求产品创新，而忽略对于常态业务的持续性风险计量以及创新产品的产品风险评估。整体风险管理文化理念的缺失或偏差，难免会导致金融市场等新兴业务的风险管理边缘化，内部对于风险管理的必要性整体认知程度较低，进而使得银行管理决策层缺乏对于上述业务风险收益评估、风险计量数据分析，使得风险管理政策、相关业务发展都容易出现较大波动，或因噎废食，或出现较大的系统性风险。

因此，为适应日益复杂的外部金融环境、不断发展的新兴业务规模，亟需在加强风险管理制度建设的同时，进一步加快银行内部整体风险管理文化理念的建设与培育。良好的风险管理文化将发挥以下几个方面的作用：

第一，风险管理文化是全面风险管理体系的灵魂。随着金融市场的日益开放和新兴业务的拓展，我国商业银行面临的风险将是集市场风险、信用风险、操作风险等为一体的综合性风险。经济金融全球化以及日益激烈的金融市场竞争对现代商业银行风险管理提出了更高的要求，这就要求各商业银行必须构建全面风险管理体系，而全面风险管理体系建设必须以先进风险管理文化培育为先导，通过风险管理文化把风险管理的责任和意识扩散到每个业务部门和每个业务环节，并内化为员工的职业态度和工作习惯，最大限度地发挥员工在风险管理方面的主动性、积极性和创造性，才能使全面风险管理体系有效发挥作用，才能使政策和制度得以贯彻落实，从而持续提升商业银行的风险管理水平和经营效率。

第二，风险管理文化是商业银行可持续发展的巨大推动力。风险管理文化决定商业银行经营管理过程的风险管理观念和行为方式，在商业银行经营管理中占有十分重要的地位。一家商业银行倡导的文化，决定了这家商业银行在市场上能够走多远。商业银行采取什么样的业务发展战略、风险偏好，部门之间的业务关系是否顺畅，不同部门、不同层次的商业银行工作人员是否能够在重大的风险问题上达成基本的共识，规章制度是否充分合理并得到贯彻执行，出现了例外情况如何处理，这些问题都能体现商业银行的风险管理文化。因此，搞好风险管理文化建设是商业银行治行之本、动力之源、持续发展之基，只有培育良好的风险管理文化，把风险管理理念贯穿于商业银行业务的整个流程，使风险管理由高深抽象的理论变为现实生动的企业文化，才能使商业银行的经营目标和风险机制得以有效实现，在效益增长的同时把风险约束在可承受的范围之内。

第三，风险管理文化是商业银行保持持久竞争优势和经营价值最大化的坚实基础。风险管理文化是商业银行内部控制体系中的“软因素”，先进的风险管理文化和经营管理理念不是有形的规定，而是准确理解巴塞尔新资本协议监管要求，强化资本约束的理念，把风险管理作为商业银行经营管理的第一要务，依托于对风险全面而有效的管理来实现银行经营价值的最大化和保持持久竞争优势，将良好的风险管理文化作为企业文化的重要组成部分，作为企业文化与商业银行经营管理的最佳结合点之一，使商业银行走以内涵式为主的发展道路，以规范求发展，统筹速度、质量、效益和结构，真正实现四者的长期有机统一。

第四，风险管理文化是商业银行增强凝聚力和向心力的有力武器。先进的风险管理文化是促进企业进步与发展的内在动力，它能使绝大多数银行员工具有正确的价值取向，从而易于对商业银行各项重大决策取得共识，激发使命感和责任感。先进的风险管理文化能培育职业道德，促使员工在深化企业改革、利益关系调整等变动中，正确妥善处理公与私的关系，能巩固和发展团结向上、协调稳定的群体关系。先进的风险管理文化在商业银行整个实践活动中界定员工的思想道德、情操和行为准则，激励员工自觉地按照企业总体水平、统一标准来规范自己的言行，强化员工的创业、敬业精神，为促进银行持续、协调、有效、和谐发展勤奋工作。

4.2.1.2　商业银行风险管理文化体系的构成

根据企业文化和管理学的理论，作为商业银行企业文化重要子系统的风险管理文化应由理念文化、行为文化和物质文化三个层次组成，理念文化是核心，行为文化和物质文化是理念文化的保证和表现形式，三者有机结合，共同组成商业银行风险管理文化的全部内涵。通过三个层次的建设，形成理念科学、制度完善、“三位一体”的健康全面的风险管理文化。

（1）理念文化。风险管理理念文化又称为风险管理精神文化，相对于风险管理行为文化和物质文化而言，它处于整个风险管理文化的最深层，并成为风险管理文化的灵魂和核心。

从内涵上讲，风险管理理念文化是指商业银行在长期发展过程中形成的，全体成员统一于风险管理方向上的思想观念、价值标准、道德规范和风险理论成果的总和。它是商业银行风险管理行为文化与物质文化、制度文化的一种总结与升华，是商业银行风险文化中最有活力、最有生命力、最有创造力的核心部分，是银行风险管理的思想上层建筑，即银行风险意识形态的总和。

从外延上讲，风险管理的理念文化包括商业银行风险精神、商业银行风险价值观、商业银行风险控制观、商业银行风险管理观以及理论化、体系化的商业银行风险管理学。

从国际一流商业银行的实践看，风险管理有以下三个基本理念：

第一，平衡风险与收益的理念。风险与收益是一枚硬币的两面，风险本身就是事物的客观存在，既是损失的可能，也是盈利的来源。一般来说，风险与收益成正比，银行业务的性质决定了在获取利润时必须承担风险。商业银行风险管理的目标不是消除风险，而是通过主动的风险管理过程实现风险与收益的平衡，要注重风险和收益的平衡关系，敢于承担与预期收益相平衡的风险，通过有效识别、度量、监测和控制风险，追求盈利机会，形成对银行业务过度扩张的有效制约，促使商业银行良性、可持续发展。

第二，全面风险管理的理念。商业银行损失不再是由单一风险造成，而是由信用风险、市场风险、操作风险等联合造成的，对风险的管理也应该全范围、全过程、全员化的进行。全范围的管理是指要将信用风险、市场风险和操作性风险等不同类型的风险，资产业务、负债业务和中间业务等不同业务的风险，公司、零售、金融机构等不同客户的风险，都纳入统一的风险管理范围。全过程的管理是指风险管理应贯穿于业务发展的每一个过程，哪一个环节缺少风险管理，都有可能出现损失，甚至导致整个业务活动的失败，风险管理必须实现过程控制，前移风险管理关口。全员的管理是指风险管理是每一个银行员工的责任，无论是董事会还是管理层，无论是风险管理部门还是业务拓展部门、后勤保障部门，每个岗位、每个人在做每项业务时都要考虑风险因素。

第三，边界管理的理念。风险管理就是要把握风险的度，守住那些危险地带，插上“标签”，业务运作不能越过这些边界，确保银行的平稳安全运行。银行计算经济资本占用带来的成本，并依据经济资本计算行业、区域和客户的风险限额，对限额实施指令性或指导性管理，风险限额实际上也就是银行的风险边界。

此外，国际一流商业银行的先进风险管理理念还包括：风险管理是商业银行的核心竞争力，是创造资本增值和股东回报的重要手段；风险管理战略应该纳入商业银行整体战略之中，并服务于业务发展战略；商业银行应该充分了解所有风险，建立和完善风险控制机制，对于不了解或无把握控制风险的业务，应该采取审慎态度等。

(2) 行为文化。如果把风险管理理念文化比喻成风险管理文化的灵魂，那么风险管理行为文化就是灵魂的载体。在一个文化系统中，理念文化必须也必然要发挥灵魂、核心作用，从而渗透到行为文化和物质文化之中。而理念文化的渗透、指导、调整作用，必须有一个逻辑秩序和相应的行为活动，这就是首先通过行为文化的层面或环节发生。风险管理行为文化的内容一般包括：

第一，风险管理的组织架构。在建立起现代企业制度的商业银行里，风险管理的组织架构是一个上下贯通、横向密切相连的网络，主要由股东大会、董事会及其专门委员会、监事会、高级管理层、风险管理部门以及财务控制部门、内部审计部门、法律合规部门等其他部门构成，在全系统内逐步建立起风险管理的垂直体系，独立运作，实现与业务经营的并行管理。

第二，制度规范。商业银行风险管理的制度规范，是指银行对经营活动中可能出现的各种风险进行预防和控制的一整套制度安排，包括内控机制和激励机制。在风险制度文化建设的过程中，首先要明确各项制度的适用范围和执行效力高低顺序；其次要针对各个环节和阶段，建立全过程管理，形成固有的流程和权限；在此基础上，完善信息收集和传导反馈机制，并且进行周期性评审、梳理、清理和修订制度，保证制度持续有效。

第三，人的行为表现。行为表现一般是指人们进行某种活动的具体行为、具体操作中表现出来的稳定的行为习惯、行为规范、行为风格、行为风尚。它独立于风险管理理念文化和组织架构、制度规范，但又不可分割，因为人的行为总是在某种观念和环境支配、影响下形成、实施的。风险管理的行为风尚包括遵纪守法和诚信敬业，两者内在一致，共同构成了对行为表现的基本要求。

培育风险管理文化要求商业银行牢牢抓住行为文化建设这一重要层面，构建具有商业银行特色的风险管理机制，让科学的风险管理理念引导制度建设，完善风险管理组织架构，并通过人的行为表现来发扬和发展风险管理理念。

（3）物质文化。风险管理物质文化，广义上包括两个重要组成部分：一是，知识层面，即商业银行在风险管理过程中形成的技术和艺术，它包括银行对各种风险的评估能力、辨识能力、在风险收益上的权衡艺术以及对风险管理模型的开发运用技巧。二是，实物层面，即通过商业银行风险管理形成的安全的经营与管理产品、设施、设备和空间环境以及配套的各种物质保障手段等。狭义的风险管理物质文化仅指风险管理的知识层面。

目前，我国商业银行风险管理物质文化在知识层面和实物层面均与国际先进银行相比有较大差距，前者主要表现为注重定性分析，主观性较强，定量分析技术缺乏，技术方法落后，技术和工具缺乏等。缺乏精确的度量，就很难对风险做出准确的甄别并对项目做出正确评估，这直接影响了银行风险管理的决策科学性，也降低了风险管理的透明度。后者主要表现为银行经营的产品缺乏定期风险评估、风险缓释功能不足，服务手段没有完全贴近市场需求，风险管理的信息系统和监控设施不完善且技术支持力度不够，经营环境缺乏鲜明和统一的文化特征等，商业银行经营的产品、提供的服务是商业银行经营管理的基本成果，商业银行经营环境是展现风险管理文化的主要窗口，而风险管理信息系统、监控设施等硬件设备是风险管理高效运作的重要保障，实物层面的文化缺乏，不但使全面风险管理体系难以发挥作用，而且会对银行经营形象和声誉产生不利影响。

我国商业银行建设风险管理物质文化主要应从以下几个方面入手：优化贷款风险监测和控制手段，吸收借鉴国际一流商业银行风险管理技术和方法；加强风险管理信息化建设，搭建符合风险管理要求的信息科技平台，建立透明高效的风险信息报告体系；研究系统、科学的资产风险量化和评级技术，从主要依赖主观判断向积极引入现代风险管理方法、模型和技术转变；建立产品定期风险识别和评估机制；设计和推广全球统一的银行经营环境形象，形成品牌效应；根据市场需求，建立标准化和差异化的服务手段等。

4.2.1.3　商业银行风险管理文化的培育

商业银行风险管理文化的培育构成过程将会是漫长而复杂的。国内商业银行的风险管理文化构建初期，就需要通过制度建设，并通过一定管理手段（比如正向、负向奖惩激励等）来强化整个银行对于风险管理的行为文化，进而迅速地确立并形成全行风险管理文化中最基本的、框架性的文化理念、价值取向。商业银行风险管理文化的培育途径主要有：

（1）通过管理者的倡导来推进风险管理文化。领导重视是推进风险管理文化建设的先决条件。从文化经营角度看，银行高级管理层的使命就是创建并推行企业文化。各级管理人员首先要在其经营思想中贯彻正确的风险管理文化理念和风险管理价值观，通过对风险价值观念的提炼和风险管理文化建设方案的策划，为银行风险管理文化的构建指明方向。

各级领导的思路不仅要转为政策和语言，更要转化为实际行动，一方面要严于律己，身体力行，通过自己的行为、态度、语言及非语言信号来践行风险管理文化，另一方面要培养和塑造风险管理的"模范人物"，宣传报道"模范人物"的先进事迹，通过这两方面的榜样示范作用来推进风险管理文化建设。

（2）通过管理者与执行者的互动来传导风险管理文化。营造风险管理文化，不但需要管理决策层的积极倡导与策划，更要求每个机构的每位员工牢固树立风险意识，积极防范和控制业务风险。从管理者到执行者，要通过有效的推行与传播，努力转变员工的思想观念和行为模式，促进员工对全面风险管理的认知感、认同感和认责感，最终实现风险管理文化三个层面的有机衔接，把风险管理目标、风险管理理念和风险管理习惯渗透于每个部门、每个岗位和每个工作环节，并内化为每位员工的职业态度和自觉行为，力求最大限度地发挥各级员工在风险管理方面的主动性、积极性和创造性，在整个银行形成一种良好的风险管理文化氛围，形成一种风险防范与控制的道德评价和职业环境。

建立顺畅的沟通渠道，保证商业银行高管层对整个风险文化的设计、构思传达到一定的广度和深度需要做到以下三点：一是，自上而下的沟通，确保风险指令传达的及时性，避免和解决沟通中的干扰和失真问题。二是，自下而上的沟通，确保员工意见及时反馈到高管层，使风险管理文化得到员工的理解和认同。三是，员工之间的沟通，通过各种群体性的宣传、培训、比赛、检测等活动，在群体互动中塑造每位员工的风险管理行为习惯、行为品质、行为风尚。

（3）通过科学的激励约束机制来塑造风险管理文化。建立起一套有利于专家型人才脱颖而出的激励约束机制。加强职业生涯规划的辅导，建立起透明、公开的人才选拔机制。专家序列要更突出专业专注的特点，每一类别下的等级一定要合理，标准一定要清晰具体，尤其是专业素质的要求，一定要紧扣商业银行风险管理的特点，进行必要的细化和量化。同时，要在使用中不断地培训，提升专家的层次，使其不断适应更高、更重要的新的职位，从而不断增进其成就感和归属感。

要在对商业银行各类风险深入研究的基础上，形成系统科学的风险控制与奖惩制度，一方面让每一位员工认识到自身的工作岗位上可能存在的危险，时刻警觉，形成防范风险的第一道屏障；另一方面为员工提供能满足其对企业回报预期的资源或支持，创造良好的工作氛围提升员工的投入程度。通过构建有利于调动员工积极性的激励约束机制，培育有利于知识型、创造型人才成长的风险管理文化,加强员工创新能力的培养,优化人力资本与银行其他资源的配置,增进组织内部各成员的有效沟通,让人力资本的效用最大化。

(4) 通过以人为本的经营理念来构筑风险管理文化。人是创造文化的主体,又是传承文化的载体,培育风险管理文化要贯穿以人为本的经营理念。

首先,以人为本要创造良好的工作环境,包括构筑管理者与员工之间以及员工相互之间顺畅的沟通渠道;确保人力资源管理制度的科学性和公平性,知人善用,用人唯贤;挖掘员工的最大潜能,鼓励员工创新工作方法,发挥聪明才智。

其次,要建立科学的专业人员任职机制,应积极推进风险经理制度,建立和完善风险经理的任职资格、工作职责、业绩评价和考核管理机制,逐步建设起一支高素质的风险管理队伍。

最后,要加强对员工队伍的教育培训,传授风险管理理论和方法,提高员工的业务水平和专业技能,同时着力培养员工的创新能力,使员工在风险管理技能方面不断得到强化,在风险管理意识方面不断超越自我,紧跟国际银行发展步伐。

(5) 通过建立长效发展机制来不断完善风险管理文化。我国银行业在相当长的一段时间里,普遍"重业务发展,轻风险管理",盲目追求效益,对风险的认识不足、控制乏力,产生了大量的不良资产,也出现了很多违法、违规、违纪行为,并为此付出了沉重代价。目前,这种落后的传统价值观念仍然不同程度地影响了各商业银行的改革与发展,风险管理还没有渗透到商业银行的每一项业务、每一个环节,乃至每一个人的头脑当中,还未成为银行经营管理当中的一种"习惯"。因此,我国商业银行的风险管理文化建设不是一朝一夕就能完成的事情,也不能搞突击式的"面子工程",必须建立一种长效发展机制。我国商业银行风险管理文化的长效发展机制应该借鉴国际一流商业银行的实践经验,继承传统文化中健康向上、有利于商业银行发展的精华,在理念、行为、物质三个层面上建立具有内在自我完善功能、在银行持续经营中能长期发挥作用的先进风险管理文化。

 案例 4-1

摩根大通优秀的风险管理文化①

摩根大通在2008年全融危机中损失较同业(美国银行、花旗银行、富国银行)少,而且2008年摩根大通仍获得盈利56亿多美元(较上年下降64%),相对于美国银行、花旗银行为净亏损的业绩,这已经是一个令同业羡慕不已的良好业绩了,这种结果得益于摩根大通优秀的风险管理文化。

(一) 风险管理的四项原则

摩根大通长期坚持审慎管理的四大原则:

一是,强有力的公司治理。各项业务遵守运营委员会推行的全公司治理原则和控制规范。

二是,协作的管理文化。高层管理人员密切协作,相互尊重,并且为彼此的成功感到

① 郦锡文.问道摩根大通:从摩根大通风险管理文化中得到的启示[J].银行家,2009,(6):101-103.

自豪。

三是，专注于风险回报对比。总体风险承受能力结合收益能力、多元化和资本状况确定，强调保持堡垒般的资产负债表。

四是，注重主营业务收益能力。各项业务扎实的收益能力有助于抵御经济低迷的影响，为将来做好准备。

（二）摩根大通风险管理基本要素

摩根大通与其他银行和金融机构比较，硬件几乎没有任何区别，但唯一的不同是软件，即风险文化与管理，具有四个方面的特点：

一是，在摩根大通内部，有一种说实话的文化。董事长兼CEO要求管理层中必须每个人都说实话。

二是，在公司管理中必须注重细节。摩根大通管理层认为，战略、方向固然是重要的，但摩根大通各个业务领域的CEO都必须是注重细节的CEO，而不能是夸夸其谈的战略家，如果不能落实到执行层面，任何战略都是没有用的。

三是，每个人都有发言权。这一点尤其重要，对发言的人不能有级别高低的限制和来自哪个国家、业务领域的区别，因为摩根大通经历了很多合并和巨大的斗争，因此，他们非常强调内部不能有个人崇拜，更不能有压制性的文化，他们鼓动他人勇于提出不同看法和问题。

四是，一把手在抠细节方面率先垂范。摩根大通每2个星期都要召开一次高层会议，每次会议讨论的内容都有上百页、几百页纸，大家几乎是逐页过筛地对这些内容进行讨论。董事长要求到会的人员，不在于说得多漂亮，而在于是否把自己该做的事情做好了。

正是基于以上文化理念，才有摩根大通以下独特的风险管理基本要素。

1. 力求最好，但并不追求最大

摩根大通的一贯目标是力求最好，但并不追求最大，自20世纪末期摩根大通合并以来，摩根大通深知“规模效益是成功的关键”，并一直在进行银行间的并购活动，把资产规模和客户领域做大做强。这些活动包括2004年对芝加哥第一银行和纽约银行的并购，2008年对贝尔斯登和华盛顿互惠银行的收购。但做大并非该集团的第一选项，他们认为扩大业务、进行并购并获得规模效益的唯一理由是，“为客户提供更好的服务（即以更低的价格更快地为客户提供更多、更好的服务）”。正如杰米·戴蒙先生在致全体股东的信中说：“倘若不是出于此种目的，规模庞大亦未必是好事。如果官僚作风、傲慢自大、对细节缺乏关注（或大企业的其他陋习）等问题超过规模效益，最后将以失败告终。”

2. 未雨绸缪，把高风险业务拒之门外

尽管摩根大通并未能预测到2008年金融危机可能带来的所有不利变化，但是一向处事谨慎的该行管理团队，通过努力不懈的工作，全力保护公司资产，力求把危机对公司造成的损失减少到最低程度。据介绍，摩根大通在以下几个方面都有区别于同业的“神来之笔”。一是，较早地认识到结构性投资工具（SIV）是一种涉及大量风险而业务用途有限的套利工具，因此尽力避免发起有关产品，并在2005年出售了该公司唯一的一个小型结构性投资工具。二是，认为选择性可调利率房屋抵押贷款（ARM）并不符合消费者利益，因此没有进行相关交易。三是，在危机爆发初期（2006年）大幅削减了次级房屋抵押贷款敞口。四是，从未设立结构性金融业务部门，刻意避免涉足结构性债务抵押证券(CDO)业务。五是，没有过分提高资本的杠杆水平，核心资本充足率始终维持在8%～8.5%的高目标水平。六是，长期保持高水平的流动性。

正是基于上述表现，在百年一遇的金融海啸袭来时，摩根大通是当时为数不多(甚至是唯一)能拿得出现金来协助政府向那些濒临倒闭的公司提供支持的有责任感的公司。

3. 合规管理官如何抵御高收益产品的诱惑

在摩根大通，发生过这样一个生动的案例。对于在中国香港销售的雷曼迷你债券，当时多家大银行纷纷向客户宣传该产品的高收益率，争相销售该产品。摩根大通原本也是要做这项业务的，但当销售部门在经过多个环节的内部审批流程后，到了最后的类似于我国合规风险管理流程环节却被合规官卡住了。他的理由很简单："我看不清楚这个产品，它或许对银行有利可图，但对客户的利益缺乏保障。"正是这个看似不太起眼或不太充足的理由，把这只后来成为香港多家银行甚至香港政府梦魇的"迷你"债券产品，封杀在摩根大通的产品名单外，为摩根大通赢得了高于同业的良好声誉。更令人感叹的是，这位一度冒着被许多同事责难、误解而为公司堵住重大风险的合规官在后来并没有因为此举得到什么擢升或褒奖，而在他本人看来，自己只是做了其职责范围内应该做的事而已，这并非是生动有趣的故事，而是活生生的事实。仅此一点，就让我们对摩根大通的风险文化刮目相看。

4. 着力打造世界级风险管理文化，风险管理成为每个人的职责

摩根大通之所以有那么多敢于负责的员工为公司尽忠职守，源于他们致力于打造世界级的风险管理文化的努力。这个文化的主要特质包括：

(1) 定义公司的风险文化并将其奉为宝典。

(2) 在公司内部形成一种注重风险的风气。

(3) 使风险管理成为每个人的职责。

(4) 识别、报告和量化所有可能存在的风险。

(5) 将可量化或不可量化的风险并重对待。

(6) 接受不确定性(即风险)无处不在的事实。

(7) 避免企业无法理解的产品和业务。

(8) 监视公司风险管理人员的工作(即监督者本人也要接受别人的监督)。

(9) 良好的风险管理会创造价值。

以上9条要诀，值得我们认真品味和鉴赏。

董事会和高级管理层在有效地监督风险管理工作上的协同和博弈缺一不可。摩根大通认为，管理得当的组织应当依赖其领导班子去传达公司能够接受的风险类型和水平，以便确定管理这些风险的必要策略。为此，摩根大通在风险管理实施和监督上，其董事会和高管层是既有协同又有博弈的。

第一，他们建立了管理顺畅、分工明确、覆盖全面的风险管理结构。即在董事会下设立运营委员会，在运营委员会中又分别设立了资产和负债委员会、风险工作组、投资委员会、市场委员会，由上述4个子委员会(工作组)分别管理公司的风险(涵盖信贷、市场、运营风险)、资金(涵盖资产负债表、流动性、监管资本)和法律事务(涵盖声誉性风险、受托人风险等)。

由于摩根大通实行事业部制管理，所以该公司内部的投资银行业务、零售金融服务、银行卡服务、商业银行业务、资金管理与证券服务、资产管理业务、信息系统管理等都能独立运行和单独考核，虽各有分工，但都接受统一的风险管理文化。

第二，在风险承受能力和风险控制方面建立了一种平衡关系，包括：在推动盈利产生的同时，还要对可能扩大风险敞口的容忍程度发布明确的指引；将资产负债表作为业务部门的制约因素（即业务部门不能脱离资产负债表的健康要求而盲目扩张）。风险管理部门可以挑战业务部门对公司资产负债表上相关风险所做出的假设（换句话说，风险管理人员不能屈从于经营业务人员），要求制定测试估值准确性的相关步骤等。

第三，要求管理层了解新出现的风险并采取行动，包括：高级管理层作为一个整体，需要具备一系列风险领域的专长；充分利用以前的经验和实力来评估千变万化的市场发展动态；提倡做出快速、强有力和纪律严明的反应，如进行对冲、冲减风险敞口并加强管理信息系统。

第四，控制经营链上信息流的时间和质量，包括：最高层管理人员需要参与可能会有重大意义的决策工作；将业务和风险管理部门新出现的风险上报给高级管理层；有效消除机构性级别（即有些重大事项可以越级报告），提供更为直接的沟通渠道。

第五，实现整个公司内部深入广泛的沟通，包括：依赖公司多个部门提供的信息，并将该信息报高级管理层和各个部门；避免分割信息并对决策过程采取隔离方式，在公司内部建立控制职能之间的联系。

（三）摩根大通风险管理文化给我们的启示

摩根大通颇具特色的风险管理文化，至少给我们如下启示：

(1) 提倡讲真话、讲实话，敢于和善于听取不同意见。董事会和高管层都是做重大决策的领导人员，不能在内部形成“一人独大”和“众人附和”的一团和气现象。试想一下，摩根大通当初要是没有那个敢于说实话的合规官，其在中国香港市场上会是什么境况？

(2) 要更多地发挥团队的力量、形成人人有责、人人干事业、做贡献的氛围。坦率地说，摩根大通的杰米·戴蒙先生是一个成功的CEO，但他把成功的原因归结为摩根大通的管理团队和广大员工。摩根大通在短短75日内完成了收购贝尔斯登的交易（支付15亿美元收购了贝尔斯登3700亿美元的资产）。这归功于其包括财务、审计、交易、银行、法律、房地产及信息系统团队在内数百人、上千人夜以继日的辛勤劳动。

(3) 避免烂苹果效应。摩根大通的风险文化中有一句经典的话“接受不确定性无处不在的事实。”既然风险无处不在，那么防范、抵御风险的措施就要无时不有，甚至未有穷期。的确，风险管理就像对待一筐苹果里偶尔发现的一个烂苹果，如果不及时清除这个烂苹果，这个烂苹果可能会把一筐苹果腐蚀掉。事实上，在金融市场日益发达、产品越来越丰富、创新越来越普及的今天，国内商业银行的苹果筐越来越大，品种也越来越多，如果不能及时发现烂苹果并对其进行有效的质量（数量）清点、处置，也许就会带来不可收拾的局面。

(4) 畅想未来和注重细节一样重要。我国商业银行的公司治理和风险管理时间还很短，虽然近些年取得了不少进步和成效，但远未到沾沾自喜的时候，而且在金融环境日益复杂的今天，各种风险都可能在前进的道路上等着我们（或许我们根本不知道风险藏在何处或何时冒出来）。我们的商业银行一定要有远大目标，但这种远大目标并不妨碍我们做任何事情都要注重细节。所谓“细节决定成败”不是一句空洞的说教。摩根大通不仅在全行有注重细节的文化，而且其董事长兼CEO身体力行，甚至他比其他人更对风险细节“锱铢必较”。当然，再精明善谋的人也不可能做到尽善尽美，摩根大通即使有健全的风险文化，也没能避免其在次级住房抵押贷款上吃苦头。但聪明人不会让自己在同一个地方摔两次跟斗。面对危机，摩根大通为自己确定的任务是，在未来200年内仍能从事自身最擅长的业务，确保公司维持强大、稳健且充满活力。我国的商业银行也应该有这个气魄，为自己未来50年、100年、200年做好准备，走更远的路，关注更宏大的目标，迎接更严峻的挑战，成就更遥远的梦想。

4.2.2 商业银行风险管理文化的内容

提倡和培育风险管理文化是商业银行防范金融风险的前提基础，要想在商业银行推行先进的风险管理文化并不是一件容易的事情。构建风险管理文化需要经历一个漫长的过程，必须要结合商业银行自身实际状况和当前在商业银行中普遍存在的问题，加快培育有效的风险管理文化，让整个团队更新观念和认识，只有这样才有利于新经济条件下商业银行的持续发展，才能增强商业银行的整体竞争实力。

风险管理文化是全面风险管理体系的重要组成部分，是商业银行风险管理“软实力”的体现。商业银行必须深刻认识风险管理文化建设的战略地位和重要作用，积极推进良好的风险管理文化建设，使风险管理体系中的不同部门和全体员工都能以积极的态度去履行自身职责，促进风险管理体系的不断完善和发展。加强风险管理文化建设已成为现代银行的治行之本、动力之源和可持续发展之基。

4.2.2.1 风险管理文化建设的基本原则

（1）参与性原则。全体员工要积极行动，踊跃参与风险管理文化的建设工作，务必弥补风险管理文化建设的空白区域。

（2）导向性原则。各部门在风险管理文化建设和经营管理实践中，必须始终围绕安全经营的核心理念，营造正确的风险管理文化舆论氛围，奉行并宣扬本行所倡导的理念和行为，坚决果断地反对和批评不利于本行发展的思想和言行。

（3）关联性原则。各部门要创造性地把风险管理文化建设与部门日常工作管理结合起来，联系实际，采取灵活多样的形式推进风险管理文化建设。

（4）持久性原则。风险管理文化建设是个渐进而漫长的过程，各部门、各单位要积极教育、引导员工，有决心、有耐心、有信心打好风险管理文化建设攻坚战，切实将风险管理文化工作纳入本部门的总体工作计划中去进行落实，并不断完善，持续提高。

（5）协调性原则。风险管理文化建设是个系统工程，各部门应牢固树立全局意识，互相支持、密切配合，在风险管理文化推进过程中听从指挥、服从调配，发挥整个文化宣传网络的最佳效应。

（6）合法性原则。各部门在风险管理文化传播渠道的建设和宣传的过程中，必须按照国家法律法规的有关规定进行。

4.2.2.2　风险管理文化建设的内容

商业银行应通过理念文化、行为文化、物质文化三个层面建设风险管理文化，把风险管理理念贯穿于日常业务的整个流程，并内化为全行员工的自觉意识和行为习惯，使全面风险管理机制的作用得到有效发挥。

(1) 风险管理理念文化建设。从内涵上讲，风险管理理念文化是商业银行在长期发展过程中形成的，全体成员统一于风险管理方面的思想观念、价值标准、道德规范和风险理论成果的总和；从外延上讲，风险管理理念文化包括商业银行的风险精神、风险价值观、风险控制观、风险管理观，以及理论化、体系化的商业银行风险管理学。商业银行风险管理理念文化建设的内容至少应包括：

第一，平衡风险与收益的理念。风险本身是事物的客观存在，既是损失的可能，也是盈利的来源。风险管理的目标不是消除风险，而是通过主动的风险管理过程实现风险与收益的平衡，注重风险和收益的平衡关系，敢于承担与预期收益相平衡的风险，通过有效识别、度量、监测和控制风险，追求盈利机会，形成对业务过度扩张的有效制约，促使商业银行良性、可持续发展。

第二，风险管理为先为重的理念。要把良好的风险管理视为质量效益的保障、业务发展的前提和战略转型的突破口，把风险管理工作提升到商业银行整个经营管理的战略地位。在业务发展过程中严格实施审慎的风险管理战略，坚持风险优先、风险控制和实现利润同等重要的基本原则，不断强化依法经营、审慎经营、稳健经营意识，努力培育"违规就是风险、集中就是风险、不知就是风险、失职就是风险、停滞就是风险"的风险理念。

第三，依法合规经营的理念。把依法合规经营当作商业银行经营的生命线，努力做到：依法合规办银行，合规的事情用合规的方式做；一心一意办银行，在相关的法律法规范围内开展经营活动；实实在在办银行，资产规模、质量和经营利润等实事求是；稳健经营办银行，坚决放弃对短期利益、片面利益和高风险收益的追逐。

第四，全面风险管理的理念。要积极推动风险管理理念转型，推行全范围、全过程、全员化的风险管理，逐步实现由信用风险防范为主的单一风险管理模式向信用风险、市场风险、操作风险、流动性风险、声誉风险等各类风险集成化、系统化管理的全面风险管理模式转变。

(2) 风险管理行为文化建设。风险管理行为文化一般包括风险管理的组织架构、制度规范和人的行为表现等。商业银行应将科学的风险管理理念引入制度建设，形成统一规范的制度体系，规范员工行为。风险管理行为文化建设的内容主要包括：

第一，搭建科学的风险管理组织体系。按照"科学化、专业化、扁平化、流程化、集约化"的流程银行建设思想，遵循"精简、效能"和"科学合理，职责清晰，决策、经营、监督分离"的原则进行机构整合和相应的岗位配置与职责优化，构建与商业银行金融服务区域经济发展和经营特点、业务规模、服务对象及金融产品复杂程度相适应的组织架构；根据"责权分明、平衡制约、规则健全、运作有序"的原则，构建"决策制定权""风险控制权""业务操作权"分离的全面风险管理组织体系；按照"对外简化、对内优化"，前、中、后台相分离的原则，搭建全面风险管理的三道防线，形成"垂直、独立、专业"的风险集中统一管理模式。

第二，建立和完善风险管理制度体系。完善商业银行风险管理基本规定，明确商业银行风险管理的基本任务、目标、原则，风险管理的重点、责任、组织体系等。建立和完善信用风险、市场风险、操作风险、流动性风险、声誉风险等风险类型的管理办法及其配套的风险识别、计量、监测、控制、预警、报告等制度。同时，完善风险责任追究制度，将风险容忍度管理常态化、制度化，并作为风险监测、预警、处置和“风险—收益”平衡考核的重要依据，形成全面风险管理制度体系。

第三，完善风险预警、奖惩、监督机制。一是，建立“有警必报、有险必化”的风险预警机制。二是，建立“有奖有罚、奖罚分明”的风险管理激励约束机制。将风险管理职责履行情况，纳入绩效考核评价指标体系。三是，建立“监管有效、制约到位”的风险管理监督机制。建立风险管理再监督制度，内部审计部门要对风险管理工作定期进行再监督。

第四，形成遵纪守法、诚信敬业的行为风尚。构建具有商业银行特色的风险管理机制，让科学的风险管理理念引导制度建设，完善风险管理组织架构，并通过人的行为表现来发扬和发展风险管理理念，做到“事事有制度，事事有检查，事事有程序，事事有奖惩”。

(3) 风险管理物质文化建设。风险管理物质文化，包括两个重要组成部分：一是，知识层面，即商业银行在风险管理过程中形成的技术和艺术，它包括银行对各种风险的评估能力、辨识能力、在风险收益上的权衡艺术以及对风险管理模型的开发运用技巧。二是，实物层面，即通过商业银行风险管理形成的安全的经营与管理产品、设施、设备和空间环境以及配套的各种物质保障手段等。商业银行风险管理物质文化建设主要应从以下几个方面入手：

第一，优化风险监测和控制手段，吸收、借鉴一流商业银行风险管理的技术和方法。

第二，加强风险管理信息化建设，搭建符合风险管理要求的信息科技平台，建立透明高效的风险信息报告体系。

第三，研究系统、科学的资产风险量化和评级技术，从主要依赖主观判断向积极引入现代风险管理方法、模型和技术转变。

第四，建立产品定期风险识别和评估机制。

第五，根据市场需求，建立标准化和差异化的服务手段。

4.2.2.3 风险管理文化建设途径

通过组织风险管理专业培训、召开风险管理工作专项座谈会等形式，构建全员的风险管理文化，推动管理层和全体员工的风险管理理念的转变，形成先进的风险管理文化。

(1) 领导垂范。商业银行领导层应深刻理解本行的风险管理文化，其言谈举止对本行风险管理文化建设起到重要的示范作用，通过说服、协商、参与、命令等方式有意识地将风险管理文化融入日常行为，以身作则，推广风险管理文化。

(2) 培训教育。培训是集中、系统的教授过程，可以迅速地营造学习气氛，实现宣传效果。各部门在组织参加风险管理文化培训的同时，还应把风险管理文化培训纳入本部门的内部培训工作体系。

此外，还可以通过知识竞赛、座谈讨论、撰写心得等多种方式，促使员工学习风险管理文化。

(3) 舆论导引。通过舆论宣传可以统一意识，宣传风险管理文化。各部门应通过各种会议或利用本行网站、橱窗等，对本行的核心理念、经营理念、价值观念和行为准则进行宣传与引导，从而形成先进风险管理文化宣传的良好氛围。

(4) 行为激励。对于在经营活动中充分体现全面风险管理精神的行为，各部门不仅要建立奖励机制，总行将定期进行表彰，以强化员工对风险管理文化的理解和认同，将风险管理文化逐步内化为员工的理念。

(5) 树立典范。员工的行为规范是风险管理文化的外化形式，直接反映了本行风险管理的行为准则和价值取向，各部门应根据本行风险管理文化建设的要求，不断完善、健全管理规章制度和奖罚考核机制，确保风险管理文化活动的有序开展。

(6) 造就楷模。楷模是风险管理文化的人格化象征，各部门在塑造先进典型的过程中，要结合本行风险管理文化活动内容一并考核，促使员工成为先进典型的同时，也是本行的"风险管理文化标兵"。

(7) 利用事件。重要事件是表明商业银行态度、宣传本行价值理念的良好机遇，同时也体现了本行的风险管理文化。为此，各部门应密切配合本行的行为和价值观，把握本行内外部重大事件的发生时机，以具体行动表明本行风险管理文化的理念。

(8) 活动感染。团体活动将以互动、轻松的方式营造无界限的沟通氛围，使个人的理念在团队活动中得到感染和升华，从而在活动中达到相互影响、相互交流，改变固有的思维定式，认识本行的风险管理文化理念。各部门、各分支机构除积极支持配合本行组织的相关风险管理文化活动外，还应结合自身工作实际，充分利用业余时间创造性地开展风险管理文化建设活动，从而加强对本部门、本分支机构员工的思想、观念、行为的影响与塑造，增强内部凝聚力。

4.3 商业银行业务层面的风险管理机制

商业银行应根据风险管理的原则和要求，制定覆盖所有业务和管理环节的政策和程序，建立风险管理制度体系。对商业银行来说，风险管理制度体系应至少涵盖信用风险、市场风险、操作风险、流动性风险和声誉风险等。

4.3.1 信用风险管理机制①

信用风险是指债务人或交易对手未能履行合同所规定的义务或信用质量发生变化，影响金融产品价值，从而给商业银行造成损失的可能性。

损失是指对商业银行的价值、财务状况、声誉、客户或员工造成的不利影响。

信用风险管理对象包括除交易类账户和衍生产品外的所有银行账户表内外资产，主要包含计量信用风险暴露项目，即各项贷款、拆放同业和买入返售资产、存放同业、银行账户债券投资、应收利息、其他应收款、不可撤销承诺及或有负债。

① 中国银行业从业人员资格认证办公室.风险管理[M].北京：中国金融出版社，2013：72-160.

4.3.1.1 信用风险管理的目标与原则

(1) 信用风险管理的目标。信用风险管理旨在通过确定信用风险偏好、健全组织管理体系、优化风险管理流程、培育风险管理文化,将信用风险控制在可接受的容忍度范围内,最终提升商业银行的整体价值。

第一,提升商业银行的价值创造能力。通过有效经营和管理信用风险,将信用风险控制在可承受的容忍度范围内,实现经风险调整后的收益最大化。

第二,统一商业银行信用风险偏好。信用风险管理着眼于明确商业银行全行的信用风险偏好,并将决策层确定的风险偏好转化为具体的管理措施,增进风险管理部门及风险承担部门的协同意识和联动能力,促进风险管理能力的提高,确保在风险可承受范围内实现风险、收益与发展的最佳平衡。

第三,促进信用风险管理的持续优化。通过在业务领域有效配置信用风险管理资源,提高信用风险管理效率,增强风险管理的业务敏感度,促进信用风险管理水平的不断优化。

第四,培育审慎稳健的风险文化。信用风险管理制度作为商业银行风险文化的重要载体,传导银行风险管理的核心理念和价值导向,促进审慎、稳健风险文化的形成。

(2) 信用风险管理的原则。商业银行实施信用风险管理应遵循以下原则:

一是,合法合规原则。信用风险管理必须合法,严格遵循监管要求,不能违背法律法规和监管规章。

二是,全面覆盖原则。信用风险管理必须覆盖商业银行所有部门、各分支机构、各产品条线、各业务环节和各组合维度,实行全面、全程、全员和全方位的管理。

三是,动态调整原则。信用风险管理必须与商业银行面临的内外部环境相适应,并根据经营战略、理念、外部经济、政治及监管环境的变化,严密监测信用风险变动情况,动态调整和完善资产组合分布,将信用风险严格控制在可承受范围内。

四是,合理平衡原则。必须对各项业务、产品和经营管理活动所蕴含的信用风险进行充分识别和有效防控,保持风险与收益的合理平衡。

五是,成本效益原则。信用风险管理措施必须与具体业务规模、复杂程度和特点相适应,并在风险管理成本和效益之间寻求合理平衡。

六是,相对独立原则。信用风险必须由专门团队运用信用风险管理方法、技术、工具和系统进行专业化管理,且风险管理体系应与业务经营体系保持相对独立。

"三农"业务信用风险管理是商业银行信用风险管理的重要内容,商业银行在坚持信用风险战略的前提下,结合"三农"业务信用风险的具体特点,有针对性地改进管理架构、优化管理政策、完善管理措施,促使"三农"业务信用风险管理水平不断提高。

4.3.1.2 信用风险管理的主要内容

信用风险管理是指对信用风险进行主动识别、计量、监测、报告和控制的全过程。信用风险管理的内容应包括以下主要方面:

(1) 信用风险偏好与容忍度。信用风险偏好是在商业银行统一的整体风险偏好和整体风险容忍度范围内,根据本行发展战略、风险管理能力、外部环境变化、风险承受能力和股东价值回报要求等因素确定的信用风险承担水平。确定信用风险偏好时应综合考虑商业银行希望获得的外部评级、计算信用风险参数所跨越的时间长度、最大可接受的损失、损失的波动性、经营战略及收益分配政策等因素。

信用风险容忍度是指在系统分析商业银行内外部经营环境的基础上，为促进本行整体发展战略的实现，根据董事会审批的信用风险偏好设定的可量化的主要信用风险可接受水平。确定信用风险容忍度时应综合考虑本行的目标评级、最大可承受损失、资产组合波动性、目标收益率、收益分配政策、对经济环境的敏感度、风险管理与内部控制水平、同业情况以及上期执行情况等因素，科学测算信用风险容忍度体系，确定信用风险容忍度指标的上限与下限值，并据此设置信用风险预警线以及相应的对策安排。

信用风险容忍度指标，主要包括以下定量指标：重大信贷风险发生率、贷款违约率、信用卡违约率、贷款抵(质)押率、正常类贷款迁徙率、次级类贷款迁徙率、可疑类贷款迁徙率、不良贷款率、核销贷款率等。授信管理部门应牵头组织重检信用风险容忍度，原则上每年开展一次信用风险容忍度重检，并向高级管理层和董事会报告相关情况。表4-1是某商业银行某会计年度的信用风险容忍度。

表4-1　信用风险容忍度

项目	指标解释	工作目标	最高容忍度	最低容忍度
不良贷款率	不良贷款与贷款总额之比	2%	<3%	>1%
贷款负向迁徙率	正常贷款中变为不良贷款与正常贷款之比	0.3%	<0.5%	—
不良资产率	不良资产期末余额/总资产期末余额	3%	<5%	>1%
信用卡违约率	90天以上逾期	5%	<8%	>1%
准备金覆盖率	已提贷款准备金/不良贷款总额	100%	>80%	<120%

(2) 信用风险识别与计量。信用风险识别是信用风险管理的基础环节。各业务部门、管理部门、分支机构应独立并及时查找各项业务、产品和资产组合所面临的信用风险，分析导致信用风险的具体因素及其不利影响程度等。信用风险识别应包括确定信用风险识别的范围、找出信用风险因素、确定信用风险的类别和分布部位、分析信用风险来源和形成原因、全面梳理信用风险因素并形成详细的识别清单等关键步骤。

根据商业银行信用风险偏好和风险管理政策，结合产品类别和业务流程的具体特点，可采用制作风险清单、专家调查列举、资产财务状况分析、情景分析、分解分析等方法进行信用风险识别。信用风险识别以业务部门、分支机构为主，采用定性与定量相结合的方法进行识别。

信用风险计量是指商业银行各业务部门、分支机构和信用风险管理部门运用风险计量模型、方法和系统，对信用风险可能发生的概率及导致的损失程度等进行测算和度量。商业银行信用风险的计量，在内部评级体系建立之前使用监管机构在《商业银行资本管理办法(试行)》及其附件2规定的权重法。但随着内部评级体系的建立，内部评级初级法的逐步实施，应逐步过渡到以内部评级初级法为基础的信用风险计量。

(3) 信用风险监测与报告。信用风险监测是指通过各种监控技术，动态捕捉信用风险指标的异常变动，对信用风险状况及其控制措施实施动态、持续的跟踪与分析，判断信用风险指标是否已达到引起关注的水平或已经超过阈值。

商业银行的信用风险监测应涵盖各业务品种及业务条线，既要监测客户风险因素变动情况，又要监控宏观经济变动对客户风险的影响，同时，还要监控内部管理制度的执行情况。信用风险监测体系应具有以下功能：

第一，确保商业银行了解借款人或交易对方当前的财务状况及其变动趋势。

第二，监测对合同条款的遵守情况。

第三，评估抵（质）押物相对债务人当前状况的抵补程度以及抵（质）押物价值的变动趋势。

第四，识别借款人违约情况，并及时对风险上升的授信进行分类。

第五，对已造成信用风险损失的授信对象或项目，迅速进入补救和管理程序。

信用风险报告分为信用风险分析报告、信用风险单项事项报告、信用风险管理报表和信用风险专题研究报告等形式。全面信用风险报告内容主要包括报告期信用风险整体状况、面临的主要风险因素及风险趋势、采取的控制措施及执行效果和加强风险管理的建议等内容。

在商业银行，信用风险报告的内容及路线通常为：①风险管理部门以每月末为基准，向风险管理委员会报告管理指标的计算结果；②风险管理部门通过拟定资产组合的调整方案等措施，确保信用风险管理指标保持在规定的限额内；③风险管理部门对风险管理委员会所规定的信用风险管理必要措施的履行情况进行监督审核，并向风险管理委员会报告审核结果；④风险管理部门对信用风险管理指标的异常情况进行监控，发生异常情况时，向负责风险管理的行长报告原因分析及管理方案；⑤风险管理部门负责每季一次向董事会风险管理委员会报告限额管理及信用风险各项指标管理情况。

（4）贷款约期与风险定价。商业银行应根据信用风险偏好、信用风险容忍度和业务发展的实际需要，制定贷款约期管理政策，保持长、中、短期贷款比例适当。贷款约期确定应充分考虑产品的具体特点、借款人预期现金流等因素；严格控制贷款约期调整，约期一经确定，不得随意变动，确需调整的应按程序审批。

风险定价实行授权管理。在定价授权框架下，实行定价审批和报备制度，实施以定价测算为基础的主动谈判定价与指导定价相结合的管理模式。

风险定价应以全面覆盖风险为前提，综合考虑经营成本、目标利润率、资金供求关系、市场利率水平和客户风险水平等因素，在测算违约概率和违约损失率，量化预期损失和非预期损失，确定合理的风险价差补偿的基础上，对不同的行业、客户和产品实行差别化定价。

（5）信用风险缓释。信用风险缓释是指商业银行运用合格的抵质押品、净额结算、保证和信用衍生工具等方式转移或降低信用风险。信用风险缓释功能应体现为违约概率、违约损失率或违约风险暴露的下降。商业银行实施信用风险缓释管理应满足下列要求：

第一，进行有效的法律审查，确保认可和使用信用风险缓释工具时依据明确可执行的法律文件，且相关法律文件对交易各方均有约束力。

第二，在相关协议中明确约定信用风险缓释覆盖的范围。信用风险缓释覆盖的范围原则上应包括借款本金、利息、复利、罚息、违约金、实现债权的费用和所有其他应付费用。

第三，不能重复考虑信用风险缓释的作用。信用风险缓释作用只能在债务人评级、债项评级或违约风险暴露估计中反映一次。

第四，应保守地估计信用风险缓释工具与债务人风险之间的相关性，并综合考虑币种错配、期限错配等风险因素。

第五，应制定明确的内部管理制度、审查和操作流程，并建立相应的信息系统，确保信用风险缓释工具的作用有效发挥。

（6）信用风险集中度管理。商业银行对集中度风险实施积极的管理政策，根据风险偏好、战略、风险承担水平等合理确定单一客户余额、产品信贷资产余额、行业信贷资产余额、区域信贷资产余额在信贷总资产中的比例，通过降低集中度风险，实现经济资本占用的优化。商业银行应将单一法人客户风险敞口余额占同期本行核心资本净额比例、单一行业风险敞口余额占同期本行资产总额比例、中长期贷款占信贷总资产比例等集中度风险指标控制在适当的范围内。

授信管理部门应会同风险管理部门设定集中度风险控制指标报高级管理层审定后组织实施，并负责集中度风险的日常计量。对集中度风险控制指标变动情况进行监控，对超出控制目标的，经高级管理层同意后，采取措施进行调整。表 4-2 是某商业银行某会计年度的信用风险集中度控制标准。

表 4-2　信用风险集中度控制标准

项目	指标解释	工作目标	最高容忍度	最低容忍度
行业集中度	最大行业授信额占比	10%	15%	—
区域集中度	最大区域授信额占比	15%	20%	—
客户集中度	最大客户授信额与资本净额占比	6%	<10%	—
关联授信比例	关联授信与资本净额占比	15%	<25%	—

（7）信用风险限额管理。商业银行在集中度风险控制目标内实行限额管理。对单一客户、集团客户信用风险实施限额管理，并逐步推行行业、区域和产品等组合维度的限额管理，建立健全包括限额配置方法、管理流程和 IT 系统等在内的各层次、各维度的信用风险限额管理体系，各分支机构、部门和人员原则上应在行业、区域和产品等维度的限额范围内开展业务。

商业银行可根据信用风险战略、风险偏好、信贷发展目标等，综合本行资本实力、未来市场形势、监管要求以及收益预期等信息，在定量分析与定性分析的基础上，确定总体信用风险限额，设定行业、地区和客户的信贷组合限额，避免集中度风险，实现收益最大化。

各业务部门、各分支机构负责收集信息，提出限额需求；风险管理部门依据限额设置方法和相关信息，制定初步的限额设置方案；风险管理部门与各业务部门、各分支机构讨论修改限额设置方案；将限额设置方案提交风险管理委员会审议，确定信用风险限额。

风险管理部门应根据确定的风险限额进行分配，风险限额应分配到各业务部门和分支机构。风险管理部门应根据业务部门或分支机构的业务发展状况具体分配到行业、区域、部门和产品中。业务部门、分支机构根据所分配风险限额再细分到岗、到人。

（8）信用风险组合管理。商业银行运用资产组合管理方法和模型，对资产组合风险进行有效识别、度量和管理,制定期限、行业、区域、产品和客户评级等维度的组合管理目标,及时监测和控制资产组合风险。在完善数据和模型工具的基础上,建立适合本行的资产组合计量模型,从各种维度采取多种避险工具,动态、主动管理资产组合。

商业银行应建立包括组合风险监控职能、风险监控内容、风险监控频率和风险监控指标在内的组合监控体系。组合监控体系主要包括:

第一,监控职能。风险管理部门负责收集、整理、分析和整合系统提供的相关信息,对资产组合进行监控,并定期或不定期以风险报告的形式报本行董事会或高管层。

第二,监控内容。资产组合监控的内容应包括行业发展政策、区域发展政策、金融贸易政策和宏观经济政策的变化等外部信息,分支机构资产状况、不良贷款情况等信贷经营情况,行业、地区和产品等组合的信用风险集中度等情况。

第三,监控频率。应根据宏观交易信息、交易对手、分支机构和产品等因素确定不同的监控频率。

第四,监控指标。可根据监控内容设定涵盖全行层面和组合层面的具备代表性的监控指标,客观地反映信用风险状况。

商业银行应跟踪资产组合的变化,定期检查资产组合,分析评估组合在经济周期不同阶段的表现,根据经济周期采取相应的资产组合策略。董事会或高管层应根据组合检查、压力测试和监控的情况,采取限制组合增长、修改组合政策或组合限额、拟定退出策略等措施,降解资产组合风险,实现收益最大化。

(9) 信用风险资本管理。信用风险资本管理旨在抵偿信用风险非预期损失,维护商业银行经营安全,实现稳健经营;通过对经济资本合理配置形成有效的激励约束机制,促进分支机构和业务条线提高信用风险管理水平。

信用风险经济资本的计量范围包括表内信贷类资产、非信贷类资产和主要的表外业务(或有资产)。未经有权人批准,各分支机构实际信用风险经济资本增量不得突破下达的各期经济资本计划,超计划的应按规定处罚。

风险管理部门负责信用风险经济资本管理,包括建立完善的程序和流程,根据内部计量模型数据,计量各类产品、业务、条线和地区的经济资本。参照巴塞尔新资本协议和监管机构的有关规定,结合经营政策导向及各项业务的风险状况,并考虑风险缓释等因素,制定并逐步完善各项业务的经济资本系数,积极探讨采用内部评级法计量信用风险资本。

信用风险资本的分配应当与获得的收益、承担的风险相匹配。配置经济资本时应测算各项信贷业务的经济资本回报率,用回报引导配置。在对信用风险经济资本统筹管理的框架下,贯彻自上而下的原则,逐步运用限额管理、组合管理以及风险调整资本收益率目标管理等手段,将信用风险资本在各分支机构、业务线等不同层面加以配置。

(10) 信用风险内部控制与审计。商业银行应建立完善的信用风险管理内部控制体系,促使信用风险管理严格遵守相关法律、行政法规、部门规章和内部制度、程序,确保信用风险管理体系的有效运行。建立信用风险授权管理制度,按规定对承担信用风险的分支机构、部门和人员实施授权管理,明确经济资本分配、限额设定与配置、处理信用风险暴露及其他信用风险管理权限。授权人应根据受权人的风险管理能力、业务规模和复杂程度等进行授权,并进行定

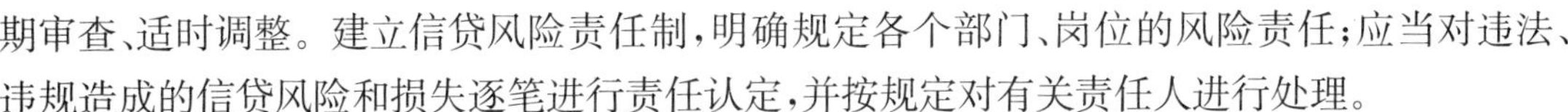

期审查、适时调整。建立信贷风险责任制，明确规定各个部门、岗位的风险责任；应当对违法、违规造成的信贷风险和损失逐笔进行责任认定，并按规定对有关责任人进行处理。

稽核审计部门定期(至少每年一次)对信用风险管理体系各个组成部分和环节的有效性进行独立的审查和评价，跟踪检查改进措施的实施情况，并直接向董事会和高级管理层提交有关报告。

4.3.1.3　信用风险管理的组织与职责

商业银行信用风险管理组织体系由董事会及其下设风险管理委员会、高级管理层及其下设的授信审查委员会、风险管理部门、信用风险承担部门等构成，形成集中统一管理、分级授权实施的信用风险管理组织架构。

(1) 董事会的信用风险管理职责。董事会是商业银行信用风险管理的最高决策机构，负责建立和保持有效的信用风险管理体系，对信用风险管理承担最终责任，履行或授权风险管理委员会履行以下主要信用风险管理职责：①制定与本行战略目标相一致且适用于本行的信用风险管理战略和总体政策；②审批本行信用风险限额和重大风险管理制度，领导本行在法律和政策的框架内审慎经营，明确信用风险偏好并设定可承受的信用风险水平；③通过审批及检查高级管理层对有关信用风险的履责，确保本行信用风险管理决策体系的有效性，并尽可能地确保本行所从事各项业务面临的信用风险控制在可以承受的范围内；④通过审阅高级管理层提交的信用风险报告，充分了解本行信用风险管理的总体情况、高级管理层处理重大信用风险事件的有效性；⑤确保高级管理层采取必要的措施有效地识别、评估、监测、控制或化解信用风险；⑥确保本行信用风险管理体系接受内部审计部门的有效审查与监督；⑦组织评估信用风险管理体系的充分性与有效性；⑧督促高级管理层制定适当的奖惩制度，在全行范围有效地推动信用风险管理体系的建设。

(2) 高级管理层的信用风险管理职责。高级管理层是商业银行信用风险管理的执行主体，对董事会负责，履行或授权授信审查委员会履行以下主要信用风险管理职责：①全面组织实施由董事会批准的信用风险管理战略和风险偏好，制定、审查和监督执行信用风险管理的政策、程序和具体的操作规程，对业务经营中产生的信用风险承担责任，并定期向董事会提交信用风险执行情况的报告；②全面掌握本行信用风险管理状况，特别是各项重大的信用风险事件或事项；③明确界定本行各职能部门、分支机构的信用风险管理职责以及信用风险报告的路径、频率、内容，督促各职能部门、分支机构切实履行信用风险管理职责，以确保信用风险管理体系的正常运行；④定期组织评价重点行业、区域、客户和产品的信用风险状况，确定信用风险组合策略和实施方案；⑤为信用风险管理配备适当的资源，包括但不限于提供必要的经费、设置信用风险管理岗位、配备专业管理人员、为信用风险管理人员提供培训、赋予信用风险管理人员履行职务所必需的权限等；⑥定期分析报告信用风险状况，研究制定改善信用风险管理的工作措施，及时对信用风险管理体系进行检查和修订，以便有效地应对信用风险损失事件。

(3) 风险管理部门的信用风险管理职责。风险管理部门是商业银行信用风险管理的牵头部门，负责履行以下主要信用风险管理职责：①拟定或组织拟定信用风险管理的基本政策、制度、办法、流程和风险评价标准，并提交高级管理层和董事会审批；②组织实施信用风险管理的基本政策、制度、办法、流程和风险评价标准，并对执行效果定期组织检查评估；

③制定信用风险管理限额，提出经济资本配置建议，并报董事会批准，建立适用全行的信用风险基本控制标准；④建立与完善本行的内部评级系统，研发并组织推广应用信用风险管理工具和方法；⑤对客户信用等级评定及资产风险分类进行审查；⑥检查、分析、评价和报告信用风险管理状况。

（4）相关业务部门的信用风险管理职责。相关业务部门，如业务发展部等，负责履行以下主要信用风险管理职责：①根据商业银行统一的信用风险管理评估方法，识别、评估本部门业务活动所产生的信用风险；建立持续、有效的信用风险监测、控制或化解的报告程序，并组织实施；②监测本部门业务活动信用风险管理指标，至少每月一次向风险管理部门通报本部门信用风险管理的总体状况，并及时报告相关重大信用风险事件。

（5）分支机构的信用风险管理职责。商业银行分支机构（含营业部）履行以下主要信用风险管理职责：①负责辖内信用风险管理信息的汇集、信用风险的监控、管理工作并予以及时报告；②积极配合总行风险管理部门、授信管理部门、内部审计部门等的风险管理工作；③定期识别、评估、监测、控制或缓释、报告本分支机构的信用风险及其管理情况。

商业银行分支机构负责人是辖内信用风险管理第一责任人，对辖内信用风险承担管理责任；相关部门负责人是本部门信用风险管理的主要责任人，对本部门的信用风险承担管理责任；风险经理、客户经理作为本岗位信用风险的直接管理者，对本岗位的信用风险承担相应的管理责任。

图 4-2 是××商业银行根据监管要求所确定的信用风险管理组织架构。

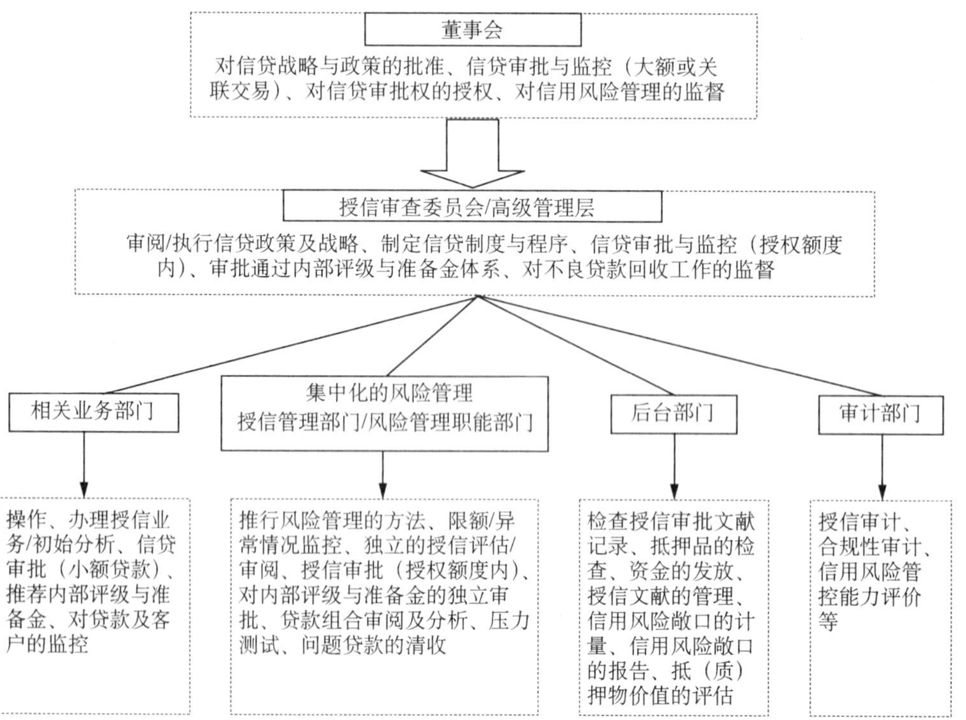

图 4-2　××商业银行信用风险管理组织架构

在图4-2中，与信用风险管理最为关联的三个部门中，风险管理职能部门和授信管理部门属于业务管理部门。相关业务部门根据所经营的不同金融产品分布对所主管行级领导负责并接受其领导。相关业务部门属于业务拓展部门，是整个机构的经济利润中心，在严格遵守授信管理部门制定的客户授信限额和损失承受额的前提下，享有自主决定客户具体授信业务额的决定权。授信管理部门根据行长和风险管理职能部门的要求将调整信贷资产组合计划与控制客户授信限额和损失承受额结合起来，从整体授信风险角度看，是将宏观管理要求落实到具体的信贷资产组合和各类具体客户的管理上；而从单一授信风险角度看，是对每一个具体客户的整体风险情况的管理，并不涉及每一笔具体的授信业务，通过对客户的限额管理将每一笔单一授信业务风险与整个机构整体授信风险的管理衔接起来。风险管理职能部门通过各种工具对整个机构的授信风险进行管理监控，但并不干涉授信业务部门的具体业务。总之，这三个部门按照信用风险的特征分工明确、各司其职、各负其责，避免了管理部门和业务部门之间风险双向性如何平衡的管理问题，达到损失与收益管理上的有效结合。

案例4-2

授信业务风险经理与客户经理平行作业机制

商业银行搭建信用风险管理机制的途径之一就是要尽快建立健全营销、审查、发放、管理等真正相分离的精细化授信管理模式，其中引入授信风险经理制度是主要抓手。授信风险经理与客户经理平行作业，专司授信风险的识别、评估、预警等工作，在流程中实时管控风险，最终实现授信风险管理关口前移和风险管理的专业化。在实际操作中，商业银行要注意以下问题：一是，明确授信风险经理的权责定位为从事信用风险管理制度及办法的落实以及客户（或项目）、行业、区域和产品风险分析、贷后监控预警、检查等风险管理工作的专业技术人员。二是，为了实现快速审核机制与风险控制措施，在授信流程中明确实行客户经理与风险经理配对的双线平行作业模式，即客户经理、风险经理根据借款人的经营状况，结合其信用情况、担保方式、还款来源等方面进行深入调查及风险评估，由客户经理出具项目调查报告，风险经理出具项目风险评估报告。三是，为了保障风险经理的独立性、权威性，授信风险经理一般不隶属于经营单位，实施派驻制，即由风险管理职能部门视经营单位业务量委派一定数量的风险经理参与授信业务贷前、贷中、贷后的风险管控工作，并在一定期限内实施轮换，风险经理向风险管理部门负责，实行向风险管理部门负责人和经营单位负责人双线报告工作。四是，建立风险经理激励和约束机制，由委派的风险管理部门对授信风险经理进行考核，将风险经理绩效收入和业绩、风险管理情况相挂钩，切实发挥激励作用，并实行失职（渎职）一票否决制。风险经理的业绩考核指标分为定量指标和定性指标等：①定量指标包括经办授信业务贷前调查、贷后检查、五级分类的笔数和金额，不良率、利息收回率，提出风险预警次数等。②定性指标包括贷前调查、贷后检查、五级分类工作的质量；风险管理制度设计的科学性、完整性；起草修改风险与内部控制制度的数量及其合规性、适用性；风险识别、计量、监测的准确性、及时性；提出的风险防范对策的预见性、有效性；独立完成或与他人合作完成的风险研究或分析报告数量及其前瞻性、合理性；资产组合风险化解项目的数量及其实际效果；研究风险管理问题的主动性；对风险管理机制和方法创新前瞻性等。某农商银行授信业务风险经理与客户经理平行作业如图 4-3 所示。

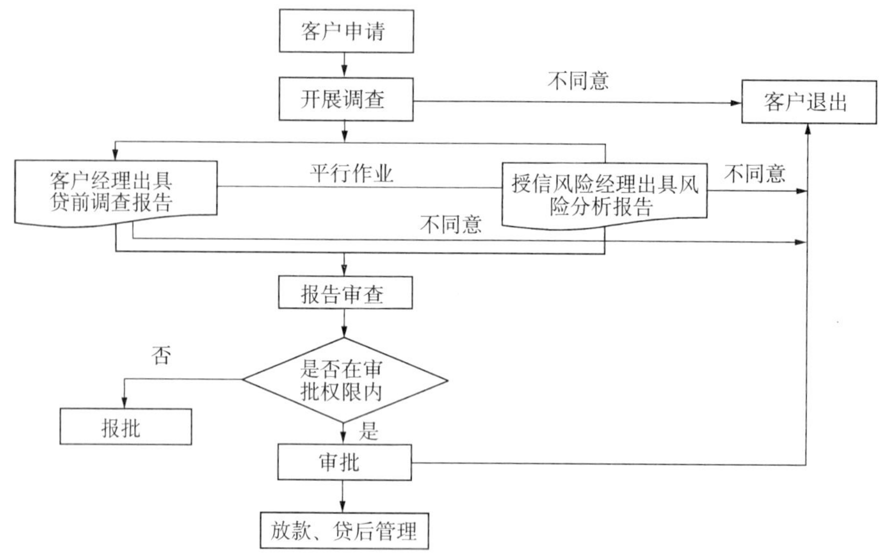

图 4-3 授信业务风险经理与客户经理平行作业示意图

4.3.2 市场风险管理机制①

市场风险是指因市场价格（利率、汇率、股票价格和商品价格）的不利变动而使商业银行表内和表外业务发生损失的风险。商业银行应当明确市场风险管理的目标、对象、范围，确定市场风险管理的基本理念、原则与策略，完善市场风险管理组织与职责，选择适当的方法对市场风险进行管理，具体包括：市场风险的识别、计量、监测、分析、报告、控制、资本配置、绩效测评等。

4.3.2.1 市场风险管理的目标、对象与范围

（1）市场风险管理的目标。商业银行市场风险管理的目标是促使各决策层充分了解市场风险，通过有效管理将市场风险控制在本行可承受的容忍度范围内，实现：①本行股东经风险调整后收益的长期最大化；②依据风险容忍度和谨慎性限额，有效管理整体市场风险；③有效地支配风险敞口以协助在利率变动中获利。

（2）市场风险管理的对象。市场风险管理的对象包括利率风险、汇率风险、股票风险和商品风险四种，其中利率风险是商业银行市场风险管理的重点。

第一，利率风险是指市场利率变动的不确定性给商业银行造成损失的可能性。利率风险按照来源不同，分为重新定价风险、收益率曲线风险、基准风险和期权性风险。其中：重新定价风险，又称期限错配风险，是商业银行最主要和最常见的利率风险形式，源于银行资产、负债和表外业务到期期限（就固定利率而言）或重新定价期限（就浮动利率而言）之间所存在

① 中国银行业从业人员资格认证办公室.风险管理[M].北京：中国金融出版社，2013：161-221.

的差异。重新定价的不对称性使银行的收益或内在经济价值会随着利率的变动而发生变化。

第二,汇率风险是指由于汇率的不利变动而导致商业银行业务发生损失的风险。商业银行的汇率风险源于:为客户提供外汇交易服务或进行自营外汇交易;银行账户中的外币业务,如外币存款、贷款、债券投资、跨境投资等。因黄金价格波动给商业银行造成的风险,纳入商业银行的汇率风险管理范畴。

第三,股票风险是指由于股票价格发生不利变动而给商业银行带来损失的风险。

第四,商品风险是指商业银行所持有的各类商品及其衍生头寸由于商品价格发生不利变动而给商业银行造成经济损失的风险。在此,商品主要是指可以在场内自由交易的农产品、矿产品和贵金属(不包括黄金)等,尤其以商品期货的形式为主。

(3) 市场风险管理的主要范围。市场风险存在于银行的交易和非交易业务中,商业银行市场风险管理的主要范围包括银行账户风险与交易账户风险。交易账户记录商业银行为交易目的或对冲交易账户其他项目的风险而持有的金融工具和商品头寸;与交易账户相对应,商业银行的其他业务归入银行账户,最典型的是存贷款业务。

一是,银行账户风险。银行账户中固有的风险是利率风险和贷款、存款和其他金融工具重新定价和现金流特点所引起的流动性风险。这些风险主要有利率波动对利息净收入产生的潜在负面影响,商业银行经营过程中无力承担的巨额透支。

二是,交易账户风险。交易账户中的市场风险取决于交易的工具,可能包括利率、外汇、股票或商品风险。

4.3.2.2　市场风险管理的原则与策略

(1) 市场风险管理的原则,包括:

第一,安全稳健原则。商业银行应充分识别、准确计量、持续监测和适当控制所有交易和非交易业务中的市场风险,确保在合理的市场风险水平之下安全、稳健经营。

第二,合理承担原则。商业银行所承担的市场风险水平应与本行的市场风险管理能力和资本实力相匹配。

第三,过程管理原则。为确保有效实施市场风险管理,商业银行将市场风险的识别、计量、监测和控制与全行的战略规划、业务决策和财务预算等经营管理活动进行有机结合,并与本行总体资产负债管理策略相匹配。

第四,协调管理原则。应适当考虑市场风险与其他风险类别,如信用风险、流动性风险、操作风险、法律风险、声誉风险等的相关性,并协调市场风险管理与其他类别风险管理的政策和程序。

第五,集中管理原则。即由总行统一管理本行市场风险,通过统一识别、计量、监测和控制市场风险的全过程,实现市场风险管理的目标。

第六,资本约束原则。商业银行的资本分配应根据董事会确定的资本总额及分配办法,核定市场风险的资本分配总量,并在本行承担市场风险的业务中进行合理分配。

(2) 市场风险管理的基本策略。市场风险的系统性特征明显,商业银行市场风险管理的基本策略应是采取积极主动的组合风险管理,实施分散化处理,即将资产组合在不同区域、不同对象之间进行合理配置，着眼于承受尽可能小的波动(占用最少的资本)来获得尽可能大的收益，有效防范系统性风险。

一是，确定科学的投资政策和投资策略，包括国别、行业、产品等方面，避免在选择上出现方向性错误。

二是，通过组合的限额安排，实现风险、资本与收益的综合平衡，防范集中度风险，尽可能降低顺周期效应。

三是，通过主动风险管理措施，包括主动组合调整、分散化处理和风险对冲等，实现组合的优化调整。

4.3.2.3　市场风险管理流程

商业银行应根据自身的业务性质、规模、复杂程度和市场风险特征，建立完善的风险识别、计量、监测、分析、报告和控制流程。

(1) 市场风险的识别。商业银行应根据《巴塞尔新资本协议》和 2012 年 6 月中国银监会发布的《商业银行资本管理办法(试行)》以及财政部颁发的最新企业会计准则的要求划分银行账户和交易账户，通过提高对本行银行账户、交易账户头寸的鉴别和区分能力，正确、公正地度量本行的市场风险，并促进稳健的绩效考核架构的形成。

商业银行应对每项业务和产品的市场风险因素进行分解，及时、准确地识别所有交易和非交易业务中市场风险的类别和性质。识别市场风险的方法主要有专家分析法、历史记录统计法、故障树分析法、模糊识别法和人工神经网络法。

(2) 市场风险的计量。市场风险计量的方法主要采取缺口分析、外汇敞口分析、敏感性分析等，并积极创造条件逐步采取风险价值(VaR)、久期分析、压力测试、情景分析、返回检验等方法计量相应的市场风险。

商业银行应对各项业务进行银行账户和交易账户分类管理、分别计量市场风险，并积极开发适用于本行市场风险管理的计量分析模型。

(3) 市场风险的监测与控制。风险管理部门应当能够运用有效的风险监测手段，及时获取风险动态信息，运用现代化的信息传递工具，及时向高级管理层和交易前台提供有价值的风险信息，以辅助交易人员、高级管理层和风险管理专业人员进行决策。

市场风险控制方法包括职能牵制、不相容职务分离、限额管理等预防性控制和事后检验等发现性控制。

(4) 市场风险报告。市场风险报告必须遵循“重要性、及时性、准确性、双向性”原则。商业银行应根据市场风险报告内容、业务及组合种类、风险特征等差异，合理确定报告层级和报告频率，形成市场风险日报、周报、季报和不定期报告，建立市场风险专题报告和重大市场风险事项报告机制，建立向董事会、监事会、高级管理层和其他管理人员的有效报告途径。市场风险监测与分析报告应当包括如下全部或部分内容：

第一，按业务、部门、地区和风险类别分别统计/计量的市场风险头寸。

第二，对市场风险头寸和市场风险水平的结构分析。

第三，头寸的盈亏情况。

第四，市场风险识别、计量、监测和控制方法及程序的变更情况。

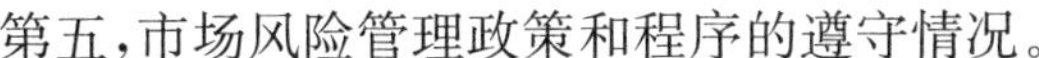

第五，市场风险管理政策和程序的遵守情况。

第六，市场风险限额的遵守情况，包括对超限额情况的处理。

第七，返回检验和压力测试情况。

第八，内外部审计情况。

第九，市场风险经济资本分配情况。

第十，对改进市场风险管理政策、程序以及市场风险应急方案的建议。

4.3.2.4 交易对手信用风险的关注

交易对手信用风险是由于交易对手在合约到期前违约而造成损失的风险。尽管交易对手信用风险本质上属于信用风险范畴，由于其管理对象、计量方法和系统方面与市场风险有共通之处，在市场风险管理过程中应关注交易对手信用风险。

交易对手信用风险计量应包括银行账户和交易账户下三类交易的风险：场外衍生工具交易形成的交易对手信用风险、证券融资交易形成的交易对手信用风险和与中央交易对手交易形成的信用风险。

对交易对手信用风险的管理应包括，将交易对手信用风险作为独立的风险类型加以管理，完善中央交易对手与净额结算制度，提高估值能力、加强抵押品和保证金管理，提高对交易对手信用估值调整和错向风险的识别和管理能力。

4.3.2.5 市场风险资本管理

商业银行应将市场风险资本纳入统一的资本管理框架中，市场风险资本计量应覆盖本行交易账户中的利率风险和股票风险，以及全部汇率风险和商品风险。

商业银行一般应先采用标准法计量市场风险资本，并创造条件开发内部模型，待条件成熟达到监管部门要求时积极推行内部模型法。

商业银行应根据各业务部门、交易员或交易产品的实际风险状况，分别计算其所占用的经济资本，用于计算各自的经风险调整的资本收益率和经济增加值，以对不同的业务部门、交易员或交易产品的风险承担和盈利能力进行客观评价。

4.3.2.6 市场风险管理的组织与职责

商业银行市场风险管理组织机构包括董事会、监事会、高级管理层和相关实施部门，自上而下由董事会通过高级管理层实施。董事会和高级管理层应当对本行与市场风险有关的业务、所承担的各类市场风险以及相应的风险识别、计量和控制方法有足够的了解。为了使风险管理更为有效，风险管理权限由董事会授权高级管理层，再转授权至各业务管理部门。

（1）董事会的市场风险管理职责。董事会承担对商业银行市场风险管理实施监控的最终责任，确保全行有效识别、计量、监测和控制各项业务所承担的各类市场风险。其具体职责包括：①明确本行市场风险管理目标，审批市场风险管理战略、政策和程序，决定本行的市场风险偏好，确定市场风险容忍度，决定风险限额；②督促高级管理层采取必要的措施识别、计量、监测和控制市场风险，定期获得并审阅关于市场风险性质和水平的报告；③监控和评价市场风险管理的全面性、有效性以及高级管理层在市场风险管理方面的履职情况。

董事会可以授权其下设的专门委员会履行以上部分职能,获得授权的委员会应当定期向董事会提交有关报告。

(2)高级管理层的市场风险管理职责。高级管理层是根据董事会授权实施商业银行市场风险管理的执行主体,负责制定、定期审查和监督执行市场风险管理的政策、程序以及具体的操作规程,及时了解市场风险水平及其管理状况,具体包括:①负责制定、定期审查和监督执行市场风险管理政策、程序以及具体操作规程;②及时了解市场风险水平及其管理状况,确保本行具备足够的人力、物力以及恰当的组织结构、管理信息系统和技术水平来有效地识别、计量、监测和控制各项业务所承担的各类市场风险;③根据超限额发生情况决定是否对限额管理体系进行调整;④积极推动本行市场风险压力测试的研究和应用,为压力测试提供充分的资源保障,定期对压力测试的设计和结果进行审查,不断完善压力测试程序;⑤定期向董事会提交市场风险管理情况的报告;⑥负责对内外部审计报告所发现的市场风险管理问题提出改进方案并采取改进措施。

(3)风险管理部门的市场风险管理职责。风险管理部门为负责辅助商业银行市场风险管理的职能部门。该部门独立于风险承担的前台业务管理部门,其主要职责是辅助高级管理层的决策,向董事会和高级管理层提供独立的市场风险报告,同时负责对业务管理部门(包括交易账户与银行账户)所承担的所有市场风险提供监督职能。主要职责包括:①组织拟定市场风险管理政策、程序和制度,并提交高级管理层和董事会审查批准;②对市场风险状况进行监测和分析,及时向董事会和高级管理层提供独立的市场风险报告;③研究并提出本行的市场风险限额,提交高级管理层审核;④对重要的市场风险进行审查,提出风险审查意见;⑤适当时,制定风险价值(VaR)及其他风险量化方法,并进行必要的风险计算;⑥识别、评估新产品、新业务中所包含的市场风险,审核相应的操作和风险管理程序;⑦适当时,辅助本行所使用的定价模型和市场风险模型的相关开发及有效性验证;⑧其他有关职责。

(4)业务管理部门的市场风险管理职责。各业务管理部门为商业银行市场风险承担部门,各业务管理部门,尤其是交易部门,必须严格遵守交易活动的职业操守、操作和控制步骤,以及各部门内部的交易系统,使其与高级管理层制定的市场风险管理政策和指导原则保持一致。各业务管理部门负责承担本部门、本业务条线的所有市场风险责任,并应当理解这些风险的种类和数额,确保在承担风险的基础上获得充分的收益。

第一,资金业务部门为资金业务市场风险的承担部门,应当在业务决策中充分考虑所从事业务中包含的各类市场风险,以实现经风险调整的收益率实现持续最大化。其主要职责如下:①日常经办的资金业务市场风险管理。②负责识别、计量资金业务的市场风险,并协助风险管理部门实施监测。③实施事后检验和压力测试,并提交分析报告上报董事会、高级管理层,同时抄送风险管理部门。④其他有关职责。

第二,新产品开发管理部门承担商业银行新产品开发的风险管理工作,主要履行下列职责:①新产品、新业务开发部门负责执行产品批准程序并确保所有程序与新产品批准政策中的规定一致,促进本行内部对风险的鉴别、理解和估价的一致性。②承担开办新产品、新业务前提交市场风险操作和风险管理程序,应有效地识别、评估新产品、新业务中所包含的市场风险。新产品、新业务的内部审批程序应当包括由业务经营部门、风险管理部门、法律与合规部门、财务会计部门和结算部门等对其操作和风险管理程序的审核与认可。业务部门在所有相关事宜签字确认后才能展开该产品、业务，经批准后实施。③其他有关职责。

第三，外汇业务部门负责商业银行外汇业务的经营管理，主要履行下列职责：①日常外汇业务的市场风险管理。②识别、计量和评估外汇交易中的汇率风险，并向董事会和高级管理层提供外汇市场风险报告，同时抄送风险管理部门。③负责识别、计量市场风险，并协助风险管理部门实施监测与分析。④其他有关职责。

(5) 管理支持部门的市场风险管理职责。各管理支持部门应履行相应的市场风险管理支持职责，具体职责分工为：①内部审计部门负责独立评审商业银行市场风险管理政策和指导原则，以及各业务管理部门、各支行交易纪律、操作和控制步骤的遵守情况；②法律与合规部门负责对市场交易合同进行审查，有效防范和控制市场交易的法律风险，并从本行制度合规性、风险政策程序合规性、执行监管规则完备性等方面予以支持；③科技信息部门对信息系统的有效管理、维护和及时升级，为市场风险资本计量模型的运用等给予有力支持；④人力资源管理部门负责引进、培训、培养以及选拔合格的人才，促进本行市场风险管理落到实处。

图 4-4 是某商业银行市场风险管理的组织分工。

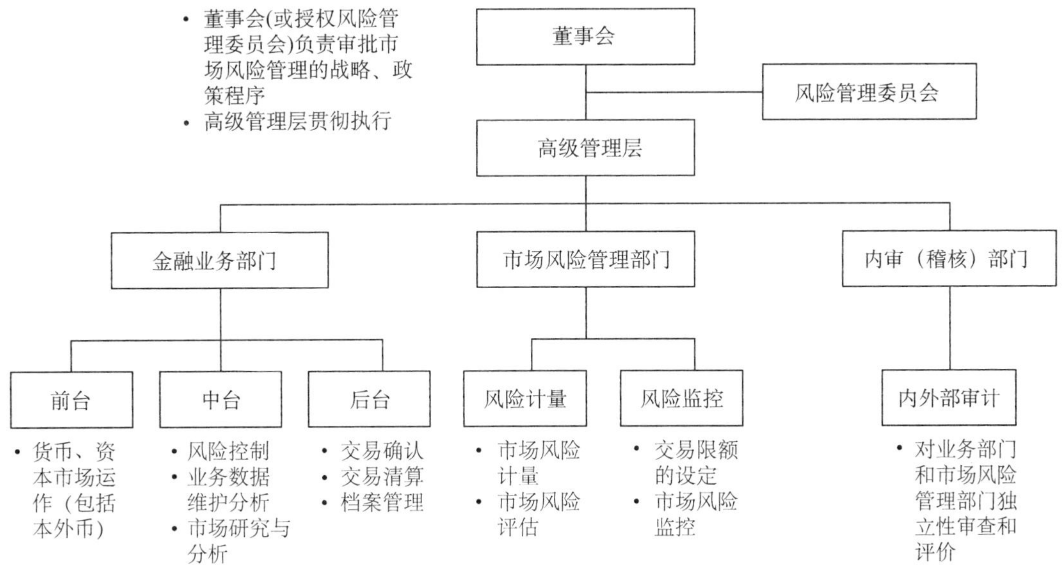

图 4-4　市场风险管理组织分工示意图

4.3.3 操作风险管理机制①②

操作风险是指由不完善或有问题的内部程序、员工和信息科技系统，以及外部事件所造

① 中国银行业从业人员资格认证办公室.风险管理[M].北京：中国金融出版社，2013：222-285.

② 钟伟，顾弦.动荡未定：新巴塞尔协议Ⅲ和操作风险管理理论[M].北京：中国经济出版社，2012：99-225.

成损失的风险，包括法律风险，但不包括策略风险和声誉风险。操作风险损失是指因商业银行发生操作风险事件引起的法律成本、监管罚没、资产损失、对外赔偿、追索失败、账面减值和其他损失。

操作风险管理的对象包括因不完善或有问题程序、人员及系统或外部事件所造成损失的风险，引发这些风险的事件统称为操作风险损失事件。

4.3.3.1 操作风险管理的目标

商业银行操作风险管理旨在通过运用先进的风险识别、评估、控制、监测和转移等技术实现操作风险全程管理，促进本行业务管理合规化、操作流程规范化，将操作风险控制在可接受的容忍度范围内，增强本行的可持续发展能力和增值能力。

(1) 有效避免不可预见的巨额损失。操作风险管理强调通过优化业务流程、管理流程和支持流程，增强业务操作和业务管理的规范性，增加内部透明度，及早消除隐患，降低非预见损失和收益波动性，确保商业银行收益增长曲线保持平滑态势。

(2) 有效地降低频繁发生的小额损失，提高运营效益。操作风险管理要求对各部门、各条线、各岗位的责任明晰化，责任到人，严格问责，通过增强责任感，提高风险意识，有效降低频繁发生的小额损失，全面提高商业银行运营效益。

(3) 优化资本配置，节约资本，提高资本回报率。通过采取先进的风险识别与计量手段，及早识别发生频率低、损失大的事件，并对其投入较多资源，采取针对性防范和化解措施，将资本在最佳时段配置到最佳风险控制和管理环节，从总量上节约资本，提高资本回报率。

(4) 提高客户满意度。有效控制操作风险，优化操作程序，简化操作环节，提高操作速度和准确性，从而提高金融服务质量，提高客户服务满意度。

4.3.3.2 操作风险管理的基本策略与原则

(1) 操作风险管理的基本策略①，包括：

第一，对高频率、高损失类操作风险，采取撤出或避免进入的策略。

第二，对高频率、低损失类操作风险，采取强化内部控制、优化组织、加强培训教育、完善和升级 IT 系统等策略。

第三，对可预期但不可控类操作风险，采取保险转移策略。

第四，对可控类操作风险预期损失，采取计提拨备予以抵补，而对可控类操作风险非预期损失则计提经济资本予以覆盖。

(2) 操作风险管理的原则。包括：

一是，有效性原则。操作风险管理应符合董事会的战略安排要求，按照点面结合的管理模式，确保得到全面贯彻执行，任何人在任何岗位办理任何业务均受内部控制约束，内部控制存在的问题应当能够得到及时反馈和纠正。

二是，全面性原则。操作风险管理要渗透到各项业务过程和各个操作环节，覆盖所有的部门和岗位，并由全体员工参与，任何决策或操作均应当有案可查。

---

① 徐振东.银行家的全面风险管理：基于巴塞尔Ⅱ追求银行股东价值增值[M].北京：北京大学出版社，2010：518-526.

三是，审慎性原则。操作风险管理要以防范风险、审慎经营为出发点，各项经营管理活动，尤其是涉及相关体制改革、设立新机构、开办新业务时，应当体现“内控优先”的原则，建立和完善相关规章制度，科学设计流程。

四是，成本效益原则。操作风险管理要做好重大风险点的排查和识别，突出重点，充分发挥各部门及广大职员的工作积极性，尽量降低操作风险管理成本，保证以合理的控制成本达到最佳的控制效果。

4.3.3.3 操作风险管理的主要内容

操作风险管理是指对操作风险进行主动识别、评估、控制、监测与报告的全过程。商业银行操作风险管理的内容主要包括：

(1) 操作风险偏好与容忍度①。操作风险偏好是在商业银行统一的整体风险偏好和整体风险容忍度范围内，综合考虑本行股东期望、董事会成员个人风险偏好、监管当局的风险偏好、评级机构的风险偏好、风险资本的可获得性与配置、风险计量的质量、风险转移可能性等因素确定的操作风险承担水平。操作风险容忍度是根据董事会审批的操作风险偏好设定的可量化的操作风险可接受水平。

商业银行应对柜台业务、授信业务、资金业务、代理业务等建立操作风险容忍度指标体系。在确定全行范围的操作风险容忍度综合性指标时应体现以下几类关键指标：

第一类是人员因素指标，主要包括：①人员在当前部门的从业年限；②员工人均培训费用(年度员工培训费用/员工人数)；③客户投诉占比(每项产品客户投诉数量/该产品交易数量)。

第二类是内部流程指标，主要包括：①交易结果和财务核算结果间的差异(某产品交易结果和财务核算结果之间的差异÷该产品交易总次数)；②前后台交易不匹配占比(前台和后台没有匹配的交易数量÷所有交易数量)。

第三类是系统缺陷指标，主要包括：①系统故障时间(某时段内业务系统出现故障的总时间÷该段时间的承诺正常营业时间)；②系统数量(每个业务部门与业务有关的EXCEL表格数量÷业务系统种类)。

第四类是外部事件指标，主要包括反洗钱警报占比(反洗钱系统针对洗钱发出报警的交易量÷实际交易量)。

(2) 操作风险识别与评估。商业银行应在全面风险管理框架下，根据财政部等五部委制定的《企业内部控制基本规范》及其配套指引、银监会《商业银行内部控制指引》等规章制度的基本要求，结合本行工作实际，有针对性、重点明确地开展操作风险的识别与评估工作。

各部门、各分支机构应全面系统持续地收集相关信息，当出现下列情况时，必须立即向风险管理部门提出操作风险识别评估计划：新产品和新业务开发；新设备和新系统应用；IT系统的重大变更；操作风险管理政策修改；重大事故、险情、案件、隐患发生时；业务流程、管理流程、支持流程发生较大变化时；组织机构变革；重要岗位人员流动；相关法律法规、监管

① 罗猛.我国商业银行的操作风险偏好建设[J].银行家，2007(9)：72-75.

要求发生变化；外部金融业等相关行业发生新的操作风险损失事件，本行可能面临类似的风险时；员工专业胜任能力与岗位要求不相符；其他可能引发操作风险的情况。

各部门应在风险管理部门的组织下，定期对相关产品、业务、流程及系统内的操作风险进行识别评估。识别评估方法主要采用流程分析法，根据各项工作的开展流程、历史运营情况、同业案例分析、经验判断、损失额度及影响等方法进行综合分析。

（3）操作风险损失事件的统计与监测。商业银行操作风险损失事件统计的一级目录应包括[①]：

一是，内部欺诈事件。即故意骗取、盗用财产或违反监管规章、法律或公司政策导致的损失事件，此类事件至少涉及内部一方，但不包括歧视及差别待遇事件。

二是，外部欺诈事件。即第三方故意骗取、盗用、抢劫财产、伪造要件、攻击本行信息科技系统或逃避法律监管导致的损失事件。

三是，就业制度和工作场所安全事件。即违反就业、健康或安全方面的法律或协议，个人工伤赔付或者因歧视及差别待遇导致的损失事件。

四是，客户、产品和业务活动事件。即因未按有关规定造成未对特定客户履行分内义务（如诚信责任和适当性要求）或产品性质或设计缺陷导致的损失事件。

五是，实物资产的损坏。即因自然灾害或其他事件导致实物资产丢失或毁坏的损失事件。

六是，信息科技系统事件。即因信息科技系统生产运行、应用开发、安全管理以及由于软件产品、硬件设备、服务提供商等第三方因素，造成系统无法正常办理业务或系统速度异常所导致的损失事件。

七是，执行、交割和流程管理事件。即因交易处理或流程管理失败，以及与交易对手方、外部供应商及销售商发生纠纷导致的损失事件。

操作风险损失事件统计在一级目录下可以根据需要细分二级、三级目录等。

操作风险损失事件统计的内容应至少包含损失事件发生的时间、发现的时间及损失确认时间、业务条线名称、损失事件类型、涉及金额、损失金额、缓释金额、非财务影响、与信用风险和市场风险的交叉关系等。

各部门、各分支机构应定期监测操作风险状况和损失情况，并按规定向风险管理部门报告。风险管理部门应根据本行业务发展要求，针对操作风险损失情况和外部信息逐步补充完善操作风险关键监测指标。

（4）操作风险的控制与缓释。商业银行应结合操作风险评估结果，通过手工控制与自动控制、预防性控制与发现性控制相结合的方法，运用相应的控制措施，将操作风险控制在可容忍范围内，并建立操作风险管理教育培训机制，使全体员工掌握识别和计量操作风险的方法，培育良好的操作风险控制文化，强化内部控制在操作风险管理中的作用。

风险管理部门应组织相关部门和分支机构针对识别评估出的操作风险点提出相应的控制措施，并在流程操作手册中明确每个操作风险点的控制要求，控制措施种类包括但不限于

---

① 中国银行业协会.解读商业银行资本管理办法[M].北京：中国金融出版社，2012：253-292.

不相容职务分离控制、授权审批控制、会计系统控制、财产保护控制、预算控制、运营分析控制和绩效考评控制等。

风险管理部门可以会同计划财务部门研究将购买保险以及与第三方签订合同作为缓释操作风险的一种方法。使用购买保险等方式缓释操作风险时，应当制定相关的书面政策和程序。

风险管理部门应会同信息科技部门、安全保卫部门制定与本行业务规模和复杂性相适应的应急和业务连续方案，建立恢复服务和保证业务连续运行的备用机制，并定期检查、测试其灾难恢复和业务连续机制，确保在出现灾难和业务严重中断时这些方案和机制的正常执行。

(5) 外部机构操作风险的管理。商业银行在将法律、信息科技、工程项目、安全保卫、人力资源等业务外包时，应当充分考虑本行面临的风险，制定有关的风险管理政策，确保业务外包有严谨的合同和服务协议、各方的责任义务规定明确。

各部门、各分支机构在从事授信、金融市场业务等活动时，应当对交易对象的操作风险管理情况进行尽职调查。对交易对象操作风险管理的尽职调查内容包括但不限于：①适当的操作风险管理组织架构、权限和责任；②操作风险的识别、评估、监测和控制/缓释程序；③操作风险报告程序，其中包括报告的责任、路径、频率，以及对各部门的其他具体要求；④应针对现有的和新推出的重要产品、业务活动、业务程序、信息科技系统、人员管理、外部因素及其变动，及时评估操作风险的各项要求。

对交易对象的操作风险进行尽职调查时，应通过与交易对象高级管理层、各部门及其员工交谈，查阅董事会、总经理办公会等会议记录、交易对象各项业务及管理规章制度等方法，分析评价交易对象是否有积极的操作风险控制环境、完备的操作风险控制措施、畅通的操作风险信息沟通、有效的操作风险监控体系。

(6) 舞弊防范。商业银行应当建立舞弊防范机制，坚持“惩防并举、重在预防”的原则，明确舞弊防范工作的重点领域、关键环节和各部门、各分支机构在舞弊防范工作中的职责权限，规范舞弊案件的举报、调查、处理、报告和补救程序。

舞弊防范的一般原则是：

第一，各层级管理者对舞弊行为的发生承担管理责任。建立健全并有效实施内部控制，预防、发现及纠正舞弊行为是各层级管理者、各部门和分支机构负责人的主要职责之一。

第二，内部审计部门和内部审计人员应当保持应有的职业谨慎，密切关注本行内部可能发生的舞弊行为，以协助本行管理层预防舞弊行为的产生。

商业银行对舞弊行为实行零容忍政策。

(7) 操作风险事件的报告。商业银行操作风险报告的基本路径是，各部门、各分支机构负责收集与操作风险相关的内部数据和信息，并报告至风险管理部门；风险管理部门汇总内外部操作风险信息并集中处理、评估后，在全面风险报告中形成操作风险专项报告递交管理层。操作风险具体的报告路线为：

一是，日常操作风险报告，各部门、各分支机构必须按季度向总行风险管理部门报送。

二是，重大操作风险事件报告，各部门、各分支机构必须在发现当日立即向总行风险管理部门报告，并在职权范围内采取相应措施控制操作风险，防止风险引发经济或非经济损失的扩大和蔓延。

三是，重大操作风险事件实行事件后续报告制度。

四是，总行风险管理部门向主管行长、董事会风险管理委员会报告。

五是，内部审计部门对操作风险管理工作进行监督检查的结果向董事会、监事会和高级管理层报告，同时抄送总行风险管理部门。

六是，发生中国银保监会规定的重大操作风险事项时，各部门、各分支机构必须立即上报总行风险管理部门，由风险管理部门向总行主管行长汇报后按照规定程序向监管机构报告。

重大操作风险事件报告的内容包括但不限于发生的时间、发现的时间及损失确认的时间、业务名称、损失事件类型、业务金额、损失金额、涉案人员、对操作风险事件的描述和非财务影响等。

日常操作风险报告的内容至少应包括：

第一，风险状况。列明经评估后，本部门、本分支机构所面临的各类操作风险的发生频率和损失规模，客观反映当前的操作风险水平或严重程度。

第二，损失事件。对报告季度发生的损失事件进行分析，至少包括事件的起因、事件的发生经过、是否还存在类似事件、是否已经采取或准备采取防范措施等。

第三，诱因与对策。对于各种风险状况，应阐明不同类型风险的风险诱因，其中，与业务运行密切相关的风险诱因，如系统升级、兼并收购等，应高度重视。

针对风险诱因，需提出相关的应对建议，包括调整风险战略、改善资本分配、调整风险管理资源配置、加强业务经营管理等；对可转移的操作风险，还应建议通过何种风险缓释工具降低本行面临的操作风险。

(8) 考核与奖惩。商业银行操作风险管理的考核与绩效考核相挂钩，风险管理部门应会同会计结算管理部门、内部审计部门、人力资源管理部门等建立起定期考核评价各部门、各分支机构管理操作风险的能力和效果，并依据考核结果对相关人员施行奖惩。

对严格履行操作风险管理职责，特别是及时报告风险、提出切实有效的应对措施，对防范和化解操作风险做出重大贡献的部门、分支机构和个人，给予适当奖励。在必要时，应当对署名揭发违法违规问题的基层员工给予适当的保护。

对于未充分有效履行操作风险管理职责，特别是隐瞒不报、歪曲风险事实、遗漏或延误操作风险报告、泄露操作风险信息，导致本行遭受经济损失或形成不良影响的有关责任人员，将根据相关制度予以处理。

(9) 操作风险资本管理。操作风险资本管理旨在抵偿操作风险非预期损失，准确计量操作风险资本消耗，实现资本的合理配置，维护商业银行经营安全，促进稳健持续发展。

商业银行可以暂时使用基本指标法计量操作风险资本要求，积极创造实施标准法的条件并适时使用；根据本行的业务性质、规模和产品复杂程度以及风险管理水平，探讨基于内部损失数据、外部损失数据、情景分析、业务经营环境和内部控制等因素的操作风险计量模型建立，为在本行采用高级法计量操作风险资本要求奠定基础。

商业银行应运用经济资本系数、内控调节系数等合理分配操作风险经济资本，形成有效的激励约束机制，促进分支机构和业务条线提高操作风险管理水平。

4.3.3.4　操作风险管理的组织与职责

商业银行应当建立清晰的操作风险管理组织架构，明确董事会、监事会、高级管理层、风险管理部门及其他相关部门、分支机构的职责。

(1) 董事会的操作风险管理职责。董事会承担商业银行监控操作风险管理有效性的最终责任，履行或授权下设的风险管理委员会履行其操作风险管理的职责，具体包括：①制定与本行战略目标相一致且适用于本行的操作风险管理战略和总体政策；②通过审批及检查高级管理层有关操作风险的职责、权限及报告制度，确保本行的操作风险管理决策体系的有效性，并尽可能地确保将本行从事的各项业务面临的操作风险控制在可以承受的范围内；③定期审阅高级管理层提交的操作风险报告，充分了解本行操作风险管理的总体情况、高级管理层处理重大操作风险事件的有效性以及监控和评价日常操作风险管理的有效性；④确保高级管理层采取必要的措施有效地识别、评估、监测、控制、缓释操作风险；⑤确保本行操作风险管理体系接受内部审计部门的有效审查与监督；⑥制定适当的奖惩制度，在全行范围有效地推动操作风险管理体系的建设。

(2) 高级管理层的操作风险管理职责。高级管理层负责执行董事会批准的操作风险管理战略、总体政策及体系。主要职责包括：①在操作风险的日常管理方面，对董事会负最终责任；②根据董事会制定的操作风险管理战略及总体政策，负责制定、定期审查和监督执行操作风险管理的政策、程序和具体的操作规程，并定期向董事会提交操作风险总体情况的报告；③全面掌握本行操作风险管理的总体状况，特别是各项重大的操作风险事件或项目；④明确界定各部门的操作风险管理职责以及操作风险报告的路径、频率、内容，督促各部门切实履行操作风险管理职责，以确保操作风险管理体系的正常运行；⑤为操作风险管理配备适当的资源，包括但不限于提供必要的经费、设置必要的岗位、配备合格的人员、为操作风险管理人员提供培训、赋予操作风险管理人员履行职务所必需的权限等；⑥及时对操作风险管理体系进行检查和修订，以便有效地应对内部程序、产品、业务活动、信息科技系统、员工及外部事件和其他因素发生变化所造成的操作风险损失事件；⑦协调处理本行各部门和分支机构有关操作风险管理的重大事项。

(3) 风险管理部门的操作风险管理职责。风险管理部门负责商业银行操作风险管理体系的建立和实施。其主要职责包括：①在全面风险管理框架下，拟定本行操作风险管理政策、程序和具体的操作规程，提交高级管理层和董事会审批；②协助其他部门识别、评估、监测、控制及缓释操作风险；③根据监管部门要求及本行业务特点，建立并组织实施操作风险识别、评估、缓释(包括内部控制措施)和监测方法以及本行的操作风险报告程序；④建立与本行的业务性质、规模和产品复杂程度相适应的操作风险基本控制标准，并指导和协调全行范围内的操作风险管理；⑤负责组织本行操作风险管理方面的培训，协助各部门提高操作风险管理水平、履行操作风险管理的各项职责；⑥定期检查并分析业务部门和其他部门操作风险的管理情况，确保操作风险制度和措施得到遵守；⑦定期向高级管理层提交操作风险报告；⑧负责就本行操作风险管理事务与监管机构联络。

（4）相关部门、分支机的操作风险管理职责。商业银行各相关部门、各分支机构对操作风险的管理情况负直接责任。其主要职责包括：①指定专人负责操作风险管理，其中包括遵守操作风险管理的政策、程序和具体的操作规程；②根据本行统一的操作风险管理评估方法，识别、评估本部门、本分支机构的操作风险，建立持续、有效的操作风险监测、控制及报告程序，并组织实施；③在制定本部门、本分支机构业务流程时，充分考虑操作风险管理和内部控制的要求，保证操作风险管理人员参与各项重要的程序、控制措施和政策的审批，以确保与操作风险管理总体政策的一致性；④监测关键风险指标，定期向总行风险管理部门通报本部门、本分支机构操作风险管理的总体状况，并及时通报重大操作风险事件；⑤在管理好本部门、本机构操作风险的同时，应在涉及本身职责分工及专业特长的范围内为其他部门、分支机构管理操作风险提供相关资源和支持。

（5）内部审计部门的操作风险管理职责。内部审计部门对操作风险的管理情况进行检查监督。具体职责包括：①定期检查各部门、各分支机构操作风险管理政策的落实和防范措施的执行情况；②定期对风险管理部门关于操作风险管理的履行情况进行监督；③对操作风险管理政策、程序和具体的操作规程及其运作情况进行独立评估，并将评估结果报告董事会和高级管理层。

操作风险管理机制基本框架如图 4-5 所示。

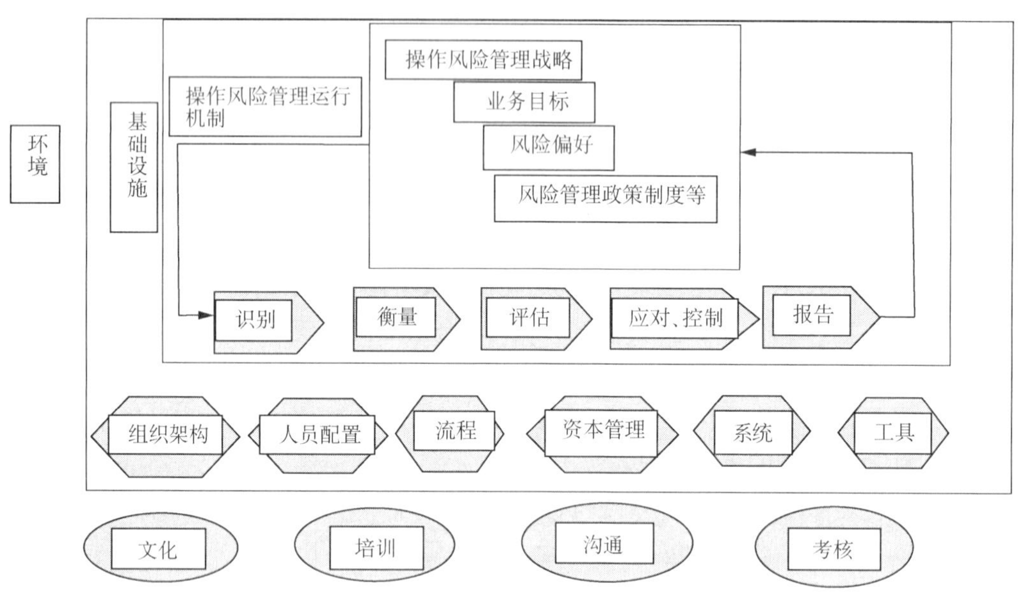

图 4-5　操作风险管理机制基本框架示意图

4.3.4　流动性风险管理机制

2018 年 5 月，中国银保监会发布了《商业银行流动性风险管理办法》，并要求商业银行自 2018 年 7 月 1 日起执行。该办法第三条指出，流动性风险是指商业银行无法以合理成本及时获得充足资金，用于偿付到期债务、履行其他支付义务和满足正常业务开展的其他资金需求的风险。

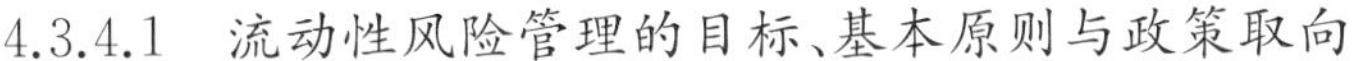

4.3.4.1　流动性风险管理的目标、基本原则与政策取向

（1）流动性风险管理的目标。通过建立适时、合理、有效的流动性风险管理机制，实现对流动性风险的有效管理，将流动性风险控制在商业银行容忍度范围内，促进本行保持良好的流动性状况，实现资金营运安全性、流动性和效益性的协调统一，并在以下方面产生积极作用：

一是，增进市场对本行的信心，向外界表明本行有能力偿还借款，是值得信赖的银行。

二是，确保本行有能力履行贷款承诺，稳固客户关系。

三是，避免本行资产廉价出售，损害股东利益。

四是，降低本行借入资金时所需支付的风险溢价。

（2）流动性风险管理的基本原则，包括：

第一，优先性原则。高层管理人员进行决策时必须优先考虑流动性风险管理。

第二，集中性原则。由总行统一管理全行流动性风险，通过动态调整资产负债总量和结构，保证全行流动性安全。

第三，预测性原则。流动性风险管理必须注重对资金来源和运用变化的预测，综合权衡风险和收益，合理安排流动性期限结构。

第四，预知性原则。流动性管理部门应及时了解和掌握流动性指标的预警信息以及本行大客户提现或存款的信息，以便提前研究对策措施，有计划地安排资金。

第五，全面性原则。流动性风险管理应涵盖所有的表内、外业务，所有的业务条线和分支机构，并按本、外币分别管理。

第六，协调性原则。流动性管理部门必须协调资金使用部门和资金筹集部门与本部门的活动，并保留这些部门活动的相关记录。

第七，连续性原则。流动性管理决策必须在连续性的基础上进行分析，以免决策失误。

第八，应急性原则。流动性管理部门必须随时保持应急状态，以便发生紧急情况时能以合理成本获得足够的资金来弥补流动性缺口，有效防范突发性流动性风险。

（3）流动性风险管理的政策取向。流动性风险管理政策的取向是稳健原则，即控制风险与讲求效益并重。通过加强有效管理，把全行流动性风险压降到可以有效控制的范围，坚持补充流动性不足与处置流动性剩余并重，既要控制流动性不足的风险，又要控制流动性过剩而导致成本上升、收益降低的风险，以促进各项业务的协调稳定发展。

4.3.4.2　流动性风险偏好与容忍度

银保监会《商业银行流动性风险管理办法》第十六条指出，商业银行应当根据其经营战略、业务特点、财务实力、融资能力、总体风险偏好及市场影响力等因素确定流动性风险偏好。商业银行的流动性风险偏好应当明确其在正常和压力情景下愿意并能够承受的流动性风险水平。

（1）流动性风险容忍度指标。商业银行应实施稳健型的流动性风险偏好，即在满足监管要求的基础上，适当平衡收益水平和流动性水平，保持适度流动性，将流动性风险控制在本行可以承受的合理范围之内，确保本行的安全运营和良好的公众形象。商业银行应根据统一的流动性风险偏好、发展战略、风险管理能力、外部市场环境变化等因素，确定流动性风险承担水平主要评价指标的容忍度区间，包括规划值、预警值和处置值。

一是，定量指标①。定量指标包括但不限于：①存贷比；②流动性比率；③流动性缺口率；④核心负债比例；⑤同业市场负债比例；⑥最大十户存款比例；⑦最大十家同业融入比例；⑧超额备付金率。

二是，定性指标。商业银行在引入新产品、新业务，建立新机构、新业务部门前，在可行性研究中需充分评估其对流动性风险产生的影响，并严格履行相应的准入标准，确保潜在流动性风险能够充分识别和有效管理。

（2）流动性风险偏好的重检与调整。商业银行需根据发展战略、股东回报要求的调整和市场环境的变化，定期重检流动性风险偏好，并调整容忍度区间。风险管理部门必须按规定定期开展流动性风险偏好重检，并向高级管理层和董事会报告相关情况。

4.3.4.3 流动性风险管理流程

资料 4-4

银监会、保监会《商业银行流动性风险管理办法》摘录

第三节　流动性风险识别、计量、监测和控制

第二十一条　商业银行应当根据业务规模、性质、复杂程度及风险状况，运用适当方法和模型，对在正常和压力情景下未来不同时间段的资产负债期限错配、融资来源多元化和稳定程度、优质流动性资产、重要币种流动性风险及市场流动性等进行分析和监测。

商业银行在运用上述方法和模型时应当使用合理的假设条件，定期对各项假设条件进行评估，必要时进行修正，并保留书面记录。

第二十二条　商业银行应当建立现金流测算和分析框架，有效计量、监测和控制正常和压力情景下未来不同时间段的现金流缺口。

现金流测算和分析应当涵盖资产和负债的未来现金流以及或有资产和或有负债的潜在现金流，并充分考虑支付结算、代理和托管等业务对现金流的影响。

商业银行应当对重要币种的现金流单独进行测算和分析。

第二十三条　商业银行应当根据业务规模、性质、复杂程度及风险状况，监测可能引发流动性风险的特定情景或事件，采用适当的预警指标，前瞻性地分析其对流动性风险的影响。可参考的情景或事件包括但不限于：

（一）资产快速增长，负债波动性显著上升；

（二）资产或负债集中度上升；

（三）负债平均期限下降；

（四）批发或零售存款大量流失；

（五）批发或零售融资成本上升；

（六）难以继续获得长期或短期融资；

① 根据《商业银行流动性风险管理办法（试行）》第五十九条，农村合作银行、村镇银行、农村信用社、外国银行分行以及资产规模小于2 000亿元人民币的商业银行不适用流动性覆盖率监管要求。

(七)期限或货币错配程度加剧;

(八)多次接近内部限额或监管标准;

(九)表外业务、复杂产品和交易对流动性的需求增加;

(十)银行资产质量、盈利水平和总体财务状况恶化;

(十一)交易对手要求追加额外抵(质)押品或拒绝进行新交易;

(十二)代理行降低或取消授信额度;

(十三)信用评级下调;

(十四)股票价格下跌;

(十五)出现重大声誉风险事件。

第二十四条 商业银行应当对流动性风险实施限额管理,根据自身业务规模、性质、复杂程度、流动性风险偏好和外部市场发展变化情况,设定流动性风险限额。流动性风险限额包括但不限于现金流缺口限额、负债集中度限额、集团内部交易和融资限额。

商业银行应当制定流动性风险限额管理的政策和程序,建立流动性风险限额设定、调整的授权制度、审批流程和超限额审批程序,至少每年对流动性风险限额进行一次评估,必要时进行调整。

商业银行应当对流动性风险限额遵守情况进行监控,超限额情况应当及时报告。对未经批准的超限额情况应当按照限额管理的政策和程序进行处理。对超限额情况的处理应当保留书面记录。

第二十五条 商业银行应当建立并完善融资策略,提高融资来源的多元化和稳定程度。

商业银行的融资管理应当符合以下要求:

(一)分析正常和压力情景下未来不同时间段的融资需求和来源;

(二)加强负债品种、期限、交易对手、币种、融资抵(质)押品和融资市场等的集中度管理,适当设置集中度限额,对于同业批发融资,应按总量和主要期限分别设定限额;

(三)加强融资渠道管理,积极维护与主要融资交易对手的关系,保持在市场上的适当活跃程度,并定期评估市场融资和资产变现能力;

(四)密切监测主要金融市场的交易量和价格等变动情况,评估市场流动性对商业银行融资能力的影响。

第二十六条 商业银行应当加强融资抵(质)押品管理,确保其能够满足正常和压力情景下日间和不同期限融资交易的抵(质)押品需求,并且能够及时履行向相关交易对手返售抵(质)押品的义务。

商业银行应当区分有变现障碍资产和无变现障碍资产。对可以用作抵(质)押品的无变现障碍资产的种类、数量、币种、所处地域和机构、托管账户,以及中央银行或金融市场对其接受程度进行监测分析,定期评估其资产价值及融资能力,并充分考虑其在融资中的操作性要求和时间要求。

商业银行应当在考虑抵(质)押品的融资能力、价格敏感度、压力情景下的折扣率等因素的基础上提高抵(质)押品的多元化程度。

第二十七条　商业银行应当加强日间流动性风险管理，确保具有充足的日间流动性头寸和相关融资安排，及时满足正常和压力情景下的日间支付需求。

商业银行的日间流动性风险管理应该符合以下要求：

（一）有效计量每日的预期现金流入总量和流出总量，日间各个时点现金流入和流出的规模、缺口等；

（二）及时监测业务行为变化，以及账面资金、日间信用额度、可用押品等可用资金变化等对日间流动性头寸的影响；

（三）具有充足的日间融资安排来满足日间支付需求，必要时可通过管理和使用押品来获取日间流动性；

（四）具有根据日间情况合理管控资金流出时点的能力；

（五）充分考虑非预期冲击对日间流动性的影响。

商业银行应当结合历史数据对日间流动性状况进行回溯分析，并在必要时完善日间流动性风险管理。

第二十八条　商业银行应当加强同业业务流动性风险管理，提高同业负债的多元化和稳定程度，并优化同业资产结构和配置。

第二十九条　商业银行应当建立流动性风险压力测试制度，分析承受短期和中长期压力情景的流动性风险控制能力。

流动性风险压力测试应当符合以下要求：

（一）合理审慎设定并定期审核压力情景，充分考虑影响商业银行自身的特定冲击、影响整个市场的系统性冲击和两者相结合的情景，以及轻度、中度、严重等不同压力程度；

（二）合理审慎设定在压力情景下商业银行满足流动性需求并可持续经营的最短期限，在影响整个市场的系统性冲击情景下该期限应当不少于30天；

（三）充分考虑各类风险与流动性风险的内在关联性和市场流动性对商业银行流动性风险的影响；

（四）定期在法人和集团层面实施压力测试，当存在流动性转移限制等情况时，应当对有关分支机构或附属机构单独实施压力测试；

（五）压力测试频率应当与商业银行的规模、风险水平及市场影响力相适应，常规压力测试应当至少每季度进行一次，出现市场剧烈波动等情况时，应当提高压力测试频率；

（六）在可能情况下，应当参考以往出现的影响银行或市场的流动性冲击，对压力测试结果实施事后检验，压力测试结果和事后检验应当有书面记录；

（七）在确定流动性风险偏好、流动性风险管理策略、政策和程序，以及制订业务发展和财务计划时，应当充分考虑压力测试结果，必要时应当根据压力测试结果对上述内容进行调整。

董事会和高级管理层应当对压力测试的情景设定、程序和结果进行审核，不断完善流动性风险压力测试，充分发挥其在流动性风险管理中的作用。

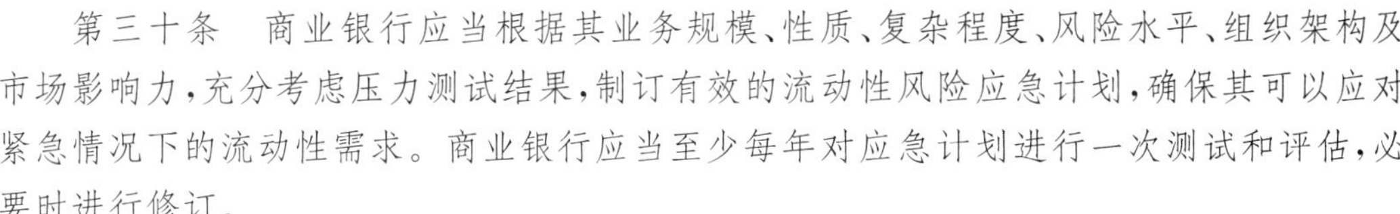

第三十条　商业银行应当根据其业务规模、性质、复杂程度、风险水平、组织架构及市场影响力，充分考虑压力测试结果，制订有效的流动性风险应急计划，确保其可以应对紧急情况下的流动性需求。商业银行应当至少每年对应急计划进行一次测试和评估，必要时进行修订。

流动性风险应急计划应当符合以下要求：

（一）设定触发应急计划的各种情景；

（二）列明应急资金来源，合理估计可能的筹资规模和所需时间，充分考虑跨境、跨机构的流动性转移限制，确保应急资金来源的可靠性和充分性；

（三）规定应急程序和措施，至少包括资产方应急措施、负债方应急措施、加强内外部沟通和其他减少因信息不对称而给商业银行带来不利影响的措施；

（四）明确董事会、高级管理层及各部门实施应急程序和措施的权限与职责；

（五）区分法人和集团层面应急计划，并视需要针对重要币种和境外主要业务区域制定专门的应急计划，对于存在流动性转移限制的分支机构或附属机构，应当制订专门的应急计划。

第三十一条　商业银行应当持有充足的优质流动性资产，确保其在压力情景下能够及时满足流动性需求。优质流动性资产应当为无变现障碍资产，可以包括在压力情景下能够通过出售或抵（质）押方式获取资金的流动性资产。

商业银行应当根据其流动性风险偏好，考虑压力情景的严重程度和持续时间、现金流缺口、优质流动性资产变现能力等因素，按照审慎原则确定优质流动性资产的规模和构成。

第三十二条　商业银行应当对流动性风险实施并表管理，既要考虑银行集团的整体流动性风险水平，又要考虑附属机构的流动性风险状况及其对银行集团的影响。

商业银行应当设立集团内部的交易和融资限额，分析银行集团内部负债集中度可能对流动性风险产生的影响，防止分支机构或附属机构过度依赖集团内部融资，减少集团内部的风险传导。

商业银行应当充分了解境外分支机构、附属机构及其业务所在国家或地区与流动性风险管理相关的法律、法规和监管要求，充分考虑流动性转移限制和金融市场发展差异程度等因素对流动性风险并表管理的影响。

第三十三条　商业银行应当按照本外币合计和重要币种分别进行流动性风险识别、计量、监测和控制。

第三十四条　商业银行应当审慎评估信用风险、市场风险、操作风险和声誉风险等其他类别风险对流动性风险的影响。

商业银行应根据自身的业务规模、性质、复杂程度和流动性风险特征，建立完善的风险识别、计量与评估、监测与预警、报告和控制流程，确保资产负债错配程度保持在可承受的流动性风险水平内、具有多元化和稳定的负债、具有与自身流动性风险水平相适应的优质流动性资产储备,并具备充分的外部市场融资能力。

(1) 流动性风险的识别。流动性风险的识别与分析,必须兼顾商业银行的资产和负债两个方面,即流动性集中反映了商业银行资产负债的均衡状况,表现为融资流动性风险和市场流动性风险两种类型。流动性风险的识别应包括日常流动性风险因素的识别和重大流动性风险事项的识别。

流动性风险因素的识别,主要从内外两个方面进行:

一方面内在流动性风险的识别,可以从以下四个方面进行分析,发现重要的内在流动性风险因素。

第一,分析流动性状况,包括:超额备付金比率、流动性比率、核心负债依存度、存贷比率、流动性缺口率等流动性风险指标的水平和变化趋势;到期日错配和现金流缺口情况;流动性风险指标与同业、内部限额和监管指标的比较水平。

第二,分析资金来源情况,包括:资金来源规模的稳定性;资金来源的集中度;资金成本;大额资金的流动;零售存款流失;负债加权平均期限;获取长期融资的可能性;进入资本市场、货币市场或获取其他资金来源的可能性。

第三,分析资产的流动性,包括:资产增长情况和集中度;流动性资产的数量和质量;流动性资产构成和市场价值;可动用流动性资产及资产变现可能性;抵押品证券化。

第四,分析其他内在流动性风险,包括:银行盈利水平、资产质量和总体财务状况的变化;资产售卖情况;银行自身评级的变化;支付系统瘫痪、银行内部挤兑等风险事件等。

另一方面外部流动性风险的识别,包括:宏观经济政策、货币政策的变化;外部市场流动性状况的变化;重要融资渠道即将受限或失灵;公众报道或公众信誉;资产或抵押品跨境转移政策的调整;银行所在地区发生挤兑事件等。

(2) 流动性风险的计量与评估。商业银行应针对流动性风险因素,运用指标或计量模型,全面分析、计量和评估流动性风险水平,对银行在正常和压力情景下未来不同时间段的流动性风险水平及优质流动性资产储备情况进行前瞻性分析,为选择恰当的风险管理方法提供可靠依据。

流动性风险计量和评估的主要方法有比率/指标法、现金流分析法、缺口分析法、久期分析法、压力测试等。

第一,商业银行应充分认识到流动性风险不同计量与评估方法的优势和局限性,计量与评估时应采用多种分析方法从多个角度对计量与评估结果进行印证和补充。

第二,流动性风险的相关管理部门应加强风险计量与评估方法的研究,开发、引进适当的计量与评估模型和方法,提高计量与评估所用数据的质量,不断提升流动性风险计量与评估水平。

第三,流动性计量与评估模型的参数引入与调整(包括重要参数的调整)须进行评估和论证。计量与评估模型所使用的假设前提、重要参数、开发过程、开发数据等,应有明晰、专门的文件记录以备查。

案例 4-3

××农商银行流动性缺口分析模型

银监会和保监会发布的《商业银行流动性风险管理办法》第四十五条指出，银行业监督管理机构应当定期监测商业银行的所有表内外项目在不同时间段的合同期限错配情况，并分析其对流动性风险的影响。合同期限错配情况的分析和监测可以涵盖隔夜、7天、14天、1个月、2个月、3个月、6个月、9个月、1年、2年、3年、5年和5年以上等多个时间段。相关参考指标包括但不限于各个时间段的流动性缺口和流动性缺口率。

据此，××农商银行为了符合流动性风险监管要求，流动性缺口和流动性缺口率每天进行动态计算：(T+1天)(T+7天)(T+14天)(T+1个月)(T+2个月)(T+3个月)(T+6个月)(T+9个月)(T+1年)(T+2年)(T+3年)(T+5年)(T+5年以上)等13个值，以监测合同期限错配情况①。

一、流动性缺口

（一）流动性缺口

流动性缺口是指以合同到期日为基础，按特定方法测算未来各个时间段到期的表内外资产和负债，并将到期资产与到期负债相减获得的差额。

（二）计算公式

未来各个时间段的流动性缺口＝未来各个时间段到期的表内外资产-未来各个时间段到期的表内外负债

（三）计算口径

未来各个时间段到期的表内外资产＝未来各个时间段到期的表内资产＋未来各个时间段到期的表外收入

未来各个时间段到期的表内外负债＝未来各个时间段到期的表内负债＋未来各个时间段到期的表外支出

在计算到期的表内负债时，活期存款中的稳定部分按规定方法进行审慎估算。

二、流动性缺口率

（一）流动性缺口率

流动性缺口率是指未来各个时间段的流动性缺口与相应时间段到期的表内外资产的比例。

（二）计算公式

流动性缺口率＝未来各个时间段的流动性缺口÷相应时间段到期的表内外资产×100%

（三）计算口径

相应时间段到期的表内外资产＝相应时间段到期的表内资产＋相应时间段到期的表外收入

流动性缺口、流动性缺口率是一个时期动态指标，指标性质属于“适度”。

---

① 间隔时间越长，准确性越差，可信赖程度也随之减弱。

三、缺口分析的实现

（一）基本假设

流动性缺口分析是以合同到期日为基础，实施缺口指标计算和分析的假设前提是：

（1）归属于设定时段的到期表内资产均能在该时段正常变现、到期的表外收入均能在该时段正常收回现金。

（2）归属于设定时段的到期表内负债在该时间段均用现金正常偿还、到期的表外支出均能在该时段正常支付现金。

因活期存款没有到期时间约定，每日提取的活期存款额需要稳健估算。

（二）输出信息

××农商银行开发了流动性风险管理信息系统，原始输入数据系统大多可以从信贷管理系统、综合业务系统和其他相关系统自动获取，按照流动性缺口定义，公式自动处理原来数据，输出每日按照不同设定时段的流动性缺口、流动性缺口率的实际值，如表4-3所示。

表4-3 ××农商银行流动性缺口统计分析表

日期	隔夜		7天		14天		1个月		2个月		3个月		6个月		9个月		1年		2年		3年		5年		5年以上	
	流动性缺口	流动性缺口率	流动性缺口	流动性缺口率	流动性缺口	流动性缺口率	流动性缺口	流动性缺口率	流动性缺口	流动性缺口率	流动性缺口	流动性缺口率	流动性缺口	流动性缺口率	流动性缺口	流动性缺口率	流动性缺口	流动性缺口率	流动性缺口	流动性缺口率	流动性缺口	流动性缺口率	流动性缺口	流动性缺口率	流动性缺口	流动性缺口率
20190726																										
20190725																										
……																										
20190630																										
20190629																										
……																										
……																										
20181231																										
……																										
……																										

（3）流动性风险的监测与预警。商业银行应定期对自身的资产负债期限错配情况、负债的多元化和稳定程度、优质流动性资产储备、重要币种流动性风险状况以及市场流动性等方面，适时地进行分析和监测。在监测过程中，应当充分考虑单一的流动性风险指标或监测工具的局限性，综合运用多维度的方法和工具对流动性风险进行分析和监测。商业银行应根据不同的监测内容确定监测频度，分为日度监测、按周监测、按旬监测、月度监测和季度监

测等。日度监测的内容一般应包括资金头寸、大额资金流动情况、批发性(对公)存款流失情况、零售存款流失情况、存贷比、流动性缺口等。按周、旬、月、季监测的内容根据流动性风险管理的需要确定。商业银行应随时关注各种内外部指标/信号的明显变化,并监测这些预警指标/信号的变化和发展趋势,发现出现下列一种或数种情况时,要及时提请高级管理层启动流动性预警机制:

一是,多项或单项监测指标连续6个月以上严重、持续偏离标准值,表明流动性风险迅速集聚的。

二是,短期和中期预测显示流动性严重不足,流动性缺口在2个季度以上持续扩大的。

三是,存款连续3个月负增长。

四是,存贷款前十大客户出现经营危机的。

五是,超过4周以上出现备付资金短缺情况。

(4) 流动性风险报告。商业银行流动性风险报告体系包括日常流动性风险报告、重大流动性风险事项报告、外部监管报告以及信息披露等。各类风险报告应遵循相应的发送范围、频率和程序。

一是,日常流动性风险报告,包括:①计划财务部门按日对各项风险指标进行监控,及时向高级管理层汇报出现的重大流动性风险情况。②风险管理部门按月对全行流动性风险进行分析和评价,形成综合风险报告,向高级管理层报告,并适时发布预警和风险提示书。③高级管理层授权风险管理部门按季度向董事会提交本行流动性风险管理书面监测报告和压力测试报告,详细说明风险管理情况和下一步完善措施。

二是,重大流动性风险事项报告。对本行发生的重大流动性风险事件,高级管理层应及时启动应急计划,并在第一时间向董事会和监管部门报告下列重大事项:①本行大规模出售资产以提高流动性。②本行评级的重大调整。③外部市场流动性状况发生重大变化。④本行重要融资渠道即将受限或失灵。⑤本行或本行所在地区发生挤兑事件。⑥有关机构对资产或抵押品跨境转移政策的调整。⑦其他可能对本行流动性风险水平及其管理状况产生影响的重大事件。

资料4-5

银监会、保监会《商业银行流动性风险管理办法》摘录

第五十四条 商业银行应当按照规定向银行业监督管理机构报送与流动性风险有关的财务会计、统计报表和其他报告。委托社会中介机构对其流动性风险水平及流动性风险管理体系进行审计的,还应当报送相关的外部审计报告。流动性风险监管指标应当按月报送,银行业监督管理机构另行规定的除外。

银行业监督管理机构可以根据商业银行的业务规模、性质、复杂程度、管理模式和流动性风险特点,确定商业银行报送流动性风险报表、报告的内容和频率。

第五十五条　商业银行应当于每年4月底前向银行业监督管理机构报送上一年度的流动性风险管理报告，主要内容包括流动性风险偏好、流动性风险管理策略、主要政策和程序、内部风险管理指标和限额、应急计划及其测试情况等。

商业银行对流动性风险偏好、流动性风险管理策略、政策和程序进行重大调整的，应当在1个月内向银行业监督管理机构书面报告调整情况。

第五十六条　商业银行应当按季向银行业监督管理机构报送流动性风险压力测试报告，内容包括压力测试的情景、方法、过程和结果。出现市场剧烈波动等情况时，应当提高压力测试报送频率。商业银行根据压力测试结果对流动性风险偏好、流动性风险管理策略、政策和程序进行重大调整的，应当及时向银行业监督管理机构报告相关情况。

第五十七条　商业银行应当及时向银行业监督管理机构报告下列可能对其流动性风险水平或管理状况产生不利影响的重大事项和拟采取的应对措施：

（一）本机构信用评级大幅下调；

（二）本机构大规模出售资产以补充流动性；

（三）本机构重要融资渠道即将受限或失效；

（四）本机构发生挤兑事件；

（五）母公司或集团内其他机构的经营状况、流动性状况、信用评级等发生重大不利变化；

（六）市场流动性状况发生重大不利变化；

（七）跨境或跨机构的流动性转移政策出现不利于流动性风险管理的重大调整；

（八）母公司、集团经营活动所在国家或地区的政治、经济状况发生重大不利变化；

（九）其他可能对其流动性风险水平或管理状况产生不利影响的重大事件。

如果商业银行的监管指标已经或即将降至最低监管标准以下，应当分析原因及其反映出的风险变化情况，并立即向银行业监督管理机构报告。

商业银行出现监测指标波动较大、快速或持续单向变化的，应当分析原因及其反映出的风险变化情况，并及时向银行业监督管理机构报告。

外商独资银行、中外合资银行境内本外币资产低于境内本外币负债，集团内跨境资金净流出比例超过25%，以及外国银行分行跨境资金净流出比例超过50%的，应当在2个工作日内向银行业监督管理机构报告。

第五十八条　银行业监督管理机构应当根据对商业银行流动性风险水平及其管理状况的评估结果，确定流动性风险现场检查的内容、范围和频率。

第五十九条　商业银行应当按照规定定期披露流动性风险水平及其管理状况的相关信息，包括但不限于：

（一）流动性风险管理治理结构，包括但不限于董事会及其专门委员会、高级管理层及相关部门的职责和作用；

（二）流动性风险管理策略和政策；

（三）识别、计量、监测、控制流动性风险的主要方法；

（四）主要流动性风险管理指标及简要分析；
（五）影响流动性风险的主要因素；
（六）压力测试情况。

（5）流动性风险控制。风险管理部门应根据不同的流动性风险水平和流动性风险种类，选择流动性风险的控制手段，把流动性风险控制在可以接受的水平。采取的流动性风险控制手段主要应包括：

一是，风险分散。对于本行资产和负债的集中度风险，主要根据其流动性的不同，不断拓宽融资渠道，并将资金配置在不同流动性的资产之间，完善资金备付制度，提高资金来源和运用的多样化，以降低风险。同时，通过合理确定不同资产的配比关系，构筑多层次、全方位的流动性风险防线。

二是，风险转移。对于资产价格波动等带来的市场流动性风险或信用风险引发的流动性风险，可通过购买类似于保险单的期权合约或要求提供第三方信用担保作为还款保证等合法的经济措施，将风险转移给其他经济主体。

三是，风险对冲。对于利率等市场风险因素引发的市场流动性风险，可通过投资或购买与标底资产收益波动负相关的某种资产或衍生产品，冲销标底资产的潜在风险损失。

四是，风险规避。对于流动性风险极大且本行不擅长、不愿意承担的特定市场或业务，可拒绝或退出该市场或业务，不承担相应的风险。

五是，风险补偿。对于无法通过风险分散、对冲或转移进行管理，而又无法回避、不得不承担的流动性风险，可采取在交易价格上附加流动性风险溢价，即通过提高风险回报的方式，获取承担风险的价格补偿。

六是，应急计划。对于突发性或重大性等流动性风险触发事件或情形，可能引起局部或全局性流动性风险的，应及时启动应急计划，在限定时间内采取有效措施进行补救，把风险控制在最小范围内。

（6）流动性风险的缓释与应对。商业银行融资流动性风险的缓释手段主要包括票据转贴现、票据回购、信贷资产回购、信贷资产转让、同业存款和协议存款等。

综合考虑缓释手段的时效性和成本因素，偿付性流动风险缓释的优先级次序为：第一类，票据转贴现和票据回购；第二类，信贷资产回购、信贷资产转让、同业存款等；第三类，协议存款等；第四类，央行融资。

市场流动性风险的缓释手段主要包括内部资金转移定价调整、授信政策调整、经济资本分配政策调整、业务计划指标调整、信贷资产转让、理财产品转移、资产证券化、发行金融债券等。考虑市场流动性风险的时效性和缓释力度，商业银行风险缓释的优先级次序为：资金转移定价调整、授信政策调整、经济资本分配政策调整、业务计划指标调整；信贷资产转让、理财产品转移；发行金融债券、资产证券化、增资扩股。

（7）流动性风险的应急处理。流动性风险应急处理是指在局部地区流动性状况发生异常恶化的情况下，为防止流动性风险蔓延而采取的紧急预防和处置方案。出现下列情况后，要及时启动应急处理程序：

一是，非正常提款大量增加、发生集中挤兑存款事件，短期内存款严重流失。

二是，其他金融机构出现挤兑存款事件或其他金融风险，有可能波及本行。

三是，由于债券、保函、信用证、贷款承诺、银行承兑汇票、信托投资、外汇衍生产品等业务越权、违规、违法操作，有可能形成巨额资金的清偿需求。

四是，经营环境包括政策环境和市场环境发生急剧变化，货币市场资金严重短缺，资金供求发生急剧变化。

五是，全行备付资金持续匮乏，并无法按常规途径进行补充，难以保证正常业务资金需求。

六是，外部评级下降，不良信息披露，新闻媒体负面报道增加，有可能引发的流动性风险。

以上情况出现后，商业银行应急处置领导小组要及时启动应急方案，迅速进行先期处置，并及时向高级管理层和董事会汇报。高级管理层和董事会依据事态严重程度，决定是否在全辖范围启动流动性风险应急方案。流动性紧急补充方案包括但不限于：

第一，除按照常规途径，如主动性负债、提前收回贷款、清收预期贷款等方式进行流动性补充外，可以动用二级准备金，缓解出现的支付危机。

第二，暂停办理债券投资、贷款投放、同业融出等资金运用业务。

第三，按有关授权管理规定，通过出售债券资产、信贷资产和股权所形成的现金流入进行流动性补充。

第四，向人行申请动用缴存准备金存款和其他释放资金、注入资金的方法。

4.3.4.4　流动性风险管理的组织与职责

商业银行应当建立完善的流动性风险管理组织架构，明确董事会、监事会、高级管理层，以及相关部门、分支机构在流动性风险管理中的职责和报告路线，建立适当的考核及问责机制。

(1) 董事会的流动性风险管理职责。商业银行董事会对流动性风险管理承担最终责任，履行以下职责：①审核批准流动性风险管理体系；②审核批准流动性风险偏好与容忍度、流动性风险管理策略、重要政策与程序、流动性风险限额和流动性风险应急计划，对本行可承受的流动性风险水平每年至少审议一次；③监督高级管理层在风险管理体系内对流动性风险进行有效的管理和控制；④持续关注流动性风险状况，定期获得关于流动性风险水平和相关压力测试的报告，及时了解流动性风险的管理状况、重大变化和潜在转变；⑤对本行流动性风险管理信息系统的完整性、准确性和有效性承担最终责任；⑥审批流动性风险信息披露内容，保证披露信息的真实性和准确性；⑦根据内部审计结果，督促高级管理层针对内部审计发现的问题采取及时有效的整改措施，并适时调整和完善有关流动性风险管理的策略、政策和程序；⑧授权董事会下设的风险管理委员会履行以上部分流动性风险管理职能，获得授权的风险管理委员会应当定期向董事会提交有关报告；⑨法律法规规定的其他职责。

(2) 高级管理层的流动性风险管理职责。商业银行高级管理层负责流动性风险的具体管理工作，履行以下职责：①根据本行总体发展战略测算并在必要时调整可承受的流动性风险水平，提请董事会审议；②根据董事会批准的可承受的流动性风险水平，制定流动性风险管理策略、程序、限额，其中重要的策略、政策、程序和限额需提请董事会或其授权的风险管理委员会审批后执行；③根据批准的流动性风险管理策略、政策、程序和限额，对流动性风险进行管理、组织实施压力测试和情景分析，并定期将测试结果向董事会或其授权的风险管理委员会汇报，推动压力测试成果在战略决策和风险管理中的应用，制定并监督执行有关流动性风险管理的内部控制制度；④充分了解并定期评估本行流动性风险水平及管理状况，向董事会或其授权的风险管理委员会定期汇报本行流动性风险状况，及时汇报流动性风险的重大变化或潜在转变；⑤逐步建立完善的管理信息系统，以支持流动性风险的识别、计量、监测、预警、报告和控制等工作；⑥编制流动性风险应急计划，并提请董事会或其授权的风险管理委员会审批；⑦识别并了解可能触发应急计划的事件，并建立适当机制对这些触发事件进行监测；⑧指定专门部门和人员负责流动性风险管理工作，并明确流动性风险管理部门的职责；⑨建立完善的报告制度，确保流动性风险管理部门和人员的相对独立性，特别要独立于从事资金交易的部门。

(3) 风险管理部门的流动性风险管理职责。风险管理部门负责组织建立和实施商业银行流动性风险管理体系，对全行的流动性风险管理实施监督。具体职责包括：①组织拟订流动性风险管理政策，起草流动性风险管理相关制度，并提请高级管理层审定；②组织对流动性风险管理的政策、制度和流程的执行效果进行检查评估；③会同计划财务部门定期对所需要监测和管理的流动性风险指标设立相应的规划值和阈值，阈值设置应作为预警线，并提前通知相关部门和分支机构；④研究提出本行的流动性风险限额；⑤开发并逐步完善具体的流动性压力测试模型和压力测试信息系统，协助开发、维护和管理相关流动性风险信息管理系统；⑥设计具体的流动性风险压力测试情景、会同计划财务部门定期开展流动性压力测试，并将压力测试结果向高级管理层报告；⑦定期组织开展流动性风险应急演练；⑧负责对流动性风险状况进行监测和分析，提交流动性风险分析报告，包括压力测试报告和应急演练情况报告，并按照规定向监管部门报告流动性风险和流动性风险管理情况。

(4) 计划财务部门的流动性风险管理职责。计划财务部门负责商业银行的流动性管理，是本行流动性风险管理的日常操作部门，其职责包括：①落实流动性管理相关的政策，负责日常流动性风险分析和评估工作，并适时对相关支行或部室存在的流动性风险进行预警和风险提示，提出控制流动性风险的措施建议。②制定本行头寸管理办法，负责全行日常流动性风险的头寸管理和日常流动性指标的测算与分析。③负责全行资金的流动性预测，编制短期流动性计划与长期流动性计划，并做好本行流动性的筹集、储备和调度工作。④负责对全行流动性指标的汇总、分析、预警和评价，定期向高级管理层报告，并对预警指标及有关支行进行跟踪管理。⑤发生流动性突发事件，应及时向高级管理层报告。对达到应急预案条件的，向高级管理层提出起动应急预案申请。⑥负责对全行流动性指标的执行情况进行日常监控，对监控中发现各类预警信号，提出解决问题的意见和建议。⑦对分支机构流动性需求提供系统内资金支持，及时化解分支机构支付困难，对总行范围内难以解决的流动性需求及时协调向人行或同业提出融资申请。⑧配合风险管理部门开展流动性风险的监测分析和压力测试。⑨履行突发流动性、清偿性事件应急处置领导小组办公室职责。

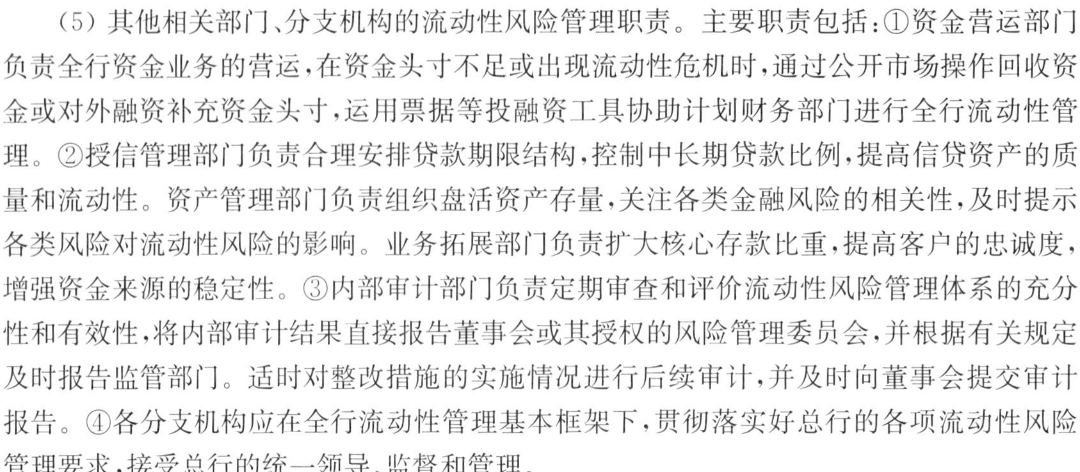

(5) 其他相关部门、分支机构的流动性风险管理职责。主要职责包括:①资金营运部门负责全行资金业务的营运,在资金头寸不足或出现流动性危机时,通过公开市场操作回收资金或对外融资补充资金头寸,运用票据等投融资工具协助计划财务部门进行全行流动性管理。②授信管理部门负责合理安排贷款期限结构,控制中长期贷款比例,提高信贷资产的质量和流动性。资产管理部门负责组织盘活资产存量,关注各类金融风险的相关性,及时提示各类风险对流动性风险的影响。业务拓展部门负责扩大核心存款比重,提高客户的忠诚度,增强资金来源的稳定性。③内部审计部门负责定期审查和评价流动性风险管理体系的充分性和有效性,将内部审计结果直接报告董事会或其授权的风险管理委员会,并根据有关规定及时报告监管部门。适时对整改措施的实施情况进行后续审计,并及时向董事会提交审计报告。④各分支机构应在全行流动性管理基本框架下,贯彻落实好总行的各项流动性风险管理要求,接受总行的统一领导、监督和管理。

4.3.5 声誉风险管理机制

声誉风险是指由商业银行经营、管理及其他行为或外部事件导致利益相关方对商业银行负面评价的风险。声誉事件是指引发商业银行声誉风险的相关行为或事件。重大声誉事件是指造成银行业重大损失、市场大幅波动、引发系统性风险或影响社会经济秩序稳定的声誉事件。

商业银行声誉风险管理的政策取向应是,主动防范,即通过积极主动防范,采取有效管理措施,将利益相关方对本行的负面评价降低到最低程度,最大限度地减少对社会公众造成的损失和负面影响。

4.3.5.1 声誉风险管理的目标与原则

(1) 声誉风险管理的目标。商业银行应通过建立有效的声誉风险管理机制,实现对声誉风险的有效管理,将声誉风险控制在本行容忍度范围内,促进本行保持良好声誉,并在下列具体方面产生积极作用:招募和保留最佳雇员;确保产品和服务的溢价水平;减少进入新市场的阻碍;维持客户和供应商的忠诚度;创造有利的资金使用环境;增进与投资者的关系;强化本行自身的可信度和利益持有者的信心;吸引高质量的合作伙伴和强化自身竞争力;最大限度地减少诉讼威胁和监管要求。

(2) 声誉风险管理的基本原则。声誉风险管理的基本原则是,预防第一、积极主动、及时报告、全员参与,并实行首问责任制。

第一,预防第一原则。声誉风险管理首先是事前管理,必须坚持预防第一的原则,及时准确地识别、评估现有和潜在的各种声誉风险因素,从源头上控制和缓释声誉风险。

第二,积极主动原则。按照声誉风险管理的目标要求,积极主动地创建、维护、巩固和提升本行的良好声誉。商业银行面临声誉事件时应当迅速反应,果断处置,争取主动。

第三,及时报告原则。对于各类声誉事件,商业银行各当事部门(分支机构)和员工应当按照本行规定及时、如实报告,严禁各类拖延和瞒报行为。

第四,全员参与原则。声誉风险管理涉及商业银行经营的各个层面和环节,商业银行每个机构、部门和员工都负有维护本行声誉的责任,都应该积极防范声誉风险。

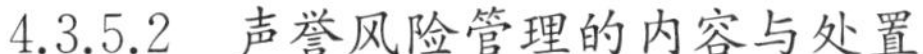

4.3.5.2　声誉风险管理的内容与处置

(1) 声誉风险管理的内容。商业银行应将声誉风险纳入全面风险管理体系中,将声誉风险管理融入公司治理架构,声誉风险管理的内容至少包括:①声誉风险排查,定期分析声誉风险和声誉事件的发生因素和传导途径。②声誉事件分类分级管理,明确管理权限、职责和报告路径。③建立包括声誉风险在内的金融风险应急处理方案和制度,对声誉事件实行应急处置,对可能发生的各类声誉事件进行情景分析,制定预案,开展演练。④妥善处理客户投诉,从维护客户关系、履行告知义务、解决客户问题、确保客户合法权益、提升客户满意度等方面实施监督和评估;建立有效的信访机制,保持信访工作稳定;与投资者保持良好的沟通,融洽与投资者的关系。⑤信息发布和新闻工作归口管理,建立信息披露管理制度,及时准确地向公众发布信息,主动接受舆论监督,为正常的新闻采访活动提供便利和必要保障。⑥舆情信息研判,实时关注舆情信息,及时澄清虚假信息或不完整信息。⑦声誉风险管理内部培训和奖惩。⑧声誉风险信息管理,记录、存储与声誉风险管理相关的数据和信息。⑨声誉危机管理规划,为在危机情况下保全甚至提高声誉提供行动指南。⑩声誉风险管理后评价,对声誉事件应对措施的有效性及时进行评估。

(2) 重大声誉事件的处置。商业银行应积极稳妥应对声誉事件,其中,对重大声誉事件,相关处置措施至少应包括:①在重大声誉事件或可能引发重大声誉事件的行为和事件发生后,及时启动应急预案,拟定应对措施;②指定高级管理人员,建立专门团队,明确处置权限和职责;③实时关注分析舆情,动态调整应对方案;④建立内部通报机制,实时通报事件进展及处置情况;⑤重大声誉事件发生后 12 小时内向银监会或其派出机构报告有关情况;⑥及时向其他相关部门报告;⑦及时向银监会或其派出机构递交处置及评估报告。

4.3.5.3　声誉风险管理流程

商业银行通过建立清晰的声誉风险管理流程,促进一致、持久地识别、评估和监测每一个可能影响声誉的风险因素,实现对声誉风险的及时预警和有效控制。

(1) 声誉风险的识别。与其他种类的风险相比,声誉风险具有如下主要特征:

一是,多样性。商业银行利益相关者既多又复杂,由于引发影响商业银行声誉原因的多样性、做出声誉评价的利益相关者的多样性,导致了声誉风险的种类呈现出多样性。

二是,常态性。商业银行在发展过程中,始终都会面临利益相关者的正向评价或负向评价,由于各利益相关者往往受视角、自身利益局限性、信息的影响,不同向的评价结果始终存在,其负面评价所形成的声誉风险具有常态性。

三是,关联性。声誉风险与其他各类风险有着紧密的因果关系,商业银行所有的风险都可能影响其声誉,声誉风险是其他风险发展的一种必然结果,具有内在的关联性特征。

四是,复杂性。声誉属于商誉系列,系无形资产,声誉风险存在形态有很大的不确定性,是一种非常特殊的风险,这也体现了声誉风险评估、界定、分类、计量建模的复杂性。

五是,波动性。声誉风险是各种风险进一步延伸的结果,就声誉风险本身进行管理,效果不一定很明显。这是因为声誉风险产生带有很大的被动性,不易界定,难以通过常规的风险管理部门采用常规的管理手段进行管理。

商业银行重点关注的声誉风险驱动因素包括但不限于:①业务、产品运行中可能引发声誉风险的因素;②内部组织机构变化、政策制度变化、财务指标变动、系统调整、机构裁撤变更、产品价格调整、银行的过失行为或误导等可能引发的声誉风险因素;③新闻媒体报道、网络舆情动向、客户投诉、内外部审计和监管部门合规检查等揭示出的声誉风险因素;④涉及司法性事件或群体性事件等可能引发的声誉风险因素。

商业银行应加强舆情信息研判,实时关注舆情信息,准确识别、判断相关舆情对本行声誉的影响方向和程度,区分舆情等级,即正面、一般、关注、有害、危害,后三级统称负面舆情。

(2) 声誉风险的评估。商业银行各职能部门(分支机构)对于已经显现的声誉风险,应认真评估其危害程度和发展趋势。同时,要综合分析潜在声誉风险因素转化为具体声誉事件的可能性,评估其对本行业务、财务状况和声誉的影响,并将潜在声誉风险因素按照影响程度和紧迫性进行排序。

商业银行需要做出预先评估的声誉风险事件包括:本行股东对本行的盈利预期;本行进行改革/重组的成本/收益;监管机构责令整改的不利信息/事件;影响客户或公众的政策性变化,如营业场所、营业时间、服务收费等方面的调整。

对已识别的声誉事件,按照其性质、严重程度、可控性、影响范围和紧急程度等因素,评估其重要性。重大声誉事件包括但不限于造成全国性影响,危及国家金融安全或本行正常经营秩序,造成重大财务损失及股东不满,危及本行的正常经营秩序,对本行某项业务的正常开展造成重大影响以及引发政府新闻媒体和新闻网站批评性报道的声誉事件。

(3) 声誉风险的监测与预警。风险管理部门应当随时了解商业银行各类利益相关者所关注的问题,正确预测他们对本行的业务、政策或运营调整可能产生的反应。同时,风险管理部门应当仔细分析和监测所收到的意见/评论,通过有效的报告和反应系统,及时将利益相关者对本行积极和消极的评价或行动、所有的沟通记录和结果,以及本行应当采取的应对措施,经过提炼和整理后,及时汇报给董事会和高级管理层,由高级管理层制定最终的声誉风险应对方案。

商业银行应积极构建声誉风险预警体系,结合本行声誉风险的特点和管理要求,建立声誉风险预警指标体系、确定各指标预警的界限标准,充分利用预警信号增强声誉风险管理的主动性。

(4) 声誉风险报告。声誉风险报告路径本着快速、高效原则设置,报告内容必须真实、完整。声誉风险报告主要有:

一是,舆情报告,包括:①日常舆情报告。商业银行办公室指定专人每日定时收集、记录、研判和报告舆情信息。发现有虚假信息、不完整信息或负面舆情应及时向风险管理部门报送,由风险管理部门处置。没有虚假信息、不完整信息或负面舆情时,按规定报告上级有关部门。舆情信息收集范围包括但不限于:报刊、广播、电视等传统媒体和博客、微博、BBS帖子、电子杂志、论坛社区、网络视频、手机视频、DV短片、手机照片、网络相册等新媒体。②舆情研判报告。商业银行办公室应结合日常舆情监测中发现的问题,对潜在的或可预见的声誉影响因素进行梳理,对下一阶段面临的舆情形势进行预判,形成舆情研判报告。舆情研判报告除按规定向上级有关部门报送外,还应报送本行董事会、风险管理委员会、监事会、行长室、风险管理部门。

二是，声誉事件报告。商业银行各部门、各分支机构等发生、知悉发生或接报重大声誉事件后，向其所在部门、机构负责人报告事件情况；由负责人向董事会办公室、监事会办公室、风险管理部门报告的同时，直接向董事长、监事长、行长报告。事件发生后12小时内，由董事长向行业管理部门和监管部门报告有关情况，必要时需向当地政府的相关部门报告有关情况。董事会办公室按事件类型协调风险管理部门会同相关职能部门和分支机构及时处理，处置完毕及时向行业管理部门和监管部门递交处置及评估报告。

发生一般声誉事件时，知情员工向其所在部门、机构负责人报告事件情况；由负责人向董事会办公室、监事会办公室、风险管理部门报告；然后由董事会办公室、监事会办公室、风险管理部门分别向董事长、监事长和行长报告。

(5) 声誉风险的控制。商业银行各部门、各分支机构应根据风险评估结果，按照声誉风险的不同类别、不同等级制定具体的应对方案，并根据风险的变化情况即时进行相应的更新。

第一，对于已经发生的声誉风险，应采取有效措施进行控制和缓释，力争将危害程度降至最低。

第二，对于评估出的可以立即化解的潜在声誉风险，应及时制订落实工作计划，明确工作时间表和具体责任人，逐项解决。

第三，对于评估出的短期内很难完全消除影响的潜在声誉风险，应制定分步化解风险的具体方案和应急预案。

第四，对于评估出的容忍度内的潜在声誉风险，应进行定期检查和重新评估。

商业银行应不断完善内部控制体系，采取恰当的声誉风险管理方法，具体做法包括但不限于：①强化声誉风险管理培训，培育良好的声誉风险管理文化；②确保实现对利益持有者的承诺，如果因各种原因无法实现承诺，则必须做出明确、诚恳的解释；③确保及时处理投诉和批评；④尽可能维护大多数利益持有者的期望与本行的发展战略相一致；⑤增强对客户/公众的透明度；⑥将本行的企业社会责任和经营目标结合起来，树立富有责任感并值得信赖的机构形象；⑦保持与媒体的良好接触；⑧制定声誉风险管理应急机制，并定期测试以确保危急时刻本行的反应是及时、恰当的。

(6) 声誉事件的处置。声誉事件处置坚持分级属地管理原则。重大声誉事件由总行负责牵头处置，一般声誉事件由分支机构负责处置。

发生重大声誉事件时，总行应及时成立由行长任组长、相关部门组成的声誉事件处置小组开展工作，根据事件发展态势适时启动声誉事件应急预案。

在制定和实施声誉事件处置方案时，不仅要注重切断声誉事件引发声誉风险的传播路径，更要准确掌握和考虑具体声誉事件的直接利益相关方的诉求和期望，开展有效沟通。

按照适时适度、公开透明、有序开放、有效管理的原则对外发布相关处置信息。

各部门、各分支机构应实时监测声誉事件的发展态势，并据此及时检讨和调整处置策略，将事件发展情况和处置结果按规定及时报告。

4.3.5.4 声誉风险管理的组织与职责

商业银行应当建立完善的声誉风险管理组织架构，明确董事会、监事会、高级管理层，以及相关部门、分支机构、员工在声誉风险管理中的职责。

（1）董事会的声誉风险管理职责。董事会负责监控全行声誉风险管理的总体状况和有效性，承担声誉风险管理的最终责任，具体包括：①制定与本行战略目标一致且适用于全行的声誉风险管理政策，建立相应的风险管理机制，完善声誉风险管理体系；②审批及检查高级管理层有关声誉风险管理的职责、权限和报告路径，确保其采取必要措施，持续、有效监测、控制和报告声誉风险，及时应对声誉事件；③授权专门部门或团队负责全行声誉风险管理，配备与本行业务性质、规模和复杂程度相适应的声誉风险管理资源；④明确本行各部门在声誉风险管理中的职责，确保其执行声誉风险管理制度和措施；⑤确保本行制订相应培训计划，使全行员工接受相关领域知识培训，知悉声誉风险管理的重要性，主动维护商业银行的良好声誉；⑥培育全行声誉风险管理文化，树立员工声誉风险意识；⑦法律法规规定的其他职责。

（2）高级管理层的声誉风险管理职责。高级管理层负责声誉风险管理的具体工作，履行以下职责：①建立和制定适用于全行的声誉风险管理具体办法、制度和要求，重要的声誉风险办法和制度提请董事会审批；②明确本行各部门在声誉风险管理中的职责，确保其执行声誉风险管理制度和措施；③确保本行能够充分识别和及时处理可能导致声誉风险的事件，准确评估和报告声誉风险管理政策的遵守情况，正确识别和审核声誉风险早期预警指标，在发生未遵守操作规程的情况下采取适当的跟进措施；④积极稳妥应对声誉事件，其中对重大声誉事件，相关处置措施应及时向董事会报告；⑤负责制定危机处理程序，定期根据本行情况对声誉风险进行情景分析和压力测试，以应对突发事件可能造成的管理混乱和重大损失；⑥定期评估、审核本行的声誉风险管理政策，敦促所有员工熟知相关政策，并在本行内部积极鼓励严谨的工作方式和态度；⑦法律法规规定的其他职责。

（3）风险管理部门的声誉风险管理职责。风险管理部门是声誉风险管理工作的归口管理部门，负责声誉风险管理的具体实施工作。主要职责包括：①负责根据本行声誉风险管理战略和政策，拟订声誉风险管理有关制度、办法、操作规程、应急预案、年度计划和方案；②组织声誉风险应急预案演练，牵头协调处置全行性的声誉风险和声誉事件；③牵头组织建立声誉风险的识别、评估、监测、报告、控制和评价机制，确保各项声誉风险管理工作机制正常运转；④定期分析声誉风险和声誉事件的发生因素和传导途径，负责声誉风险排查，及时向相关部门和机构提示风险；⑤负责声誉风险信息管理和统计分析工作，汇总和报告各类声誉风险和声誉事件，定期综合分析评估并报告声誉风险信息；⑥负责全行声誉风险管理的考核工作，建立声誉风险管理激励约束机制和考核体系，检查、评价全行声誉风险体系运行情况；⑦协同人力资源管理部门做好声誉风险管理教育培训；⑧负责总结声誉风险管理工作。

（4）相关职能部门、分支机构的声誉风险管理职责。相关职能部门和各分支机构声誉风险管理特定职责分别为：

一是，董事会办公室，负责本行的信息披露，加强与各类新闻媒体的沟通，将本行的良好信誉适时客观地展示于公众。

二是，总行办公室，受理客户投诉；负责声誉事件的信息发布和新闻工作管理；负责新闻媒体联络，开展有效外部沟通，及时准确地向公众发布信息，主动接受舆论监督，为正常的新闻采访活动提供便利和必要保障；会同相关业务部门负责本行的产品、品牌和各类活动的宣传；开展舆情信息研判，实时关注舆情信息，及时澄清社会上对本行的虚假信息或不完整信息。

三是，产品开发管理部门，在制定、实施本部门产品或业务政策时，充分考虑声誉风险管理的要求，对产品或业务相关政策可能引发的声誉风险进行充分评估，针对可能引发的声誉风险制定应对预案，并及时将评估结果和相应的应对预案通报风险管理部门。其中在办理新产品立项申请时，将产品可能引发的声誉风险评估情况通报风险管理部门；新产品投产后半年内，应对实际投产产品再进行一次全面的声誉风险评估，并将评估结果和相应的应对预案通报风险管理部门。

四是，人力资源管理部门，负责投资者、员工信访和举报；负责声誉风险管理内部培训和奖惩。

五是，合规管理部门，负责对声誉风险各项管理办法、制度的合规性审查；对相关信息发布的合规性审查。

六是，内部审计部门，对声誉风险管理进行内部审计和后评价。

七是，各分支机构，受理并报告本区域投资者、员工信访和举报；关注、监测并报告本区域的舆情信息和其他声誉风险信息。

商业银行每位员工要自觉维护本行声誉。各职能部门及分支机构负责人根据各自职责分工负责本条线和本单位声誉风险管理工作，及时报告声誉风险信息，并承担本部门、本机构声誉风险管理的直接责任。各分支机构每年至少一次识别和评估本机构所面临的主要声誉风险以及管理这些风险的措施。

第 5 章 战略导向管理会计报告与维度管理

战略规划是商业银行未来生存发展的“地图”，商业银行在从事战略分析、战略制定、战略实施、战略评价和控制、战略调整等战略管理活动时，需要将相关活动分解落实到不同的责任中心去完成，同时需要管理会计从客户、产品、业务线、客户经理等维度提供支持战略管理所需的各种信息，而提供管理会计信息的载体是管理会计报告。

5.1 战略管理工具——管理会计报告

管理会计报告是指企业运用管理会计方法，根据财务和业务的基础信息加工整理形成的，满足企业价值管理和决策支持需要的内部报告。在商业银行，管理会计报告作为管理信息的一种载体，是根据各级经营管理者的实际需要设计的，以一定的形式为管理控制提供决策支持。

资料 5-1

财政部《管理会计应用指引第 801 号——企业管理会计报告》摘录

第二条　企业管理会计报告，是指企业运用管理会计方法，根据财务和业务的基础信息加工整理形成的，满足企业价值管理和决策支持需要的内部报告。

第三条　企业管理会计报告的目标是为企业各层级进行规划、决策、控制和评价等管理活动提供有用信息。

第四条　企业应建立管理会计报告组织体系，根据需要设置管理会计报告相关岗位，明确岗位职责。企业各部门都应履行提供管理会计报告所需信息的责任。

第五条　企业管理会计报告的形式要件包括报告的名称、报告期间或时间、报告对象、报告内容以及报告人等。

第六条　企业管理会计报告的对象是对管理会计信息有需求的各个层级、各个环节的管理者。

第七条　企业可根据管理的需要和管理会计活动的性质设定报告期间。一般应以日历期间（月度、季度、年度）作为企业管理会计报告期间，也可根据特定需要设定企业管理会计报告期间。

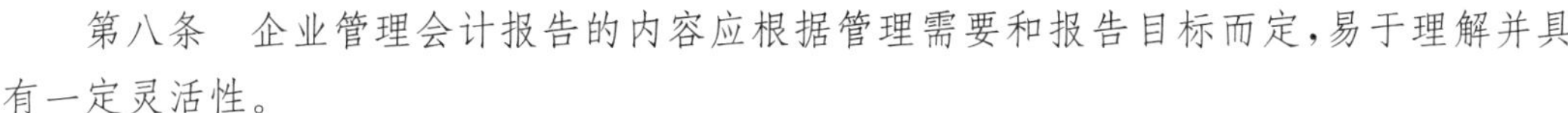

第八条 企业管理会计报告的内容应根据管理需要和报告目标而定,易于理解并具有一定灵活性。

第九条 企业管理会计报告的编制、审批、报送、使用等应与企业组织架构相适应。

第十条 企业管理会计报告体系应根据管理活动全过程进行设计,在管理活动各环节形成基于因果关系链的结果报告和原因报告。

5.1.1 管理会计报告的功能目标与分类

5.1.1.1 管理会计报告的功能目标

管理会计报告在财务会计报告的基础上,综合运用管理会计的多种方法,融合各种财务的、非财务的信息,对企业经济活动状态进行反映、预测、决策、规划与控制、协调和沟通企业董事会、管理者和相关人员,支持企业多种资源的有效调整和配置,其最终目标在于促进企业价值创造。可见,管理会计报告的主要功能是,信息沟通、预测与判断、决策支持、管理控制以及业绩评价与激励。

管理会计报告广泛适用于不同性质、不同规模的企业。但要有效发挥好管理会计报告的功能,必须根据企业不同性质、规模、所处发展阶段以及企业管理层所关注的事项,构建不同结构的管理会计报告。但是,无论哪种结构的管理会计报告,其目标都是提高企业管理的有效性,使企业价值最大化。管理会计报告的对象是对管理会计信息有需求的各个层级、各个环节的企业管理者。

5.1.1.2 管理会计报告的分类

资料5-2

财政部《管理会计应用指引第801号——企业管理会计报告》摘录

第十一条 企业管理会计报告体系可按照多种标准进行分类,包括但不限于:

(一)按照企业管理会计报告使用者所处的管理层级可分为战略层管理会计报告、经营层管理会计报告和业务层管理会计报告;

(二)按照企业管理会计报告内容可分为综合企业管理会计报告和专项企业管理会计报告;

(三)按照管理会计功能可分为管理规划报告、管理决策报告、管理控制报告和管理评价报告;

(四)按照责任中心可分为投资中心报告、利润中心报告和成本中心报告;

(五)按照报告主体整体性程度可分为整体报告和分部报告。

第二章 战略层管理会计报告

第十二条 战略层管理会计报告是为战略层开展战略规划、决策、控制和评价以及其他方面的管理活动提供相关信息的对内报告。战略层管理会计报告的报告对象是企业的战略层,包括股东大会、董事会和监事会等。

第十三条　战略层管理会计报告包括但不仅限于战略管理报告、综合业绩报告、价值创造报告、经营分析报告、风险分析报告、重大事项报告、例外事项报告等。这些报告可独立提交,也可根据不同需要整合后提交。

第十四条　战略管理报告的内容一般包括内外部环境分析、战略选择与目标设定、战略执行及其结果,以及战略评价等。

第十五条　综合业绩报告的内容一般包括关键绩效指标预算及其执行结果、差异分析以及其他重大绩效事项等。

第十六条　价值创造报告的内容一般包括价值创造目标、价值驱动的财务因素与非财务因素、内部各业务单元的资源占用与价值贡献,以及提升公司价值的措施等。

第十七条　经营分析报告的内容一般包括过去经营决策执行情况回顾、本期经营目标执行的差异及其原因、影响未来经营状况的内外部环境与主要风险分析、下一期的经营目标及管理措施等。

第十八条　风险分析报告的内容一般包括企业全面风险管理工作回顾、内外部风险因素分析、主要风险识别与评估、风险管理工作计划等。

第十九条　重大事项报告是针对企业的重大投资项目、重大资本运作、重大融资、重大担保事项、关联交易等事项进行的报告。

第二十条　例外事项报告是针对企业发生的管理层变更、股权变更、安全事故、自然灾害等偶发性事项进行的报告。

第二十一条　战略层管理会计报告应精炼、简洁、易于理解,报告主要结果、主要原因,并提出具体的建议。

第三章　经营层管理会计报告

第二十二条　经营层管理会计报告是为经营管理层开展与经营管理目标相关的管理活动提供相关信息的对内报告。经营层管理会计报告的报告对象是经营管理层。

第二十三条　经营层管理会计报告主要包括全面预算管理报告、投资分析报告、项目可行性报告、融资分析报告、盈利分析报告、资金管理报告、成本管理报告、绩效评价报告等。

第二十四条　全面预算管理报告的内容一般包括预算目标制定与分解、预算执行差异分析以及预算考评等。

第二十五条　投资分析报告的内容一般包括投资对象、投资额度、投资结构、投资进度、投资效益、投资风险和投资管理建议等。

第二十六条　项目可行性报告的内容一般包括项目概况、市场预测、产品方案与生产规模、厂址选择、工艺与组织方案设计、财务评价、项目风险分析,以及项目可行性研究结论与建议等。

第二十七条　融资分析报告的内容一般包括融资需求测算、融资渠道与融资方式分析及选择、资本成本、融资程序、融资风险及其应对措施和融资管理建议等。

第二十八条　盈利分析报告的内容一般包括盈利目标及其实现程度、利润的构成及其变动趋势、影响利润的主要因素及其变化情况，以及提高盈利能力的具体措施等。企业还应对收入和成本进行深入分析。盈利分析报告可基于企业集团、单个企业，也可基于责任中心、产品、区域、客户等进行。

第二十九条　资金管理报告的内容一般包括资金管理目标、主要流动资金项目如现金、应收票据、应收账款、存货的管理状况、资金管理存在的问题以及解决措施等。企业集团资金管理报告的内容一般还包括资金管理模式（集中管理还是分散管理）、资金集中方式、资金集中程度、内部资金往来等。

第三十条　成本管理报告的内容一般包括成本预算、实际成本及其差异分析，成本差异形成的原因以及改进措施等。

第三十一条　业绩评价报告的内容一般包括绩效目标、关键绩效指标、实际执行结果、差异分析、考评结果，以及相关建议等。

第三十二条　经营层管理会计报告应做到内容完整、分析深入。

第四章　业务层管理会计报告

第三十三条　业务层管理会计报告是为企业开展日常业务或作业活动提供相关信息的对内报告。其报告的报告对象是企业的业务部门、职能部门以及车间、班组等。

第三十四条　业务层管理会计报告应根据企业内部各部门、车间或班组的核心职能或经营目标进行设计，主要包括研究开发报告、采购业务报告、生产业务报告、配送业务报告、销售业务报告、售后服务业务报告、人力资源报告等。

第三十五条　研究开发报告的内容一般包括研发背景、主要研发内容、技术方案、研发进度、项目预算等。

第三十六条　采购业务报告的内容一般包括采购业务预算、采购业务执行结果、差异分析及改善建议等。采购业务报告要重点反映采购质量、数量以及时间、价格等方面的内容。

第三十七条　生产业务报告的内容一般包括生产业务预算、生产业务执行结果、差异分析及改善建议等。生产业务报告要重点反映生产成本、生产数量以及产品质量、生产时间等方面的内容。

第三十八条　配送业务报告的内容一般包括配送业务预算、配送业务执行结果、差异分析及改善建议等。配送业务报告要重点反映配送的及时性、准确性以及配送损耗等方面的内容。

第三十九条　销售业务报告的内容一般包括销售业务预算、销售业务执行结果、差异分析及改善建议等。销售业务报告要重点反映销售的数量结构和质量结构等方面的内容。

第四十条　售后服务业务报告的内容一般包括售后服务业务预算、售后服务业务执行结果、差异分析及改善建议等。售后服务业务报告重点反映售后服务的客户满意度等方面的内容。

第四十一条　人力资源报告的内容一般包括人力资源预算、人力资源执行结果、差异分析及改善建议等。人力资源报告重点反映人力资源使用及考核等方面的内容。

第四十二条　业务层管理会计报告应做到内容具体，数据充分。

从资料5-2可知，管理会计报告主要基于"安东尼结构[①]"的经营管理层次结构，并结合集团管控型企业集团的层级安排，以组织层级作为管理会计报告的分类基础，以其他分类因素为补充的综合管理会计报告。典型的企业组织和内部管理都被层级化或结构化，不同的管理结构和管理层级需要不同的决策、管理信息，这种信息需求差异从根本上决定了管理会计报告的针对性和层级区隔。按照"安东尼结构"的经营管理层次结构，把经营管理分成三个层次，即战略规划层、战术计划层和运行管理层。相应地，管理会计报告可分为战略层管理会计报告、经营层管理会计报告和业务层管理会计报告三种基本类型。

（1）战略层管理会计报告。战略层管理会计报告的使用者是战略规划层。战略规划层从组织根本利益出发，考虑组织全局性、战略性、方向性的问题，战略规划层的决策关乎企业兴衰成败。

（2）经营层管理会计报告。经营层管理会计报告的使用者是战术计划层。战术计划层，在战略、方针既定的情况下，制定、拟定和选择对应实施方案、步骤和程序，进行相应的分配和调整，对企业经营活动进行控制和评价。

（3）业务层管理会计报告。业务层管理会计报告的使用者是运行管理层。运行管理层是企业日常经营活动和具体工作任务的执行单元（组织、个人），涉及范围较窄，只对组织产生局部影响。

就大型企业集团而言，可以基本比照安东尼结构进行相应分类，比如，在组织层级上分为战略规划层（主要应包括集团公司、集团公司各专业公司）、战术计划层（主要包括各独立经营的企业主体）、运行管理层（主要包括企业内部的产品研发、营销等部门或分支机构）。当然，由于实际经营管理中组织机构和管理职能的重叠和交叉，对管理会计报告组织层级的分类并不完全绝对，适当分类的目的是提示管理会计报告的编制应充分考虑使用者及其信息需求的差异。

5.1.2　管理会计报告与其他管理工具的关系

会计是一个信息系统，由若干子系统组成，其中最重要的两个子系统是财务会计和管理会计。财务会计与管理会计，最主要的差别之一就是服务对象不同。财务会计主要是侧重于为外部投资者以及利益相关者的评价、决策和投资提供信息服务和支撑；管理会计则侧重于为内部经营管理者的经营策略、资源配置和管理决策提供信息支撑。为了更好地理解管理会计报告，我们应准确把握管理会计报告与财务会计报告、全面预算管理及其他管理会计

① 安东尼结构（Anthony Structure），是美国Sloan管理学院提出的一种经营管理层次结构。该结构把经营管理分成三个层次，即战略规划层、战术计划层和运行管理层。

工具等几个方面的关系。

5.1.2.1　管理会计报告与财务会计报告

会计报告有财务会计报告和管理会计报告两类，财务会计报告是财务会计系统的信息载体，管理会计报告是管理会计系统的信息载体。两者的区别是：财务会计报告侧重于为外部投资者以及利益相关者提供整个企业经营活动全过程的信息，报告的信息具有客观性、连贯性、准确性的特征；而管理会计报告侧重于为内部经营管理者的经营策略、资源配置和管理决策提供财务信息、非财务信息支撑，报告的内容可以是企业整体，或者企业内部生产经营、管理单元信息，甚至是个体因素，更强调报告信息与决策的相关性，允许合理的主观信息存在。财务会计报告与管理会计报告的区别如表 5-1 所示。

表 5-1　财务会计报告与管理会计报告的区别

财务会计报告	管理会计报告
(1) 向企业外部关系人，如所有者、债权人、税务机关、监管机构进行报告。 (2) 强调过去活动的财务结果。 (3) 强调客观性及可验证性。 (4) 强调准确性。 (5) 强调公司整体报告。 (6) 必须遵循企业会计准则。 (7) 强制进行对外报告。	(1) 向企业内部管理层报告，以进行计划、控制、决策。 (2) 强调影响未来的决策。 (3) 强调相关性。 (4) 强调及时性。 (5) 强调分部报告。 (6) 无须遵循企业会计准则。 (7) 非强制性。

从财务数据角度看，财务会计报告和管理会计报告属于“同源分流”，两者的边界划分是相对的，作为企业内部报告的管理会计报告包含财务信息和非财务信息，其中的财务信息与财务会计报告中的信息有很强的重复性；而财务会计报告中，也会适当披露一些内部经营计划、管理方案等内部管理信息。两者的使用者也并非完全绝对，因为财务会计报告对企业外部利益相关者的决策有着重大影响，内部经营管理者对财务会计报告同样相当关注；而外部投资者由于投资决策的需要，除了财务会计报告信息，更希望得到内部管理信息，以便更详细地了解企业。

5.1.2.2　管理会计报告与全面预算管理

管理会计报告和全面预算管理都属于平台性的管理工具，管理会计报告依托于全面预算管理及其他管理会计工具，以全面预算管理为起点和基础，并服务于全面预算管理，但又不局限于全面预算管理。

5.1.2.3　管理会计报告与其他管理会计工具

管理会计报告是管理会计系统的有机组成部分，是管理会计信息的集中反映形式，是一种相对综合性的管理会计工具。与其他管理会计工具相比，具有以下特征：

第一，管理会计报告不能完全单独存在，其他管理会计工具是其基础。管理会计报告作为管理会计信息的集中反映形式，无论是编制、分析方法，还是评价、判断依据都必须以预算管理、标准成本、作业成本为基础。

第二，管理会计报告具有管理会计的基本特性，既是对过去的反映，更是对未来的预测。相比其他管理会计工具，管理会计报告实际上是对信息的加工分析，既是在说明过去，更是在判断未来。

第三，管理会计报告个性化特征鲜明、时效性要求强。管理会计报告针对的是管理需求，这种针对性直接导致其个性化特征鲜明，不同的时间、不同的环境、不同的企业，甚至不同的管理者和编制者都会影响报告的内容和表现。因为管理会计报告的作用是反映、预测、决策、规划、控制以及协调和沟通，这样对相关信息的及时处理、反映和传递就显得尤为重要，因此管理会计报告有十分明显的时效性要求。

5.1.3 管理会计报告的编制

资料 5-3

财政部《管理会计应用指引第 801 号——企业管理会计报告》摘录

第五章 企业管理会计报告的流程

第四十三条 企业管理会计报告流程包括报告的编制、审批、报送、使用、评价等环节。

第四十四条 企业管理会计报告由管理会计信息归集、处理并报送的责任部门编制。

第四十五条 企业应根据报告的内容、重要性和报告对象等，确定不同的审批流程。经审批后的报告方可报出。

第四十六条 企业应合理设计报告报送路径，确保企业管理会计报告及时、有效地送达报告对象。企业管理会计报告可以根据报告性质、管理需要进行逐级报送或直接报送。

第四十七条 企业应建立管理会计报告使用的授权制度，报告使用人应在权限范围内使用企业管理会计报告。

第四十八条 企业应对管理会计报告的质量、传递的及时性、保密情况等进行评价，并将评价结果与绩效考核挂钩。

第四十九条 企业应当充分利用信息技术，强化管理会计报告及相关信息集成和共享，将管理会计报告的编制、审批、报送和使用等纳入企业统一信息平台。

第五十条 企业应定期根据管理会计报告使用效果以及内外部环境变化对管理会计报告体系、内容以及编制、审批、报送、使用等进行优化。

第五十一条 企业管理会计报告属内部报告，应在允许的范围内传递和使用。相关人员应遵守保密规定。

管理会计报告不同于财务会计报告，有其固定的格式及填报规则。管理会计报告更多的是从公司管理层关注的信息入手构建，包括财务和非财务的信息，综合反映需要的各类信息。

5.1.3.1 管理会计报告编制的原则

管理会计报告主要是为了满足内部管理与控制，为企业内部管理者提供对决策有用的

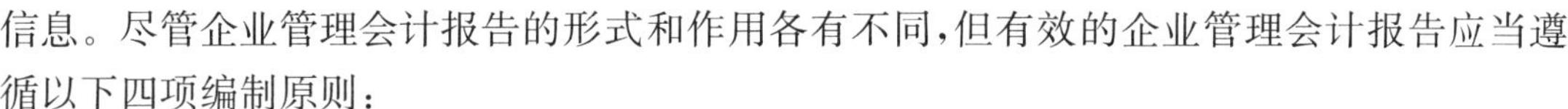

信息。尽管企业管理会计报告的形式和作用各有不同，但有效的企业管理会计报告应当遵循以下四项编制原则：

(1) 适用性原则。管理会计报告的内容、表现形式，应与公司组织结构和管理职能设置相适应。一是，层级适应，不同的管理层级的信息需求应有所区别。二是，职能适应，不同的管理者，如商业银行的客户经理、风险经理等，其对管理会计报告信息的关注度是不同的。三是，目的差异，可能是揭示日常经营活动，也可能是进行专项活动分析。

(2) 可理解性原则。管理会计报告最终目的是使用，而其使用者大多不是财务管理人员。因此，管理会计报告在内容、种类、格式上应尽可能做到清晰、简明、易懂，便于理解和运用。管理会计报告应该是已经进行整理、加工后的信息，而不是正在或尚需加工的信息。管理会计报告应该是结果性、结论性的反映。

(3) 重要性原则。管理会计报告的设计，在模板内容固定化的同时，既要强调内容的覆盖性，避免错漏，更应该体现重要性。管理会计报告应该能引导管理者的关注点，使其集中于少数重要事件上，使管理者有效率地运用其有限的时间来解决问题。判断重要性的标准，主要是看管理会计信息与报告使用者管理决策的相关程度大小，相关程度越大的信息越重要。

(4) 时效性原则。对于管理控制、管理决策而言，过时的信息没有任何价值。在权衡成本效益的原则下，应尽量缩短决策与报告提供之间的时间差。遇有突发事件或意外事项时，可就所涉及的事件或部门编制非定期的个性化报告，符合决策所需的时效性，满足管理者的快速响应需要，及时提供例外报告进行预警。

5.1.3.2　管理会计报告编制的具体内容

企业的管理会计报告应参考组织层级划分，对应确定各层级的管理重点和信息需求。根据各个层级管理重点和信息需求差异确定相应管理会计报告的核心内容和重点。按组织层级划分，包括满足战略决策层、经营管理层、业务控制层三个层面决策所需的管理会计报告。

(1) 战略决策型管理会计报告。这个层面的报告适用于集团管控型企业集团或具有相似特征的某些企业，其关注的重点是战略方向、产品产业布局、重大投资、重大风险以及集团或产业盈利能力。重点关注的信息包括宏观形势、行业形势、总体经营状况、主要产品发展、重点项目(工作)情况，经营特点及问题汇总、相关建议、未来预计等方面的内容。战略决策型管理会计报告应简明扼要，逻辑严谨，数据准确，实事求是，尽量用图表说话。

案例 5-1

××商业银行战略决策型管理会计报告(示例)

1. 战略管理报告 ………………………………………………………………（　）

1.1　宏观形势及行业分析 ……………………………………………………（　）

1.2　企业中期战略目标 ………………………………………………………（　）

1.3　年度预测 …………………………………………………………………（　）

2. 责任考评报告 ………………………………………………………………（　）

2.1 年度经营指标完成情况 …………………………………………………… ( )
2.2 年度重点工作 …………………………………………………………… ( )
2.3 预算指标完成情况 ……………………………………………………… ( )
3. 决策分析报告 …………………………………………………………… ( )
3.1 风险评估 ………………………………………………………………… ( )
3.2 重大风险分析 …………………………………………………………… ( )
3.3 市场/客户增减分析 …………………………………………………… ( )
3.4 产品盈利能力分析 ……………………………………………………… ( )
3.5 经营费用控制 …………………………………………………………… ( )
3.6 固定成本分析 …………………………………………………………… ( )
3.7 网点运营管理 …………………………………………………………… ( )
3.8 资金管理 ………………………………………………………………… ( )
4. 价值创造报告 …………………………………………………………… ( )
4.1 市场/客户价值分析 …………………………………………………… ( )
4.2 价值驱动分析 …………………………………………………………… ( )
4.3 价值创造评估 …………………………………………………………… ( )

(2)经营管理型管理会计报告。这个层面的报告适用于各公司及其子公司或者具有公司性质的独立经营的事业部等经济实体,其关注的重点是公司产品、产业规划、产品生命周期、产品盈利能力、成本竞争能力、资金安全、其他财务风险以及生产、销售、采购、品质、产品研发等业务管控。这类报告应包括行业形势、主要经营状况、损益情况、利润增减、主要业务、问题提示、相关建议、业务改善计划、未来预计等方面的内容。经营管理型管理会计报告正文要求简明扼要,逻辑严谨,数据准确,实事求是,尽量用图表说明。

案例 5-2

××商业银行经营管理型管理会计报告(示例)

1. 宏观形势 ………………………………………………………………… ( )
2. 主要产品行业形势 ……………………………………………………… ( )
3. 总体情况分析 …………………………………………………………… ( )
4. 年度预测 ………………………………………………………………… ( )
4.1 增减分析 ………………………………………………………………… ( )
4.2 产品边际利润分析 ……………………………………………………… ( )
4.3 固定成本费用分析 ……………………………………………………… ( )
4.4 成本管理情况 …………………………………………………………… ( )
5. 经营现金流分析 ………………………………………………………… ( )
6. 运营分析 ………………………………………………………………… ( )
7. 带息负债分析 …………………………………………………………… ( )
8. 财务指标指数 …………………………………………………………… ( )

(3) 业务管理型管理会计报告。该报告又称业务控制型管理会计报告，适用于各公司(企业)内部的研发、营销、采购等部门或分支机构以及职能部门。其关注的重点是专门业务的计划、实施与控制，专门业务实施与计划的偏差及修正，专门业务实施中问题的反映与解决。业务管理型管理会计报告应包括业务背景及计划情况、费用预算情况、业务实施进度、业务重点评价指标、业务问题点及改善、业务实施偏差及纠正、业务效益、业务结果与统计的匹配等方面内容。

案例 5-3

从表 5-2 可以看出各业务线的规模、效益、盈利指标情况，以及对整个商业银行的贡献度情况。

××商业银行业务管理型管理会计报告(示例)

表 5-2　业务线盈利分析表

报告期间：XX 年 YY 月～NN 年 MM 月　　　　单位：人民币万元

业务线	公司业务	贡献度%	零售业务	贡献度%	……	合计
生息资产日均					……	
计息负债日均					……	
一、营业净收入					……	
二、营业支出					……	
三、营业利润					……	
四、营业外收支					……	
五、利润总额					……	

（续表）

业务线	公司业务	贡献度%	零售业务	贡献度%	……	合计
六、所得税费用					……	
七、净利润					……	
八、资本成本					……	
九、经济利润					……	
成本收入比					……	
净息差						

从表5-3可以看出银行机构本期数据、上期数据、环比增量、环比增幅等经营指标的变化情况。在此基础上，还可以从不同期间和维度的管理会计数据进一步进行因素分析，挖掘经营指标变动的深层原因。

表5-3　机构盈利核算与分析表

数据日期：XX年YY月～NN年MM月　　　　单位：人民币万元

业务线	本月	上期	环比增量	环比增幅%
资产日均余额				
负债日均余额				
一、营业净收入				
二、营业支出				
三、营业利润				
四、营业外收支				
五、利润总额				
六、所得税费用				
七、净利润				
八、资本成本				
九、经济利润				
风险资本回报率				
平均资产回报率				
成本收入比				
净息差				

在表5-4的排名中，可以是经济利润排名、净利润排名，也可以是存款日均排名、贷款日均排名等，方便业务管理人员定期查看各支行的排名情况。

表 5-4　分支机构排名表

报告期间:XX 年 YY 月～NN 年 MM 月　　　　单位:人民币万元

支行	经济利润					
	总量		增量		增幅	
	本期	排名	增量	排名	增幅	排名
第 1 支行						
第 2 支行						
第 3 支行						
第 4 支行						
第 5 支行						
……						

表 5-5 体现了在同一个金融服务区域不同银行机构的指标数据,通过对比同业经营情况,可以帮助业务管理人员把握竞争优劣势。

表 5-5　银行同业盈利能力对比分析表

报告期间:XX 年 YY 月～NN 年 MM 月　　　　单位:人民币万元

银行同业	本行	本地区 A 银行	本地区 B 银行	……
资产日均余额				
负债日均余额				
一、营业净收入				
二、营业支出				
三、营业利润				
四、营业外收支				
五、利润总额				
六、所得税费用				
七、净利润				
八、资本成本				
九、经济利润				
风险资本回报率				
平均资产回报率				
非息收入占比				
成本收入比				
净息差				

表 5-6 通过对比分析客户对商业银行的贡献情况，可以帮助业务管理人员审视营销策略。同时，还可以借助管理会计工具进一步挖掘客户定价和资本占用方面的原因，为将来调整客户经营方案提供依据。

表 5-6　客户贡献对比分析表

报告期间：XX 年 YY 月～NN 年 MM 月　　单位：人民币万元

客户类型	大型客户	中型客户	小型客户	合计
生息资产日均余额				
计息负债日均余额				
一、营业净收入				
二、营业支出				
三、营业利润				
四、营业外收支				
五、利润总额				
六、所得税费用				
七、净利润				
八、资本成本				
九、经济利润				
风险资本回报率				
营业净收入贡献度				
净利润贡献度				
经济利润贡献度				

表 5-7 通过对比分析不同产品的盈利情况，支持商业银行优化调整产品结构的决策，提高产品定价能力，提升盈利水平。

表 5-7　产品贡献对比分析表

报告期间：XX 年 YY 月～NN 年 MM 月　　单位：人民币万元

产品类型	对公贷款	贴现	财政存款	托管	……	合计
生息资产日均						
计息负债日均						
一、营业净收入						
二、营业支出						

（续表）

产品类型	对公贷款	贴现	财政存款	托管	……	合计
三、营业利润						
四、营业外收支						
五、利润总额						
六、所得税费用						
七、净利润						
八、资本成本						
九、经济利润						
风险资产回报率						
利差率						
营业净收入贡献度						
净利润贡献度						
经济利润贡献度						

表 5-8 提供的客户与产品交叉分析信息，能够帮助商业银行解决“客户购买了哪些产品”“还有哪些潜在销售机会”“本行推出的新产品有哪些目标客户”等类似问题，便于了解客户消费产品的情况，并据此采取有效的客户和产品营销策略，提高盈利能力。

表 5-8　客户与产品交叉分析表

报告期间：XX 年 YY 月～NN 年 MM 月　　　　单位：人民币万元

产品类型	活期存款		中长期贷款		……	合计	
	规模	经济利润	规模	经济利润	……	规模	经济利润
A 客户							
B 客户							
C 客户							
D 客户							
E 客户							
……							

从管理会计报告编制的具体内容可以发现，管理会计报告应参考组织层级划分，对应确定各层次的管理重点和信息需求，根据各个层级管理重点和信息需求差异确定相应管理会计报告的核心内容和重点。管理会计报告内容参考模式如图 5-1 所示。

图 5-1　管理会计报告内容参考模式图①

5.1.3.3　管理会计报告编制的注意事项

值得提出的是，在编制管理会计报告时需要关注以下几点：

(1) 公司一般依靠信息收集处理系统生成公司财务报表，但管理会计报告可能更关注收付实现制的信息，因此在编制管理会计报告时要注意收集财务信息以外的非财务信息。

(2) 管理会计报告服务于公司管理层，作为公司决策的重要信息来源，更多地关注公司的价值，管理会计报告中很多内容必然依赖现值或者公允价值。因此，管理会计报告中估值的确认有一定难度，需要公司管理层慎重选择。

(3) 管理会计报告不能一成不变，公司所处的阶段及生命周期不同时，公司要及时变更公司管理会计报告的内容，以适应公司不同阶段的管理要求。

5.2　责任中心维度——战略导向管理会计的起点

责任中心制度是现代企业经营管理的基本制度之一，也是构建商业银行管理会计框架的基石。在商业银行战略导向管理会计体系中，应根据不同的管理需要设置相应的管理维

① 其中的经营管理型报告，企业可根据实际，对业务报告进行细化。

度，其中责任中心维度的设置是战略管理会计的起点。通过责任中心的划分与定位，以及配套的绩效衡量和激励措施，商业银行可以有效地确保组织单元个体目标与发展战略目标的一致，从而更好地促进商业银行战略目标的实现。管理会计依托商业银行责任中心体系，为责任中心提供相应的支持管理决策的管理会计报告信息，从而支持商业银行管理层不断提升管理决策水平。

5.2.1 责任中心的内涵

一家企业无论规模大小，都是由一个个基本的组织单元构成。为使各个单元在规定责任范围内责权对等、积极工作、有效运转，就需要根据其经营管理权限和工作责任，将企业的各个单元划分为不同的责任中心。对于商业银行来说，一家分支机构、一个部门、一个营销团队，甚至是一名客户经理均可以视为是一个责任中心。

可见，责任中心是指享有一定的经营管理权限、承担一定的经济责任，并且能够合理计量和考核其经济责任履行情况的商业银行内部责任部门或责任单位。它可以是独立的法人、独立的会计主体，但绝大多数情况下不是独立的法人，也不是独立的会计主体，而是根据责任会计的需要，并结合商业银行内部机构设置具体情况而建立起来的用于控制和考核的基本单元。

商业银行责任会计①的基本思路是对横向和纵向的机构、部门按照责、权、利相结合的原则进行分解，合理划分责任单元，通过对责任单元经营管理活动的预算、分析、控制、考核来达到总体控制的目标。划分责任中心的目的在于，使每个组织单元的权责与绩效能够清晰界定，从而更好地促进其积极工作，确保商业银行整体战略目标的实现。同时，一家商业银行要维持高效运转，离不开内部众多组织单元的分工协作，如果缺少责任中心的划分，就容易出现权责重叠或者经济责任归属不清的情况。因此，责任中心的设计与划分，是以价值创造为导向的管理会计实务工作中最基础的一环，是战略管理会计的起点，如图5-2所示。

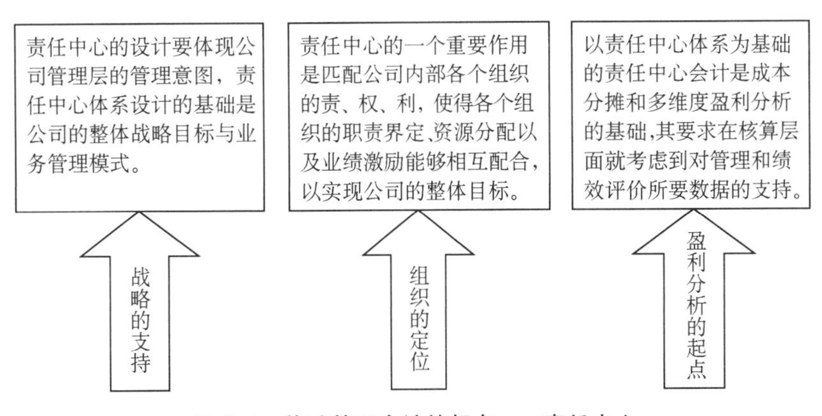

图5-2 战略管理会计的起点——责任中心

① 责任会计是为适应企业内部经济责任制的要求，对企业内部各责任中心的经济业务进行规划与控制，以实现业绩考核与评价的一种内部会计控制制度。企业组织结构与其责任会计系统有着密切的关系，理想的责任会计系统应反映并支撑企业的组织结构。

在商业银行开展业务活动时，业务流程中的每个环节都承担着相应的职责，其成本消耗也构成了这项业务成本的组成部分。如果没有权责及成本的清晰划分，一旦出现问题，就可能出现办理业务的各组织单元相互推诿、无人负责的情况。在划分责任中心后，各组织单元间的权责与绩效是清晰可循的，一旦出现问题，是哪个责任中心的责任就一目了然了。这样，每个组织单元就可以在授权范围内，根据自身目标经济责任自主管理、有效运转，共同促进商业银行整体战略目标的实现，如图 5-3 所示。

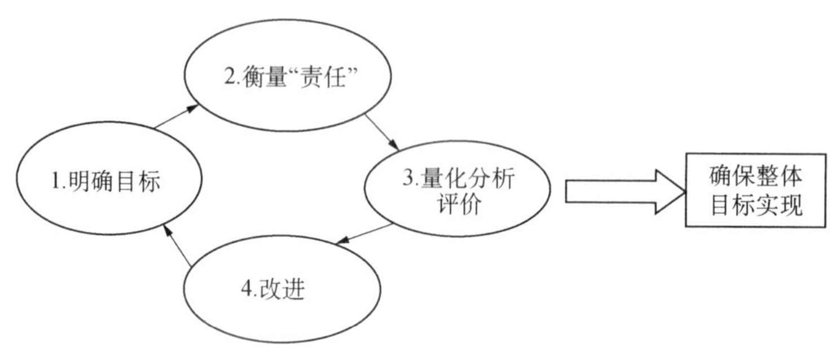

图 5-3　责任中心个体目标与商业银行整体目标

5.2.2　责任中心的分类

5.2.2.1　责任中心的基本类型

按照“责、权、利”相结合的原则，以独立或相对独立的经济业务和经营任务为基础，以管理权限和经济责任相结合为依据，以相关性和可控性为标准，根据商业银行内部职能分工体系，可将商业银行责任中心划分为成本中心、利润中心和投资中心三种基本类型，如表 5-9 所示。

表 5-9　商业银行责任中心的基本类型

类型	含义	举例
成本中心	成本中心又称为费用中心，是指有权发生成本费用，而没有相应收入来源，只对成本费用控制承担责任的责任中心。	按照商业银行的经营特点和管理要求，可将各职能部门设计为成本中心，如信贷管理部、风险管理部、法律合规部、计划财务部等中台部门和人力资源部、运营管理部、安全保卫部、科技信息部、内部审计部、行长办公室、董事会办公室等后台部门。这些部门的共同特点是纯粹的职能机构、管理机构或辅助机构，一般不存在收入来源。
利润中心	利润中心是指既有成本费用支出，又有收入来源，即是既对成本负责，又对收入和利润负责的责任中心。	这些部门可以取得内部或外部资金来源、资金拆借融通，在一定程度和权限范围内拥有对外的信贷资金投放权力，并取得资金投放收益。例如，商业银行的分行、支行及直接面向客户销售产品与服务的业务线部门。 利润中心没有权力决定该中心的资产投资水平。
投资中心	投资中心是指既对成本费用、收入、利润负债，又有权决定该中心资产投资规模并对投资效果负责的责任中心。	严格意义上的投资中心所要求的经济权限很多，几乎等同于一个完全独立的企业，例如商业银行母公司、子公司。

5.2.2.2　责任中心的关系

从责任涵盖的范围来看，三种基本类型责任中心的关系是：成本中心是最基本的责任中心，只对成本负责，其责任范围相对最小；利润中心既对成本又对收入负责，其责任涵盖范围大于成本中心，利润中心必然是成本中心，但成本中心不一定是利润中心；投资中心责任涵盖范围最大，其必然是成本中心和利润中心，但成本中心或利润中心则不一定是投资中心。责任中心关系如图 5-4 所示。

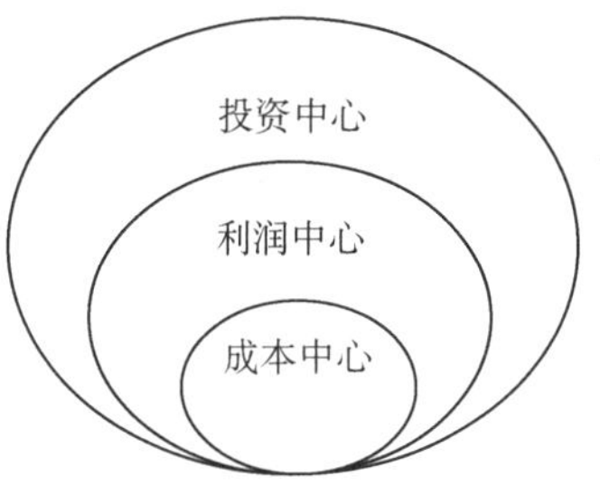

图 5-4　责任中心关系图

在商业银行，最常见的责任中心是成本中心和利润中心。根据组织单元的职能定位相应确定责任中心类型，是构建商业银行责任中心体系的重要基础。有必要强调的是，尽管组织单元的管理属性“天然”决定了其责任中心的定位，但实践中通过创新制度安排，也可将成本中心向利润中心角色转换，提升运营效率和投入产出效率。例如，在商业银行实施内部服务计价、内部资金转移定价等制度后，为成本中心向利润中心角色转换提供了全新的管理理念和更多的管理手段。

5.2.2.3　责任中心的划分原则

从责任会计理论上划分责任中心是比较简单的，然而在实际工作中，由于各商业银行的机构设置、部门职责、经营管理模式、经营管理需要等方面均不同程度地存在差异，商业银行的责任主体也有大有小。例如，总行、分行、支行、营销团队，甚至客户经理、柜员，他们都要承担一定的经济责任。商业银行责任中心的划分受到了很多不一致、不确定因素的影响，呈现出一定的复杂性。可见，商业银行责任中心的划分并不存在一个统一的模式，而必须在遵循责任会计基本原理的前提下，结合自身经营管理特点以及经营活动的具体情况，进行合理划分。责任中心的划分总体上需要遵循以下三项原则：

（1）重要性原则。责任中心划分应与经营管理者的管理需求相适应，确保满足经营分析的需要。对于成本、收入占比较高或者经营管理者重点关注的组织单元，应给予细分；对于业务相关度及重要性不高的组织单元，则可以考虑简化。例如，对于贷款业务、资金业务等重点业务经营单元，必要时可以按照营销团队，甚至客户经理划分责任中心，而对于后勤保障、社团工作等一般事务性组织单元，按照部门设置责任中心即可。

（2）有效性原则。责任中心的设立应与管理会计整体框架相适应，要能有效发挥其支撑成本、收入精细化计量的作用。例如，对于采用作业成本法进行运营成本分摊的商业银行，成本中心的划分在以“职能部门”为单位的基础上，必要时还需要按照“作业”进一步细分；对于采用传统方法进行成本分摊的商业银行，由于并不支持按“作业”进行成本计量，也就没有细化成本中心划分的必要了。

（3）成本效益原则。财政部《管理会计基本指引》第四条指出，单位应用管理会计应遵循成本效益原则。责任中心的划分应合理、有效，权衡实施的成本和预期效益。某种责任中心的划分细度从理论上来说有必要，但实践不一定能行得通，或者即使能做到，但资源耗费大，管理收益低，在这种情况下，责任中心的划分细度应进行调整。值得注意的是，成本效益评价并非一成不变，现在不经济的做法，随着各方面基础的完善，也可能会变得经济可行。例如，将客户经理甚至每一员工都作为责任中心，目前并不经济也无必要，但随着商业银行精细化管理水平以及信息系统数据采集、处理能力的大幅提升，未来这可能就是一种合理而必要的做法。

5.2.3 商业银行责任中心体系

在商业银行，最常见的责任中心是成本中心和利润中心。在成本中心划分方面，通常以部门为基本单位进行设置。在利润中心划分方面，则根据经营管理体制采用不同的划分方式，例如，在事业部管理体制下，将各事业部划分为基本利润中心；在总、分、支行管理体制下，则通常将支行网点划分为基本利润中心，同时将业务线作为“虚拟利润中心”。在以上划分基础上，按照管理层级逐级汇总，形成完整的成本中心与利润中心体系。

图 5-5 是在事业部管理体制下，设置以部门为主体的成本中心和以业务线为主体的利润中心体系。在这种管理模式下，商业银行通常以各职能部门为“基础责任单元”，根据全行组织架构将每个部门都划分为一个成本中心，形成完整的成本中心体系；同时，以业务线为主体，将每个对盈利负责的业务单元作为独立的利润中心，形成完整的利润中心体系。

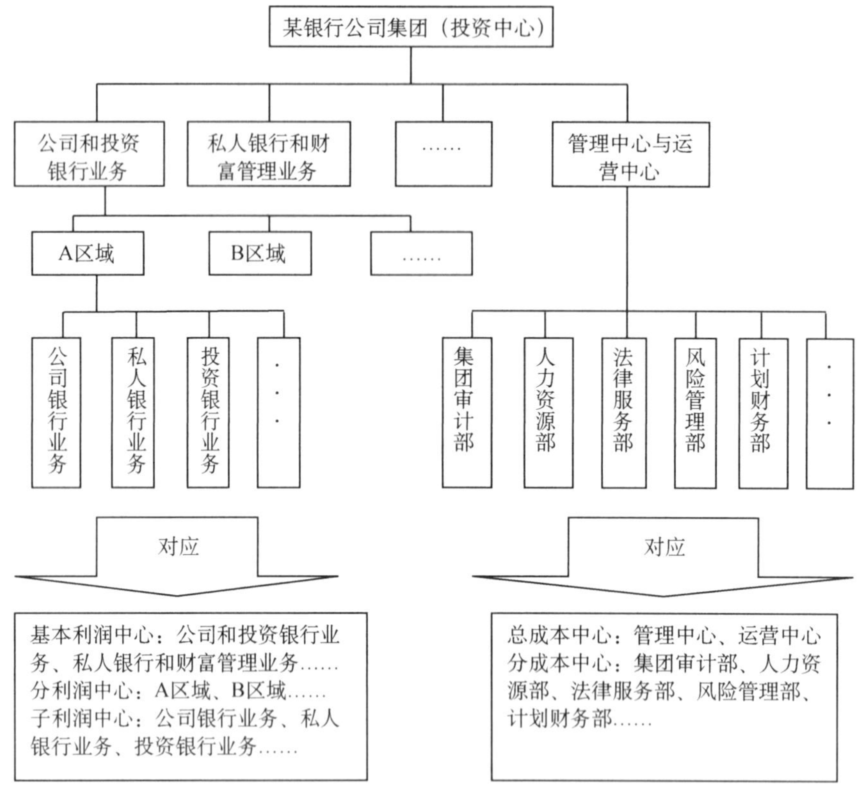

图 5-5 事业部制下商业银行组织体系与责任中心体系对应关系

图 5-6 是在总、分、支行管理体制下，设置以中、后台部门为主体的成本中心和以分、支行前台营业网点为主体的利润中心。目前，国内商业银行普遍实行传统的总、分、支行管理。在这种管理模式下，商业银行的成本中心以职能部门作为基本单位进行划分，在利润中心的划分方面则主要以分、支行营业网点为单位，并将总行层面直接对利润负责的资金业务部、票据业务部等前台部门划分为独立的利润中心。

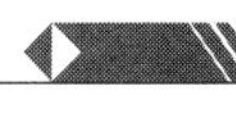

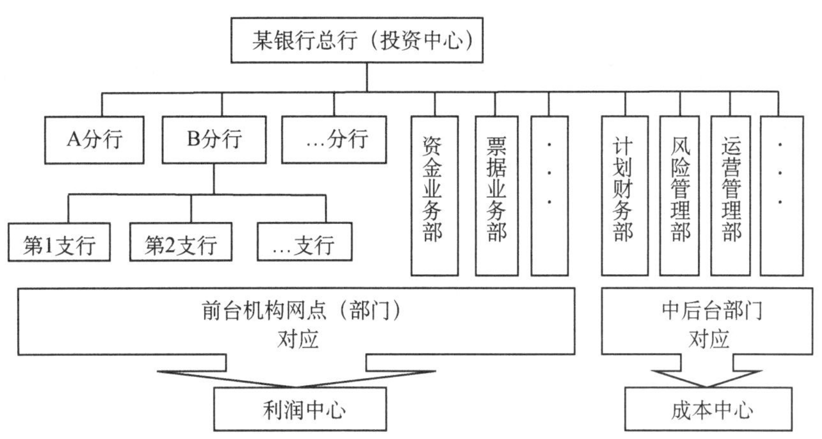

图 5-6　总、分、支行管理体制下组织架构与责任中心对应关系①

在我国，商业银行由总、分、支行管理体制向事业部体制转型是经营管理体制发展的必然趋势，这是一个渐进的过程。在此过程中，尽管没有实行事业部制，但业务线盈利情况仍是商业银行经营管理者所关注的核心内容。为明确业务条线的责任定位，商业银行在设置以分、支行营业网点为主体利润中心体系的基础上，还需结合总、分、支行机构层次，将不同层面业务线与相应业务部门进行组合，从而把业务线视作利润中心。由于这些业务线在资源配置与管理决策等方面的经营自主权与事业部相比仍有一定差距，因此，可称之为“虚拟利润中心”，如图 5-7 所示。

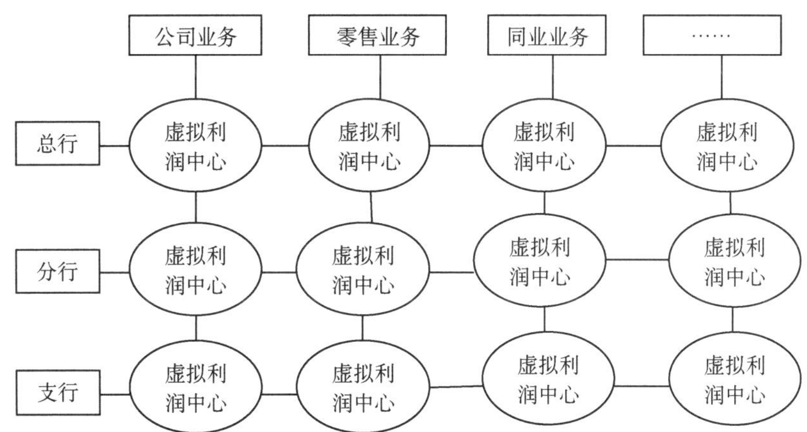

图 5-7　以业务条线为主体的虚拟利润中心体系

5.2.4　经济责任的“归集”

责任中心体系构建完成后，接下来要做的重要工作是对责任中心的“责任”进行“归集”，即通过管理会计的“核算”体系，记录各责任中心的成本、收入以及利润等内容。

5.2.4.1　成本中心责任的“归集”

成本中心主要对成本负责，因此，需要根据“谁受益、谁承担”的原则对其应承担的费用

① 如果分行、支行下设中后台部门，这些中后台部门为所在分行、支行的成本中心。

进行归集，主要有以下两种方式：

(1) 直接核算。对于与某个特定责任单元直接相关，并且能够以经济可行的方式追溯到该责任单元的费用，可通过财务核算直接计入对应的成本中心。例如，某商业银行计划财务部工作人员发生的工资费用就应直接核算到计划财务部门。

(2) 分割核算。当某责任单元计入的费用是明确为其他部门提供服务和支持时，就需要分割核算到实际受益的责任单元。例如，办公大楼、营业网点的租金，在初始核算时可暂计入归口管理部门，再按各部门具体使用面积进行分割核算。

5.2.4.2 利润中心责任的“归集”

利润中心对成本、收入和利润负责，需要对其收入、相应承担的成本费用进行完整的归集。对于商业银行的利润中心来说，核算内容主要包括利息收支、非利息收支、营业外收支、内部资金收支、运营成本、风险成本、资本成本和税务成本等项目。每一类成本和收入都需要依托专门的业务系统及管理信息系统进行计量和归集。

(1) 利息收支、非利息收支、营业外收支，依托核心业务系统。

(2) 内部资金收支，依托内部资金转移定价(FTP)系统。

(3) 运营成本，依托财务核算系统及运营成本划分模块。利润中心要承担其创造利润发生的直接成本和间接成本，本身也是成本中心。作为成本中心，其成本费用通过“直接核算”和“分割核算”进行归集，但作为利润中心，还需要将中、后台等为其提供服务支持的成本中心费用通过适当的分摊因子进行“间接分摊”，才能客观、真实、完整地反映其盈利状况，从而更好地支持管理决策。

(4) 风险成本，依托信用评级管理系统。

(5) 资本成本，依托风险资产计量系统或经济资本管理系统。

(6) 税务成本，依托税务管理系统。

以利润中心为对象，将这些成本和收入通过管理会计的数据平台进行整合，就可以得到每个利润中心完整的利润数据。值得提出的是，依据控制会计①的基本原理，对于利润中心的费用归集(即运营成本的划分)应充分考虑成本费用的可控性，采用“直接核算”“分割核算”划归利润中心的成本对利润中心而言是可控成本，应直接承担管控责任；采用“间接分摊”划归利润中心的成本对利润中心而言往往是不可控成本，管控责任一般应由中、后台等为其提供服务支持的成本中心承担。因此，在对利润中心业绩进行考核和评价时，应适当区分可控成本和不可控成本。

5.2.4.3 虚拟利润中心(业务线)责任的“归集”

对于采用总、分、支行管理体制的商业银行，分、支行等前台营业网点是典型的利润中心，同时可将业务线作为归集对象，对客户、产品及业务的归属进行合理划分，并据此分解相应的收入与成本，从而得到作为虚拟利润中心(业务线)的盈利数据，为业务线盈利分析和绩效管理提供依据。

虚拟利润中心(业务线)责任的“归集”，相对成本中心、典型利润中心责任的“归集”要复

---

① 控制会计是指以控制论的基本原理和方法为基础，运用会计信息，对单位的价值活动过程进行控制、检查、考核、分析和报告，对出现的偏差及时反馈，判断单位内部的工作业绩的会计管理活动。

杂些，在出具机构网点盈利分析报告的同时还必须出具业务线盈利分析报告，报告的生成必须依托商业银行各类信息科技系统的支持，如图 5-8 所示。

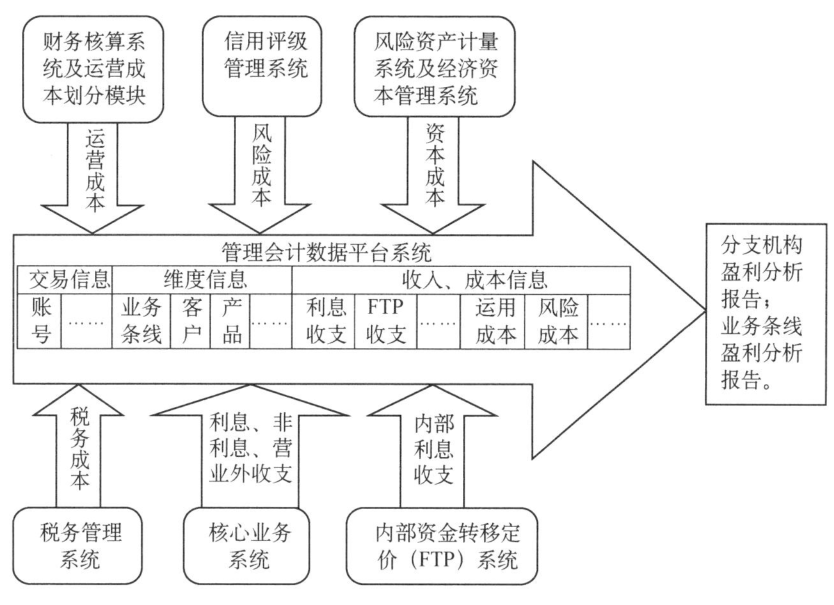

图 5-8　业务条线的责任“归集”

5.2.5　责任中心报告

责任中心报告是以责任中心为主体出具的反映其财务状况与经营情况的各类管理会计报告。财政部《管理会计应用指引第 801 号——企业管理会计报告》第十一条指出，企业管理会计报告体系按照责任中心可分为投资中心报告、利润中心报告和成本中心报告。

案例 5-4 是××商业银行××分行的成本中心（X 部门、Y 部门、Z 部门）、利润中心（分行）和虚拟利润中心（A 业务线、B 业务线）的责任中心报告。

案例 5-4

××商业银行某分行责任中心报告（示例）

表 5-10　成本中心报告

报告期间：XX 年 YY 月～NN 年 MM 月　　　　单位：人民币万元

	X 部门	Y 部门	Z 部门	合计
分行成本				
其中：固定费用				
人工费用				
变动费用——业务运营				
变动费用——业务发展				
总行分摊成本				
合计				

表 5-11　利润中心(分行)报告

报告期间:XX 年 YY 月～NN 年 MM 月　　　　单位:人民币万元

项目	金额
一、营业净收入	
二、营业支出	
其中:业务及管理费	
1. 分行业务及管理费	
2. 总行业务及管理费	
三、营业利润	
四、所得税	
五、净利润	
六、资本成本	
七、经济利润	

表 5-12　(分行)业务线报告

报告期间:XX 年 YY 月～NN 年 MM 月　　　　单位:人民币万元

项目	A 业务线	B 业务线	合计
一、营业净收入			
二、营业支出			
其中:业务及管理费			
1. 分行业务及管理费			
1-1. 直接费用			
1-2. 间接费用			
2. 总行业务及管理费			
2-1. 直接费用			
2-2. 间接费用			
三、营业利润			
四、所得税			
五、净利润			
六、资本成本			
七、经济利润			

5.3 商业银行战略导向管理会计维度框架

在商业银行战略导向管理会计体系中,维度设置可以为未来盈利分析、成本分摊、指标选取等奠定基础。在维度框架中,基础维度有责任中心(机构、部门)、产品、客户、客户经理等。商业银行应根据维度确定和划分的独立性、系统性、可获得性、管理需求驱动性、数据完整性这五项原则,建立基础维度和派生维度,基础维度的数据应支持派生维度的数据及报表查询。

5.3.1 管理会计统一维度管理

如前所述,责任中心制度是构建商业银行管理会计框架的基石,责任中心维度是战略管

理会计的起点，是最核心、最关键、最基础的维度之一，除此之外还有产品、客户、客户经理等基础维度。

5.3.1.1 产品维度

产品维度是为满足商业银行业务部门和管理部门对产品完整信息提取的需要而设置的。在商业银行，产品是对外经营和服务活动的最小单位或组合，也是获得利润的最小单元，同时又是商业银行经营管理的起点。商业银行为客户提供产品(或金融服务)将花费一定的成本但也会取得一定的收入，获取相应的利润，因此对产品的盈利性分析必不可少。

(1) 产品清单编制。对于一家商业银行来说，金融产品分类的重要性不言而喻。没有一个清晰的产品分类，就不可能对产品的创新、生产、销售、评价进行有效的管理。产品线的混乱会带来产品管理的混乱。如果不能对产品进行科学的市场定位、效益评价，商业银行就不可能有业务重点，效益精细化管理也就无从谈起。商业银行的产品分类是通过编制产品清单实现的，在编制产品清单时需要注意以下三点：

第一，独立盈利性。产品应该有收入，产品的收入形式可以包括商业银行在产品的售中、售后服务过程中收取的利息、手续费、其他收费及由内部资金转移定价(FTP)形成的资金价值。不能单独收费的业务活动就不能称为产品，只是属于支持或处理交易的活动，如大堂经理提供的引导服务。

第二，明细度适中。金融产品分类并非越细越好，应以满足决策层对信息的需要与实现的可能性相结合设定细分标准。另外，针对不同的管理目的和使用者需求，可以有不同的产品清单，其内容和深度有可能不同。例如，用于评价盈利能力的产品清单就不同于销售人员使用提供给客户描述产品的产品清单。

第三，结构差异性。金融产品应该有成本/收入的结构差异性，对于结构同质的应属于一个产品。例如，小企业贷款与农户贷款就应该分开。而提供给个人客户的3年期定期存款业务与5年期定期存款业务因成本结构是相同的，就无需再把个人定期存款业务划分为3年期定期存款和5年期定期存款。

(2) 产品分类方法。金融产品的分类通常以产品有关属性作为依据。在商业银行，根据产品的主要属性，其分类可以有多个维度：按客户群可以分为个人产品、法人产品、第三方机构①产品、内部管理产品等；按业务性质可以分为资产业务、负债业务和中间业务；按渠道可以分为柜台产品和离柜产品；按产品结构可分为基础产品、辅助产品、附属产品(增值产品)、组合产品等。以上这些分类均为产品单一属性的分类，而在商业银行能真正满足产品管理需要的是通过对各种单一属性分类进行组合形成多层逐步适当细分的分类。

案例 5-5

××商业银行产品多维度分层分类(示例)

业务种类和客户群分别作为第一层分类，如表5-13和表5-14所示。

① 第三方机构是指与商业银行有业务合作的机构，如其他金融机构、第三方支付机构、专业收单机构等。

表 5-13　业务种类作为第一层分类(方法一)

第一层	业务	存款					贷款					结算		
第二层	产品线	定期		活期		……	生产		消费		……	支票		……
第三层	客户	个人	法人	个人	法人	……	个人	法人	个人	法人	……	个人	法人	……
第四层	产品	……												
……														

表 5-14　客户群作为第一层分类(方法二)

第一层	客户	个人						法人						
第二层	业务	存款		贷款		结算		存款		贷款		结算		
第三层	产品线	活期	……	生产	……	汇票	……	定期	……	生产	……	支票	汇票	……
第四层	产品	……												
……														

5.3.1.2　客户维度

为满足商业银行业务部门和管理部门对客户管理信息提取的需要，不断提升与“以客户为中心”的经营理念相适应的财务服务与决策支持理念，需要以账户的管理会计核算与分析为基础①，设置客户维度，进而衍生出行业、渠道、客户经理、客户组等相应的扩展维度。

（1）基础维度——客户。客户的种类及组合应根据商业银行业务的不同以及商业银行对市场认识的不同而会有所区别。在制定客户分类标准时，商业银行应与其自身的业务模式和长期战略规划相一致。尽管每家商业银行对客户划分的方式有所不同，但客户划分的基本原则是相同的，即客户的划分必须要便于识别共同的购买和风险模式。当然，对于某家商业银行来说，客户的分类也不应该是一成不变的，随着商业银行战略发展和业务运营重点的转变，对客户的分类标准和盈利分析重点也将随之改变。

（2）派生维度——客户组/客户群。为了满足商业银行对客户有效管理的要求，有必要对客户基础维度进行扩展，即派生出客户组/客户群维度。例如，按客户大类可以分为对公客户和对私客户。对公客户可以派生出行业、规模、信用等级等扩展维度，对私客户可以分为 VIP 客户和普通客户；按客户的重要性还可以细分出集团客户和重大客户。通过对各业务主线部门的客户（群）调研，结合数据情况设计客户群，兼顾部门业务需求、管理会计分析需求和数据的可获得性。

5.3.1.3　客户经理维度

在商业银行，客户经理是向外拓展业务的代表，负责开拓市场，了解客户需求，推介产品，争揽业务，同时协调、会同商业银行有关业务部门为客户提供全方位金融服务，在主动履行全面风险管理框架下第一道风险防范职责的前提下，建立、保持与客户的长期密切联系，实现业务稳定可持续发展，并努力控制成本在可容忍范围内，增加收益，提高经济效益、履行社会责任。

---

① 为方便多维度盈利分析的数据提取，商业银行需要将各个维度分析所需要的业务数据按多维度明细到管理会计账户。

案例 5-6

××农商银行客户经理管理办法(示例)

第一章　总　　则

第一条　为进一步加强××农商银行客户经理管理，更好地实施以市场为导向，以客户为中心的经营策略，建立科学规范的管理制度和激励机制，充分调动客户经理的积极性和创造性，全面提高各项业务发展质量及效益，逐步建立一支高素质的客户经理队伍，根据本行有关规定，特制定本管理办法。

第二条　客户经理是指由本行授权向客户宣传、推广、营销资产业务、负债业务、中间业务以及其他各类金融产品，为客户提供金融咨询、理财咨询服务，并协助客户在银行办理金融业务的市场营销类员工。

客户经理的选拔聘用在后备客户经理当中产生。由支行组织在后备客户经理当中进行公开、公平、公正的岗位竞聘，优胜者由支行签署推荐意见，报总行审查，经考核、考试合格，持证上岗任职。

第三条　本办法所称后备客户经理是指本行在职的热爱客户经理工作，熟悉存款业务、贷款业务、金融理财等相关金融知识，经考试取得客户经理任职资格的各岗位员工。

本行在职员工均可采取自愿申请，通过资格认证考试和总行考核，取得客户经理任职资格，成为后备客户经理。

客户经理资格认证考试根据本行实际需要，定期举行。

第四条　客户经理任职资格证书由总行审查、考核、考试合格后颁发。

第二章　客户经理管理职责

第五条　本行实施客户经理以总行为主的双层管理体制。总行成立客户经理管理领导小组，统筹协调全行客户经理管理的各项工作。

组长：本行行长。

副组长：本行分管业务发展副行长。

成员：人力资源部、业务发展部、资金营运部、电子银行部、风险合规部、稽核审计部等部门负责人。

客户经理管理领导小组的常规性工作由业务发展部门负责。

第六条　客户经理管理领导小组履行或授权业务发展部履行以下职责：

（一）负责客户经理管理制度的制定与修订。

（二）负责客户经理绩效考核与薪酬管理办法的制定与修订。

（三）负责组织客户经理各种考试与考察。

（四）负责客户经理的聘任。

（五）负责客户经理的解聘。

（六）负责客户经理的培训与能力提升。

（七）负责客户经理档案的建立与保管。

（八）负责客户经理各项业绩的统计。

（九）负责客户经理各项绩效奖励的测算与发放。

（十）负责接收客户经理的申诉与仲裁。

第七条　支行负责客户经理的日常管理工作，第一责任人为支行分管营销副行长，客户经理团队管理工作与支行分管副行长个人业绩考核相挂钩。支行主要职责为：

（一）负责客户经理的日常考勤管理。

（二）负责客户经理工作制度的执行，包括：

（1）每周调阅客户经理工作日志，并对客户经理的工作行为进行校正。

（2）每周调阅客户经理的访客记录，检查客户经理是否按照规定进行各种客户访问。

（3）每天组织客户经理晨会，在晨会上检查客户经理营销计划执行情况、分析客户经理营销中遇到的难点问题、指导客户经理优化工作行为、客户经理相互之间介绍经验等。

（4）每月检查客户经理营销计划，帮助修订营销计划，指导客户经理实施营销计划。

（三）负责客户经理的考核，包括：

（1）信贷档案管理，要求信贷档案整理及时、内容完整、管理规范。

（2）贷款五级分类，要求操作合规、分类及时、认定准确。

（3）贷后检查，要求项目齐全、检查报告内容详尽、控制和化解风险措施得力。

（4）客户投诉与优质服务。

（四）负责向总行推荐后备客户经理，并参与总行客户经理考察等工作。

（五）负责权限内客户经理档案的日常维护工作。

（六）负责检查客户经理《客户信息采集表》的完成情况和《客户金融服务需求分析报告》的撰写情况。

第八条　本行为每位客户经理建立《客户经理档案》，记载客户经理个人的各项信息，包括：客户经理个人基本信息、客户经理培训记录、客户经理各种考试成绩、客户经理营销业绩、客户经理薪酬标准、客户经理级别、客户经理本行内转岗或轮岗等信息。

客户经理档案管理由总行人力资源部负责，档案内容的维护由总行与支行共同完成，档案内容每季度更新一次。

第三章　客户经理的岗位职责、工作制度与聘用条件

第九条　客户经理是本行新业务的开发者、宣传者和推广者；是贷款的管理者，风险的第一控制者；是争揽客户的牵头人，客户信息的收集人，金融产品的推销人，客户理财的顾问；是本行的形象代表。主要岗位职责包括：

（一）负责走访客户群体，收集客户信息，每月完成不少于5份《客户信息采集表》，录入系统并上交分管支行长审阅。

（二）负责了解客户金融服务需求，每半年撰写一份《客户金融需求分析报告》，并上交分管支行长审阅。

（三）负责向客户营销本行各种产品，包括存款、贷款、各种中间业务和理财业务等。

（四）负责参与支行或总行开展的各种客户营销和宣传活动。

（五）负责权限内贷款的调查、核保、贷后管理、问题贷款管理等，承担经办业务风险管

理第一责任。

（六）负责客户的日常管理与维护，包括定期回访客户、提示客户还款、为客户提供价值增加服务等。

第十条　客户经理工作制度。

（一）客户档案制度。支行统一建立优质客户信息库，客户经理逐户建立优质客户信息档案，加强客户信息动态管理，以利于了解、跟踪客户的需求变化，增进对客户的开发、服务和管理，稳定和扩大优质客户群体。

（二）日志填报制度。根据工作情况填写客户经理工作日志。

（三）营销月度计划。客户经理按月编制营销月度计划和营销方案。每月分析自己所面对的营销市场，收集客户信息，深入市场调查，挖掘培养新客户。对于潜在的客户，应根据客户的规模、服务的复杂程度、所处的行业等不同情况，编制不同的营销方案。对于现在已有的客户，利用现有贡献率和潜在贡献率两因素对客户进行细分，根据细分结果，编制不同的营销方案。如果现有贡献率和潜在贡献率都比较高的客户，应将其作为重点营销目标，给予倾斜更多的资源；对现有贡献率高，潜在贡献率低的客户，重点做好维护工作；对现有贡献率低，潜在贡献率高的客户，重点做好发掘销售机遇，交叉销售产品的工作；对现有贡献率和潜在贡献率均低的客户，以提供柜台式的优质服务为主。

根据上述对自己潜在客户和现有客户的分类分析，每月编制月度计划，并对上月营销完成情况进行总结，及时上报支行主管。

（四）访客报告制度。客户经理必须定期对客户进行访问。访问可采用公司实地访问、电话访问、会议访问、讲座访问等方式。公司实地访问，与客户的主要成员直接见面，大客户(500 万元以上)每月访问次数不少于 1 次；重点客户[100 万元(含)以上至 500 万元(不含)]每两个月访问次数不少于 1 次；一般客户每季度访问次数不少于 1 次。电话访问，可视需要随时进行。

访问时要以密切银企关系，收集信息，解决工作难点为主。访问后要及时填写客户访问报告(电话访问也要记录下来)，作为重要档案进行管理，并经常向支行行长及分管副行长汇报。访问时发现客户有重大情况，如企业主要负责人更换，客户存款额和结算额大幅变化，企业转制或兼并，资产质量恶化，还款意愿明显减弱，不可抗力等，要及时了解原因，提出相应的对策方案，填写客户重大事项报告，及时上报支行行长或分管副行长，如需要总行处理、协调、支持的，则应同时上报总行相关部门或领导。

（五）例会制度。支行至少每两周组织客户经理召开一次客户经理工作例会，总结通报前期客户营销情况，沟通业务信息，交流营销经验，讨论下一步客户营销拓展重点和方向，提出并研究需协调处理的问题等。

（六）客户立项制度。客户经理对重大项目的开发，实行项目立项制度，并按管理流程上报，经审批后着手营销。

（七）信息共享制度。客户经理要发扬团队精神，横向和纵向间相互积极沟通，及时传递和反馈信息，形成合力。支行必须与总行有关部门加强协作，保证信息的对称性和营销的统一性。

第十一条　客户经理聘用条件。

（一）本行聘用客户经理的基本条件如下：

(1) 具有较强的法律法规意识，遵纪守法，坚持原则，廉洁自律；具备良好的职业道德和敬业精神，爱行爱岗、吃苦耐劳；具有较强的责任心、事业心、进取心和纪律性。

(2) 具有较强的市场营销能力和协调沟通能力；具有坚韧的意志和克服困难的勇气；具有较强的市场开拓能力和较高的市场敏锐感。

(3) 具有经济、金融专业知识，且具备较强的市场调研能力、分析判断能力、文字写作能力和持续学习能力。

(4) 熟悉国家有关经济、金融政策，熟悉本行金融服务区域经济发展动态，掌握当地行业发展状况；具备相当的企业财务、会计专业知识，能熟悉分析企业经营状况和财务状况。

(5) 熟练掌握本行各项信贷管理制度和信贷业务操作流程；具有较好的风险识别、风险防范、风险控制能力。

(6) 必须具备客户经理任职资格证书。

(7) 新聘客户经理原则上在 35 周岁以下，学历大专及以上，从事银行工作 1 年以上。

(8) 客户经理男年满 55 周岁、女年满 45 周岁的原则上不再从事客户经理岗位工作；确因工作需要，本人工作突出的，经本行客户经理管理领导小组批准可适当延长，但最长男不得超过 58 周岁，女不得超过 48 周岁。

（二）引进本行外人员从事客户经理岗位工作，必须对其前工作岗位信贷业务的历史情况、从业经验和工作尽职性进行调查，确认没有不良记录，方可根据招聘程序引进。

第四章　客户经理等级管理

第十二条　本行客户经理实行等级管理，客户经理等级设置由高到低依次为资深客户经理、高级客户经理、中级客户经理、初级客户经理和助理客户经理。

第十三条　客户经理等级的认定遵循“绩效优先、过程考核、兼顾素质、注重能力”的原则。

第十四条　客户经理等级认定根据存量模拟利润、增量模拟利润、中间业务收入、管理客户户数、工作质量考核、个人能力评价、综合素质评价等因素确定。

等级认定每年一次，本年度等级认定作为下一年度岗位价值系数套级进档的依据，等级重新认定后，待遇作相应的调整。

第十五条　本行客户经理实行降级退出机制，连续两年客户经理业绩没有上升(无新增模拟利润)，在实际业绩对应定级的基础上下调一档，并根据客户经理综合排名实行末位淘汰。

第十六条　本行客户经理等级设置、标准、待遇等详见附件：某农村商业银行客户经理等级设置及标准(试行)。等级评价标准可以根据本行经营情况的变化，定期(不得少于 1 年)进行调整。

第五章　试用期与岗位变动交接管理

第十七条　客户经理试用期管理。

（一）社会新聘客户经理，岗位试用期为半年，试用期满后，由所在机构提出初评意见，报总行人力资源部认定。经认定，未达到客户经理最低考核要求的，退出客户经理岗位，解除劳动合同。

(二) 本行其他岗位员工转入客户经理岗位,岗位试用期为1年,试用期满后,由所在机构提出初评意见,报总行人力资源部认定。经认定,未达到客户经理最低考核要求的,自次月起延长试用期12个月,延长期满后,如仍未达到客户经理岗位最低考核要求的,退出客户经理岗位,实行转岗。

第十八条 客户经理岗位变动交接管理。

(一) 客户经理岗位变动包括客户经理转入其他非客户经理岗位,客户经理离职,客户经理在各营业机构间调动工作,原维护客户发生变化等情况。

(二) 客户经理岗位变动时,应将本人的全部工作移交继任者或机构负责人,由机构负责人负责监交,并做好客户经理薪酬考核系统中的客户转移工作,没有办清交接手续的不得离任。

(三) 移交的工作内容主要包括维护客户的信息、相关资料等,明确相关责任并办妥交接手续后,方可移交。

第六章 脱密期与团队营销管理

第十九条 客户经理脱密期管理。

为维护信贷资源的安全性,有效保障本行的实际利益,实行客户经理脱密期机制。客户经理若因本人原因需离开本行的,必须提前3个月书面通知,由本行安排转出客户经理岗位,防止本行商业秘密泄露。

第二十条 团队营销管理。

对下列客户,可组成客户服务小组:

(一) 本行黄金客户、重点客户。

(二) 对本行业务发展有较大影响的客户。

(三) 发生(或可能发生)异常情况的客户。

(四) 已经出现风险或存在潜在风险的客户。

(五) 需要提供专业化服务的客户。

(六) 多人参与营销的客户。

客户服务小组应由支行行长牵头,合理搭配人员,并明确主办人、协办人及相应拓展系数。个人类存、贷款客户不列入团队营销。

第二十一条 支行有权根据客户经理的营销业绩和营销服务情况,对所辖客户进行合理调整,客户经理应服从支行调配。

第七章 薪酬管理

第二十二条 客户经理薪酬包括基础薪酬、绩效薪酬、专项激励薪酬、中长期激励、福利性收入等,其中绩效薪酬主要采用计价薪酬形式,不封顶;客户经理具体计酬标准按照《某农村商业银行薪酬管理办法》和《某农村商业银行银行客户经理绩效考核与薪酬管理办法》执行。

第二十三条 社会新聘客户经理,试用期内基础薪酬按照助理客户经理等级确定,绩效薪酬按实绩发放。

第二十四条　本行对内部员工转入客户经理岗位实行保护政策，第一年绩效考核后薪酬总额不足原岗位等级薪酬总额的，年底予以补足，第二年考核后薪酬总额不足原岗位等级薪酬总额90%的，年底予以补至90%。

第八章　客户经理退出机制

第二十五条　为保持客户经理队伍的高素质和竞争活力，本行建立良性循环的退出机制。

第二十六条　对品德不良、违法违规操作或客户反映较差以及其他原因导致不适宜在客户经理岗位工作、或综合排名在末位的人员，必须强制退出。

第二十七条　客户经理未履行或未完全履行职责，造成经济损失或严重后果的，追究其相关责任，并及时解除聘约，严重者直至解除劳动合同。

第二十八条　对于违规办理贷款的，将按有关文件的规定，视情节轻重分别给予罚款、下岗清收、解聘等处罚，并给予通报批评、警告直至开除等行政处理。

第九章　客户经理培训

第二十九条　为提升客户经理素质，本行为客户经理提供相关的培训。

第三十条　从提升客户经理实际业务技能出发，本行客户经理培训方式可以采取内训、外出参观学习、交流观摩、以会代训等形式。

第三十一条　客户经理必须参加本行定期举办的业务培训与考试，参加培训的态度、考试成绩作为客户经理等级认定的依据之一。

第十章　附　　则

第三十二条　客户经理信贷管理工作质量考核中，因不符合要求的或因工作失误或被上级部门查处的，扣减客户经理绩效薪酬，具体按总行相关制度执行。

第三十三条　贷款责任划分、赔偿按本行信贷管理相关规定执行。

第三十四条　本办法由某农村商业银行负责制定、解释及修订。

第三十五条　本办法自20××年××月××日起实行。

附件(表5-15)：

表5-15　××农商银行客户经理等级设置及标准(试行)

等级	上年度积分	对应的岗位级档
资深客户经理	≥WW	四级六档
高级客户经理	≥XX	三级六档
中级客户经理	≥YY	三级一档
初级客户经理	≥ZZ	二级九档
助理客户经理	—	二级七档

评分标准(不封顶)

存量模拟利润(分存、贷款)、增量模拟利润(分存、贷款)、中间业务收入、管理客户户数(分对公、对私)、新增客户户数(分对公、对私)、工作质量考核、个人能力评价、综合素质评价

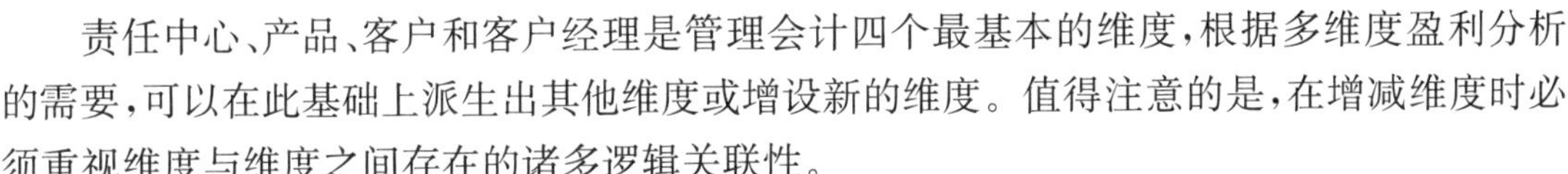

责任中心、产品、客户和客户经理是管理会计四个最基本的维度，根据多维度盈利分析的需要，可以在此基础上派生出其他维度或增设新的维度。值得注意的是，在增减维度时必须重视维度与维度之间存在的诸多逻辑关联性。

5.3.2　管理会计维度与管理会计报告

管理会计报告为不同维度的分析提供信息支持。商业银行在日常的经营管理过程中，各层级管理者往往需要多视角考虑问题，即从多角度对管理对象进行具体分析，每一个"角度"就是一个分析维度。通常情况下，商业银行可以按照机构、产品线（业务线）、客户、产品、行业、渠道、期限、币种等维度进行盈利核算与分析：

（1）机构维度。机构维度主要包括商业银行的总行（银行集团总部）、各级分支机构（子公司）。

（2）产品线维度。即业务线维度，一般把商业银行总体业务划分为公司业务、零售业务、资金业务、国际业务、资产托管、投资银行、小微金融、信用卡等。

（3）产品维度。根据商业银行业务经营与管理分析的需要，建立覆盖商业银行全行范围的不遗漏、不重复、分层次的银行金融服务产品体系。

（4）客户维度。商业银行根据客户管理的需要对客户进行各种分类。例如，可以根据客户规模大小分为不同的客户集群；根据客户所做的主要业务分为消费金融、现金管理等客户集群；根据客户在商业银行的重要性不同区分为全行战略客户、区域战略客户和普通客户。

（5）渠道维度。商业银行根据对外营业的途径分为柜台、网银、电话银行、自助银行等。

（6）期限维度。根据业务分析需要，一般可将期限分为 1 月之内、1～6 月、6～12 月、1～3 年、3～5 年、5 年以上等第一层次，再分为更细化的 1 个月、2 个月、3 个月、4 个月等第二层次。

（7）行业维度。商业银行应根据本行服务客户所从事的业务活动，遵循国际、国内行业分类标准，结合本行业务管理实际设计行业分析维度。例如，某农村商业银行贷款投放行业分析维度如表 5-16 所示。

表 5-16　贷款主要行业分布（示例）

报告日：XX 年 YY 月 RR 日　　　　单位：人民币万元

行业种类	余额	占贷款总额比例（百分比）
制造业		
批发和零售业		
建筑业		
租赁和商务服务		
农、林、牧、渔		
房地产		
水利、环境、公共设施		
合计		

(8) 币种维度。这个维度对于从事国际业务的商业银行尤其重要,例如,经营币种可以按照其重要性,区分为人民币、美元、欧元、日元、澳元等。

如前所述,以上维度并非穷举了管理会计所有的分析维度,商业银行可以在基础维度基础上根据经营管理的需要及数据可获得性进一步扩展所需要的分析维度。分析维度和分析指标是构成商业银行管理会计报告体系的两个关键要素,它们之间不同的排列组合形成数量众多的满足不同管理层级的不同分析维度的管理会计报告及相应的分析指标。管理会计分析指标总体上可以分为规模指标、效益指标、关键盈利指标三大类,维度与指标之间的排列组合如图 5-9 所示。

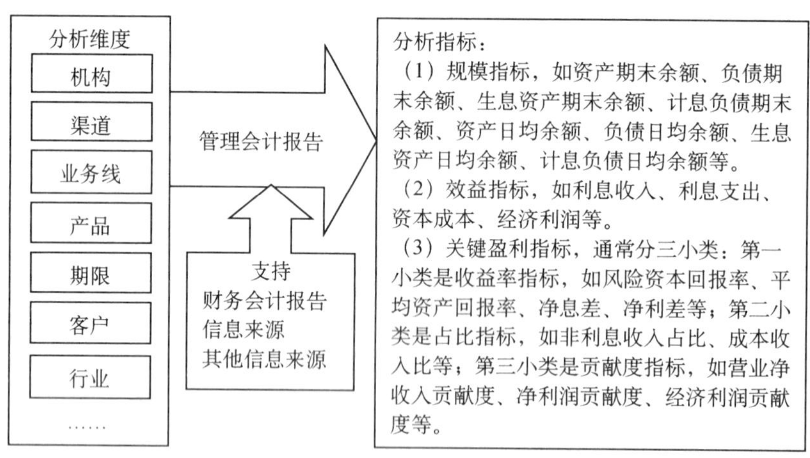

图 5-9 管理会计分析维度与管理会计报告指标之间关系图

在图 5-9 中,各类分析指标可以根据分析维度从财务信息和非财务信息支持的管理会计报告中生成。例如,客户维度可以进一步生成户均营业净收入、户均利润、电子银行替代率等指标;产品维度可以进一步生成外部利率、内部利率、费用率、保本利率等指标。

第6章 战略导向管理会计的业务划分与成本分摊

以责任中心体系为基础的责任中心会计是成本分摊和多维度盈利分析的基础，其要求在管理会计核算层面就要考虑到对管理和绩效评价所需数据的支持。商业银行只有按照“权、责、利”相结合的原则，以独立或相对独立的经济业务和经营任务为基础，以管理权限和经济责任相结合为依据，以相关性和可控性为标准，将发生的业务划归所属责任中心，并将相应发生的成本分摊到应承担的责任中心，才能明确责任中心的“责任”，充分激励责任中心价值创造的主动性、积极性。

6.1 业务划分与成本分摊概述

商业银行业务划分的内容包括业务量和业务收支。其中：业务收支涵盖外部业务收支、内部资金收支和营业外收支；商业银行的成本通常可分为资金成本、运营成本、税务成本、风险成本和资本成本等。

6.1.1 业务划分与成本分摊的基本内容

在商业银行，业务划分、成本分摊一般只涉及利润中心和成本中心。利润中心直接面对客户进行产品销售或服务，有销售指标并要对收入及最终的盈利负责任。成本中心没有销售任务，不直接面对客户进行销售或服务，通常没有收入，但起着对利润中心支持和服务的重要作用。在责任中心之间划分业务、分摊成本的主要内容可以概括为六个方面：

（1）业务量和外部业务收支的划分。为区分各类责任中心的经营情况，需要根据不同责任中心的经营范围和职责分工，将其面对客户端的业务量，利息收支、非利息收支等外部业务收支进行分别归集；对于不能明确归集到单一责任中心的业务，还要进行合理划分，从而不重复、不遗漏地计量各责任中心的业务量规模和外部业务收支。

（2）内部资金收支的划分。商业银行是金融货币的企业，其利润的重要来源之一是利差，而利差是存款和贷款共同创造的，只有通过内部资金转移定价，商业银行才得以实现逐笔核算资金来源的机会收益及资金运用的机会成本，从而才能计量出客户、产品及责任中心的资金收入与成本。

（3）运营成本的划分。在商业银行，运营成本可以理解为一定期间内在业务经营、管理过程中发生的人工、物料、各项开支等资源消耗。比如,支付给员工的薪酬、日常办公费用、营销费用、固定资产折旧费、物料摊销费等。运营成本划分就是将商业银行经营管理过程中发生的所有费用根据“谁受益、谁承担”的原则分割核算到相应的责任中心,并进一步细化归集到业务线、客户、产品等不同维度的经营单元。对于商业银行,运营成本划分是相对复杂但又非常关键的一个环节。

(4) 风险成本和资本成本的划分。商业银行是经营风险的特殊企业,风险是未来结果与期望之间发生的负面偏离。风险可能会给商业银行带来损失,风险损失可以进一步细分为预期损失、非预期损失和意外损失。其中,预期损失是指风险损失分布的数学期望,即平均损失值;非预期损失是指在一定置信水平下超出平均损失的最大损失;意外损失是指在极端情况下超出商业银行损失容忍度上限的那部分损失,针对的是极其特殊的风险事件。

第一,关于“风险成本”。对于预期损失,商业银行可以根据风险水平在产品价格中附加一定的风险溢价来进行转移。这部分成本称为“风险成本”,通常就是指商业银行与客户开展授信业务时的信用风险预期损失。风险成本的金额确定一般是通过信用评级等手段准确计量信用风险预期损失的数额,即可得到具体客户、产品的“风险成本”。

第二,关于“资本成本”。对于非预期损失,商业银行需要保持相应数额的经济资本,以确保在非预期损失发生时有足够的资本进行补偿,保持商业银行正常经营。这些资本的占用会形成“机会成本”,通常称为“资本成本”。商业银行一般需要按照特定的模型计算出机构、业务线、客户和产品等维度经营单元占用的经济资本规模,并进一步计算出相应的资本成本。

(5) 税务成本的划分。对于税金及附加、所得税等成本项目,通过搭建统一的税务管理平台,在开展税款申报、缴纳、档案管理、沟通交流等税务日常工作的基础上,完成多维度的税款精细化计算,实现各维度税务成本的划分。

(6) 营业外收支的划分。对于政府补助、捐赠支出、资产处置收支、罚款支出等营业外收支项目,可以根据收支对应的责任中心进行划分。

6.1.2 多维度盈利核算分析基本模型

资料 6-1

财政部 《管理会计应用指引第 405 号——多维度盈利能力分析》摘录

第一章 总 则

第一条 多维度盈利能力分析,是指企业对一定期间内的经营成果,按照区域、产品、部门、客户、渠道、员工等维度进行计量,分析盈亏动因,从而支持企业精细化管理、满足内部营运管理需要的一种分析方法。

第二条 多维度盈利能力分析主要适用于市场竞争压力较大、组织结构相对复杂或具有多元化产品(或服务)体系的企业。企业应用多维度盈利能力分析工具方法,还应具备一定的信息化程度和管理水平。

第二章　应用环境

第三条　企业应用多维度盈利能力分析工具方法，应遵循《管理会计应用指引第400号——营运管理》中对应用环境的一般要求。

第四条　企业应用多维度盈利能力分析工具方法，应按照多维度建立内部经营评价和成本管理制度，并按照管理最小颗粒度进行内部转移定价、成本分摊、业绩分成、经济增加值计量等。

管理最小颗粒度，是指企业根据实际管理需要与管理能力所确定的最小业务评价单元。

第五条　企业应用多维度盈利能力分析，通常需构建多维度盈利能力分析信息系统、模块或工具，制定统一的数据标准和规范，及时、准确、高效地获取各维度管理最小颗粒度相关信息。

由于传统会计利润指标存在容易被人为操纵等严重缺陷，要全面衡量商业银行的真实价值创造能力，就要计算能代表银行价值的关键指标（KPI），包括经济增加值（EVA）和风险资本回报率（RAROC）。其中，经济增加值又称经济利润，是反映价值创造能力的绝对值。经济利润是指所有收入减去所有成本（含机会成本）之后的利润，也就是净利润减去资本成本后的利润，通常被看作一种过滤掉风险后的真实利润，其计算公式为：

经济利润＝全部收入－全部成本＝净利润－资本成本，其中：全部收入＝外部利息收入＋内部利息收入＋非利息收入＋营业外收入；全部成本＝外部利息支出＋内部利息支出＋直接费用＋间接费用＋税金及附件＋资产减值损失＋营业外支出＋所得税＋资本成本。

风险资本回报率是反映价值创造能力的相对值，是单位经济资本（即风险资本）投入获得的净利润，其计算公式为：

$$风险资本回报率 = 净利润 \div 经济资本 \times 100\%$$

商业银行通过外部业务收支划分、内部资金收支划分、各类成本划分等安排，就可以设计出适合内部管理需求的多维度盈利核算分析模型，基本示例模型如图6-1所示。

6.2 业务划分方法

如前所述，责任中心是构建管理会计体系的基础单元，不同责任中心的“责任”各不相同。为了更好地支持经营分析和绩效考核，需要将各个责任中心的业务规模、外部业务收支、内部资金收支、运营成本、税务成本、风险成本、资本成本及其他相关成本进行划分，以衡量责任中心履行“职责”的效果。在此，我们将业务规模和外部业务收支在责任中心之间的划分工作称为业务划分。商业银行要真正做到清晰核算责任中心的盈利情况，首先需要合理地进行业务划分。

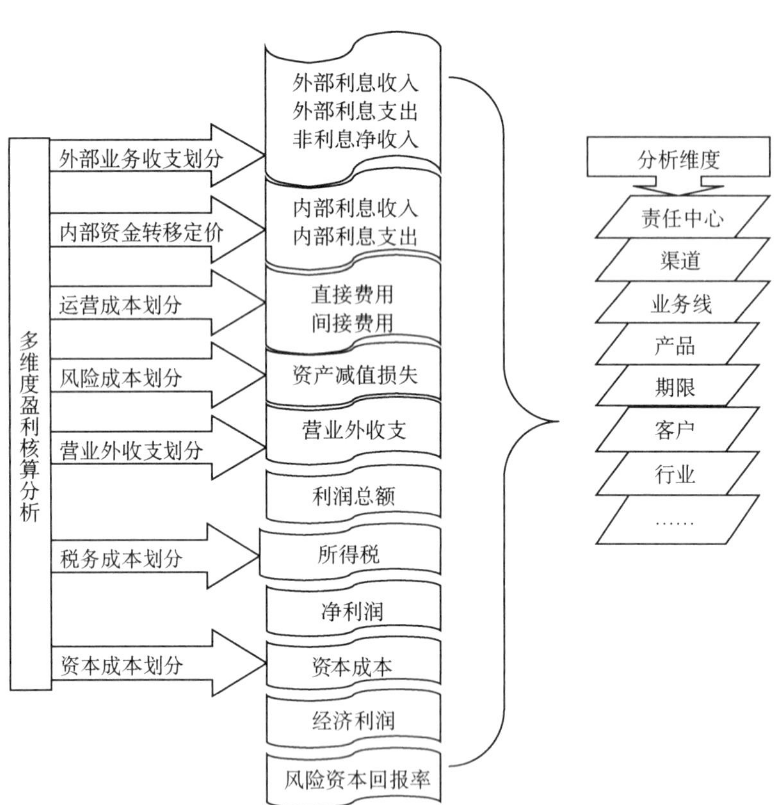

图 6-1　多维度盈利核算分析基本模型

6.2.1　业务划分的情形

商业银行的业务划分主要有两类情形：第一类是责任中心“业务边界”清晰，通过“直接核算”即可实现相关业务规模与收支的划分；第二类是多个责任中心间涉及“共有业务”或“相互服务”，则需要制定相应的规则，实施规模与收支的“切分”，本节所提到的业务划分主要指第二类。

合理的业务划分需要商业银行的“多方参与”。管理层要根据各责任中心经营活动的特点明确权责范围；会计核算部门、计划财务部门要据此核算可直接归属各责任中心的业务规模与收支；信息技术及相关部门要根据业务划分需求完善业务系统设置，确保业务划分结果准确无误。

6.2.2　业务划分的类型

根据确定业务划分价格的基础，业务划分一般可分为以下三种类型：

（1）以市场价格为基础的业务划分。理论上讲，当产品或劳务存在竞争市场，且市场价格较容易取得时，以公允市场价格为基础进行的业务划分最为理想。因为在此环境下，商业银行产品和客户营销部门均可自由选择产品需求者及提供者作为交易对象，交易涉及的金额可看作市场价格。如果客户营销部门选择了产品研发部门的产品，就应该以“市场价格”

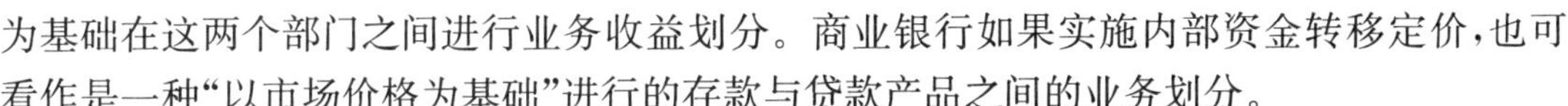

为基础在这两个部门之间进行业务收益划分。商业银行如果实施内部资金转移定价，也可看作是一种“以市场价格为基础”进行的存款与贷款产品之间的业务划分。

（2）以成本为基础的业务划分。在缺乏公允市场价格的情况下，可选择以成本为基础进行业务划分，这种业务划分方法实质上就是按照产品或劳务的“标准成本”或“实际成本”建立的一种利益补偿机制，以成本为基础进行合理的利润加成后确定一个内部价格。在进行业务划分时，如果相关产品或服务缺乏公允的市场价格，但数据基础可支持成本测算，就可以应用“以成本为基础的业务划分”方法。划分时需要设立成本分类规则和利润加成标准，通过信息系统进行批量处理。

（3）以协商价格为基础的业务划分。商业银行业务线各部门之间经常会发生派生性业务，所谓的派生性业务是指一个业务线部门在营销某类业务时，直接或间接产生了其他业务线部门所负责的业务或收益。当市场定价环境尚不具备，且成本不易核算的情况下，这类业务可以按照业务线各部门之间达成的“协商价格”或“协商比例”进行业务划分。但是，以协商价格为基础的业务划分并不意味着就是凭“感觉”“拍脑袋”的行为，而是基于双方对投入和产出进行综合判断后的“理性博弈”，也是一种合理的划分方法。在缺乏“市场价格”和“成本测算基础”的情况下，可采用这种更为灵活的协商价格机制，保证业务划分的顺利执行。

6.2.3　业务划分的原则

总体来说，商业银行进行业务划分应该遵循以下三项原则：

（1）重要性原则。商业银行涉及的业务数量众多，在具有战略意义或实际规模与收入足够大时，才应考虑进行业务划分。如果营销活动一旦触及业务交叉就要求沟通、协商，召开联席会议，工作效率必然大大降低，甚至会影响正常业务的开展，既不经济，也没必要。在日常工作中必须把握好业务划分的“度”。

（2）合理性原则。即商业银行实施业务划分要有充分、合理的依据。

（3）可行性原则。如果一项业务划分事项从性质上看非常重要，也有充分、合理的划分依据，还有必要考虑业务划分的可行性，即应该有可信度高并且现实可获取的数据信息支持。这些数据信息可以是业务系统的明细数据，也可以是责任中心各方认可的手工记录台账。如果划分依据比较复杂，没有准确的数据支持，责任中心各方共同认可的“划分比例”也可以视为是一种可行的划分依据。

6.3　内部资金转移定价——内部资金收入与成本划分

资料6-2

财政部《管理会计应用指引第404号——内部转移定价》摘录

第一章　总　　则

第一条　内部转移定价，是指企业内部转移价格的制定和应用方法。

内部转移价格，是指企业内部分公司、分厂、车间、分部等责任中心之间相互提供产品（或服务）、资金等内部交易时所采用的计价标准。责任中心，是指企业内部独立提供产品（或服务）、资金等的责任主体。

第二条　企业应用内部转移定价工具方法的主要目标，是界定各责任中心的经济责任，计量其绩效，为实施激励提供可靠依据。

第三条　内部转移定价主要适用于具有一定经营规模、业务流程相对复杂、设置了多个责任中心且责任中心之间存在内部供求关系的企业。

第四条　企业应用内部转移定价工具方法，一般应遵循以下原则：

（一）合规性原则。内部转移价格的制定、执行及调整应符合相关会计、财务、税收等法律法规的规定。

（二）效益性原则。企业应用内部转移定价工具方法，应以企业整体利益最大化为目标，避免为追求局部最优而损害企业整体利益的情况；同时，应兼顾各责任中心及员工利益，充分调动各方积极性。

（三）适应性原则。内部转移定价体系应当与企业所处行业特征、企业战略、业务流程、产品（或服务）特点、业绩评价体系等相适应，使企业能够统筹各责任中心利益，对内部转移价格达成共识。

第二章　应用环境

第五条　企业应用内部转移定价工具方法，应遵循《管理会计应用指引第300号——成本管理》《管理会计应用指引第400号——营运管理》中对应用环境的一般要求。

第六条　企业一般由绩效管理委员会或类似机构负责搭建内部交易和内部转移价格管理体系，制定相关制度，审核、批准内部转移定价方案，并由财务、绩效管理等职能部门负责编制和修订内部转移价格、进行内部交易核算、对内部交易价格执行情况进行监控和报告等内部转移价格的日常管理。

第七条　企业应建立与所采用的内部转移定价体系相适应的内部交易管理信息系统，并及时获取所需的内部转移价格，灵活确定有关定价方式，客观反映各责任中心绩效。

从资料6-2可知，内部资金转移定价（Funds Transfer Pricing，简称FTP）不仅为划分利差、明晰内部资金收入与成本以及多维度盈利核算分析提供了最基本的内部资金价格，而且由于其本身具备的强大功能，也贯穿于整个管理会计体系。

6.3.1　商业银行应用FTP的背景

追本溯源，FTP最早起源于一般工商企业，习惯上被称为内部转移定价，在一般工商企业的实践获得成功后，很快为各类大型企业集团所效仿。尤其是在跨国企业集团，它不仅被用于绩效考核，高效管理企业庞大的组织网络，而且被应用于非正常的利润转移，成为一种“有效”的避税工具，即通过特殊的内部转移定价，将高税负国家（或地区）的利润转移至低税负国家(或地区),利用两者间的税负差异进行“合理”避税。

与一般工商企业的触发因素、动机有所不同,FTP 应用于商业银行是金融大发展、利率市场化直接推动的结果,是商业银行应对外部形势变化、提升管理能力的内在要求。20 世纪 70 年代后期,为适应经济金融形势的发展变化,美国提出了解除利率管制的设想,并开始付诸行动,逐步迈出利率市场化改革步伐。历经多次渐进改革之后,1980 年 3 月,美国政府制定了《存款机构放松管制和货币控制法》,决定自 1980 年 3 月 31 日起,分六年逐步取消对定期存款利率的最高限;1986 年,利率市场化改革基本完成。

可以说,利率市场化营造了公平、高效的竞争环境,在市场机制建设、资源配置效率等方面发挥了积极作用,但一定程度上也使商业银行面临较大的经营压力,主要表现为:商业银行负债成本迅速上升、资产收益逐步下降,进而导致商业银行存贷款利差一度大幅收窄,同时,市场利率波动性显著增强,商业银行利率风险不断加大。这些经营压力使商业银行经营陷入困境,尤其是过去依靠限制竞争(如利率管制)才能生存的中小银行更是难以为继。为应对不利局面,银行家们必须精打细算,如何准确衡量不同产品对银行利润的贡献度,安全地实现利润最大化;如何才能识别不同产品隐含的利率风险,并进行科学的计量和管理。诸如此类的问题,最后简单归纳起来就是,识别利润来源、分离业务经营单位面临的利率风险实行专业化管理成为商业银行亟待解决的首要课题。随着这种大势的愈演愈烈,加之银行家们的积极探索,FTP 在商业银行开始使用。

6.3.2　FTP 在商业银行的功能作用

商业银行作为资金融通的媒介,与一般工商企业存在本质差异。一般工商企业经营的是普通商品,其“负债”(比如“借款”)主要是为生产产品服务的,只是日常运营的载体和工具;而商业银行是经营货币、经营风险的特殊企业,主要产品均以货币形式存在,“负债”之于商业银行,不仅是“生产”资产产品的前提,而且其本身就是一种重要的产品。只不过这种产品在引入 FTP 之前,难以明晰核算罢了。因此,FTP 在商业银行的应用使其具备了有别于在一般工商企业的超然地位,在现代商业银行经营管理中发挥着特殊的功能作用。

(1) 提炼产品维度。从传统的财务账表上看,负债带来的是利息支出,无收入可言,资产获取的是利息收入,支出是一片空白。资产业务和负债业务两者都无法进行独立的盈利核算,也就无法将其视为真正意义上的产品,多维度盈利核算与分析就无从谈起。而引入 FTP 后,商业银行内部也可对“资产”与“负债”进行“买卖”,吸收负债(如存款)“卖”出去后会有“转移收入”,投放资产(如贷款)需要先“买”入资金、支付“转移成本”。通过这样市场化的“交易”,负债的特质发生了变化:对外支付利息支出、对内获取转移收入,收支匹配使其盈利核算成为可能;同样地,资产也被分离出来:对内支付转移成本、对外获取利息收入,实现名副其实的独立核算。可见,FTP 解决了商业银行最基本,也是最核心的盈利核算问题——按“产品维度”核算和分析盈利,由此才衍生出了分客户、分业务线、分行业、分渠道等诸多维度的盈利核算与分析。

(2) 分割资金利差。财政部《管理会计应用指引第 404 号——内部转移定价》第一条指出,内部转移定价是指企业内部转移价格的制定和应用方法;内部转移价格是指企业内部分公司、分厂、车间、分部等责任中心之间相互提供产品(或服务)、资金等内部交易时所采用的计价标准。在商业银行因为其经营资金的特殊性,内部转移定价通常被称为内部资金转移定价(FTP),即商业银行“内部资金中心”按照一定规则与业务单位全额有偿“转移资金”,以达到明晰核算资金收益或成本、分离利率风险等目的的一种内部经营管理模式。通俗地讲,商业银行 FTP 就是给资金一个价格,即给负债一个收购价,给资产一个成本价,FTP 在其中起到了分割资产与负债之间利差的作用,是商业银行管理会计体系建设的核心环节,如图 6-2 所示。

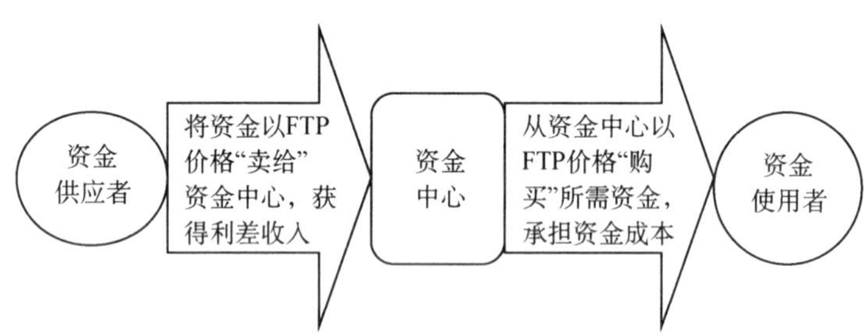

图 6-2　商业银行资金利差分割图解

对商业银行 FTP 的理解,需要着重关注以下几点:一是,所谓内部,是特指“资金中心”与商业银行内业务单位之间发生的“计价”(而非商业银行与外部客户之间发生的“计价”);二是,资金中心,是指虚拟的资金计价中心,而非我们日常看到的实体资金交易部门,“资金中心”与业务单位之间并不进行实质性的“资金买卖”,实体资金没有流动,只是一种虚拟的“资金转移”;三是,一定规则,是指与资金期限及利率属性相适应的不同定价方法;四是,全额有偿,是指对每一笔业务,无论是资金来源,还是资金运用,都在发生的当天按其实际金额进行全额定价,而非传统模式下局限于对资金来源与运用的轧差部分进行差额定价;五是,核算资金收益或成本,FTP 价格对负债而言是收益,对资产而言是成本。

(3) 公平绩效考核。公平绩效考核是 FTP 的核心功能之一,其“公平”之处体现在:第一,通过引入 FTP,商业银行能够较为合理地分割资产与负债的利差收入,从而可以对不同责任中心(机构)、业务线乃至个人进行科学的绩效评价与考核。第二,基于市场收益率曲线构建的 FTP 价格体系能够较好地保证 FTP 分割利差的公允性,在此基础上,对同一属性的同类业务,商业银行按照相同的定价规则确定统一的 FTP 价格,无论这类业务来自哪个产品、哪个分支机构或客户经理,均可以在同一价格水平下衡量其利差贡献大小,实现统一尺度下的绩效考核。第三,在实际业务中,“短存长贷”现象较为普遍,在实施 FTP 之前,对于业务规模和盈利水平相当的不同经营单位而言,由于资产负债期限错配程度不同,其背后隐含的流动性风险与利率风险可能存在较大差异,商业银行总部很难做出公允的评价;实施 FTP 后,可以有效剥离经营单位的流动性风险和利率风险,真实反映经营业绩,真正实现公平的绩效考核。

(4) 分离利率风险。FTP 定价方法可在业务发生时(或重定价日)将经营单位的每一笔业务利差锁定,不会因利率风险获取收益或承担损失,这样业务经营单位可以更加专注于业务营销，而无须考虑利率波动带来的影响。但是，商业银行锁定经营单位利差收入时，其利率风险并没有消失，只是将利率风险从业务经营单位分离出来，通过 FTP 全额计价方式由经营单位转移到了“资金中心”，通过集中到“资金中心”，由总行统一承担和管理。利率风险集中于总行“资金中心”后，在规模效应的累积下，经营单位之间的利率风险可以在银行内部部分对冲，并由总行专门的管理团队进行统一、集中的专业化管理，增加经营利率风险的盈利机会。

(5) 优化资源配置。一方面 FTP 能够准确识别利润来源，为资源配置提供量化依据，引入 FTP 可以明晰核算各项业务的利差贡献，能够准确识别利润来源，为商业银行按业务盈利状况进行差别化的资源配置提供量化依据，进而提高投入产出效率。另一方面 FTP 价格杠杆可以有效体现商业银行总体战略，与传统的调节手段相比，更为简明、直接、高效。围绕商业银行发展战略及阶段性的业务重点，决策层可以通过适当调整某类业务(产品)的 FTP 价格，提高或降低其 FTP 利差，引导各级机构主动调整资源配置策略，以实现拓展或收缩该类业务(产品)的目的。

(6) 引导产品定价。随着利率市场化进程的不断推进，商业银行利差将逐渐收窄，产品定价管理的重要性就显得格外突出。而 FTP 价格恰好给出了明晰的定价边界，“天然”地成为资产业务的利率“下限”和负债业务的利率“上限”。在这个“边界”内，FTP 利差为正，经营单位至少知道了该笔资产(或负债)业务的利差收入情况，以此为基础，再结合考虑其他必要成本，如运营成本、风险成本、资本成本、税务成本等，就能合理地确定客户报价；如果突破了这个“边界”，则 FTP 利差为负，势必导致单笔资产(或负债)业务亏损，此时经营单位就要进一步评估客户的综合价值贡献，进行取舍判断。

6.3.3　市场收益率曲线

在商业银行，通过“资金中心”与业务单位之间的“买卖”资金，FTP 可以有效分割利差。那么，它们之间“买卖”的价格是如何确定的，FTP 又是如何保障利差分割的公平与合理性呢？在此，FTP 分割利差的公平内在价值尺度是“市场收益率曲线”。我们可以从三个层次来理解市场收益率曲线：①收益率，是指一定资金投资的回报率；②市场收益率，是指将一定期限的资金投资到交易活跃的市场，到期所能获得的回报率，也叫市场的资金价格(或称市场利率)；③市场收益率曲线，是指将市场上不同期限资金所对应的资金价格连接而成的曲线。在实务中，由于资金期限不同，市场的资金价格往往也不同，因此收益率曲线会呈现多种形状，可以分为向上倾斜的、水平的、向下倾斜的和驼峰形的市场收益率曲线。

(1) 远期利率和期限风险溢价。例如，给定 t 年和 $t+1$ 年到期的零息债券的收益率为 R_t 和 R_{t+1}，$f_{t,1}$ 代表在第 t 年的一年期远期利率，定义如下：

$$(1+R_{t+1})^{t+1}=(1+R_t)^t\times(1+f_{t,1})$$

如果市场对于持有长期资产有额外的风险溢价需求，远期利率将等于市场预期利率与期限风险溢价之和。例如，一项 2 年期资产的预期收益率会超过一年期投资后第二年再投资的预期利率。

$$(1+R_2)^2 > (1+R_1) \times (1+\text{预期利率})$$

$$\begin{aligned}(1+R_2)^2 &= (1+R_1) \times (1+\text{预期利率}+\text{市场风险溢价}) \\ &= (1+R_1) \times (1+\text{远期利率})\end{aligned}$$

因此,远期利率=预期利率+期限风险溢价

期限风险溢价有两个来源:一是 2 年期的资产可能在第一年年末以与预期价格不同的价格卖出;二是 2 年期的资产以一年短期融资作为资金来源,现实中,第二年的短期利率与预期利率有可能不同。

(2) 市场收益率曲线的形状。远期利率决定了收益率曲线的形状。通常可以见到的零息债券收益率曲线的形状是向上倾斜的收益率曲线、向下倾斜或者反转的收益率曲线、水平的收益率曲线和驼峰形的收益率曲线,分别如图 6-3 至图 6-6 所示。

如图 6-3 所示,向上倾斜的收益率曲线是金融市场中经常出现的曲线之一,它意味着远期利率高于即期短期利率。

如图 6-4 所示,向下倾斜的收益率曲线在经济处于衰退期会得到更多的关注,这种反转的收益率曲线意味着远期利率低于即期短期利率。一种解释是预期利率在未来会下降。

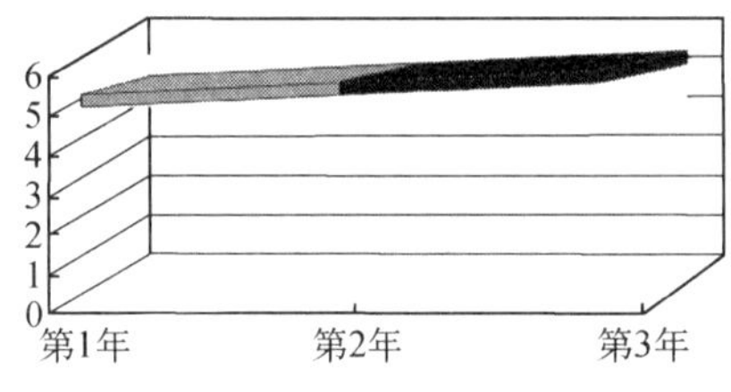

图 6-3 向上倾斜的收益率曲线

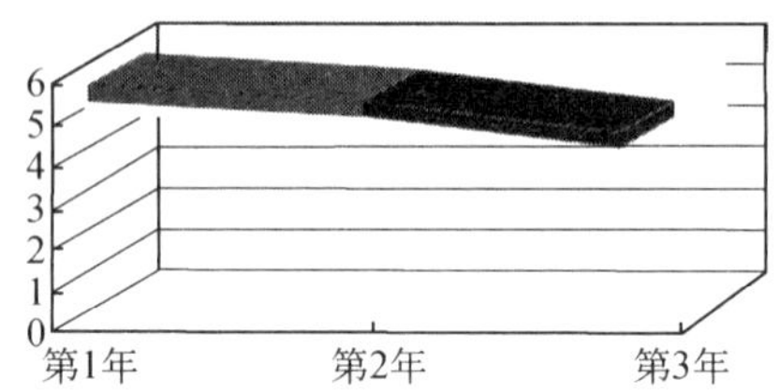

图 6-4 向下倾斜的收益率曲线

如图 6-5 所示,在处于水平收益率曲线的情况下,远期利率等于即期短期利率。

如图 6-6 所示,驼峰形的收益率曲线在最初的年份向上倾斜,然后在后期的年份向下倾斜。

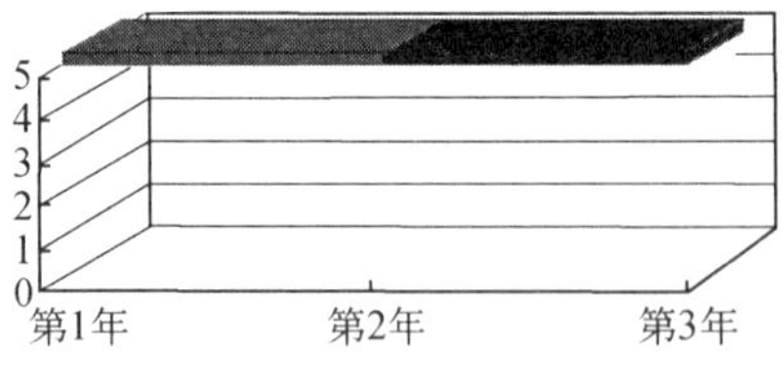

图 6-5 水平的收益率曲线

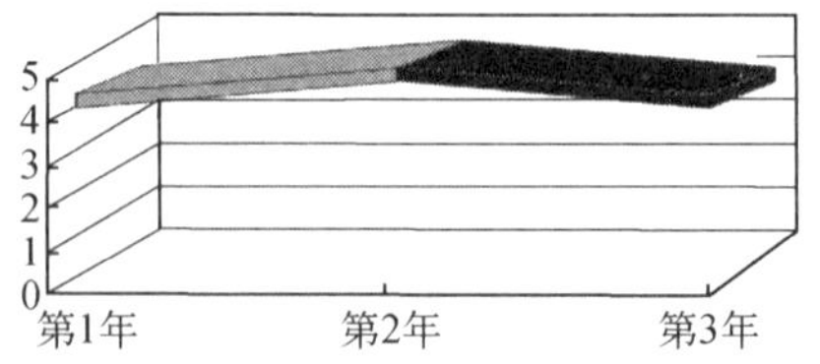

图 6-6 驼峰形的收益率曲线

(3) 商业银行 FTP 收益率曲线。由于市场的资金价格是买卖双方通过报价或交易形成的,为活跃市场上的可成交价格,一般被视作资金的公允价格。市场收益率曲线上的每一个点都表示对应期限资金的机会成本或机会收益,因此,市场收益率曲线好比衡量资金价值的一把"尺子",一笔资金吸收进来或运用出去,是否赚钱、是否有价值,用市场收益率曲线上同期限的价格衡量一下就知道了。判断市场买卖双方真实交易的情形是如此,事实上,银行内部资金虚拟"买卖"的过程也是如此。因此,为确保 FTP 分割利差的公允性,理论上一般以"市场收益率

曲线”作为构建商业银行FTP收益率曲线的基准。当然，在实务中，商业银行在构建FTP收益率曲线时还应适当考虑一些管理意图，结合自身发展战略、资产负债状况进行适度调整。

6.3.4　FTP定价方法

资料6-3

财政部《管理会计应用指引第404号——内部转移定价》摘录

第三章　应用程序

第八条　企业应用内部转移定价工具方法，一般按照明确责任中心、制定与实施转移价格、分析与评价内部转移价格等程序进行。

第九条　企业应根据所属行业的特征、业务流程、组织结构等情况和实际需要明确各责任中心及其主要责任。

一般情况下，企业可将直接对外销售或有一定销售决策权的责任单位设置为内部利润中心，内部利润中心是既对成本费用负责、又对利润负责的责任中心；将中间产品（或服务）、辅助产品（或服务）的提供方设置为内部成本中心，内部成本中心是主要对成本费用负责的责任中心。企业出于管理需要，也可以将中间产品（或服务）、辅助产品（或服务）的提供方设置为模拟的内部利润中心，该中心除降低成本外还承担优化品种结构、提高产品（或服务）质量、降低资金占用等责任。

第十条　企业绩效管理委员会或类似机构应根据各责任中心的性质和业务特点，分别确定适当的内部转移定价形式。内部转移定价通常分为价格型、成本型和协商型。

（一）价格型内部转移定价，是指以市场价格为基础制定的、由成本和毛利构成内部转移价格的方法，一般适用于内部利润中心。责任中心所提供的产品（或服务）经常外销且外销比例较大的，或所提供的产品（或服务）有外部活跃市场可靠报价的，可以外销价或活跃市场报价作为内部转移价格。责任中心一般不对外销售且外部市场没有可靠报价的产品（或服务），或企业管理层和有关各方认为不需要频繁变动价格的，可以参照外部市场价或预测价制定模拟市场价作为内部转移价格。没有外部市场但企业出于管理需要设置为模拟利润中心的责任中心，可以在生产成本基础上加一定比例毛利作为内部转移价格。

（二）成本型内部转移定价，是指以标准成本等相对稳定的成本数据为基础，制定内部转移价格的方法，一般适用于内部成本中心。标准成本的制定参见《管理会计应用指引第302号——标准成本法》。

（三）协商型内部转移定价，是指企业内部供求双方为使双方利益相对均衡，通过协商机制制定内部转移价格的方法，主要适用于分权程度较高的情形。协商价的取值范围通常较宽，一般不高于市场价，不低于变动成本。

第十一条　除以外销价或活跃市场报价制定的内部转移价格可能随市场行情波动而变动较频繁外，其余内部转移价格应在一定期间内保持相对稳定，以使需求方责任中心的绩效不受供给方责任中心绩效变化的影响。

第十二条　企业可以根据管理需要，核算各责任中心资金占用成本，将其作为内部利润的减项，或直接作为业绩考核的依据。

第十三条　责任中心占用的资金一般指货币资金，也可以包括原材料、半成品等存货以及应收款项等。占用资金的价格一般参考市场利率或加权资本成本制定。

第十四条　金融企业内部转移资金，应综合考虑产品现金流及重定价特点、信息技术手段及管理需求等因素，分析外部金融市场环境，选择适当的资金转移定价和收益率曲线，获取收益率曲线中特定期限的利率，确定资金转移价格。资金转移定价主要包括指定利率法、原始期限匹配法、重定价期限匹配法、现金流匹配定价法等。

（一）指定利率法，是指以单一利率作为某类资金转移价格的方法。一般适用于无确定期限、利率类型为不定期调整类型的资金业务，以及缺乏数据累积的最初阶段。

（二）原始期限匹配法，是指对有明确期限的资金，按照其期限制定与其匹配的转移价格，且在到期之前转移价格保持不变的定价方法。一般适用于定期存贷款及银行贴现票据等到期支付全部本息的固定利率类型的资金业务。

（三）重定价期限匹配法，是指按照资金重定价的期限获取收益率曲线上对应利率，将该利率作为资金的转移价格，且在重定价期限内保持不变的定价方法，其主要作用是分离资金重定价周期中的利率风险。一般适用于浮动利率类的资金业务。

（四）现金流匹配定价法，是指按照现金流的特性，先针对每一笔现金流按照原始期限匹配法或重定价期限匹配法制定转移价格，再对每笔现金流的转移价格加权平均得出转移价格，且在期限内（或重定价期限内）保持不变的定价方法。一般适用于能够合理估计未来现金流分布的资金业务。

第十五条　企业应及时对内部转移定价形成的结果进行汇总分析，作为考核责任中心绩效的依据；同时，应监测内部转移定价体系运行情况，协调、裁决交易中的争议，保障内部转移定价体系运转顺畅。此外，企业应定期开展内部转移定价应用评价工作，根据内外部环境变化及时修订、调整定价策略。

FTP定价方法是指对一项业务进行FTP定价时所采用的具体规则，随着计算机技术的不断进步及管理实践的推进，FTP定价方法也在不断发展，并且日趋复杂、精细，必须借助先进的管理信息系统平台才能实现。在商业银行，最常用的定价方法有以下四种：

（1）指定利率法。即对某类业务指定一个利率作为FTP价格。这个价格可以是一段时间内固定不变的，也可以视情况做相应调整。指定利率法也称“资金池法”。对所有的资产负债业务不区分期限，指定同一个利率作为FTP价格的方法，称为“单资金池法”；如果对于不同类别的资产负债业务（或区分不同期限）指定不同的利率作为FTP价格，则称为“多资金池法”。指定利率法并非随意安排、主观臆断，而是要根据具体业务特征、市场情况等多种因素综合确定。这种方法的优点是容易理解、操作简便，对各类业务基础数据质量的要求不高，一般适用于商业银行实施FTP的初始阶段。该方法的缺点也很明显：①定价分类较粗，未能实现逐笔定价；②没有考虑具体业务的本金和利率属性，无法分离利率风险，还容易影响绩效考核的公平性，难以满足商业银行精细化管理要求。

(2) 原始期限匹配法。这是针对固定利率业务，按其原始期限确定FTP价格的一种方法。即在业务发生的当天，将该业务原始期限(比如6个月)所对应FTP收益率曲线上的利率(比如2.8%)作为该业务的FTP价格，且在业务到期前，FTP价格保持不变。通过原始期限匹配法进行定价，其FTP利差率在整个业务周期内被锁定，业务经营单位不再承担利率风险。

(3) 重定价期限匹配法。即针对浮动利率业务，按其重定价期限确定FTP价格的一种方法。例如，在业务发生的当天，将业务重定价期限(如2个月)所对应FTP收益率曲线上的利率(如2.5%)作为该业务的FTP价格，此价格在重定价周期内保持不变；在下次重定价时，再根据重定价期限(如2个月)所对应的当日FTP收益率曲线上2个月期的利率(比如下降至2.0%)作为下一个重定价周期的FTP价格，以此类推。浮动利率业务采用重定价期限匹配法可以理解为每一次重定价时客户端的实际利率可能发生变化，这就相当于重新对客户进行议价，业务部门将重新议价后的资金与“资金中心”进行“买卖”，这时FTP价格也需要重新确定。在重定价期限匹配法下，如果业务的实际利率跟踪市场利率进行确定，同时采用市场利率作为FTP收益率曲线，则对于浮动利率业务，无论是业务发生时还是重定价时，其获得的FTP利差率是恒定不变的，业务经营单位不承担利率风险。

(4) 现金流定价法。是指专门针对本金分期偿付业务的一种定价方法。可以理解为把本金分成若干份，针对每一份采用原始期限匹配法进行定价，获得每一份本金的FTP价格，再将每一份本金的FTP价格加权平均得到最终的FTP价格。这个FTP价格在重定价周期内(浮动利率业务)或者原始期限内(固定利率业务)保持不变。用公式表示如下：

$$\text{最终}\,FTP\,\text{价}=\sum(\text{每一份本金}\times\text{对应期限}\times\text{对应期限的}\,FTP\,\text{价格})\div\sum(\text{每一份本金}\times\text{对应期限})$$

可见，原始期限匹配法、重定价期限匹配法、现金流定价法均是基于“期限匹配”的定价原理而产生的，从广义上看可以统称为期限匹配法。其最大优点是实现逐笔定价，并且充分考虑了具体业务的本金和利率属性，可以锁定每一笔业务的FTP利差率，将利率风险从业务经营单位分离出来，使其不用担心利率变动，可以更加专注于前台市场营销。同时，又可把利率风险集中到商业银行总部，交由专业团队进行专业化的管理。当然，这些方法的缺点是相对比较复杂。

案例 6-1

××农商银行内部资金转移定价管理办法(试行)

第一章　总　　则

第一条　为适应本行经营管理的要求，根据中国人民银行《商业银行法》《人民币利率管理规定》等相关规定，结合本行实际情况，特制定本办法。

第二条　内部资金转移定价(Funds Transfer Pricing，简称FTP)是商业银行内部资金管理中心与业务经营单位按照一定规则全额有偿转移资金的一种内部经营管理模式。资金管理中心与业务经营单位全额转移资金的价格称为内部资金转移价格。

第三条　本管理办法主要是对管制利率产品FTP进行相关规定，对于市场利率产品的FTP定价相关内容由资金条线管理部门另行规定。

第四条　内部资金转移定价的目的在于正确衡量各业务的成本和收益，优化资产负债结构，实现多维度的考核要求，推进本行业务的发展。

第五条　内部资金转移定价是一种为公司、零售和资金等业务提供定价、业绩评价标准及考核导向的工具，通过该工具可以优化本行资产负债业务结构和收入结构，引导本行各项业务健康、持续发展。

第六条　FTP管理包括基准FTP管理和分产品FTP管理。

(1) 基准FTP是指根据金融市场的重置成本和重置收益而制定的基础FTP利率。

(2) 分产品FTP是指根据我国金融市场的特点和金融产品的特殊性，在基准FTP利率的基础上制定的适合各产品特点和本行业务发展要求的FTP。

分产品业务包括管制利率产品业务和市场利率产品业务。

管制利率产品业务即中国人民银行规定了利率上限和下限的业务产品。目前该类产品包括存款类产品(实行上限管理)、贷款类产品(实行下限管理)，具体业务有人民币活期存款、定期存款、通知存款、短期贷款和中长期贷款等。

第七条　本行FTP管理包括FTP政策的制定、FTP价格的制定和发布、基础业务数据的收集、计算和账务处理等。

第二章　职责分工

第八条　资产负债管理委员会是FTP定价的决策机构，负责讨论审议FTP管理过程中的重大决策，具体内容包括：

(1) 负责审议FTP定价的基本原则。

(2) 负责审议FTP定价的基本方法。

(3) 负责审议FTP定价中的重大政策等。

(4) 监督FTP价格的执行情况。

第九条　资产负债管理委员会授权资金营运部门作为FTP管理的日常机构，职责是：

(1) 执行资产负债管理委员会批准的FTP定价政策。

(2) 根据FTP管理的要求，制定合理的FTP定价方法和政策，报分管行长和行领导班子审批。

(3) 根据金融市场情况、资产负债结构和业务发展的要求，制定FTP价格水平。

(4) 定期发布FTP价格，供各经营单位定价参考。

(5) 根据信息科技部提供的基础数据，按月计算和出具各业务线、各支行FTP成本和FTP收入的报告，按季度进行全行预算考核。

(6) 按照FTP规则的要求，分析基础数据的结构，向信息科技部提交取数规则和FTP计算模型需求，供使用。

(7) 向各业务线和支行传递FTP定价的政策导向。

(8) 积极推广FTP的使用，对各业务线和支行提供必要的指导和培训。

第十条　信息科技部是FTP定价的数据、计算模型支持部门，其职责为：

(1) 维护FTP定价计算模型的日常运行。

(2) 根据资金营运部门提交的需求对FTP计算模型的算法进行修改。

(3) 在规定的时间内提供正确的业务基础数据。

(4) 数据出现异常时，及时查找数据异常的原因并及时修正。

第十一条　财务会计部是FTP收入和支出的会计账务处理部门，其职责是：

(1) 根据资金营运部门提供的每月FTP收入、支出报告，在相关科目中逐笔记账。

(2) 在账务处理完成以后，将记账明细反馈给资金营运部门、各业务线及各支行参考。

第十二条　各业务条线负责本条线的资金成本和资金收益管理，其职责为：

(1) 根据政策导向，指导本条线的业务开展。

(2) 监测本条线FTP利率执行情况。

(3) 定期核对FTP基础数据，保证基础数据取数的正确性。

(4) 不断优化本行核心业务系统、信贷管理系统等与本条线有关的业务系统，保证基础数据的完整性、正确性。

第十三条　各支行是FTP政策的执行部门和业务操作部门，其职责是：

(1) 执行总行制定的FTP政策和利率价格，严格控制业务的资金成本，提高业务的资金收益。

(2) 及时在相关系统中录入业务的重要要素，如金额、利率、起息日、到期日、业务类型等，保证数据的完整性和正确性。

第三章　内部资金转移定价的原则及政策

第十四条　内部资金转移定价的原则

(1) 全行资金实行集中管理、统一计价的原则，对总行和支行的资金实行统收统支，全行的资金管理实行单一资金池管理，由总行按照不同业务产品的内部资金转移价格(FTP)进行全额计价转移，实现全行内部资金集中管理。

(2) 各支行以及总行相关部门应服从全行资金的统一管理，增强全行资金的筹措与融通能力，既保证全行的流动性，又提高全行资金的整体效益，实现资产与负债的最佳组合。

第十五条　内部资金转移定价管理的原则

(1) 政策引导性原则。FTP价格能够正确地传导本行重点业务倾向的政策，正确引导本行业务的发展方向。

(2) 交易性原则。FTP价格必须能够正确地反映金融市场的利率情况，体现FTP对本行各项资金来源和资金运用的重置成本和重置收益。

(3) 独立性原则。FTP价格制定部门必须独立于各个业务经营部门。

(4) 可操作性原则。在当前的业务发展和技术条件下，FTP价格必须可以操作，对具体业务有直接的引导作用。

第十六条　内部资金转移价格制定的政策

(1) 贯彻和落实本行战略转型管理的要求，实现经营与管理、条线与支行、客户与客户经理等多维度考核的要求。

(2) 实行“简单有效，导向清晰，利差空间向支行倾斜”的原则。各业务产品FTP定价实行简单有效的原则，存款管上限，贷款管下限，确保存、贷款在基准利率基础上的利差空间。同时，为了体现业务导向，在产品定价中，零售业务的利差大于公司业务的利差，存贷款业务的利差大于资金业务的利差。

(3) 以公司业务作为FTP定价的基准业务，零售业务在公司业务FTP价格的基础上进行加点或减点定价。

(4) 存贷款利差锁定原则。对于存贷款业务，由于其利差空间受到央行调整法定存贷款利率的影响，为了确保全年核算的一致性，以预算时的利差作为各业务产品全年存贷款业务FTP收益核算后的利差，该利差不随人民银行存贷款利率的调整而变化。

第四章　内部资金转移定价核算的基本原理

第十七条　对于负债产品，FTP净收益等于FTP收入减客户利息支出。每一笔负债业务的净利差为业务发生日FTP利率减去客户利率的差额。

第十八条　对于资产产品，FTP后净收益等于客户利息收入减FTP支出。每一笔资产业务的净利差为客户利率减去业务发生日FTP利率的差额。

第十九条　内部资金转移价格执行的规则

(1) 对于存款类业务产品，在日常执行中如果客户利率高于同期限FTP利率水平(即造成业务亏损)，必须由各分支机构向总行条线管理部门提出申请，总行条线管理部门批准同意后才可办理；如果客户利率低于同期限FTP利率水平，则由各条线自行定价办理业务。

(2) 对于贷款类业务产品，在日常执行中如果客户利率低于同期限FTP利率水平(即造成业务亏损)，必须由各分支机构向总行条线管理部门提出申请，总行条线管理部门批准同意后才可办理；如果客户利率高于同期限FTP利率水平，则由各条线自行定价办理业务。

第二十条　下列行为之一属于FTP利率执行违规行为：

(1) 没有经过批准，存款类产品利率高于同期限FTP利率的。

(2) 没有经过批准，贷款类产品利率低于同期限FTP利率的。

(3) 其他违反FTP定价规定或国家利率政策的。

对于以上行为，将按照本行的有关处罚规定对当事人及管理者予以严肃处理。

第二十一条　FTP利率定价和发布

资金营运部门拟定FTP定价的规则和方法，报资产负债管理委员会审批后执行。资金营运部门在定价规则之下，制定并发布管制利率的FTP价格。

第五章　内部资金转移定价会计核算

第二十二条　资金营运部门每月将计算的各产品FTP收入和FTP支出发送给财务会计部，财务会计部进行相应的账务处理，会计分录如下：

(1) 对经营单位会计分录如下：

① 资产类业务登记FTP成本时：

借：系统内往来利息支出——FTP成本

　　贷：系统内往来——FTP成本

② 负债类业务登记 FTP 收入时：

借：系统内往来——FTP 收入

　　贷：系统内往来利息收入——FTP 收入

(2) 对总行会计分录如下：

① 经营单位资产类业务登记 FTP 收入时：

借：系统内往来——FTP 收入

　　贷：系统内往来利息收入——FTP 收入

② 经营单位负债类业务登记 FTP 支出时：

借：系统内往来利息支出——FTP 成本

　　贷：系统内往来——FTP 成本

第六章　内部资金转移定价管理的工作流程

第二十三条　内部资金转移价格制定、执行的流程如下：

(1) 资产负债管理委员会批准资金营运部门提交的 FTP 定价方法和政策议案。

(2) 资金营运部门根据批准的 FTP 定价方法和政策，收集相关业务产品市场利率，编制管制产品 FTP 价格，定期公布。

(3) 公司、零售、资金各业务线、各支行及客户经理参照公布的各业务 FTP 利率，确定相应的客户利率，进行市场拓展。

(4) 每月初，资金营运部门编制上月各条线、支行 FTP 报告。

(5) 各业务线及各支行参考各自的 FTP 报告，指导具体业务的定价。

第二十四条　内部资金转移定价收入或支出的核算流程如下：

(1) 每月初两个工作日内，科技信息部提交资金营运部门上一月 FTP 测算所需的基础数据。

(2) 资金营运部门核对各业务日均基础数据和客户利率、损益等数据。

(3) 如果基础数据有问题，资金营运部门提出差异说明，返回基础数据给信息科技部参考，信息科技部重新统计基础数据，提交资金营运部门。

(4) 资金营运部门审核基础数据无误后，按支行计算各业务产品分期限 FTP 收入和支出，将计算结果提交财务会计部。

(5) 财务会计部根据资金营运部门提交的清单，在 FTP 考核系统中逐笔进行入账，并将入账明细反馈给资金营运部门和各支行。

(6) 每季度末，资金营运部门根据年度考核办法，制作季度 FTP 管理报表，对各业务线和支行进行考核。

第七章　附　　则

第二十五条　本办法自印发之日起生效，由资金营运部门负责解释。

6.3.5　FTP 工具方法评价

在商业银行，FTP 价格牵一发而动全身，影响重大。为合理传导商业银行的发展战略，使 FTP 更加贴近实际，商业银行资产负债管理部门、流动性管理部门、财务管理部门及前台营销部门必须建立起紧密的沟通磋商机制，密切监测各类价格影响因素的变动情况，定期磋商 FTP 价格的合理性和调整的必要性；经营单位也应有顺畅的渠道，反馈业务拓展过程中遇到的价格问题。总之，要尽可能发挥 FTP 价格的优势，克服其缺点，以合理平衡各方利益关系，最大程度保障 FTP 价格不偏不倚，行之有效。资料 6-4 列举了 FTP 工具方法的主要优点和缺点。

资料 6-4

财政部《管理会计应用指引第 404 号——内部转移定价》摘录

第四章　工具方法评价

第十六条　内部转移定价的主要优点：能够清晰反映企业内部供需各方的责任界限，为绩效评价和激励提供客观依据，有利于企业优化资源配置。

第十七条　内部转移定价的主要缺点：可能受到相关因素影响，内部转移定价体系产生的定价结果不合理，造成信息扭曲，误导相关方行为，从而损害企业局部或整体利益。

6.4 作业成本法与运营成本分摊

业务划分和内部资金收入与成本的划分，解决了责任中心之间的业务、内外部利息收支的归属问题。要想全面准确地衡量责任中心的经营成本和盈利能力，还应考虑在业务开展过程中对各项资源的消耗，因此，管理会计还需要解决运营成本、风险成本、资本成本及税务成本等的划分，本节介绍运营成本的划分。

6.4.1　运营成本的分类

为满足不同角度管理的需要，根据运营成本的结构属性、可控性及业务相关性，可将运营成本做以下几种分类：

（1）固定成本、人工成本和变动成本。传统的管理会计一般根据成本属性将运营成本分为固定成本和变动成本两大类。固定成本是指其总额在一定时期及一定产量范围内，不直接受产量变动的影响而能保持相对固定的成本，如厂房设备折旧费、租金等。变动成本是指在特定的产量范围内，其总额会随产量的变动而变动的成本，如直接材料、直接人工等。对于商业银行而言，由于人工成本比重较高，实际应用较为广泛的是固定成本、人工成本和变动成本三分类方式，可用于费用整体结构的分析：①固定成本主要包括营业用房租金、物业管理费、水电费、绿化费、房产税、土地税、安防费、设备修理费、软件维护费、折旧、摊销等成本。这部分成本一般与业务量增长没有直接或明确的驱动关系，只要商业银行正常开业就会不可避免地发生。②人工成本主要包括工资、奖金、补贴、保险、福利、劳动保护、教育培

训等用于银行员工的费用支出。其中，基本的工资、保险等刚性支出一般与业务增长无直接驱动关系，奖金部分与业务的相关性较强，对业务增长有较为明显的促进作用。③变动成本主要包括业务广告费、业务宣传费、业务招待费、短信费、差旅费、诉讼费、审计费、监管费、公证费、外事费、律师费、邮电费、运钞费、印刷费、资料费等。它们与业务发展变动的相关性较强，更多作用于业务营销、业务拓展等。

（2）直接成本和间接成本。按照机构、业务线等责任主体对运营成本的可控性，或者根据客户、产品等经营单元能否直接追溯成本动因，运营成本可分为直接成本和间接成本，通常应用于经营单元的业绩评价。①直接成本是指与各类经营单元有相对明确、直观的动因关系，可直接支配或直接追溯的成本，如公司银行业务线举办专业会议所投入的费用应被视为本业务线的直接成本。②间接成本是指与经营单元的经营活动间接相关，一般不受经营责任主体直接控制，或没有直观的动因关系可以追溯确认的成本，如董监事会办公室、行政部门等为支持全行经营管理所消耗的成本不易直接确认到具体的经营单元，应被归入间接成本范畴。

（3）经营成本、归属成本和支撑成本。根据运营成本与业务相关的密切程度，运营成本可分为经营成本、归属成本和支撑成本，一般在对产品定价、客户盈利进行细化分析时使用。①经营成本是指经营单元直接列支，与经营活动关系密切的成本项目，如公司银行部或零售银行部的研发设计、推广营销、日常维护等成本，这部分成本一般是由责任中心直接掌控，可以通过改善管理提高投入产出效率。②归属成本是指为经营活动提供支持服务的其他部门发生的成本，这部分成本通常有明确的业务动因，可以归属到产品和客户，如信息技术部为服务特定产品和客户的 IT 系统成本等，这部分成本属于产品定价需细化考量的成本测算内容，可以通过优化工作流程、改进服务效率来节约冗余成本。③支撑成本是指商业银行正常运转所发生的后台保障成本，由于不是专门针对具体经营活动提供的服务，一般采用分摊的方法完成成本信息归集，如人力资源部等后台支持部门的日常办公费用，这类成本在进行产品定价时应全面考虑，但由于并不直接服务于经营活动，在测算边际成本、评价客户与产品时可选择使用。

6.4.2　运营成本划分的作用

由于运营成本在商业银行诸多成本中占比相对较大，其划分是诸多成本中决定管理会计多维度盈利核算分析准确性的核心环节，对产品定价、业绩评价等应用价值的发挥至关重要。

（1）全面计量责任主体的成本。确认责任中心的“责任成本”，不但要考虑责任主体自身直接开支的费用成本，还要考虑其他部门或单位为其提供服务的间接成本，如实反映责任中心应承担的全部成本。在运营成本划分过程中，既要实事求是地全面计量成本，同时又要针对不同的成本类型进行区别对待。因为各级机构对不同类型成本的控制存在差异，对于自身直接列支的成本，责任中心可以有效地管控，并通过改进管理来提高投入产出效率，但对于源自其他单位的间接费用，本级机构控制有限，在业绩评价等实际应用时要做适当区别对待。

(2) 强化费用管理责任意识。开展运营成本划分可以有效助推商业银行成本费用精细化管理工作,深入贯彻费用管理责任理念。在将费用准确核算到责任中心的过程中,各责任中心将日益关注自身承担的费用列支情况,强化成本管控意识。尤其是对责任中心自身发起预算,却由其他责任中心受益并承担的那部分费用,通过"分割核算"等必要流程,在前台"挣钱"机构和中、后台"花钱"部门之间形成成本投入决策的制衡机制,从而进一步提升费用资源使用的经济性和有效性。

(3) 支持产品定价。商业银行在向市场推出新产品时都会涉及产品定价问题,借助管理会计工具进行全面成本测算,可以为科学定价提供重要的参考依据。如果不清楚产品全部成本构成有哪些、成本底限在哪里,势必造成盲目定价。一方面可能会使价格虚高,偏离产品的实际价值,最终影响产品的市场竞争力;另一方面不了解成本底限有可能导致定价过低,收入无法覆盖成本,形成亏损。当然,科学量化的成本信息仅仅是制定产品定价策略的基础,并非要求定价一味僵化地坚持收入覆盖全部成本的原则,而是要综合考虑市场策略、同业竞争情况、客户承受力以及客户培育等因素确定不同的定价策略。

(4) 有效支持业务线经营决策。按照成本与收益相匹配的原则,通过运营成本划分,管理会计可以对业务线部门的成本投入进行全面计量和分析,向决策者提供清晰、客观、全面的成本信息,辅以业务线的业务收支数据,就能准确衡量业务线真实盈利状况,促进提升投入产出效率,并支持未来事业部制改革等经营管理决策。

6.4.3 作业成本法

目前,我国商业银行在运营成本划分方面采用的基本都是传统成本分摊方法,通过这种方法能够较好地解决机构和业务线维度的成本核算问题。但在客户和产品维度方面,由于成本结构的特点,传统分摊方法愈益显现出内在的缺陷,难以满足提升经营管理与外部竞争力的需要,很有必要引入作业成本法。

资料 6-5

财政部《管理会计应用指引第 304 号——作业成本法》摘录

第一章　总　　则

第一条　作业成本法,是指以"作业消耗资源、产出消耗作业"为原则,按照资源动因将资源费用追溯或分配至各项作业,计算出作业成本,然后再根据作业动因,将作业成本追溯或分配至各成本对象,最终完成成本计算的成本管理方法。

资源费用,是指企业在一定期间内开展经济活动所发生的各项资源耗费。资源费用既包括房屋及建筑物、设备、材料、商品等有形资源的耗费,也包括信息、知识产权、土地使用权等各种无形资源的耗费,还包括人力资源耗费以及其他各种税费支出等。

作业,是指企业基于特定目的重复执行的任务或活动,是连接资源和成本对象的桥梁。一项作业既可以是一项非常具体的任务或活动,也可以泛指一类任务或活动。

按消耗对象不同，作业可分为主要作业和次要作业。主要作业是被产品、服务或客户等最终成本对象消耗的作业。次要作业是被原材料、主要作业等介于中间地位的成本对象消耗的作业。

成本对象，是指企业追溯或分配资源费用、计算成本的对象物。成本对象可以是工艺、流程、零部件、产品、服务、分销渠道、客户、作业、作业链等需要计量和分配成本的项目。

成本动因，是指诱导成本发生的原因，是成本对象与其直接关联的作业和最终关联的资源之间的中介。按其在资源流动中所处的位置和作用，成本动因可分为资源动因和作业动因。

第二条　作业成本法的应用目标包括：

（一）通过追踪所有资源费用到作业，然后再到流程、产品、分销渠道或客户等成本对象，提供全口径、多维度的更加准确的成本信息；

（二）通过作业认定、成本动因分析以及对作业效率、质量和时间的计量，更真实地揭示资源、作业和成本之间的联动关系，为资源的合理配置以及作业、流程和作业链（或价值链）的持续优化提供依据；

（三）通过作业成本法提供的信息及其分析，为企业更有效地开展规划、决策、控制、评价等各种管理活动奠定坚实基础。

第三条　作业成本法一般适用于具备以下特征的企业：作业类型较多且作业链较长；同一生产线生产多种产品；企业规模较大且管理层对产品成本准确性要求较高；产品、客户和生产过程多样化程度较高；间接或辅助资源费用所占比重较大等。

（1）作业成本法与传统成本核算方法的比较。根据资料6-5可知，作业成本法（Activity-based Costing，简称ABC）是在“从资源到产品”的传统成本分摊路径基础上，引入更细化的核算对象——“作业”，按照“作业消耗资源，产出消耗作业”的关系，通过计量“作业成本”进而实现更精细化的成本核算与管理的一种方法。与传统方法相比，作业成本法最大的特点就是在成本核算中引入了“作业”的概念。所谓“作业”（Activity），就是指企业为达到经营目标所进行的消耗资源的活动，简单地说，也就是经营管理中的各种工作与业务流程环节。“作业”有不同的划分层次，以银行为例，“柜员为客户办理一笔现金存款”，“客户经理进行一笔贷款的贷前调查”，“信贷人员审批一笔授信申请”，“财务人员完成一笔费用的核算入账”等，都可以视为一个作业；如更进一步，“柜员为客户办理现金存款”这一“作业”又可细分为“确认存款金额”“联网核查客户身份”“清点现金”“主管授权”“账户操作及打印单据”“客户签字确认”等明细作业。作业划分越细，成本核算也就越精准，但在流程梳理、数据采集等方面的投入也会越高。因此，作业的划分需结合企业的管理水平和管理需要来具体确定。作业成本法与传统成本核算方法的比较如图6-7所示。

（2）作业成本法的应用环境。通过“作业”的引入，作业成本法为运营成本的分摊提供了一种全新的思路：资源的消耗是为了提供“作业”，“作业”的产生又源于产品交付和客户服

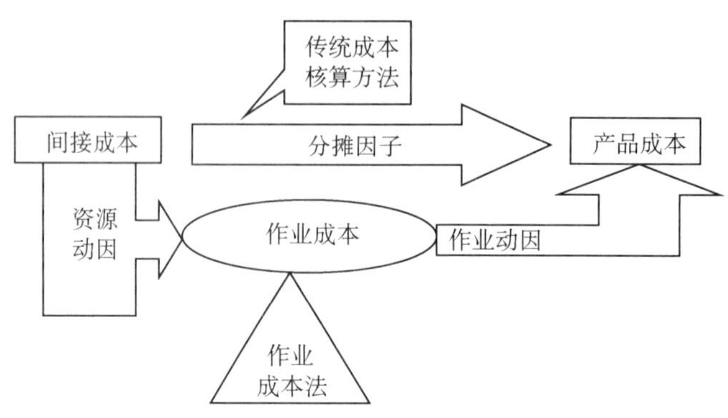

图 6-7　作业成本法与传统成本核算方法的比较

务，因此，产品和客户的成本可以通过“作业”的核算来得到。通过明确“资源、作业、产品/客户”三者的因果关系，可以有效避免分摊因子选择的随意性，较好地解决了传统方法“大一统”分摊带来的问题。既然作业成本法有这么明显的优点，为什么我国商业银行最初都选择了传统方法，而没有直接实施作业成本法呢？这主要是由成本分摊方法的适用性以及商业银行不同发展阶段的管理需要所决定的。

资料 6-6

财政部《管理会计应用指引第 304 号——作业成本法》摘录

第二章　应用环境

第四条　企业应用作业成本法，应遵循《管理会计应用指引第 300 号——成本管理》中对应用环境的一般要求。

第五条　企业应用作业成本法所处的外部环境，一般应具备以下特点之一：一是客户个性化需求较高，市场竞争激烈；二是产品的需求弹性较大，价格敏感度高。

第六条　企业应用作业成本法应基于作业观，即企业作为一个为最终满足客户需要而设计的一系列作业的集合体，进行业务组织和管理。

第七条　企业应成立由生产、技术、销售、财务、信息等部门的相关人员构成的设计和实施小组，负责作业成本系统的开发设计与组织实施工作。

第八条　企业应能够清晰地识别作业、作业链、资源动因和成本动因，为资源费用以及作业成本的追溯或分配提供合理的依据。

第九条　企业应拥有先进的计算机及网络技术，配备完善的信息系统，能够及时、准确提供各项资源、作业、成本动因等方面的信息。

首先，作业成本法与传统方法一脉相承，其内在本质联系决定了商业银行不可能脱离传统方法的实践而直接使用作业成本法。作业成本法应用过程涉及成本库的建立、作业的梳理、成本动因的识别等多个环节。这些环节并非作业成本法所特有，而是在承袭传统方法基本路径的基础上，对成本归集、动因追溯以及数据采集等各个方面提出了更精细化的要求。

如果没有经过传统成本分摊方法长期实践的总结提炼,这些条件就不可能具备。

其次,商业银行在不同发展阶段的实际管理需要,也决定了不可能逾越传统方法而直接采用作业成本法。20世纪90年代以前,信息技术尚未广泛普及,商业银行主要采用手工方式进行业务处理和经营管理,产品种类单一、间接成本占比较低,传统方法完全可以满足商业银行对产品成本的核算需要,作业成本法的兴起与应用既没有条件也没有必要。20世纪90年代以来,一方面随着经营管理信息化的发展和内部管理要求的提高,商业银行在IT建设、风险管理、内部控制等方面的投入越来越大,产品成本结构发生了显著变化,间接成本占比越来越高;另一方面随着同业竞争不断加剧以及产品多样化的发展,价格战愈演愈烈,为应对内、外部环境的变化,商业银行迫切需要获取更加精准的产品成本信息。在这种情况下,作业成本法应运而生,逐步引入商业银行,成为商业银行提升精细化管理水平的必然选择。

(3)作业成本法的评价。理论上讲,作业成本法适用于商业银行几乎所有成本对象和运营环节的成本核算,但国外商业银行的应用实践表明,相对于全面实施而言,选择产品、客户作为重点进行作业成本法应用,是一种成本效益更加显著的选择。定价和营销是商业银行经营管理的关键环节,做好产品和客户的成本核算,也就为商业银行差异化定价和精准营销破解了基础性难题。需要特别强调的是,作业成本法的应用必须与"流程银行"建设齐头并进。一方面作业成本法的应用有利于"流程银行"的建设与管理,其本质就是一种以客户和产品为中心,基于作业分析对商业银行业务流程进行改造、管理和优化的方法。另一方面作业成本法的推进也必须与"流程银行"的构建相结合。如果缺乏规范、标准流程的梳理,作业识别与作业成本计量也就无从谈起。从某种意义上来说,作业成本法本身就是商业银行流程梳理与改造的重要组成部分。要成功引入作业成本法,除了管理技术与数据等方面的配套建设,还必须从商业银行流程重塑与再造的高度自上而下进行全方位、系统性的推进。对于国内商业银行来说,在管理会计实施初期先采用传统的成本分摊方法,随着经验的积累和配套基础的完善,在条件成熟时再逐步适时引入作业成本法的实施,无疑是一种稳健而现实的选择。资料6-7列举了作业成本法的主要优点和缺点。

资料6-7

财政部《管理会计应用指引第304号——作业成本法》摘录

第四章 工具方法评价

第三十三条 作业成本法的主要优点是:一是能够提供更加准确的各维度成本信息,有助于企业提高产品定价、作业与流程改进、客户服务等决策的准确性;二是改善和强化成本控制,促进绩效管理的改进和完善;三是推进作业基础预算,提高作业、流程、作业链(或价值链)管理的能力。

第三十四条 作业成本法的主要缺点是:部分作业的识别、划分、合并与认定,成本动因的选择以及成本动因计量方法的选择等均存在较大的主观性,操作较为复杂,开发和维护费用较高。

6.5 风险成本、资本成本及其他成本的分摊

我们知道，商业银行是经营风险的特殊企业，风险的有效管理是商业银行赖以生存和发展的基础，也是商业银行区别于一般工商企业的本质特征。风险可能带来损失，损失体现为不同类型的成本。商业银行要实现稳健经营，要追求长期价值最大化，就必须对风险及其隐含的成本进行科学准确的计量，并采取针对性措施加以管控。具体到日常经营管理，就需要我们把握每一个机构、业务线、客户和产品等经营单元在带来业务收益的同时，背后的风险代价有多大。

6.5.1 风险损失的分布

风险通常是通过可能的结果连同该结果出现的概率共同表述的。例如，某笔交易盈利100万元的概率是10%，盈利50万元的概率是20%，盈利为0的概率是40%，亏损50万元的概率为20%，亏损100万元的概率为10%，为了更加形象和直观，风险可以通过横轴为损益，纵轴为概率的二维图形来展示，如图6-8所示。

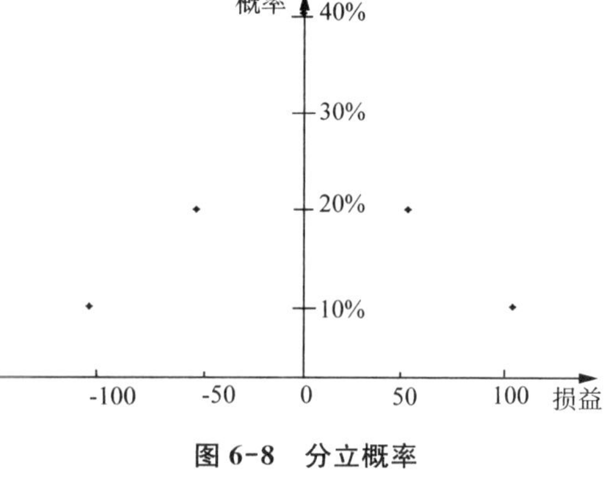

图6-8 分立概率

在此，预期损失为：

$$100\times10\%+50\times20\%+0\times40\%+(-50)\times20\%+(-100)\times10\%=0$$

我们可以说这笔交易在10%的置信度下其损益（盈利）为100万元，在30%的置信度下其损益（盈利）不少于50万元……在90%的置信度下其损益（亏损）不超过50万元，这是在风险管里中经常用到的表述。对于更一般的情况，一笔交易的损益及其概率分布可以用一个连续曲线表示，如图6-9所示。

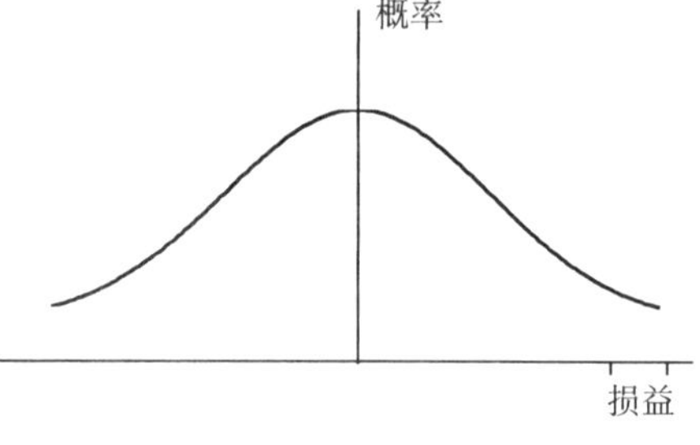

图6-9 连续概率

商业银行面临的风险包含信用风险、市场风险、操作风险、流动性风险等。风险管理是对可能出现的结果与预期的不一致进行管理，尤其是损失。损失按其特征可分为预期损失和非预期损失，非预期损失是超出预期损失部分的损失。在实务中，预期损失、非预期损失、极端的异常损失通常并列在一起，其实极端损失也是非预期的，是非预期损失的一部分，只是我们在计量非预期损失的实务中，需要在一定的风险偏好下设定一个置信度而已。比如，信用风险和操作风险在未来一年中的99.9%、市场风险在未来10个交易日的99%，但置信度外尾端的分布特征会比较独特。在商业银行的日常管理工作中，预期损失通过计提风险准备进行应对，而一定置信度下的非预期损失则需要资本来对付，置信度外的非预期损失（即极端的异常损失）需要外部干预来应对。图6-10给出了一个贷款的损失分布示意图，这个分布不再具有

上面图 6-8 和图 6-9 的对称性，通常它还会具有较明显的肥尾特征。

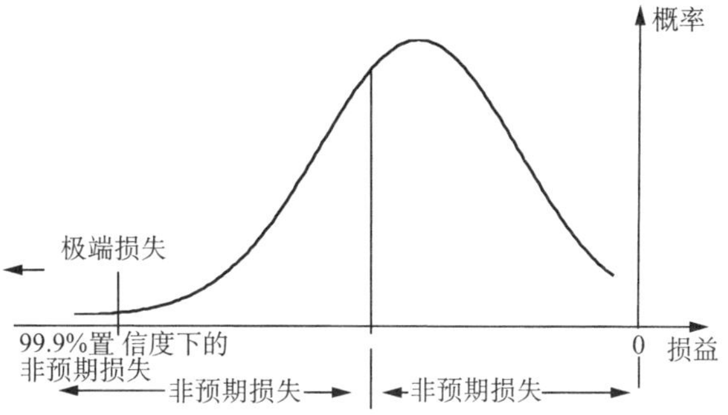

图 6-10　损失分布示意图

6.5.2　风险成本的划分

在通常情况下，风险成本是指商业银行与客户开展授信业务时，为覆盖信用风险预期损失所承担的成本。由此，要确定风险成本的金额，也就是要根据风险损失分类原理，准确计量信用风险预期损失的数额，即可得到具体客户、产品的风险成本。从管理会计具体实践来看，机构、业务线、客户和产品等经营单元风险成本的确定主要包括以下两类方法：

（1）以内部信用评级为基础，通过对信用风险预期损失进行计量确定风险成本。内部评级是国际上银行业通行的对信用风险进行测量的基本方法，也是《巴塞尔协议Ⅱ》积极鼓励商业银行使用的方法。按照内部评级计量预期损失的基本原理，一笔贷款可能发生的损失可通过三个关键参数来反映，如图 6-11 所示。

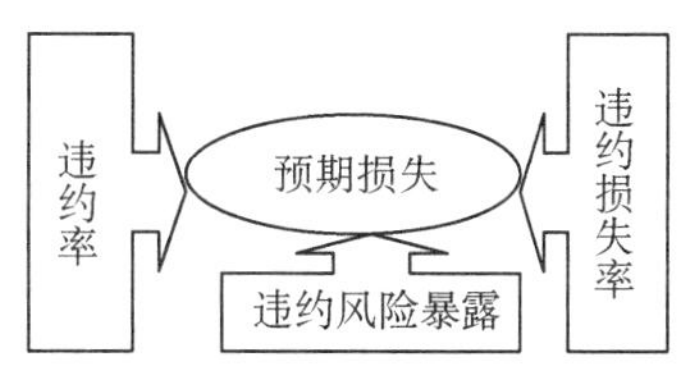

图 6-11　内部评级计量预期损失的基本原理

参数 1，客户的违约率（Probability of Default，简称 PD）。即客户在未来一定时间内发生违约、不能按期归还贷款或不能履行相关义务的可能性（即概率）。例如，对于一类信用状况相似的客户来说，长期数据观测结果表明，通常 1 年内 1 000 个客户中平均有 10 个违约，那么这类客户的违约概率就是 1%。客户违约率是商业银行对每个客户进行内部评级的结果。在实践中，商业银行会将客户的内部信用评级划分为数量不等的等级，例如，从 Aaa、Aa、A、Baa、Ba、B 到 Caa、Ca、C 等，每一个级别都与一个具体的违约率对应，如评级 A 对应的违约率为 0.065%等。

参数 2，客户违约后的损失率（Loss Given Default，简称 LGD）。即当客户发生违约时，商业银行损失的金额比例有多大。违约损失率是商业银行在客户评级基础上，通过债项评级得到的结果。客户违约率针对的是客户而言，而债项评级可以理解为是针对客户名下的各笔业务进行的评级。

参数 3，违约风险暴露（Exposure at Default，简称 EAD）。即面临风险的具体金额。对于信用风险而言，违约风险暴露与客户应偿还但尚未偿还的贷款余额密切相关。例如，对于简单的一笔余额为 6 000 万元的信用贷款，它的违约风险暴露就是 6 000 万元。需要注意的是，如果客户为贷款提供了类似国债、保证金、定期存单等流通性强的“现金等价物”作为质押（在 LGD 的估算中没有考虑），那么在计算贷款违约风险暴露时，通常需要扣除质押品的价值。例如，同样一笔 6 000 万元的贷款，客户提供了 4 000 万元的国债作为质押，那么，这笔贷款的违约风险暴露就是 2 000 万元（6 000－4 000）。

就每一笔贷款来说，如果商业银行可以准确得到以上 3 个参数的具体数值，那么信用风险的预期损失，即风险成本也就能通过以下模型进行量化：

$$EL(\text{预期损失}) = PD \times LGD \times EAD$$

（2）根据会计准则和商业银行拨备制度，以历史成本核算为基础，通过拨备计提确定风险成本。商业银行在通过定价转移预期损失的同时，需要对资产计提减值准备（即拨备），以供未来损失实际发生时核销之用。因此，理论上讲，商业银行的资产减值损失就等于当期所发生的风险成本，具体客户、产品的风险成本也可以通过计提资产减值准备来确定。根据企业会计准则，我国的商业银行拨备计提方式分为单项计提和组合计提两类：单项计提是指对单项金额重大的贷款单独进行损失评估，如有客观证据表明其已发生减值，则计提减值准备；组合计提是指对单项金额不重大的贷款以及单项金额重大并经单独评估未发生减值的贷款，在具有类似信用风险特征的资产组合中再进行损失评估，并计提相应减值准备。

商业银行在实际操作中，单项计提主要针对公司业务的不良贷款，根据贷款未来预计现金流并按实际利率进行折现，该现值低于贷款账面价值的差额确认为减值金额；组合计提主要针对公司业务的正常贷款、关注贷款以及零售贷款，采用迁徙模型法，即通过跟踪贷款分类向下迁徙情况和单项评估损失情况，并结合风险系数调整，确定每类贷款组合的预期损失率，根据预期损失率确认减值金额。通过单项计提或组合计提，每一笔贷款都会确定一个具体的资产减值金额，这个减值金额就可以视同为风险成本。具体公式为：

① 对于不良类公司贷款：

$$\text{风险成本} = \text{贷款账面价值（余额）} - \text{贷款未来现金流的折现值}$$

② 对于正常和关注类公司贷款及零售贷款：

$$\text{风险成本} = \text{贷款账面价值（余额）} \times \text{预期损失率（即拨备计提比例）}$$

6.5.3 资本成本的划分

在不同的场景中，我们会遇到账面资本、监管资本和经济资本这三个资本概念，不同的资本概念其本质只有一个，即资本。①账面资本又称会计资本，在资产负债表上体现为所有者权益，对于商业银行来说常见的账面资本项目包括股本、资本公积、盈余公积、一般风险准备、未分配利润等。可见，账面资本这个概念是从资本供给角度来描述资本的。②监管资本，是指银行监管机构为控制商业银行经营风险，按监管口径计算、对银行规定最低数额要求的资本。不同国家和地区对监管资本的数量和质量要求各有不同，我国目前对监管资本要求执行的是原银监会 2012 年 6 月颁布的《商业银行资本管理办法（试行）》。③经济资本又称风险资本，是指与商业银行实际承担的在一定置信度下的非预期损失相对应、相对等的

资本。可见,监管资本和经济资本是侧重从需求的角度来描述资本的,资本需求的内在动因就是商业银行所面临的风险。

(1) 资本成本的本质。资本成本就是商业银行为覆盖非预期损失而占用经济资本所应承担的成本。其中,经济资本在数量上与商业银行在一定置信度下的非预期损失相对等,它是商业银行为覆盖非预期损失、保持正常经营所需的内在资本要求。在一定风险偏好水平下,经济资本的数额随着商业银行承担的非预期损失大小而相应变化;在其他因素相同时,置信度越高,商业银行所需经济资本越多。商业银行在业务发展中每多承担一定量的风险,就需要相应数量的经济资本来覆盖。在此,所谓的资本覆盖,并非是指将资本真正消耗掉了,而是说对于业务未来的非预期损失,需要有足够数量的经济资本作为准备,从而在风险与商业银行安全之间建立起一道可靠的"防火墙"。可以发现,资本成本其实就是商业银行为应对非预期损失准备的经济资本的"机会成本"。

(2) 资本成本的计量。资本成本的计量可以通过计算经济资本和资本成本率得到,即:

$$资本成本 = 经济资本 \times 资本成本率$$

其中,经济资本需要在对风险进行明确分类的基础上,使用专门方法来计量①;资本成本率则需要商业银行综合参考股东的投资回报要求、资本市场融资成本和行业平均资本回报率水平等因素来合理确定。

(3) 资本成本的分摊。在确定了经济资本和资本成本率后,就可以方便地计算出每一项业务的资本成本,再通过与其他信息的整合,从而可以形成机构、业务线、客户和产品等各维度经营单元所应承担的资本成本。

6.5.4　税务等其他成本的划分

要真正实现"全成本"的计量,除了要准确划分资金成本、运营成本、风险成本和资本成本,还需要对其他一些成本进行处理。例如,税务成本、营业外收支净额等。相较而言,这些成本的划分方法比较简单,也容易理解。例如,所得税可按名义税率(如 25%)乘以各经营单元利润总额进行计算、归集;对于营业外收支净额,由于它通常与客户和产品的经营没有关联,且金额较小,可按其归属划分到机构和业务线即可。

---

① 主要分为信用风险、市场风险、操作风险等 3 种风险的计量,计量方法可以参考巴塞尔银行监督管理委员会发布的《巴Ⅰ》《巴Ⅱ》《巴Ⅲ》以及中国银保监会发布的《商业银行资本管理办法(试行)》等文件。

第 7 章 战略导向的资源配置管理

商业银行应建立健全科学、有效的资源配置机制，根据发展战略重点和经营计划导向，按照业务条线、地区、产品、行业等多维度，合理配置信贷资金、信贷规模、财务费用、经济资本等各种资源，优先保障价值创造能力强的业务单元所需资源。商业银行可以运用全面预算、风险限额管理、经济资本管理等手段，实现资源的优化配置。

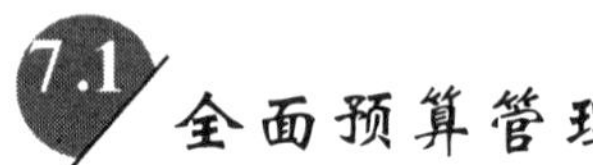

7.1 全面预算管理

在商业银行，资源配置以战略为基本导向，通过全面预算的方式实现。年度预算是战略计划工作的成果，它既是战略决策、战略计划的具体化，又是控制经营活动、财务活动的依据。预算在传统意义上被看成是控制支出的工具，现代全面预算其实是“使企业的资源获得最佳生产率和获利率的一种方法”。

资料 7-1

财政部、证监会、银监会等《企业内部控制应用指引第 15 号——全面预算》摘录

第一章 总 则

第一条 为了促进企业实现发展战略，发挥全面预算管理作用，根据有关法律法规和《企业内部控制基本规范》，制定本指引。

第二条 本指引所称全面预算，是指企业对一定期间经营活动、投资活动、财务活动等做出的预算安排。

第三条 企业实行全面预算管理，至少应当关注下列风险：

（一）不编制预算或预算不健全，可能导致企业经营缺乏约束或盲目经营。

（二）预算目标不合理、编制不科学，可能导致企业资源浪费或发展战略难以实现。

（三）预算缺乏刚性、执行不力、考核不严，可能导致预算管理流于形式。

第四条 企业应当加强全面预算工作的组织领导，明确预算管理体制以及各预算执行单位的职责权限、授权批准程序和工作协调机制。

企业应当设立预算管理委员会履行全面预算管理职责，其成员由企业负责人及内部相关部门负责人组成。

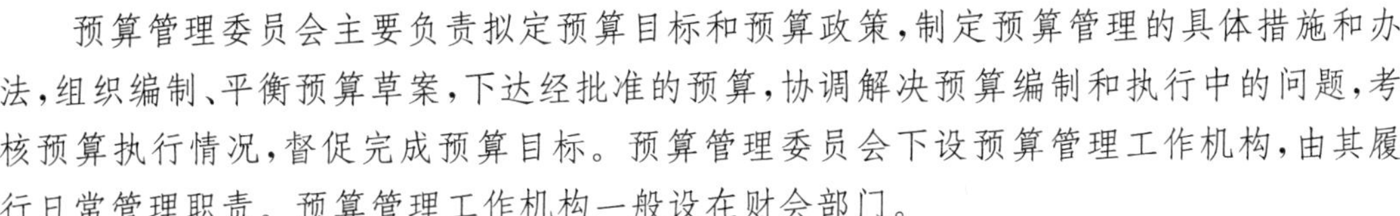

预算管理委员会主要负责拟定预算目标和预算政策，制定预算管理的具体措施和办法，组织编制、平衡预算草案，下达经批准的预算，协调解决预算编制和执行中的问题，考核预算执行情况，督促完成预算目标。预算管理委员会下设预算管理工作机构，由其履行日常管理职责。预算管理工作机构一般设在财会部门。

总会计师或分管会计工作的负责人应当协助企业负责人负责企业全面预算管理工作的组织领导。

第二章　预算编制

第五条　企业应当建立和完善预算编制工作制度，明确编制依据、编制程序、编制方法等内容，确保预算编制依据合理、程序适当、方法科学，避免预算指标过高或过低。

企业应当在预算年度开始前完成全面预算草案的编制工作。

第六条　企业应当根据发展战略和年度生产经营计划，综合考虑预算期内经济政策、市场环境等因素，按照上下结合、分级编制、逐级汇总的程序，编制年度全面预算。

企业可以选择或综合运用固定预算、弹性预算、滚动预算等方法编制预算。

第七条　企业预算管理委员会应当对预算管理工作机构在综合平衡基础上提交的预算方案进行研究论证，从企业发展全局角度提出建议，形成全面预算草案，并提交董事会。

第八条　企业董事会审核全面预算草案，应当重点关注预算科学性和可行性，确保全面预算与企业发展战略、年度生产经营计划相协调。

企业全面预算应当按照相关法律法规及企业章程的规定报经审议批准。批准后，应当以文件形式下达执行。

第三章　预算执行

第九条　企业应当加强对预算执行的管理，明确预算指标分解方式、预算执行审批权限和要求、预算执行情况报告等，落实预算执行责任制，确保预算刚性，严格预算执行。

第十条　企业全面预算一经批准下达，各预算执行单位应当认真组织实施，将预算指标层层分解，从横向和纵向落实到内部各部门、各环节和各岗位，形成全方位的预算执行责任体系。

企业应当以年度预算作为组织、协调各项生产经营活动的基本依据，将年度预算细分为季度、月度预算，通过实施分期预算控制，实现年度预算目标。

第十一条　企业应当根据全面预算管理要求，组织各项生产经营活动和投融资活动，严格预算执行和控制。

企业应当加强资金收付业务的预算控制，及时组织资金收入，严格控制资金支付，调节资金收付平衡，防范支付风险。对于超预算或预算外的资金支付，应当实行严格的审批制度。

企业办理采购与付款、销售与收款、成本费用、工程项目、对外投融资、研究与开发、信息系统、人力资源、安全环保、资产购置与维护等业务和事项，均应符合预算要求。涉及生产过程和成本费用的，还应执行相关计划、定额、定率标准。

对于工程项目、对外投融资等重大预算项目，企业应当密切跟踪其实施进度和完成情况，实行严格监控。

第十二条　企业预算管理工作机构应当加强与各预算执行单位的沟通，运用财务信息和其他相关资料监控预算执行情况，采用恰当方式及时向决策机构和各预算执行单位报告、反馈预算执行进度、执行差异及其对预算目标的影响，促进企业全面预算目标的实现。

第十三条　企业预算管理工作机构和各预算执行单位应当建立预算执行情况分析制度，定期召开预算执行分析会议，通报预算执行情况，研究、解决预算执行中存在的问题，提出改进措施。

企业分析预算执行情况，应当充分收集有关财务、业务、市场、技术、政策、法律等方面的信息资料，根据不同情况分别采用比率分析、比较分析、因素分析等方法，从定量与定性两个层面充分反映预算执行单位的现状、发展趋势及其存在的潜力。

第十四条　企业批准下达的预算应当保持稳定，不得随意调整。由于市场环境、国家政策或不可抗力等客观因素，导致预算执行发生重大差异确需调整预算的，应当履行严格的审批程序。

第四章　预算考核

第十五条　企业应当建立严格的预算执行考核制度，对各预算执行单位和个人进行考核，切实做到有奖有惩、奖惩分明。

第十六条　企业预算管理委员会应当定期组织预算执行情况考核，将各预算执行单位负责人签字上报的预算执行报告和已掌握的动态监控信息进行核对，确认各执行单位预算完成情况。必要时，实行预算执行情况内部审计制度。

第十七条　企业预算执行情况考核工作，应当坚持公开、公平、公正的原则，考核过程及结果应有完整的记录。

7.1.1　预算管理概述

预算管理是管理会计的重要组成部分之一，从两者的历史渊源可以清楚看到这一点。预算管理理论形成于管理会计思想萌芽阶段，对推动管理会计体系构建发挥了重要作用。1922年，美国著名学者麦金西(J.O.Mckinsey)出版了《预算控制论》(Budgetary Control)一书，标志着企业预算管理理论开始形成。1924年，麦金西又出版了世界上第一部以"Managerial Accounting"命名的著作《管理会计》，麦金西因此被誉为管理会计的创始人。但此时的"管理会计"尚处于思想萌芽阶段，局限于"执行管理会计"，主要是在泰勒科学管理理论带动下，将"标准成本""差异分析"和"预算控制"等方法引进到原有的成本会计体系中来，这些方法也都是预算管理中常用的方法。直到20世纪50年代之后，"管理会计"才逐步发展为"规划与决策"会计和"控制与业绩评价"会计，形成完整的为"管理"服务的"会计"体系。

资料 7-2

财政部《管理会计应用指引第200号——预算管理》摘录

第二条 预算管理,是指企业以战略目标为导向,通过对未来一定期间内的经营活动和相应的财务结果进行全面预测和筹划,科学、合理配置企业各项财务和非财务资源,并对执行过程进行监督和分析,对执行结果进行评价和反馈,指导经营活动的改善和调整,进而推动实现企业战略目标的管理活动。

第三条 预算管理的内容主要包括经营预算、专门决策预算和财务预算。

经营预算(也称业务预算),是指与企业日常业务直接相关的一系列预算,包括销售预算、生产预算、采购预算、费用预算、人力资源预算等。

专门决策预算,是指企业重大的或不经常发生的、需要根据特定决策编制的预算,包括投融资决策预算等。

财务预算,是指与企业资金收支、财务状况或经营成果等有关的预算,包括资金预算、预计资产负债表、预计利润表等。

第四条 企业进行预算管理,一般应遵循以下原则:

(一)战略导向原则。预算管理应围绕企业的战略目标和业务计划有序开展,引导各预算责任主体聚焦战略、专注执行、达成绩效。

(二)过程控制原则。预算管理应通过及时监控、分析等把握预算目标的实现进度并实施有效评价,对企业经营决策提供有效支撑。

(三)融合性原则。预算管理应以业务为先导、以财务为协同,将预算管理嵌入企业经营管理活动的各个领域、层次、环节。

(四)平衡管理原则。预算管理应平衡长期目标与短期目标、整体利益与局部利益、收入与支出、结果与动因等关系,促进企业可持续发展。

(五)权变性原则。预算管理应刚性与柔性相结合,强调预算对经营管理的刚性约束,又可根据内外环境的重大变化调整预算,并针对例外事项进行特殊处理。

第五条 预算管理领域应用的管理会计工具方法,一般包括滚动预算、零基预算、弹性预算、作业预算等。

企业可根据其战略目标、业务特点和管理需要,结合不同工具方法的特征及适用范围,选择恰当的工具方法综合运用。

第六条 企业可整合预算与战略管理领域的管理会计工具方法,强化预算对战略目标的承接分解;整合预算与成本管理、风险管理领域的管理会计工具方法,强化预算对战略执行的过程控制;整合预算与营运管理领域的管理会计工具方法,强化预算对生产经营的过程监控;整合预算与绩效管理领域的管理会计工具方法,强化预算对战略目标的标杆引导。

第七条 企业应用预算管理工具方法,一般按照预算编制、预算控制、预算调整、预算考核等程序进行。

参考资料7-1和资料7-2可知，预算管理是企业战略执行的重要工具之一，战略导向管理会计中的预算管理是“全面预算管理”。全面预算管理是预算理论发展到成熟阶段的产物，它与传统的预算管理(即经营计划管理)一脉相承，是企业通过系统的经营规划和动态控制管理，以预算的方式衔接发展战略、资源配置、年度经营计划以及绩效考核，引导企业实现当期经营目标及长远战略目标。战略导向的全面预算管理循环如图7-1所示。

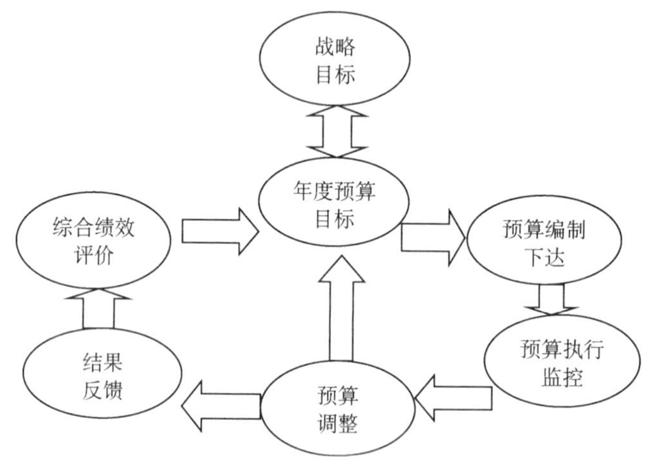

图7-1 战略导向全面预算管理循环图

7.1.2 全面预算编制的原则、程序与时间选择

预算编制是一项技术性、系统性很强的工作，它是建立在对未来不可知因素、变量以及结果的不确定性的主观判断基础上。不同的预算主体应根据所处的环境和管理风格，在一定原则指导下选择相应的预算编制程序，并合理确定预算期间。

7.1.2.1 预算编制的基本原则

预算编制是预算管理的基础环节，商业银行的目标确定是否恰当、预算的激励与约束机制能否充分发挥、预算的控制和考评是否有效，均取决于预算编制的恰当与否。因此，预算编制应遵循下列基本原则：

(1) 目标性原则。预算的编制应以商业银行的经营目标为前提。商业银行的经营目标是其未来一切经营活动的方向，商业银行的一切经营活动均应围绕其经营目标进行。预算编制也应以商业银行的总目标为出发点，使各项预算按其分目标编制。

(2) 全面性原则。预算内容应尽可能做到全面、系统、完整，预算责任应尽可能涵盖全体成员。凡是与商业银行经营目标有关的经济业务和事项、作业，均应通过预算加以反映，并落实到人。此外，还应注意各项预算之间的协调与平衡，以保证整个商业银行的各项业务均能按照预算、围绕经营目标顺利进行。

(3) 人本原则。整个预算制度的成功与否，最终取决于人。因此，全面预算的编制必须重视预算的人性面。一方面不能将预算作为一种“凌驾于人”的工具，而应使之成为具有积极的激励作用的工具，这就有赖于预算标准松紧度的掌握应该恰到好处；另一方面预算的编制过程应该是一个群策群力的过程，重视各级人员，尤其是中下级管理人员的参与，将有助

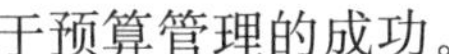

于预算管理的成功。

7.1.2.2　预算编制的程序与步骤

资料 7-3

财政部《管理会计应用指引第 200 号——预算管理》摘录

第三章　预算编制

第十四条　企业应建立和完善预算编制的工作制度，明确预算编制依据、编制内容、编制程序和编制方法，确保预算编制依据合理、内容全面、程序规范、方法科学，确保形成各层级广泛接受的、符合业务假设的、可实现的预算控制目标。

第十五条　企业一般按照分级编制、逐级汇总的方式，采用自上而下式、自下而上式和上下结合或多维度相协调的流程编制预算。预算编制流程与编制方法的选择应与企业现有管理模式相适应。

第十六条　预算编制完成后，应按照相关法律法规及企业章程的规定报经企业预算管理决策机构审议批准，以正式文件形式下达执行。

第十七条　预算审批包括预算内审批、超预算审批、预算外审批等。预算内审批事项，应简化流程，提高效率；超预算审批事项，应执行额外的审批流程；预算外审批事项，应严格控制，防范风险。

参考资料 7-3 可知，预算编制程序主要有自上而下式、自下而上式和上下结合式三种方式。它们分别适用于不同的商业银行环境和管理风格，并各具优缺点。

(1) 自上而下式。自上而下式预算编制程序体现的是战略观念、集权思想。在这种程序下，预算由商业银行总部按照战略管理的需要，结合商业银行股东大会意愿及银行所处的市场环境提出。预算是全面而详细的，各分支行只是预算执行的主体，一切权力在总行。在自上而下式的编制程序里，总行预算管理职责集中于预算管理委员会，它要根据商业银行的业务特征对各分支行进行定位。

自上而下式的预算编制程序一般适用于业务单一的商业银行，其最大好处在于能保证商业银行的整体利益，同时考虑银行发展的需要。但其最大的不足在于将权力高度集中在总行，不能发挥各分支行自身的管理主动性和创造性，不利于人本管理，不利于商业银行的未来发展。

(2) 自下而上式。自下而上式预算编制程序体现的是作业基础、民主参与思想。在这种程序中，总行主要起到预算管理中心的作用。它视预算管理为各分支行落实其经营责任的管理手段，并认为预算管理的主动性来自各分支行，总行只对预算负有最终审批权。总行的管理责任是提出预算责任目标，由分支行确认预算责任；或由总行确定预算目标，分支行的责任是执行、实现总行确定的预算目标。为此，分支行编制并上报的预算在总行看来只是对总行预算目标实现的一种承诺。总行审批分支行上报预算的目的，只是出于对这一承诺可靠性进行的核实。

这种方式的优点在于提高分支行的主动性，体现分权经营和人本管理，同时将分支行置于市场前沿，提高了分支行独立经营的能力。其最大的不足在于：①可能引发管理失控（它只强调结果控制而忽略过程控制，一旦结果成为事实，没有弥补过失的余地，可谓“亡羊补牢为时晚矣”）。②宽打窄用，导致资源浪费，如为争夺总行的资本资源而多报或少报预算。③不利于分支行盈利潜力的最大发挥，如分支行的经理人员（行长）为保持对分支行的长期经营权，会采用“挤牙膏”式的利润预算方式，年度利润预算只在上年度基础上“适量”增长，从而保持利润逐年增长而增长幅度不大。

可见，在这种“自下而上”式预算编制程序下，总行对分支行预算的审批非常关键，审批预算关键在于针对银行经理人员（行长）可能存在的“偷懒”行为。

(3) 上下结合式。上下结合式预算编制程序体现的是上下博弈、集权为主。在我国商业银行目前的预算管理实践中，上下结合式显然是一种理性的选择。上下结合式博采两式之长，在预算编制过程中，经历了自上而下和自下而上的往复。采用这一程序的关键点，并不在于其上与下的偏重，而是上与下如何结合、对接点如何确定的问题。为了充分发挥分支行、业务管理部门等责任单位的主观能动性，尽可能提高预算编制的效率，我们主张预算目标应自上而下下达，预算编制则应自下而上地体现目标的具体落实，各层级责任中心（单位）通过编制预算需要明确“应该完成什么，应该完成多少”的问题。因此，预算的编制过程是各责任单位的资源、状况与商业银行目标相匹配的过程，是商业银行目标按责任单位、按业务、按人员分解的过程。

上下结合式预算编制程序的主要步骤为：①总行依据当年实际业绩及预算年度工作要求，结合商业银行发展战略及其要求，提出预算年度的预算总目标，经股东大会审议通过，报商业银行最高决策机构董事会批准。②总行依据已批准的预算总目标和既定的目标分解方案，计算、确定各分支行、业务管理部门的预算目标。各分支行、综合管理部门再依据类似的目标分解方法，计算、确定其各下属单位的预算分目标。③各下属单位依据预算分目标的要求及对预算年度相关业务的预测，寻求实现预算目标的具体措施，形成预算草案并报分管部门。④各分支行、业务管理部门汇集其下属单位的预算草案，与其预算目标对照，通过或驳回重编后，形成其预算初稿并报总行。⑤总行综合各分支行、综合管理部门的预算初稿，讨论通过或驳回重编后，汇总形成总行预算总表初稿并报最高决策机构——预算管理委员会审查批准。⑥商业银行最高决策机构审议、批准预算，并下发执行。

采用上下结合式预算编制程序的优点在于：①能够有效保证商业银行总预算目标的实现。②按照统一、明确的“游戏规则”分解预算目标，体现了公平公正的原则，避免挫伤了先进、保护了后进。③预算的编制必须以目标的实现为前提，避免了预算编制过程中的讨价还价、“宽打窄用”，提高了预算编制的效率和准确度。

以上三种方式实际上是三种管理思想的体现。比如，自上而下式体现的是集权思想和战略导向，没有协商的余地。自下而上式体现的是民主参与思想，它以作业为基础，导向也非常明确。上下结合式可以说是前面两种方式的综合，它是一个上下博弈的过程，以集权思想为主，它需要设计好；否则，会影响预算编制的效率和预算组织安排。

7.1.2.3 预算编制期间的选择

预算的编制时间可以因预算的内容和实际需要而定，可以是1周、1月、1季、1年或若干年等。通常将预算期在1年以内的预算称为短期预算,预算期在1年以上的则称为长期预算。短期预算具有预算资料较为可靠的优点,但缺乏长期规划的长处,而且期间过短必然加大预算工作量;而长期预算虽有长期规划的长处,却有预测结果不够可靠而使预算难以切合实际的不足。因此,在全面预算的编制过程中,应结合各项预算的特点,将长期预算和短期预算结合使用,

一般情况下,基本业务预算和财务预算多以1年为期,年内再按季或月细分,而且预算期间往往与会计期间保持一致。只有特殊业务预算的期间会视情况而有所不同,如资本支出预算通常是涉及若干年的长期预算。

7.1.3 全面预算的内容与指标体系

全面预算管理是一种全过程、全方位、全员的管理,它需要全员的参与,并且应全方位的包括、涉及商业银行经营的全过程,任何的遗漏之处都可能是孕育"毒瘤"的温床。因此,全面预算的内容与指标体系,应注意其全面性和系统性。

7.1.3.1 全面预算的内容体系

全面预算的内容体系必须涵盖商业银行的经营业务和财务活动的全部。我们知道,银行经营活动包括三大基本要素:人、财、物。预算管理就是要对财和物的运行方式——资金流和业务流进行事前的规划,并将其按照权责范围落实到相应的责任人身上,从而实现"人、财、物"三者的统一。

(1) 全面预算内容的构成。全面预算的内容至少应该由业务预算和财务预算两部分构成,两者缺一不可。业务预算旨在规划各项具体业务,又可进一步将其区分为基本业务预算和特殊业务预算。顾名思义,基本业务预算是反映商业银行基本业务活动的预算,它因不同业务类型而异。例如,存款业务预算、贷款业务预算、中间业务预算、营业费用预算等。特殊业务预算是反映商业银行基本业务活动之外的特殊业务的预算,通常包括投资及其收益预算、其他业务收支预算、营业外收支预算等。显然,业务预算,尤其是基本业务预算是预算管理的基础,没有业务预算,预算将是无源之水、无本之木,预算目标的实现也就无从谈起。

财务预算旨在综合反映各项业务对商业银行现金流量和经营成果的影响,从而规划商业银行的现金流量和经营成果,通常包括现金流量预算、预计利润表(又称损益表)和预计资产负债表。从成本效益的角度考虑,多数商业银行会选择不作预计资产负债表的方式,但是必须设置相关的财务指标对资产负债表的规模和结构进行适当的控制。

全面预算的内容体系还具有系统性特征。业务预算和财务预算两者不仅缺一不可,而且它们是一个整体,相互支撑、相互依赖,是一个完整而紧密的系统。该系统通常是以商业银行预算目标为核心,以包含商业银行限制因素的业务预算为起点,按顺序编制而成。例如,当我们以贷款预算为起点时,各项预算的相互连接关系如图7-2所示。

图7-2虽然不能代表所有的预算连接关系,它却是最为典型和普遍的一种模式。无论何种模式,全面预算均是由各业务预算入手,业务预算只反映某一方面业务的具体情况,它们最终又都反映在财务预算中。所以,业务预算又称为分预算,它们是编制财务预算的基础;财务预算又称为总预算,它们是各项业务预算的综合结果。

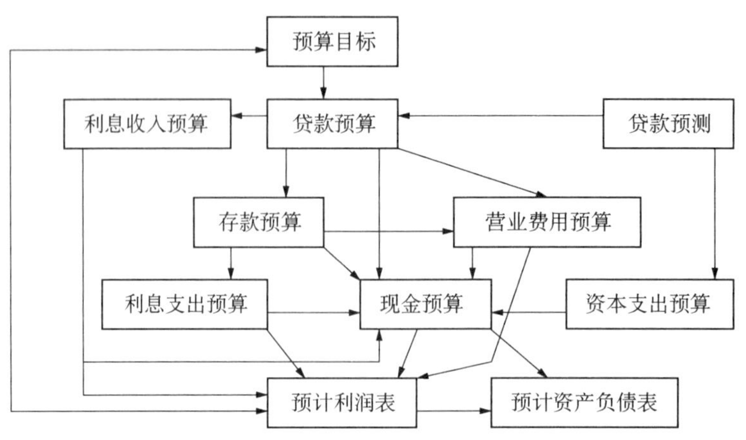

图 7-2　预算连接关系

预算的内容体系中还包含着另一个非常重要的组成部分:责任预算体系,全面预算的落实必须有待于责任预算的支撑。责任预算是全面预算按权责关系进行的责任分解,是全面预算的延续及具体化。由于各商业银行的具体业务存在一定的差异性,权责划分也有所不同,因此,责任预算的内容更是因不同的商业银行而异。

(2) 全面预算内容的编制安排。预算内容的编制安排即根据相关性原则,将各项具体预算落实到各预算编制者头上。下面以某中小银行为例,具体说明各项预算的内容及责任单位的编制安排。该中小银行总行设有办公室、信贷管理部、预算管理部等综合业务管理部门,并根据区域经济发展情况设有 20 多家支行。该中小银行预算的内容由三部分组成:

一是,基本业务预算。这是用以规划各项具体业务的预算,由各支行或总行有关综合业务管理部门编制,具体包括贷款预算、存款预算等。其中:贷款预算可以分贷款种类对各类贷款的平均余额和平均贷款时间进行预计、对各类贷款按五级分类进行预计等;存款预算可以分存款种类对各类存款的平均余额和平均存款时间进行预计。

二是,特殊业务预算。这是用以规划长期投资业务及与其相关的筹资业务,由总行相关管理部门编制,具体包括长期项目投资预算、长期项目投资收益预算、筹资预算。

三是,财务预算。这是综合反映各项业务对财务状况、经营成果和现金流量的影响,用以规划现金管理、盈亏管理和资产管理的预算,由总行相关管理部门和各支行编制。财务预算具体包括预计内部利润表、预计现金流量表和预计资产负债表。其中,预计现金流量表和预计资产负债表可以根据成本效益原则,用其他相对简要但又具有同样控制效果的指标替代。

支行的预计内部利润表包括营业收入预算、变动成本预算、边际贡献预算、可控固定成本预算、可控边际贡献预算、不可控固定成本预算、支行边际贡献预算、部门边际贡献预算、总行管理费用分配预算、经济增加值预算等内容。若总行综合管理部门的管理服务实行内部定价制度,还要编制部门内部利润表。

预算内容的安排应体现商业银行的业务特征和管理要求。例如,若把综合管理部门视为费用中心,则只需编制营业费用预算,包括可控营业费用预算和不可控营业费用预算;若管理服务实行内部定价,则视为利润中心,就需要编制预计部门内部利润表,包括服务收入

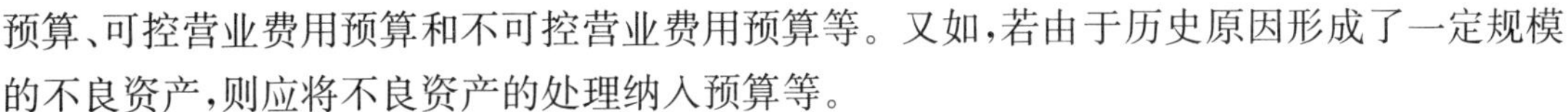

预算、可控营业费用预算和不可控营业费用预算等。又如，若由于历史原因形成了一定规模的不良资产，则应将不良资产的处理纳入预算等。

7.1.3.2　全面预算的指标体系

传统的以财务指标为基础的预算指标体系和考评方法更多地被看作执行控制层面的监控工具，均不能与商业银行的战略目标及战略管理手段进行有机的融合，因此越来越不适应当前以经济全球化和信息化为特征的知识经济时代，不适应商业银行环境多变的现实。在这种背景下，罗伯特·卡普兰(Robert S. Kaplan)和戴维·诺顿(David P. Norton)设计了“平衡计分卡(Balanced Score Card：BSC)”预算指标体系模型。BSC的核心思想是通过财务、客户、内部业务流程、学习与成长四个方面指标之间相互驱动的因果关系，展现商业银行的战略轨迹，实现全面预算管理、控制与业绩考评的目标。

(1) 平衡计分卡中所包含的预算指标间平衡。平衡计分卡这种方法是通过财务与非财务指标之间的相互补充“平衡”，不仅使财务指标体系上升到战略层面，使之成为商业银行战略的实施工具，同时也是在定量评价与定性评价之间、客观评价与主观评价之间、指标的前馈指导与后馈控制之间、商业银行的短期增长与长期发展之间、各个利益相关者的期望之间寻求“平衡”的基础上完成的预算战略实施与考评过程。

根据平衡计分卡的核心思想，四个方面指标的因果驱动关系共同驱动战略，经过分解的策略目标也可以对应于平衡计分卡的四个方面，并依照它们之间的因果关系，分别形成同样具有相互因果关系的财务方面、客户方面、内部业务流程方面与学习成长方面的策略目标。这样，商业银行的总行、分行、支行相互之间就建立了策略目标与战略的动态关系，使平衡计分卡的预算指标体系与战略之间的驱动关系在策略目标与战略之间得到深化。

(2) 基于平衡计分卡的预算指标体系。平衡计分卡指标体系由财务、客户、内部业务流程、学习与成长四个部分组成，对预算指标的基本要求是：①内涵明确，即每个指标都规定明确的含义，使得不同的利益相关者对预算指标的内容都有相同的认识，减少误差的产生。②词意清晰，即预算指标的名称词要清楚，使人明了它的意思，不给人以模棱两可的感觉。③有针对性，即预算指标是相对工作目标而言的，必须根据达到目标的各项工作内容及标准来设定。④全面性，即预算指标可以是正面的，也可以是负面的，只有这样才能真正起到目标引导作用，避免工作成果偏离目标的方向。⑤系统性，即预算指标必须能系统地评价一件事或一个人，特别是最重要的内容不能被忽视。⑥独立性，即每一个预算指标尽管有相互作用或相互影响、相互交叉的内容，但一定要有独立的内容，有独立的含义和界定。表7-1至表7-4详细列出了四个层面常用的预算指标。

表7-1　财务预算指标构成

第一层指标	第二层指标	第三层指标
财务指标	盈利指标	净资产收益率(资本收益率)
		总资产报酬率
		营业收入利润率(利润率)
		营业收入成本率(成本率)
		利差率

（续表）

第一层指标	第二层指标	第三层指标
财务指标	资产营运	盈利资产与非盈利资产的比例（或生息资产占比）
		利息回收率
		风险权重资产比率
		不良贷款比率
		贷款分散化比率
	偿债能力	存贷款比率、中长期贷款比率
		资本充足率、核心资本率
		流动性比率
		备付金比率
		现金流量充分性比率
	增长能力	营业收入增长率
		总资产增长率
		资本积累率
		3 年利润平均增长率
		3 年资本平均增长率

表 7-2　客户预算指标构成

第一层指标	第二层指标	第三层指标
客户指标	成本	新客户取得成本
		老客户维护成本
		吸引客户成本
	质量与及时性	服务质量控制体系
		客户满意度
		服务的及时性
	客户忠诚度	客户回头率
		流失客户数
		重要客户增加数
	吸引新客户能力	新客户人数
		新客户比率
		新客户存款占比、新客户贷款占比
	市场增长与份额	存款增长率
		贷款增长率
		定期存款占比

表 7-3　内部业务流程预算指标构成

第一层指标	第二层指标	第三层指标
内部业务流程指标	创新过程	研究与开发投入占营业收入的比例
		研究与开发投入回报率
		新金融产品或新金融服务占营业收入的比例
		研究与开发的周期
	运作过程	营业费用占营业收入的比例
		顾客服务差错率
		业务流程顺畅
	内部控制遵循性	业务操作的规范性
		报表的准确性与及时性
		案件发生次数
		安全保卫情况
		内控稽查的配合情况

表 7-4　学习与成长预算指标构成

第一层指标	第二层指标	第三层指标
学习与成长指标	员工素质	员工的知识结构
		人均脱产培训费用
		人均在岗培训费用
		年培训时数
		员工平均年龄
	员工生产力	人均利润率
		人均存(贷)款额
		员工被顾客认知度
	员工忠诚度	员工辞职率
		提合理化建议员工比例
		高级管理、业务人才流失率
	员工满意度	员工满意度
		员工获提升比率
		管理者的内部提升比率
	组织结构能力	评价和建立沟通机制费用
		协调各部门行动目标费用
		有效沟通评估

（续表）

第一层指标	第二层指标	第三层指标
学习与成长指标	组织结构能力	团队工作有效性评估
		传达信息或接受反馈的平均时间
	信息系统	软硬件系统的投入成本
		拥有 PC 的员工比例
		软硬件系统的更新周期

需要注意的是，以上表 7-1 至表 7-4 列出的四个层面的预算指标并没有全部罗列，还需要根据各商业银行的实际情况适当删除或补充。特别是非财务预算指标（客户、内部业务流程、学习与成长）具有外延宽、内涵广，一般难以量化等特点，在设计时应遵循以下原则：

第一，全面性。非财务预算指标作为商业银行整个预算指标体系中的定性部分，应当涵盖财务指标所不能涵盖的所有方面。商业银行非财务指标的选取和设计必须坚持全面性、广泛性的原则，充分体现非财务指标的补充价值。

第二，行业性。必须立足于商业银行自身的业务经营范围和行业特殊性，设计符合商业银行特性的非财务指标。只有立足于行业特点设计的非财务指标才能全面、有效地评价商业银行经营管理状况。

第三，可行性。非财务预算指标与绩效评价，要考虑非财务因素的量化问题，即在定性分析中用量化的指标来描述非财务因素的影响。因此，在设计商业银行的非财务预算指标时，要尽可能用可量化的指标反映商业银行业绩与管理的内在特性。

第四，客观性。设计商业银行的非财务预算指标，必须避免标准单一等缺陷。在实际测度时，应将整个商业银行的资料或有代表性的样本个体的实际业绩作为标准，在实践中尽可能以体现客观性的数学公式为测算尺度，确保非财务预算指标的客观性。

另外，在确定各预算指标的目标值时要有参照物，这一参照物即所谓的“标杆”。在实际工作中通常存在两类标杆，即商业银行内部标准和外部市场标准。所谓内部标准，是指以商业银行内部的过去实际和未来的挖潜预期为标准，它偏重于客观实际，容易包容自身的某些既定不合理性。所谓外部市场标准，是指由市场整体而不是由某个银行决定的标准，如资本市场的平均回报率、资本充足率等，它偏重于市场的一般要求，具有相对的先进性。在一般情况下，外部标准的优越性多于内部标准。

7.1.3.3 改进的预算指标评价与管理体系——经济增加值预算管理

平衡计分卡虽然是现代企业管理模式上的一种创新和进步，但并不等于说它是包治百病的万灵药方，现代商业银行管理中遇到的一切问题都可以通过它来解决。例如，商业银行在实施平衡计分卡过程中就经常遇到一些困难，如财务指标之外的指标的创建和量化比较难，需要商业银行管理层根据商业银行的战略及运营的主要业务、外部环境加以仔细地斟酌；确定结果与驱动因素间的关系比较困难等。有鉴于此，美国的斯特恩·斯图尔特咨询公司将他们设计的经济增加值（Economic Value Added，简称 EVA）指标与平衡计分卡相融合创立的一种新型的“EVA 综合计分卡”，较好地解决了平衡计分卡存在的一些弱点，被称为

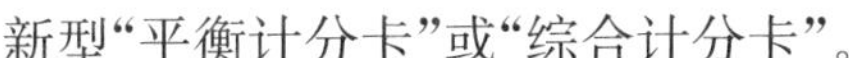

新型“平衡计分卡”或“综合计分卡”。

(1) 经济增加值的含义。经济增加值(EVA)是商业银行税后净营业利润(NOPAT, NET Operating Profit After Tax)减去商业银行所占有资本(CE, Capital Employed)的成本之后的剩余收益,又称“经济利润”。EVA 也可以说是税后净营业利润剔除了风险因素后超出股东最低资本回报要求的收益。EVA 作为一种流行且引人注目的评价指标只有近 20 年的历史,但 EVA 快速风靡各地,被 Coca-Cola、UPS 等许多知名企业所采用,并在全球范围内得到了广泛的应用。EVA 的计算公式为:

EVA=税后净营业利润-资本总额×加权平均资本成本率

其意义是,商业银行使用权益资本和债务资本来经营是有机会成本的,债务资本的成本就是利息,而权益资本的成本就是投资者要求的回报率。如果是所有权与经营权不分的个体“钱庄”,则权益资本就是投资其他地方能获得的最低报酬,如投资股票、购买国库券或其他项目。如果商业银行利用这些资本产生的收益还不足以弥补其机会成本,则商业银行的经营就是失败的。这就是经济增加值方法的原理所在。

与权益回报率相比,经济增加值方法有以下优点:①它不会放弃好的投资项目。权益回报率方法有时会使商业银行放弃盈利的项目,但经济增加值方法不会。因为它以资本的加权平均成本为衡量标准,凡是回报率大于资本机会成本的项目都会被经济增加值方法肯定。②经济增加值方法衡量的是绝对收益,这能直观地得出被评价对象对商业银行价值的贡献。这适合中小商业银行简单、直观的管理方式。③经济增加值方法较好地将投资决策、业绩评价和激励三个较主要的管理职能结合起来。经济增加值公式中的加权平均资本成本就是投资决策(资本预算)中基准收益率的概念,对资本预算来说,经济增加值(EVA)的现值其实就是投资的净现值(NPV)。经济增加值对激励的作用也是显而易见的,它是一个绝对值,用它来作为对商业银行经营者业绩的评价简单直接。

EVA 体系的核心思想是“基于均衡价值观之上谋求股东价值最大化”。它证明 EVA 在理论上等价于 NPV(Net Present Value,净现值),并以 EVA 为股东价值度量和商业银行评价的核心指标,这是经济资本管理在全面预算管理中的具体体现。

(2) 基于经济增加值预算管理的优越性。一些大型商业银行已将 EVA 评价标准作为业绩评价与激励机制的重要依据,推行经济资本预算管理,并取得了良好的效果。与传统的预算业绩评价方法相比,EVA 具有以下优越性:

第一,构建全新的经营管理理念,有利于实现商业银行稳健经营和可持续发展的目标。发达国家的一些大型银行通常采用风险调整后的资本回报率(RAROC)指标,使风险管理和业务发展成果体现为一个简单的数值。实施以 RAROC 为核心的管理模式是实现风险成本与风险收入相匹配的重要途径,是建立全面、有效、科学的风险管理体系和健全的内控体系的关键环节。银行是经营风险的企业,应对其经济资本进行约束,将风险与收益直接挂钩,实施“只有经过风险调整的收益才是银行的真实收益”的基本理念,建立以 EVA 为评价标准的业绩预算评价机制。

在 EVA 计算公式中的“资本总额”,其实是经济资本。所谓经济资本,是指为抵御各项业务的风险所需要的资本支持,是各项业务的风险所产生的资本需求。银行的经济资本,是基于银行全部风险之上的资本，因此又称为风险资本。在数量上，经济资本等于风险总额，它是一种虚拟的、与银行风险的非预期损失等额的资本，它不是一个财务概念，不能在资产负债表上直接反映出来。经济资本不是真正的银行资本，它是一个“算出来的”的数字，其主要功能是吸收既定置信水平下未预期到的损失，在数额上与非预期损失相等。商业银行应引入经济资本管理的理论与方法，建立重视风险管理的企业文化和长期稳定的风险调整收益标准，保证收益增长与风险控制相统一，真正实现稳健经营和可持续发展。

第二，商业银行内部应用经济资本管理的理论和方法，有利于实施有效的全面风险管理。因为经济资本管理是建立在风险评价的资产组合框架基础之上的，所以其结果可以被管理者和各业务部门用来分辨、评价和度量资产组合风险，从而有助于形成对信用风险、市场风险、操作风险和流动性风险政策的整体认识，最终将不同类型的风险转化为可衡量的风险，进而有助于加强风险管理。因此，商业银行内部应注重应用经济资本管理的理论与方法，促进整个系统实现完善的全面风险管理，提高商业银行的经营业绩水平。

第三，借鉴先进的价值管理手段和计量方法，有效地提高商业银行的价值。商业银行采用经济资本管理理论和方法的目的不仅是为规避风险，而且是要凭借先进的风险度量方法和调整技术，充分认识那些能够管理好并且能够对其充分补充的风险，从而提高银行价值。这就需要准确估计出不同业务可能导致的预期损失和非预期损失，用风险成本冲减利润，得出真正的收益水平，以避免出现不考虑风险而一味追求高额利润的盲目扩张行为。只要银行能够掌握经济资本管理的理论与方法，并结合自身的业务特点构建出特有的风险度量模型，就能实现更大规模的扩张和更快速度的发展。

当然，实施经济资本预算管理是有条件的，它要求处理好经济规模与价值创造、经营风险与业务发展的关系，切实做好以下几项工作：一是，指标设置应充分体现财务管理的核心目标，即银行价值最大化。财务考核指标应充分考虑资金的时间价值、风险控制和投入产出等因素，运用EVA、资本回报率、资产收益率等经营效益相对指标。二是，指标设置应重视人力资源管理，提高人力资源管理水平。只有建立有效的人力资源管理机制，为员工提供充分施展才能的空间，才能使员工个人价值与银行总体价值共同得到充分的体现。三是，指标设置应注重风险控制，建立商业银行的内部评级系统，体现谨慎性原则，提高资产损失率、不良资产率及不良资产控制指标的权重，不断提高风险控制能力和财务管理水平，充分体现以风险管理为核心的财务管理要求。四是，指标设计应体现创新精神，把创新与新产品开发水平指标纳入预算考核指标体系，促进商业银行不断创新，追求卓越。五是，指标设置应注重长远效益、体现持续发展的要求。要实现商业银行价值最大化，关键是处理好短期利益与长期利益的关系，注重长远效益，不断提高商业银行的综合竞争力，走可持续发展道路。

7.1.4 全面预算编制的基本方法

全面预算编制的基本方法多种多样。比如，根据预算编制所赖以依据的业务量是否可变，有固定预算和弹性预算；根据预算编制的时期有定期预算和滚动预算；根据预算编制的基础有增（减）量调整预算和零基预算等。商业银行应根据各预算科目的特征，选择适当的预算编制方法。

7.1.4.1　固定预算与弹性预算

(1) 固定预算与弹性预算的区别。固定预算(fixed budget),又称为静态预算(static budget),是指按固定业务量编制的预算,一般按预算期的可实现水平来编制。其基本特征是:不考虑预算期内业务活动水平可能发生的变动,只按照预算期内计划预定的某一共同的业务活动水平为基础确定相应的数据;将实际执行结果与预算期内计划预定的某一共同的活动水平所确定的预算数进行比较分析,并据以进行业绩评价、考核。然而,如果商业银行的实际执行结果与预期业务活动水平相距甚远,则固定预算就难以为控制服务。事实上,固定预算对控制的有用性仅限于当实际业务水平与预期业务活动水平完全一致之时;否则,就难以为预算控制服务。在市场变化较大或较快的情况下,不宜采用此法。

针对固定预算所存在的不足,早在 20 世纪 30 年代,就已经开始有弹性预算方法的应用。弹性预算(flexible budget)又称变动预算(variable budget),是指一种具有伸缩性的、能够适用于一系列业务量变化的预算。它是在商业银行不能准确预测业务量的情况下,根据收入、费用、成本同业务量之间有规律性的依存关系,按预算期内可能发生的业务量编制的一系列预算。

在商业银行的经营活动中,预计完成的业务量很少恰好完成,当实际执行的水平与原计划不一致时,某些随业务量变化而增减的收入与支出项目(变动性项目),不能以原来的水平进行比较,必须对那些项目按照变化的业务量比例加以调整。弹性预算是现代企业普遍采用的一种预算管理控制方法。

(2) 弹性预算的类型。弹性预算主要有全面弹性预算、弹性营业成本预算、弹性营业费用预算和弹性利润预算等多种类型。限于篇幅,我们只介绍全面弹性预算的编制方法。

全面弹性预算(master flexible budget)是以预算期内预期的各种可能实现的营业收入作为计量基础,按成本性态,扣减相应的营业成本,据此分别确定不同营业收入水平下可实现的利润或发生的亏损。例如,某商业银行第一季度的实际营业成本资料与计划营业成本资料对比,如表 7-5 所示。

表 7-5　营业成本统计表

计划贷款规模:15 000 万元　　　　实际贷款规模:17 400 万元　　　　单位:万元

营业成本项目	计划成本	实际成本	差异
利息支出	918.00	1 066.62	−148.62
变动性营业费用	37.50	36.54	0.96
固定性营业费用	30.00	32.00	−2.00
合计	985.50	1 135.16	−149.66

从表 7-5 的计算结果看,该银行发生了营业成本超支 149.66 万元。但这种超支不能说明该行经营活动的好坏,因为没有把营业成本和业务量这一重要的因素联系起来,在不同业务量(贷款规模)条件下的两种营业成本总额是不能比较的。因此,需要把计划营业成本按照实际业务量加以调整,才可以与建立在实际业务量基础上的实际营业成本进行比较。

按实际业务量调整计划营业成本时,不分成本项目的性质,都按业务量增减的比例加以调整也是不正确的。因为包括营业成本合计中的固定营业费用并不随业务量的变化而增减，只应将计划营业成本中的变动营业费用按业务量进行调整，而固定营业成本仍应按计划数与实际发生额进行比较，这才符合营业成本构成的特性。这种分析比较才更具有实际意义。按照业务量变动调整变动营业成本（计划费用率）和按计划的固定营业费用而编制的预算便是弹性预算。预算之所以具有弹性就是指预算中的变动营业成本（利息支出和变动性营业费用）是根据计划的变动费用率［利息支出为 6.12%（918÷15 000×100%）；变动性营业费用率为 0.25%（37.5÷15 000×100%）］和有伸缩性的业务量进行计算的，变动性营业成本随业务量的变化成比例地变化，在预算中它不是一个固定的数量，而是可以调整变化的数量。在表 7-5 中，如果实际业务量较计划业务量增加 16%，则计划预算、弹性预算和实际成本可以如表 7-6 所示。

表 7-6　弹性预算

单位：万元

营业成本项目	计划成本	弹性预算成本	实际成本	实际与弹性预算差异
利息支出	918.00	1 064.88	1 066.62	−1.74
变动性营业费用	37.50	43.50	36.54	6.96
固定性营业费用	30.00	30.00	32.00	−2.00
合　计	985.50	1 138.38	1 135.16	3.22

从表 7-6 可以看出，在弹性预算一栏中，固定营业费用仍按计划数填列，各项变动营业成本都是按业务量增长 16%的比例调整计算的。以实际成本和弹性预算比较的结果，与表 7-5 中的比较大不相同，该银行不仅没有发生营业成本超支，反而节约了 3.22 万元。由此可知，弹性预算对于考核和评价责任中心的业绩更有说服力。

弹性预算和传统的固定预算在编制方法上有所不同，弹性预算是为一系列业务量水平而编制的，其适用范围较为广泛。只要预算的各项指标是在某一定业务范围（相关范围）之内，其数据都可以作为实际控制之用。只有当业务量超过相关范围时，才需要重新预计变动费率和固定费用。

（3）编制弹性预算的基本方法。编制弹性预算的基本方法与步骤是：选择业务量的计量标准；确定适用的业务量范围；确定各项费用与业务量之间的数量关系；计算各项费用预算，并用一定方式表达出来。

第一，选择业务量标准。实行弹性预算，固定费用和业务量无关，而变动费用则随业务量而变化。业务量选择的适当与否，对掌握成本的变动性和实行预算控制关系甚大。选择一项费用和业务量的关系的基础，以其有直接关联为准则，以手工操作为主的作业，可以选用人工工时为标准；利息支出可以选择贷款额与贷款期为标准等。

在选择业务量作为计算标准时应注意：①所选用的标准应能表示业务量的多少，而业务量的多少，直接影响成本费用的多少；②用所选择的标准表示业务量以衡量成本时，影响业务量变化的应以该项标准为唯一因素，也就是同时不受其他任何因素影响；③所选用的标准应便于了解，避免在应用中发生误解而导致混乱；④按所定标准收集数据资料时，应力求简捷，从而减少作业的耗费；⑤使用的标准应根据情况变化而及时地、相适应地加以改变。

第二，确定业务量范围。固定费用的金额和变动费用的变动费用率，只有在一定的业务量范围内才是不变的。一个商业银行或其分支机构或部门的业务量范围究竟如何划定，也是弹性预算的一项重要问题。各个费用项目，可能各有不同的限定范围，但在实际工作中，不可能为每一项费用分别规定其适用范围，只能在编制预算时，以最低业务量（低限）和最高业务量（高限）为其上下的范围。在此范围之内还可以将业务量分成若干阶段，每阶段差距的大小，也必须适宜。差距太大，容易失去弹性预算的控制作用；差距太小，预算限额虽较准确，执行起来也比较方便，但不免使编制工作量过大。通常是根据过去业务量的最高和最低为其下限和上限，在此范围内固定费用没有多大变化为准绳。一般将业务量范围限定在正常经营能力的 70%～120%。

第三，确定费用性质与业务量的关系及其表达方式。各项费用的性质不同与业务量的关系各异，一般通过列表法、公式法、图标法等方法，以正确表达它们之间的关系，使之在控制和考核过程中行之有效。无论哪一种方法的基本原理都是根据成本结构两类不同性质的费用与业务量的关系作为基础而表现为不同的形式：

$$Y = a + bX$$

任何一项费用预算都可以按照它与业务量的关系分为固定费用与变动费用。固定费用在一定业务量范围以内具有相对固定性，而变动费用则随业务量变化成正比例增减。列表法是某一业务量水平的变动费用和不变费用；公式法是根据固定费用的计划数和某一业务量水平的变动费用直接计算；图示法则是用描绘图形表示某一业务量水平的费用额。

弹性预算和其他预算方法比较有很多优点，它比固定预算运用范围广泛，使预算与实际具有可比基础，使预算控制和差异分析更有意义和说服力，一经编制，只要各项消耗标准和价格等依据不变，便可连续使用，从而可大大减少预算编制的工作量。当然，运用弹性预算而不运用固定预算的最主要的原因还在于运用弹性预算能够控制了数量变化后，更好地对预算责任单位、责任人或员工的工作业绩进行正确评价。

7.1.4.2　增量预算与零基预算

编制成本费用预算的方法按其出发点的特征不同，可分为增量预算和零基预算两种方法。

(1) 增量预算。这是指以基期成本费用水平为基础，结合预算期业务量水平及有关降低成本的措施，通过调整有关原有费用项目及预算额而编制预算的方法。

增量预算的方法源于以下三项假定：①现有的业务活动是商业银行必需的，只有保留现有的每项业务活动，才能使商业银行的经营过程得到正常发展。②原有的各项开支都是合理的，既然现有的业务活动是必需的，那么原有的各项费用开支都是合理的，必须予以保留。③增加费用预算是值得的。增量预算以过去的经验为基础，实际上是承认过去所发生的一切都是合理的，主张不需在预算内容上做较大改进，而是因循沿袭以前的预算项目和预算标准。可见，这种方法导致以下缺点：

一是，受原有费用项目和数额限制，可能导致保护落后。由于按这种方法编制预算，往往不加分析地保留或接受原有的成本项目和数额，可能使原来不合理的费用开支延续存在下去，形成不必要开支合理化，继续造成预算上的浪费。

二是，滋长预算中的平均主义和简单化。采用此法，容易鼓励预算编制人员凭主观臆断按成本项目平均削减预算或只增不减，不利于调动各责任单位和员工降低费用的积极性。

三是，不利于商业银行未来的发展。按照这种方法编制的费用预算，对于那些未来实际需要开支的项目可能因没有考虑未来情况的变化而造成预算的不足。

(2) 零基预算的定义。为弥补增量预算之缺点，美国得克萨斯工具公司的彼得·派尔(P. A. Pharr)设计了零基准预算模式。该模式现已被西方国家广泛采用作为管理间接费用的一种新的有效方法，并取得了良好的控制效果。

零基准预算(Zero Base Budgeting, ZBB)，如果说得更正确些，应该是 Zero Base Planning and Budgeting System 的略称。零基预算的方法全称为“以零为基础编制计划和预算的方法”，简称零基预算，是指在编制成本费用预算时，不考虑以往会计期间所发生的费用项目或费用数额，而是以所有的预算支出均以零为出发点，一切从实际需要与可能出发，逐项审议预算期内各项费用的内容及开支标准是否合理，在综合平衡的基础上编制费用预算的一种方法。此定义最关键的一点就是零基准这句话的含义了。零基准，就是从白纸状态开始，希望能打破预算，也可以说是从什么都没有的状态出发的意思。

零基预算按其编制的程序不同可以分为调整法和零基法两种。调整法是以当年的预算及其执行情况为基础，然后根据计划年度业务量的变化确定其增减额。由于它是以现有收支为基数预测未来的增减量，是对过去收支水平按变化的条件进行调整的，所以叫调整法。零基法则不同，它不是以现有预算为基数，而是从零开始，假定商业银行原来既没有提供产品或服务，没有成本费用开支，也没有收入和盈利，即如同一个新建银行那样，一切以“零”为起点，再按业务量多少，规划该银行的业务量、费用开支和收益，所以叫零基准预算。

(3) 零基预算法的特点及调整预算法的比较。零基预算法与调整预算法的不同点在于：

第一，调整预算法是以现有预算为基础，在现有预算的基础上按执行结果和变化条件进行调整而编制的。零基预算法则是以零为起点，根据预测的未来业务量和费用水平、收益率，以确定各种预算。

第二，调整预算法要求对新的、未进行过的业务活动，在编制预算时，要进行成本/效益分析，对现在已进行的业务活动，不再作分析。零基预算法则要求对一切业务活动，不论过去是否进行过，都毫无例外地逐个进行成本/效益分析。

第三，调整预算法在业务量无多大变化时，就按原来的预算执行，业务量有变化时，仅按其变化情况按比例地调整原来的预算，所以调整预算法的着眼点仅限于预算金额的增减，而没有侧重于业务工作本身的分析，最后落脚于预算金额。零基预算法则完全不同，它首先从业务活动考虑问题，对每一项业务活动进行逐个分析之后，再确定其费用支出水平和收益率。

第四，调整预算法对新增加的业务活动，不是把它当作该业务部门业务整体的一部分，而是把它割断开来孤立地进行处理，新业务不增加，预算不变化。零基预算法则不同，对待所有的业务活动，不论是原来正在进行的还是新提出来的，都看成整体的组成部分，同等看待，统一安排，不分新老业务，都要根据成本/效益分析来确定它们的重要程度，根据重要程度增加或削减开支。

从以上比较分析可以看出，零基预算法有许多方面比调整预算法要好。采用零基预算法时，所有业务活动都要重新进行评价，各种收支预算都要以零为起点进行观察、分析和衡量，它不受现行做法的框框所束缚，能充分发挥各级人员的积极性和创造精神，能根据最新科技成就和现代管理方法来安排各项业务活动和收支预算。实行零基预算法时，预算不仅是用以测算盈利的手段，更重要的是能够提供各种不同方案的业务量及其收支盈利水平，作为经营决策的重要依据。

按零基预算法编制预算通常要将部门的业务范围划分为若干个阶梯，从最低限度出发到最高限度，在不同水平的业务量范围，其收支和盈利数额各自不同。一般地说，业务量完成得少，费用开支也少；业务量完成得多，费用开支也多。但费用开支并不是完全和业务量多少成正比；相反，某些费用项目（如固定费用）与业务量成反比。根据业务量的不同等级，可以确定不同水平的费用支出和收益，再以商业银行现有的经营资源进行权衡，对选择收益最高的业务，零基预算提供了充分而可信赖的依据。零基预算法不仅是实行预算监控的重要手段，更重要的是对各部门业务活动进行监督的方法。

实行零基法编制预算的前提是以一定业务量为基础，在多少业务量水平的条件下，规划费用的支出和收入，这样，就把各业务部门的生产经营活动和预算收支直接联系在一起，监督预算的执行，也就是对业务计划执行进行监督，从而促使生产经营活动和财务收支活动与所有的责任单位和员工紧密联系起来。

(4) 零基预算编制的方法与步骤。零基预算编制的步骤大体上可以分为三个阶段进行。第一阶段，根据商业银行长期发展及战略目标的要求，根据市场需求和商业银行自身的经营能力及资源条件，提出总体目标，并对所属预算责任单位提出相关的目标与要求。第二阶段，各预算责任单位对其开展的业务进行成本/效益分析，提出不同业务水平的成本和收益，以供管理部门选择方案。第三阶段，由管理部门对各预算责任中心的方案按总体目标的要求进行审核、分析、评价，并编制汇总的预算表。

第一，提出总体目标。商业银行编制预算之前，应根据本行的长远发展目标、对市场需求的预测和本行的经营能力及资源条件，提出总体目标。提出总体目标有两种程序：主动经营的程序和被动经营的程序，如图7-3所示。

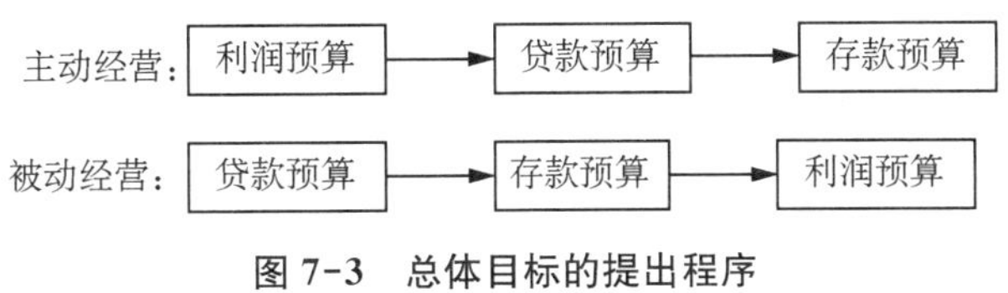

图7-3　总体目标的提出程序

从图7-3可以看出，主动经营，商业银行首要的是确定目标利润预算，然后再规划为实现这一目标而制定贷款预算，进而确定存款预算。把目标利润预算放在首要地位，意味着商业银行的一切生产经营活动必须为实现这一目标而努力，故名之为主动经营。被动经营的利润预算是按照贷款预算和存款预算的结果确定的，虽也可以力争目标利润的扩大，终究囿于既定的业务范围和成本费用水平，很难突破一些传统的积习，所以有被动之嫌。

同时，商业银行在提出总体预算目标的同时，还应为制定预算的责任单位确定其业务量，并提出相应的要求和设想，以便这些责任单位在制定预算时有所遵循，能符合总体预算目标的要求，不致背道而驰。否则各业务部门往往因袭过去的经验，或者局限于本部门的业务范围来考虑问题，不能很好地协调配合。

编制预算的责任单位怎样划分，对于预算的编制、执行和考核关系很大。它应以对预算的收入和支出具有有效控制的权力，亦即对其业务范围具有一定的决策权力。划分的单位过大，业务活动过多，预算的内容过于庞杂，就难以做好事前的预测，过程的控制，以至事后的考核也没有多大意义。划分的单位过小，业务范围过窄，某些责任职能不易分清，收支项目更难确定其归属，实际上无法根据成本/效益分析做出选择。一般地说，凡属能够确定成本、费用、效益的责任单位，都可以划分为预算责任单位。

第二，进行成本/效益分析。编制预算的责任单位应根据商业银行总体预算目标所提出的要求，有效地安排自己的业务活动。有效地安排业务活动意味着预计完成的业务量，所提供的产品或服务，在质量上有保证，在经济上是合算的。成本/效益分析的方法，即以其成本或费用与业务量进行比较，也可以与收益比较。总之，根据不同的业务内容采取不同的比较方法。比如，存款部门可以其总营业费用支出和存款余额比较，以计算单位存款的营业费用率；贷款部门以其营业费用与贷款总额比较，以计算贷款营业费用率的水平等。

方案提出以后，应对所提出方案进行分析比较，哪些方案是可行的，哪些方案是根本无法实现的，哪些方案在经济上是不合理的，哪些方案是效率最大的等。进行逐项排队，对那些根本不合理，无法实现的方案予以淘汰，最后保留 1～2 个、2～3 个、3～5 个可供选择的方案，这些可供选择的方案在业务部门的范围内都是能够执行的，都可以取得相当程度的效益，提供给预算决策机构进行抉择。

第三，审查和编制预算表。编制预算的责任单位报送各种方案成本/效益分析表，已就该单位范围内各项业务活动做出初步的评价。总部应汇集、审查、评估各种分析表，业务量能否满足整体目标所提出的要求，在安排上是否符合该单位的业务能力和范围，成本效益的计算是否可靠等。应根据商业银行的整体目标确定某一方案为最优方案。

第四，资源的分配。方案确定之后，商业银行预算管理部门即应进行资源的分配。属于正常的开支，按通常的方式安排。比如，日常管理费用、工资等的货币支出，根据费用开支标准和定额计算。特殊需要的项目，如能促进成本降低、增加边际贡献、改善产品和服务质量、加强安全措施等，则根据项目的实际需要进行资源分配。

资源分配过程是编制零基预算的最后定案阶段，此时商业银行预算管理部门要根据所属各个业务单位和经营环节确定的方案分别计算其各种资源需要量，包括人、财、物等，以进行资源的综合平衡，平衡过程就是要按照轻重缓急进行排队，以决定某些项目的取舍与增删。资源分配之后，即编制商业银行的财务预算，并应按部门、分支行进行规划，同时还要按月编制执行预算。

采用零基法编制预算不仅提供了财务指标，而且还提供了业务数量，使业务工作直接地与经济效果联系起来，对于克服业务部门只重业务轻经济效益的片面观点，都有很大的促进作用。以此作为日常和定期的监督与控制，也是具有重要意义的。

(5) 零基预算法的优点。零基预算法的优点有：①不仅能压缩费用的开支，而且能够切实做到有限的费用用在最需要的地方。②成本、费用预算核定不受过去老框框的制约，能够充分发挥各级管理人员的积极性和创造性，促进各项预算责任中心精打细算，量力而行，量入为出，合理使用资金、费用，提高经济效益。

据美国有关方面调查表明，大多数企业认为零基预算作为企业经营管理的业务计划和预算控制方法，比较其他预算方法，实施的结果能够取得更为满意的成本费用节约和经济效果。

综上所述，零基预算法将业务计划与预算编制密切结合，并且运用划分层次和规定各级增量的办法，将分类排队工作贯穿于整个预算编制过程之中，使商业银行各责任单位能够相互协调，配合一致，为完成商业银行的总体预算目标采取有效的行动，节约费用开支。零基预算法提高资金的利用效率，极大地调动各责任中心和员工的主观能动作用。尤其是多层次的参与制定预算工作，根据业务量的范围和重要性，安排和落实预算，使资金、费用的使用更为合理，能够选择效益最大的预算分配方案，因此，零基预算法最符合效益最大、费用最少的原则。

7.1.4.3　定期预算与滚动预算

编制预算的方法按其预算期的时间特征不同，可分为定期预算的方法和滚动预算的方法两大类。

（1）定期预算及其方法。定期预算法是指在编制预算时以不变的会计期间作为预算期的一种编制预算的方法。定期预算的唯一优点是能够使预算期间与会计年度相衔接，便于考核和评价预算的执行结果。但按照定期预算方法编制的预算也存在以下缺点：

一是，盲目性。由于定期预算往往是在年初甚至提前两三个月编制的，对于整个预算年度的生产经营活动很难做出准确的预算，尤其是对预算后期的预算只能进行笼统的估算，数据笼统含糊，缺乏远期指导性，给预算的执行带来很多困难，不利于对经营活动的考核与评价。

二是，滞后性。由于定期预算不能随情况的变化及时调整，当预算中所规划的各种经营活动在预算期内发生重大变化时，就会造成预算滞后过时，使之成为虚假预算。

三是，间断性。由于受预算期间的限制，致使经营管理者们的决策视野局限于本期规划的经营活动，通常不考虑下期。例如，一些部门提前完成本期预算之后，以为可以松一口气，其他事等来年再说，形成人为的预算间断。因此，按定期预算方法编制的预算不能适应连续不断的经营过程，从而不利于商业银行的长远发展。

为了克服定期预算的缺点，在实践中可采用滚动预算的方法编制预算。

（2）滚动预算及其特征。滚动预算（rolling budget）又称连续预算或永续预算（perpetual budget），是指在编制预算时，将预算期与会计年度脱离开，随着预算的执行不断延伸补充预算，逐期向后滚动，使预算期永远保持为12月的一种方法，其实质是动态的不断连续更新调整的弹性预算。

其具体做法是：每过一个季度（或月份），立即根据前一个季度（或月份）的预算执行情况，对以后季度（或月份）进行修订，并增加一个季度（或月份）的预算。这样如此以逐期向后滚动、连续不断的预算形式规划商业银行未来的经营活动。

资料 7-4

财政部《管理会计应用指引第 201 号——滚动预算》摘录

第一章　总　　则

第一条　滚动预算，是指企业根据上一期预算执行情况和新的预测结果，按既定的预算编制周期和滚动频率，对原有的预算方案进行调整和补充，逐期滚动，持续推进的预算编制方法。

预算编制周期，是指每次预算编制所涵盖的时间跨度。

滚动频率，是指调整和补充预算的时间间隔，一般以月度、季度、年度等为滚动频率。

第二条　滚动预算一般由中期滚动预算和短期滚动预算组成。中期滚动预算的预算编制周期通常为 3 年或 5 年，以年度作为预算滚动频率。短期滚动预算通常以 1 年为预算编制周期，以月度、季度作为预算滚动频率。

第二章　应用环境

第三条　企业应用滚动预算工具方法，应遵循《管理会计应用指引第 200 号——预算管理》中对应用环境的一般要求。

第四条　企业应用滚动预算工具方法，应具备丰富的预算管理经验和能力。

第五条　企业应建立先进、科学的信息系统，及时获取充足、可靠的外部市场数据和企业内部数据，以满足编制滚动预算的需要。

第六条　企业应重视预算编制基础数据，统一财务和非财务信息标准，确保预算编制以可靠、翔实、完整的基础数据为依据。

第三章　应用程序

第七条　企业应遵循《管理会计应用指引第 200 号——预算管理》中的应用程序实施滚动预算管理。

第八条　企业应研究外部环境变化，分析行业特点、战略目标和业务性质，结合企业管理基础和信息化水平，确定预算编制的周期和预算滚动的频率。

第九条　企业应遵循重要性原则和成本效益原则，结合业务性质和管理要求，确定滚动预算的编制内容。

企业通常可以选择编制业务滚动预算，对于管理基础好、信息化程度高的企业，还可选择编制资本滚动预算和财务滚动预算。

第十条　企业应以战略目标和业务计划为依据，并根据上一期预算执行情况和新的预测信息，经综合平衡和结构优化，作为下一期滚动预算的编制基础。

第十一条　企业应以战略目标和业务计划为基础，研究滚动预算所涉及的外部环境变化和内部重要事项，测算并提出预算方案。

第十二条　企业实行中期滚动预算的，应在中期预算方案的框架内滚动编制年度预算。第一年的预算约束对应年度的预算，后续期间的预算指引后续对应年度的预算。

第十三条 短期滚动预算服务于年度预算目标的实施。企业实行短期滚动预算的，应以年度预算为基础，分解编制短期滚动预算。

第十四条 企业应分析影响预算目标的各种动因之间的关系，建立预算模型，生成预算编制方案。

第十五条 企业应对比分析上一期的预算信息和预算执行情况，结合新的内外部环境预测信息，对下一期预算进行调整和修正，持续进行预算的滚动编制。

第十六条 企业可借助数据仓库等信息技术的支撑，实现预算编制方案的快速生成，减少预算滚动编制的工作量。

第十七条 企业应根据预算滚动编制结果，调整资源配置和管理要求。

第四章 工具方法评价

第十八条 滚动预算的主要优点是：通过持续滚动预算编制、逐期滚动管理，实现动态反映市场、建立跨期综合平衡，从而有效指导企业营运，强化预算的决策与控制职能。

第十九条 滚动预算的主要缺点是：一是预算滚动的频率越高，对预算沟通的要求越高，预算编制的工作量越大；二是过高的滚动频率容易增加管理层的不稳定感，导致预算执行者无所适从。

参考资料7-4可知，滚动预算按其预算编制和滚动的时间单位不同可分为逐月滚动、逐季滚动和混合滚动三种方式。

第一种，逐月滚动方式。

逐月滚动方式是指在预算编制过程中，以月份为预算的编制和滚动单位，每个月调整一次预算的方法。如在2×18年1～12月的预算执行过程中，需要在1月末根据当月预算的执行情况，修订2～12月的预算，同时补充2×19年1月份的预算；2月末根据当月预算的执行情况，修订3月至2×19年2月的预算，同时补充2×19年2月份的预算，以此类推。

逐月滚动编制的预算比较精确，但工作量太大。逐月滚动预算示意图如图7-4所示。

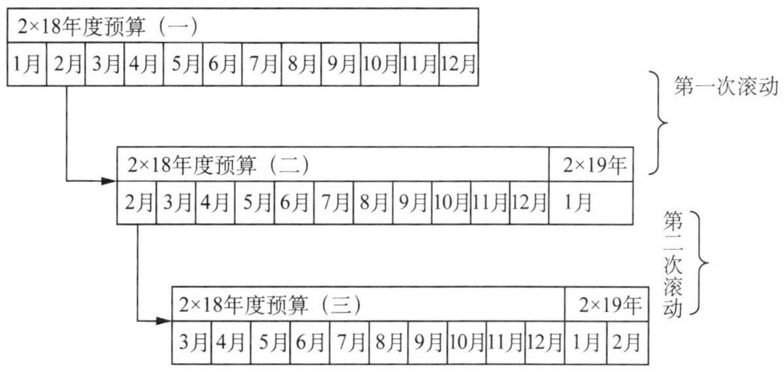

图7-4 逐月滚动预算方式示意图

第二种，逐季滚动方式。

逐季滚动是指在预算编制过程中，以季度为预算的编制和滚动单位，每个季度调整一次预算的方法。如在2×18年第一季度至第四季度的预算执行过程中，需要在第一季度末根据当季预算的执行情况，修订第二季度至第四季度的预算，同时补充2×19年第一季度的预算；第二季度末根据当季预算的执行情况，修订第三季度至2×19年第一季度的预算，同时补充2×19年第二季度的预算，以此类推。

逐季滚动编制的预算比逐月滚动的工作量小，但预算精度较差。

第三种，混合滚动方式。

混合滚动方式是指在预算编制过程中，同时使用月份和季度作为预算的编制和滚动单位的方法。它是滚动预算的一种变通方式。这种方式的理论根据是，人们对未来的了解程度具有对近期的预计把握较大，对远期的预计把握较小的特征。为了做到长计划短安排、远略近详，在预算编制的过程中，可以对近期预算提出较高的精度要求，使预算的内容相对详细；对远期预算提出较低的精度要求，使预算的内容相对简单。这样可以减少预算工作量。

如对2×18年1～3个月的头3个月逐月编制详细预算，其余4～12月分别按季度编制粗略预算；3月末根据第一季度预算的执行情况，编制4月至第6月的详细预算，并修订第三至第四季度的预算，同时补充2×19年第一季度的预算；6月末根据当季预算的执行情况，编制7～9月的详细预算，并修订第四季度至2×19年第一季度的预算，同时补充2×18年第二季度的预算，以此类推。混合滚动预算方式如图7-5所示。

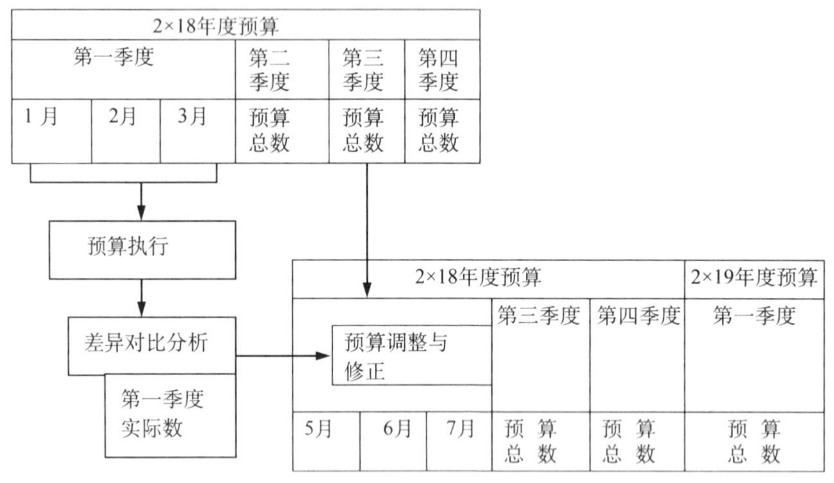

图7-5 混合滚动预算方式示意图

(3) 滚动预算的优缺点。与传统的定期预算相比，按滚动预算方法编制的预算具有以下优点：

第一，透明度高。由于编制预算不再是预算年度开始之前几个月的事情，而是实现了与日常经营管理的紧密衔接，可以使管理人员始终能够从动态的角度把握住商业银行近期的规划目标和远期的战略布局，使预算具有较高的透明度。

第二，及时性强。由于滚动预算能根据前期预算的执行情况，结合各种因素的变动影

响,及时调整和修订近期预算,从而使预算更加切合实际,能够充分发挥预算的指导和控制作用。

第三,连续性、完整性和稳定性突出。由于滚动预算在时间上不再受日历年度的限制,能够连续不断地规划未来的生产经营活动,不会造成预算的人为间断,同时可以使管理人员了解未来 12 个月内商业银行的总体规划与近期预算目标,能够确保商业银行管理工作的完整性与稳定性。

采用滚动预算的方法编制预算的唯一缺点就是预算工作量较大。

7.1.5　责任中心与预算目标

商业银行的组织结构是实现其经营战略目标的基础和保证,也是全面预算管理得以实施的载体,管理当局通过各种运作方式,动用组织结构中不同部门或责任中心的不同活动的组合,使系统中的人、财、物在真实、完整的信息引导下得到有效的配置,并最终实现商业银行的经营目标。部门或责任中心的预算编制是商业银行全面预算管理的关键环节之一。

7.1.5.1　组织架构与责任中心界定

商业银行全面预算管理责任中心的结构与其组织结构是相对应的,组织结构的类型决定了预算责任网络的布局。例如,在传统的职能制组织结构中一般是以整个商业银行作为投资中心,行长对商业银行的收入、成本、投资全面负责,下属各部门均为成本中心,只对各自的责任成本负责。这种结构权力较集中,下属部门自主权较小。在这种组织结构下,商业银行预算自上而下逐级分解为各成本中心的责任预算,各成本中心的责任人对其责任区域内发生的责任成本负责,基本成本中心定期将成本发生情况向上一级成本中心汇报,上级成本中心汇总下属成本中心情况后逐级上报,直至最高层次的投资中心。投资中心定期向全面预算管理委员会汇报情况。

又例如,在分部结构或地区结构的组织中,经营管理权从商业银行最高层下放,各分部具有一定的投资决策权和经营决策权,成为投资中心;其下属的分支行对成本费用及收入负责,成为利润中心;分支行下属的各种作业组均为成本中心,对各自的责任成本负责。在这种组织结构下,商业银行预算也是逐级分解为各责任中心的责任预算,基本责任中心定期将实际成本发生情况向上级成本中心汇报,该级成本中心汇总上报给上级利润中心,利润中心则将本中心责任成本与收入汇总上报至上级投资中心,各投资中心将本中心责任预算完成情况汇总报告最高投资中心,即总行。总行将管理情况经全面预算管理专门办事机构处理后,向全面预算管理委员会汇报。

我国商业银行内部组织机构基本上按业务种类和产品来划分,除此之外其内部组织机构设置还带有鲜明的机关模式特征。商业银行的组织结构应遵循流程银行理念进行战略整合,整合后的商业银行组织分为战略层、经营层和作业层三级。以高层管理者(董事会和 CEO 行长组成)为主的战略层,主要负责战略规划和对经营过程的协调、监督;由各个面向顾客的流程的工作组成的经营层主要负责流程的设计、优化和经营;第三层则是由各流程内部执行不同任务的作业层。根据各层级的权责,可以将战略层界定为一个投资中心,由流程小组组成的经营层为各个利润中心,流程中的作业中心为成本费用中心,战略层中提供战略规划、财务支持、控制协调和监督保障的职能部门为费用中心。下面以××商业银行为例，说明商业银行的组织结构与责任中心的对应关系如图 7-6 所示。

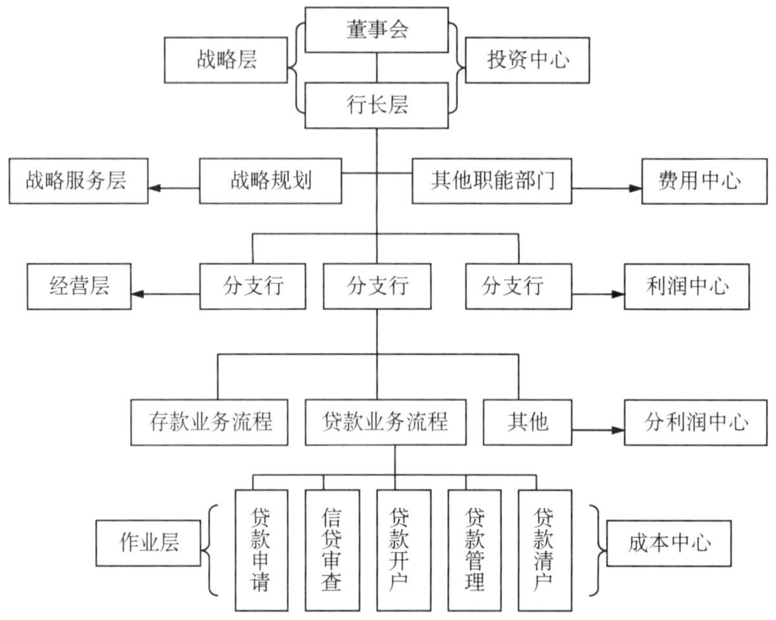

图 7-6　××商业银行组织结构与责任中心的对应关系

各责任中心预算的内容均应包括财务与非财务两个方面。财务方面以预算科目和财务预算指标表达；非财务方面包括客户、内部业务流程、学习与成长，主要以非财务预算指标表达。

（1）战略层投资中心的预算内容。根据商业银行三层结构，处于战略层次的商业银行高层管理者的工作是进行战略计划的编制，战略计划就是对那些影响着商业银行任务能否实现、却不在商业银行控制能力之内的因素进行分析并编制中长期对策计划的活动。通常，战略计划在充分考虑了商业银行核心能力、可用资源、市场机会的基础上，将商业银行使命与外部因素结合起来，认清商业银行当前所在的位置，综合分析各种有利于和有碍于实现目标的因素的可能变化及其影响力。战略层的预算工作相对简单，其核心任务就是提出商业银行的预算总目标，即将明确了的战略意图量化为几个可分解、可操作、可衡量的关键绩效指标，如市场占有率、净资产报酬率，包括底线报酬率和目标报酬率，并设定应达到的标准等；同时，还将审核、批准下两个层级的流程预算和作业预算，保证商业银行战略目标的一致性。

（2）经营层利润中心的预算内容。经营预算就是以战略规划为导向，对以流程为中心的分支行进行分权、确定目标、衡量绩效、实施奖惩。流程预算必须与战略定位、战略计划及战略目标保持一致。商业银行只有在整个流程上，快速高效地组织符合顾客需要的经营活动，履行计划、激励、预警、控制和决策等预算职能，最大限度地发挥每位员工在每个流程业务处理过程的工作潜能与责任心，才能有效地提高运作效率并在市场上获得竞争优势。经营层的预算内容主要是依据战略层的预算总目标建立各个流程的预算目标体系，它不是个别的孤立标准，而是致力于体现最终目标股东价值最大化和顾客满意度的多维指标体系，并以此为依据在执行过程中进行控制，在预算期结束后对整个流程进行评价考核。

建立具有明确战略导向的多维预算指标体系是经营层预算的重点和难点。传统利润中心的预算目标以资产利润率、营业收入利润率、经济增加值等财务指标为主。这种单一结构预算存在明显的缺陷：一方面财务指标不能完整、准确地诠释商业银行的战略目标，从而使预算的决策管理功能削弱；另一方面预算的财务特性使战略的实施过程难以控制，因为财务指标反映的是各项活动的结果，是战略目标经过会计程序处理后反映到财务报表上的数字。

对于现代商业银行而言，开发或利用好无形或知识资本变得更具战略性，恰恰是财务指标无法反映的。商业银行中各项工作的财务后果很难及时计量，员工不能将自己的工作与商业银行战略建立直接的关系，从而使无论管理者还是员工自己都很难将行为控制在贯彻战略的轨道上。因此，作为战略执行单位的经营层需要改进描述战略、控制战略执行和评价效果的单一财务预算指标结构，将客户、内部业务流程、学习与成长等非财务指标融入预算目标体系。

(3) 作业层成本中心的预算内容。作业预算是指针对作业中心进行的全面计划、控制、评价工具。其内容包括确定预算目标前的针对全面预算管理的作业分析及作业标准的确定。为实施全面预算管理而进行的作业分析可以遵循两种思路，或者说可以分为两个层次：

一是，通过作业分析确定工作岗位，根据岗位作业量的需求大小确定岗位人员，根据岗位作业性质确定岗位职责，使之成为预算执行主体。

二是，根据对现有的岗位及其人员的分析，确定其应承担的作业及作业量，使之成为预算执行主体。

第一种思路是较彻底的作业分析，从理论上讲它能更彻底地消除岗位、职责、目标确定中的不合理因素，从而使预算执行主体更为精练、高效、合理，在我国商业银行改制过程中也具有非常重要的现实意义，但其实施成本较高。需要特别注意的是，通过作业分析完善整个商业银行业务流程的系统设计，要尽可能彻底消除不增值作业。将同质作业合并为作业中心，并根据各作业中心之间的相互关系和层次设立各级预算执行组织，从而真正实现功能可控。第二种思路是在第一种思路的基础上进行的，是属于第二层次的作业分析，即只有在岗位、部门整合好的基础上，明确其作业量并据以确定其预算才有意义。

作业层预算目标和标准的设计，由于作业层次受商业银行信息处理系统等技术因素的影响较大，其技术性特征明显，因此，对它的目标设定和业绩评价往往很少设计或不设计财务指标，而更多地采用非财务业绩计量，如客户满意度等。另外，还要对作业实施控制和评价。

7.1.5.2 不同层级预算目标的确定机制

全面预算管理作为现代商业银行管理机制之一，具有机制性、战略性、全员性等一系列其他管理手段无法替代的作用特征，建立与完善商业银行的治理结构，就必须建立科学化的全面预算管理体系。预算管理的最高境界是将预算作为一种意识，内置于商业银行所有行为活动之中，使之成为“沉默的商业银行宪法。”预算管理的首要任务是预算编制，编制过程中最重要的前置工作是如何确定预算目标。预算目标确定及其分解作为预算管理工作的起点，是预算机制作用发挥的关键。

预算目标是商业银行目标或战略意图的体现，商业银行内部不同层级组织的战略重点存在着明显的差异。按照现代商业银行公司制度的要求，任何预算目标的确定，从根本上说都是商业银行的股东、董事会、经营者、执行层和员工等利益相互协调的过程。一般地，不同层级的权责不同，具体管理控制职能不同，其预算目标的定位也就不同。

(1) 股东期望“底线”与商业银行预算目标。股东是商业银行的所有者，拥有对商业银行的剩余索取权或部分剩余控制权。在股东没有成为商业银行的实际投资者之前，他只是潜在的资本提供者，他可以将其所拥有的资本投资于自己创办的企业，从而成为业主；也可以投资于债权，成为食利者以取得固定的利息收益；还可以投资于其他企业或公司，成为被投资公司的股东并由此分享剩余收益。

作为潜在的资本提供者，选择不同的角色(如业主、债权人、股东)取决于多种变量。从主观上看，主要取决于投资者的资本实力(即自然禀赋)、经营管理能力、对投资风险的态度等；从客观上看，则取决于不同的被投资企业间的制度成本与规模效益间的比较优势。具体地说，业主之所以成为业主，是因为他具有承担投资风险的能力；从收益或成本角度看，业主充分享有业主制的制度优势(无代理成本)，但以失去规模收益为代价。而潜在投资者之所以选择债权投资，要么是因为投资者没有能力来经营管理公司，要么是因为这类投资者相对而言更惧怕风险。

在公司制下的股东，可以充分享受公司规模所带来的规模经济效益优势，但却以高昂的制度资本为代价。一旦资本提供者成为公司股东，他事实上已经完成了业主、债权人或股东三者的利弊权衡。通常认为，股东期望从被投资公司中所分得的收益总是要大于业主制下的所得或债权固定收益，这就是股东之所以成为股东的理由，是股东投资于企业的最基本的经济逻辑和法则，它构成了股东预算目标的“底线”。

(2) 股东、董事会期望与商业银行预算目标。股东与董事会之间的关系，在我们看来是另一种类型的委托代理关系，同样存在代理成本。股东期望与董事会期望并不完全一致，这是因为(理论上认为)，董事会成员一般由控股大股东组成，董事会与股东之间的利益矛盾直接表现为控股大股东与众多中小股东间的利益冲突，在利益导向与管理目标上，大股东可能更多地会考虑商业银行战略和未来生存与可持续发展，以期从投资中取得长期回报，而中小股东则更具短期化。

如果说股东期望是以量化方式表达的预算目标(它直接体现为预算目标的最低要求，我们称之为基础预算目标或“底线”预算目标)，那么，董事会对战略导向的考虑则直接表现为对基础预算目标的调整。在进行战略导向及对目标调整时，所要重点考虑的因素包括银行业特征、银行的生命周期、发展速度、市场规划与导向等，这些因素从不同角度会对预算目标进行不同程度的调整。尽管董事会并不具体从事预算编制，但负责预算的审批与下达，因此，董事会历来被认为是预算目标确定的主导力量。

(3) 行长层期望与商业银行预算目标。商业银行的行长层(高级管理人员的代表)在确定预算目标时，更多的是考虑其实现的可行性及客观限制，包括市场潜力、现有各种可利用资源以及预算行为的经济后果等，它从目标的现实性、可操作性方面对预算目标的主观性提出修正，并从个人利益与个人行为角度来看待预算目标。行长层行为预期可以概括为，在尽可能多地占有各种资源的条件下，完成其预期尽可能低的目标，"宽打窄用"即为其预算行为的最好体现。

行长层的上述行为与预算约束软硬程度及预算经济后果有关，具体而言，若商业银行的预算约束较硬，则经理人(行长)会在目标确定之前夸大费用预算、收紧收入或利润预算，"宽打窄用"心理动机更为强烈；反之，若预算约束较软、预算调整程序不严，则经理人(行长)在确定预算目标时不会过于保守，因为他们有机会在事中或事后通过各种方法弥补对自身的不利影响。从对预算执行的预算经济后果看，已确定的预算目标事实上成为经理人(行长)的受托责任，因此在确定预算目标之前，经理人(行长)会自觉不自觉地考虑目标实现程度对自身预期后果的影响(如任期的长短等时间性考虑、经理人员报酬计划、个人提升或降职或解聘等)，并将这种行为预期后果反映到预算目标确定中。

从上述分析不难看出，预算目标是股东、董事会、行长层三者协调与讨价还价的结果：

第一，股东及股东大会对预算目标确定合理性与否的关注，主要借助于两种机制。一是，董事会机制，这是一种内部治理机制；二是，外部市场机制，即股东通过市场反映形式来表达对预算目标的肯定或否定，合理的预算目标会被当作好消息而被市场消化；反之，不合理的预算目标会被作为坏消息而引起市场不良反应。在外部市场并不完全有效的情况下，董事会机制被认为是最有效的股东代理机制。

第二，董事会被认为是预算目标的决策机构，尽管它并不具体从事预算编制，但负责预算的审批与下达，因此，它历来被认为是预算目标确定的主导力量。

第三，行长层出于主观与客观等多方面条件与因素的考虑，在预算目标形成中起着重要作用，它从目标的现实性、可操作性方面对预算目标的主观性提出修正，并从个人利益与个人行为角度来看待预算目标。

可见，预算目标的确定事实上是一个讨价还价的过程，是涉及各方面权力和利益调整的博弈过程。

7.1.6　责任中心的预算编制技术

在编制各责任中心的预算时，首先要在预算目标的引导下确定选择预算指标。预算指标的选择要考虑可操作性和导向性或战略性，统筹兼顾效益指标与规模指标、财务指标与非财务指标。战略层投资中心预算编制的重点是战略计划的编制与按年度分解。在此，重点介绍经营层利润中心和战略服务层(业务管理部门)的预算编制技术。

7.1.6.1　业务管理部门确定为费用中心时预算的编制①

下面以××商业银行为例，该商业银行的公司治理实行董事会、监事会和行长层"三权分离"的制衡机制，设有预算财务部、信息科技部、内控稽核部、授信管理部、综合办公室等职能部门，这些职能部门主要为实现该行的战略目标服务，并确定为费用中心。该商业银行下属有 32 个支行，属于经营层，确定为利润中心。该行从实际情况出发，根据预算管理的成本效益原则，决定不编制预计资产负债表和预计现金流量表，只编制预计内部利润表和相关的

① 本套预算编制技术在浙江××农商银行已经成功应用，基于 EVA 导向的内部利润预算表来自作者在该农商银行主持的《××农村商业银行全面预算控制体系构建》。

明细表与预算控制指标。

(1) 综合管理部门的费用预算及预算指标体系。商业银行综合管理职能部门在管理工作中发生的各项费用,均反映在营业费用的明细中,包括固定资产折旧、业务宣传费、业务招待费、电子设备运转费、安全防卫费、企业财产保险费、邮电费、劳动保护费、外事费、印刷费、公杂费、低值易耗品摊销、职工工资、差旅费、水电费、租赁费、修理费、职工福利费、职工教育经费、工会经费、房产税、车船税、土地使用税、印花税、会议费、诉讼费、公证费、咨询费、无形资产摊销、长期待摊费用摊销、劳动保险费、审计费、研究开发费、绿化费、董事会费、广告费、银行结算费等。这些营业费用明细项目在相关范围内基本上都是固定成本,按照责任会计的要求,必须根据部门是否可控区分为可控固定成本和不可控固定成本两类。对可控固定成本实行总量控制,一般应采用弹性预算的方法编制;对不可控固定成本则一般只需关注其发生的合理性、合法性,可以采用增量预算的方法编制。综合管理部门的费用预算格式及科目如表7-7所示。

表7-7 费用预算表

编制部门: ____年度 单位:元

项 目	行次	代 码	预算数额	项目构成
一、可控固定成本	1			
业务招待费	2	532101		
业务广告费	3	532102		
差旅费	4	532103		
……	5	……		
二、不可控固定成本	12			
固定资产折旧费	13	532120		
劳动保险费	14	532121		
待业保险费	15	532122		
……		……		
合 计				

综合管理部门应以商业银行的战略计划为导向,以平衡计分卡为依据,从财务、客户、内部业务流程和学习与成长四个方面确定预算指标,一般只需设置两层指标就能满足预算控制的需要,如表7-8所示。

表7-8 预算指标体系

编制部门: ____年度

第一层指标	第二层指标及计算公式	分值	评分说明
财务指标(30%)	可控固定成本预算完成水平=实际数额÷预算数额	10	
	……	10	
	……	10	

（续表）

第一层指标	第二层指标及计算公式	分值	评分说明
客户指标（15%）	管理规范化服务执行情况	5	
	每年被投诉次数	5	
	……	5	
内部业务流程指标（35%）	制度执行能力	10	
	业务差错率	10	
	……	15	
学习与成长指标（20%）	员工每年业务培训时数	5	
	员工受教育程度	5	
	中级职称及以上员工占比	5	
	……	5	
合计（100%）		100	

预算指标体系是商业银行的员工预期要求达到的目标的程度，是评价某部门（或支行）或员工的工作质量的标准。所以，预算指标的选择依据是工作目标，即达到目标的工作内容和标准。另外，从考评的操作角度，预算指标的选择还应考虑信息的取得。为此，选择预算评价指标时应遵循以下原则，这些原则对投资中心、利润中心和成本（费用）中心选择预算指标时都是适用的：

第一，少而精原则。只要预算指标能够反映出工作目标的概况即可，也就是说，一切不必要的复杂化都应该避免。结构简单可以使预算与考核信息处理和评估过程缩短，提高预算管理效率。同时，预算管理人员能够比较容易地掌握预算管理系统的方法和技术。因而，这种管理系统比较容易被接受，工作之间的沟通交流问题也容易解决。所以，预算指标的选择要从众多的"候选内容"中选取最有代表性和最有特征的项目。

第二，微分化原则。预算指标是对工作目标的分解过程，要使表达的意思具有较高的清晰度，必须微分化，直至指标内容可以直接评定的程度。预算指标有综合指标和单项指标之分，综合指标是由几种单项指标构成。

第三，界限清楚原则。预算指标的措辞要讲究，使每一个指标的内容界限清楚，避免歧义性，而且指标之间不可重复。如"筹划工作"中的"筹"可以理解为"决策"（运筹），"划"可以理解为"计划"。这样，有的人会偏重于决策方面的工作衡量，而有的人会偏重于计划工作的衡量。

第四，全面性原则。预算指标既要考虑正效益的指标，也必须考虑负效益的指标。只有这些全方位的指标，才能科学地反映预算评价对象的整体效果。在经营过程中往往一个正效益的结果出现，可能会附带负效益的结果。因此，需要加以综合评定和平衡，才能得到客观的评价。

第五，定量指标为主，定性指标为辅原则。预算指标应尽可能以定量为主，对于定性指标运用一些数学工具进行恰当处理，从而使得定性指标得以量化，结果更精确。

第六，差异性原则。预算指标之间的内容可以比较，能明确分清它们的不同之处，在内涵上有明显的差异。

（2）经营层利润中心的利润预算及预算指标体系。利润中心是对利润指标负责的责任中心。由于利润中心对收入与成本的差额利润负责，所以其对收入和成本都要承担责任。根据责任会计为利润中心编制的利润预算主要是为商业银行内部考核和控制服务的，因此通常又称为“内部利润”预算。在编制预算时，首先要选择一个利润指标（边际贡献、可控边际贡献、部门边际贡献、部门税前利润、部门税后利润、经济利润或经济增加值等），还包括如何分配成本到每个利润中心。综合股东期望“底线”、董事会和经营管理层期望对预算目标的影响，考虑到商业银行的分支行对资本金（或净资产）机会成本的分担责任比较清晰，利润中心内部利润预算的格式及科目如表 7-9 所示。

表 7-9　内部利润预算表

编制支行：　　　　____年度　　　　单位：元

项　目	行次	代码	底线预算			目标预算		
			预算数	项目构成	占营业收入百分比	预算数	项目构成	占营业收入百分比
一、营业收入								
利息收入		501100						
金融机构往来收入		502100						
手续费收入		511100						
……		……						
二、变动成本								
利息支出		521100						
……		……						
三、边际贡献								
四、可控固定成本								
手续费支出		531100						
03 其他业务手续费支出		531103						
营业费用		532100						
02 广告费		532102						
03 印刷费		532103						
05 电子设备运转费		532105						

（续表）

项　目	行次	代码	底线预算			目标预算		
			预算数	项目构成	占营业收入百分比	预算数	项目构成	占营业收入百分比
06 钞币运送费		532106						
09 邮电费		532109						
……		……						
五、可控边际贡献								
六、不可控固定成本								
营业费用		532100						
07 安全防卫费		532107						
08 保险费		532108						
17 职工工资		532117						
……		……						
七、支行边际贡献								
八、总行管理费用分配								
预算财务服务费								
信息支持服务费								
……		……						
九、支行营业利润								
十、非营业调整事项								
加:投资收益		514100						
加:营业外收入		515100						
减:营业外支出		536100						
加:以前年度损益调整		560100						
十一、支行利润总额								
减:所得税		550100						

（续表）

项　目	行次	代码	底线预算			目标预算		
			预算数	项目构成	占营业收入百分比	预算数	项目构成	占营业收入百分比
十二、支行净利润								
十三、机会成本分配								
存款准备金机会成本		000002						
资本金机会成本		000003						
十四、支行经济增加值								
减：内部利润分成								
十五、支行对股东贡献								
减：股东分红								
十六、支行贡献留成								

在表7-9中，底线预算应根据最终控制的综合指标（如边际贡献、可控边际贡献、支行边际贡献、支行营业利润、支行经济增加值等）来定义。例如，全面预算管理处在初级阶段的商业银行，控制的综合指标一般定位在“可控边际贡献”水平。于是，可以把底线预算定义为，可控边际贡献正好能够补偿不可控固定成本、总行管理费用分配、资本金机会成本和完成基本预算的所得税。在底线预算水平上，支行的经济增加值为零。平衡公式为：

营业收入－变动成本－可控固定成本＝底线可控边际贡献＝不可控固定成本＋总行管理费用分配＋资本金等机会成本分配＋资本金等机会成本×所得税税率

底线预算的编制可以从经济增加值为零倒轧出来。

在底线预算水平上，资本金机会成本正好等于财务会计计算出的营业利润（接近应纳税所得额），因此还要考虑所得税成本。底线预算体现了经济资本管理的思想，同时底线预算也是财务资本单方面雇佣劳动的极限。实际工作业绩超过底线预算时，员工应享受内部利润分成，而不是只获取工资报酬。

目标预算是在战略计划的引导下，在业务量预测与预算（如存款预算、贷款预算）和充分考虑各预算科目合理构成结构的基础上编制的。在预算编制时，可以以营业收入为起点。营业收入的预算一般是在业务预算的基础上采用弹性预算。由于变动成本与营业收入在相关范围内呈现出线性关系，一般应采用弹性预算。而可控固定成本采用零基预算，不可控固定成本各个细目采用增量预算，总行管理费用分配在总行各综合管理部门预算的基本上按相关标准分配，资本金机会成本分配按各支行分配的应负担的资本金（支行独立核算时为年初资本金余额）乘以机会成本率。值得注意的是，从理论上讲，由于不同支行的财务结构、资产质量和目前面临的风险水平不同，所采用的资本金机会成本率应有所区别。

表7-9中的边际贡献、可控边际贡献、支行边际贡献、支行营业利润等指标是考核利润中心业绩的重要依据。

第一,以边际贡献作为业绩评价依据不够全面,因为支行行长或部门经理至少可以控制某些固定成本,并且在固定成本和变动成本的划分上有一定选择余地。以边际贡献为评价依据,可能导致支行行长或部门经理尽可能多支出固定成本以减少变动成本支出,尽管这样做并不能降低总成本。因此,业绩评价时至少应包括可控的固定成本。

第二,以可控边际贡献作为业绩评价依据可能是最好的,它反映了支行行长或部门经理在其权限和控制范围内有效使用资源的能力。支行行长或部门经理可以控制收入,以及变动成本和部分固定成本,因而可以对可控边际贡献承担责任。这一衡量标准的主要问题是可控固定成本和不可控固定成本的区分比较困难。例如,折旧费、财产保险费等,如果支行行长或部门经理有权处理这些有关的资产,那么,它们就是可控的;反之,则是不可控的。又如,员工的工资水平通常是由商业银行总行集中决定的,如果支行行长或部门经理有权决定本支行或部门雇佣多少员工,那么,工资成本是他的可控成本;如果支行行长或部门经理既不能决定工资水平,又不能决定雇员人数,则工资成本是不可控成本。

第三,以支行(或部门)边际贡献作为业绩评价依据,可能更适合评价该支行(或部门)对商业银行利润和管理营业费用的贡献,而不适合于支行行长或部门经理的评价。如果要决定该支行(或部门)的取舍,支行(或部门)边际贡献是有重要意义的信息。如果要评价支行行长或部门经理的业绩,由于有一部分固定成本是过去最高管理阶层投资决策的结果,现在的支行行长或部门经理已很难改变,支行(或部门)边际贡献则超出了支行行长或部门经理的控制范围。

第四,以支行(或部门)利润总额作为业绩评价的依据通常是不合适的。商业银行总部的管理费用是支行行长或部门经理无法控制的成本,由于分配公司管理费用而引起支行(或部门)利润的不利变化,不能由支行行长或部门经理负责。不仅如此,有时分配给各支行(或部门)的管理费用的计算方法常常是任意的,支行(或部门)本身的活动和分配来的管理费用高低并不一定有因果关系。有些商业银行把所有的总部管理费用分配给下属支行(或部门),其目的是提醒支行行长或部门经理注意各支行(或部门)提供的边际贡献必须抵补总部的管理费用;否则,商业银行作为一个整体就不会盈利。其实,通过给每个支行(或部门)建立一个期望能达到的可控边际贡献标准,可以更好地达到上述目的。这样,支行行长或部门经理可集中精力增加收入并降低可控制成本,而不必在分析那些他们不可控的分配来的管理费用上花费精力。

第五,在对业务数据的统计、归集、分配等方面还未实施精细化管理时,以经济增加值(EVA)作为业绩评价的依据通常也是不合适的。因为精确的业绩考核与激励必须以业务的各项收入、资金占用、费用分摊、计提准备金、经济资本成本抵扣等指标的精确计算为基础。例如,根据《新巴塞尔协议》规定,非预期损失应采用内部评级法进行评价,对债项逐笔计算风险。由于目前我国商业银行有效数据积累、数据准确性检验及银行系统对该系统设计原理不够科学及生成信息的接受程度还不到位,银行系统普遍还不具备这些信息基础和认知基础,这说明银行系统尚缺乏这方面的实现条件,从而制约了经济资本预算管理的推行和经济增加值(EVA)计算的精确性。尽管如此,经济增加值(EVA)在预算中的体现使支行行长或部门经理明白,支行(或部门)税后净利润要弥补经济资本成本后,才能为商业银行的整体价值增值做出贡献。

与综合管理部门相比,根据平衡计分卡设计预算控制指标时,利润中心应适当加大财务指标的比重,减少非财务指标的比重。表 7-10 是某商业银行为利润中心设计的预算控制指标。

表 7-10　预算指标体系

编制支行:　　　　　　　　　　　　　____年度

第一层指标	第二层指标	第三层指标及计算公式	分值	评分说明
财务指标(60%)	安全性(30%)	中长期贷款占比	2	
		最大十户贷款占比	1	
		……	27	
	效益性(20%)	不生息资产占比	3	
		人均可控边际贡献	5	
		……	12	
	流动性(10%)	存贷款比率	2	
		利息回收率	3	
		……	5	
客户指标(20%)	客户忠诚度(8%)	客户回头率	2	
		重要客户增加数	2	
		……	4	
	客户满意度(7%)	客户投诉次数	2	
		市场占有率	2	
		……	3	
	客户成本(5%)	新客户取得成本	1	
		老客户维护成本	1	
		……	3	
内部业务流程指标(13%)	内部控制遵循性(8%)	业务操作的规范性	2	
		报表的准确性与及时性	2	
		案件发生次数	2	
		……	2	
	业务流程有效性(5%)	营业费用占营业收入比率	1	
		客户服务差错率	2	
		业务流程顺畅	1	
		……	1	

（续表）

第一层指标	第二层指标	第三层指标及计算公式	分值	评分说明
学习与成长指标（7%）	员工学习与素质（4%）	员工的知识结构	1	
		人均脱产培训费用	1	
		人均在岗培训费用	1	
		……	1	
	员工生产能力（3%）	人均存(贷)款额	1	
		员工被客户认知度	1	
		……	1	
合　计			100	

7.1.6.2　业务管理部门视为利润中心时预算的编制

处在战略服务层的综合管理职能部门如果视为费用中心，则片面地把这些部门当作“花钱”的单位，似乎不太公平。其实，综合管理部门的管理服务是创造价值的，他们不但提供结算、信息技术支持等有形服务，还通过内部控制制度的执行与监管降低商业银行的风险，因而创造风险价值。如果为综合管理部门的管理服务计价，则应把他们视为利润中心，其内部利润预算的格式及科目如表 7-11 所示。

表 7-11　内部利润预算表

编制部门：　　　　　　　　　　____年度　　　　　　　　　　单位:元

项目	行次	代码	预算数	项目构成	占营业收入百分比
一、服务收入					
结算服务收入					
信息技术服务收入					
……					
二、变动成本					
……					
三、边际贡献					
四、可控固定成本					
会议费					
邮电费					
……					
五、可控边际贡献					

（续表）

项目	行次	代码	预算数	项目构成	占营业收入百分比
六、不可控固定成本					
劳动保护费					
职工福利费					
……					
七、部门边际贡献					
八、其他部门管理费用分配					
人事培训费					
信息技术费					
……					
九、部门利润总额					
减：所得税					
十、部门净利润					
减：内部利润分成					
十一、部门贡献					

综合管理部门视为利润中心时，战略服务层综合管理部门和经营层利润中心的预算指标体系分别与表7-8和表7-10基本相同，但经营层利润中心的内部利润预算表中总行管理费用分配所属的各明细预算科目是根据综合管理部门提供的服务定价填列的。内部服务定价是责任会计研究的一个重点和难点问题，目前常见的定价方法有以下几种：

（1）市场价格。在服务存在完全竞争市场的情况下，市场价格减去对外的服务营销费用，是理想的内部服务转移价格。

服务（产品）内在经济价值计量的最好方法是把它们投入市场，在市场竞争中判断社会所承认的服务（产品）价格。在此，完全竞争市场是一个假设条件，意味着商业银行外部存在管理服务的公平市场。其实，商业银行的管理服务很特殊，在一个有限的区域内不可能形成一个完全竞争的市场，甚至银行的内部管理服务也不可能市场化。显然，市场价格法不适合商业银行的内部服务转移定价。

（2）以市场为基础的协商价格。如果服务（产品）存在非完全竞争的外部市场，可以采用协商的办法确定转移价格，即双方支行（部门）的行长或经理就提供内部管理服务的数量、质量、时间和价格进行协商并设法取得一致意见。

协商价格往往浪费时间和精力，可能会导致支行（部门）之间的矛盾，支行（部门）获利能力的大小与谈判人员的谈判技巧有很大关系，是这种转移价格的缺陷。尽管存在这些不足，协商转移价格仍被广泛采用，它的好处是有一定弹性、可以照顾双方利益并得到双方认可。当然，成功的协商转移价格也有赖于一个某种形式的外部市场，这个市场不应该是垄断市场；否则，协商价格就成为垄断价格，而非公平价。

(3) 变动成本加固定费转移价格。这种方法要求内部服务的提供用单位服务的变动成本来定价，如每小时服务的变动成本，与此同时，还应向接受服务的支行(部门)收取一定的固定费，作为长期以低价获得管理服务的一种补偿。这样做，提供服务的部门就有机会通过收取固定费来补偿其固定成本并获得内部利润；接受服务的支行(部门)每期支付特定数额的固定费后，对于获取的服务只需支付变动成本，通过边际成本等于边际收入的原则来选择接受服务的水平，可以使其内部利润达到最优水平。

按照这种方法，提供管理服务的部门收取的固定费总额为期间(如年度)固定成本预算与必要的报酬之和，它按照各接受服务的支行(部门)的正常需要量比例分配给接受支行(部门)。此外，为单位服务确定标准的变动成本，按接受服务的支行(部门)的实际接受服务量计算变动成本总额。在管理服务市场化程度还很低的情况下，变动成本加固定费转移定价法比较适合于我国商业银行内部服务的转移定价。

(4) 全部成本转移价格。以全部成本或者以全部成本加上一定利润作为内部转移价格，可能是最差的选择。它既不是业绩评价的良好尺度，也不能引导支行(部门)的行长或经理做出有利于责任中心的明智决策。其唯一优点是简单。

它以目前各部门的成本为基础，再加上一定百分比作为利润，在理论上缺乏说服力。以目前的成本为基础，会鼓励支行(部门)的行长或经理维持比较高的成本水平，并据此取得更多的利润。越是节约成本的责任中心，越会有可能在下一期被降低服务提供价格，使内部利润减少。成本加成百分率的确定也是个困难问题，很难说清楚它为什么是8%，而不是7%或9%等。因此，只有在无法采用其他形式转移定价时，才考虑使用这种方法。

我们知道，商业银行实行责任会计管理，重要的一点就是要在商业银行内部建立责任中心，在各责任中心之间(主要是指利润中心或投资中心之间)模拟外部竞争性市场的环境，充分利用价值规律，实行市场经济的管理方法，建立内部结算中心。各责任中心之间进行的“资金借贷”或“服务买卖”，要利用前段介绍的内部资金转移定价和本段介绍的内部服务定价进行内部结算。制定内部结算价格是商业银行实施全面责任预算管理必不可少的一环，是责任会计的重要组成部分，是利润中心得以存在和发挥功效的基础。可见，内部结算价格是否科学合理，直接影响到责任中心的业绩评价和决策，进而对整个组织产生影响，这是分权化管理中极为敏感和重要的问题。良好的内部结算价格机制应当能够激励责任中心在实现自身目标的同时实现组织整体的目标。

7.1.6.3　预算指标体系的设计原则及指标权重的确定

预算指标体系的设计和各个指标权重的确定是全面预算编制的主要问题之一，必须遵循一定的原则。一组既独立又相互关联并能较完整地表达预算目标要求的指标，就组成了预算指标体系。在设计预算指标体系时应坚持以下原则：

(1) 科学性原则。科学性原则主要体现在理论与实践相结合，以及所采用的科学方法等方面。在设计预算指标体系时，首先要有科学的理论作指导，如系统评价理论、目标一致

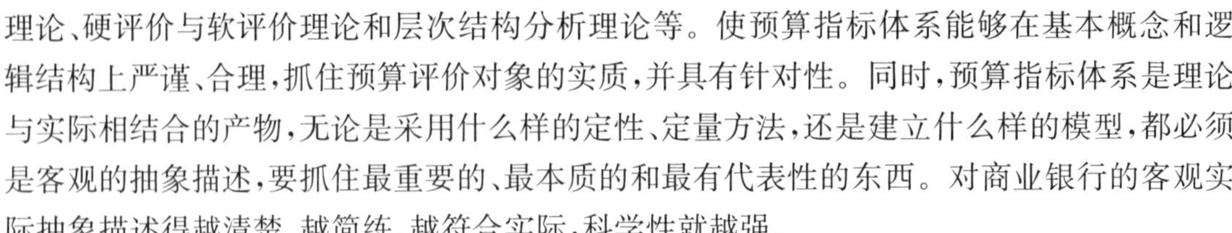

理论、硬评价与软评价理论和层次结构分析理论等。使预算指标体系能够在基本概念和逻辑结构上严谨、合理，抓住预算评价对象的实质，并具有针对性。同时，预算指标体系是理论与实际相结合的产物，无论是采用什么样的定性、定量方法，还是建立什么样的模型，都必须是客观的抽象描述，要抓住最重要的、最本质的和最有代表性的东西。对商业银行的客观实际抽象描述得越清楚、越简练、越符合实际，科学性就越强。

(2) 系统优化原则。预算描述的对象必须用若干指标进行衡量，这些指标是互相联系和互相制约的。有的指标之间有横向联系，反映不同侧面的相互制约关系；有的指标之间有纵向关系，反映不同层次之间的包含关系。同时，同层次指标之间尽可能界限分明，避免相互包含，减少对同一内容的重复评价。这些预算评价指标构成互有内在联系的若干组、若干层次的指标体系，体现出很强的系统性。总之，在设计预算指标体系时要以较少的指标(数量较少、层次较少)较全面、系统地反映预算评价对象的内容，既要避免指标体系过于庞杂，又要避免单因素选择，追求的是预算指标体系的总体最优或满意。

(3) 通用可比原则。通用可比原则包括纵向可比和横向可比两个方面。纵向可比，即同一对象在不同时期进行比较，预算指标体系和各项指标、各种参数的内涵和外延要保持相对稳定，用以计算各指标相对值的各个参照值(标准值)也要相对不变。横向可比，即不同预算描述对象之间的比较，要找出共同点，按共同点设计预算指标体系。对于各种具体情况，采取调整权重的办法，综合评价各预算描述对象的状况再加以比较。对于相同性质的支行或部门，往往很容易取得可比较的指标。

(4) 实用性原则。首先，指标要简化，方法要简便，即预算指标体系不可设计得太烦琐，在能基本保证评价结果的客观性、全面性的条件下，指标体系应尽可能简化，减少或去掉一些对预算评价结果影响甚微的指标。其次，数据要易于获取，无论是定量评价指标还是定性评价指标，其信息来源渠道必须可靠，并且容易取得。再次，各项预算指标及其相应的计算方法，各项数据都要标准化、规范化。最后，要严格控制数据的准确性，实行预算过程中的质量控制，即对数据的准确性和可靠性加以控制。

(5) 目标导向原则。预算不单是控制的手段，更重要的是引导和激励各责任中心的员工向正确的方向和目标发展。业绩考评是预算管理工作中的重要内容，通过实际成果与预算目标的比较，引导员工的行为向目标靠近。

系统论认为，结构决定功能，预算指标体系中各项构成指标的重要性是用“权重”表示的。所谓“权重”是一个相对的概念，是针对某一指标而言。某一指标的权重是指该指标在整体评价中的相对重要程度。权重表示在预算指标编制过程中，对预算描述对象的不同侧面的重要程度的定量分配，对各预算指标在预算指标体系中的作用进行区别对待。权重具有突出重点指标和确定单项指标评分值的作用，在确定权重时要坚持以下原则：

(1) 系统优化原则。在预算指标体系中，每个指标对系统都有它的作用和贡献，对系统而言都有它的重要性。所以，在确定它们的权重时，不能只从单个指标出发，而是要处理好各个指标之间的关系，合理分配它们的权重。应遵循系统优化原则，把整体最优化作为出发点和追求的目标。在这一原则指导下，对预算指标体系中各个指标进行分析对比，权衡它们各自对整体的作用和效果，然后对它们的相对重要性做出判断。在确定各自的权重时，既不能平均分配，也不能片面地强调某个指标、单个指标的重要性，而忽略其他方面的发展。在实际工作中，应该使每个指标发挥其应有的作用。

(2) 主观意图与客观情况相结合的原则。预算指标权重反映了商业银行管理当局对员工行为的引导意图和价值观念。当他们觉得某项指标很重要，需要突出它的作用时，就必然给该指标以较大的权数。但现实情况往往与人们的主观意愿不完全一致。例如，确定权重时要考虑这样几个问题：①历史的指标与现实的指标；②社会公认的指标与商业银行的特殊性；③同行业、各分支行(部门)间的平衡。因此，必须同时考虑现实情况，把引导意图与现实情况结合起来。

(3) 民主与集中相结合的决策原则。权重是人们对预算指标重要性的认识，是定性判断的量化，往往受个人主观因素的影响。不同的人对同一件事情都有各自的看法，而且经常是不相同的，其中有合理的成分，也有受个人价值观、能力和态度造成的偏见。这就需要实行群体决策的原则，集中相关人员的意见互相补充，形成统一的方案。这样做的优点是：①考虑问题比较全面，使权重分配比较合理，防止个别人认识和处理问题的片面性。②比较客观地协调了利益相关者各方之间意见不统一的矛盾，经过讨论、协商、考察各种具体情况而确定的方案，具有很强的说服力，预先消除了许多不必要的纠纷。③全面预算管理是一种全员的管理方式，需要全员的参与，在预算指标设计方案讨论过程中，各方都提出了自己的意见，而且对预算考评的目的和系统目标都有进一步的体会和了解，在预算执行过程中可以更好地按预定目标进行工作。

7.1.7 全面预算的汇总分析与评价

各责任中心的预算编制完成后要合并汇总，进行综合平衡与分析，并对是否满足外部监管要求和商业银行的战略目标进行评估。符合外部监管要求和商业银行的战略目标，是商业银行全面预算管理的最基本要求，在设计预算科目和预算指标时要“鼓励价值增值，控制短期行为”，一切服从商业银行价值最大化目标。下面主要介绍预计资产负债表、预计利润表和预计现金流量表及表现出的相关预算指标的分析与评价。

7.1.7.1 预计财务报表分析及评价的实质

预计财务报表的分析及评价，其实质是从财务角度对商业银行预算年度的预计工作业绩和经营状况进行分析与评估。对预计财务报表的分析主要从盈利和风险两方面入手，根据预计财务报表的数据，进行分析和计算，目的是评价商业银行的预算是否科学、合理、有效，是否能够达到激励、预警和控制的效果，为商业银行进一步改善预算管理，提高预算管理的效率与效果提出合理化建议。

对商业银行预计财务报表进行分析评价时，应当运用分析性复核的方法，实施的程序一般有：

(1) 比较预算期的预计财务报表与上期的实际财务报表，发现预计财务报表数额变化异常的项目，分析产生的原因。

(2) 分析预计财务报表的结构及重要项目之间的关系。

(3) 比较预计财务报表信息与相关的业务预算表(如贷款预算表、存款预算表及其他业务预算表)的信息并分析它们之间的关系。

(4) 计算重要的预计财务指标,与上期相应指标或行业标准进行比较。

7.1.7.2 预计财务报告的一般性分析

(1) 资产质量分析。商业银行的资产质量是通过资产结构表现出来的。对商业银行资产质量的分析,就是对资产各个组成部分及其相互关系的分析。质量分析的标准是,预计的资产结构是否能在确保安全性、流动性的基础上,获得较好的收益性。

商业银行资产质量分析,首先应对其资产种类结构进行分析,以反映商业银行资产质量总体状况;其次,应重点对贷款质量进行评析,揭示商业银行的内在风险;最后,可以进行预计数与历史数据的比较,同行业相关数据的比较和预计资产投向结构分析,以此预测商业银行资产质量的可能发展趋势,发现与同行业之间的差距,分析不良资产在行业、种类等方面的分布。资产质量分析的具体内容如下:

第一,预计资产结构的分析。商业银行的资产按类别一般可分为流动性资产、长期资产、长期待摊费用、无形资产和其他资产。一般地,经营保守型的商业银行可能流动资产比例较高,风险激进型的商业银行长期资产比例可能相对较高。如果将商业银行的资产分为盈利资产和非盈利资产,现金、应收账款(含表内应收利息和其他应收款)、固定资产、无形资产、长期待摊费用以及待处理、待清理的各类资产等属于非盈利资产,而投资、贷款等属于盈利资产。银行在运用资金时,通常在盈利资产与非盈利资产之间保持合理的结构,在盈利资产中,尽量在风险相同的情况下,增加高收益资产的比重,减少低收益资产比重,以获得更大收益。

第二,预计贷款资产质量分析。因为贷款在商业银行资产中的特殊地位,贷款收益对整个商业银行收益有举足轻重的影响,所以,对贷款种类结构及形式的分析就成为资产质量分析的重要部分。在实行分业经营的情况下,我国商业银行资产结构较为单一,收益渠道相对狭窄,贷款的质量就决定了商业银行整个资产的质量。通常情况下,可以按照五级分类标准,分别对正常类、关注类、次级类、可疑类和损失类贷款进行预计,分析预计贷款资产的质量。

(2) 预计资本结构分析。对预计资本结构的分析,应当从商业银行资金的来源,即负债与所有者权益两方面进行。

第一,预计负债结构分析。商业银行的负债按期限可以分为短期负债和长期负债,按种类大致可划分为单位存款、储蓄存款、同业存放、拆入资金、发行债券、各种应付款项等。我们可以通过不同期限、种类的负债相互间的比例关系,分析整个负债的成本及稳定性。负债的稳定性可以用存款稳定率指标衡量。存款稳定率即各项存款中相对稳定的部分与存款总额的比率,其计算公式为:

$$存款稳定率 = (定期储蓄存款 + 定期存款 + 活期存款 \times 70\%) \div 各项存款总额 \times 100\%$$

公式中的70%,指商业银行活期存款的沉淀率,该比率应根据不同区域的分支机构存款的稳定性分布及时进行适当的调整。

一般来说,商业银行应当在平均成本最低的基础上获得最为稳定的负债。从整体而言,短期负债的比重越大,整体稳定性就越差,但成本也越低;而定期存款、金融债券的比重越大，整体稳定性越高，成本也越高。

第二，预计所有者权益分析。通过预计所有者权益分析，评价商业银行资本的流动性、安全性和收益性。分析的指标有：①资本固化率，即被固化的资产占所有者权益的比重。被固化的资产指固定资产净值、在建工程、无形资产及递延资产等项目。②资本风险比率，即股东权益占风险资产总额的比率。③资本利润率，即预算期利润总额占预算期末资本总额的比率。

(3) 预计利润结构及利润分配政策执行情况分析。预计利润结构的分析，包括预计收入结构与预计支出结构。通过分析商业银行的预计利息收入、金融企业往来收入、手续费收入、投资收益等营业收入的构成情况，评价该行预计的经营风险和盈利能力。如果商业银行预计利息收入在全部营业收入中占比很大，反映出该行收入来源单一，市场风险较大；如果预计投资收益占营业收入的比重较大，说明该行的收入来源不稳定，经营风险比较大。同样，分析预计营业支出的构成情况，并针对预算年度变动较大的项目重点审查。总之，我们应当根据具体情况具体分析，确定审查的重点，以事先发现可能存在的风险点。

预计利润分配政策执行情况分析主要是评价商业银行预计的利润在各投资者之间的分配是否符合国家的方针政策和有关制度。商业银行的利润分配必须严格执行公司法的规定。

(4) 预计项目配比分析。商业银行的预计资产负债表、预计利润表、预计现金流量表及预计业务状况表不是孤立存在的，相关项目之间存在着一些固定的联系和因果关系，在审阅预计报表时，应当从报表中找出一些相关项目，分析其金额配比的合理性，为预算评价提供依据。

由于商业银行业务的特殊性，要求其资产与收入之间、负债与支出之间存在合理的配比关系。商业银行拥有资产是为了获得收益，因而盈利资产价值的高低与它们取得的收入密切相关，盈利资产越多，质量越高，则收入越多。可以用资产收益率和生息资产盈利率指标衡量，其计算公式如下：

$$资产收益率 = 净利润 \div 资产总额 \times 100\%$$
$$生息资产盈利率 = 利息收入 \div 平均生息资产 \times 100\%$$

具体到报表项目，贷款与利息收入、存款与利息支出之间，存放同业款项与金融企业往来利息收入、同业存放款项与金融企业往来利息支出之间，长期投资与投资收益之间也存在着因果配比关系，我们可以运用专业判断进行分析对比。

除了进行以上的一般性预计财务分析外，商业银行还应进行预计财务比率分析，可以从流动性、安全性和盈利性三方面考虑，根据预算管理的需要，从中选取重要的预计财务指标进行计算以及横向和纵向的比较分析。分析时可以进行同行业间的比较，评价商业银行相对的预计财务状况；也可以进行预算期与历史不同时期的比较，了解该行盈利能力的变化趋势。

7.1.7.3　预算目标的符合性测试

预算目标作为一种目标导向，是否能够真正如我们所预想的那样引导各预算执行主体朝商业银行设定的预算目标努力，是否会出现事与愿违的情形，这些都是我们应该预先考虑的问题。为了稳妥起见，有必要进行符合性测试。所谓符合性测试，即采用几个代表性支行（部门）的实际数据，代入预算目标及其考评进行模拟计算，检验结果与目标导向是否相符。如果我们欲激励的行为结果反而导致低得分，或我们欲控制的行为结果却导致高得分，则说明其与我们真实的目标导向有偏差，应修订目标及其评价方法。

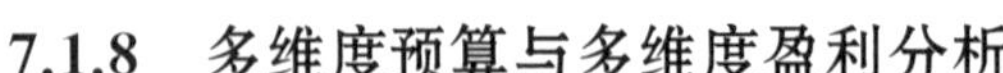

7.1.8 多维度预算与多维度盈利分析

有条件的商业银行现已着手实施多维度预算管理，机构、业务线、产品、币种等多维度预算正在逐步运用与深化中。但是，由于组织架构、数据支持、管理基础等种种条件限制，预算在业务线、客户、产品等维度的作用发挥仍相对有限，精细化程度尚待提高；另外，经济资本的管理架构尚在建立与完善之中，真正意义上的资本预算管理还有相当长的一段路要走；此外，多维度预算目标还不能做到与预算责任主体一一匹配，目标引导的有效性有待进一步加强。未来，随着组织架构改革逐步深入，资本管理、FTP等管理手段日益成熟以及信息技术的发展，资本预算的重要性将日益凸显，多维度预算引导将更加精细化、更加富有成效。

传统预算模式下，商业银行一般是先确定存款目标，以存定贷，再关联财务收支预算，进而确定利润目标，这种预算编制思路实质上仍停留在“粗放式”的发展阶段。随着监管当局对资本监管要求的愈益增强，商业银行经营发展面临的资本约束日益突出，资本预算的重要性也会更加凸显。而伴随风险计量技术、资本管理水平不断提高以及多维度盈利分析的深化应用，未来，经济资本预算将决定业务发展规模与结构预算，进而决定财务收支与利润预算，经济资本预算将成为资产扩张以及资产结构布局的指南针。

管理会计多维度盈利核算与分析在商业银行经营管理实践中发挥着重要作用，从前台市场细分、客户营销，到中台定价管理、授信审批，再到绩效考核、资源配置及战略制定，多维度盈利核算分析都是重要的管理工具。未来，随着管理会计应用的不断深化，多维度盈利核算分析与多维度预算引导的结合将更加紧密。一方面客户、产品维度的精细化分析将推动预算管理的关口进一步前移，预算引导可进一步延伸到一线产品策略以及客户策略选择上，导向更加鲜明、直接；另一方面业务线维度精细化盈利分析为商业银行事业部制改革奠定了坚实的核算基础，由此推动预算管理模式“质”的变革，业务线预算引导地位将日益突出，与机构预算共同构成商业银行预算引导的核心，预算引导将朝着更加专业化的方向发展。同时，借助多维度盈利核算分析与多维度预算，预算管理层级将逐步拓展、延伸到各级分支机构乃至具体的业务与管理人员。从利润中心到成本中心，从上到下直至一线客户经理，不同层级预算主体的权、责、利对等关系将更加明晰，全行上下可以形成纵横交错的责任预算目标网络，充分调动各级机构、部门和员工的工作积极性，多维预算引导将大有可为。可以预见，多维度盈利分析走多远，多维预算就能走多远。

7.2 风险限额管理

限额管理作为一种涵盖范围广、精确度高、可操作性强的风险管理手段，正在被越来越多的先进银行所重视和推行。这些银行通过风险计量和组合分析，设定各类产品的最高规模上限，各种限额之间相互联系和制约，在风险管理中发挥着制约、分散和预警作用，形成一个有机的限额管理体系，实现资源的有效配置。

7.2.1　限额管理的基本理念

风险限额是根据风险调整后资本收益率(RAROC)的最大化原则,应用资产组合分析模型设定的风险敞口(EAD)或风险价值(VaR)的最高上限。风险限额代表了银行在某一项业务中所能容忍的最大风险,凡在限额以内发生的损失,都可以通过银行自有资本金来抵御,超出限额则意味着损失会超过承受能力,银行必须采取减少风险暴露、分散资产组合、增强抵押品以及运用衍生工具等方式进行风险缓释。限额管理是一种基于风险计量的管理方式,它综合体现了银行的经营战略、政策导向以及资本配置,代表了当今风险管理的专业化、精细化和系统化发展方向。与传统风险管理方式相比,它具有如下特征:

(1) 限额管理是对风险的事前管理。在风险管理体系中,各类敞口的限额都是根据对风险变化的预测提前设定的。当某类风险敞口(例如,行业信贷规模、区域信贷规模或集团授信额度)保持在限额以下,说明业务发展稳健,风险基本可控;当风险敞口逼近限额时,监测系统将发出预警信息,提示风险经理采取防范措施;而风险敞口一旦突破限额,就预示着风险正在显著上升,风险经理应启动紧急处理程序,在爆发大规模损失前,将敞口压缩到可控范围内。可见,限额管理应发生在资产损失形成之前,属于"防患于未然"的事前管理。

(2) 限额管理是对风险的实时动态管理。限额管理强调实时动态监控,即在每个时点上,系统都可以根据最新市场变化和业务数据,计算调整各项限额,并监测所有限额的执行状态。客户经理和风险经理通过客户终端,随时从限额管理系统获取最新数据,了解所辖业务的风险状态,做出及时、准确的决策。这种实时监测不仅避免了因信息滞后造成的风险,同时也能够防止金融交易中瞬时超限额现象的发生。从这个意义上讲,限额管理必须依托一个有效的管理信息系统,在畅通发达的网络环境下实现全行范围的连续监控。

(3) 限额管理是对风险和收益的综合管理。风险限额是对业务经营规模施加的一种硬性约束。从短期看,限额管理可能会对业务拓展形成一定的制约,但长期而言它有利于银行的持续、健康发展。因为限额是根据 RAROC 最大化原则设定的,本身就是风险和收益平衡作用的结果。某项业务的开展在初始阶段会给银行带来较大的收益增加,但随着业务不断扩张,就会出现边际收益递减的现象;而如果业务规模突破风险限额,就会使 RAROC 降到较低水平,甚至出现负值,反而不利于银行增加实际收益。因此,风险限额不单纯是对业务发展的约束,更为重要的,它是银行经营策略和风险承受能力的综合体现。

(4) 限额管理是基于资产组合分析的全面风险管理。商业银行的限额管理体系建立在风险计量和组合分析的基础上,不仅涵盖了信用风险、市场风险、操作风险和流动性风险,同时也贯穿了宏观、中观和微观等各个层面。该体系不仅包括对单笔业务或某一客户的交易限额,也包括国家、行业、区域、产品、客户等资产组合层面的额度限制。它基于对违约概率(PD)、违约损失率(LGD)、风险敞口(EAD)的准确计算,也通盘考虑了资产风险之间的相关度以及整个银行的实际资本状况。从这个意义上讲,限额管理体系具有全方位、全流程和全要素的管理功能,是银行真正实现全面风险管理的重要手段。

7.2.2　限额管理的整体架构

风险限额管理通常包括风险限额设定、风险限额监测和风险限额控制三个环节,如图

7-7 所示①。其中,风险限额设定是整个限额管理流程的重要基础,其本身就构成了一项庞大的系统工程。风险限额的设定分成四个阶段:

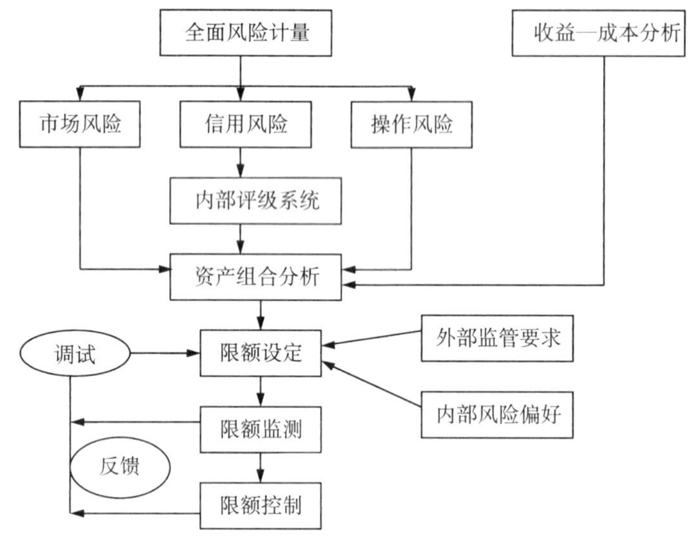

图 7-7　限额管理的整体架构

第一,是全面风险计量,即银行对各类业务所包含的信用风险、市场风险和操作风险分别进行量化分析,以确定各类敞口的预期损失(EL)和非预期损失(UL)。根据《巴塞尔新资本协议》(巴Ⅱ)的要求,信用风险可通过银行内部评级系统进行计量,市场风险则通过内部模型法加以界定;而计算操作风险的难度较大,有条件的银行可以采用高级计量法(AMA),而商业银行如果基础不足,可先采用单一指标法或标准法。

第二,利用会计信息系统,对各业务敞口的收益和成本进行量化分析,其中制定一套合理的成本分摊方案是亟待完成的一项重要任务。

第三,运用资产组合分析模型,对各业务敞口确定经济资本的增量和存量。

第四,综合考虑监管部门的政策要求以及银行战略管理层的风险偏好,最终确定各业务敞口的风险限额。

商业银行总部应定期发布风险限额,其后对限额执行情况实施连续监测。通常,根据经济资本配置要求,对各类敞口设定理想额度和限制额度(即风险限额),并建立监测预警机制。当实际交易额超过理想额度时,系统发出蓝色预警信号;当实际交易额超过风险限额时,系统发出红色预警信号。对风险限额的执行情况,总行应定期进行反馈检验,并对限额进行调整或重新设定。

7.2.3　风险限额的设定方法

7.2.3.1　风险限额的主要类别

从国际银行经验看,风险限额主要包括集中度限额、VaR 限额和止损限额三种形式,如

① 武剑.论风险限额管理体系的构建和应用[J].浙江金融,2007,(1):7-9.

图7-8所示。

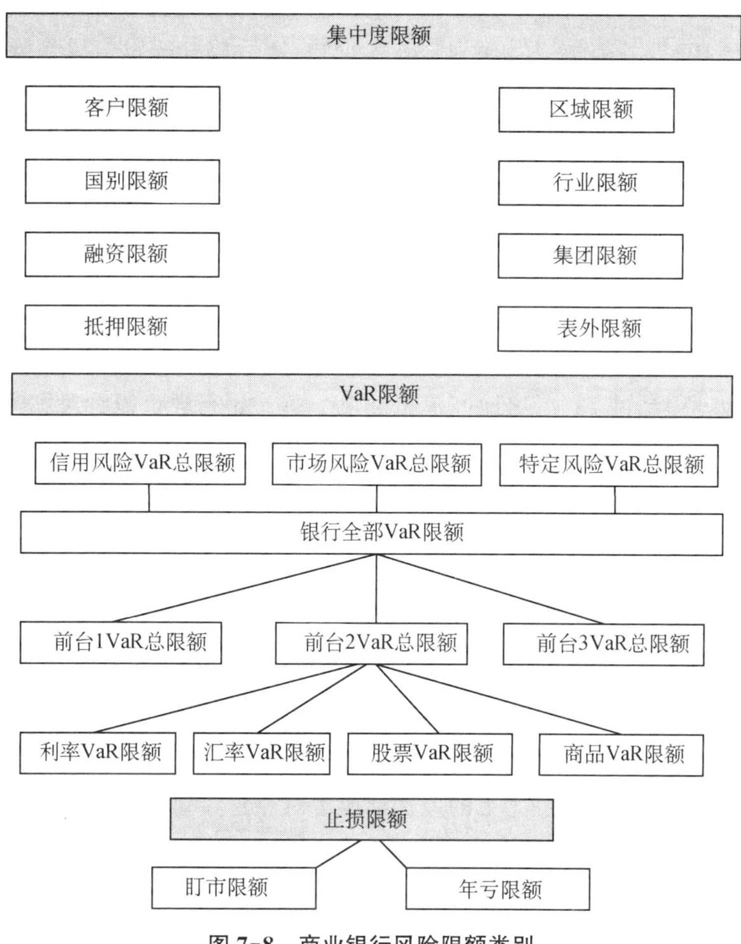

图7-8　商业银行风险限额类别

(1) 集中度限额是直接设定于单个敞口(如国家、行业、区域、客户、产品等)的规模上限,其目的是保证投资组合的多样性,避免风险过度集中于某类敞口。

(2) VaR限额是对业务敞口的风险价值进行额度限制,这是一种比较科学的限额设定方式,可广泛应用于信贷业务、资金业务、国际业务等领域,并且在使用中具有较高的灵活性,易于在各条业务线上进行加总和分拆计算;同时,也可以根据股指、利率、汇率和商品价格等风险要素产生设定的VaR限额,对业务进行多角度风险控制。但VaR限额高度依赖模型和数据,目前国内银行很难达到建模要求。

(3) 止损限额以实际损失而非可能损失为监测对象,它是集中度限额和VaR限额的重要补充,主要用于控制市场风险,多采取"盯市"方式,即一旦银行所持资产的市值跌破某一临界点,银行立即采取交割、斩仓等措施,以防止损失进一步扩大。当然,根据业务特点不同,止损限额有时也可以盯住年度亏损额,即当某项业务全年损失额超过某临界点时,银行就停止该业务。

7.2.3.2　不同方法的比较选择

商业银行在选择限额设定方法时,要根据管理基础、数据质量以及风险计量能力综合决策，并且应充分考虑后续的限额管理模式。目前，国内多数银行没有完全达到数据要求，暂无法实现 VaR 限额计算，可以用集中度限额对单笔交易风险进行管理。在设定敞口集中度限额时，可先将表内、外各类敞口转换为贷款等价物，然后再统一设定风险限额。但集中度限额的局限性在于假定了风险和授信量之间的刚性联系，这种假设在很多情况下并不成立。另外，当市场发生变化或受客户因素影响导致风险发生变化时，集中度限额往往无法及时体现现实风险。从风险管理的趋势看，VaR 限额比集中度限额更具实用意义和发展潜力。

7.2.3.3　需考虑的其他因素

限额设定需要考虑银行自身业务的特点，根据银行业务发展方向和风险偏好来确定不同敞口的限额。银行可以根据贷款占核心资本的一定百分比确定对某些产业的最大贷款投入限额，例如，农业贷款不得超过核心资本的 10%，建筑业不得超过 15%，制造业贷款不超过 150%，零售业不得超过 75%，房地产不超过 50%等。银行还可以针对国家、区域、集团等维度做出类似的限额规定。

单笔交易限额通常是国家限额、行业限额、区域限额、产品限额等众多限额共同形成的交叉限额。在发生或即将发生一笔交易时，应测算该笔交易对相关限额的影响。

7.2.4　风险限额的管理方式

7.2.4.1　风险限额的执行力度

要实施限额管理，就必须明确风险限额的执行力度。不同银行对风险限额的执行力度是不同的。有的银行进行严格的限额管理，要求限额不可突破；而有的银行则更多地把限额管理看作一种预警机制。这种理念上的差别形成了对经营活动的不同导向。限额管理系统可以设立一些预警指标，这些指标会在逼近限额的时候及时发出预警信号，提示管理者采取防范措施。风险限额的执行力度通常取决于两个因素：一是董事会的风险偏好，如果战略管理者倾向于稳健经营，则风险限额的刚性就比较强；二是风险限额计算结果的可靠性，这主要受计量模型和数据质量的影响。一般而言，国际先进银行更强调风险限额的刚性，但同时也保留必要的弹性，如果确实需要突破限额，必须得到银行高管层的批准。

7.2.4.2　风险限额的敏感度和稳定性

在限额监控过程中，不仅要对风险敞口和当前限额进行比较，以观察限额是否被突破或是否被充分利用，而且要根据最新数据对限额进行持续计算，以确定当前限额是否仍然适合管理需要。尽管限额计算在不断进行，但公布的限额在一定时期内应保持稳定，因为频繁的限额变动将使经营政策不连续，从而增加管理成本。在实际操作中，常常将新算出的限额和当前限额做比较，如果变幅在一定范围(如 10%)内，则维持当前限额；否则，就考虑调整。通过持续监测，管理者可掌握风险敞口的分布和限额利用情况，并由此做出调整，将未利用的限额重新分配到其他业务单元中以创造利润。

7.2.4.3　风险限额的切入点

银行需要明确在业务流程中何时启动限额管理。以信贷业务为例，一般有两种方式：一种方式是根据交易的收益能力来决定是否接受该笔信贷申请，在做出授信决定后，再进行限额监测和管理。这种贷后监测方式意味着在信贷审批过程中并不考虑限额因素。信贷审批仅从借款人的信用立场和抵押物角度考虑，而不考虑组合风险。这种贷后限额管理常常导致超限额现象，从而降低了风险管理的有效性。另一种方式是在授信业务初始就进行限额介入，在做出是否授信决定之前，先测算该笔业务对限额的影响，如果接受业务将导致限额突破，那么银行不会批准授信。这种贷前监测方式可减少限额突破，降低组合调整而带来的管理成本。然而，这种方法要求银行能准确估计单笔交易的风险损失及其对限额组合的影响。这不仅需要IT系统支持，还要求业务经营和限额监测在审批中有机结合。对目前还不能实施第二种方式的银行，可采用折衷方法，即仅对大额信贷业务进行贷前限额监测，当单个交易对手的授信总量超过预先设定的规模时，由风险管理部门在审批前分析业务所带来的风险和突破限额的可能性，审批人根据风险分析结论做出审批决策。而对其他小额信贷业务则采用贷后监测方式，在监测管理中，可将小额信贷业务打包后再观测其对组合限额的影响。但长远来看，银行应逐步采取贷前限额的管理方式。

7.2.5　风险限额的控制流程①②

7.2.5.1　风险限额制定

风险限额管理模式的基理就是在一定资本约束的条件下，按照组合的风险调整后收益率(RAROC)最大的规则将风险限额总量分配到限额控制维度。在制定限额时，先由各业务经营部门提交上一期资金使用和收益数据，并提出新一期经营计划。风险管理部门和业务管理部门联合对各业务单元的风险收益情况做出评价，确定各部门的风险权重和利润贡献度，以此测算出新一期各部门所需分配的经济资本和风险限额，并与部门所提经营计划做比较。然后，将上述信息汇成报告提交董事会。董事会对报告进行审议，确定新一期风险限额方案，并将结果反馈风险管理部门。由风险管理部门根据该方案测算风险限额的详细设置方案。业务部门则根据详细限额方案编制具体的经营计划。限额管理系统的日常维护由风险管理部门承担，定期对限额模型进行检验、优化和升级。参数系统应年度更新，并提交董事会审定。

7.2.5.2　风险限额监测

限额监测是为了检查银行的经营活动是否服从于限额，是否存在突破限额的现象。限额监测的范围应该是全面的，包括银行的整体限额、组合分类的限额乃至单笔业务的限额。一般来说，限额监测作为风险监测的一部分，由风险管理部门负责，并定期发布监测报告。如果经营部门认为限额已不能满足业务发展而需要调整，应正式提出申请，风险管理部门对申请做出评估，如确需调整，则重新测算限额和经济资本，并在所授权限内对限额进行修正，超出授权的要提交上一级风险管理部门。

7.2.5.3　超限额处理

对于超限额的处置，应由风险管理部门负责组织落实。对于限额执行情况，应定期在风险报告中加以分析描述。对超限额的处置程序和管理职责必须做出明确规定，并根据超限额的程度决定是否上报更高的决策者；风险管理部门要结合业务特点，制定超限额后的风险缓释措施；对因违规超限额造成损失的，应进行严格的责任认定；对超限额处置的实际效果

---

① 周凯.现代商业银行风险限额管理研究[J].金融纵横，2008，(10)：33-36.

② 杨晓奇，刘絮.经济资本在行业风险限额管理中的应用研究[J].金融发展研究，2010，(10)：21-25.

要定期进行返回检测，以持续改进风险控制能力。

7.2.5.4　限额管理考核

在考核业务部门的经营绩效时，应当将限额执行情况作为一项重要的考核指标。如果业务规模远远低于设定的限额，说明经营保守、资金闲置，造成资源浪费，增加了机会成本；如果超过限额，则意味着将占用过多的经济资本，应从业务部门创造的利润中减去。

7.2.6　客户授信控制量与客户风险限额的比较

对客户风险限额进行分析，有必要对客户授信控制量和客户风险限额进行比较评判。

7.2.6.1　两者测算的出发点相同，但基础财务指标不同

(1) 衡量客户偿债能力的方法有两种：一种是比较债务和可偿债资产的存量；另一种是比较偿债所需现金和经营活动产生的现金流量。客户授信控制量和客户风险限额的测算都是从净资产这个资产存量入手进行测算，具有一定的合理性。

(2) 客户授信控制量以相对量指标和绝对量指标相结合作为测算基础，客户风险限额以绝对量指标为主要测算基础，相对来说授信控制量的测算较为合理。

(3) 客户授信控制量的测算体现了行业差别，但行业目标杠杆比率指标的设置过于简单落后。

(4) 客户风险限额部分引入流量指标作为测算依据，起到了有益的补充作用。

(5) 风险限额的测算以客户资产的平均值为基础，相对于以时点数为基础更具合理性。

7.2.6.2　两者测算时，都通过调整系数对预期限额进行了调整，但两者的系数设定不完全相同，对信贷政策的传导作用也不尽相同

(1) 两者都设立了客户信用等级调节系数，反映了银行对客户信用等级的统一风险偏好。

(2) 客户授信控制量的测算系数设定比较谨慎，体现了“控制”为主的信贷理念；客户风险限额的测算系数设定比较宽松，体现了风险控制下注重营销的信贷经营理念。

(3) 小型企业客户风险限额的测算引入销售收入归行率作为调节指标，反映了银行在实施风险控制的同时开始注意综合营销，有效传导了风险与收益并重的风险管理和信贷经营理念。

7.2.6.3　测算公式存在差异

客户授信控制量的测算，公式单一，较为明确和稳定；客户风险限额的测算，区分客户规模、客户性质等采取不同的测算公式，公式的设置较为繁杂多变。

以下是某银行大中型客户风险限额的测算公式：

$$CL = L + (K \times V \times I - P) \times E$$

式中　CL 为客户风险限额；

L 为客户目前在本行全部本外币表内外信用的余额；

K 为行业目标产权比率，是最近年度行业产权比率均值；

V 为客户信用等级调节系数；

I 为行业调整系数；

E 为客户上年年末有效净资产，$E=$（上年年末净资产－可认定的其他已损耗的资产）。

7.2.6.4　测算的侧重点不同

客户风险限额以绝对量指标为测算基础，侧重于绝对量的测算，测算简单直接，因此可以直接作为保证限额的计算依据，数据的通用性较高；授信控制量以相对量指标为测算基础，侧重于增量的测算，调节系数的调节力度较大，不适合作为保证限额的计算依据。

案例 7-1

××商业银行风险限额管理体系的构建

根据《农村中小金融机构风险管理机制建设指引》《商业银行资本管理办法（试行）》等监管文件，结合××商业银行的实际，形成了本方案。

××商业银行限额管理的功能定位如下：对风险的事前管理；对风险的实时动态管理；对风险和收益的平衡管理；是基于资产组合分析的全面风险管理。

一、风险限额管理的组织框架

风险限额管理工作由总行风险管理部门牵头，总行计划财务部、授信管理部、公司业务部、个私业务部等经营和管理部门分工负责。

（一）风险管理部门职责

（1）负责组织设计、优化行业风险评级和风险限额管理模型。

（2）负责风险评级和风险限额的计量。

（3）负责组织各相关部门对系统计算的评级结果和风险限额进行论证和调整，并上报有权审批机构审批。

（4）负责拟定贷款风险限额管理的有关政策和制度。

（5）负责将审定后的风险限额录入内部评级系统。

（6）负责行业经济资本占用比例变化的监测。

（7）负责对信贷经营管理部门调整风险限额的需求进行审核并报有权审批机构审批。

（8）负责对风险限额的监测和预警，并及时发布预警信号。

（二）公司业务部、个私业务部职责

（1）负责参与风险评级及风险限额计量模型的优化，提供风险评级及风险限额计量所需要的相关资料。

（2）负责参与风险限额管理的研究和讨论，提出对评级结果、风险限额及相关配套政策的意见和建议。

（3）负责落实指令性风险限额管理的有关政策和调控措施。

（4）负责根据市场变化和业务发展的需要提出指令性风险限额调整的意见。

（5）负责指导和督促支行执行风险限额管理，在行业限额内优化信贷资源配置。

（三）授信管理部门职责

（1）负责参与风险评级及风险限额计量模型的优化，提供风险评级及风险限额计量所需要的相关资料。

（2）负责参与风险限额管理的研究和讨论，根据审批情况提出对评级结果、风险限额及相关配套政策的意见和建议。

(3) 负责落实风险限额管理的相关风险政策和预控措施。

(四) 计划财务部门职责

(1) 负责参与风险评级及风险限额计量模型的优化,提供风险评级及风险限额计量所需要的相关资料。

(2) 负责参与风险限额管理的研究和讨论。

(3) 负责综合经营计划与风险限额的衔接。

二、风险限额制定

风险限额管理模式的基本原理是,在一定资本约束的条件下,按照组合的风险调整后收益率(RAROC)最大的规则将风险限额总量分配到限额控制维度。

在制定限额时,首先,由各业务经营部门提交上一期资金使用和收益数据,并提出新一期经营计划。风险管理部门和业务管理部门联合对各业务单元的风险收益情况做出评价,确定各部门的风险权重和利润贡献度,以此测算出新一期各部门所需分配的经济资本和风险限额,并与部门所提经营计划做比较。然后,将上述信息汇成报告提交董事会。董事会对报告进行审议,确定新一期风险限额方案,并将结果反馈风险管理部门。由风险管理部门根据该方案测算风险限额的详细设置方案。业务部门则根据详细限额方案编制具体的经营计划。限额管理系统的日常维护由风险管理部门承担,定期对限额模型进行检验、优化和升级。参数系统应年度更新,并提交董事会审定。

(一) 总风险限额的核定(体现资本约束)

根据《商业银行资本管理办法(试行)》测算计划年度加权风险资产总额:

(1) 计划风险加权资产(A)=(计划总资本-计划对应资本扣除项)÷目标资本充足率

(2) 计划风险加权资产(B)=(计划一级资本-计划对应资本扣除项)÷目标一级资本充足率

(3) 计划风险加权资产(C)=(计划核心一级资本-计划对应资本扣除项)÷目标核心一级资本充足率

其中:

① 目标资本充足率≥8%、目标一级资本充足率≥6%、目标核心一级资本充足率≥5%;目标资本充足率、目标一级资本充足率、目标核心一级资本充足率的具体参数根据本行的风险偏好和总体风险容忍度确定。

② 计划总资本、计划一级资本、计划核心一级资本和计划对应资本扣除项四个指标,由计划财务部门根据年度资本预算提供。

③ 计划风险加权资产(即总风险限额)的确定应根据稳健原则,总风险限额=MIN[计划风险加权资产(A)、计划风险加权资产(B)、计划风险加权资产(C)],即从三者中取最小值,以同时符合三个监管指标的要求。

(二) 风险限额总量的分配

按照组合的风险调整后收益率(RAROC)最大的规则将风险限额总量分配到限额控制维度(行业、区域、客户、产品等),表7-12是以行业维度为例。

表 7-12　风险限额总量分配——以行业维度为例

单位：亿元

行业		金融同业	工业	商业	房地产	其他	合计	
风险限额	绝对额							
	权重							
资本占用	绝对额							
	权重							
预计 EVA								
预计 RAROC								

注：风险限额分配的原则是“组合 RAROC 最大化，同时遵循不要把所有的鸡蛋都放在同一个篮子里”，具体参数的确定还要考虑风险偏好等因素。

三、风险限额监测

限额监测是为了检查本行的经营活动是否服从于限额，是否存在突破限额的现象。限额监测的范围应该是全面的，包括本行的整体限额、组合分类的限额乃至单笔业务的限额。一般来说，限额监测作为风险监测的一部分，由风险管理部门负责，并定期发布监测报告。如果经营部门认为限额已不能满足业务发展而需要调整，应正式提出申请，风险管理部门对申请做出评估，如确需调整，则重新测算限额和经济资本，并在所授权限内对限额进行修正，超出授权的要提交主管行长批准。

四、超限额处理

对于超限额的处置，应由风险管理部门负责组织落实。对于限额执行情况，应定期在风险报告中加以分析描述。对超限额的处置程序和管理职责必须做出明确规定，并根据超限额的程度决定是否上报更高的决策者；风险管理部门要结合业务特点，制定超限额后的风险缓释措施；对因违规超限额造成损失的，应进行严格的责任认定；对超限额处置的实际效果要定期进行返回检测，以持续改进风险控制能力。

五、限额管理考核

在考核业务部门的经营绩效时，应当将限额执行情况作为一项重要的考核指标。如果业务规模远远低于设定的限额，说明经营保守、资金闲置，造成资源浪费，增加了机会成本；如果超过限额，则意味着将占用过多的经济资本，应从业务部门创造的模拟利润中减去。

7.3 经济资本管理①

经济资本是指在一定的风险容忍度和确定的时间段内，商业银行用于应对非预期损失的资本，数量上等于非预期损失。经济资本管理是指在明确经济资本计量范围和方法的基

① 王家华，孙清.资产风险结构、经济资本动态配置与银行价值最大化[J].经济学动态，2011，(7)：35-38.

础上，以风险、收益和成本相匹配为原则，通过经济资本计量、分配、配置、考核和运用，有效提升资本运营效率，以经济增加值最大化促进机构实现可持续增长。

7.3.1 经济资本管理遵循的原则

经济资本管理应遵循战略引导、增量控制、分类管理和回报约束的原则：

(1) 战略引导是指根据发展战略、风险偏好和风险程度确定不同类型风险和不同业务的经济资本系数，引导经济资本重点向低风险业务和优先发展地区配置，促进资产、产品和客户结构调整，实现经济发展方式转变。

(2) 增量控制是指通过预算编制、计划分配、限额控制的方式控制经济资本的增长，将增量资产的经济资本和风险资产总量控制在计划目标内，促使经济资本的增长与监管资本的增长相协调和平衡。

(3) 分类管理是指针对不同类型风险的特征，对信用风险经济资本、市场风险经济资本、操作风险经济资本等采取不同的管理方式。

(4) 回报约束是指经济资本占用必须产生相应的资本回报，引导经济资本配置在经济资本系数低、实际回报高的业务，促进业务有效发展，提高经营效益。

7.3.2 经济资本计量范围与计量方法

银监会《商业银行资本管理办法(试行)》第十九条指出，商业银行应当按照以下公式计算资本充足率：

$$资本充足率=\frac{总资本-对应资本扣减项}{风险加权资产}\times 100\%$$

$$一级资本充足率=\frac{一级资本-对应资本扣减项}{风险加权资产}\times 100\%$$

$$核心一级资本充足率=\frac{核心一级资本-对应资本扣减项}{风险加权资产}\times 100\%$$

其中：《商业银行资本管理办法(试行)》第二十一条指出，商业银行风险加权资产包括信用风险加权资产、市场风险加权资产和操作风险加权资产。

根据《商业银行资本管理办法(试行)》，商业银行经济资本计量范围至少应包括信用风险、市场风险和操作风险三个方面，并根据巴塞尔新资本协议实施进程和自身风险状况，可以将其他重大风险纳入计量范围。

7.3.2.1 信用风险经济资本计量

银监会《商业银行资本管理办法(试行)》第五十一条指出，权重法下信用风险加权资产为银行账户表内资产信用风险加权资产与表外项目信用风险加权资产之和。据此，信用风险经济资本计量范围应涵盖商业银行表内外业务的资产，主要包括贷款、贴现、银行卡透支、资金业务、债券投资、无息资产、表外资产等类别，以及为对外资本性投资、固定资产、待处理类资产、无形资产与递延资产等资本性占用资产。

考虑到目前商业银行资本管理的水平，采用内部系数法计量信用风险经济资本比较合

适，信用风险经济资本计量公式为：

$$经济资本 = \sum 日均各项风险资产净额 \times 经济资本系数$$

其中：

（1）各项风险资产净额为各项资产的风险敞口，是各项资产账面余额扣除减值准备、折旧以及相应的保证金后的余额。业务部门的风险资产按照业务条线划分，机构层面风险资产按照资产负债表划分。

（2）商业银行可以参照巴塞尔新资本协议信用风险标准法的风险权重和《商业银行资本管理办法（试行）》附件2“表内资产风险权重、表外项目信用转换系数及合格信用风险缓释工具”，对资产进行风险分类，结合本行战略导向和风险状况，制定每类业务（资产）的经济资本系数。

① 经济资本系数＝风险权重参考系数×监管资本转换系数×内部调节系数。

② 风险权重参考系数依据巴塞尔新资本协议和银监会《商业银行资本管理办法（试行）》附件2“表内资产风险权重、表外项目信用转换系数及合格信用风险缓释工具”的风险权重参照确定。

③ 监管资本转换系数参照资本充足率确定，具体比例依据经济资本与监管资本的实际计算结果作等比例调整。

④ 内部调节系数依据各项业务风险水平、风险偏好和经营策略，按照业务种类、信用等级、担保方式等状况而设定的调节性参数，主要分为信用等级调节系数、担保方式调节系数、授信期限调节系数、贷款质量调节系数、产品调节系数等多维度的调节系数。内部调节系数是多维度调节系数的累积。

（3）根据《商业银行资本管理办法（试行）》第二十三条，商业银行各级资本充足率不得低于如下最低要求：

① 核心一级资本充足率不得低于5%。

② 一级资本充足率不得低于6%。

③ 资本充足率不得低于8%。

从理论上讲，在确定监管资本转换系数时，参照的资本充足率可能高于或低于监管资本充足率的最低要求，但考虑到商业银行的风险管理能力一般次于大型商业银行，在此，参照的资本充足率取值应大于8%，参照的资本充足率取值应等于资本充足率容忍度的理想值>8%；如果参照的资本充足率＝8%，则风险资本管理正好达到合规标准，仍停留在合规管理阶段，而不是全面风险管理。

7.3.2.2 市场风险经济资本计量

市场风险经济资本计量的范围可以参照银监会《商业银行资本管理办法（试行）》第八十二条的内容，该条款指出，市场风险资本计量应覆盖商业银行交易账户中的利率风险和股票风险，以及全部汇率风险和商品风险。

商业银行采用标准法计量市场风险经济资本比较合适。由于市场风险属于系统性风险范畴，各家商业银行面临同样的市场，各家银行计量的差异主要由不同的风险偏好产生。

在标准法下，市场风险经济资本计量公式应为：

经济资本＝市场风险最低监管资本要求×内部调节系数

其中：市场风险最低监管资本要求根据银监会《商业银行资本管理办法（试行）》附件10“市场风险标准法计量规则”确定；内部调节系数根据市场风险偏好和容忍度确定，市场风险内部调节系数应≥1。

7.3.2.3　操作风险经济资本计量

操作风险是指由不完善或有问题的内部程序、员工和信息科技系统，以及外部事件所造成损失的风险，包括法律风险，但不包括策略风险和声誉风险。

商业银行采用基本指标法计量操作风险经济资本，计量公式应为：

经济资本＝操作风险最低监管资本要求×内控调节系数

（1）操作风险最低监管资本要求。银监会《商业银行资本管理办法（试行）》第九十八条指出，商业银行采用基本指标法，应当按照以下公式计量操作风险资本要求：

$$K_{BIA}=\frac{\sum_{i=1}^{n}(GI_i\times\alpha)}{n}$$

式中　K_{BIA} 为按基本指标法计量的操作风险资本要求；

GI 为过去 3 年中每年正的总收入；

n 为过去 3 年中总收入为正的年数；

α 为 15％。

总收入的定义见《商业银行资本管理办法（试行）》附件 12“操作风险资本计量监管要求”。

（2）内控调节系数。商业银行应通过建立违规行为积分制度，计算违规行为积分，以及内控评价（法律、内控、监察、保卫、科技和会计等部门）得分等内容综合设定。内控调节系数可以设定若干个等级，综合得分高的设定较低系数，反之设定较高系数。

7.3.3　经济资本分配

经济资本分配应将资本要求与风险度量直接挂钩，商业银行应建立内部各项业务、部门和分支机构的经济资本竞争机制，确保经济资本被分配到最能发挥作用的领域。

商业银行应建立经济资本预算管理制度，在全面评估经济资本总体水平的基础上，综合考虑发展战略、信用评级、监管规定、股东收益和风险状况，通过对经济资本总量和结构科学预算，实行差别化的分配方案，使业务条线（分支机构）的收益水平与风险水平相匹配，实现本行价值最大化。

经济资本预算指标应包括经济资本限额、经济资本回报率和经济增加值。经济资本限额是控制指标，不得擅自突破；经济资本回报率是效率指标，参照确定业务发展重点；经济增加值是规模指标，衡量在价值创造上的贡献度。

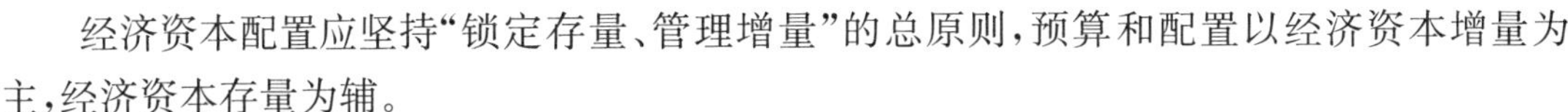

经济资本配置应坚持“锁定存量、管理增量”的总原则，预算和配置以经济资本增量为主，经济资本存量为辅。

经济资本供给量应与经济资本需求量保持动态平衡，并预留一定比例的经济资本作为缓冲。

(1) 经济资本供给量是指用于覆盖商业银行非预期损失所需要的资本，由账面资本按照风险配比原则进行调整后构成。经济资本供给总量＝股本＋资本公积计入部分＋盈余公积＋一般准备＋未分配利润计入部分＋外币报表折算差额＋当年经济资本增加额。

(2) 经济资本需求量是指商业银行非预期损失总量与资本性投资所产生的经济资本占用，由信用风险经济资本、市场风险经济资本、操作风险经济资本和资本性占用之和组成。

商业银行应制定经济资本管理应急预案，当经济资本供给量小于经济资本需求量，出现经济资本缺口时，及时采取措施补充资本和调整风险资产结构。

7.3.4　经济资本配置

商业银行业务条线(分支机构)应在分配的经济资本增量限额内，编制经济资本配置计划，将经济资本配置到各项产品、客户和交易上。各业务条线(分支机构)在配置经济资本时，应综合考虑不同产品、客户和交易的经济资本回报率和经济增加值，以及风险程度的情况，优先将资本配置到经济资本系数较低、经济资本回报率和经济增加值较高的产品、客户和交易上。

由于市场环境、经营条件、发展战略、国家政策和自然灾害等因素，造成经济资本预算执行出现偏差的，各业务条线(分支机构)可以向总行计划财务部门提出调整经济资本预算申请。

对需要增加经济资本的业务条线(分支机构)，当业务条线(分支机构)的经济资本回报率高于全行平均水平，应按照经济利润增长幅度核定经济资本计划；当经济资本回报率低于全行平均水平时，应按照全行平均经济资本回报率核定经济资本计划。

各业务条线(分支机构)在增量分配额度内使用经济资本，如果经济资本增量运用不足，应及时收回经济资本额度，并视情况对业务条线(分支机构)收取经济资本闲置费。

7.3.5　经济资本考核与运用

商业银行应定期对各业务条线(分支机构)的经济资本占用情况、经济资本回报率和经济增加值进行考核，评估成本、收益、风险相匹配程度。经济资本考核指标主要包括经济增加值、经济资本回报率和人均经济增加值。

对业务条线(分支机构)绩效考核，主要依据业务条线(分支机构)经济资本考核指标结果，结合经营目标责任制实施考核。按照经济增加值和人均经济增加值的一定比例进行奖励，按照经济资本回报率与经济资本成本率的差额进行奖罚。

商业银行应发挥经济资本管理对资源配置的导向性作用，通过经济资本配置和系数设置等方式，促进商业银行科学制定发展战略，加快转变经济发展方式，引导支持经济资本回报率和经济增加值较高的业务条线、客户和交易，退出效益、质量和前景较差的业务领域。

第8章 战略导向的绩效考核与薪酬激励管理

美国次贷危机的经验告诉我们，有激励无约束的绩效薪酬制度不利于商业银行的可持续发展，为此在薪酬体系层面，2010年10月推出的巴塞尔协议Ⅲ强调薪酬与风险的平衡，试图推动金融机构长期激励机制的建设。中国原银监会在《关于中国银行业实施新监管标准的指导意见》(银监发〔2011〕44号)也指出，改进激励考核机制，建立"风险—收益"平衡的绩效考核和薪酬制度。在商业银行，绩效考核与薪酬激励管理在经营管理中扮演着重要角色：对战略决策层来说，它是掌舵的"方向盘"，是控制节奏的"指挥棒"；对战略传导层来说，它是激烈角逐的"接力赛"；对战略执行层来说，它是指明方向的"指南针"，通向成功的"金钥匙"。

8.1 绩效管理概述

资料8-1

财政部《管理会计应用指引第600号——绩效管理》摘录

第二条 绩效管理，是指企业与所属单位(部门)、员工之间就绩效目标及如何实现绩效目标达成共识，并帮助和激励员工取得优异绩效，从而实现企业目标的管理过程。绩效管理的核心是绩效评价和激励管理。

绩效评价，是指企业运用系统的工具方法，对一定时期内企业营运效率与效果进行综合评判的管理活动。绩效评价是企业实施激励管理的重要依据。

激励管理，是指企业运用系统的工具方法，调动企业员工的积极性、主动性和创造性，激发企业员工工作动力的管理活动。激励管理是促进企业绩效提升的重要手段。

第三条 企业进行绩效管理，一般应遵循以下原则：

(一) 战略导向原则。绩效管理应为企业实现战略目标服务，支持价值创造能力提升。

(二) 客观公正原则。绩效管理应实事求是，评价过程应客观公正，激励实施应公平合理。

（三）规范统一原则。绩效管理的政策和制度应统一明确，并严格执行规定的程序和流程。

（四）科学有效原则。绩效管理应做到目标符合实际，方法科学有效，激励与约束并重，操作简便易行。

第四条　绩效管理领域应用的管理会计工具方法，一般包括关键绩效指标法、经济增加值法、平衡计分卡、股权激励等。

企业可根据自身战略目标、业务特点和管理需要，结合不同工具方法的特征及适用范围，选择一种适合的绩效管理工具方法单独使用，也可选择两种或两种以上的工具方法综合运用。

第二章　应用环境

第五条　企业进行绩效管理时，应设立薪酬与考核委员会或类似机构，主要负责审核绩效管理的政策和制度、绩效计划与激励计划、绩效评价结果与激励实施方案、绩效评价与激励管理报告等，协调解决绩效管理工作中的重大问题。

薪酬与考核委员会或类似机构下设绩效管理工作机构，主要负责制定绩效管理的政策和制度、绩效计划与激励计划，组织绩效计划与激励计划的执行与实施，编制绩效评价与激励管理报告等，协调解决绩效管理工作中的日常问题。

第六条　企业应建立健全绩效管理的制度体系，明确绩效管理的工作目标、职责分工、工作程序、工具方法、信息报告等内容。

第七条　企业应建立有助于绩效管理实施的信息系统，为绩效管理工作提供信息支持。

商业银行绩效包括组织绩效和员工绩效两个层面。组织绩效是指组织外部出资者对组织及其高层管理者的绩效要求；个人绩效是指对组织内部个体的绩效要求。

8.1.1　绩效管理的功能目标

绩效管理是现代商业银行管理体系中不可或缺的环节，具有十分重要的作用，主要体现在以下几个方面：

一是，有助于适应外部环境的变化。随着经济的发展，商业银行面临更复杂的环境，例如政府政策临时调整、金融市场发生重大变化等。商业银行需要在环境变化时，及时调整内部发展策略。及时传达调整后的发展策略、整合内部资源应对外部环境的变化等，可以通过建立绩效管理系统来实现。

二是，有助于提升商业银行效能。绩效管理通过将商业银行绩效目标层层分解，并结合团队或个体承担的职责、能力、意愿等情况建立团队或个体的绩效目标，使两者一致，消除因目标不一致产生的内耗，不断提高管理效率，提升商业银行效能。

三是，有助于促进员工能力的提升。通过绩效管理，员工对自己在组织中的工作目标确定了效价，也明确了绩效与薪酬的对等关系，从而努力提高自己的期望值，不断提高胜任工作的能力。

8.1.2 绩效管理应体现的核心价值理念

要发挥好绩效管理在商业银行经营管理中的功能作用就必须坚持正确的方向，体现商业银行经营管理的核心价值理念。

(1) 平衡短期利益与长期利益目标。绩效管理要立足当前，更要放眼长远。在设计当期绩效考核体系时要始终坚持以长期战略目标为导向，坚持短期利益服从、服务于长期利益，兼顾和平衡好短期与长期利益。只有两者兼顾，才能确保商业银行可持续、健康发展。

(2) 坚持效益、质量、规模协调发展导向。效益是商业银行发展的核心，质量是发展的"生命线"，规模则是发展的基础，三者缺一不可。商业银行在制定短期经营策略上或许各有侧重，但从长期发展来看，三者必须协调兼顾，不能偏废。

(3) 追求过滤风险的长期价值增长。商业银行发展追求的效益不应是简单的账面利润、短期利润，而是经过风险调整后的真实效益，追求过滤风险的长期价值增长。绩效管理也必须体现这一核心价值理念，因为不同绩效考核对象面临的经营风险各不相同，绩效考核只有在过滤风险的基础上，才能公正、客观地评价业绩。

(4) 绩效管理价值导向始终要与商业银行战略导向相一致。商业银行绩效管理是服务于经营战略的重要管理工具之一，绩效管理体系设计必须以战略为起点和落脚点。时代在变，商业银行经营发展的环境在变，经营管理的导向也必然因"势"而变，但有一点不变的是，商业银行绩效管理核心价值导向始终要与其经营发展战略相一致。说到底，商业银行绩效管理的终极目标是达成战略目标。

8.1.3 绩效管理应注意的事项

在实际工作中，绩效管理存在不少误区，一旦陷入误区，发挥的功能效果就会大打折扣。因此，绩效管理要特别注意以下几个问题：

第一，绩效目标及如何达到目标必须达成共识。绩效管理需要解决的首要问题是"如何确定有效的目标"。绩效目标不仅是结果目标，还包括行为目标，不仅要确定做什么，达到什么样的效果，还要就怎样做达成一致；既要确定要达成什么样的效果，又要确定怎样做才能更好地实现绩效目标。

第二，绩效管理要突出绩效沟通、绩效辅导及员工能力提升。绩效管理中的绩效和大多数人通常理解的绩效不太一样。在绩效管理中，绩效首先是结果，其次就是过程。绩效管理是达成绩效目标全过程的管理，绩效考核只是绩效管理的一个环节。

第三，绩效管理不仅仅是结果导向，而且还要重视达成目标的过程。绩效管理的根本目的在于绩效的持续改正。绩效管理是一个计划式的过程，而非判断式的结果，重在过程，而非评价。绩效管理寻求的是问题的解决，而非对错判断。改进与提高绩效水平，需要管理者与被管理者共同努力。绩效管理的过程对于管理者来说是不断寻找并解决问题的过程，对于被管理者来说，是能力与素质不断开发、提升的过程。

8.2 绩效管理程序

资料 8-2

财政部《管理会计应用指引第600号——绩效管理》摘录

第三章 绩效计划与激励计划的制订

第八条 企业应用绩效管理工具方法，一般按照制订绩效计划与激励计划、执行绩效计划与激励计划、实施绩效评价与激励、编制绩效评价与激励管理报告等程序进行。

第九条 企业应根据战略目标，综合考虑绩效评价期间宏观经济政策、外部市场环境、内部管理需要等因素，结合业务计划与预算，按照上下结合、分级编制、逐级分解的程序，在沟通反馈的基础上，编制各层级的绩效计划与激励计划。

第十条 绩效计划是企业开展绩效评价工作的行动方案，包括构建指标体系、分配指标权重、确定绩效目标值、选择计分方法和评价周期、拟定绩效责任书等一系列管理活动。制订绩效计划通常从企业级开始，层层分解到所属单位(部门)，最终落实到具体岗位和员工。

第十一条 企业可单独或综合运用关键绩效指标法、经济增加值法、平衡计分卡等工具方法构建指标体系。指标体系应反映企业战略目标实现的关键成功因素，具体指标应含义明确、可度量。

第十二条 指标权重的确定可选择运用主观赋权法和客观赋权法，也可综合运用这两种方法。主观赋权法是利用专家或个人的知识与经验来确定指标权重的方法，如德尔菲法、层次分析法等。客观赋权法是从指标的统计性质入手，由调查数据确定指标权重的方法，如主成分分析法、均方差法等。

第十三条 绩效目标值的确定可参考内部标准与外部标准。内部标准有预算标准、历史标准、经验标准等；外部标准有行业标准、竞争对手标准、标杆标准等。

第十四条 绩效评价计分方法可分为定量法和定性法。定量法主要有功效系数法和综合指数法等；定性法主要有素质法和行为法等。

第十五条 绩效评价周期一般可分为月度、季度、半年度、年度、任期。月度、季度绩效评价一般适用于企业基层员工和管理人员，半年度绩效评价一般适用于企业中高层管理人员，年度绩效评价适用于企业所有被评价对象，任期绩效评价主要适用于企业负责人。

第十六条 绩效计划制订后，评价主体与被评价对象一般应签订绩效责任书，明确各自的权利和义务，并作为绩效评价与激励管理的依据。绩效责任书的主要内容包括绩效指标、目标值及权重、评价计分方法、特别约定事项、有效期限、签订日期等。绩效责任书一般按年度或任期签订。

第十七条　激励计划是企业为激励被评价对象而采取的行动方案，包括激励对象、激励形式、激励条件、激励周期等内容。激励计划按激励形式可分为薪酬激励计划、能力开发激励计划、职业发展激励计划和其他激励计划。

薪酬激励计划按期限可分为短期薪酬激励计划和中长期薪酬激励计划。短期薪酬激励计划主要包括绩效工资、绩效奖金、绩效福利等。中长期薪酬激励计划主要包括股票期权、股票增值权、限制性股票以及虚拟股票等。

能力开发激励计划主要包括对员工知识、技能等方面的提升计划。

职业发展激励计划主要是对员工职业发展做出的规划。

其他激励计划包括良好的工作环境、晋升与降职、表扬与批评等。

第十八条　激励计划的制订应以绩效计划为基础，采用多元化的激励形式，兼顾内在激励与外在激励、短期激励与长期激励、现金激励与非现金激励、个人激励与团队激励、正向激励与负向激励，充分发挥各种激励形式的综合作用。

第十九条　绩效计划与激励计划制订完成后，应经薪酬与考核委员会或类似机构审核，报董事会或类似机构审批。经审批的绩效计划与激励计划应保持稳定，一般不予调整，若受国家政策、市场环境、不可抗力等客观因素影响，确需调整的，应严格履行规定的审批程序。

第四章　绩效计划与激励计划的执行

第二十条　审批后的绩效计划与激励计划，应以正式文件的形式下达执行，确保与计划相关的被评价对象能够了解计划的具体内容和要求。

第二十一条　绩效计划与激励计划下达后，各计划执行单位（部门）应认真组织实施，从横向和纵向两方面落实到各所属单位（部门）、各岗位员工，形成全方位的绩效计划与激励计划执行责任体系。

第二十二条　绩效计划与激励计划执行过程中，企业应建立配套的监督控制机制，及时记录执行情况，进行差异分析与纠偏，持续优化业务流程，确保绩效计划与激励计划的有效执行。

（一）监控与记录。企业可借助信息系统或其他信息支持手段，监控和记录指标完成情况、重大事项、员工的工作表现、激励措施执行情况等内容。收集信息的方法主要有观察法、工作记录法、他人反馈法等。

（二）分析与纠偏。根据监控与记录的结果，重点分析指标完成值与目标值的偏差、激励效果与预期目标的偏差，提出相应整改建议并采取必要的改进措施。

（三）编制分析报告。分析报告主要反映绩效计划与激励计划的执行情况及分析结果，其频率可以是月度、季度、年度，也可根据需要编制。

第二十三条　绩效计划与激励计划执行过程中，绩效管理工作机构应通过会议、培训、网络、公告栏等形式，进行多渠道、多样化、持续不断地沟通与辅导，使绩效计划与激励计划得到充分理解和有效执行。

第五章 绩效评价与激励的实施

第二十四条 绩效管理工作机构应根据计划的执行情况定期实施绩效评价与激励，按照绩效计划与激励计划的约定，对被评价对象的绩效表现进行系统、全面、公正、客观地评价，并根据评价结果实施相应的激励。

第二十五条 评价主体应按照绩效计划收集相关信息，获取被评价对象的绩效指标实际值，对照目标值，应用选定的计分方法，计算评价分值，并进一步形成对被评价对象的综合评价结果。

第二十六条 绩效评价过程及结果应有完整的记录，结果应得到评价主体和被评价对象的确认，并进行公开发布或非公开告知。公开发布的主要方式有召开绩效发布会、企业网站绩效公示、面板绩效公告等；非公开发布一般采用一对一书面、电子邮件函告或面谈告知等方式进行。

第二十七条 评价主体应及时向被评价对象进行绩效反馈，反馈内容包括评价结果、差距分析、改进建议及措施等，可采取反馈报告、反馈面谈、反馈报告会等形式进行。

第二十八条 绩效结果发布后，企业应依据绩效评价的结果，组织兑现激励计划，综合运用绩效薪酬激励、能力开发激励、职业发展激励等多种方式，逐级兑现激励承诺。

第六章 绩效评价与激励管理报告

第二十九条 绩效管理工作机构应定期或根据需要编制绩效评价与激励管理报告，对绩效评价和激励管理的结果进行反映。

第三十条 绩效评价与激励管理报告是企业管理会计报告的重要组成部分，应确保内容真实、数据可靠、分析客观、结论清楚，为报告使用者提供满足决策需要的信息。

第三十一条 绩效评价报告根据评价结果编制，反映被评价对象的绩效计划完成情况，通常由报告正文和附件构成。

报告正文主要包括以下两部分：

(一) 评价情况说明，包括评价对象、评价依据、评价过程、评价结果、需要说明的重大事项等；

(二) 管理建议。

报告附件包括评价计分表、问卷调查结果分析、专家咨询意见等报告正文的支持性文档。

第三十二条 激励管理报告根据激励计划的执行结果编制，反映被评价对象的激励计划实施情况。

激励管理报告主要包括以下两部分：

(一) 激励情况说明，包括激励对象、激励依据、激励措施、激励执行结果、需要说明的重大事项等；

(二) 管理建议。

其他有关支持性文档可以根据需要以附件形式提供。

第三十三条 绩效评价与激励管理报告可分为定期报告、不定期报告。

定期报告主要反映一定期间被评价对象的绩效评价与激励管理情况。每个会计年度至少出具一份定期报告。

不定期报告根据需要编制，反映部分特殊事项或特定项目的绩效评价与激励管理情况。

第三十四条　绩效评价与激励管理报告应根据需要及时报送薪酬与考核委员会或类似机构审批。

第三十五条　企业应定期通过回顾和分析，检查和评估绩效评价与激励管理的实施效果，不断优化绩效计划和激励计划，改进未来绩效管理工作。

从资料8-2可知，绩效管理程序一般应包括制订绩效计划与激励计划、执行绩效计划与激励计划、实施绩效评价与激励、编制绩效评价与激励管理报告等。

8.2.1　绩效计划与激励计划的制订

商业银行应根据战略目标，综合考虑绩效评价期间宏观经济政策、外部市场环境、内部管理需要等因素，结合业务计划与预算，按照上下结合、分级编制、逐级分解的程序，在沟通反馈的基础上编制各层级的绩效计划与激励计划。

(1) 制订绩效计划的原则。绩效计划是商业银行开展绩效评价工作的行动方案，是商业银行对部门(机构)及员工的绩效期望并得到认可的过程。在制订绩效计划时应坚持战略相关性、合理性和可操作性等原则。①战略相关性原则，即绩效计划的制订过程是战略目标层层分解落实的过程，因此，无论是组织绩效目标还是个人绩效目标，均与商业银行战略紧密相关。②合理性原则，即绩效目标要具有合理性，最大限度激发被考评者的潜能去完成绩效目标。③可操作性原则，即绩效目标要清晰可测量，可以通过具体标准与实际工作的比较确定工作业绩的好坏。

(2) 设计绩效指标体系。这是绩效计划与激励计划执行的关键环节。一个有效的绩效指标体系要与商业银行的战略紧密联系，首先，根据商业银行使命、愿景、总体战略，运用平衡计分卡(BSC)建立绩效目标体系；其次，根据商业银行绩效目标，使用关键指标法(KPI)建立商业银行层面关键指标和部门(机构)层面关键指标；最后，使用目标管理法(MBO)建立岗位绩效指标。商业银行全面绩效管理体系如图8-1所示。

(3) 确定绩效计划。在绩效周期开始时，商业银行要与各部门(机构)及员工对工作目标达成一致。绩效目标主要包括以下几方面的内容：本次绩效周期内所要达到的工作目标是什么，何时完成，完成目标的结果是怎样的，如何判断。需要注意的是，绩效计划的形成过程是一个考评者与被考评者持续双向沟通的过程，是双方共同设定的绩效计划。在沟通、互动过程中，要向各部门(机构)宣传和说明的是，商业银行的整体目标是什么；为了完成整体目标，各业务部门(机构)的目标是什么；各部门(机构)开展工作的过程有何权限和资源。

(4) 制订激励计划。激励计划的制订应以绩效计划为基础，采用多元化的激励形式，兼

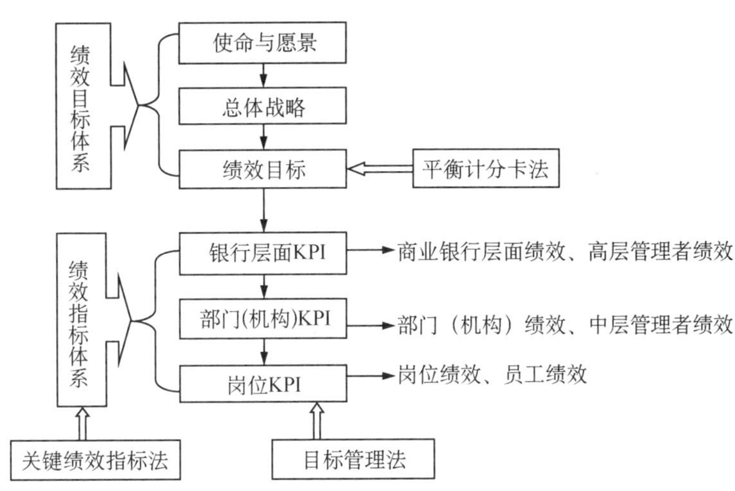

图 8-1　商业银行全面绩效管理体系

顾内在激励与外在激励、短期激励与长期激励、现金激励与非现金激励、个人激励与团队激励、正向激励与负向激励，充分发挥各种激励形式的综合作用。激励的形式主要有：①短期薪酬激励计划，如绩效工资、绩效奖金、绩效福利等。②中长期薪酬激励计划，如股票期权、股票增值权、限制性股票以及虚拟股票等。③能力开发激励计划，如对员工知识、技能等方面的提升计划。④职业发展激励计划主要是对员工职业发展做出的规划。⑤其他激励计划，如良好的工作环境、晋升与降职、表扬与批评等。

（5）绩效计划与激励计划的审定。绩效计划与激励计划制订完成后，应经薪酬与考核委员会或类似机构审核，报董事会或类似机构审批。

8.2.2　绩效计划与激励计划的执行

绩效计划与激励计划的执行重点应做好以下三个方面的工作：

（1）计划下达与实施。审批后的绩效计划与激励计划，应以正式文件的形式下达执行，确保与计划相关的被评价对象能够了解计划的具体内容和要求。绩效计划与激励计划下达后，各计划执行部门（机构）应认真组织实施，从横向和纵向两方面落实到各所属部门（机构）、各岗位员工，形成全方位的绩效计划与激励计划执行责任体系。

（2）绩效沟通与辅导。在绩效管理过程中，通过观察、沟通及月度或季度考核，及时了解部门、员工绩效目标完成情况以及遇到的障碍和问题，统筹配置资源，为其提供支持，帮助解决问题，保障其实际绩效与目标不出现较大的偏差。绩效管理工作机构应通过会议、培训、网络、公告栏等形式，进行多渠道、多样化、持续不断的沟通与辅导，使绩效计划与激励计划得到充分理解和有效执行。例如，通过在各部门（机构）调研，可以及时了解各部门（机构）绩效目标及员工绩效目标预计完成情况、存在问题、应对措施以及坚持以业务配置资源的原则对有需要的部门（机构）给予政策支持。

（3）绩效数据的收集。考核数据收集、统计的及时性、真实性和准确性，直接影响和决定绩效结果。数据如何获得并且由谁提供，在绩效计划中已经明确。原则上绩效考核数据

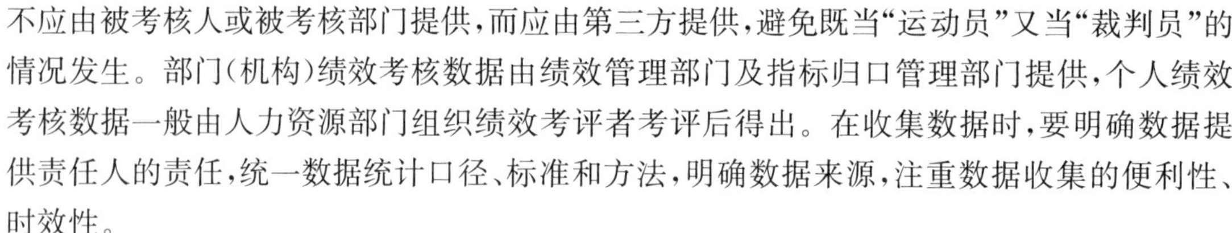
不应由被考核人或被考核部门提供，而应由第三方提供，避免既当“运动员”又当“裁判员”的情况发生。部门(机构)绩效考核数据由绩效管理部门及指标归口管理部门提供，个人绩效考核数据一般由人力资源部门组织绩效考评者考评后得出。在收集数据时，要明确数据提供责任人的责任，统一数据统计口径、标准和方法，明确数据来源，注重数据收集的便利性、时效性。

8.2.3 绩效评价与激励的实施

绩效评价是指绩效评价主体按照绩效计划收集相关信息，获取被评价对象的绩效指标实际值，对照目标值，应用选定的计分方法，计算评价分值，并进一步形成对被评价对象的综合评价结果的过程，评价结果主要用于反馈、激励承诺兑现及运用。部门(机构)绩效考核评价者是由绩效管理部门及各业务归口部门组成。在考核周期内，绩效管理部门组织各业务归口部门根据年初按照商业银行发展战略、年度预算等制定的绩效目标及评价标准对被考评单位进行考核。

(1) 绩效评价的原则。绩效评价是对绩效目标执行情况检查的一种途径，应坚持客观、公正、实事求是、有理有据的基本原则。在绩效考核过程中，组织评价者要加强对评价标准的学习，确保对绩效标准能够准确把握，避免出现对不同被考核者评价标准不一致的问题。

(2) 绩效结果运用。日常绩效考核后，应及时与被考核部门(机构)、员工进行沟通，充分说明奖惩的原因；年度绩效考核后，应以书面形式与被考核部门(机构)、员工进行“点对点”沟通，详细反馈考核的原则、口径以及奖惩结果，针对绩效结果不理想的方面，帮助其找出解决的办法，针对绩效好的方面，帮助其设定更高的目标。商业银行应综合运用绩效薪酬激励、能力开发激励、职业发展激励等多种方式，逐级兑现激励承诺，并将绩效评价结果应用于员工推先评优、职位或职级调整、员工培训与开发、个人职业生涯规划等方面，实现绩效管理与人事管理、教育培训管理和职业发展管理等其他体系联动，相互促进。

(3) 绩效结果分析。绩效考核是商业银行管理的一种手段，考核的目的并不终止于考核结果。从绩效管理 PDCA 循环来讲，即计划(plan)、执行(do)、检查(check)、处理(act)，可以说绩效考核是新的绩效管理的开始。绩效考核通过分析原因提出改进措施，应对考核的指标进行多维度分析。首先应对单个指标在同一条件下不同时期的考核结果进行分析，以确定单一指标的不足；然后在此基础上对各个指标的考核结果进行全面综合分析，确定业绩改进的总体目标和措施。在比较分析时，应从纵向、横向两个角度比较分析绩效结果。

(4) 绩效改进计划。绩效改进是指确认工作绩效的不足和差距，查明产生的原因，编制并实施有针对性的改进计划和策略，不断提高竞争优势的过程，旨在通过采取一系列的行动提高员工的能力和绩效。绩效改进是绩效考核的后续应用阶段，是连接绩效考核和下一循环计划目标编制的关键环节。绩效改进计划应包括分析工作绩效差距、查明产生差距的原因、改进工作绩效的策略等。

分析工作绩效差距的方法有：①目标比较法（实际业绩与目标业绩对比）；②水平比较法（本期业绩与上期业绩对比）；③横向比较法（不同部门或单位、不同员工之间比较）。

产生差距的原因包括：①部门绩效差距影响因素。一是，企业外部环境，包括资源、市场、客户、对手、机遇、挑战等；二是，企业内部环境，包括资源、组织、文化、人力资源制度等。②员工绩效差距影响因素。一是，客观因素，包括企业经营方向、经营环境、规章制度等；二是，主观因素，包括个人体力条件（性别、年龄、智力、能力、经验、阅历等）和心理条件（个性、态度、兴趣、动机、价值观等）。

改进工作绩效的策略，主要有：一是，预防性策略与制止性策略。预防性策略是提前明确部门工作计划、告诉员工应该如何行动；制止性策略是及时跟踪部门绩效目标完成情况及员工的行为，及时发现问题予以纠正。二是，正向激励策略与负向激励策略。正向激励策略主要采取鼓励手段；负向激励策略主要采取惩罚手段。三是，组织变革策略与人事调整策略。针对考评中反映出的问题，及时对组织结构、作业方式、人员配置等方面进行调整。

(5) 绩效改进措施。针对部门（机构）绩效考核结果分析，明确短板，组织业务或指标归口部门对其进行绩效辅导，找出改进方案，督促实施；员工通过绩效考核结果，明确绩效短板、知识能力等方面的不足，通过针对性的培训，提高工作能力和绩效水平。另外，还应通过公布绩效管理制度，明确相关的奖惩措施，从制度上保证绩效改进的实施。

在绩效评价与激励实施的过程中，特别需要注意以下几个问题：

第一，绩效改进方案一定要有实际操作性。根据部门（机构）及员工现在的绩效水平，结合企业提供的资源、部门及员工特点，制定绩效改进方案，能详细到具体的每一步骤。

第二，绩效改进方案要符合 SMART 原则（S＝Specific、M＝Measurable、A＝Attainable、R＝Relevant、T＝Time-bound）。绩效改进方案是指导绩效改进实施的标准，其制定的原则要做到具体、可衡量、可达到、相关联和有时限。

第三，绩效改进方案要有针对性。绩效改进方案要根据上一阶段绩效考核结果制定，要着重针对绩效低下的原因制定，提高方案的针对性。

第四，绩效改进方案的形式可以多样，但关键是要控制过程，提供指导。

第五，定期或根据需要编制绩效评价与激励管理报告。绩效管理工作机构应通过书面的形式对绩效评价和激励管理的结果定期或不定期进行报告。

8.3 “风险—收益”平衡的绩效薪酬体系

为充分调动商业银行员工的工作积极性，建立长效的激励约束机制，整体提升经营管理和服务水平，促进各项业务持续健康发展，很有必要通过导入“风险—收益”平衡的绩效理念，优化商业银行现有的绩效考核与薪酬管理体系。

8.3.1 “风险—收益”平衡的绩效薪酬体系建设的意义与目标

建设“科学、高效、实用”的绩效考核体系和“对外具有竞争性、对内具有公平性”的薪酬管理体系，是提升商业银行内部管理水平的一个重要方面和促进业务持续稳健发展、银行整体价值提高的重要保障。同时，充分发挥绩效考核的"指挥棒"作用也是调整业务结构、优化盈利模式、规范员工行为、控制各类风险，促进业务优化和战略转型的关键措施。

绩效考核与薪酬管理具有极强的"个性"特征，不同区域、不同类别、不同客户定位的商业银行，在绩效考核上具有很大差异，不存在"普适性"的绩效考核与薪酬管理制度。因此，建设商业银行的绩效考核与薪酬管理体系，必须从其金融服务区域的社会经济环境、监管法规许可、商业银行自身的市场定位等实际出发，才能做到"科学、高效、实用"。

薪酬与绩效之间存在着密切的关联，在绩效与薪酬之间寻找一个合适的度对于发挥薪酬的激励约束作用尤其重要。"风险—收益"平衡的绩效薪酬体系建设的总体目标是，在系统分析、准确把握商业银行的企业整体绩效、部门绩效、团队绩效、个人绩效等与薪酬之间的关联度基础上，建设"科学、高效、实用"的绩效考核体系，遵循"对外具有竞争性、对内具有公平性"原则，根据岗位价值、工作绩效、能力素质优化、设计薪酬体系，形成长效的正向激励与逆向激励相结合的激励约束机制，实现商业银行利益相关者价值最大化。

可以合理地预见，通过实施"风险—收益"平衡的绩效薪酬制度体系，将进一步促进商业银行业务持续、健康、科学发展，市场占有率和客户质量将明显提高，业务结构与盈利模式得到优化，员工行为更加规范。薪酬体系的优化，在稳定商业银行员工心态，保持员工的斗志和士气的同时，通过提供关键动力机制，将更加能够吸引、留用和激励商业银行发展所需人才，实现员工的职业生涯、增强员工的团队意识，充分体现岗位价值和贡献度，从而实现商业银行的和谐发展。

8.3.2 "风险—收益"平衡的绩效薪酬体系建设的准备工作

商业银行经营管理是由诸多子系统组成的复杂系统，绩效考核与薪酬管理是其中的一个子系统，在优化、设计该子系统时必须综合考虑、系统评估商业银行所处的发展阶段、组织结构、岗位设置与岗位类别等因素的影响，为"风险—收益"平衡的绩效薪酬体系建设做好充分准备。

8.3.2.1 识别发展阶段，把握考核特征

商业银行从小变大，从弱变强，一般要顺序经历规模增长、价值提升、全面风险管理等阶段。在不同的发展阶段，绩效考核的内容存在较大差异，但平衡好风险与收益之间的关系是始终必须遵循的原则。

(1) 规模增长阶段。在规模增长阶段，商业银行主要是促进业务发展，提高市场占有率，以获得生存和发展的基础，因此，在这个阶段绩效考核的主要目标是引导业务发展，规模扩张。绩效考核可以归纳为：①以 KPI 为主，在总行业务战略指导下，通过规模指标考核，加大营销奖励力度，鼓励业务发展，提升市场占有率。这一阶段重点激励的人群是客户经理和支行行长，应使这类岗位人员的薪酬总额增长快于其他岗位人员。②实行员工的专业职务序列管理，特别是强化客户经理制建设。③调整固定薪酬与浮动薪酬比例，加大营销岗位人员浮动薪酬占比，实现"用业绩打造金饭碗"的导向。④实行支行行长目标管理

(MBO)下的年薪制,“定目标、包实现、拿年薪”。⑤对客户经理实施“折效”考核,激励客户经理拓展符合商业银行自身客户定位的优质客户。⑥考核以机构(支行或业务部门)为主,个人考核为辅。

(2) 价值提升阶段。在价值提升阶段,商业银行主要是在获得一定规模的基础上,提升盈利能力。特别是要通过业务结构的优化、特色业务的培育和目标客户的精准定位,优化自身的盈利模式,提升盈利能力,并提高机构的整体估值。因此,这一阶段的绩效考核可以归纳为:①建立资金转移价格体系(FTP),通过资金转移价格体系,接轨全国市场资金成本,并以此引导支行和客户经理拓展业务。②设立事业部,重点激励特色业务发展,并培养忠实于自己的客户群体。例如,设立小额贷款事业部、供应链金融事业部、资金业务事业部等。③通过绩效考核优化产品结构和客户结构,确定“重点发展、维持现状、逐步退出”的产品体系和客户体系。④丰富、完善产品和客户定价体系,将规模考核为主转变为产品和客户考核为主。⑤平衡计分卡(BSC)成为考核的重要手段。⑥这一阶段的考核以分产品、分客户的个人考核为主。

(3) 全面风险管理阶段。在全面风险管理阶段,商业银行主要是在获得较高盈利能力的基础上,完善风险管理体系,提升风险管理能力,打造“百年老店”,实现可持续发展。因此,在该阶段绩效考核的特征表现为:①在整个考核体系中,风险管理考核占据主要地位。②巴塞尔系列协议等监管要求成为考核的重要内容。③经济资本、经济增加值(EVA)等成为考核的重要方式。

8.3.2.2　优化组织结构,合理设置岗位

良好的组织结构和合理的岗位设置是清晰界定部门(机构)、岗位权、责、利的前提,也是准确核算商业银行整体绩效、部门绩效、团队绩效、个人绩效以及准确分析绩效与薪酬之间关联度的基础。因此,在优化、设计绩效考核与薪酬管理体系之前,有必要按照“精简、效能”和“科学合理,职责清晰,决策、经营、监督分离”的原则进行机构整合和相应的岗位配置。

遵循流程银行的理念,按照前、中、后台相分离的原则设置内部机构,将内设机构细分为包括公司条线、个人条线、资金条线、授信条线、风险条线、营运条线、综合保障条线、审计监督条线的八大条线,形成“前台接单、中台审单、后台下单”、迅速响应市场需求、满足客户需要的流程运行机制;结合“一级法人”经营管理模式转型,按照“前台前移、中台上收、后台集中”的思路,围绕“架构合理、流程清晰、内控严密、管理科学、服务优质、运转高效、竞争有力”的目标,逐步将商业银行总部打造成为“决策管理中心、营销策划中心、风险控制中心、服务保障中心、后台运营中心和资源调配中心”。

与此同时,优化支行组织架构,强化营销功能和服务支撑功能,将支行(网点)打造成市场敏感性强、反应迅速、与客户互动、拓展型开放式的专业营销平台和面向客户需求的优质服务支撑平台。

8.3.2.3　准确分类岗位,评估岗位价值

在优化组织架构,合理设置部门(机构)和岗位的基础上,调整部门(支行)职责,编制岗位(职位)说明书,明确职位目的、职责描述和任职资格。按照以岗定员原则,精官简政,优化

人力资源配置。通过加强岗位分析和岗位评估，科学确定岗位职责、任职资格条件和考核指标，建立管理类、专业类、营销类、操作类等岗位分类体系。在此基础上，按照管理幅度、机构数量、经营情况和业务量等因素合理确定岗位数量和人员编制。

根据岗位所需的知识与技能、影响与责任、解决问题的难度、工作强度与环境等评估因素实施岗位评估，建立岗位价值评估模型，评估各岗位的价值，为各类岗位职级设定、每个职级的薪档划分，实行宽带薪酬、矩阵式管理提供依据。

做好以上准备工作，是薪酬总额核定、绩效考核与薪酬制度体系设计的前提。

8.3.3 薪酬激励导向的优化

目前，许多商业银行的薪酬激励导向主要是强调规模最大化，兼顾会计利润，这种激励导向的优势是易于操作、薪酬核算难度不大，但存在员工对规模成长中的成本增长、潜在风险的积累等因素主动重视不够，没有考虑资本金的机会成本，容易引发经营短期行为等缺陷。

在商业银行，不同发展阶段的绩效考核内容存在较大差异，但合理平衡规模、利润、风险、可持续发展之间的关系，实现商业银行整体价值最大化的薪酬激励导向是相同的。价值最大化导向的本质是，在风险可承受范围内实现风险、收益与发展的合理匹配。经济增加值是评价商业银行价值的关键指标。商业银行确立价值最大化薪酬激励导向的主要参考依据有：

(1) 中国原银监会《商业银行稳健薪酬监管指引》第四条指出，商业银行应制定有利于本行战略目标实施和竞争力提升与人才培养、风险控制相适应的薪酬机制，并作为公司治理的主要组成部分之一。薪酬机制一般应坚持以下原则：薪酬机制与银行公司治理要求相统一；薪酬激励与银行竞争能力及银行持续能力建设相兼顾；薪酬水平与风险成本调整后的经营业绩相适应；短期激励与长期激励相协调。

(2) 财政部《金融企业财务规则》第三条指出，金融企业应当防范和化解财务风险，实现持续经营和价值最大化。

(3) 中国原银监会办公厅《农村商业银行和农村合作银行推进流程银行建设的指导意见》指出，商业银行应建立健全以价值为导向的业绩评价体系，健全以价值为核心、兼顾短期利益与长期利益、公正透明的绩效考核体系，逐步推行经济增加值、经济资本回报率等关键业绩指标，合理平衡风险和收益。

(4) 中国原银监会《农村中小金融机构风险管理机制建设指引》第五章“考核问责”第三十七条指出，农村中小金融机构应当建立包含收益和风险在内的风险绩效评价体系，合理设置评价指标，逐步开展经济资本管理，提高风险管理绩效，提升经营管理水平。

(5) 中国原银监会《中国银行业实施新监管标准的指导意见》(银监发〔2011〕44 号)第五部分也指出，各银行业金融机构要结合自身经营特点，强化风险管理基础设施，提升风险管理能力，改进激励考核机制，建立“风险—收益”平衡的绩效考核和薪酬制度。

另外，国家国有资产监督管理委员会在《中央企业负责人经营业绩考核暂行办法》中也导入了经济增加值作为核心考核指标，有关做法值得借鉴。

8.4 岗位职责体系与岗位价值评估

资料 8-3

银监会办公厅《农村商业银行和农村合作银行推进流程银行建设的指导意见》摘录

六、优化再造支持流程和架构

……

（二）建设科学的岗位职责体系。商业银行应合理评估岗位价值，设置与优化岗位体系，逐步建立管理、专业、营销和操作等序列职务通道，健全权责对等、操作规范的岗位职级体系，采用竞聘上岗、岗位轮换、工作团队等多种方式合理配置人力资源。要基于流程和岗位职责要求，结合内外规映射，建立数字化、规范化的岗位职责文件体系。

（三）健全以岗位价值为基础的薪酬体系。商业银行应基于岗位价值、内部公平性和外部竞争性，建立科学合理的薪酬体系。合理确定固定薪酬和浮动薪酬比例，正确处理短期激励与中长期激励的关系，确保整体薪酬水平与业务发展相适应，薪酬延期支付与风险暴露相一致。商业银行应提高“三农”和小微企业业务的绩效考核权重或者分值，实行适当向“三农”和小微企业部门倾斜的薪酬分配制度。

8.4.1　岗位职责描述①

岗位职责描述是通过简单的岗位职务元素分析，概括为不同岗位的个性化界定，即按照职业、工种属性要求，并结合一定的相对独立活动组织所承担活动内容的要求，描述出某个特定岗位所应具备的综合素质元素的图表。岗位职责描述既要求对具体的岗位因素进行分析描述，也要求对具体的上岗人的条件进行分析描述，两者有机结合，才是完整的岗位职务描述。通俗的说，岗位职责描述就是对工作性质、任务、责任、环境、绩效考核、岗位晋升、人才储备、问题的处理方法以及对岗位人员的资格条件的要求所做的书面要求。它是对企业期望员工要做什么、应做什么、怎么做、履行怎样的职责、取得理想的成绩后相对应的激励机制和职务晋升条件的汇总。

8.4.1.1　岗位职责描述的基本原则

（1）实用性原则。实用性和可操作性是岗位职责描述的最基本原则。因为岗位职责描述的重点是解决运行中或准备运行中的问题。在进行岗位职责描述时，必须突出一个“实”字。

（2）专家行为原则。在进行岗位职务描述时，要具备相应的专家队伍支持，不能外行去为内行设计岗位职务。为此，要求从事岗位职务描述的人员必须要加强了解基层的管理制

① 田松柏.岗位职务描述的原则和作用[J].中国培训，2010(12)：50-51.

度、人员素质的结构情况、金融产品特性、工作岗位的操作流程，甚至对管理漏洞、安全隐患、企业文化、产品市场等方面都需要不断地学习与交流和观察总结。否则，就会闭门造车，更不能够出具一份切实可行、符合岗位需求、提高工作绩效的岗位职务描述文本，也就无法很好地从事岗位职务描述工作。

(3) 科学操作原则。对于在进行岗位职务描述时，必须要具有科学的工作态度、科学的工作方法、规范的操作制度、严谨的工作程序和监控手段，采用先进的设备和方式，才能完成某个岗位的职责描述。

(4) 动态管理。变化是任何事物的发展必然规律，岗位职务也是不断的发展和变化，或说由量变到质变。对社会、经济、技术、管理等因素的变化所导致的岗位职务的素质变化要跟上时代发展的脚步，思维要更新，要与时俱进，随时了解金融市场、金融产品、人的素质的变化，特别是所在商业银行的发展情况，才能保证岗位职责描述的质量与效果得到持续性进步。

8.4.1.2　岗位职责描述的作用

通过岗位职责描述的理论及功能和运行的过程体现，从不同角度方面，有以下六方面的作用：

(1) 提高经济效益与工作效益。劳动定额与岗位人员定编，是核算劳动效果的有效方法，岗位的工作指标和岗位工作责任都需要明确。岗位职责描述清楚，有利于工作岗位的成本核算，控制成本投入，增加劳动效益和经济效益，又可以保护劳动者的合法权益。

(2) 使科技投入更加合理。随着科技的进步，技术对岗位的支持越来越明显，岗位职责描述对岗位技术的需求进行详细描述定位后，可对岗位工作有针对性地提供科技支持。

(3) 双向选择的依据。现行的劳动用工制度是双向选择，择优定位，岗位职责描述可以成为双方择优选择的参照依据，用人单位根据岗位职务描述提出从业者的素质条件、学历、技术水平、兴趣、价值取向。

(4) 统一组织内部用人的标准。每家商业银行都必须按其自身的运行需要设置岗位，招聘员工，但其岗位内在因素都会不断发生变化。岗位职责描述可对每个岗位的从业提出新的要求，商业银行在用人时可按照岗位职务描述进行人员调配或更替。

(5) 培训大纲的功能。培训是人力资源开发、提高劳动者素质的重要方法和手段。同时也可提升用人单位或组织的活力。岗位职务描述同时具备了培训大纲的功能，主要体现在培训的针对性、适用性和岗位的个性特色，把岗位和员工通过科学的岗位职责描述手段有机地结为一体，可以大大提高培训的有效性、贴切性、效益性。

(6) 绩效评估的尺度。对员工而言，上岗前的条件、标准，应该是工作过程中的行为原则和标准，同时也应该是岗位工作任务终结时要达到的标准，检查工作效果、员工表现、经济效益等成果的有效方法。

8.4.1.3　岗位说明书

岗位说明书是表明商业银行期望员工做些什么、员工应该做些什么、应该怎么做和在什么样的情况下履行职责的总汇，其作用主要包括：①为招聘、录用员工提供依据；②对员工进行目标管理；③为绩效考核提供基本依据；④为评估岗位价值、制定薪酬政策提供依据；⑤为员工教育与培训提供依据；⑥为员工晋升与开发提供依据。

岗位说明书是商业银行人力资源管理的一个基础性文件，必须作为一种档案长期保存起来，并在应用中动态地改进岗位说明书的内容，每隔适当时间进行一次修订，修订必须与所在商业银行的人力资源规划结合在一起，确保与商业银行的实际发展状况保持同步。

在被描述岗位的岗位说明书中明确了直接上级岗位、直接下级岗位、管理协调相关机构、具体工作职责、完成工作所需时间(估算)、工作质量标准、工作评价计分规则、准入条件及任职要求等。根据不同岗位绩效表现特征将商业银行的岗位区分为管理类、操作类、营销类和专业技术类等，编制一整套标准化的岗位说明书，则构成了一套岗位职责体系。

案例 8-1

××农商银行岗位说明书举例①

岗位说明书示例如表 8-1 所示。

表 8-1　董事会办公室岗位说明书(部门编号:ZB01)

(2015 年 1 月第 1 版)

<table>
<tr><td colspan="8">1. 基本信息</td></tr>
<tr><td>岗位名称</td><td>董事会秘书</td><td>岗位编号</td><td>ZB0101</td><td>岗位性质</td><td>一岗一人</td><td>所属部门</td><td>董事会办公室</td></tr>
<tr><td>工作地点</td><td>总行</td><td>岗位类别</td><td colspan="5">■ 管理类　□ 操作类　□ 营销类　□ 专业技术类</td></tr>
<tr><td colspan="2">直接上级岗位名称</td><td colspan="2">董事长、董事</td><td colspan="2">直接下级岗位名称</td><td colspan="2"></td></tr>
<tr><td colspan="2">管理协调相关机构</td><td colspan="6">监事会办公室、综合管理部等</td></tr>
<tr><td colspan="8">2. 岗位职责、质量标准与评价规则</td></tr>
<tr><td rowspan="2">职责编号</td><td rowspan="2">具体工作职责</td><td colspan="3">完成工作所需时间(估算)</td><td rowspan="2">质量标准</td><td rowspan="2">单项满分(百分制)</td><td rowspan="2">扣分规则(每项扣完为止)</td></tr>
<tr><td>单次工作(小时)</td><td>发生频率(次/年)</td><td>全年合计(天)</td></tr>
<tr><td>ZB010101</td><td>负责股东代表大会和董事会及下设的财务审批委员会、提名及薪酬委员会、风险管理委员会等三个专门委员会会议的筹备和组织工作，各专门委员会的议案和审议事项的督查工作。</td><td>7</td><td>10</td><td>9</td><td>及时召开会议；严格会议程序；充分准备相关议题；全面落实会议，形成决议；负责日常组织与管理。</td><td>10</td><td>完成得满分；未完成依次扣减分值，每次扣 1 分。</td></tr>
<tr><td>ZB010102</td><td>负责编制本行战略发展目标规划、经营计划、利润分配、亏损弥补、对外投资发展以及分支机构总体规划战略；落实董事会制定的发展战略规划、风险管理及重大关联交易决策。</td><td>7</td><td>45</td><td>40</td><td>准确分析业务经营数据；科学合理编制目标计划；全面贯彻落实董事会决议；有效防范经营风险及重大关联交易。</td><td>20</td><td>完成得满分；未完成依次扣减分值，每次扣 2 分。</td></tr>
</table>

① 本案例来自作者 2013 年在内蒙古自治区××农商银行研发的课题《××农商银行绩效考核与薪酬制度优化》，因受合约限制，个别内容做了适当的技术处理。

（续表）

2. 岗位职责、质量标准与评价规则							
职责编号	具体工作职责	完成工作所需时间（估算）			质量标准	单项满分（百分制）	扣分规则（每项扣完为止）
		单次工作（小时）	发生频率（次/年）	全年合计（天）			
ZB010103	负责本行股权管理和股东关系管理工作，负责股东准入、资料管理、股权调整、股金分红、增资扩股等相关事宜，与股东保持联络，提高股东对本行的参与度。	7	60	52.5	规范股本金日常管理；审查股东资格准入；保持与股东业务联络。	20	完成得满分；未完成依次扣减分值，每次扣2分。
ZB010104	负责制定公司法人治理的基本制度和规章，促进董事会、股东代表大会规范运作。	7	20	17.5	判定全行法人治理制度；健全三会一层运行机制。	10	完成得满分；未完成每次扣减2分。
ZB010105	负责董事会会议和股东代表大会各类报告、相关文件和材料、法律文书以及决议的起草和管理工作；负责督促检查董事会决议、股东代表大会决议事项的落实情况；负责协助董事长办理董事会、股东代表大会闭会期间的日常事务及董事会印章的管理工作。	7	30	27	按要求及时起草文件；全面监督各项决议；落实负责董事会日常事务运行与管理。	20	完成得满分；未完成依次扣减分值，每次扣2分。
ZB010106	负责本行法定信息披露事务，保证信息披露及时、准确、合法、真实和完整。	7	6	6	及时、准确、合法、真实和完整地进行信息披露。	4	完成得满分；未完成每次扣减1分。
ZB010107	负责本行高管人员的绩效考核、薪酬激励工作。	7	30	27	科学制定本行高管绩效考核与薪酬激励。	6	完成得满分；未完成每次扣减2分。
ZB010108	承担股东代表大会、董事会赋予的其他职责，完成董事会或董事长交办的其他事项。	7	60	52.5	按时、保质保量地完成领导交办事项。	10	完成得满分；未完成每次扣减0.5分。
合计				231.5	—	100	—

3. 准入条件及任职要求	
（1）学历	大学本科以上学历
（2）岗位经历	基层及总行管理相关经历
（3）专业资格	中级以上职称
（4）工作态度	勤勉、认真、务实、创新
（5）知识储备	精通公司治理相关知识和政策，了解相关部门业务知识和行业政策
（6）语言文字能力	一定的语言组织能力
（7）计算机操作能力	掌握基本操作技能

(续表)

3. 准入条件及任职要求	
(8) 决策能力	客观、公正
(9) 业务处理能力	务实、开拓
(10) 组织与协调能力	较高的组织与协调能力
(11) 独立开展工作能力	独立或协调其他负责人处理复杂问题
(12) 创造性开展工作能力	发现工作中的重大问题并能妥善解决;适时创新经营管理的手段和方法
(13) 其他	本岗位要求的其他条件

本岗位说明书自 2015 年 1 月 1 日起开始实施。
拟定人(编制人)签字：　　　　岗位审批人签字：　　　　岗位任职人签字：

8.4.2　岗位价值评估

岗位价值评估是指在工作分析的基础上,采取一定的方法,对岗位在组织中的影响范围、职责大小、工作强度、工作难度、任职条件、岗位工作条件等特性进行评价,以确定岗位在组织中的相对价值(并非绝对价值),并据此建立岗位价值序列的过程,旨在为薪酬分配提供客观基础。

8.4.2.1　岗位价值评估的原则

岗位价值评估是一项技术性非常强、涉及面广、工作量大的活动,岗位价值评估是现代人力资源管理薪酬体系设计的关键,为了保证岗位价值评估工作的顺利开展,提高评估的科学性和合理性,并获得内部绝大多数员工的认同,在实施岗位价值评估的过程中应遵循以下原则:

(1) 对岗不对人的原则。岗位价值评估的对象是商业银行中所有的岗位,而不是从事某个岗位的具体某一个人。

(2) 适宜性原则。即选择适合商业银行实际的评价模型、评估方法和评估技术、评估程序。

(3) 评估方法、评估标准统一的原则。即必须采用统一的评估方法和评估标准,在规定范围内,作为评估工作中共同遵守的准则和依据,以确保岗位价值评估工作的规范化和评估结果的可比性,提高评估工作的科学性。

(4) 过程参与原则。即适当地让员工参与到岗位价值评估工作中来,让员工对岗位价值评估的结果产生认同感,有利于增强岗位价值评估结果的合理性。

(5) 结果公开原则。岗位价值评估结果应该向员工公开,透明化的岗位价值评估标准和评价程序、评价结果有利于员工对商业银行的价值取向达成理解和认同,明确自己的努力方向,并可降低薪酬管理中可能出现的随意性大等风险,同时提高员工对薪酬的满意度,减少员工对薪酬的抱怨。

8.4.2.2　岗位价值评估的标准

岗位价值评估标准可以从胜任某个岗位必须的知识与技能、该岗位的影响与责任、解决问题难度、工作强度与环境等维度进行设计。例如,某商业银行岗位价值评估实行 1 000 分制模型，最高评估分为 980 分(因为没有十全十美的人)。评分均以某个岗位适任人员(并非目前在岗人员)实现合格业绩为评估基准。各等级采用等距计算，等级划分为五档，总分数以 10 计，分别以 1、3、5、7、10 分档，在最高 A 等级与次高 B 等级适当扩大级差。

案例 8-2

××农商银行岗位价值评估标准①

表 8-2 是××农商银行岗位价值评估标准概要，各评估要素子因素分级释义如表8-3～表 8-6 所示。

表 8-2 岗位价值评估模型设计一览表

一级评估要素	一级分数分配	二级评估			子因素占总分比例	分级定位及计分				
		子因素	占比	分数		E	D	C	B	A
						1	3	5	7	10
知识与技能(20%)	200 分	匹配学历	20%	40	4%	4	12	20	28	40
		专业技术任职资格	10%	20	2%	2	6	10	14	20
		专业能力经验阶段	20%	40	4%	4	12	20	28	40
		人际沟通技能	10%	20	2%	2	6	10	14	20
		管理诀窍	20%	40	4%	4	12	20	28	40
		企划文书能力	20%	40	4%	4	12	20	28	40
影响与责任(50%)	500 分	经营收入	20%	100	10%	10	30	50	70	100
		费用控制	10%	50	5%	5	15	25	35	50
		风险控制	20%	100	10%	10	30	50	70	100
		监管指导	10%	50	5%	5	15	25	35	50
		责任范围	10%	50	5%	5	15	25	35	50
		法律责任	10%	50	5%	5	15	25	35	50
		决策影响	20%	100	10%	10	30	50	70	100
解决问题难度(20%)	200 分	工作复杂性	50%	100	10%	10	30	50	70	100
		工作创新性	50%	100	10%	10	30	50	70	100
工作强度与环境(10%)	100 分	工作压力	30%	30	3%	3	9	15	21	30
		工作紧张度	20%	20	2%	2	6	10	14	20
		环境条件与人身安全	20%	20	2%	2	6	10	无	
		工作风险	30%	30	3%	3	9	15		

① 承案例 8-1，因受合约限制，个别内容做了适当的技术处理。

表 8-3　知识与技能

要素一:知识与技能				
子因素	因素释义	级别	等级依据	得分
匹配学历	指胜任该岗位需具备的基本学历水平。	E	初中及以下。	4
		D	高中及中专。	12
		C	大专。	20
		B	大学。	28
		A	硕士及以上。	40
专业技术任职资格及等级	指履行岗位职责所必须的岗位就业准入证、专业技术任职资格或技能等级。需从行业、劳动监察及银行业务出发认为必须通过就业资格准入,或某种专业技术任职资格或职业技能等级要求来界定其专业能力符合岗位要求。	E	无专业技术任职资格及职业准入资格限制。	2
		D	初级专业技术任职资格(职业准入证、职业技能资格二级及以上)。	6
		C	中级专业技术任职资格(职业技能资格证一级、高管资格证)。	10
		B	高级专业技术任职资格(或 2 项中级专业任职资格要求)。	14
		A	2 项高级专业技术任职资格以上。	20
专业能力经验阶段	任职人员所须掌握的职业领域专业理论、实际经验的深度和广度水平。	E	基本不需要专业理论技术。相关工作经验要求 1 年以内。	4
		D	初导阶段:常识性的专业技术知识,很容易掌握,相关工作经验要求 2 年以内。	12
		C	成长阶段:专业技术有一定难度要求,但内容不复杂,要求不具有全面性。相关工作经验要求至少 2 年以上。	20
		B	稳定阶段:专业理论和技术均要求一定全面性,较难掌握。相关工作经验要求至少 5 年以上。	28
		A	精深阶段:专业理论和技术要求深度和广度非常高,需要长期的知识和经验积累才能掌握和运用。相关工作经验要求达 8 年以上。	40
人际沟通技能	任职所需具备的人际关系处理技能。包括评估该岗位与企业内、外的其他人员进行交往时所需的协调与社交技巧的程度。着重评估履行工作职责与任务所需的沟通水准。	E	基本的口头与书面技能:需具备一般性礼节,即基本限度的人际交流。	2
		D	传达基本事实:以标准形式传达详细的日常信息。	6
		C	诠释信息:能答复详细的质询信息。 信息复杂,需要谨慎斟酌,以维持良好合作关系。	10

（续表）

要素一：知识与技能				
子因素	因素释义	级别	等级依据	得分
人际沟通技能	任职所需具备的人际关系处理技能。包括评估该岗位与企业内、外的其他人员进行交往时所需的协调与社交技巧的程度。着重评估履行工作职责与任务所需的沟通水准。	B	针对复杂问题提供建议和解释：经常性地提出行动计划方案，需进行相当的诠释。并向众多人员进行公开介绍和沟通。需要较高的思辩能力和一定技巧来实现沟通及一定程度的劝服。	14
		A	技能高超：需要促使冲突矛盾各方达成共识。运用精深的斡旋手段进行协调，解决争端。需要高度游说、沟通、协调、思辩与谈判技能。	20
管理诀窍	为履行工作职责所须具备的管理知识素质和能力的要求（包括计划、组织、指挥、控制、协调职能）。	E	工作简单，基本不需要管理能力。	4
		D	工作规范化，需要基本的管理知识和能力，承担五种基本职能中一种职能。	12
		C	需要较强的管理知识和能力来协调三方以上关系。承担五种基本职能中两种职能以上。	20
		B	工作多样化，但环境相对稳定，需要较强的管理能力和决断能力。需综合运用多种管理职能。	28
		A	非常规性工作，需在复杂多变的环境中履行职责，需要高度的综合管理和决断能力。	40
企划文书能力	为履行工作职责所必须进行文书策划、起草，具备系统性地准确表达概括能力。	E	无须起草文件。	4
		D	一般工作记录、统计、信函、简报、通知。	12
		C	日常部门计划管理、总结分析文件。	20
		B	部门规章、专业工作程序文件、法律文书起草。	28
		A	总行系统性、战略性、规划性文件。	40

表 8-4　影响与责任范围

要素二：影响与责任范围					
子因素	因素释义	级别	作用	等级依据	得分
经营收入	履行岗位职责的正常结果对企业经营收入的影响程度。	E	主要	轻微影响。	10
		D	主要	少量影响。	30
		C	主要	局部影响。	50
		B	主要	系统性高额影响。	70
		A	主要	全局性巨额影响。	100

（续表）

要素二：影响与责任范围					
子因素	因素释义	级别	作用	等级依据	得分
费用控制	在履行职责过程中，因工作疏忽而可能造成的成本费用增加等额外损失责任。	E	主要	轻微损失。	5
		D	主要	造成少量损失。	15
		C	主要	造成较大损失。	25
		B	主要	造成重大损失。	35
		A	主要	造成巨额损失。	50
风险控制	在履行职责过程中，因工作疏忽而可能造成的投资、资产损失等责任。（次要作用计分标准按主要作用同级计分的60%计算）	E0	次要	风险轻微，可忽略。	6
		E1	主要		10
		D0	次要	有小风险，不会给企业造成多大影响。	18
		D1	主要		30
		C0	次要	有一定风险。一旦发生问题，给企业造成明显影响和损失。	30
		C1	主要		50
		BO	次要	有较大风险。一旦发生问题，会给企业造成较严重的损害。	42
		B1	主要		70
		A0	次要	有极大风险。一旦发生问题，对企业造成的影响可能无法挽回，可能导致企业经营危机。	60
		A1	主要		100
指导监管	评估相关工作“层次”、行动自由度以及实施或接受监管的性质。应注意该职位中所需进行规划、组织、人员配置与指导的力度，以及下属的类型/级别及其工作性质。	E		处于紧密日常监管；受到主管人员或既定规程的明确的、详细的定期监管。工作结果常由他人审核。	5
		D		监管他人：领导某个工作单元团队的工作。 或： 独立工作：主持对实现部门重要目标而言至关重要的项目或计划，遵照一般指导原则制定相应方案。	15
		C		指导主要职能部门的工作：作为部门（一级部门）经理确定标准，以确保遵照既定政策。协调相关活动，其中包括预算管理工作。 或： 独立工作：主持项目或方案对总体政策及公司总体目标的实现产生深远影响。	25
		B		协调两个或多个主要部门的运作：跨职能领域，整合各部门目标。为有效地实现这些目标，与其他职能领域相互影响。	35
		A		全面指导银行各部门：组织跨经营单元及职能部门的方案论证。设计并诠释政策。制定全行总体政策与发展方向。	50

（续表）

要素二：影响与责任范围					
子因素	因素释义	级别	作用	等级依据	得分
责任范围	对工作结果承担多大的责任范围。以工作结果对企业的影响作为判断责任范围的依据。	E		只对自己的工作结果负责。	5
		D		需对自己及所直接监督的工作结果负责。	15
		C		对整个工作组或一个部门的工作结果负责。	25
		B		对全行几个部门的工作结果负责。	35
		A		对全行的工作结果负责。	50
法律责任	指在正常工作中需要拟定和签署具有法律效力的合同，并对合同的结果负有相应的责任。其责任的大小视签约、拟定合同的重要性及后果的严重性作为判断基准。	E		不参与有关法律合同（技术协议）的制定和签约。	5
		D		需要偶尔拟定具有法律效力的合同条文，并对结果负部分责任。	15
		C		需要经常拟定具有法律效力的合同条文，并对结果负部分责任。	25
		B		需要经常审核各种具有法律效力常规业务合同，并对结果负有主要责任。	35
		A		需要审核非常规重大投资或业务合同，并对结果负主要责任。	50
决策影响	指在正常的工作中需要参与决策，其责任的大小根据所参与决策的层次高低作为判断基准。（参与：指对决策方案的制定、批准有较大影响）	E		工作中常做一些小的决定，一般不影响他人。	10
		D		工作中需要参与对本部门人员有影响的决策。	30
		C		工作中需要参与对全行有战术性影响的决策。	50
		B		工作中经常参与对全行整体有战略性影响的决策。	70
		A		工作中需要做出对全行战略性决策。	100

表 8-5　解决问题难度

要素三：解决问题难度				
子因素	因素释义	级别	等级依据	得分
工作复杂性	岗位职责要解决问题的本身的专业性质、影响面、系统性等所决定的基本工作内容、工作过程和方法的复杂程度。	E	工作内容或问题已经确定（很少有其他选择），基本属于个别、具体环节的操作，工作步骤和过程是例行的，即该岗位在工作中经常面临问题的解决，具备明确的操作步骤及方式。	10
		D	问题需要一定的方法判断。 工作内容或问题比较确定，但涉及若干方面的操作，可以有对工作步骤、过程、方法的选择，基本上相对独立地工作，即问题需要依据常规的方法判断后解决。	30

（续表）

要素三：解决问题难度				
子因素	因素释义	级别	等级依据	得分
工作复杂性	岗位职责要解决问题的本身的专业性质、影响面、系统性等所决定的基本工作内容、工作过程和方法的复杂程度。	C	方案需要研究确定。 工作内容或问题有一定的不确定性，涉及较复杂的专业业务问题，通常要从与其他问题的相关性中加以解决。拟订工作步骤和方法及实施过程可在他人指导下或参考有关资料和借鉴他人经验，独立地完成，即通过大量信息数据的搜集进一步分析、讨论后判断。例如，市场策划、技术开发。	50
		B	专业性问题，但原因及解决方案需要深入系统研究。 工作内容或问题有不确定性，较多涉及复杂专业业务问题，需要将多个相互独立的问题联系起来与若干个部门协调加以解决。拟订工作步骤、方案和实施过程中要独立地参考多种资料和掌握有关因素的动态，并吸收运用多种管理技术和方法，例如，营销策划。	70
		A	综合系统性工作内容和问题。 工作内容或问题解决目标有较大的不确定性，工作任务包括承担企业重要业务项目、管理课题、拟订发展战略、工作标准、解决行业专业系统性的疑难业务问题，要跨越多个部门之间、专业之间的统筹考虑相关管理目标，整体性上要掌握企业经营管理的现状和动态。系统的吸收、运用、创造性借鉴国内外先进管理技术方法。例如，企业发展战略规划的制定，银行整体风险控制体系制定等。	100
工作创新性	岗位职责履行必须融合各种信息而做出的有关判断和创新的程度。包括技术创新和管理创新。	E	按程序制度解决。 无须或较少需要判断，发生例外事件希务必请示。例如，记账作业。	10
		D	按政策规定解决。 要根据有关环境的要求和限制进行简单判断，确定工作步骤和过程。例如，结算薪资、招聘考核、信贷项目合同签订等。	30
		C	需要寻求新的解决方法。 要通过深入调研和思考，在涉及复杂概念的工作分析中，做出有效的判断和必要的创新，即在现有政策规定之外寻找更合理的解决方法，例如，市场策划、对管理体制的改进。	50

（续表）

要素三：解决问题难度				
子因素	因素释义	级别	等级依据	得分
工作创新性	岗位职责履行必须融合各种信息而做出的有关判断和创新的程度。包括技术创新和管理创新。	B	需要进行预测判断解决。 要通过全盘分析和思考，在涉及大量复杂概念和相关因素的重新组合与协调工作中，作出正确的判断和较大的创新。例如，年度经营计划、人力资源规划等。	70
		A	需要进行风险性决策解决。 需要通过较为艰巨的研究和探索，在解决重大实际问题中，做出有价值的判断和重大的创新。例如，投资决策、战略发展规划、全行薪酬方案制定等。	100

表 8-6　工作强度与环境

要素四：工作强度与环境				
子因素	因素释义	级别	等级依据	得分
工作压力	指工作本身给任职人员带来的压力。根据决策迅速性、工作常规性、任务多样性、工作是否被时常打断进行判断。	E	工作内容单一，工作节奏均衡，极少做出决策，工作很少被打断或者干扰。	3
		D	工作节奏均衡，工作速度没有特定要求，工作内容常规化，手头的工作有时被临时性工作打断，工作需做出一定决策。	9
		C	工作忙闲不均，工作经常做出决策，任务多样化，手头的工作常被打断，不确定性任务多。	15
		B	工作负荷高，经常打破正常作息时间，需经常地迅速做出决定，任务多样化，不确定性任务多。	21
		A	工作负荷高，经常打破正常作息时间，需经常地迅速做出决定，任务多样化，不确定性任务多，目标多元且有冲突，需要高度的综合处理能力。	30
工作紧张度	指工作的速度、时限、工作量、注意力转移程度和工作所需对细节的重视所引起的工作紧迫感。	E	工作的速度、时限自己可灵活掌握，没有紧迫感。	2
		D	大部分时间的工作速度、时限自己掌握，有时比较紧张，但时间持续不长。	6
		C	工作的速度、时限经常受客观环境所迫的潜在压力，感到一定工作紧张。	10

（续表）

要素四：工作强度与环境				
子因素	因素释义	级别	等级依据	得分
工作紧张度	指工作的速度、时限、工作量、注意力转移程度和工作所需对细节的重视所引起的工作紧迫感。	B	工作的速度、时限明确受到一定指示和约束，明显感到工作紧张和疲劳。	14
		A	常规工作要求明确的工作速度和工作目标保证，需要持续保持注意力的高度集中，工作感到高度紧张和疲劳。	20
环境条件与人身安全	指岗位工作所处环境对人员生理健康及人身安全的影响。	E	工作环境良好，没有可能对身体造成危害的因素，不需要特别的安全预防措施。	2
		D	工作环境存在一定不舒适因素，或存在一定人身安全风险。要求有一定的安全预防措施或间断性工作。	6
		C	工作环境对人员身体存在一定危害性（如有毒、粉尘环境），或者工作存在较大的人身安全风险，需要特别的安全措施。	10
工作风险	履行正常职责过程中岗位的责任风险及面临的企业内部关系风险和法律责任风险。	E	无明显的工作风险，无直接冲突性工作内容及法律后果风险。	3
		D	有一定工作风险，工作中经常面临内、外部矛盾性工作。	9
		C	有明显的工作风险，工作矛盾冲突大，工作内容要求高系统性、全面协调性的工作岗位，正常职责面临法律责任风险。	15

8.4.2.3　岗位价值系数

确定岗位价值系数旨在通过建立岗位价值序列，为薪酬分配提供一个相对可比的客观标准。商业银行应组成由总行高级管理人员、各部室负责人、管理骨干、支行网点负责人、客户经理代表、柜员代表等参加的岗位价值评估组，必要时可以聘请外部专业人士参加。确定岗位价值系数时一般应遵循以下步骤：

（1）填写岗位价值评分表。岗位价值评估组成员在对岗位价值进行评分前，必须首先阅读岗位所在的《部门职责与岗位说明书》，熟悉部门职责和该部门各个岗位的具体工作职责、完成工作所需时间（全年）、工作质量标准、扣分标准、准入条件及任职要求等信息；在给岗位价值评分表中各子因素打分时，必须在对岗位工作特征充分了解的基础上，根据岗位价值评价标准为各个评价子因素提供的标准进行评分；必须恪守独立、科学、客观、公平、公正的原则，评分人之间不得相互讨论，也不得相互参考。

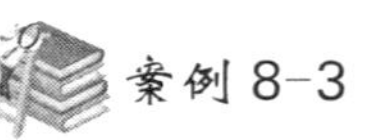

案例 8-3

××农商银行岗位价值评分表[①]

××农商银行岗位价值评分表如表 8-7 所示。

表 8-7　××农商银行岗位价值评分表

岗位所属部门________

（注：请根据《岗位价值评价标准及评价释义手册》提供的依据为每个岗位的各个评价子因素确定一个等级：即 E、D、C、B、A 五个中的一个等级，等级确定后查找对应的得分，最后把得分填入下表对应的空格。）

子因素 / 评价级别得分 / 岗位			知识与技能 20%						影响与责任 50%							解决问题难度 20%		工作强度与环境 10%			
			匹配学历	专业任职资格	专业经验阶段	人际沟通技能	管理决窍	企划文书能力	经营收入	费用控制	风险控制	监管指导	责任范围	法律责任	决策影响	工作复杂性	工作创新性	工作压力	工作紧张度	环境与安全	工作风险
子因素占总比			4%	2%	4%	2%	4%	4%	10%	5%	10%	5%	5%	5%	10%	10%	10%	3%	2%	2%	3%
1																					
2																					
3																					
4																					
…	……																				

评价时间：20____年____月____日　评分人姓名：________　评分人所在部门：________　评分人所在岗位：________

① 承案例 8-2，因受合约限制，个别内容做了适当的技术处理。

(2) 设计岗位价值系数表。岗位价值系数是根据岗位价值评估标准，运用分段函数计算得出的。分段函数的设计必须综合考虑商业银行计划重点激励的岗位、激励幅度、激励偏好等因素。下面是某商业银行设计的三段式函数：

第一，为了满足基层岗位工资增长比较快的偏好，设置第一段的区间[1, 20]，两个关键的点设置为(1, 1) (20, 13)。第一段增长率函数采用抛物线形式，利用 matlab 求解：$y = ax^2 + b$，求解过程显示如下：

```
>>[a, b] = solve ('a + b = 1 ', '400 * a + b = 13 ')
a =
4/133
b =
129/133
```

第二，该商业银行中间层的岗位占总体的百分比为 60%，根据激励偏好，中间层的岗位工资增长相对第一段增长速度应有所下降。第二段的岗位区间[20, 80]，该段设置的关键值为(20, 13) (80, 38)。该段运用的函数为海氏函数，基本形式为 $y = a\log_{10}^{x} + b$，运用 Matlab 计算过程和结果显示如下：

```
>>[b, c] = solve ('c * log(20)/log(10) + b = 13 ', 'c * log(80)/log(10) + b = 38 ')
b =
(38 * log(20) - 13 * log(80))/(log(20) - log(80))
c =
-(25 * log(10))/log(20) - log(80))
```

第三，为满足高级别的岗位工资增长比较快的激励偏好，第三段函数的区间设置为[80,100]，设置关键值为[80, 38][100, 50]。该段运用了增长率较第二段较快的函数，与第一段计算过程类似，采用抛物线形式 $y = 0.0033x^2 + 16.67$。

综合上述三段函数，绘制如图 8-2 所示的曲线。

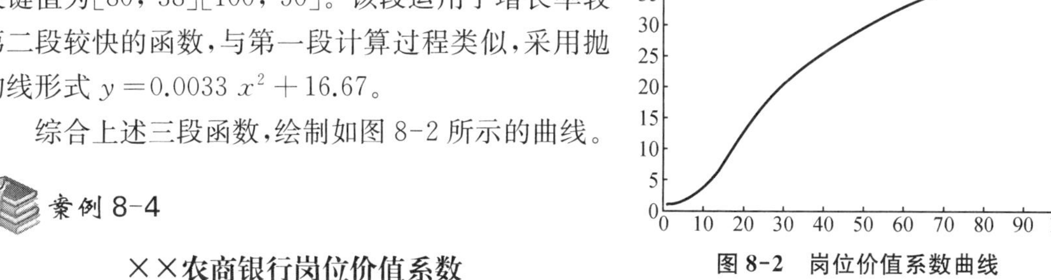

图 8-2　岗位价值系数曲线

案例 8-4

××农商银行岗位价值系数

××农商银行岗位价值系数如表 8-8 所示。

表 8-8　××农商银行岗位价值系数表①

岗位级别	级别细分档	岗位平均分值区间	岗位价值系数
第十级	第十档	[991, 1 000)	49.67
	第九档	[982, 991)	49.01

① 承案例 8-3，因受合约限制，个别内容做了适当的技术处理。

（续表）

岗位级别	级别细分档	岗位平均分值区间	岗位价值系数
第十级	第八档	[973，982)	48.36
	第七档	[964，973)	47.72
	第六档	[955，964)	47.08
	第五档	[946，955)	46.45
	第四档	[937，946)	45.83
	第三档	[928，937)	45.21
	第二档	[919，928)	44.60
	第一档	[910，919)	44.00
第九级	第十档	[901，910)	43.40
	第九档	[892，901)	42.81
	第八档	[883，892)	42.23
	第七档	[874，883)	41.65
	第六档	[865，874)	41.08
	第五档	[856，865)	40.51
	第四档	[847，856)	39.95
	第三档	[838，847)	39.40
	第二档	[829，838)	38.86
	第一档	[820，829)	38.32
第八级	第十档	[811，820)	37.79
	第九档	[802，811)	37.77
	第八档	[793，802)	37.54
	第七档	[784，793)	37.31
	第六档	[775，784)	37.07
	第五档	[766，775)	36.84
	第四档	[757，766)	36.59
	第三档	[748，757)	36.35
	第二档	[739，748)	36.10
	第一档	[730，739)	35.85
第七级	第十档	[721，730)	35.59
	第九档	[712，721)	35.33
	第八档	[703，712)	35.07
	第七档	[694，703)	34.80

（续表）

岗位级别	级别细分档	岗位平均分值区间	岗位价值系数
第七级	第六档	[685，694)	34.53
	第五档	[676，685)	34.26
	第四档	[667，676)	33.98
	第三档	[658，667)	33.69
	第二档	[649，658)	33.40
	第一档	[640，649)	33.11
第六级	第十档	[631，640)	32.81
	第九档	[622，631)	32.51
	第八档	[613，622)	32.20
	第七档	[604，613)	31.89
	第六档	[595，604)	31.57
	第五档	[586，595)	31.24
	第四档	[577，586)	30.91
	第三档	[568，577)	30.57
	第二档	[559，568)	30.23
	第一档	[550，559)	29.88
第五级	第十档	[541，550)	29.52
	第九档	[532，541)	29.16
	第八档	[523，532)	28.79
	第七档	[514，523)	28.41
	第六档	[505，514)	28.02
	第五档	[496，505)	27.62
	第四档	[487，496)	27.22
	第三档	[478，487)	26.80
	第二档	[469，478)	26.38
	第一档	[460，469)	25.95
第四级	第十档	[451，460)	25.50
	第九档	[442，451)	25.04
	第八档	[433，442)	24.58
	第七档	[424，433)	24.09
	第六档	[415，424)	23.60
	第五档	[406，415)	23.09
	第四档	[397，406)	22.57
	第三档	[388，397)	22.03

（续表）

岗位级别	级别细分档	岗位平均分值区间	岗位价值系数
第四级	第二档	[397，388)	21.48
	第一档	[370，379)	20.90
第三级	第十档	[361，370)	20.31
	第九档	[352，361)	19.70
	第八档	[343，352)	19.07
	第七档	[334，343)	18.41
	第六档	[325，334)	17.73
	第五档	[316，325)	17.02
	第四档	[307，316)	16.29
	第三档	[298，307)	15.52
	第二档	[289，298)	14.72
	第一档	[280，289)	13.88
第二级	第十档	[271，280)	13.00
	第九档	[262，271)	11.83
	第八档	[253，262)	10.71
	第七档	[244，253)	9.66
	第六档	[235，244)	8.67
	第五档	[226，235)	7.74
	第四档	[217，226)	6.86
	第三档	[208，217)	6.05
	第二档	[199，208)	5.30
	第一档	[190，199)	4.61
第一级	第十档	[181，190)	3.98
	第九档	[172，181)	3.41
	第八档	[163，172)	2.89
	第七档	[154，163)	2.44
	第六档	[145，154)	2.05
	第五档	[136，145)	1.72
	第四档	[127，136)	1.45
	第三档	[118，127)	1.24
	第二档	[109，118)	1.09
	第一档	[100，109)	1.00

(3) 形成岗位与岗位价值系数对应表。某岗位的价值系数是根据岗位价值评估组各成员评价分数的平均值所在岗位平均分值区间对应的岗位价值系数。例如，在案例8-4中，某岗位评价分数的平均值为900分，所在区间是[892,901)，则其价值系数为42.81。这样，每个岗位对应一个价值系数，则形成了一个岗位与岗位价值系数对应表，为在商业银行逐步推行一个岗位使用一个岗位价值系数，最终实现“一个岗位，一个考核办法”奠定了基础。

8.5 “风险—收益”平衡考核的薪酬制度设计

现代商业银行的战略目标是实现银行整体价值最大化，其核心是通过实现“风险—收益”的动态平衡促进商业银行持续健康发展，绩效考核与薪酬激励导向必须服从、服务于这个战略核心。

8.5.1　绩效考核的常用工具

在绩效管理领域，常用的管理会计工具方法一般包括关键绩效指标法、经济增加值法、平衡计分卡和股权激励等。商业银行可根据自身战略目标、业务特点和管理需要，结合不同工具方法的特征及适用范围，选择一种适合的绩效管理工具方法单独使用，也可选择两种或两种以上的工具方法综合运用。

8.5.1.1　关键绩效指标法

从字面上理解，关键绩效指标法(KPI)中的“关键绩效指标”属于非普通的绩效指标。KPI符合一个大家熟知的管理原理——帕累托原理，或叫“二八原理”，即在一个企业的价值创造过程中，普遍存在着“20/80”的规律，重要因子通常只占少数(20%)，却决定着绝大多数的价值创造(80%)，而不重要的因子则恰恰相反。因此，只要控制住重要的少数因子，就能够控制全局。KPI绩效考核就是要抓住影响战略目标实现的关键绩效指标，对其进行考核、引导，进而达到控制全局的目标。

资料8-4

财政部《管理会计应用指引第601号——关键绩效指标法》摘录

第一章　总　　则

第一条　关键绩效指标法，是指基于企业战略目标，通过建立关键绩效指标(Key Performance Indicator，简称KPI)体系，将价值创造活动与战略规划目标有效联系，并据此进行绩效管理的方法。

关键绩效指标，是对企业绩效产生关键影响力的指标，是通过对企业战略目标、关键成果领域的绩效特征分析，识别和提炼出的最能有效驱动企业价值创造的指标。

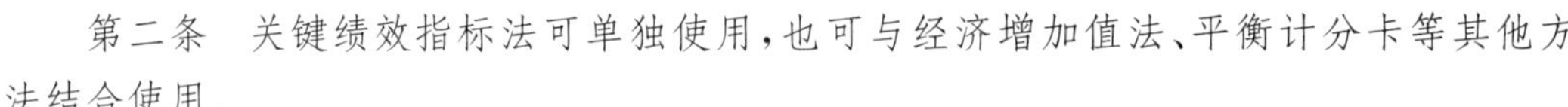

第二条　关键绩效指标法可单独使用，也可与经济增加值法、平衡计分卡等其他方法结合使用。

第三条　关键绩效指标法的应用对象可为企业、所属单位（部门）和员工。

第二章　应用环境

第四条　企业应用关键绩效指标法，应遵循《管理会计应用指引第600号——绩效管理》中对应用环境的一般要求。

第五条　企业应用关键绩效指标法，应综合考虑绩效评价期间宏观经济政策、外部市场环境、内部管理需要等因素，构建指标体系。

第六条　企业应有明确的战略目标。战略目标是确定关键绩效指标体系的基础，关键绩效指标反映战略目标，对战略目标实施效果进行衡量和监控。

第七条　企业应清晰识别价值创造模式，按照价值创造路径识别出关键驱动因素，科学地选择和设置关键绩效指标。

（1）KPI的应用环境。从资料8-4可知，商业银行应用KPI工具时，必须有明确的战略目标。在实际工作中，KPI的应用环境因素具体涉及以下几个方面：

一是，KPI绩效考核的组织机构。这一般涉及：①战略管理部门，负责制定商业银行战略（含中长期规划等，即负责1年以上的周期）涉及的战略与规划。②指标体系管理部门（计划财务部），负责根据商业战略分解确定适用于年度的KPI，制定年度KPI指标体系，进行绩效分析与评价。③人力资源管理部门，负责将年度KPI指标体系和绩效评价结果应用于绩效、薪酬管理。

二是，KPI的应用基础。例如：①商业银行管理层应当认识到关键绩效指标对提升管理水平、达成商业银行战略的重要性，并对不当运用所产生的后果有清晰的认识，能够以科学合理的方法制定指标体系。②商业银行应用关键绩效指标法进行绩效管理时，应综合考虑绩效评价期间宏观经济政策、外部市场环境、内部管理需要等因素，构建指标体系。③战略规划是确定关键绩效指标体系的基础，关键绩效指标反映战略规划目标，对战略规划实施效果进行衡量和监控，实施关键绩效指标法必须先开展战略管理工作。

三是，在信息化方面：①商业银行在运用关键绩效指标法建立指标体系、开展绩效管理的初期，可以采用手工方式，以电子表格方式管理相关信息。②在相关业务系统的信息化实施到一定水平时，应当考虑实施"绩效管理信息化系统"来集成相关业务与财务信息，以提高管理效率、降低管理成本。③KPI应该更多地考虑业务指标而非财务指标，因此应当在业务信息能够被结构化、相关业务信息系统技术成熟和成本可接受以后，顺势应用绩效管理信息化系统，不应为信息化而信息化。

（2）KPI的应用程序。商业银行应用关键绩效指标法时，一般应按照制订以关键绩效指标为核心的绩效计划、制订激励计划、执行绩效计划与激励计划、实施绩效评价与激励、编制绩效评价与激励管理报告等程序进行。

资料8-5

财政部《管理会计应用指引第601号——关键绩效指标法》摘录

第三章　应用程序

第八条　企业应用关键绩效指标法，一般按照制订以关键绩效指标为核心的绩效计划、制订激励计划、执行绩效计划与激励计划、实施绩效评价与激励、编制绩效评价与激励管理报告等程序进行。

第九条　企业通常按《管理会计应用指引第600号——绩效管理》第十条所规定的管理活动制订绩效计划，包括构建指标体系、分配指标权重、确定绩效目标值、选择计分方法和评价周期、拟定绩效责任书等。

第十条　企业构建关键绩效指标体系，一般按照以下程序进行：

（一）制定企业级关键绩效指标。企业应根据战略目标，结合价值创造模式，综合考虑内外部环境等因素，设定企业级关键绩效指标。

（二）制定所属单位（部门）级关键绩效指标。根据企业级关键绩效指标，结合所属单位（部门）关键业务流程，按照上下结合、分级编制、逐级分解的程序，在沟通反馈的基础上，设定所属单位（部门）级关键绩效指标。

（三）制定岗位（员工）级关键绩效指标。根据所属单位（部门）级关键绩效指标，结合员工岗位职责和关键工作价值贡献，设定岗位（员工）级关键绩效指标。

第十一条　企业的关键绩效指标一般可分为结果类和动因类两类指标。结果类指标是反映企业绩效的价值指标，主要包括投资回报率、净资产收益率、经济增加值、息税前利润、自由现金流等综合指标；动因类指标是反映企业价值关键驱动因素的指标，主要包括资本性支出、单位生产成本、产量、销量、客户满意度、员工满意度等。

第十二条　关键绩效指标应含义明确、可度量、与战略目标高度相关。指标的数量不宜过多，每一层级的关键绩效指标一般不超过10个。

第十三条　关键绩效指标选取的方法主要有关键成果领域分析法、组织功能分解法和工作流程分解法。

关键成果领域分析法，是基于对企业价值创造模式的分析，确定企业的关键成果领域，并在此基础上进一步识别关键成功要素，确定关键绩效指标的方法。

组织功能分解法，是基于组织功能定位，按照各所属单位（部门）对企业总目标所承担的职责，逐级分解和确定关键绩效指标的方法。

工作流程分解法，是按照工作流程各环节对企业价值贡献程度，识别出关键业务流程，将企业总目标层层分解至关键业务流程相关所属单位（部门）或岗位（员工），确定关键绩效指标的方法。

第十四条　关键绩效指标的权重分配应以企业战略目标为导向，反映被评价对象对企业价值贡献或支持的程度，以及各指标之间的重要性水平。单项关键绩效指标权重一般设定在5%～30%之间，对特别重要的指标可适当提高权重。对特别关键、影响企业整体价值的指标可设立“一票否决”制度，即如果某项关键绩效指标未完成，无论其他指标是否完成，均视为未完成绩效目标。

第十五条 企业确定关键绩效指标目标值，一般参考以下标准：

（一）依据国家有关部门或权威机构发布的行业标准或参考竞争对手标准。

（二）参照企业内部标准，包括企业战略目标、年度生产经营计划目标、年度预算目标、历年指标水平等。

（三）不能按前两项方法确定的，可根据企业历史经验值确定。

第十六条 关键绩效指标的目标值确定后，应规定因内外部环境发生重大变化、自然灾害等不可抗力因素对绩效完成结果产生重大影响时，对目标值进行调整的办法和程序。一般情况下，由被评价对象或评价主体测算确定影响额度，向相应的绩效管理工作机构提出调整申请，报薪酬与考核委员会或类似机构审批。

第十七条 绩效评价计分方法和周期的选择、绩效责任书的签订、激励计划的制订，绩效计划与激励计划的执行、实施及编制报告参照《管理会计应用指引第600号——绩效管理》。

根据资料8-5的相关条款，在KPI应用程序的实施过程中，应注意以下几个方面：

一是，关键绩效指标法应用程序的各个节点一般由不同部门按以下步骤分工负责：第一步，制订绩效计划（计划财务部门）；第二步，制订激励计划（人力资源部门）；第三步，执行绩效计划（相关业务部门）；第四步，实施绩效评价（计划财务部门）；第五步，执行激励计划（人力资源部门）；第六步，编制绩效评价管理报告（计划财务部门）；第七步，编制激励计划管理报告（人力资源部门）。

二是，在制定商业银行公司级关键绩效指标时，应根据战略规划，结合价值创造模式，综合考虑内外部环境等因素，设定公司级关键绩效指标。具体步骤为：①收集指标，建立指标库。这项工作由计划财务部门负责，其他部门配合。一般来讲，作为年度绩效管理的指标，可以来源于公司战略指标、历史（所采用的）指标等。②按照平衡计分卡的4个维度对指标进行分类。这项工作由计划财务部门负责，运用平衡计分卡工具对指标进行维度分类。③确定每一分类的公司级KPI。由计划财务部门负责确定每一分类的公司级KPI，涉及各专业管理的，基本采纳专业管理部门的意见。一般应采用“关键成功因素法[①]”自上而下确定公司级KPI。④分管领导审核。由分管财务的公司级领导组织财务及相关部门进行审核，重点关注指标设置是否与商业银行年度重点工作相匹配、上下级指标之间的驱动关系（关键成功因素法）是否明确、指标数量是否精简。⑤公司级决策层批准。例如，指标体系管理由预算管理部门牵头负责的公司，一般由公司预算管理委员会（或绩效管理委员会）批准，具体情况因商业银行决策层各专门委员会的职责分工不同会有区别。

① 关键成功因素指的是对企业成功起关键作用的因素。关键成功因素法就是通过分析找出使得企业成功的关键因素，然后再围绕这些关键因素来确定系统（组织）的需求，并进行规划。

三是，根据公司级关键绩效指标，结合下级单位（部门、分支机构）关键业务流程和职责，按照上下结合、分级编制、逐级分解的程序，在沟通反馈的基础上，设定下级单位（部门、分支机构）级关键绩效指标。下级单位及关键绩效指标的制定在计划财务部门负责绩效指标体系人员的协助与指导下完成。再根据公司下级单位（部门、分支机构）级关键绩效指标，综合员工岗位职责和关键工作价值贡献，设定岗位（员工）级关键绩效指标。

四是，关键绩效指标的设置和选择一般应遵循以下原则：①含义明晰，即指标应当定义明确，数据来源可靠、可验证。②战略相关，即指标应与战略规划高度相关，成为支撑及衡量战略实现程度的重要依据。③职责相关，即 KPI 应当是该组织职责范围内可以影响和控制的。④可量化，即只有能够被量化的流程或职能才能被设置为指标。⑤重要性，即指标不宜过多，抓住工作重点，一般每个重要职能对应一项指标，每一个组织一般不超过 5 项指标，规模特大的组织的指标数量也不宜超过 10 个。⑥动态调整，KPI 需要随着商业银行经营管理重点的变化而调整，一般应每年重新审视一次。

五是，KPI 用于绩效考核时，各层级指标在考核中权重设置的原则一般是逐级递减，与个人所在的组织直接相关，与上一级组织间接相关。在各层级之间的权重一般可以参考表 8-9 的比例设置。

表 8-9　员工各类考核指标分值结构（参考值）

被考核主体	指标级别及权重百分比			
	公司级（挂钩）	部门级（挂钩）	班组级（挂钩）	员工级（挂钩）
中层干部	30%	70%		
班组长	10%	30%	60%	
员工个人	5%	10%	20%	65%

六是，关键绩效指标的目标值应具有挑战性和可实现性，可设定基本目标值、挑战目标值等类似目标层级，激发被评价对象的潜能，并得到被评价对象的普遍认同。①基本目标值的设定应遵循目标难度适中原则，即经过相当努力后预期可以实现的。②完成可能性不大的目标（理想目标），可能会伤害某些被考核主体的积极性，应谨慎选择。因此，应基于“三基”原则确定关键绩效指标的目标值：①基于标杆、缩小差距。依据国家有关部门或权威机构发布的行业标准或参考竞争对手标准确定，逐步缩小与该标准的差距。②基于历史、超越自我。参照商业银行内部既往已经实现的水平确定，要力争超越历史最好水平。③基于战略、实现自我。根据商业银行战略规划目标确定，努力实现战略规划目标。另外，为保持目标体系的严肃性，目标值调整不宜过于频繁，一般每季度或半年调整一次。在调整前，绩效考核应当按照原目标考核；目标调整后，不应对之前已经兑现的考核做出调整。

（3）KPI 工具的评价。该工具的主要优点是：①使商业银行业绩评价与战略目标密切相关，有利于战略目标的实现。②通过识别的价值创造模式把握关键价值驱动因素，能够更有效地实现商业银行价值增值目标。③评价指标数量相对较少，易于理解和使用，实施成本相对较低，有利于推广实施。该工具也存在如下主要缺点，关键绩效指标的选取需要透彻理解商业银行价值创造的模式和战略目标，有效识别核心业务流程和关键价值驱动因素，指标体系设计不当将导致错误的价值导向或管理缺失。

8.5.1.2 经济增加值法

资料 8-6

财政部《管理会计应用指引第602号——经济增加值法》摘录

第一章 总 则

第一条 经济增加值法,是指以经济增加值(Economic Value Added,简称EVA)为核心,建立绩效指标体系,引导企业注重价值创造,并据此进行绩效管理的方法。

经济增加值,是指税后净营业利润扣除全部投入资本的成本后的剩余收益。经济增加值及其改善值是全面评价经营者有效使用资本和为企业创造价值的重要指标。经济增加值为正,表明经营者在为企业创造价值;经济增加值为负,表明经营者在损毁企业价值。

第二条 经济增加值法较少单独应用,一般与关键绩效指标法、平衡计分卡等其他方法结合使用。

第三条 企业应用经济增加值法进行绩效管理的对象,可为企业及其所属单位(部门)(可单独计算经济增加值)和高级管理人员。

第二章 应用环境

第四条 企业应用经济增加值法,应遵循《管理会计应用指引第600号——绩效管理》中对应用环境的一般要求。

第五条 企业应用经济增加值法,应树立价值管理理念,明确以价值创造为中心的战略目标,建立以经济增加值为核心的价值管理体系,使价值管理成为企业的核心管理制度。

第六条 企业应综合考虑宏观环境、行业特点和企业的实际情况,通过价值创造模式的识别,确定关键价值驱动因素,构建以经济增加值为核心的指标体系。

第七条 企业应建立清晰的资本资产管理责任体系,确定不同被评价对象的资本资产管理责任。

第八条 企业应建立健全会计核算体系,确保会计数据真实可靠、内容完整,并及时获取与经济增加值计算相关的会计数据。

第九条 企业应加强融资管理,关注筹资来源与渠道,及时获取债务资本成本、股权资本成本等相关信息,合理确定资本成本。

第十条 企业应加强投资管理,把能否增加价值作为新增投资项目决策的主要评判标准,以保持持续的价值创造能力。

(1) EVA的应用环境。EVA的应用环境除应关注资料8-6的有关条款外,还应注意EVA计算的主体要求。EVA计算方法主要是针对能独立核算的公司或者分公司来进行的,如果要对非独立核算的部门计算EVA,需要通过内部转移定价、约当定价等方法来将非

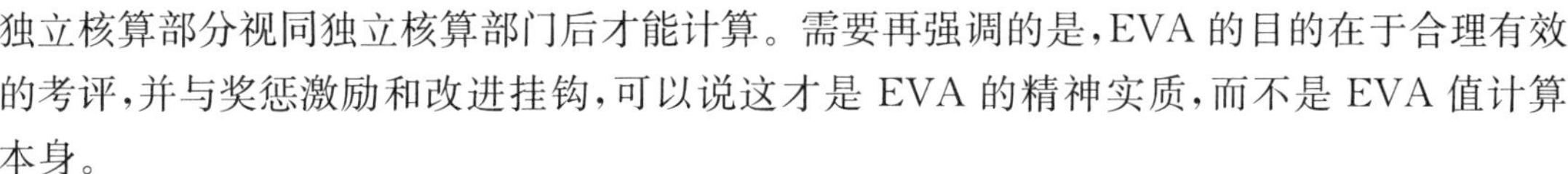

独立核算部分视同独立核算部门后才能计算。需要再强调的是，EVA的目的在于合理有效的考评，并与奖惩激励和改进挂钩，可以说这才是EVA的精神实质，而不是EVA值计算本身。

（2）EVA的应用程序。在商业银行，应用经济增加值法一般应按照制订以经济增加值指标为核心的绩效计划、制订激励计划、执行绩效计划与激励计划、实施绩效评价与激励、编制绩效评价与激励管理报告等程序进行。

资料8-7

财政部《管理会计应用指引第602号——经济增加值法》摘录

第三章　应用程序

第十一条　企业应用经济增加值法，一般按照制订以经济增加值指标为核心的绩效计划、制订激励计划、执行绩效计划与激励计划、实施绩效评价与激励、编制绩效评价与激励管理报告等程序进行。

第十二条　企业通常按《管理会计应用指引第600号——绩效管理》第十条所规定的管理活动制订绩效计划。绩效计划是企业开展业绩评价工作的行动方案，包括构建指标体系、分配指标权重、确定业绩绩效目标值、选择计分方法和评价周期、拟定业绩绩效责任书等。

第十三条　构建经济增加值指标体系，一般按照以下程序进行：

（一）制定企业级经济增加值指标体系。首先应结合行业竞争优势、组织结构、业务特点、会计政策等情况，确定企业级经济增加值指标的计算公式、调整项目、资本成本等，并围绕经济增加值的关键驱动因素，制定企业的经济增加值指标体系。

（二）制定所属单位（部门）级经济增加值指标体系。根据企业级经济增加值指标体系，结合所属单位（部门）所处行业、业务特点、资产规模等因素，在充分沟通的基础上，设定所属单位（部门）级经济增加值指标的计算公式、调整项目、资本成本等，并围绕所属单位（部门）经济增加值的关键驱动因素，细化制定所属单位（部门）的经济增加值指标体系。

（三）制定高级管理人员的经济增加值指标体系。根据企业级、所属单位（部门）级经济增加值指标体系，结合高级管理人员的岗位职责，制定高级管理人员的经济增加值指标体系。

第十四条　经济增加值的计算公式为：

经济增加值＝税后净营业利润－平均资本占用×加权平均资本成本

其中：税后净营业利润衡量的是企业的经营盈利情况；平均资本占用反映的是企业持续投入的各种债务资本和股权资本；加权平均资本成本反映的是企业各种资本的平均成本率。

第十五条　计算经济增加值时，需要进行相应的会计项目调整，以消除财务报表中不能准确反映企业价值创造的部分。会计调整项目的选择应遵循价值导向性、重要性、可控性、可操作性与行业可比性等原则，根据企业实际情况确定。常用的调整项目有：

（一）研究开发费、大型广告费等一次性支出但收益期较长的费用，应予以资本化处理，不计入当期费用。

（二）反映付息债务成本的利息支出，不作为期间费用扣除，计算税后净营业利润时扣除所得税影响后予以加回。

（三）营业外收入、营业外支出具有偶发性，将当期发生的营业外收支从税后净营业利润中扣除。

（四）将当期减值损失扣除所得税影响后予以加回，并在计算资本占用时相应调整资产减值准备发生额。

（五）递延税金不反映实际支付的税款情况，将递延所得税资产及递延所得税负债变动影响的企业所得税从税后净营业利润中扣除，相应调整资本占用。

（六）其他非经常性损益调整项目，如股权转让收益等。

第十六条　税后净营业利润等于会计上的税后净利润加上利息支出等会计调整项目后得到的税后利润。

第十七条　平均资本占用是所有投资者投入企业经营的全部资本，包括债务资本和股权资本。其中债务资本包括融资活动产生的各类有息负债，不包括经营活动产生的无息流动负债。股权资本中包含少数股东权益。

资本占用除根据经济业务实质相应调整资产减值损失、递延所得税等，还可根据管理需要调整研发支出、在建工程等项目，引导企业注重长期价值创造。

第十八条　加权平均资本成本是债务资本成本和股权资本成本的加权平均，反映了投资者所要求的必要报酬率。

债务资本成本是企业实际支付给债权人的税前利率，反映的是企业在资本市场中债务融资的成本率。如果企业存在不同利率的融资来源，债务资本成本应使用加权平均值。

股权资本成本是在不同风险下，所有者对投资者要求的最低回报率，通常根据资本资产定价模型确定。

第十九条　企业级加权平均资本成本确定后，应结合行业情况、不同所属单位（部门）的特点，通过计算（能单独计算的）或指定（不能单独计算的）的方式确定所属单位（部门）的资本成本。

通常情况下，企业对所属单位（部门）所投入资本即股权资本的成本率是相同的，为简化资本成本的计算，所属单位（部门）的加权平均资本成本一般与企业保持一致。

第二十条　经济增加值法指标体系通常包括经济增加值、经济增加值改善值、经济增加值回报率、资本周转率、产量、销量、单位生产成本等。

第二十一条　应用经济增加值法建立的绩效评价体系，应赋予经济增加值指标较高的权重。

第二十二条　经济增加值目标值根据经济增加值基准值（简称 EVA 基准值）和期望的经济增加值改善值（简称期望的 ΔEVA）确定。

$$EVA\text{ 目标值}=EVA\text{ 基准值}+\text{期望的 }\Delta EVA$$

企业在确定 EVA 基准值和期望的 ΔEVA 值时，要充分考虑企业规模、发展阶段、行业特点等因素。其中，EVA 基准值可参照上年实际完成值、上年实际完成值与目标值的平均值、近几年(比如前 3 年)实际完成值的平均值等确定。期望的 ΔEVA 值，根据企业战略目标、年度生产经营计划、年度预算安排、投资者期望等因素，结合价值创造能力改善等要求综合确定。

第二十三条　绩效评价计分方法和周期的选择、绩效责任书的签订，参照《管理会计应用指引第 600 号——绩效管理》。

第二十四条　经济增加值法的激励计划按激励形式可分为薪酬激励计划、能力开发激励计划、职业发展激励计划和其他激励计划。应用经济增加值法建立的激励体系，应以经济增加值的改善值为基础。

(一) 薪酬激励计划主要包括目标奖金、奖金库和基于经济增加值的股票期权。

1. 目标奖金。目标奖金是达到经济增加值目标值所获得的奖金，只对经济增加值增量部分实施奖励。

2. 奖金库。奖金库是基于对企业经济增加值长期增长目标实施的奖励。企业设立专门的账号管理奖金，将以经济增加值为基准计算的奖金额存入专门账户中，以递延奖金形式发放。

3. 股票期权。根据经济增加值确定股票期权的行权价格和数量，行权价格每年以相当于企业资本成本的比例上升，授予数量由当年所获得的奖金确定。

(二) 能力开发激励计划主要包括对员工知识、技能等方面的提升计划。

(三) 职业发展激励计划主要是对员工职业发展做出的规划。

(四) 其他激励计划包括良好的工作环境、晋升与降职、表扬与批评等。

第二十五条　绩效计划和激励计划制订后，执行、实施及编制报告参照《管理会计应用指引第 600 号——绩效管理》。

第二十六条　企业应用经济增加值法，应循序渐进，在企业及部分所属单位试点的基础上，总结完善后稳步推开。

根据资料 8-7 的相关条款，在 EVA 应用程序的实施过程中，应注意以下几个方面：

一是，经济增加值(EVA)计算中涉及三个参数“税后净营业利润”“占用的资本额(资本投入)”和“加权资本成本(率)”。其中，“税后净营业利润”是基于权责发生制核算的会计利润，由于会计准则中提供了可选择的会计处理方法，使得会计利润易于受到人为操纵，如果不对“税后净营业利润”进行适当调整，计算出的 EVA 仍然存在会计利润最大化导向的缺陷，不能适用于作为业绩评价的核心指标。因此，为计算体现价值导向的 EVA 还需要进行一系列会计调整，以得到适用于评估目的、具备“激励价值增值，控制短期行为”的利润指标和资本占用，从而使计算出的经济增加值(EVA)真正能克服会计利润的弊端。

二是，适当的会计调整应依据以下三个原则：①调整的目的在于使得税后净营业利润(NOPAT)是当期商业银行努力经营的结果，而资本占用是当期实际使用的资本，任何调整必须忠于这个初衷。②EVA 的调整要减少管理层对会计盈余的操纵(如对资产减值准备的调整),同时要防止管理层的短期行为(如对研发费用的调整)。③考虑成本效益原则,即调整数额是否重大,对评估、激励或经营决策是否会产生重大影响,对应的调整成本是否过大等。

三是,重视经济增加值(EVA)对会计利润进行调整的作用。可归纳为以下三点:①有利于消除稳健会计的影响。例如,在计算会计利润时,研发、培训等费用是直接进入当年费用的,这是因为从传统会计角度来看,研发等活动是完全侵蚀利润的。而在经济增加值计算中,研发等是作为资本性支出来处理的,成本在投资期限内摊销,所占用的资金计入资本成本。经济增加值的这种处理一方面意在鼓励研发、培训等能为商业银行带来长期效益的行为,另一方面从投资的角度对研发和培训的回报提出了要求。②可以防止人为调节利润的发生。有证据表明,当业绩计量指标与经营者奖金相关时,经营者常常人为调节利润。主要调整项目是坏账准备、担保、存货减损等,与这些项目相关的费用应该以现金收付实现制基础来确认。③使业绩计量免受过去会计计量误差的影响。如果一项资产的账面值不等于其经济价值(历史成本会计下该现象是非常普通的),就可能影响管理者做出正确的留存或撤资决策。

四是,正确认识资本的本质。资本是能够带来价值增值的价值(资本是能够带来剩余价值的价值),具有增值性、趋利性、变动性和风险性等特征。EVA 绩效控制的作用之一是预防资本减值风险,促进资本实现增值目标。

五是,绝大多数企业由于计算其经济资本在统计上有相当难度,加权平均资本成本的测算也存在一定的难度,在实际计算 EVA 时通常需要进行合理的技术处理。

(3) EVA 工具的评价。EVA 提升工具是一个易于理解的概念,但将其恰当融入一家公司的管理系统却非易事,需要有很强的技术力量作为后盾。首先,EVA 提升体系的设计既要满足精确反映企业生产经营环节的要求,又要能以简单易懂的形式被企业各层人员接受。其次,计算 EVA 系数的测算需要有强大的数据库和相关行业的一些关键性数据才可能准确,如果 EVA 价值诊断值不准确,那么由此制定 EVA 提升目标、提升路径也就没有意义了。

8.5.1.3 平衡计分卡

平衡计分卡管理工具诞生之初主要是用于基于战略实施的绩效考核。其后,平衡计分卡在实践中不断创新,发展至今已不再局限于绩效考核管理,而逐渐益成为公司战略管理、人力资源管理的重要工具。

资料 8-8

财政部《管理会计应用指引第 603 号——平衡计分卡》摘录

第一章　总　　则

第一条　平衡计分卡,是指基于企业战略,从财务、客户、内部业务流程、学习与成长四个维度,将战略目标逐层分解转化为具体的、相互平衡的绩效指标体系,并据此进行绩效管理的方法。

第二条　平衡计分卡通常与战略地图等其他工具结合使用。

第三条　平衡计分卡适用于战略目标明确、管理制度比较完善、管理水平相对较高的企业。

平衡计分卡的应用对象可为企业、所属单位(部门)和员工。

第二章　应用环境

第四条　企业应用平衡计分卡工具方法，应遵循《管理会计应用指引第600号——绩效管理》中对应用环境的一般要求。

第五条　企业应用平衡计分卡工具方法，应有明确的愿景和战略。平衡计分卡应以战略目标为核心，全面描述、衡量和管理战略目标，将战略目标转化为可操作的行动。

第六条　平衡计分卡可能涉及组织和流程变革，具有创新精神、变革精神的企业文化有助于成功实施平衡计分卡。

第七条　企业应对组织结构和职能进行梳理，消除不同组织职能间的壁垒，实现良好的组织协同，既包括企业内部各级单位(部门)之间的横向与纵向协同，也包括与投资者、客户、供应商等外部利益相关者之间的协同。

第八条　企业应注重员工学习与成长能力的提升，以更好地实现平衡计分卡的财务、客户、内部业务流程目标，使战略目标贯彻到每一名员工的日常工作中。

第九条　平衡计分卡的实施是一项复杂的系统工程。企业一般需要建立由战略管理、人力资源管理、财务管理和外部专家等组成的团队，为平衡计分卡的实施提供机制保障。

第十条　企业应建立高效集成的信息系统，实现绩效管理与预算管理、财务管理、生产经营等系统的紧密结合，为平衡计分卡的实施提供信息支持。

(1) 平衡计分卡(BSC)的应用环境。参考资料8-8，商业银行在实际工作中应用BSC工具时，应重点注意以下几个方面：

一是，正确理解BSC四个维度的逻辑关系。BSC从财务、客户、内部业务流程、学习与成长四个维度构建绩效考核体系，实现了“结果考核与过程考核的有机统一”。从“财务”开始，财务维度是最能反映经营结果，衡量公司价值创造能力的指标。请问，好的财务指标是如何产生的呢？归根结底来源于如何更好地满足客户的需求。那么，怎样才能更好地满足客户需求呢？当然要有高效的内部业务流程支撑，“内部业务流程”维度由此产生。为了提升内部业务流程效率，满足客户要求，商业银行需要不断地学习与成长，“学习与成长”维度是针对“人力资本”“知识资本”“关系资本”“组织资本”等方面设定的学习发展类指标。可见，平衡计分卡的各个维度层层递进，构成了完整的因果逻辑关系链条，各个维度之间相互支持、相互依赖，由此把战略目标分解转化为平衡的指标体系，实现四个维度的协调平衡，最终实现商业银行的战略目标。

二是，完善运用平衡计分卡配套的管理制度。包括：①平衡计分卡编写操作手册，内容主要为平衡计分卡的构成、平衡计分卡操作小组、平衡计分卡衡量指标选择、指标赋值、责任部门或责任人、战略行动计划等。②战略绩效管理制度，因为平衡计分卡推导出的核心衡量指标会分解到各部门、各岗位、最终会体现在绩效考核中，战略绩效管理制度应对绩效考核做出明确规定和说明。③战略行动计划编写指南，战略行动计划是平衡计分卡的重要组成部分，编写指南对战略行动计划的编制给出了具体说明，内容一般包括导读、题头信息、计划详细说明、战略行动计划表示例等。

三是，夯实平衡计分卡的应用基础，明确各个层级的职责：①战略管理委员会的职责和职能是，推动商业银行高层对平衡计分卡的参与和支持；对平衡计分卡体系建设与完善提出指导意见；建立并维护平衡计分卡组织架构，保证各层级平衡计分卡管理体系有效运作；审阅平衡计分卡报告；协调平衡计分卡系统与其他管理系统的有效链接。②战略管理办公室的职责和职能是，全面负责商业银行平衡计分卡推广计划的具体落实和执行；推动商业银行各层级平衡计分卡体系的更新；组织平衡计分卡目标、指标的分析，定期编制平衡计分卡执行报告；组织和协调平衡计分卡管理会议；做好商业银行平衡计分卡会议纪要，整理并落实跟踪会议中确定的改进措施；监控商业银行下属业务单位及部门平衡计分卡的执行情况并与相关单位进行沟通；负责商业银行平衡计分卡培训的组织和管理；保持与商业银行下属业务单位及部门平衡计分卡管理人员的沟通和信息传递，促进部门（分支机构）间平衡计分卡管理最佳实践的推广。③业务单元的职责和职能是，定期组织更新本层面平衡计分卡；跟踪本部门执行情况并审核本部门平衡计分卡报告；审核本部门平衡计分卡专员填写的指标和行动方案模板；定期完成平衡计分卡分析报告并保持与商业银行相关责任人的沟通。商业银行职能部门的职责和职能可以参考业务单元的职责和职能。

（2）BSC的应用程序。在商业银行应用平衡计分卡工具方法时，一般应按照制定战略地图、制订以平衡计分卡为核心的绩效计划、制订激励计划、制订战略性行动方案、执行绩效计划与激励计划、实施绩效评价与激励、编制绩效评价与激励管理报告等程序进行。

资料8-9

财政部《管理会计应用指引第603号——平衡计分卡》摘录

第三章　应用程序

第十一条　企业应用平衡计分卡工具方法，一般按照制定战略地图、制订以平衡计分卡为核心的绩效计划、制订激励计划、制定战略性行动方案、执行绩效计划与激励计划、实施绩效评价与激励、编制绩效评价与激励管理报告等程序进行。

第十二条　企业首先应制定战略地图，即基于企业愿景与战略，将战略目标及其因果关系、价值创造路径以图示的形式直观、明确、清晰地呈现。战略地图的制定参照《管理会计应用指引第101号——战略地图》。

第十三条　战略地图基于战略主题构建，战略主题反映企业价值创造的关键业务流程，每个战略主题包括相互关联的1～2个目标。

第十四条　战略地图制定后，应以平衡计分卡为核心编制绩效计划。绩效计划是企业开展绩效评价工作的行动方案，包括构建指标体系、分配指标权重、确定绩效目标值、选择计分方法和评价周期、签订绩效责任书等一系列管理活动。制订绩效计划通常从企业级开始，层层分解到所属单位（部门），最终落实到具体岗位和员工。

第十五条 平衡计分卡指标体系的构建应围绕战略地图，针对财务、客户、内部业务流程和学习与成长四个维度的战略目标，确定相应的评价指标。

构建平衡计分卡指标体系的一般程序：

（一）制定企业级指标体系。根据企业层面的战略地图，为每个战略主题的目标设定指标，每个目标至少应有1个指标。

（二）制定所属单位（部门）级指标体系。依据企业级战略地图和指标体系，制定所属单位（部门）的战略地图，确定相应的指标体系，协同各所属单位（部门）的行动与战略目标保持一致。

（三）制定岗位（员工）级指标体系。根据企业、所属单位（部门）级指标体系，按照岗位职责逐级形成岗位（员工）级指标体系。

第十六条 平衡计分卡指标体系构建时，应注重短期目标与长期目标的平衡、财务指标与非财务指标的平衡、结果性指标与动因性指标的平衡、企业内部利益与外部利益的平衡。平衡计分卡每个维度的指标通常为4～7个，总数量一般不超过25个。

第十七条 平衡计分卡指标体系构建时，企业应以财务维度为核心，其他维度的指标都与核心维度的一个或多个指标相联系。通过梳理核心维度目标的实现过程，确定每个维度的关键驱动因素，结合战略主题，选取关键绩效指标。

财务维度以财务术语描述了战略目标的有形成果。企业常用指标有投资资本回报率、净资产收益率、经济增加值、息税前利润、自由现金流、资产负债率、总资产周转率等。

客户维度界定了目标客户的价值主张。企业常用指标有市场份额、客户满意度、客户获得率、客户保持率、客户获利率、战略客户数量等。

内部业务流程维度确定了对战略目标产生影响的关键流程。企业常用指标有交货及时率、生产负荷率、产品合格率、存货周转率、单位生产成本等。

学习与成长维度确定了对战略最重要的无形资产。企业常用指标有员工保持率、员工生产率、培训计划完成率、员工满意度等。

第十八条 企业可根据实际情况建立通用类指标库，不同层级单位和部门结合不同的战略定位、业务特点选择适合的指标体系。

第十九条 平衡计分卡指标的权重分配应以战略目标为导向，反映被评价对象对企业战略目标贡献或支持的程度，以及各指标之间的重要性水平。

企业绩效指标权重一般设定在5%～30%之间，对特别重要的指标可适当提高权重。对特别关键、影响企业整体价值的指标可设立“一票否决”制度，即如果某项绩效指标未完成，无论其他指标是否完成，均视为未完成绩效目标。

第二十条 平衡计分卡绩效目标值应根据战略地图的因果关系分别设置。首先确定战略主题的目标值，其次确定主题内的目标值，然后基于平衡计分卡评价指标与战略目标的对应关系，为每个评价指标设定目标值，通常设计3～5年的目标值。

第二十一条 平衡计分卡绩效目标值确定后，应规定因内外部环境发生重大变化、自然灾害等不可抗力因素对绩效完成结果产生重大影响时，对目标值进行调整的办法和程序。一般情况下，由被评价对象或评价主体测算确定影响程度，向相应的绩效管理工作机构提出调整申请，报薪酬与考核委员会或类似机构审批。

第二十二条　绩效评价计分方法和周期的选择、绩效责任书的签订、激励计划的制订，参照《管理会计应用指引第600号——绩效管理》。

第二十三条　绩效计划与激励计划制订后，企业应在战略主题的基础上，制定战略性行动方案，实现短期行动计划与长期战略目标的协同。战略性行动方案的制定主要包括以下内容：

（一）选择战略性行动方案。制定每个战略主题的多个行动方案，并从中区分、排序和选择最优的战略性行动方案。

（二）提供战略性资金。建立战略性支出的预算，为战略性行动方案提供资金支持。

（三）建立责任制。明确战略性行动方案的执行责任方，定期回顾战略性行动方案的执行进程和效果。

第二十四条　绩效计划与激励计划执行过程中，企业应按照纵向一致、横向协调的原则，持续地推进组织协同，将协同作为一个重要的流程进行管理，使企业和员工的目标、职责与行动保持一致，创造协同效应。

第二十五条　绩效计划与激励计划执行过程中，企业应持续深入地开展流程管理，及时识别存在问题的关键流程，根据需要对流程进行优化完善，必要时进行流程再造，将流程改进计划与战略目标相协同。

第二十六条　绩效计划与激励计划的执行、实施及编制报告参照《管理会计应用指引第600号——绩效管理》。

第二十七条　平衡计分卡的实施是一项长期的管理改善工作，在实践中通常采用先试点后推广的方式，循序渐进，分步实施。

商业银行可以参考资料8-9的相关条款设计BSC的应用程序，在实施过程中还应得到商业银行公司层级管理当局都有充分的支持，在编制前应取得他们的承诺。

商业银行可以从“认知→认同→承诺”的角度衡量管理当局的支持与承诺程度，衡量方法是：①认知。寻求了解绩效考核投入时间，了解绩效考核概念，被动支持绩效考核工作。②认同。需求对绩效考核问题采取行动的指导，投入时间和资源参与，使用绩效考核概念，积极支持绩效考核工作。③承诺。寻求并承担绩效考核问题的责任，调动其他人员参与，应用和宣传绩效考核概念，倡导绩效考核工作。

(3) BSC工具的评价。平衡计分卡的主要优点是：①战略目标逐层分解并转化为被评价对象的绩效指标和行动方案，使整个组织行动协调一致。②从财务、客户、内部业务流程、学习与成长四个维度确定绩效指标，使绩效评价更为全面完整。③将学习与成长作为一个维度，注重员工的发展要求和组织资本、信息资本等无形资产的开发利用，有利于增强企业可持续发展的动力。平衡计分卡的应用也存在缺点，主要有：①专业技术要求高，工作量比较大，操作难度也较大，需要持续地沟通和反馈，实施比较复杂，实施成本高。②各指标权重

在不同层级及各层级不同指标之间的分配比较困难，且部分非财务指标的量化工作难以落实。③系统性强、涉及面广，需要专业人员的指导、银行全员的参与和长期持续地修正与完善，对信息系统、管理能力有较高的要求。

8.5.2 "风险—收益"平衡的薪酬核定机制

商业银行很有必要进一步完善薪酬管理，建立健全薪酬调控机制，建立薪酬总额与经济效益、经营管理、风险防范和价值成长相联系的"风险—收益"动态平衡的增减机制。

8.5.2.1 "风险—收益"平衡的薪酬核定依据

"风险—收益"平衡的薪酬核定依据是，经济利润（又称为经济增加值，EVA）和风险管理绩效系数。

（1）经济利润。经济利润＝税后净营业利润－资本成本＝税后净营业利润－调整后资本×资本成本率，其中：

$$\text{税后净营业利润} = \text{净利润} + (\text{研究开发费用调整项} - \text{营业外收入} + \text{营业外支出} \pm \text{其他调整项}) \times (1 - \text{所得税税率})$$

$$\text{调整后资本} = \text{平均所有者权益} - \text{平均在建工程}$$

资本成本率，可以参考贷款基准利率或同业拆借利率，在此基础上进行上下浮动，也可以运用 FTP 系统测算并考虑股东期望后确定。

（2）风险管理绩效系数。风险管理绩效考核的依据是商业银行关键风险指标的容忍度执行情况，通过设计一套科学的计分卡，将风险容忍度的实际执行结果进行评分，再换算为风险管理绩效系数。风险管理绩效考核标准参考如表 8-10 所示的模式。

表 8-10　风险管理绩效考核模式(示例)

风险指标	容忍度区间	分值权重	扣分标准	考核得分
一、信用风险				
不良贷款比率				
集团客户授信集中度				
单一客户贷款集中度				
利息回收率				
……				
二、流动性风险				
流动性比率				
日均存贷比				
……				
三、市场风险				
利率风险敏感度				

（续表）

风险指标	容忍度区间	分值权重	扣分标准	考核得分
投资潜在损失率				
……				
四、……				
……				
合计		100	—	

在表 8-10 中，纳入考核的“风险指标”应涵盖信用风险、市场风险、操作风险、流动性风险、声誉风险等种类和总体风险、集中度风险等综合性风险管理指标；“容忍度区间”根据风险指标的属性（正向指标、负向指标、适度指标）有“[　)”“(　]”和“[　]”三种形式；“分值权重”“扣分标准”根据各项指标的重要性和风险偏好确定；“考核得分”对照分值权重、扣分标准，根据各项风险指标的实际值确定。

$$风险管理绩效系数 = \sum 各项风险指标考核得分 \div 100$$

案例 8-5

××农商银行某会计年度风险管理绩效考核标准①

以下每项扣分均不超过该项的基本分数。

一、风险水平

（一）信用风险

（1）不良贷款比率（12 分）。不良贷款比率小于等于 3%得基本分（12 分），每增加0.1 个百分点，扣减 0.6 分。

$$不良贷款比率 = [(次级类贷款 + 可疑类贷款 + 损失类贷款) \div 各项贷款] \times 100\%$$

（2）集团客户授信集中度（6 分）。集团客户授信集中度小于等于 15%得基本分（6 分），每增加0.5个百分点，扣减 0.6 分。

$$集团客户授信集中度 = (最大集团客户授信总额 \div 资本净额) \times 100\%$$

（3）单一客户贷款集中度（6 分）。单一客户贷款集中度小于等于 10%得基本分（6 分），每增加 0.5 个百分点，扣减 0.6 分。

$$单一客户贷款集中度 = (最大一家客户贷款总额 \div 资本净额) \times 100\%$$

（4）利息回收率（10 分）。利息回收率大于等于 99%得基本分（10 分），每减少 0.6 个百分点，扣减 1 分。

$$利息回收率 = (本期实收利息总额 \div 到期应收利息总额) \times 100\%$$

① 承案例 8-4，因受合约限制，个别内容做了适当的技术处理。

（二）流动性风险

（5）流动性比率（6 分）。流动性比率大于等于 25%得基本分（6 分），每减少 1 个百分点，扣减 1 分。

流动性比率＝（流动性资产 ÷ 流动性负债）×100%

（6）日均存贷比（6 分）。日均存贷比小于等于 75%得基本分（6 分），每增加 1 个百分点，扣减 0.6 分。

日均存贷比＝（日均贷款余额 ÷ 日均存款余额）×100%

（三）市场风险

（7）利率风险敏感度（4 分）。利率风险敏感度小于等于 20%得基本分（4 分），每增加 0.5 个百分点，扣减 0.4 分。

利率风险敏感度＝（利率上升 200 个基点对银行净值影响 / 资本净额）×100%

（8）投资潜在损失率（2 分）。投资潜在损失率小于等于 5%得基本分（2 分），每增加 1 个百分点，扣减 0.5 分。

投资潜在损失率＝[（各项投资市场价值－各项投资账面余额）÷ 资本净额]×100%

二、风险迁徙

（9）正常贷款迁徙率（4 分）。小于等于 4%得基本分（4 分），每增加 1 个百分点，扣减 0.4 分。

正常贷款迁徙率＝（期初正常类贷款中转为不良贷款的金额＋期初关注类贷款中转为不良贷款的金额）÷（期初正常类贷款余额－期初正常类贷款期间减少金额＋期初关注类贷款余额－期初关注类贷款期间减少金额）×100%

三、风险抵补

（10）资产利润率（6 分）。资产利润率大于等于 0.6%得基本分（6 分），每减少 0.1 个百分点，扣减 1 分。

资产利润率＝（净利润 ÷ 平均资产总额）×100%

（11）贷款拨备覆盖率或贷款拨备率（6 分）。按二者孰高的方法确定选取其中一项指标。

贷款拨备覆盖率大于等于 150%得基本分（6 分），每减少 5 个百分点，扣减 1 分。贷款拨备率大于等于 2.5%得基本分（6 分），每减少 0.1 个百分点扣减 1 分。

贷款拨备覆盖率＝（贷款损失准备 ÷ 不良贷款）×100%
贷款拨备率＝（贷款损失准备 ÷ 贷款余额）×100%

（12）资本充足率（6 分）。资本充足率大于等于 10.5%得基本分（6 分），每减少 1 个百分点，扣减 1 分。

资本充足率＝［资本净额÷（风险加权资产＋12.5倍的市场风险资本）］×100％

（13）核心一级资本充足率（3分）。核心一级资本充足率大于等于6.5％得基本分（3分），每减少0.5个百分点，扣减1分。

核心一级资本充足率＝［核心一级资本净额÷（风险加权资产总额＋12.5倍的市场风险资本）］×100％

（14）杠杆率（4分）。杠杆率大于等于4％得基本分（4分），每减少0.2个百分点，扣减1分。

杠杆率＝（一级资本÷调整后表内外资产余额）×100％

四、案件

（15）案件（22分）。未发生案件得基本分22分，如在考核年度发生可究责性风险事件，涉及金额重大或造成较大损失，或造成较大不良影响，根据案件认定的严重性程度扣减相应分数。

五、风险管理绩效薪酬调控系数

$$\text{风险管理绩效系数} = \sum \text{各项风险指标考核得分} \div 100$$

8.5.2.2 “风险—收益”平衡的薪酬核定原则

全面风险管理的目标导向是通过实现“业务发展与风险控制”的平衡、“风险、收益、发展”的平衡，促进商业银行可持续发展和价值最大目标的实现。薪酬核定应坚持这个导向，并遵循以下基本原则：

（1）绩效挂钩原则。薪酬总额主要与本行的规模成长、营运质量、收入状况、价值增值、风险水平等要素挂钩，随着经营业绩、质量、效益等变化合理增减。

（2）依法合规原则。薪酬总额核定遵循国家对银行业金融机构薪酬管理的宏观调控政策，参考本地区同业的薪酬水平，有效地将薪酬总额的增减幅度控制在合理范围之内。

（3）利益均衡原则。薪酬总额核定必须兼顾股东、员工、客户等商业银行利益相关者的利益，促进商业银行利益相关者的利益均衡，实现商业银行整体价值最大化。

（4）结构最优原则。薪酬结构的确定和调整既要有利于稳定、留住优秀员工，又要给予员工最大的激励。

8.5.2.3 “风险—收益”平衡的薪酬总额核定与构成

薪酬实行年度总额控制，并根据薪酬总额不同组成项目的性质分项确定与支付。薪酬年度控制总额应与商业银行的年度价值增值挂钩。薪酬总额构成一般应区分为基本薪酬、绩效薪酬、专项激励薪酬和福利性收入。

（1）薪酬总额核定。假设年度薪酬总额控制在年度不含薪酬经济利润的$Z\%$。其计算公式如下：

年度不含薪酬经济利润＝年度经济利润＋年度内已发生薪酬总额＝（年度税后净营业利润－调整后资本×资本成本率）＋年度内已发生薪酬总额

其中：

$$\text{年度税后净营业利润}=\text{年度净利润}+\left(\text{研究开发费用调整项}-\text{营业外收入}+\text{营业外支出}\right)\times\left(1-\text{所得税税率}\right)$$

$$\text{调整后资本}=\text{年度平均所有者权益}-\text{平均在建工程}$$

资本成本率,参照前文所述。

$$\text{年度内已发生薪酬总额}=\text{年度内已发生的基本薪酬总额}+\text{年度内已发生的绩效薪酬总额}+\text{年度内已发生的专项激励薪酬总额}+\text{年度内已发生的福利性收入总额}$$

$$\text{全年薪酬控制总额}=\text{不含薪酬经济利润}\times Z\%$$

(2) 基本薪酬的确定与支付。基本薪酬是商业银行为保障员工基本生活而支付的基本报酬,主要根据员工在本行经营中的劳动投入、业务技能、服务年限、所承担的经营责任及风险等因素确定,包括岗位固定薪酬、职称附加薪酬、学历附加薪酬、工龄附加薪酬和奖励附加薪酬。

基本薪酬总额应根据商业银行的岗位设置、人员编制、岗位价值系数和在岗员工的职称附加系数、学历附加系数、工龄附加系数、奖励附加系数确定。

全行基本薪酬总额=基本薪酬基数×(全行在岗员工岗位价值系数之和+职称附加系数之和+学历附加系数之和+工龄附加系数之和+奖励附加系数之和)。

根据每 3 年一个战略周期的惯例,基本薪酬基数每 3 年核定调整一次,核定公式如下:

$$\text{近 3 年的月基本薪酬基数}=\text{前 3 年第一年的月基本薪酬基数}\times\text{前 3 年全行经济利润平均增长比例}$$

其中:前 3 年全行经济利润平均增长比例=(前 3 年第三年经济利润÷前 3 年第二年经济利润+前 3 年第二年经济利润÷前 3 年第一年经济利润+前 3 年第一年经济利润÷前 3 年第一年的前 1 年经济利润)÷3

基本薪酬总额占薪酬控制总额的比例一般应控制在 30%以内,基本薪酬实行月薪制,按月支付结清。

(3) 福利性收入的确定与支付。福利性收入包括为员工缴纳的“五金”和其他福利项目收入。

“五金”包括住房公积金、养老保险金、医疗保险金、失业保险金和年金。

其他福利项目收入包括防暑降温费、交通补贴费、职工健康体检费、节假日实物补贴、书刊杂志费、独生子女费和妇女卫生费等。

福利性收入的确定与支付标准、支付时间,根据国家和商业银行所在地方政府的职工福利政策和本行的福利分配方案执行。

(4) 绩效薪酬控制总额的确定与支付。绩效薪酬是商业银行支付给员工的业绩报酬,主要根据考核年度各项业绩考核结果确定。

绩效薪酬控制总额的计算公式如下:

$$\text{全行全年绩效薪酬控制总额}=\left(\text{全行全年薪酬控制总额}-\text{全行全年基本薪酬总额}-\text{全行全年福利性收入总额}\right)\times\text{风险管理绩效系数}\times Y\%$$

$Y\%$一般应控制在85%～90%。

绩效薪酬可以按月度预付，每季度监测一次，确保预付绩效薪酬金额在绩效薪酬控制总额范围内。

考核年度累计实际支付的绩效薪酬额与核定绩效薪酬控制总额之间的差异，原则上以每个岗位实际支付的绩效薪酬按差异率分摊到每个岗位。

(5)专项激励薪酬控制总额的确定与支付。专项激励薪酬是商业银行根据市场环境、内部经营条件等因素的重要变化，专门用于临时集中组织资产业务、负债业务、中间业务营销等经营活动和重要风险处置、化解，重点业务拓展、新金融产品开发、关键绩效目标实现等活动的激励薪酬。

专项激励薪酬的激励对象主要应集中在承担经营责任大、风险高的岗位和业务能力强的员工。

专项激励薪酬控制总额的计算公式如下：

$$\text{全行全年专项激励薪酬控制总额}=\left(\text{全行全年薪酬控制总额}-\text{全行全年基本薪酬总额}-\text{全行全年福利性收入总额}\right)\times\text{风险管理绩效薪酬调控系数}\times(1-Y\%)$$

专项激励薪酬根据总行在会计年度内开展的专项激励活动确定的支付标准、支付时间区分专项活动兑现。

全年专项激励薪酬的实际支付总额不应突破全行全年专项激励薪酬控制总额的核定数。

8.5.3 "风险—收益"平衡的绩效薪酬制度体系建设

在"风险—收益"平衡框架下，商业银行应根据不同类型岗位价值创造特征、风险实际承担水平等因素分类制定绩效薪酬制度，形成一套完整的绩效薪酬制度体系，一般应包括《商业银行薪酬管理办法》及其配套的《商业银行高级管理层绩效考核与薪酬管理办法》《商业银行职能部门及员工(中后台)绩效考核与薪酬管理办法》《商业银行支行及支行行长绩效考核与薪酬管理办法》《商业银行客户经理绩效考核与薪酬管理办法》《商业银行柜员绩效考核与薪酬管理办法》和《商业银行支行管理服务人员绩效考核与薪酬管理办法》等。绩效考核与薪酬管理办法体系，为商业银行的薪酬管理提供了基本的制度依据。

××农商银行支行行长绩效考核与薪酬管理办法[①]

第一章　总　　则

第一条　适用范围。

① 承案例8-5，因受合约限制，个别内容做了适当的技术处理。

本办法适用于某商业银行(以下简称本行)的支行行长。

第二条　目的。

充分激励支行行长全面提升支行经营管理水平的带头人作用,促进支行营销能力、服务水平、盈利能力和风险控制能力的持续提高。

第三条　原则。

(一)经营、管理与运营相平衡原则。支行工作主要包括经营工作、管理工作和运营工作,这三方面的工作是支行行长考核与激励的主要方面。

(二)业务发展与风险控制相匹配原则。支行是全行营销与服务的前台,是业务拓展、收入与利润实现的源头,同时又是风险管理的第一道防线,支行行长的考核与激励必须突出风险控制促进业务持续健康发展的主题。

(三)激励战略性业务原则。本行在维持传统竞争优势,积极满足中小微金融服务需求的前提下,积极优化业务结构,将资本消耗低、风险小、附加值高的业务确立为战略性业务,并通过绩效考核激励战略性业务的持续快速发展。

(四)团结和谐原则。支行行长的考核与激励必须充分激励相互之间的配合与支持,打造团结和谐团队,充分发挥支行行长承上启下的作用,对上向总行负责,对下向一线员工负责,为本行各项事业的又好又快发展营造团结和谐的氛围。

第二章　薪酬结构

第四条　支行行长薪酬总额由基本薪酬、绩效薪酬、专项激励薪酬、福利性收入构成,公式为:

薪酬总额=基本薪酬+绩效薪酬+专项激励薪酬+福利性收入

第五条　基本薪酬、福利性收入根据《某商业银行薪酬管理办法》计算。

其中:岗位价值系数采用浮动系数,根据《某商业银行支行等级评定管理办法》每年评定一次,见附件一。

第六条　专项激励薪酬根据本行因市场环境、内部经营条件等因素的重要变化,为确保经营目标的全面实现和重点工作的顺利完成,临时确定的薪酬奖励办法计算。

第三章　绩效考核主体与实施

第七条　绩效考核主体。

考核第一主体:总行成立绩效考核领导小组(行长为组长、监事长、副行长为成员),负责最终审定绩效考核结果。

考核第二主体:总行相关部室,根据与支行的业务指导、管理相关性程度确定参加考核的部室。

第八条　考核实施。

支行及支行行长绩效考核,由总行绩效考核领导小组领导,人力资源部牵头,其他相关部室配合实施。支行及支行行长绩效考核的数据和有关资料,由总行相关部室负责提供,人力资源部负责收集、整理、汇总和保存。

第四章　绩效考核评价内容及标准

第九条　绩效考核评价内容及标准。

绩效考核评价采取直接计价薪酬方式，关键考核指标上不封顶、下不保底。评价指标包括存贷款规模指标、营运指标、收入指标、模拟内部经济利润指标、风险指标等。

总行人力资源部每季度对支行行长、副行长、行长助理根据岗位说明书的履职要求实施履职考核评价，核定履职系数。

评价指标及其薪酬计价标准根据本行市场环境、经营条件、战略目标、经营计划、工作重点、管理基础等因素的变化在考核年度适当调整。详见附件二。

第五章　考核周期与结果

第十条　考核周期。

考核指标按会计年度下达，关键指标分解到季度下达；绩效考核周期为每年度考核一次，关键绩效指标按季度实施监测并进行预考核。

第十一条　考核结果。

支行行长绩效考核结果每年初由支行向总行人力资源部提交上年度的绩效评价完成指标，并由评价指标归口的总行职能部门核定为准。

第六章　绩效薪酬的计算

第十二条　绩效薪酬的计算。

支行行长的绩效薪酬采取直接计价方式，计算公式为：

$$绩效薪酬额=\sum 各项绩效评价指标完成程度对应的薪酬计价额$$

支行副行长、行长助理的绩效薪酬根据支行行长的标准按照一定比例浮动，并引入履职系数。

绩效薪酬的计价标准和计算方式，详见附件二。

第七章　绩效薪酬的发放、风险保证金与反馈机制

第十三条　绩效薪酬每月15日前按照考核年度绩效薪酬预算额月平均数的80%预付(如对关键绩效指标实施监测和预考核时发现实际绩效明显不佳，将从发现次月起降低绩效薪酬的预付百分比)，年底根据实际考核结果结清，多退少补。

第十四条　风险保证金。

支行正、副行长实行风险保证金与薪酬延期支付制度，风险保证金每年在绩效薪酬内按10%提取，风险保证

第十五条　将月度和年度绩效考核结果及时进行反馈沟通，发扬成绩，改进不足，持续促进工作质量和管理水平的提高，为实现全行年度目标和战略目标提供保证。

第八章　附　　则

第十六条　本办法的修订、解释、实施。

本办法由××农商银行负责修订和解释，本办法自201×年×月×日起执行。

附件一：各等级支行行长岗位价值系数(略)。

附件二：201×年度支行行长绩效考核评价内容及薪酬计价标准(略)。

附件三：201×年度支行绩效薪酬考核指标计算方法及核定依据说明(略)。

附件四：201×年度各支行目标考核基准任务(略)。

第 9 章　多维度盈利能力分析

——支持战略管理全过程

在竞争日趋激烈的环境下，研究和改进经营管理，不断提高盈利水平，建立持久竞争优势，是商业银行的一项重要课题。多维度盈利能力分析始终贯穿于商业银行每个战略管理循环的全过程，支持价值创造导向的战略规划编制、战略实施、战略评估等环节。限于篇幅，本章仅阐述多维度盈利能力分析体系的基本内容。

9.1 多维度盈利能力分析的管理意义

资料 9-1

财政部《管理会计应用指引第 405 号——多维度盈利能力分析》摘录

第一章　总　　则

第一条　多维度盈利能力分析，是指企业对一定期间内的经营成果，按照区域、产品、部门、客户、渠道、员工等维度进行计量，分析盈亏动因，从而支持企业精细化管理、满足内部营运管理需要的一种分析方法。

第二条　多维度盈利能力分析主要适用于市场竞争压力较大、组织结构相对复杂或具有多元化产品（或服务）体系的企业。企业应用多维度盈利能力分析工具方法，还应具备一定的信息化程度和管理水平。

第二章　应用环境

第三条　企业应用多维度盈利能力分析工具方法，应遵循《管理会计应用指引第 400 号——营运管理》中对应用环境的一般要求。

第四条　企业应用多维度盈利能力分析工具方法，应按照多维度建立内部经营评价和成本管理制度，并按照管理最小颗粒度进行内部转移定价、成本分摊、业绩分成、经济增加值计量等。

管理最小颗粒度，是指企业根据实际管理需要与管理能力所确定的最小业务评价单元。

第五条　企业应用多维度盈利能力分析，通常需构建多维度盈利能力分析信息系统、模块或工具，制定统一的数据标准和规范，及时、准确、高效地获取各维度管理最小颗粒度相关信息。

第三章　应用程序

第六条　企业进行多维度盈利能力分析，一般按照确定分析维度、建立分析模型、制定数据标准、收集数据、加工数据、编制分析报告等程序进行。

第七条　企业应根据组织架构、管理能力，以及绩效管理、销售管理、渠道管理、产品管理、生产管理、研发管理等管理需求，确定盈利能力分析各维度的类别，通常包括区域、产品、部门、客户、渠道、员工等。

第八条　企业应以营业收入、营业成本、利润总额、净利润、经济增加值(EVA)等核心财务指标为基础，构建多维度盈利能力分析模型。

业财融合程度较高的企业可将与经营业绩直接相关的业务信息，如销售量、市场份额、用户数等，纳入多维盈利能力分析模型。

金融企业在构建多维度盈利能力分析模型时，可加入经风险调整后的经济增加值(EVA)、风险调整资本回报率(RAROC)等指标。

第九条　企业应根据盈利能力分析各维度的分类规则和所构建的分析模型制定统一的基础数据标准和数据校验规则，保证各维度盈利能力分析数据基础的一致性和准确性，并通过系统参数配置、数据质量管控等在信息系统中予以实施。

第十条　企业应根据管理最小颗粒度确定数据源的获取标准，并从信息系统中收集基础数据。有条件的企业可建立数据仓库或数据集市，形成统一规范的数据集。

第十一条　企业根据管理需求对收集的数据进行加工，一般包括以下几个方面：

(一) 按照管理最小颗粒度进行内部转移定价、成本分摊、业绩分成及经济增加值计量等，并根据盈利能力分析模型，生成管理最小颗粒度盈利信息。

1. 企业应遵循《管理会计应用指引第 404 号——内部转移定价》的一般要求，确定内部转移价格。

2. 企业应遵循“谁受益、谁负担”原则，通过建立科学有效的成本归集路径，将实际发生的完全成本基于业务动因相对合理地分摊到管理最小颗粒度。

3. 企业应依据业绩匹配原则，合理选择佣金法、量价法、比例法等方法，对业务协同产生的业绩进行分成。

4. 企业应遵循《管理会计应用指引第 602 号——经济增加值法》的一般要求，计量经济增加值。

(二) 企业根据设定的数据标准，按管理最小颗粒度与区域、产品、部门、客户、渠道、员工等维度的归属关系进行分类汇总，生成各维度盈利信息。

第十二条　企业应根据管理需求，进一步整理、分析多维度盈利能力分析信息，综合使用趋势分析法、比率分析法、因素分析法等方法，从不同维度进行盈利能力分析，编制多维度盈利能力分析报告。

企业应根据报告使用者需求确定多维度盈利能力分析报告的具体内容，一般包括多维度盈利目标及其在报告期实现程度、整体盈亏的多维分析、各维度具体盈亏状况及其驱动因素分析(如区域下各产品、渠道盈利分析等)、各维度下经营发展趋势分析及风险预警、下一步的建议措施(如优化资源配置)等。

第十三条　企业编制多维度盈利能力分析报告时,可采用排序法、矩阵法、气泡图、雷达图等方法对各维度盈利能力进行评估与分类。

在商业银行,盈利分析属于综合性分析,不仅要对收入进行分析,更重要的是要结合全面的成本要素进行分析,从而形成多维度的业绩评价。参考资料 9-1,结合商业银行经营管理实际,可以从客户、产品、业务线、机构、客户经理等维度进行盈利能力分析。

多维度盈利分析对商业银行各个层级经营管理者具有十分重要的意义。业绩评价能够涵盖传统的投入产出分析,并在此基础上进行扩展,主要针对商业银行在业绩管理方面的需求,建立盈利指标模型和回报率指标模型,形成业绩评价的资本约束指标和盈利约束指标,同时结合核心业务系统、信贷管理系统等信息系统产生的规模约束指标、资产质量指标等,建立综合评分体系,从而为机构网点、部门、客户经理的考核评价提供量化标准,为建立价值创造战略导向的激励机制提供数据基础,为产品、客户的经营提供决策依据。多维度盈利分析的管理意义可归纳为表 9-1。

表 9-1　多维度盈利分析的管理意义

多维度盈利分析报表	管理意义
总行决策层所需的分析报表	更真实地掌握机构、条线、产品(大类)等维度的盈利性情况,更详细地掌握商业银行整体的经营状态,能够针对性地制定经营策略,支持商业银行战略管理的全过程。
总—分—支机构管理者所需要的分析报表	更真实地了解本机构各部门的成本发生情况;更准确地了解本机构的盈利指标完成情况;有足够的数据针对性地对业务条线或产品业务进行管理和考核;支持战略导向传递,服务战略执行。
条线管理层所需要的分析报表	更真实地了解本条线的盈利性信息,有足够的数据支持条线维度的经营策略的开展实施。
各层级产品管理者所需要的分析报表	了解各层级产品的盈利性情况,支持产品定价、分产品的促销等管理行为。

可见,商业银行进行多维度盈利能力分析的优点主要有,可以灵活地支持商业银行实现精细化内部管理,为客户营销、产品管理、外部定价、成本管控、投资决策、绩效考核等提供相关、可靠的信息。当然,多维度盈利能力分析对商业银行的管理能力、内部治理的规范性和数据质量等要求较高。

9.2 客户盈利能力分析

商业银行的盈利最终来源于客户,要想提高盈利能力,必须以客户为中心,关注客户价值的挖掘，增强对客户的营销服务能力。借助管理会计，可以对单个客户的综合盈利贡献进行精准的量化评价，在此基础上进行客户分层以识别优质客户；通过数据分析发现不同类型客户的行为特征和业务偏好，从而采取差异化营销策略；并可运用客户盈利分析优化资源配置，加强考核引导。

9.2.1 评价客户综合盈利贡献

从客户维度综合分析对商业银行的盈利贡献，可以在衡量客户业务规模的基础上，对客户给商业银行带来的价值贡献进行全面量化评价。经济利润和风险资本回报率是商业银行评价客户综合盈利贡献的两个重要指标：经济利润反映客户贡献大小，风险资本回报率反映贡献能力高低。相关计算公式为：

经济利润＝客户对银行贡献的全部收入－银行对客户服务的全部成本＝收入－税金及附加－费用－风险成本－所得税－资本成本＝税前利润×(1－所得税税率)－资本成本＝净利润－资本成本

风险资本回报率＝净利润÷客户占用资本

经济利润、风险资本回报率可以更进一步地按单个客户对商业银行每类业务的贡献进行细化计算。

9.2.2 支持客户分层，识别有价值客户

基于单个客户综合盈利贡献分析，可以从经济利润、风险资本回报率两个角度就某类具体业务的客户价值贡献进行分层，即把经济利润和风险资本回报率两个指标相互组合，形成一个二维空间：在经济利润一定的情况下，风险资本回报率越高越好；在风险资本回报率一定的情况下，经济利润越大越好。识别客户价值的二维空间示例如图 9-1 所示。

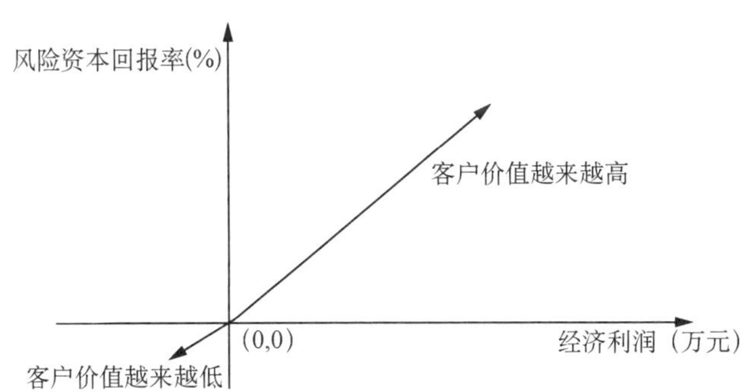

图 9-1 识别客户价值的二维空间(示例)

在图 9-1 这个二维空间里，位于右上部分的客户是最有价值或者说真正优质的客户，位于左下部分的客户则是价值较低的客户，以上又可以根据商业银行客户分类的偏好进一步细分为若干不同的客户层级，如极具价值客户、高价值客户、优质客户、普通客户、关注客户和退出客户等。当然，就某类具体业务而言，客户对商业银行的价值是动态变化的，因此很有必要对客户价值进行动态监测，根据商业银行对不同业务类型的监测偏好可以每个月监

测一次或每个季度监测一次。

9.2.3 分析客户特征，支持差异化营销策略

商业银行可以借助管理会计工具完善管理信息系统，通过对客户大数据的分析掌握不同客户的行为特征，如业务产品的渗透性、业务偏好特征等，为选择客户和制定营销方案提供决策参考。

从客户维度分析商业银行的盈利能力，运用客户的价值贡献信息在支持前台客户营销与市场细分、促进客户经理个体目标与商业银行整体利益的一致的同时，还可以支持中后台的经营管理决策，使商业银行前中后台形成管理协同效应，优化客户资源配置，提升商业银行整体风险资本回报水平。

9.3 产品盈利能力分析

商业银行的盈利来源于客户，争取有价值的客户是商业银行价值创造之源。要想获取优质客户，关键在于商业银行能否按照客户需要，提供具有竞争力的金融产品。同时又要确保金融产品成本可控、收益可期，为商业银行带来长期价值增值。商业银行借助管理会计工具从产品维度分析盈利能力，可以清晰地掌握产品的收入和成本情况，支持金融产品管理。

金融产品是商业银行联系客户的纽带、实现盈利的载体。商业银行的收益主要是通过金融产品销售与提供金融服务实现的，产品管理水平的高低很大程度上决定了商业银行的盈利能力和价值创造能力。实践表明，商业银行金融产品管理的核心在于围绕客户需求，在平衡投入与产出、收益与风险的基础上，通过产品的研究与开发、营销与维护，提升顾客满意度与商业银行长期价值。在经济处于新常态的大环境下，国内商业银行产品同质化竞争态势愈发凸显，恶性竞争问题愈益严重，究其原因，很大程度上是由于缺乏对产品盈利的精准衡量，从而难以根据客户需求特点实施差异化产品设计和定价，更难以围绕产品价值来建立完善的产品管理体系。由此导致产品优劣难以区分、有限资源不能合理有效配置、创新动力不足，这样产品同质化竞争也就在所难免。借助管理会计工具从产品维度分析盈利能力，可以在以下三个方面发挥好应有的作用。

9.3.1 支持金融产品创新

金融产品创新是商业银行业务发展的重要着力点之一，尤其在互联网时代，企业取得优势和丧失优势的时间都已大大缩短，要想保持和扩大竞争优势，必须依靠持续不断的产品创新。另外，在市场竞争日益严峻和“强监管”常态化环境下，金融产品创新也面临着较以往更加复杂的形势与风险。因此，在促进创新的同时，还必须关注创新的有效性，充分考虑投入与产出，平衡风险与收益。借助管理会计的产品盈利分析，商业银行可以对金融产品的盈亏平衡点进行科学预测，根据盈利前景合理规划新业务发展目标，从而更好地确保金融产品价值的实现，提高投入产出效率。

根据产品的生命周期理论，商业银行的产品管理可以分为研发、投放以及投放后管理三个阶段，产品盈利能力的评估是每个阶段都不可或缺的基础环节，如图 9-2 所示。

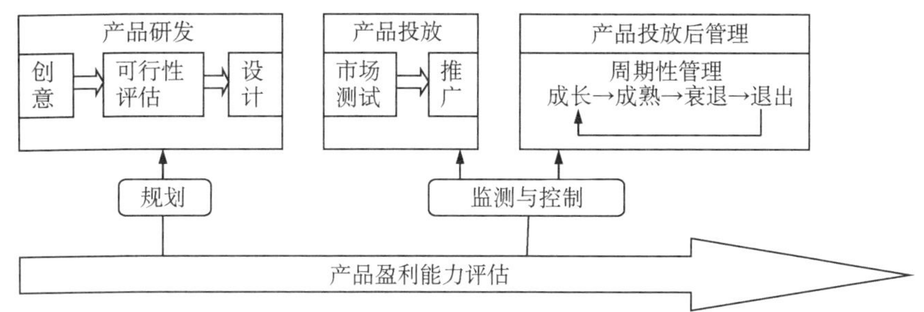

图 9-2　金融产品盈利能力评估与产品生命周期管理

在图 9-2 中，商业银行在金融产品研发阶段，有效性管理是关键，需要在权衡投入与产出、匹配风险与收益的基础上，做好产品研发规划；在金融产品投放和投放后管理阶段，则需要进行综合性的动态监测与控制，通过优胜劣汰，不断促进产品升级换代，确保客户对金融产品与服务的有效需求。商业银行借助产品盈利分析，可以更好地构建产品评估体系，通过产品投放的事前规划和事后评估，指导产品的开发、营销和维护，从而优化金融产品管理，支持产品与服务创新。

9.3.2　提升金融产品定价能力

商业银行是经营风险的特殊企业，商业银行的风险管理能力实质上就是衡量风险、驾驭风险，进而创造收益的能力。通过产品盈利分析模型，商业银行可以精准计量产品的资金成本、运营成本、风险成本、资本成本及其他成本，从而根据产品的不同风险水平，合理地实施差异化定价，提升产品市场竞争力和盈利能力。

商业银行向市场提供金融产品，满足客户需求，客户会将不同商业银行的产品进行比较，选择目标银行。针对不同产品的风险回报水平，实施差异化定价是商业银行提升竞争力、获取目标客户的重要手段。在未引入管理会计之前，业务人员既不清楚金融产品的成本底限，也不了解金融产品的利润贡献，在制定产品定价策略时，往往只看到单边收入，而忽视所需付出的成本，定价上无限让步，投入与产出难以匹配，大量资源消耗换来的可能只是低效的回报甚至亏损；有时则对所有客户“一刀切”地采用类同价格标准，对具备较好综合收益的客户还一味要求更高的价格，虽然一时增加了短期收益，却往往将真正的优质客户拒之门外，损害了商业银行长期价值的增长。借助管理会计，金融产品管理人员可以对产品成本进行精准核算，结合不同的品种、金额、期限、风险等条件对盈利前景进行预测评估，为每类产品、每个客户实施差异化定价，提升金融产品定价能力。

9.3.3　引导资源优化配置

随着市场竞争的加剧、金融脱媒的深化、利率市场化的持续推进、互联网金融的发展以及在经济新常态下银行业审慎监管的不断加强，外部环境对商业银行经营模式形成了持续的、愈益增大的压力，传统外延式、粗放型的发展模式已经走到了尽头。在经济新常态下，国内商业银行要实现持续健康发展，必须摆脱以往的“规模情结”与“速度偏好”，走“轻资本”“轻资产”“轻成本”的内涵式、集约化发展道路，转型发展战略和经营模式，提升资本运用效率。在产品经营方面，要求商业银行必须以价值创造为核心调整资源投入，把最优资源投入到最具盈利性（及具备战略意义）的产品上，从而集中资源，突出重点与优势业务产品，以有限的资源创造更大的价值。

商业银行的资源涵盖信贷、资本、费用、人力等多个方面。无论是哪种资源，优化调整的总体方向是以价值回报为核心，将资源向收益高的区域、客户和产品倾斜，从而更好地促进商业银行短期效益的实现与长期价值的增长。借助管理会计，商业银行可以定期对各类产品的收益情况进行评估和分析，准确衡量其滤掉风险的真实回报水平，通过针对性的资源配置策略，将资源配置到效率更高、收益更好，以及具备战略意义的产品上，不断优化资源配置。

9.4 业务线盈利能力分析

从客户、产品维度的盈利能力分析，为经营产品、管理客户的业务线有关部门提供了有效的管理会计信息支持。借助管理会计工具和系统平台，遵循“责、权、利”相匹配的责任会计理念，商业银行能够突破传统业绩评价方式的制约，准确计量业务线的各项收入和成本，实现各业务线完整的“全收入、全成本”盈利分析，对业务线经营业绩的全面量化衡量。以此为基础，管理会计工具在业务线维度管理的应用能够发挥更多的价值。

9.4.1 分析不同业务线的盈利贡献，支持业务线考核

借助管理会计工具，一是，可以帮助单个业务线“算清楚”自身给整个商业银行“赚”了多少钱，贡献了多少经济利润，相比不运用管理会计工具时只能掌握粗放的规模贡献及营业收支情况，业务线可以进一步了解自身创造的经济利润是多少，过滤风险的回报水平是多少。二是，可以客观评价不同业务线的盈利能力，以便管理者全面掌握各业务线“真实”业绩及贡献率。这样，商业银行借助业务线盈利分析数据，可对业务线进行全面客观的考核评价：一方面在传统的机构维度考核之外充实增加了业务线维度考核对象，从广度上丰富完善了商业银行“矩阵式”考核体系；另一方面基于管理会计数据，商业银行还可在以往规模、营业收入等考核指标的基础上，进一步引入经济利润、风险资本回报率等价值管理指标，实施有针对性的激励，通过考核滤掉风险的盈利回报水平引导业务线价值提升，加强了业务线考核体系的深度。

9.4.2 支持业务线的业绩同业比较，探寻与同业差距背后的动因

在银行业金融机构竞争日趋激烈的环境下，关注其他商业银行同业的发展情况，尤其是寻找与优秀同业的差距，对于增强商业银行经营管理决策的针对性具有重大意义。例如，可

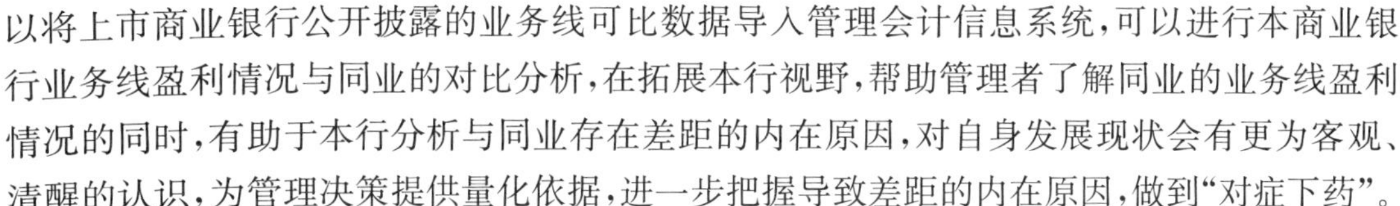

以将上市商业银行公开披露的业务线可比数据导入管理会计信息系统，可以进行本商业银行业务线盈利情况与同业的对比分析，在拓展本行视野，帮助管理者了解同业的业务线盈利情况的同时，有助于本行分析与同业存在差距的内在原因，对自身发展现状会有更为客观、清醒的认识，为管理决策提供量化依据，进一步把握导致差距的内在原因，做到“对症下药”。

9.4.3　实施业务线差异化资源配置，提升业务线价值创造力

商业银行的中后台部门依据管理会计数据实施多维度盈利分析，强化对业务线的资源配置管理，按不同业务线盈利贡献及战略要求实施差异化的资源配置策略，可以增强不同业务线之间资源配置的针对性、有效性，提升商业银行整体经营效率。同样，单个业务线内部也可基于量化盈利数据对重点盈利地区及业务加强资源倾斜力度，做到有的放矢。依据管理会计机构、业务线、产品、客户等多维度交叉分析盈利数据，业务线内部还可以针对重点区域、重点产品、重点客户进行差异化资源配置，促进业务线内部盈利能力的提升。

商业银行在充分了解自身业务线盈利能力及与同业差距的基础上，还可借助管理会计工具进一步加强内部管理指导，一方面利用因素分析法详细分析影响风险资本回报率水平的关键动因；另一方面有助于业务线对相关重点分支机构、重点客户加强研究，通过对薄弱环节的优化完善促进业务线的整体盈利能力提升，从而提高业务线的价值创造力。

9.5 其他维度盈利能力分析

管理会计的盈利分析维度，除了客户、产品、业务线等常用维度外，机构、行业、渠道等也是重要的分析维度。

9.5.1　机构维度的盈利分析

管理会计不仅可以更加完整、真实地反映“物理机构”的盈利水平，而且还能够克服传统财务会计的不足，实现对“虚拟机构”盈利能力的衡量。其中，“物理机构”是指与商业银行组织架构相匹配的实体组织单元，即商业银行设立的各级分支机构、营业网点。除了建立实体“物理机构”外，出于整合营销资源的需要，商业银行往往会将客户经理按照专业化进行分组，建立一些由客户经理组成的营销团队。与分支机构、营业网点这样的“物理机构”相比，这些营销团队一般没有既定的营业场所，往往还会打破地域局限，直接服务于总行或分行全辖客户。对于机构维度，管理会计主要有以下四个方面的应用：

第一，通过完整计量分支机构、营业网点的真实盈利情况，分析盈利构成，为分支机构、营业网点的业务经营提供指导。

第二，依据管理会计盈利计量模型，对新建分支机构、营业网点进行盈亏平衡测算，合理编制业务经营计划，更好地平衡资源投入与利润回报的关系，提高投入产出效率。

第三，基于管理会计的全成本计量模型，对产品进行分类风险定价，实现真正意义上覆盖各层级管理成本的产品定价。

第四，基于对客户的盈利衡量，通过“客户”与“客户经理”、“客户经理”与“营销团队”的关联关系，实现每个客户经理以及营销团队业绩的准确评价，搭建以价值创造为导向的考核激励机制，更好地引导“虚拟机构”重收益、算细账，精准营销，全面提升盈利水平。

9.5.2　行业维度的盈利分析

行业是指从事国民经济中同性质生产活动的经营单位或者个体的组织。对商业银行而言，行业是对公客户的重要属性。对公客户可以从行业、规模、地区、信用等级等维度进行细分和分析。宏观经济发展态势决定了各行业的发展前景，行业发展状况又在很大程度上预示着相关客户的潜在风险与未来盈利能力，从而影响商业银行的经营决策。对于行业维度，管理会计主要有以下三个方面的应用：

第一，分析行业的盈利分布，结合宏观经济环境和产业结构状况，评估行业盈利结构的合理性和可持续性；同时，确定行业营销方向，明确行业信贷政策和营销策略。

第二，结合行业风险状况和信贷政策，基于风险资本回报率等盈利指标确立分行业的立项准入条件，确保整体盈利回报水平的提升。

第三，对鼓励性行业和限制性行业的盈利情况进行评估，检验信贷政策的执行效果，为进一步的信贷政策制定与调整提供相关信息支持。

9.5.3　渠道维度的盈利分析

商业银行营销产品、服务客户都是通过各种营销渠道实现的，渠道的重要性不言而喻。营销渠道可分为两类：一类是与客户进行面对面营销服务的渠道，即实体机构网点；另一类是自助类等其他类营销服务渠道，包括自助网点、电话银行、手机银行、网上银行等。提高营销服务渠道的覆盖面及协同性有利于增强商业银行的营销和服务能力，但渠道的建设、维护需要成本投入，商业银行应在满足业务发展需要的同时，兼顾投入产出效率，合理布设渠道，避免盲目扩张。运用管理会计工具，商业银行可以对各种渠道的成本收益、业务交易量等信息进行精细化核算，从而支持渠道建设与优化，促进业务发展。渠道维度的盈利能力分析主要有以下三个方面的应用：

第一，根据成本投入和业务交易量，对比不同渠道的运营效率，制定渠道调整和选择策略；通过积累单笔交易成本数据，支持渠道科学定价。

第二，通过对同一类渠道的个体网点进行成本效益分析，提出渠道管理建议，优化布局。

第三，通过分析客户对各类渠道的使用情况，开展客户渠道行为分析，进而制定差异化的渠道营销策略。

当然，随着商业银行精细化管理水平的不断提高，以及管理会计信息系统功能的持续优化，管理会计的分析维度将会因商业银行经营管理的需要进一步得到扩展，为提升商业银行的核心竞争力、实现价值最大化的理想战略目标提供更可靠、更相关的信息支持。

主要参考文献

[1] 罗胜强,宋家兴,兰海涛.管理会计指引讲解:重点、难点与案例分析[M].北京:新华出版社,2018.

[2] 李守武.管理会计工具与案例:战略与预算管理[M].北京:中国财政经济出版社,2018.

[3] 李守武.管理会计工具与案例:绩效管理[M].北京:中国财政经济出版社,2018.

[4] 中国注册会计师协会.公司战略与风险管理[M].北京:中国财政经济出版社,2017.

[5] [美]Adrian Docherty, Franck Viort,银行的未来[M].王睿聪,译.北京:清华大学出版社,2016.

[6] 周频,胡向丽,吴丹红,万玲.管理会计[M].大连:东北财经大学出版社,2015.

[7] 江西省农村信用社联合社.大道无虚:农村信用社改革探索与实践[M].南昌:江西人民出版社,2014.

[8] 尹晨,凌峰.中国村镇银行可持续发展研究[M].上海:复旦大学出版社,2013.

[9] 白胜.战略管理会计研究[M].北京:知识产权出版社,2013.

[10] 石真语.管理就是走流程:没有规范流程,管理一切为零[M].北京:人民邮电出版社,2013.

[11] 彭志军.我国农村信用社流程再造研究:基于资源与能力理论的视角[M].北京:中国金融出版社,2013.

[12] 赫国胜.中国商业银行可持续发展探索[M].北京:中国金融出版社,2012.

[13] 江能.中国农村金融改革与发展问题研究[M].北京:经济科学出版社,2012.

[14] 中国银行业协会.解读商业银行资本管理办法[M].北京:中国金融出版社,2012.

[15] 王曙光.告别贫困:中国农村金融创新与反贫困[M].北京:中国发展出版社,2012.

[16] 潘光伟.银行业流程再造、绩效薪酬管理及人力资源开发[M].北京:中国金融出版社,2012.

[17] 彭建刚.商业银行经济资本管理研究[M].北京:中国金融出版社,2011.

[18] 用友银行客户事业部.银行全面绩效管理[M].北京:企业管理出版社,2011.

[19] 庄玉良,贺超.管理信息系统[M].北京:机械工业出版社,2011.

[20] 冯守尊.赤道原则:银行业可持续发展的最佳实践[M].上海:上海交通大学出版社,2011.

[21] 罗继东.农村中小金融机构全面风险管理机制建设[M].北京:中国金融出版社,2011.

[22] 杨小玲.中国农村金融改革的制度变迁[M].北京:中国金融出版社,2011.

[23] 陈时兴.中国农村金融发展绩效与制度创新研究[M].北京:中国社会科学出版社,2010.
[24] 彭建刚.中国地方中小金融机构发展研究[M].北京:中国金融出版社,2010.
[25] 金成哲.战略运营管理咨询工具箱[M].北京:人民邮电出版社,2010.
[26] 宋良荣.银行业金融机构内部控制[M].上海:立信会计出版社,2010.
[27] 徐振东.银行家的全面风险管理:基于巴塞尔Ⅱ追求银行股东价值增值[M].北京:北京大学出版社,2010.
[28] 陶能虹.商业银行预算管理研究[M].北京:经济科学出版社,2009.
[29] 嵇国光,赵菁.ISO9001 ISO14001 OHSAS18001 整合管理体系内部审核培训教程[M].北京:中国标准出版社,2009.
[30] C.W.L.希尔,G.R.琼斯.战略管理[M].孙忠,译.北京:中国市场出版社,2008.
[31] 邢增福.ISO 标准知识与商业银行内控合规管理体系[M].北京:中国经济出版社,2007.
[32] 李文.从利润管理到价值管理:商业银行资本管理探析[M].北京:中国金融出版社,2007.
[33] 王贵彬.ISO9001、OHSAS18001 与商业银行内控体系[M].北京:中国经济出版社,2006.
[34] 潘飞,童卫华,文东华,程明.基于价值管理的管理会计:案例研究[M].北京:清华大学出版社,2005.
[35] 王琳,林鸿,郑孝和.西方银行战略计划[M].北京:企业管理出版社,2003.
[36] 潘爱香,高晨.全面预算管理[M].杭州:浙江人民出版社,2001.